Dieter Fuchs · Edeltraud Roller
Bernhard Weßels (Hrsg.)

Bürger und Demokratie
in Ost und West

Dieter Fuchs · Edeltraud Roller
Bernhard Weßels (Hrsg.)

Bürger und Demokratie in Ost und West

Studien zur politischen Kultur und zum politischen Prozess

Festschrift für Hans-Dieter Klingemann

Springer Fachmedien Wiesbaden GmbH

Die Deutsche Bibliothek – CIP-Einheitsaufnahme
Ein Titeldatensatz für diese Publikation ist bei
Der Deutschen Bibliothek erhältlich

1. Auflage Februar 2002

Alle Rechte vorbehalten
© Springer Fachmedien Wiesbaden 2002
Ursprünglich erschienen bei Westdeutscher Verlag GmbH, Wiesbaden 2002.
www.westdeutschervlg.de

Titelfotos: „Für mehr Demokratie" (Associated Press, 1989) und „Wahlurne" (Andreas Schoelzel,
1993), „Bilderdienst Süddeutscher Verlag", München.
Umschlaggestaltung: Horst Dieter Bürkle, Darmstadt

Gedruckt auf säurefreiem und chlorfrei gebleichtem Papier

ISBN 978-3-531-13641-7   ISBN 978-3-322-89596-7 (eBook)
DOI 10.1007/978-3-322-89596-7

Inhalt

V. Politische Repräsentation und politische Leistungsfähigkeit

VI. Zur Person

Bürger und Demokratie in Ost und West – Einleitende Bemerkungen

Dieter Fuchs, Edeltraud Roller und Bernhard Weßels

1. Einleitung

Die Politikwissenschaft in Deutschland in der Nachkriegszeit wurde vor allem von dem Zusammenbruch der „ersten Demokratie auf deutschem Boden", der Weimarer Republik, und den Erfahrungen mit dem nationalsozialistischen Regime geprägt. Im Selbstverständnis der Gründungsväter der Disziplin,[1] die das Fach in Westdeutschland mit Unterstützung der Besatzungsmächte, insbesondere der USA, wieder aufgebaut hatten, war die Politikwissenschaft in erster Linie Demokratiewissenschaft. Eine zentrales Problem dieser Demokratiewissenschaft war die Frage nach den Bedingungen für das Funktionieren und die Stabilität von Demokratie. Die empirisch orientierte Politikwissenschaft in Deutschland hat sich dabei vor allem auf zwei Größen konzentriert: zum einen auf die Frage nach dem adäquaten politischen Institutionengefüge (Lehmbruch 1997) und zum anderen auf die Frage nach den kulturellen Voraussetzungen von Demokratien. Die zweitgenannte Forschungstradition mit ihrer Fokussierung auf die „subjektive Dimension" der Politik, der Politik in den Köpfen der Bürger und politischen Eliten, nahm ihren Ausgang in der vergleichenden US-amerikanischen Politikwissenschaft der fünfziger Jahre, die nach Erklärungen für den Zusammenbruch der demokratischen Institutionen in Deutschland und in Italien suchte (Almond und Verba 1963). Hans-Dieter Klingemann, den wir mit dieser Festschrift zu seinem 65. Geburtstag ehren möchten, zählt zu einem der führenden Repräsentanten dieser Forschungstradition. Er hat mit seinem umfangreichen wissenschaftlichen Werk und seinen professionspolitischen Aktivitäten einen wichtigen Beitrag zur Etablierung und Professionalisierung dieses Bereichs der Politikwissenschaft in Deutschland und darüber hinaus in Europa – in jüngster Zeit vor allem in Mittel- und Osteuropa – geleistet.

Für Hans-Dieter Klingemann ist Politikwissenschaft in erster Linie Demokratiewissenschaft. Als Angehöriger der Nachkriegsgeneration (geboren 1937), dessen politische Grundüberzeugungen bereits im Elternhaus durch dezidierte Gegnerschaft zum Nationalsozialismus geprägt worden sind, galt sein wissenschaftliches Interesse zunächst der Konsolidierung der neuen Demokratie im posttotalitären Nachkriegsdeutschland. Seine Forschungen sind von einem Demokratieverständnis

---

[1] Zu diesen Gründungsvätern, bei denen es sich teilweise um Remigranten handelte, zählen u.a. Arnold Bergsträßer, Theodor Eschenburg, Ernst Fraenkel, Carl Friedrich, Ferdinand Hermens, Dolf Sternberger, Erich Voegelin (Bleek 2001).

geprägt, das an die wörtliche Übersetzung „Herrschaft des Volkes" unmittelbar an-knüpft. Demokratie bedeutet für Hans-Dieter Klingemann zweierlei: Erstens müs-sen die Bürger als die Konstituenten des Demos ernst genommen werden und eine entsprechende wissenschaftliche Aufmerksamkeit genießen. Zweitens spielen im Willensbildungs- und Entscheidungsprozess moderner repräsentativer Demokra-tien politische Parteien eine zentrale Rolle. Sie stellen die Verbindung zwischen den Bürgern und dem politischen Entscheidungssystem her. Moderne repräsentati-ve Demokratien werden deshalb auch als Parteiendemokratien bezeichnet. Ange-leitet von diesem Demokratieverständnis konzentrieren sich die Forschungsarbei-ten von Hans-Dieter Klingemann zum einen auf die Bürger und dabei vor allem, aber nicht nur in ihrer Rolle als Wähler, und zum anderen auf die konstitutiven Merkmale von Parteiendemokratien.

Hans-Dieter Klingemanns wissenschaftliche Arbeiten zu den Funktionsbedin-gungen von Demokratien waren zunächst auf die Bundesrepublik Deutschland be-zogen. Im Zuge der Entwicklung einer international vergleichenden Politikwissen-schaft hat er seine Forschungen zunehmend auf die westlichen Demokratien insge-samt ausgeweitet. Eine einschneidende Zäsur stellte für ihn als engagiertem De-mokraten der Zusammenbruch der staatssozialistischen Systeme in den Ländern Mittel- und Osteuropas dar. Nach dem Ende des Kalten Krieges stellt sich erneut die Frage nach der Konsolidierung neu entstandener Demokratien, dieses Mal in den postkommunistischen Gesellschaften. Anknüpfend an seine eigene intellektu-elle Forschungstradition zur Demokratie im posttotalitären Nachkriegsdeutschland widmet Hans-Dieter Klingemann seit 1989 seine Arbeit den Fragen nach der Kon-solidierung von Demokratie in den Ländern Mittel- und Osteuropas und konzen-triert sich dabei wiederum auf die Bürger und die politischen Parteien als zentrale politische Akteure.

Methodisch werden Hans-Dieter Klingemanns wissenschaftliche Arbeiten von zwei grundlegenden Prinzipien angeleitet, dem der Empirie und dem des Ver-gleichs. Nur eine empirisch orientierte Politikwissenschaft, die nach wissenschafts-theoretischen Standards die Realität systematisch beobachtet, ist in der Lage, rele-vante theoretische Fragen und normative Auseinandersetzungen zu klären. Empiri-sche Politikwissenschaft steht dabei aber nicht für einen Empirismus, der sich durch bloße „accumulation of data for the sake of the data themselves, with relati-vely little consideration to matters of the relevance and broader significance of the findings" auszeichnet (Easton 1965: 17). Vielmehr bedeutet empirische Forschung für Hans-Dieter Klingemann immer theoriegeleitete Forschung. Diese Forschung muss wegen des Fehlens absoluter Standards möglichst vergleichend angelegt sein. Nur im Vergleich nationalstaatlich verfasster Demokratien ist die politikwissen-schaftlich zentrale Frage nach dem Funktionieren und den Bedingungen von De-mokratie zu klären.

Vergleichende empirische Politikwissenschaft ist eine aufwändige Form der Forschung. Zu ihrer Durchführung bedarf es umfangreicher institutioneller und methodischer Rahmenbedingungen. Dazu gehört erstens die Erhebung von (Massen-)Daten, zweitens die Entwicklung von Analysemethoden, drittens die Schaffung einer institutionellen Infrastruktur für die empirische Forschung und viertens die Organisation und Durchführung von international vergleichenden und kooperativen Forschungsprojekten. Hans-Dieter Klingemann war an der Schaffung dieser institutionellen und methodischen Rahmenbedingungen initiativ und kreativ beteiligt und hat wesentlich zur Etablierung und Professionalisierung der vergleichenden empirischen Politikwissenschaft in Deutschland und Europa beigetragen.

Im Folgenden werden zunächst die drei inhaltlichen Säulen seiner wissenschaftlichen Arbeit – Wähler als rationale Akteure, Parteiendemokratie und Konsolidierung der Demokratie in Mittel- und Osteuropa – beschrieben und anschließend sein Beitrag zur Etablierung und Professionalisierung der vergleichenden empirischen Politikwissenschaft gewürdigt.

2. Wähler als rationale Akteure

Hans-Dieter Klingemann hat sich vor allem in seinen frühen wissenschaftlichen Arbeiten mit der Rationalität der Wähler beschäftigt. Im Vordergrund standen zwei Fragen: Erstens, wie konzeptualisieren die Bürger die Politik, und zweitens, wie setzt sich die Wählerrationalität in Wahlverhalten um. Mit diesen Arbeiten knüpft er an eine wichtige normative Prämisse der Demokratietheorie – die Autonomie der Bürger – an, wonach die Bürger in der Lage sein müssen, für sich Entscheidungen zu treffen und rational handeln zu können (Dahl 1989; Sartori 1987). Die Bürger müssen autonom sein, damit die Demokratie überhaupt funktionieren, und das heißt, dass der Demos herrschen kann. In der Wissenschaft und in der Öffentlichkeit ist die Auffassung weit verbreitet, dass die meisten Bürger politisch nicht oder nur schlecht informiert sind und sie deshalb kein sachgerechtes Urteil fällen können. Entgegen dieser weit verbreiteten Annahme der mangelnden Urteils- und Entscheidungsfähigkeit der Bürger geht Hans-Dieter Klingemann in seinen Arbeiten von der Prämisse aus, dass die überwiegende Mehrheit der Bürger sich politisch durchaus rational verhält, dass sich diese Rationalität lediglich unterschiedlich konkretisiert. Seine Forschungen werden von der paradigmatischen Formel „voters are not fools" angeleitet, die V.O. Key (1966) geprägt hat.

Bei der empirischen Untersuchung der Konzeptualisierung der Politik durch die Bürger stützt sich Hans-Dieter Klingemann auf zwei unterschiedliche Forschungstraditionen. Zum einen auf Robert Lane (1962), der die Konzeptualisierung von Politik auf der Basis qualitativer Interviews untersucht hat, und zum anderen auf Philip E. Converse, der bereits im *American Voter* (Campbell et al. 1960) und später in der einflussreichen Studie „The Nature of Belief Systems in Mass Publics" (Converse 1964) verschiedene Stufen politischer Konzeptualisierung quantitativ analysiert hat. Hans-Dieter Klingemann hat ein differenziertes Messinstrument zur Erfassung verschiedener Konzeptualisierungsniveaus entwickelt und dieses im Rahmen des Projekts *Political Action* in den siebziger Jahren in die komparative Forschung eingeführt. Er kann empirisch zeigen, dass die überwiegende Mehrheit der Bürger westlicher Demokratien zu einer Konzeptualisierung der Politik in der Lage ist. Allerdings erreicht nur eine kleine Minderheit das höchste Konzeptualisierungsniveau, das als ideologisch bezeichnet worden ist.

Die politische Konzeptualisierung der Politik hat Hans-Dieter Klingemann nicht nur direkt über die Ermittlung von Stufen ideologischer Konzeptualisierung untersucht. Ein zweiter Arbeitsschwerpunkt konzentriert sich auf das Links-Rechts-Schema als das wichtigste Medium zur Wahrnehmung und Verarbeitung von Politik. Der theoretischen Fundierung, dem Gehalt und der Stabilität dieses Schemas widmete Hans-Dieter Klingemann eine ganze Reihe von Studien. Er konnte nachweisen, dass das Links-Rechts-Schema in Europa – und das Liberal-Konservativ-Schema in den Vereinigten Staaten – das wichtigste generalisierte Medium der politischen Orientierung und der politischen Kommunikation ist.

Der Frage der Umsetzung der Wählerrationalität in Wahlverhalten hat sich Hans-Dieter Klingemann auf zwei unterschiedliche Weisen genähert. Zum einen hat er in der Tradition des sozialpsychologischen Modells des Wahlverhaltens der Michigan-Schule (Campbell et al. 1960) die Issue-Orientierungen als Determinanten der Wahlentscheidung untersucht. Ein Ergebnis seiner Studien ist, dass sich das Wahlverhalten der Bürger in der Bundesrepublik Deutschland im Zeitverlauf zunehmend an den aktuellen Sachfragen orientiert. In dieser Zunahme des *issue voting* kann ein weiterer Beleg für die Rationalität des Wählers gesehen werden. Zum anderen hat er die Wählerrationalität direkt auf der Grundlage der Antworten auf die offenen Fragen nach den guten und schlechten Seiten der politischen Parteien untersucht. Mit diesem Messinstrument, das ebenfalls von der Michigan-Schule entwickelt worden ist, hat Hans-Dieter Klingemann anlässlich jeder Bundestagswahl von 1969 bis 1994 Daten erhoben und damit eine ganz einzigartige und wertvolle Datenbasis geschaffen, die detaillierte Analysen der Wählerrationalität erlaubt. Die Besonderheit dieser Datenbasis liegt darin, dass die Befragten aufgefordert werden, negative und positive Argumente anzuführen, und dass sie ohne Vorgaben, d.h. in ihren eigenen Worten, ihre Urteile abgeben können. Sowohl auf der Grundlage der Analysen der „guten und schlechten Seiten der Parteien" als auch den Analysen unter Verwendung geschlossener Fragen kann Hans-Dieter Klingemann belegen, dass die Wähler die politischen Parteien maßgeblich an ihrer Kompetenz zur Lösung von Sachfragen beurteilen und dass diese Urteile ihr Wahlverhalten entscheidend bestimmen.

Vor dem Hintergrund seiner empirischen Befunde zur Wählerrationalität und zum Wählerverhalten hat Hans-Dieter Klingemann das Bild des „vorsichtig abwägenden Wählers" geprägt. Damit wollte er zum Ausdruck bringen, dass die normativen Prämissen der Demokratietheorie, die das Funktionieren einer Demokratie von autonomen, informierten und rationalen Bürgern abhängig machen, in der Wirklichkeit der westlichen Demokratien durchaus gegeben sind.

3. Parteiendemokratie

Das Konzept der Parteiendemokratie (Schattschneider 1942; Sartori 1976) geht davon aus, dass den politischen Parteien eine wesentliche Rolle im politischen Willensbildungs- und Entscheidungsprozess zukommt. Damit die politischen Parteien diese Aufgaben erfüllen können, müssen mindestens drei Bedingungen erfüllt sein: Die politischen Parteien müssen erstens konkurrierende politische Alternativen formulieren; sie müssen zweitens die Politikpräferenzen und -positionen ihrer Anhänger repräsentieren, also Responsivität beweisen; und drittens ihre Wahlversprechen auch in politisches Handeln umsetzen. Hans-Dieter Klingemann hat in einer Vielzahl nationaler und komparativer Arbeiten das Vorliegen dieser konstitutiven Merkmale von Parteiendemokratien untersucht, die sowohl in der politischen als auch politikwissenschaftlichen Diskussion vielfach in Frage gestellt werden. Diese Arbeiten hat er vor allem im Rahmen der international vergleichenden *Manifesto Research Group* des ECPR (European Consortium for Political Research) und dem weiterführenden *Comparative Manifestos Project* durchgeführt. Im Mittelpunkt dieser Projekte stehen die Wahl- und Regierungsprogramme politischer Parteien, die nach dem Konzept der Parteiendemokratie eine wichtige Verbindung (*linkage*) zwischen den Ansprüchen der Bürger auf der einen Seite und den Entscheidungen der politischen Repräsentanten auf der anderen Seite herstellen sollen. Diese Programme wurden zu empirischen Analysezwecken inhaltsanalytisch aufbereitet.

Hans-Dieter Klingemanns Analysen der Wahlprogramme können erstens zeigen, dass in den westlichen Demokratien die politischen Parteien den Wählern alternative Politikangebote offerieren, d.h. sie bieten unterschiedliche Konzeptionen für das zukünftige Regierungshandeln an. Einerseits präsentieren die Parteien über die Zeit relativ unverwechselbare, charakteristische Programmatiken (*blueprints*), andererseits greifen sie in ihren Programmen aktuelle Problemlagen auf und erweisen sich als anpassungsfähig. Über die Zeit lässt sich kein Trend zur Konvergenz der Parteien zur politischen Mitte feststellen. Das bedeutet, dass sich keine empirischen Belege für die kritischen Thesen zum „Ende der Ideologie" (Bell 1962) und den „catch-all parties" (Kirchheimer 1966) auffinden lassen. Zweitens zeigen die Analysen zur Responsivität europäischer Parteiensysteme, die Hans-Dieter Klingemann im Rahmen des komparativen Projekts *Beliefs in Government* durchgeführt hat, dass die Positionen der politischen Parteien relativ gut mit den politischen Orientierungen ihrer Anhänger übereinstimmen. Im Zeitverlauf kommt es auch nicht zu den prognostizierten Verschlechterungen in der Repräsentationsfunktion politischer Parteien. Allerdings unterscheiden sich die Parteifamilien systematisch im Hinblick auf ihre Fähigkeit, die Policypräferenzen ihrer Anhänger zu repräsentieren. Linke Parteien wie insbesondere kommunistische Parteien repräsentieren die Präferenzen ihrer Anhänger angemessener als rechte Parteien; rechte Parteien sind interessanterweise viel weniger extremistisch als ihre Anhänger.

Das dritte Merkmal des Modells der Parteiendemokratie kann als Frage formuliert werden: Halten die politischen Parteien die in ihren Wahlprogrammen gemachten Versprechen, wenn sie die Regierung stellen? Nur eine Kongruenz zwischen Parteiprogrammen und politischen Entscheidungen stellt sicher, dass der Wille der Bürger, der durch die Auswahl zwischen konkurrierenden Politikangeboten im Wahlergebnis zum Ausdruck kommt, sich tatsächlich im politischen Handeln der Entscheidungsträger widerspiegelt. Auf diese zentrale Frage können die umfangreichen, für zehn westliche Demokratien durchgeführten Analysen in *Parties, Policies, and Democracy* eine klare Antwort geben: Es existiert eine starke Übereinstimmung zwischen dem, was die Parteien vor der Wahl sagen, und dem, was Regierungen nach der Wahl tun.

Die Arbeiten von Hans-Dieter Klingemann zur Parteiendemokratie zeigen nicht nur, dass die politischen Parteien besser funktionieren als viele Kritiker dies für möglich halten, sie können der Parteiendemokratie als konstitutivem Merkmal westlicher Demokratien auch die ihm vielfach abgesprochene Funktionsfähigkeit bescheinigen.

4. Konsolidierung der neuen Demokratien in Mittel- und Osteuropa

Das Jahr 1989 brachte in vielerlei Hinsicht einschneidende Veränderungen für Hans-Dieter Klingemann. Er wechselte im September 1989 vom Zentralinstitut für sozialwissenschaftliche Forschung der Freien Universität Berlin (ZI 6) an das Wissenschaftszentrum Berlin für Sozialforschung (WZB), um dort als Direktor die Abteilung „Institutionen und sozialer Wandel" aufzubauen und zu leiten. Damit bot sich ihm die Gelegenheit, seine vielfältigen Forschungsinteressen in einem längerfristig angelegten Programm zu verwirklichen. Neben Bürgern und Parteien wurden weitere zentrale politische Akteure wie die Interessengruppen, Massenmedien, Parlamente und Regierungen in den Blick genommen. Theoretisch ging das Forschungsprogramm von einem systemtheoretisch inspirierten Bezugsrahmen aus, der den politischen Prozess als eine Abfolge von Handlungsprodukten politischer Akteure konzeptualisiert, die unter den Bedingungen der Selektion und Aggregation von Interessen von einer an die nächste Ebene des politischen Systems weitergegeben werden (Fuchs 1993). Im Mittelpunkt des neuen Forschungsprogramms stand die allgemeine Frage nach der Qualität von Demokratien, die in verschiedenen Projekten in unterschiedlicher Weise konkretisiert und operationalisiert worden ist. In dem Forschungsprogramm wird die Mikroebene der Bürger, die bislang im Mittelpunkt der Arbeiten von Hans-Dieter Klingemann stand, durch eine Makroperspektive ergänzt. Diese besteht in der Erklärung der Leistungsfähigkeit von Demokratien durch unterschiedliche institutionelle Strukturen.

Ursprünglich bezog sich das vergleichende Forschungsprogramm nur auf die OECD-Länder. Die Ereignisse ab 1989 veranlassten Hans-Dieter Klingemann aber das geographische Spektrum zu erweitern. Die Entstehung neuer Demokratien in Mittel- und Osteuropa begriff er als Herausforderung und Chance für die Sozialwissenschaften. Bereits in den Anfängen der Abteilung initiierte er ein vergleichendes Programm zur Analyse der politischen Kultur und der Wahlen in den baltischen Staaten. Diese Aktivität sollte der Ausgangspunkt für ein großes Forschernetzwerk und ein umfassendes Forschungsprogramm zur Analyse der demokratischen Transformation und Konsolidierung in Mittel- und Osteuropa werden. Auch alte Kontakte wurden in diesem Zusammenhang neu belebt. Ende 1990 engagierte sich die Abteilung in einer der ersten komparativen Studien *The Postcommunist Citizen* zur politischen Kultur in elf postkommunistischen Gesellschaften inklusive Ostdeutschland, die von László Bruszt, János Simon und dem Kooperationspartner aus *Political Action*, Samuel H. Barnes, initiiert worden war. Die Abteilung wurde Partner in einem Netzwerk von Länderteams, die jeweils eine eigene Umfrage in das Projekt einbrachten. Dieses Modell der Kooperation wurde der *blueprint* für viele weitere Forschungsaktivitäten von Hans-Dieter Klingemann in Mittel- und Osteuropa.

In seinen Forschungsarbeiten hat Hans-Dieter Klingemann Themen und Fragen aufgegriffen, die in seinen individuellen Forschungsinteressen schon lange angelegt waren. Besondere Bedeutung kommt, seinem demokratischen Selbstverständnis entsprechend, immer wieder dem Verhältnis zwischen Bürgern und Politik zu. Sowohl in den vergleichenden Forschungen zu westlichen Demokratien als auch zu neuen Demokratien in Mittel- und Osteuropa ist ein wiederkehrendes Thema das Verhältnis zwischen der Angebotsstruktur des politischen Systems, vor allem des Parteiensystems, und den politischen Orientierungen und Verhaltensweisen der Bürger. Seine Forschungsaktivitäten werden von der Frage angeleitet, welche Wahlmöglichkeiten den Bürgern geboten und welche Möglichkeiten ihnen damit vor dem Hintergrund der Interessenstruktur einer Gesellschaft eröffnet werden, das demokratische Wechselspiel zwischen Regierung und Opposition zu beeinflussen. Damit verbunden ist auch die Frage nach der demokratischen Performanz politischer Systeme aus der Sicht der Bürger.

Zu seinen zentralen Forschungsfeldern werden die vergleichende Wahl- und Parteiensystemforschung und die vergleichende Analyse der Beurteilung der Demokratie durch die Bürger. Der Fokus wird konsequent auf das Verhältnis von Wahlverhalten und Struktur des Parteiensystems ausgeweitet und die von Anfang an als Orientierungslinie eingezogene demokratietheoretische Hypothese vom handlungs- und entscheidungsfähigen Bürger systematisch aufgegriffen. Demokratietheoretisch stehen dabei drei Aspekte im Vordergrund: der nach der Mobilisierung bzw. Involvierung der Bürger in den politischen Prozess; der nach den Möglichkeiten von Parteiensystemen, Bürgerinteressen aufzunehmen und zu kanalisieren; sowie der nach der Anerkennung demokratischer Spielregeln, insbesondere im Hinblick auf das für Demokratien zentrale Wechselspiel zwischen Regierung und Opposition.

In Bezug auf Mobilisierung bzw. Involvierung der Bürger in die Politik wird die These von der notwendigen Klarheit politischer Alternativen als einem zentralen Mechanismus, die Bürger zu involvieren und ihnen Wahlchancen zu eröffnen, von

Hans-Dieter Klingemann in verschiedenen Forschungsvorhaben variiert. Das generelle Resultat dieser Projekte für die westlichen Demokratien bestätigt die mobilisierende Kraft von klaren Konfliktlinien. Das gilt sowohl für die Angebotsstruktur von Parteiensystemen als auch für die vorgelagerten Strukturen in den Interessengruppensystemen. Dieser Befund steht zwar im Einklang mit der demokratietheoretischen Orientierung von Hans-Dieter Klingemann. Er ist aber angesichts der in der Politikwissenschaft vorherrschenden negativen Beurteilung von Interessen- und Parteienpolarisierung für die Demokratie durchaus provokant. Das Projekt *World Values Surveys*, für dessen osteuropäischen Teil Hans-Dieter Klingemann verantwortlich zeichnet, bot die Datenbasis, der Frage nach den Vor- und Nachteilen von Angebotspolarisierung in Parteiensystemen in den neuen Demokratien Mittel- und Osteuropas auch im Vergleich zu westlichen Demokratien nachzugehen. Dabei ist für die Frage der demokratischen Konsolidierung von Bedeutung, dass der Zusammenhang zwischen politischen Alternativen im Parteiensystem und politischer Mobilisierung auch für die neuen Demokratien gilt. Die Befürchtung, dass die neuen Demokratien im Vergleich zu den etablierten in besonderem Maße politische Zersplitterung und Polarisierung aufweisen würden, konnte durch die Forschungsergebnisse widerlegt werden. Allerdings, und hier sieht Hans-Dieter Klingemann für einen Großteil der mittel- und osteuropäischen Demokratien noch ein zu lösendes Problem, werden auch die extremen politischen Angebote in einem Parteiensystem von den Wählern in Mittel- und Osteuropa in einem erheblich stärkeren Maße als wählbare Alternativen angesehen als im Westen.

Dieser Befund forderte die Frage heraus, ob die Parteiensysteme in den neuen Demokratien die Unzufriedenheit der Bürger in einer der Konsolidierung zuträglichen Weise kanalisieren können oder nicht. Die Frage nach der Zufriedenheit der Bürger mit ihrem politischen System war eine Frage, die schon bei der Analyse westlicher Demokratien für Hans-Dieter Klingemann eine besondere Bedeutung hatte. Vor dem Hintergrund der Thesen zur Herausforderung der Demokratie durch soziale Prozesse und Prozesse des Wertewandels sowie den Thesen von der Legitimitäts- und Regierbarkeitskrise der Demokratie hatte er im Rahmen des Projekts *Beliefs in Government* zusammen mit Dieter Fuchs die Frage nach *Citizens and the State: A Changing Relationship?* aufgeworfen: Können repräsentative Demokratien die unvermeidbare Distanz zwischen Regierenden und Regierten in einer Weise überbrücken, dass formale Strukturen und Spielregeln hinreichend anerkannt bleiben und die Demokratie eine Überlebenschance hat? Die Frage wurde auf der Basis umfassender empirischer Analysen für westeuropäische Demokratien positiv beantwortet. Veränderte Rahmenbedingungen, auch die veränderte globale Weltlage mit dem Wegfall des Ost-West-Gegensatzes, mache – so das Ergebnis von *Citizens and the State* – demokratische Legitimität und die Gewinnung politischer Unterstützung bei den Bürgern nicht einfacher. Die Erfahrungen seit den siebziger Jahren hätten aber gezeigt, dass die repräsentative Demokratie flexibel genug sei, ihre Existenzbedingungen zu garantieren.

Im Hinblick auf die politischen Systeme in Mittel- und Osteuropa lautete die Frage, ob diese in der Lage sind, politische Unzufriedenheit so zu verarbeiten, dass es zur Konsolidierung der „jungen Pflanze" Demokratie kommt. Angesichts der umfassenden politischen, sozialen und ökonomischen Wandlungsprozesse in den neuen Demokratien ist es nicht unwahrscheinlich, dass die Unzufriedenheit mit der Performanz der Politik in Unzufriedenheit mit der Demokratie als politische Ordnung umschlägt. Entscheidend ist dabei, wie es den Parteiensystemen gelingt, Unzufriedenheit zu kanalisieren und in den demokratischen Prozess einzubringen. Ausgehend von der Unterscheidung zwischen der Unterstützung von Demokratie als Ordnungsform und der Beurteilung der aktuellen politischen Performanz entwickelte Hans-Dieter Klingemann eine Typologie, die in besonderer Weise die Rolle des kritischen Bürgers, seines Lieblingsakteurs, betont. Neben den „Autokraten", die der Demokratie andere Ordnungsmodelle vorziehen und den „zufriedenen Demokraten", wurden durch die Typologie die „unzufriedenen Demokraten" definiert; diese Typologie steuerte weitere empirische Projekte. Der zunächst beruhigende Befund für 17 mittel- und osteuropäische politische Systeme war, dass es mehr Befürworter der Demokratie als Autokraten gibt, wenngleich in einigen Ländern ihr Anteil relativ hoch ist und in Russland fast 40 Prozent erreicht. Weniger beruhigend war hingegen das Ergebnis, dass in allen Ländern die Unzufriedenheit mit der politischen Performanz des Systems die Zufriedenheit überwiegt. Positiv wiederum – und für die Leistungsfähigkeit der politischen Parteien sprechend – ist der Befund, dass dies in der Mehrzahl nicht zur Unterstützung extremistischer Parteien führt. Diese Tendenz ist am stärksten bei den Autokraten ausgeprägt, weit weniger hingegen bei den unzufriedenen Demokraten. Insgesamt, so die Schlussfolgerung von Hans-Dieter Klingemann, haben die Parteiensysteme in den neuen Demokratien eine beachtliche Kapazität, die Unzufriedenheit ihrer Bürger im Rahmen des demokratischen Prozesses zu kanalisieren.

Die Analyseergebnisse zu den drei von Hans-Dieter Klingemann kontinuierlich verfolgten demokratietheoretischen Aspekten der Mobilisierung der Bürger, der Kanalisierung ihrer Interessen durch die Parteien und der Anerkennung demokratischer Spielregeln beziehen sich primär auf das Verhältnis von Bürger und Parteien auf der Individualebene. Darüber hinaus hat er die historisch einmalige Gelegenheit genutzt, die sich angesichts der Transformation der Länder Mittel- und Osteuropas ergab, und die Bedingungen der Genese und Struktur von Parteiensystemen analysiert. Damit hat er die Perspektive ausgedehnt auf die Frage, welchen Handlungs- und Wettbewerbsbedingungen die Parteien selbst unterworfen sind. Im Rahmen des von Hans-Dieter Klingemann initiierten Projekts *Founding Elections in Eastern Europe* wurde die notwendige Bestandsaufnahme zur „Stunde Null" geleistet. Die Frage, ob sich entsprechend der Differenzierung der Gesellschaften nach Konfessionen, Ethnien und Minoritäten Parteiensysteme herausbilden würden und welchen Einfluss politische Traditionen in diesem Zusammenhang haben, konnte klar beantwortet werden: Gesellschaftlichen Spannungslinien setzen sich – entgegen der These von den „flachen" postkommunistischen Gesellschaften – ins

Parteiensystem um und begründen den Erfolg christlicher, ethnischer und nationalistischer Parteien. Neue Programmparteien wie zum Beispiel die liberalen, ökologischen oder sozialdemokratischen Parteien waren zwar von Anfang an erfolgreich, kristallisieren sich aber als feste Bestandteile des Parteiensystems erst im Laufe von Lernprozessen der Wähler – von einer Wahl zur nächsten – heraus. Die festgestellte Lernfähigkeit der Wähler, die durch ihre Entscheidungen einen Einfluss auf die Ausbildung des politischen Angebots der politischen Parteien haben, bestätigt das Diktum Hans-Dieter Klingemanns vom prinzipiell politisch rationalen und demokratiefähigen Bürger.

Die von Hans-Dieter Klingemann zur Konsolidierung der neuen Demokratien in Mittel- und Osteuropa vorgelegten Forschungsergebnisse sind Basisbefunde der empirischen Demokratieforschung. Sie tragen dazu bei, theoretische und normative Prämissen, die dominant in der Politikwissenschaft der westlichen Welt entwickelt worden sind, auf der Basis der Genese neuer demokratischer Strukturen einer theoretischen und empirischen Reflexion zu unterziehen. Die demokratietheoretischen Botschaften der Arbeiten von Hans-Dieter Klingemann sind klar und begründet optimistisch. Bürger sind, auch in schwierigsten Umständen, konfrontiert mit der Veränderung aller gesellschaftlichen und ökonomischen Bedingungen, demokratiefähig. Demokratiefähig heißt in diesem Zusammenhang zum Beispiel, zwischen der aktuellen politischen Performanz und der demokratischen Ordnung zu unterscheiden und die Verantwortung für Missstände den politischen Autoritäten und nicht umstandslos der demokratischen Ordnung zuzuschreiben. Der einschränkende Befund ist, dass das nicht für alle neuen Demokratien gleichermaßen gilt. Hier kommt den politischen Anbietern, allen voran den politischen Parteien, besondere Verantwortung zu. Unzufriedenheit äußert sich dann nicht in politischem Extremismus, wenn die politischen Akteure selbst in der Lage sind, eine Integrationsleistung zu erbringen. Das Wechselspiel zwischen der politischen Nachfrage von Seiten der Bürger und den Anbietern, also den politischen Parteien und politischen Eliten, ist von zentraler Bedeutung für die Konsolidierungschancen der neuen Demokratien. Das zeigen die mit den *Founding Elections* initiierten Lernprozesse der Wähler. Der mündige Wähler kann nur in dem Maße demokratisch agieren, wie es ihm das politische System erlaubt. Dass die Bürger selbst einen Anteil an der Gestaltung des politischen Angebots und der Qualität der politischen Systeme haben, belegen die Forschungsergebnisse von Hans-Dieter Klingemann.

5. Vergleichende empirische Politikwissenschaft

Hans-Dieter Klingemann hat nicht nur ein umfassendes wissenschaftliches Werk vorgelegt, das zur Klärung grundlegender Fragen der Demokratieforschung einen wichtigen Beitrag leistet. Zu seinem Selbstverständnis als Wissenschaftler gehörte von Beginn seiner wissenschaftlichen Laufbahn an das Engagement in professionspolitischen Angelegenheiten. Seine diesbezüglichen Aktivitäten galten zunächst dem Ziel der Etablierung und Professionalisierung der vergleichenden empirischen

Politik- und Sozialforschung in Deutschland und Westeuropa. Nach 1989 hat er sich dann vor allem für den Aufbau der Politikwissenschaft in Mittel- und Osteuropa und deren Integration in die westeuropäische und internationale Politikwissenschaft eingesetzt und damit auch einen spezifischen Beitrag zur Konsolidierung der Demokratie in Mittel- und Osteuropa geleistet. Eine vollständige Darstellung und Würdigung seiner vielfältigen professionspolitischen Aktivitäten kann an dieser Stelle nicht geleistet werden. Wir beschränken uns auf die wichtigsten Beiträge zu den bereits genannten vier Feldern: der Erhebung von (Massen-)Daten, der Entwicklung von Analysemethoden, die Schaffung einer institutionellen Infrastruktur für die empirische Forschung sowie die Organisation und Durchführung von international vergleichenden und kooperativen Forschungsprojekten.

Eine Demokratiewissenschaft, die den Bürger als Konstituenten des Demos ernst nimmt, benötigt zur Analyse wichtiger Fragen eine Datenbasis, die systematische Aussagen zu den politischen Orientierungen und Verhaltensweisen der Bürger erlaubt. Das bedeutet die Durchführung repräsentativer Umfragen der (wahlberechtigten) Bevölkerung in regelmäßigen Abständen. Hans-Dieter Klingemann hat im Rahmen vieler nationaler und internationaler Forschungsprojekte zusammen mit Kollegen solche Daten erhoben. Unter den nationalen Erhebungen sollen zwei besonders hervorgehoben werden, die auf Dauer gestellt worden sind. Zu nennen sind erstens die seit der Bundestagswahl 1969 regelmäßig durchgeführten nationalen Wahlstudien. Hans-Dieter Klingemann hat zusammen mit seinen Kollegen Max Kaase, Franz Urban Pappi und anderen diese Studien konzipiert und organisiert, mehrheitlich war er in der Rolle des Primärforschers daran beteiligt. Diese Initiative hat zusammen mit einschlägigen wahlsoziologischen Arbeiten maßgeblich zur Institutionalisierung der empirischen Wahlforschung in Deutschland beigetragen. Diese Institutionalisierung wurde außerdem befördert durch die sogenannten „Blauen Bände" mit Analysen zu den Bundestagswahlen, die Hans-Dieter Klingemann und Max Kaase in wechselnder Namensreihenfolge für die sechs Bundestagswahlen von 1980 bis 1998 herausgegeben haben. Zu nennen sind zweitens regelmäßige Umfragen der wahlberechtigten Berliner Bevölkerung. Zusammen mit Kollegen am Zentralinstitut für sozialwissenschaftliche Forschung der Freien Universität Berlin (ZI 6) hat Hans-Dieter Klingemann im Jahr 1981 das Berlin-Projekt initiiert, in dessen Rahmen erstmals die Wählerschaft und die Führungsschicht von Berlin untersucht worden sind. Die für das Jahr 1989 geplante Folgestudie fiel in die Zeit der Wende in der DDR. Die Projektgruppe hat sich entschlossen, die historisch einmalige Möglichkeit zu einer umfassenden politisch-kulturellen Bestandsaufnahme in beiden Teilen der Stadt zu nutzen. Damit ist eine der ersten Studien entstanden, die in der Zeit *Zwischen Wende und Wiedervereinigung* durchgeführt wurde und auf deren Grundlage erstmals umfassend die „geteilte politische Kultur" des vereinigten Deutschlands beschrieben worden ist. Diese Studien bildeten den Ausgangspunkt für den von Hans-Dieter Klingemann initiierten „Harald-Hurwitz-Survey", der seit 1995 in regelmäßigen Abständen in Berlin und seit 2000 auch in Brandenburg erhoben wird. Die Studie wird finanziert von der Deutschen Paul Lazarsfeld-Gesellschaft und betreut vom Otto-Stammer-Zentrum für Empirische Politische Soziologie, dem Nachfolgeinstitut des ZI 6 an der Freien Universität Berlin.

Hans-Dieter Klingemanns wichtigster Beitrag zur Methodenentwicklung besteht in der Entwicklung des halbautomatischen Inhaltsanalysesystems *Textpack*, das wegen seiner Benutzerfreundlichkeit und seiner breiten Anwendungsmöglichkeiten eine Pionierarbeit darstellt. Die Entstehungsgeschichte dieses Analyseprogramms ist sehr aufschlussreich für die Forscherpersönlichkeit Klingemann. Die Entwicklung erfolgte im Zusammenhang mit seinen Analysen der Antworten auf die offenen Fragen zu den guten und schlechten Seiten der politischen Parteien, auf deren Grundlage Hans-Dieter Klingemann die Wählerrationalität untersucht hat. In den frühen siebziger Jahren existierte kein statistisches Analyseprogramm, das die Archivierung, das Management und die Analyse von Textdaten, wie sie die protokollierten Antworten auf offene Fragen darstellen, erlaubt hätte. Konfrontiert mit diesen fundamentalen Problemen an der Schnittstelle zwischen inhaltlichem Interesse und technischen Möglichkeiten hat Hans-Dieter Klingemann die Konzeption für ein entsprechendes statistisches Programm entworfen und die Programmentwicklung initiiert. *Textpack* gehört inzwischen zu den etablierten Textanalyseprogrammen der Sozialwissenschaften.

Eine empirische Sozialforschung benötigt Infrastruktureinrichtungen zur Archivierung von Daten, zur Entwicklung und Vermittlung von Methoden und nicht zuletzt zur Beratung und Unterstützung bei empirischen Forschungsprojekten. Hans-Dieter Klingemann war an der Institutionalisierung der beiden wichtigsten Infrastruktureinrichtungen für die empirische Sozialforschung in Deutschland beteiligt. Von 1966 bis 1974 war er als wissenschaftlicher Assistent am Zentralarchiv für empirische Sozialforschung (ZA) der Universität zu Köln. Dieses Institut hat vor allem die Aufgabe, die ansteigende Menge empirischer Studien zu archivieren und Nutzern möglichst komfortabel zugänglich zu machen. Zu diesem Zweck wurde unter maßgeblicher Beteiligung von Hans-Dieter Klingemann ein Informationsrückgewinnungssystem (ZAR) entwickelt. Darüber hinaus sah die Programmatik des Instituts, die er mitgestaltete, vor, dass die wissenschaftlichen Mitarbeiter sich in der Methodenausbildung und Methodenentwicklung engagieren und die Forschungsprojekte vor allem international vergleichend ausgerichtet waren. Im Anschluss daran, von 1974 bis 1980, war Hans-Dieter Klingemann wissenschaftlicher Leiter und stellvertretender Direktor des Zentrums für Umfragen, Methoden und Analysen (ZUMA) in Mannheim, dessen Aufgabe vor allem in der Beratung bei der Durchführung sozialwissenschaftlicher Studien besteht. Hans-Dieter Klingemann gehörte neben Max Kaase, Franz Urban Pappi und Erich Weede zur ersten Generation der wissenschaftlichen Leiter, die das Institut aufgebaut und zu einer der anerkanntesten sozialwissenschaftlichen Institutionen in Deutschland gemacht haben.

Hans-Dieter Klingemanns Institutionen bauenden und prägenden Aktivitäten blieben nicht auf Deutschland beschränkt. Nach dem Zusammenbruch der staatssozialistischen Systeme stellte sich das Problem des Aufbaus der Politikwissenschaft in den Ländern Mittel- und Osteuropas. Mit großem Engagement hat er sich im Rahmen seiner Tätigkeit in verschiedenen nationalen und internationalen politikwissenschaftlichen Fachverbänden und Organisationen für die Unterstützung des Aufbaus politikwissenschaftlicher Forschung und Lehre in den Ländern Mittel- und Osteuropas eingesetzt. So trat er zum Beispiel im ECPR als vehementer Anwalt der jungen Politikwissenschaft in Mittel- und Osteuropa auf und hat in Kooperation mit dem ECPR und dem Zentralarchiv am WZB Konferenzen zum Stand und den Entwicklungsperspektiven der vergleichenden Forschung und zur Wahlforschung in Mittel- und Osteuropa organisiert. Mit diesen und vielfältigen anderen Aktivitäten leistete er einen wichtigen Beitrag zur Integration der in Mittel- und Osteuropa jungen Disziplin in die westeuropäische und internationale Politikwissenschaft.

Die vergleichende empirische Politikwissenschaft konkretisiert sich vor allem in der Durchführung von international vergleichenden und kooperativen Forschungsprojekten. Hier werden wichtige inhaltliche Fragen untersucht, vergleichende theoretische Konzepte entwickelt, komparative Daten erhoben und analysiert. Nicht zuletzt werden auch Forschernetzwerke geschaffen, die teilweise über das offizielle Projektende hinaus weiter bestehen und in denen wieder neue Ideen für weitere Forschungsprojekte entstehen. Diese Forschernetzwerke bilden die Bausteine komparativer Forschung. Hans-Dieter Klingemann hat nicht nur in einer Reihe solcher Forschungsprojekte mitgearbeitet, die zu den wichtigsten der vergleichenden Politikwissenschaft zählen; in den meisten Fällen gehörte er zu den Initiatoren dieser Projekte. Darin kommt eine seiner besonderen Fähigkeiten zum Ausdruck, und zwar unterschiedlichste Persönlichkeiten anzusprechen, einzubeziehen und langanhaltende kollegiale, teilweise freundschaftliche Beziehungen aufzubauen und zu erhalten.

Zu den großen komparativen Forschungsprojekten, an denen Hans-Dieter Klingemann beteiligt war und ist, zählen *Political Action I und II*, die *Manifesto Research Group* des ECPR mit dem Nachfolgeprojekt *Comparative Manifestos Project*, *Beliefs in Government*, *The Comparative National Election Project*, *The Postcommunist Citizen I und II*, *World Values Surveys II bis IV*, *Founding Elections* und *The Comparative Study of Electoral Systems*. Kennzeichnend für diese Liste der Projekte ist der kontinuierliche Anstieg von Kooperationspartnern und Untersuchungsländern. Während *Political Action* noch auf acht westliche Demokratien begrenzt war, umfasst die Datensammlung des *Comparative Manifestos Project* alle OECD-Länder und 24 Länder Mittel- und Osteuropas und die *World Values Surveys IV* wurden inzwischen in 75 Ländern durchgeführt. Für die vergleichende empirische Politikwissenschaft ist eine breite Datenbasis entstanden, die ohne den engagierten und kompetenten Einsatz von Hans-Dieter Klingemann wohl erheblich schmaler wäre.

Hans-Dieter Klingemanns institutionenbezogene Initiativ- und Aufbauleistungen sind erheblich. Dass sie nicht von seinen inhaltlichen Interessen zu trennen sind, davon gibt das Verzeichnis seiner Publikationen im Anhang dieses Bandes beredtes Zeugnis.

6. Konzeption des Bandes

Der Titel des vorliegenden Bandes ist zugleich Ausdruck eines Programms: „Bürger und Demokratie in Ost und West. Studien zur politischen Kultur und zum politischen Prozess" – das ist das weit gefächerte Feld der Forschungsaktivitäten von Hans-Dieter Klingemann. Der Band ist in fünf Teile gegliedert, die den gesamten politischen Prozess von den politischen Orientierungen der Bürger auf der Input-Seite bis zur Leistungsfähigkeit auf der Output-Seite des politischen Systems abbilden. Im Teil *Politische Kultur und politische Werte* (I.) werden konzeptionelle und empirische Analysen präsentiert, die auf verschiedene Weise an die Arbeiten von Hans-Dieter Klingemann zur politischen Konzeptualisierung, der Entsprechung von politischer Kultur und politischer Struktur sowie der Ausprägung der politischen Kultur in den neuen Demokratien Mittel- und Osteuropas anknüpfen. In den Beiträgen zu *Wahlen und politischer Prozess* (II.) dokumentiert sich sowohl die Ausweitung des Untersuchungsfokus von nationalen Studien zum internationalen Vergleich als auch die Institutionalisierung der Wahlforschung, den beiden Entwicklungen, zu denen Hans-Dieter Klingemann maßgeblich beigetragen hat. In dem Teil *Politische Partizipation und Interessenartikulation* (III.) wird ein Thema variiert, das Hans-Dieter Klingemann seit der Studie *Political Action* immer wieder aufgegriffen und untersucht hat: Welche Formen von Aktivitäten entfalten Bürger jenseits von Wahlen und mit welchen anderen Mitteln versuchen sie ihre Anliegen vorzutragen? Die Beiträge zu *Politische Parteien und Politiken* (IV.) nehmen sowohl Bezug auf Hans-Dieter Klingemanns mikroanalytische, im Rahmen der Wahlforschung entstandene Arbeiten als auch auf seine makroanalytischen Arbeiten zur Parteiendemokratie. Im letzten inhaltlichen Teil des Bandes werden schließlich Fragen und Themen zu *Politische Repräsentation und politische Leistungsfähigkeit* (V.) bearbeitet, die Hans-Dieter Klingemanns Interesse insbesondere in den letzten Jahren gefunden haben.

Die Autoren des Bandes sind sorgfältig ausgewählt. Die Grundidee bei der Auswahl war, Personen einzubeziehen, die in einer besonders intensiven Beziehung zu Hans-Dieter Klingemann stehen. Dazu zählen diejenigen, deren wissenschaftlichen Weg er lange begleitet und denen er über so manche Qualifikationshürde geholfen hat; dazu zählen alte Weggefährten im professionell-freundschaftlichen Sinne; und dazu zählen die Kolleginnen und Kollegen in Mittel- und Osteuropa, die mit Hans-Dieter Klingemann in dem neuen und spannenden Feld der Konsolidierung von Demokratie in verschiedenen Vorhaben intensiv kooperieren. Die Kriterien, nach denen die Herausgeber die Autoren ausgewählt haben, sind in dem Wunsch festgelegt worden, Hans-Dieter Klingemann einen in fachlicher wie persönlicher Hinsicht angemessenen Band unterbreiten zu können. Es sei erlaubt zu vermerken, dass alle Einladungen, zu diesem Band beizutragen, angenommen wurden.

Der Band konnte nicht ohne Mitarbeit und Hilfe entstehen. Den Autorinnen und Autoren ist zu danken, dass es ihnen ein ähnlich dringendes Anliegen wie den Herausgebern war, diesen Band zu produzieren. Besonderer Dank gilt Gudrun Mouna (WZB), ohne deren sorgfältige und effiziente redaktionelle und technische Bearbeitung dieser Band nicht hätte entstehen können. Katarina Pollner (WZB) war bei den vielfältigen organisatorischen Aufgaben, die ein solches Vorhaben mit sich bringt, ebenso hilfreich wie bei der Lösung so manchen Problems der Text- und Grafikgestaltung. Richard I. Hofferbert und Charles Lewis Taylor haben in dankenswerter Weise einen Großteil der englischsprachigen Manuskripte durchgesehen und, wo notwendig, die entsprechenden Fähigkeiten eines *native speakers* zum Einsatz gebracht. Zu danken ist auch dem WZB, namentlich Konstanza Prinzessin zu Löwenstein, die die Bedingungen gwährleistete, ohne die ein solches Vorhaben nicht durchzuführen ist, und schließlich dem Westdeutschen Verlag, namentlich seinem Lektor für Politikwissenschaft Frank Schindler, der für eine unkomplizierte Abwicklung in technischer und zeitlicher Hinsicht Sorge getragen hat.

Literatur

Almond, Gabriel A. und Sidney Verba (1963): The Civic Culture. Political Attitudes and Democracy in Five Nations. Princeton: Princeton University Press.

Bell, Daniel (1962): The End of Ideology. On the Exhaustion of Political Ideas in the Fifties. New York: The Free Press.

Bleek, Wilhelm (2001): Geschichte der Politikwissenschaft in Deutschland. München: C. H. Beck.

Campbell, Angus, Philip E. Converse, Warren E. Miller und Donald E. Stokes (1960): The American Voter. New York: John Wiley & Sons.

Converse, Philip E. (1964): The Nature of Belief Systems in Mass Publics. In: David A. Apter (Hrsg.): Ideology and Discontent. New York: Free Press, S. 206-261.

Dahl, Robert A. (1989): Democracy and its Critics. New Haven: Yale University Press.

Easton, David (1965): A Framework for Political Analysis. Englewood Cliffs, N.J.: Prentice-Hall.

Fuchs, Dieter (1993): Eine Metatheorie des demokratischen Prozesses. Diskussionspapier FS III 93-202. Berlin: Wissenschaftszentrum Berlin für Sozialforschung (WZB).

Key, Valdimer Orlando Jr. (1966): The Responsible Electorate. Rationality in Presidential Voting, 1936-1960. Cambridge, Mass.: The Belknap Press of Harvard University Press.

Kirchheimer, Otto (1966): The Transformation of the Western Party System. In: Joseph LaPalombara and Myron Weiner (Hrsg.): The Origin and Development of Political Parties. Princeton: Princeton University Press, S. 177-200.

Lane, Robert E. (1962): Political Ideology. Why the American Common Man Believes What He Does. New York: The Free Press of Glencoe.

Lehmbruch, Gerhard (1997): Exploring Non-Majoritarian Democracy. In: Hans Daalder (Hrsg): Comparative European Politics. The Story of a Profession. London: Pinter, S. 192-205.

Sartori, Giovanni (1976): Parties and Party Systems. A Framework for Analysis. Cambridge: Cambridge University Press.

Sartori, Giovanni (1987): The Theory of Democracy Revisited. Chatham, N.Y.: Chatham House Publishers.

Schattschneider, Eric (1942): Party Government. New York: Rinehart & Company.

I.

Politische Kultur und politische Werte

Das Konzept der politischen Kultur: Die Fortsetzung einer Kontroverse in konstruktiver Absicht

Dieter Fuchs

1. ,Einleitung

Das Konzept der politischen Kultur hat seit einigen Jahren eine bemerkenswerte Wiederauferstehung erfahren (Almond 1993). Dafür sind verschiedene Gründe verantwortlich. Der vermutlich wichtigste war der Zusammenbruch der kommunistischen Gesellschaftsordnung in Mittel- und Osteuropa und die Einführung von Marktwirtschaft und Demokratie in den Ländern dieser Region. Diese Entwicklung führte zu einer erneuten Thematisierung der alten Frage von *The Civic Culture* (Almond und Verba 1963), inwieweit in diesen Ländern eine politische Kultur existiert, die den neu implementierten demokratischen Institutionen auch angemessen ist. Das Konzept der politischen Kultur wurde in die Transformationsforschung integriert und die Herausbildung einer politischen Kultur, die zu dem demokratischen Regime kongruent ist, wird in vielen Studien dieser Forschungsrichtung als eine Bedingung der Konsolidierung der neuen Demokratien angesehen (Kaase 1994; Linz und Stepan 1996; Plasser, Ulram und Waldrauch 1997; Fuchs und Roller 1998; Rose, Mishler und Haerpfer 1998; Merkel 1999; Rohrschneider 1999).

Als zweiter Grund kann eine Diskussion in der politischen Philosophie angeführt werden. Kommunitaristische Theoretiker haben bei ihrer Kritik an einem individualistischen Liberalismus die Bedeutung gemeinschaftlicher Werte und Tugenden für die Kooperation und Solidarität der Bürger eines Landes herausgestellt (McIntyre 1981; Sandel 1982; Etzioni 1993). Damit wurde eine intellektuelle Grundlage geschaffen, die mit zu der außerordentlichen Resonanz der Studie *Making Democracy Work* von Robert Putnam (1993) beitrug. In dieser Studie wurden eine Reihe von Vorstellungen der kommunitaristischen Theoretiker empirisch fruchtbar gemacht und diese Studie stimulierte ihrerseits eine Vielzahl weiterer Analysen mit vergleichbaren Konzepten und Fragestellungen (Gabriel 1999; Warren 1999; van Deth et al. 1999; Pharr und Putnam 2000).

Die beiden genannten Diskussionslinien basieren auf der Annahme, dass eine lebendige und stabile Demokratie nicht nur auf dem Faktum und dem Wirken demokratischer Institutionen oder gar nur auf einer effektiven Ökonomie beruhen kann, sondern darüber hinaus auch an kulturelle Voraussetzungen gebunden ist. Gabriel Almond (1980) zeigt in „The Intellectual History of the Ciyic Culture Concept", dass diese Annahme im politischen Denken der westlichen Zivilisation seit den antiken Griechen fest verankert ist (siehe auch Almond 1990). Er stellt

dort auch die naheliegende Frage, wie denn der Zusammenbruch einiger Demokratien zwischen den beiden Weltkriegen ohne Bezugnahme auf kulturelle Faktoren
erklärt werden kann, sofern in anderen Ländern, die ein vergleichbares sozioöko-
nomisches Entwicklungsniveau hatten und die mit ähnlichen Problemen konfrontiert waren, die Demokratie Bestand hatte.

Trotz der starken Plausibilität des Stellenwertes kultureller Faktoren für die Stabilität und das Funktionieren von Demokratien ist das Konzept der politischen Kultur immer wieder scharf kritisiert worden (Barry 1970; Rogowski 1974; Dittmer
1977; Reichel 1980; Laitin 1995; Reisinger 1995; Jackman und Miller 1996a, b).
Wenn man sich auf die Lektüre dieser Kritiken beschränkt, dann ist die in dem
Überblicksaufsatz von Max Kaase (1983) gestellte Frage nach dem „Sinn oder Unsinn" des Konzepts der politischen Kultur ganz eindeutig zu beantworten: Es ist
kein sinnvolles wissenschaftliches Konzept und sollte durch andere Konzepte ersetzt werden, die Fragen wie die der Stabilität und Konsolidierung von Demokratien besser erklären können. Diese Schlussfolgerung basiert aber auf einer rigiden
Anwendung wissenschaftstheoretischer Standards, denen auch die meisten anderen
sozialwissenschaftlichen Konzepte nicht standhalten würden. Das Konzept der politischen Kultur wird besonders aus der Perspektive der Rational-Choice-Theorie
kritisiert und dieser Theorieansatz wird zugleich als der überlegene postuliert. Bekanntlich ist aber auch an dieser Theorie erhebliche Kritik vorgebracht worden; eine Monographie prominenter Autoren geht sogar soweit, *Pathologies of Rational
Choice Theory* (Green und Shapiro 1994) zu konstatieren. Der Vorrang einer Theorie über eine andere ist zudem nicht nur auf der Grundlage von wiederum theoretischen Kriterien zu klären, sondern erfordert darüber hinaus auch systematische
empirische Vergleiche im Hinblick auf ihr deskriptives und erklärendes Potenzial.

Die Voraussetzung einer angemessenen Bewertung der wissenschaftlichen
Brauchbarkeit eines Konzepts – sei es auf der Basis theoretischer Kriterien oder
empirischer Befunde – ist eine konstruktive Darstellung des Konzepts. Diese beruht vor allem darauf, dass die Darstellung sich nicht auf die ursprüngliche Version
von *The Civic Culture* (Almond und Verba 1963) beschränkt, sondern die *Weiter-
entwicklungen* berücksichtigt, die im Hinblick auf wichtige Kritikpunkte von den
Autoren des Konzepts selber vorgenommen wurden und die auf der Grundlage ihrer Überlegung vorgenommen werden können. Eine derartig verstandene konstruktive Darstellung des Konzepts ist die Zielsetzung der nachfolgenden Analyse.

2. Definition und Spezifikation des Konzepts der politischen Kultur

Den Ausgangspunkt unserer Diskussion des Konzepts der politischen Kultur bilden
die vielfältigen Kritiken, die an diesem Konzept vorgenommen wurden. Almond
(1980: 26) charakterisiert diese als „polemic" und macht damit schon deutlich, dass
er sie weitgehend für unangemessen hält. Wir beschränken uns in der nachfolgen-

den Erörterung auf die drei wichtigsten Kritikpunkte, die sich an den folgenden Aspekten festmachen: (1) der Definition und Spezifikation des Konzepts, (2) seiner Kausalstruktur und Erklärungskapazität sowie (3) seiner normativen Grundlage. Wir behandeln in diesem Abschnitt zunächst den ersten Aspekt und diskutieren die Kritikpunkte 2 und 3 in den nachfolgenden Abschnitten.

Die Brauchbarkeit eines Konzepts für Analysezwecke hängt zunächst einmal davon ab, dass es eindeutig definiert und der analytische Status bestimmt ist. Genau das wird von einer Reihe von Autoren in Frage gestellt. Nach ihnen ist der Bedeutungsgehalt des Konzepts der politischen Kultur zu umfassend, um noch viel besagen zu können, und der analytische Stellenwert der einzelnen Komponenten des Konzepts ist ungeklärt (Dittmer 1977; Kaase 1983; Patrick 1984; Lane 1992; Diamond 1993; Street 1993; Reisinger 1995).

Diese Kritik bezieht sich zum einen auf die klassische Definition von politischer Kultur in *The Civic Culture* (Almond und Verba 1963: 14 ff.) und zum anderen auf die weiteren Definitionen, die danach vorgelegt wurden und die zu einer zusätzlichen Schwierigkeit führten: „One clear difficulty is that political culture has almost as many definitions as authors who employ it" (Reisinger 1995: 334). Um diese Schwierigkeit zu umgehen und um eine Diskussionskontinuität herzustellen, folgen wir der Empfehlung von Kaase (1983: 150 f.) und beschränken uns auf die Definition und theoretische Grundlegung des Konzepts durch seine „ursprünglichen Protagonisten". Die klassische Definition von politischer Kultur ist von Almond (1990: 143 f.) in einem neueren Aufsatz noch einmal relativ prägnant zusammengefasst worden:

> „Political culture theory defines political culture in this fourfold way: (1) It consists of the set of subjective orientations to politics in a national population or subset of a national population. (2) It has cognitive, affective, and evaluative components; it includes knowledge and beliefs about political reality; feelings with respect to politics, and commitments to political values. (3) The content of political culture is the result of childhood socialization, education, media exposure, and adult experiences with governmental, social, and economic performance. (4) Political culture affects political and governmental structure and performance – constrains it, but surely does not determine it. The causal arrows between culture and structure and performance go both ways."

Die beiden letzten Punkte beziehen sich auf die Kausalstruktur des Konzepts und werden im nachfolgenden Abschnitt erörtert. Wir konzentrieren uns vorerst auf seinen Bedeutungsgehalt, der in den ersten beiden Punkten festgehalten wird.

Der Bedeutungsgehalt des Konzepts der politischen Kultur wird demnach auf zwei Ebenen bestimmt. Die erste Ebene besteht in einer *allgemeinen Definition* von politischer Kultur als einem „set of subjective orientations to politics". Die zweite Ebene besteht in der Bestimmung der *konkreten Elemente* dieser subjektiven Orientierung. Diese Bestimmung wird durch eine Taxonomie vorgenommen, die aus „modes of political orientation and classes of political objects" (Almond und Verba 1963: 15) gebildet wird. In der zitierten Definition wird vor allem auf die Orientierungsmodi Bezug genommen – kognitiv, affektiv, evaluativ – und we-

niger auf die politischen Objekte. In *The Civic Culture* (Almond und Verba 1963:
16) werden vier Objektklassen unterschieden: „system as general object", „input
objects", „output objects", „self as object". Auf diese Weise erhält man eine Matrix
mit zwölf Zellen und entsprechend vielen politischen Orientierungen. Wenn man
in Rechnung stellt, dass es sich um Objekt*klassen* handelt, die weiter ausdifferenziert werden müssen, dann potenziert sich die Anzahl der politischen Orientierungen. Allen diesen politischen Orientierungen auch nur einen einigermaßen präzisen
analytischen Stellenwert zuzuweisen, dürfte kaum möglich sein und ist bislang
auch nicht ernsthaft versucht worden. Darüber hinaus ist eine generalisierende Beschreibung *der* politischen Kultur einzelner Länder, die eine Voraussetzung für
komparative Analysen mit Ländern als Analyseeinheit darstellt, auf der Grundlage
einer derart komplexen Einstellungstaxonomie äußerst schwierig (zu einem Versuch, die politische Kultur der EU-Länder mit Hilfe dieser Taxonomie zu beschreiben, siehe Gabriel 1994). Damit scheint sich die Einschätzung zu bestätigen, dass
es sich bei dem Konzept der politischen Kultur um einen „catch-all term" (Dittmer
1977; Kaase 1983), einen „Sammelbegriff" (Pappi 1986) oder um eine „rubric"
(Reisinger 1995) handelt. Als Sammelbegriff ist seine Kapazität zur Beschreibung
und vor allem zur Erklärung politischer Phänomene gering.

Um die wissenschaftliche Brauchbarkeit des Konzepts zu erhöhen, ist demzufolge eine analytische Eingrenzung notwendig. Diese kann im Hinblick auf das
Grundpostulat des Konzepts der politischen Kultur vorgenommen werden. Danach
hängt die Stabilität des demokratischen Regimes eines Landes maßgeblich davon
ab, ob die Bürger dieses Landes Einstellungen internalisiert haben – und von diesen Einstellungen beeinflusste Verhaltensweisen aufweisen, die zu der institutionellen Struktur konsistent bzw. kongruent sind (Almond und Verba 1963: 5, 21,
34, 473, 498). Mit dieser Annahme begann überhaupt erst die Ausarbeitung des
Konzepts der politischen Kultur und dieses sogenannte Kongruenzpostulat kann als
der *paradigmatische Kern* des Konzepts angesehen werden. Unter Rekurs auf diesen paradigmatischen Kern kann dann aus der Vielzahl politischer Orientierungen
auch eine begrenzte Teilmenge identifiziert werden, die für die Stabilität demokratischer Regime besondere Bedeutsamkeit hat. Diesen Versuch haben Almond und
Powell (1978) unternommen, indem sie zwischen „system culture", „process culture" und „policy culture" differenzierten und der „system culture" eine spezifische
Funktion für die Bestandserhaltung eines demokratischen Regimes zuwiesen. Die
„system culture" wird folgendermaßen definiert (Almond 1980: 28; siehe auch
Almond 1990: 153):

> „The system culture of a nation would consist of the distributions of attitudes to-
> ward the national community, the regime, and the authorities, to use David Eas-
> ton's formulation. These would include the sense of national identity, attitudes
> toward the legitimacy of the regime and its various institutions, and attitudes to-
> ward the legitimacy and effectiveness of the incumbents of the various political
> roles."

Damit wird die Theorie politischer Unterstützung von David Easton (1965, 1975) in das Konzept der politischen Kultur integriert und kann zu einer weiteren Präzisierung herangezogen werden.

Wie bei dem Konzept der politischen Kultur ist die zentrale Frage der Theorie von Easton die Stabilität politischer Systeme. Easton (1965: 475) verwendet statt des Stabilitätsbegriffs den der Persistenz, um damit die Assoziation von statischem Beharren zu vermeiden und die Möglichkeit einer „Ultrastabilität" demokratischer Regime durch strukturellen Wandel schon begrifflich auszudrücken. Die Theorie politischer Unterstützung von Easton ist an das Konzept der politischen Kultur in besonderer Weise anschlussfähig, weil nach ihr die Persistenz eines demokratischen Regimes von einem mehr oder weniger großen „input" an „support" abhängt, also von einer bestimmten politischen Einstellung. Wir wollen an dieser Stelle das Support-Konzept nicht ausführlich darstellen (siehe dazu Fuchs 1989, 1993), sondern lediglich die für die Persistenzfrage und somit die für das Basispostulat der politischen Kultur relevanten Gesichtspunkte hervorheben.

Easton (1965, 1975) differenziert zwischen verschiedenen Kategorien von Support und zieht dazu unterschiedliche Orientierungsmodi („diffuse", „specific") und unterschiedliche Orientierungsobjekte („political community", „regime", „political authorities") heran. Die für die Persistenz wichtigste Unterstützungskategorie ist der „diffuse support" gegenüber dem Regime. Dieser ist negativ dadurch gekennzeichnet, dass er weitgehend unabhängig von den alltäglichen Outputs der politischen Entscheidungsträger ist; die Einstellungen zu diesen Outputs bezeichnet Easton als „specific support". Positiv ist er entweder durch eine Generalisierung andauernder Erfahrungen – seien sie positiv oder negativ – mit den Outputs der politischen Entscheidungsträger auf das politische Regime bestimmt, oder aber durch die subjektive Überzeugung, dass das Regime den eigenen Wertorientierungen entspricht. Die erstgenannte Einstellung nennt Easton „trust" und die zweitgenannte „legitimacy". Legitimität wird von Easton (1975: 451) folgendermaßen definiert:

> „[Legitimacy, DF] reflects the fact that in some vague or explicit way [a person, DF] sees these objects as conforming to his own moral principles, his own sense what is right and proper in the political sphere."

Diese „moral principles" sind politische Wertorientierungen der Bürger, mit denen das Regime normativ (und das heißt kontrafaktisch) – „what is right and proper" – konfrontiert wird. Von den beiden Dimensionen der diffusen Unterstützung des Regimes ist die Legitimität die relativ wichtigere für deren Persistenz. Das Regime wird im Falle der Legitimität „for its own sake" (Easton 1975: 444) unterstützt, also nicht deshalb, weil es Bestimmtes leistet, sondern weil es bestimmte Werte institutionalisiert hat, die der Bürger für richtig hält.

Durch die Bezugnahme auf die Theorie politischer Unterstützung von Easton können also die relevanten Einstellungen der Bürger auf die politischen Wertorientierungen und die Unterstützung des Regimes reduziert werden (ähnlich Pappi 1986). Unter diesen beiden Einstellungen haben die politischen Wertorientierungen ein relatives Primat, da sie die Grundlagen für die Legitimitätsüberzeugungen bilden. Wir können nunmehr die konstitutiven Merkmale des Paradigmas der politischen Kultur präziser fassen. Das erste Merkmal besteht in der *Fragestellung* nach der „Persistenz demokratischer Regime". Das zweite in dem *Basispostulat* der „Kongruenz von Kultur und Struktur" und das dritte in dem *Bedeutungsgehalt*, der auf „politischen Wertorientierungen" und der „Unterstützung des Regimes" beruht.

Mit dem dritten Merkmal des Paradigmas wird zum einen eine Spezifikation des Bedeutungsgehalts des Konzepts der politischen Kultur vorgenommen. Damit wird zum anderen aber auch ein Bezug zu dem Konzept von Kultur in allgemeinen sozialwissenschaftlichen Theorien hergestellt. Nach diesen Theorien besteht die zentrale Komponente von Kultur in den von den Mitgliedern einer gesellschaftlichen Gemeinschaft geteilten Weltbildern und Wertesystemen (Parsons 1971; Keesing 1974; Münch 1986). Eine in der Politischen-Kultur-Forschung bislang wenig berücksichtigte Fragestellung betrifft den systematischen Zusammenhang zwischen der allgemeinen und der politischen Kultur eines Landes. Theoretische Anknüpfungspunkte für solche Analysen bietet z.B. die Unterscheidung von Kulturkreisen (Huntington 1996).

3. Kausalstruktur und Erklärungswert des Konzepts der politischen Kultur

Das implizite Kausalmodell des klassischen Konzepts

Das entscheidende Kriterium für die wissenschaftliche Brauchbarkeit eines Konzepts ist sein Erklärungswert. Die Voraussetzung, um etwas erklären zu können, ist die Spezifikation von Kausalhypothesen. Franz Urban Pappi (1986: 279) argumentiert überzeugend, dass das Konzept der politischen Kultur als ein Sammelbegriff zwar den Vorteil eines „schnellen Starts bei der Beschreibung" der subjektiven Orientierungen gegenüber der Politik besitze, diesen aber mit einem Nachteil erkaufe: „einen besonderen Erklärungswert hat politische Kultur in diesem Sinne nicht". An diesem Erklärungswert setzen deshalb auch eine Reihe von Kritikern mit unterschiedlichen Schwerpunkten und zum Teil unterschiedlichen Argumenten an (Barry 1970; Rogowski 1974; Popkin 1979; Pateman 1980; Laitin 1995; Reisinger 1995; Jackman und Miller 1996a, b). Bevor wir die Frage aufgreifen, ob diese Kritik durch die Spezifikation des Konzepts der politischen Kultur (siehe vorangehender Abschnitt) nicht abgeschwächt werden muss, wollen wir überprüfen, inwieweit sich bereits auf der Grundlage des klassischen Konzepts (Almond und Verba 1963; Verba 1965; Almond und Powell 1978; Almond 1980, 1990) Kausalhypothesen festmachen lassen, die grundsätzlich überprüft werden können.

In Abbildung 1 sind die Kausalannahmen, die die Autoren des Konzepts eher verstreut in den angegebenen Studien machen, zu einem integrierten Modell zusammengezogen und zum Teil etwas transformiert worden. (Die meisten Hinweise

Abbildung 1: Das implizite Kausalmodell des klassischen Konzepts der politischen Kultur

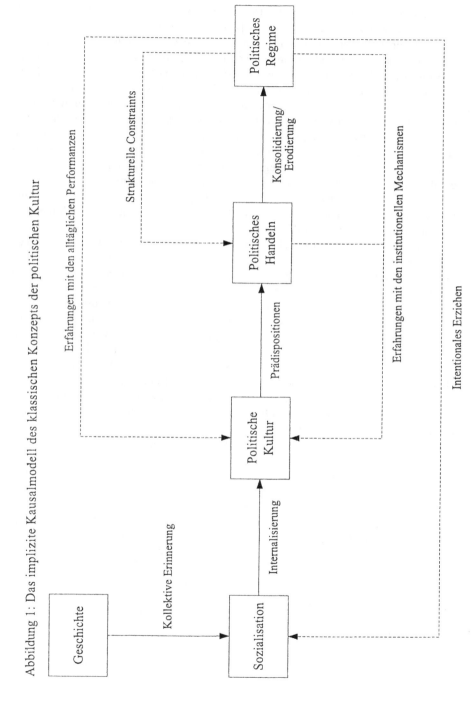

auf Kausalannahmen enthalten die Definitionen von Almond und Powell [1978: 25f.] sowie von Almond [1990: 143f.]). Da ein derartiges Modell von den ursprünglichen Protagonisten des Konzepts der politischen Kultur nicht spezifiziert worden ist, sondern lediglich eine Konstruktion auf der Grundlage ihrer Studien darstellt, bezeichnen wir es als das implizite Kausalmodell des klassischen Konzepts der politischen Kultur. Die dominante Kausalrichtung geht von der Sozialisation aus, d.h. den Prozessen, in denen die Individuen die gesellschaftlich relevanten Inhalte der politischen Kultur internalisieren. Die politische Kultur – wir klammern zunächst die Frage des Gehaltes aus – bestimmt dann das politische Handeln der Bürger. Je nachdem, wie sich dieses gestaltet, führt das zu einer Konsolidierung des demokratischen Regimes oder zu einer Erodierung durch bestandsgefährdende Störungen, die Easton (1965) „stress" nennt. Ein derartiger „stress" kann zum Beispiel dann entstehen, wenn die Bürger in einem nennenswerten Ausmaß Anti-System-Parteien wählen oder illegale bis gewaltsame Protestformen zur Verfolgung ihrer politischen Ziele einsetzen.

Diese Kausalstruktur bezeichnen Brian Barry (1970) und Carole Pateman (1980) als deterministisch und wenden ihr gegenüber ein, dass die Kausalität auch in der umgekehrten Richtung verlaufen könne. Das aber ist im Konzept der politischen Kultur durchaus vorgesehen (Almond und Powell 1978: 251; Almond 1980: 29, 1990: 144). Das politische Handeln der Akteure findet immer unter strukturellen Constraints statt, die vor allem durch die Verfasstheit des Regimes gesetzt sind. Und die durch die Sozialisation vermittelten Einstellungen und Verhaltensdispositionen werden immer auch beeinflusst – und gegebenenfalls modifiziert – durch die konkreten Erfahrungen mit dem politischen Prozess, wie z.B. mit den alltäglichen Performanzen der Entscheidungsträger oder mit den institutionellen Mechanismen. Zu Letzteren zählt vor allem der Regierungs-Oppositions-Mechanismus. Almond (1990: 144) kommt hinsichtlich dieser Kritik deshalb auch zu der Schlussfolgerung: „This was essentially a straw-man polemic." Mit dem in Abbildung 1 dargestellten Modell kommt man dem Kriterium der Semi-Formalisierung sehr nahe. Dieses Kriterium hat Laitin (1995) positiv an dem Konzept der politischen Kultur von Putnam (1993) gegenüber dem klassischen Ansatz von Almond, Verba und Powell hervorgehoben.

Bevor wir diese Semi-Formalisierung noch etwas weitertreiben, wollen wir einen weiteren und zentralen Kritikpunkt ansprechen. Nach diesem hat das Konzept der politischen Kultur bei Berücksichtigung anderer Faktoren keinen eigenständigen Erklärungswert mehr (Rogowski 1974; Popkin 1979; Elster 1988). Dieses Argument wird auch im Kontext der Transformationsforschung bei der Erklärung der Konsolidierung demokratischer Regime vorgebracht (Di Palma 1990; Przeworski 1991; Geddes 1995). Als alternative Theorie wird dabei häufig auf den Rational-Choice-Ansatz verwiesen und als alternative Erklärungsfaktoren auf politökonomische Variablen. Kulturellen Faktoren einen eigenständigen Stellenwert abzusprechen, ist angesichts der außerordentlichen Bedeutung dieser Faktoren in der Geschichte der politischen Ideen von der Antike bis heute etwas überraschend. Dass der Zusammenbruch, die Entstehung und die Konsolidierung demokratischer Systeme ohne jeden Rückgriff auf kulturelle Faktoren erklärt werden kann, ist intuitiv wenig plausibel und wird von vielen Autoren (siehe Einleitung) auch bestritten. Plausibilitäten und Argumente alleine können die Kontroverse aber nicht entscheiden. Notwendig sind systematische empirische Vergleiche hinsichtlich der Erklärungskraft von Variablen aus verschiedenen theoretischen Ansätzen. Derartige Studien sind bislang eher rar. Die wenigen Studien, die solche Vergleiche durchgeführt haben, zeigen sowohl auf der Mikroebene der Bürger (Fuchs und Rohrschneider 2001) als auch auf der Makroebene der Länder (Lipset 1994, 2001; Przeworski et al. 1996), dass kulturelle Faktoren selbst dann eine Rolle spielen, wenn man politökonomische Faktoren berücksichtigt.

Ein Kausalmodell der Systemkultur

Bei der Erörterung des in Abbildung 1 dargestellten Kausalmodells wurde die Frage des Gehalts der politischen Kultur ausgeklammert. Diesen Gehalt im Sinne der komplexen Taxonomie von *The Civic Culture* (Almond und Verba 1963: 15) zu interpretieren, wäre wenig sinnvoll. Die Spezifikation des Modells beruht auf der Fragestellung nach der Persistenz demokratischer Regime. Nach Almond und Powell (1978) ist es die „system culture", die funktional auf die Persistenz bezogen ist, und demgemäß wird die politische Kultur in dem Kausalmodell auch als Systemkultur begriffen. Wie bereits erörtert (siehe Abschnitt 2), wird die Systemkultur von Almond und Powell in Anknüpfung an die Theorie von Easton (1965, 1975) als eine Verteilung von Einstellungen der Bürger eines Landes zu der „political community", dem „regime" und den „authorities" bestimmt. Dadurch wird die Menge der für die Fragestellung relevanten Einstellungen gegenüber dem Sammelbegriff von *The Civic Culture* (Almond und Verba 1963) zwar erheblich reduziert. Es bleibt aber immer noch offen, wie der Zusammenhang der drei Einstellungen zu denken ist und welche Auswirkungen sie jeweils auf die Persistenz des demokratischen Systems haben. Diesbezüglich werden im Folgenden einige Vorschläge gemacht.

Wir gehen dabei in zwei Schritten vor: Im ersten Schritt differenzieren wir in Anlehnung an die Theorien von Talcott Parsons (1971) und Niklas Luhmann (1970, 1984) ein demokratisches System in die drei hierarchisch geordneten Ebenen der Kultur, der Struktur und des Prozesses (Fuchs 1999). Die Hierarchie ergibt sich aus dem Gesichtspunkt der informationellen Steuerung von „oben" nach „unten", die von der Kultur ausgeht (Parsons 1971). Die Basiselemente der Kultur eines politischen Systems sind nach Parsons (1971) politische Wertorientierungen, die als Konzeptionen des wünschenswerten Typs eines politischen Regimes definiert werden (siehe zu diesem Wertebegriff auch van Deth und Scarbrough 1995). Das tatsächliche Regime eines Landes besteht aus einer bestimmten institutionellen Struktur, die in der Regel durch eine Verfassung festgelegt ist. Eine solche Festlegung geschieht immer unter Bezugnahme auf politische Wertorientierungen und insofern kann ein politisches Regime eines Landes als eine selektive Implementati-

on kultureller Werte begriffen werden (Lepsius 1995; Fuchs 1999). Die in der Verfassung enthaltenen Rechtsnormen stellen zugleich normative Erwartungen an das
Verhalten der Akteure dar, die den politischen Prozess im Rahmen der institutionellen Struktur konstituieren. Diese Differenz von Struktur und Prozess ist vor allem von Luhmann (1970, 1984) in die soziologische Theorie eingeführt worden.
Das faktische Handeln der politischen Akteure wird nicht nur von den Rechtsnormen der Verfassung bestimmt – diese sind in vielen Handlungssituationen nicht
hinreichend instruktiv –, sondern auch direkt von den politischen Wertorientierungen beeinflusst.

Abbildung 2: Ebenenmodell eines demokratischen Systems

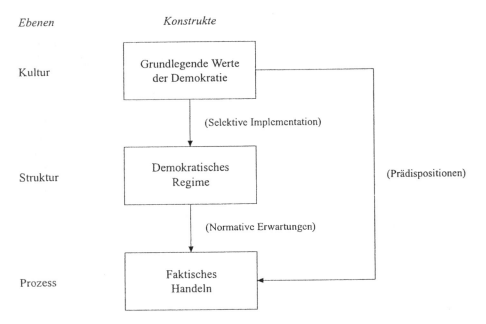

In einem zweiten Schritt wird dieses in Abbildung 2 dargestellte allgemeine Modell eines demokratischen Systems als ein Einstellungsmodell spezifiziert (siehe
dazu Abbildung 3). In diesem Modell werden drei Einstellungskonstrukte unterschieden: Erstens die „Bindung an demokratische Werte", zweitens die „Unterstützung des demokratischen Regimes im eigenen Land" und drittens die „Unterstützung der politischen Entscheidungsträger". Dass die Bürger zwischen diesen Einstellungskonstrukten kognitiv auch tatsächlich differenzieren, hat in einer umfassend angelegten komparativen Studie Hans-Dieter Klingemann (1999) gezeigt. Wir
erläutern dieses Einstellungsmodell, indem wir vor allem die Unterschiede zum
Konzept der politischen Unterstützung von Easton (1965, 1975) herausstellen. Die-

ses Konzept ist von Almond und Powell (1978) sowie Almond (1980, 1990) zur Definition der Systemkultur herangezogen worden (siehe Abschnitt 2).

Abbildung 3: Spezifikation des Ebenenmodells eines demokratischen Systems als Einstellungsmodell

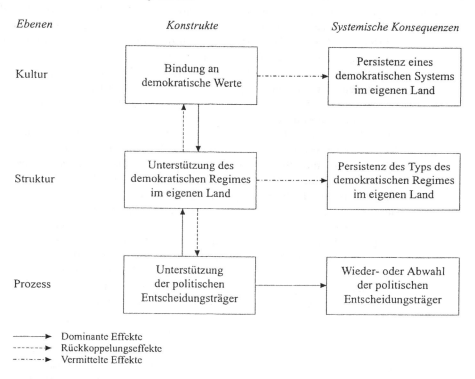

Ebenen	*Konstrukte*	*Systemische Konsequenzen*
Kultur	Bindung an demokratische Werte	Persistenz eines demokratischen Systems im eigenen Land
Struktur	Unterstützung des demokratischen Regimes im eigenen Land	Persistenz des Typs des demokratischen Regimes im eigenen Land
Prozess	Unterstützung der politischen Entscheidungsträger	Wieder- oder Abwahl der politischen Entscheidungsträger

———▶ Dominante Effekte
- - - - -▶ Rückkoppelungseffekte
- · - · -▶ Vermittelte Effekte

Gegenüber Eastons Konzept der politischen Unterstützung werden zwei folgenreiche Modifikationen vorgenommen. Erstens bestimmen wir das politische Regime eines Landes lediglich durch seine institutionelle Struktur. Das entspricht dem Verständnis des alten und neuen Institutionalismus (Loewenstein 1969; Levi 1990; Crawford und Ostrom 1995; Rothstein 1996). Easton (1965: 192f.) rechnet neben dieser institutionellen Struktur auch noch die Werte und Normen eines politischen Systems zum Regime. Diese breite Regimebestimmung ist analytisch zwangsläufig unschärfer als die engere der institutionalistischen Tradition. Diese engere Bestimmung ermöglicht es, die politischen Werte als ein eigenständiges Einstellungsobjekt anzusetzen, das in einer systematischen Beziehung zur Einstellung zum Regime steht. Damit sind wir bei der zweiten Modifikation des Konzepts von Easton.

Im Unterschied zu Easton postuliert das in Abbildung 3 dargestellte Modell Kausalbeziehungen zwischen den Einstellungskonstrukten der drei Ebenen des demokratischen Systems. Wenn Easton von „sources" der Unterstützung des Regimes spricht, dann ist damit eine Kausalbeziehung zwar schon angedeutet, aber noch nicht explizit umgesetzt. Die „sources" dienen bei ihm als Unterscheidung verschiedener Typen des „regime support". Wenn aber „legitimacy" als eine Unterstützung des Regimes begriffen wird, die auf der Entsprechung der Wertorientierungen der Bürger mit dem im eigenen Land implementierten Regime beruht (Easton 1975: 451), dann kann diese Vorstellung auch als eine kausale Relation konzeptualisiert werden: Die Wertorientierungen der Bürger beeinflussen die Regimeunterstützung. Ähnlich verhält es sich bei „trust" als der zweiten Dimension der Regimeunterstützung. Vertrauen entsteht durch eine Generalisierung von Erfahrungen mit den Handlungen der politischen Entscheidungsträger und den Ergebnissen dieser Handlung. Eine derartige Generalisierung kann unseres Erachtens problemlos als eine Kausalbeziehung interpretiert werden.

Um den Erklärungswert des Konzepts der politischen Kultur zu erhöhen, hat Pappi (1986) mit einer etwas anderen theoretischen Begründung ein Modell vorgeschlagen, das nahezu dieselben Kausalbeziehungen postuliert wie das erläuterte Einstellungsmodell. Seine Modellspezifikation stützt sich auf das AGIL-Schema von Parsons, mit dessen Hilfe er die politische Kultur eines demokratischen Systems in vier Teilbereiche differenziert. In seiner Studie weist Pappi darauf hin, dass durch diese analytische Differenzierung wichtige Fragestellungen präziser formuliert und empirisch überprüft werden können. Eine für die Regimepersistenz wichtige Frage ist zum Beispiel, inwieweit die Unterstützung des demokratischen Regimes eines Landes von der Bindung an demokratische Werte abhängt oder vielmehr von alltäglichen Outputs der politischen Entscheidungsträger. Nach Easton ist ein demokratisches System in dem Maße persistent, in dem seine Unterstützung auf den Wertorientierungen der Bürger beruht und von den alltäglichen Outputs der Entscheidungsträger abgekoppelt ist. Welcher Einflussfaktor auf die Unterstützung des demokratischen Regimes eines Landes der vergleichsweise wichtigere ist – die Bindung an demokratische Werte oder die Unterstützung der Entscheidungsträger aufgrund ihrer alltäglichen Outputs, die sie erzeugen –, ist eine empirische Frage. Das Einstellungsmodell (Abbildung 3) bildet eine theoretische Grundlage für derartige empirische Analysen.

Der analytische Bezugspunkt der Systemkultur ist die Persistenz von Demokratie. Die Annahme ist also, dass diejenigen Einstellungen, die zur Systemkultur gehören bzw. diese konstituieren, systemische Konsequenzen besitzen. Welche systemischen Konsequenzen das im Einzelnen sind, ist in Abbildung 3 aufgeführt. Die systemische Konsequenz der Unterstützung der politischen Entscheidungsträger ist ihre Wieder- oder Abwahl. Mit diesem sogenannten Regierungs-Oppositions-Mechanismus sollen politische Unzufriedenheiten, die auf der Ebene der alltäglichen Politik unausweichlich anfallen, absorbiert und die Regimeebene vor ihnen abgeschirmt werden. Die Prozessebene mit der Unterstützung der politischen Entscheidungsträger als zentralem Einstellungskonstrukt wird – in Abweichung zu den Definitionen von Almond und Powell (1978) bzw. von Almond (1980, 1990) –

nicht zur Systemkultur gerechnet. Das hat zwei Gründe: Erstens beziehen sich die Einstellungen der Bürger auf der Prozessebene auf ständig wechselnde Akteure und Inhalte der alltäglichen Politik. Für das Konzept der politischen Kultur sind aber grundlegende und dauerhafte Einstellungen konstitutiv. Zweitens ist die Unterstützung der politischen Entscheidungsträger nicht direkt auf die Leitfrage nach der Persistenz bezogen, sondern lediglich über die Einstellungen zum Regime vermittelt. Als einen dritten Grund könnte man mit Pappi (1986) anführen, dass die Einstellungs- und Handlungslogik auf der Prozessebene in instrumentellen Austauschkalkülen beruht, während es auf der Kulturebene um Wertebindungen und Werteentsprechungen geht.

Die Unterstützung des demokratischen Regimes im eigenen Land hat einen Effekt auf die Persistenz dieses Regimes. Dieser Effekt wird als ein vermittelter bezeichnet, weil er sich über systemkonforme oder systemkritische Handlungen der kollektiven Akteure eines politischen Systems durchsetzt, die unter situativen und strukturellen Constraints stattfinden. Die Modellierung und empirische Überprüfung dieses vermittelten Effektes stellt sicherlich ein Desiderat der weiteren Entwicklung des Paradigmas der politischen Kultur dar.

Durch die Herauslösung der Werte aus dem Regime und die Etablierung einer eigenen Systemebene auf dieser Basis, eröffnet sich konzeptuell die Möglichkeit einer weiteren systemischen Konsequenz. Wenn die Bindungen der Bürger eines Landes an demokratische Werte – in einem quantitativen und qualitativen Sinne – sehr ausgeprägt ist, dann kann angenommen werden, dass für sie lediglich eine Demokratie als Herrschaftsordnung im eigenen Land in Frage kommt. Das schließt aber nicht notwendigerweise ein, dass der konkrete Typ eines demokratischen Regimes, der im eigenen Land implementiert ist, ebenfalls befürwortet wird. Auf die Bedeutung dieser möglichen Diskrepanz zwischen der Werteebene und der Strukturebene gehen wir im nachfolgenden Abschnitt noch einmal ein. Zunächst soll ein kurzes Resümee unserer Erörterung der Kausalstruktur und des Erklärungswertes des Konzepts der politischen Kultur gezogen werden.

In einer seiner Bestandsaufnahmen der andauernden Diskussion über das Konzept der politischen Kultur hat Almond (1980: 26) festgestellt:

> „Political culture is not a theory; it refers to a set of variables which may be used in the construction of theories ... The explanatory power of political culture variables is an empirical question, open to hypothesis and testing."

Das ist angesichts des Potenzials für Theoriebildung, das in dem Konzept der politischen Kultur von Almond, Powell und Verba enthalten ist, eine sehr zurückhaltende Feststellung. Wir haben in diesem Abschnitt versucht, dieses Potenzial zu explorieren und zu diesem Zweck zwei Kausalmodelle vorgeschlagen. Das eine bezieht sich auf das Paradigma der politischen Kultur insgesamt, in dem das Konstrukt der politischen Kultur in ein kausales Netz eingebettet ist, und das andere bezieht sich auf die interne Struktur der politischen Kultur, die als Systemkultur verstanden wird. Die von Laitin (1995) geforderte Semi-Formalisierung scheint uns demgemäß möglich zu sein.

4. Die normative Grundlage des Konzepts der politischen Kultur

Das Konzept der politischen Kultur hat natürlich eine normative Grundlage. Diese besteht in der Annahme, dass eine demokratische Herrschaftsordnung allen existierenden oder denkbaren Alternativen vorzuziehen sei. Auch diese Annahme kann bestritten und eine Begründung eingeklagt werden. Dann kommt man aber unausweichlich in einen infiniten Begründungsregress, der irgendwann doch mit einer normativen Setzung enden muss (Alexander 1982: 3; Dahl 1989: 7). In jedem Falle lassen sich gute Gründe für die Demokratie vorbringen; diese Herrschaftsordnung hat sich weltweit auch faktisch als die legitimste durchgesetzt. Die Kritik an einem normativen Bias des Konzepts der politischen Kultur setzt in der Regel auch an einem weniger fundamentalen Punkt an.

Die normative Prämisse zu Gunsten einer Demokratie wird zwar akzeptiert, aber es wird kritisiert, dass sich das implizite Ideal einer Demokratie in der Tradition von *The Civic Culture* (Almond und Verba 1963) an den beiden realen angloamerikanischen Demokratien festmacht (Brown 1979; Kaase 1983). Damit wird Demokratie als wünschenswerte Herrschaftsordnung mit einer konkreten Implementationsform von Demokratie gleichgesetzt. Diese Gleichsetzung mag in den fünfziger Jahren, in denen *The Civic Culture* entstanden ist, plausibel gewesen sein. Damals war der Kontrast zwischen den Entwicklungen Italiens und Deutschlands zu totalitären Systemen zwischen den beiden Weltkriegen und die gleichzeitige Stabilität der Demokratie in den USA und Großbritannien noch eine prägende Erinnerung. Mit dem größer gewordenen historischen Abstand und vor allem mit der extensiven Diskussion über Vor- und Nachteile unterschiedlicher normativer Demokratiemodelle und existierender Demokratieformen (Barber 1984; Habermas 1992; Weaver und Rockman 1993; Tsebelis 1995; Lijphart 1999) ist diese Gleichsetzung sicherlich nicht mehr gerechtfertigt. Das bedeutet, dass in das Konzept der politischen Kultur zwei Vorstellungen integriert werden müssen. Erstens, dass es eine Mehrzahl von normativen Demokratiemodellen und eine Mehrzahl von empirischen Demokratieformen gibt. Und zweitens – und das ist die wichtigere Vorstellung –, dass es nicht nur eine Inkongruenz zwischen nicht-demokratischen Werteorientierungen und der Unterstützung des demokratischen Regimes im eigenen Land geben kann, die tendenziell zu einem Zusammenbruch dieser Regime führt. Darüber hinaus kann auch eine Inkongruenz zwischen bestimmten demokratischen Wertorientierungen und dem im eigenen Land existierenden Regime bestehen, das andere Werte institutionalisiert hat, als die von den Bürgern präferierten. Ein empirisches Beispiel für eine solche Inkongruenz stellen die Bürger der neuen Bundesländer im vereinigten Deutschland dar (Fuchs 1997).

Diese Möglichkeit ist in dem Einstellungsmodell von Abbildung 3 bereits durch die Differenzierung von Kultur- und Strukturebene und dem kausalen Effekt von den Wertebindungen auf die Regimeunterstützung berücksichtigt. Eine weitere theoretische Explikation einer Kongruenz/Inkongruenz zwischen der Kultur- und

Strukturebene, die auch empirische Studien anleiten kann, bedeutet zweierlei: erstens die Differenzierung unterschiedlicher Demokratievorstellungen und zweitens die Demonstration ihrer Operationalisierbarkeit. Unterschiedliche Demokratievorstellungen können in Bezug auf die aktuelle demokratietheoretische Diskussion spezifiziert werden. Das Problem ist dabei die enorme Komplexität dieser Diskussion. Für empirische Analysezwecke muss diese Komplexität zunächst einmal vereinfacht werden. Diese Vereinfachung wird in Form einer Typologie (siehe Abbildung 4) vorgenommen (Fuchs 2000a).

Abbildung 4: Normative Modelle der Demokratie

| | | Verantwortlichkeit für das eigene Lebensschicksal | |
		Selbst	Staat
Verhalten zu den anderen	Wettbewerb (Konkurrenz)	Libertär	Liberal
	Solidarität (Kooperation)	Republikanisch	Sozialistisch

Diese Typologie basiert auf zwei Annahmen: Zum einen, dass die unterschiedlichen normativen Positionen sich auf einem allgemeinen Kontinuum mit den Polen von Individualismus und Kollektivismus anordnen lassen. Zum anderen in der Annahme, dass dieses allgemeine Kontinuum sich in zwei Dimensionen unterteilen lässt. Die erste Dimension bezieht sich auf die fundamentale Frage, wer die Verantwortlichkeit für die Gestaltung des eigenen Lebens haben sollte, das Individuum selbst oder der Staat, der als eine bestimmte Institutionalisierung von Kollektivismus begriffen werden kann. Die zweite Dimension bezieht sich auf die ebenso fundamentale Frage, wie die Beziehung der Individuen zueinander aussehen sollte. Die eine Alternative ist dabei der Wettbewerb oder die Konkurrenz zwischen den Individuen um knappe Güter auf dem Markt und die andere ist die Solidarität der Individuen untereinander und ihre Kooperation zur Realisierung gemeinsamer Ziele. Durch die Verschränkung dieser beiden Dimensionen mit den jeweils binär formulierten Alternativen erhält man eine Typologie, mit der sich vier normative Modelle der Demokratie unterscheiden lassen: das libertäre, das liberale – das in Europa eher als das sozialliberale Modell bezeichnet werden würde –, das republikanische und das sozialistische. Eine detailliertere Beschreibung der Merkmale dieser vier Modelle findet sich in Fuchs (1997).

Der bekannteste Vertreter des libertären Modells ist Robert Nozick (1974) und der des liberalen Modells John Rawls (1993). Für das republikanische Modell lassen sich in der normativen Demokratietheorie Benjamin Barber (1984), Charles Taylor (1989, 1992) und Amitai Etzioni (1996) und in der empirischen Demokratietheorie Robert Putnam (1993) anführen. Für das sozialistische Modell existiert kein Vertreter mit einer vergleichbaren Prominenz. Es ist am ehesten in den Parteiprogrammen von sozialistischen Parteien Europas repräsentiert, die einen „dritten Weg" zwischen Kapitalismus und Sozialismus postulieren. In der extrem vereinfachten Typologie werden Unterschiede zwischen dem sozialistischen Modell und dem liberalen einerseits sowie dem republikanischen andererseits nicht deutlich. Das liberale Modell postuliert eine möglichst gleiche Verteilung von „primary goods" zur Gestaltung des eigenen Lebens der Bürger. Das bedeutet praktisch die Einrichtung eines Wohlfahrtsstaats. Im Unterschied zu dem umfassenden Wohlfahrtsstaat des sozialistischen Modells (Roller 2000) hat das liberale Modell aber klare Grenzen: Diese bestehen zum einen in der Beschränkung der Verteilungsgerechtigkeit auf die genannten Grundgüter und zum anderen in dem absoluten Vorrang der individuellen Freiheit vor jeder Verteilungsgerechtigkeit (Rawls 1993). Letzteres schließt zum Beispiel die Einführung von sozialen Grundrechten in die Verfassung aus, so wie sie im sozialistischen Modell gefordert wird. Ein Unterschied des sozialistischen Modells zum republikanischen besteht in einem anderen Verständnis von Solidarität: Während die Solidarität im sozialistischen Modell vor allem durch die staatliche Umverteilungspolitik umgesetzt wird, realisiert sich die Solidarität des republikanischen Modells in freiwilligen Aktivitäten der Bürger im Kontext der „civil society".

Diese normativen Modelle der Demokratie können auf der Basis der *World Values Surveys* operationalisiert, gemessen und in komparativen Analysen angewendet werden (Fuchs und Klingemann 2002). Darauf braucht an dieser Stelle aber nicht näher eingegangen werden. In unserem Analysekontext kommt es darauf an, dass die demokratischen Wertorientierungen in theoretisch sinnvoller Weise differenziert und zusammengefasst werden können. Diese Wertemuster sind als demokratische in gleicher Weise legitim und mit keinem ist eine normative Auszeichnung verbunden. Im Rahmen der Politischen-Kultur-Forschung ist es eine empirisch zu klärende Frage, welches der normativen Modelle in den einzelnen Ländern präferiert wird und ob sich Diskrepanzen zwischen den normativen Präferenzen der Bürger und der empirischen Realität ergeben.

Die hier vorgelegte Analyse setzte an drei zentralen Kritiken des Konzepts der politischen Kultur an. Sie versuchte zu zeigen, dass die Grundgedanken dieses Konzepts so adaptiv sind, dass es – ohne diese Grundgedanken aufzugeben – konstruktiv weiterentwickelt werden kann. Zumindest auf der Grundlage dieser Analyse scheint uns eine Aufgabe des Konzepts der politischen Kultur zu Gunsten konkurrierender Konzepte nicht geboten zu sein. Entscheidend ist letztlich, wie groß das deskriptive und explanatorische Potenzial verschiedener Konzepte und Theorien im Vergleich zueinander ist. Im Schlussabschnitt greifen wir keinen weiteren Kritikpunkt auf, sondern wenden uns einem bislang ausgeklammerten Problem zu.

5. Politische Kultur und politische Gemeinschaft

In der zitierten Definition von Systemkultur ist als eine Komponente die „attitudes toward the national community" enthalten (Almond 1980: 28). Auf diese Komponente wurde bislang nicht eingegangen. Das lag daran, dass sie in das Konzept der politischen Kultur nicht umstandslos integriert werden kann. Da die Systemkultur von Almond in Bezug auf die Theorie politischer Unterstützung von Easton (1965) bestimmt wurde, wollen wir dieses Problem durch eine kurze Diskussion des Begriffs der „political community" bei Easton erläutern.

Die „political community" ist in der Theorie politischer Unterstützung von Easton (1965) das grundlegendste Objekt des politischen Systems. Es bezieht sich auf den Sachverhalt, dass die Mitglieder einer gesellschaftlichen Gemeinschaft durch eine Arbeitsteilung miteinander verbunden sind und durch diese Arbeitsteilung zur Erfüllung der politischen Funktion für die Gesellschaft beitragen (Easton 1965: 177):

> „This concept ... will refer to that aspect of its political system that consists of its members seen as a group of persons bound together by a political division of labor. The existence of a political system must include a plurality of political relationships through which the individual members are linked to each other and through which the political objectives of the system are pursued, however limited they may be."

Diese politische Funktion besteht in der autoritativen Allokation von Werten an die Gesellschaft bzw. in der Herstellung und Durchsetzung kollektiv bindender Entscheidungen. Nach Easton kommt es nicht darauf an, *wie* diese Arbeitsteilung organisiert und gestaltet wird, sondern lediglich darauf, *dass* sie stattfindet. Diese zunächst einmal überraschende Perspektive ist auf den analytischen Bezugspunkt der Theorie von Easton zurückzuführen, der in der Persistenz von politischen Systemen überhaupt besteht und nicht nur der von demokratischen Systemen. Dieser Gesichtspunkt wird auch in seiner Definition der Einstellung zu dem Objekt „political community" deutlich, die Easton (1965: 185) als „sense of community" bezeichnet:

> „The we-feeling or sense of community which indicates political cohesion of a group of persons, regardless of the kind of regime they have or may develop, consists of the feeling of belonging together ... "

Die Einstellung zur politischen Gemeinschaft wird also in der Tradition von Max Weber als ein subjektives Gefühl der Zugehörigkeit oder als eine wechselseitige Identifikation begriffen, die analytisch von bestimmten Inhalten abstrahiert. Durch

diese Abstraktion und durch die damit verbundene Eingrenzung auf eine Gefühls-
größe entsteht aber eine Inkompatibilität mit dem Konzept der politischen Kultur.
Diese wird von ihren Autoren von vornherein als eine demokratische verstanden
und nach unserer Analyse bildet die Bindung an demokratische Werte den Kern
der Kultur. Von daher gesehen, muss die Identifikation mit der politischen Gemeinschaft aus dem Konzept der politischen Kultur ausgeschlossen werden. Mit
dieser Exklusion ist das Problem des Verhältnisses dieser Einstellung zu dem Konzept der politischen Kultur aber noch nicht gelöst.

Der primäre Bezugspunkt des Konzepts der politischen Kultur ist die Persistenz
von Demokratien. Nach der Theorie von Easton (1965) ist die Bedingung der Persistenz aller politischen Systeme – und damit auch der demokratischen – eine mehr
oder weniger große Identifikation mit der politischen Gemeinschaft. Diese Identifikation ermöglicht irgendeine Kooperation der Mitglieder der Gesellschaft; die
Alternative dazu wäre eine Anarchie. Diese Annahme ist plausibel, aber sie muss
unseres Erachtens nicht dazu führen, die Identifikation mit der politischen Gemeinschaft in das Konzept der politischen Kultur aufzunehmen und die erreichte analytische Präzision wieder zu verwischen. Die Alternative dazu ist die Spezifikation
der Identifikation mit der politischen Gemeinschaft als ein eigenständiges Konzept,
das dann zusammen mit dem der politischen Kultur in komplexere Modelle einbezogen werden kann.

Auf diese Weise wäre dann die empirische Überprüfung wichtiger Fragen der
Demokratietheorie durch ein theoretisches Modell vorbereitet. Wir wollen dafür
drei theoretisch relevante Beispiele geben. Erstens kann geklärt werden, inwieweit
die Identifikation mit der politischen Gemeinschaft die Unterstützung des demokratischen Regimes des eigenen Landes beeinflusst und auf diese Weise indirekt zu
dessen Persistenz beiträgt. Zweitens kann eine Frage aufgegriffen und empirisch
analysiert werden, die im Kontext der Diskussion über einen europäischen Demos
aufgeworfen wurde: Werden die für eine funktionierende Demokratie bedeutsamen
Verhaltensweisen – wie die Solidarität gegenüber den anderen, die Kooperation
mit den anderen und Akzeptanz von Mehrheitsentscheidungen durch die über-
stimmten Minderheiten – eher durch die Identifikation mit der nationalen Gemeinschaft oder eher durch die Bindung an demokratische Werte beeinflusst? (Kielmannsegg 1996; Habermas 1998; Offe 1998; Scharpf 1999; Fuchs 2000b).

Und drittens kann die Identifikation mit der politischen Gemeinschaft selbst zu
einer abhängigen Variablen gemacht werden. Die Frage ist dann, worauf diese
Identifikation gründet. Eine Möglichkeit sind gemeinsame geschichtliche Erfahrungen, die im kollektiven Gedächtnis eines Volkes aufbewahrt sind und durch So-
zialisationsprozesse weitergegeben werden. Eine derartige Gemeinschaft wird als
nationale Gemeinschaft bezeichnet oder vereinfacht als *Nation*. Eine andere Möglichkeit ist die Gemeinsamkeit demokratischer Wertebindungen als Basis der Identifikation. Eine derartige Gemeinschaft wird als demokratische Gemeinschaft bezeichnet oder vereinfacht als *Demos*. In dieser Bestimmung des Demos sind zwei
Merkmale beider Konzepte – das der politischen Kultur und das der politischen

Gemeinschaft – zusammengeführt. Das subjektive Gefühl der Zusammengehörigkeit beruht auf dem Bewusstsein gemeinsamer Werte. Nach diesem Verständnis konstituiert der Demos dann das kollektive Subjekt der Selbstregierung.

Literatur

Alexander, Jeffrey C. (1982): Theoretical Logic in Sociology. Volume I: Positivism, Presuppositions, and Current Controversies. Berkeley, L.A.: University of California Press.

Almond, Gabriel A. (1980): The Intellectual History of the Civic Culture Concept. In: Gabriel A. Almond und Sidney Verba (Hrsg.): The Civic Culture Revisited. Boston: Little, Brown and Company, S. 1-36.

Almond, Gabriel A. (1990): The Study of Political Culture. In: Gabriel A. Almond: A Discipline Divided. Schools and Sects in Political Science. Newbury Park: Sage, S. 138-169.

Almond, Gabriel A. (1993): Foreword. The Return to Political Culture. In: Larry Diamond (Hrsg.): Political Culture and Democracy in Developing Countries. Boulder, CO: Lynne Rienner, S. ix-xii.

Almond, Gabriel A. und G. Bingham Powell (1978): Comparative Politics. System, Process, and Policy. Boston: Little, Brown and Company (2. Auflage).

Almond, Gabriel A. und Sidney Verba (1963): The Civic Culture. Political Attitudes and Democracy in Five Nations. Princeton: Princeton University Press.

Barber, Benjamin, R. (1984): Strong Democracy. Participatory Politics for a New Age. Berkeley, Calif.: University of California Press.

Barry, Brian (1970): Sociologists, Economists, and Democracy. London: MacMillan.

Brown, Archie (1979): Introduction. In: Archie Brown und Jack Gray (Hrsg.): Political Culture and Political Change in Communist States. New York: Holmes & Meier (2. Auflage), S. 1-24.

Crawford, Sue E. S. und Elinor Ostrom (1995): A Grammar of Institutions. In: American Political Science Review, 89, S. 582-600.

Dahl, Robert A. (1989): Democracy and its Critics. New Haven: Yale University Press.

Deth, Jan van und Elinor Scarbrough (Hrsg.) (1995): The Impact of Values. Oxford: Oxford University Press.

Deth, Jan van, Marco Maraffi, Kenneth Newton und Paul F. Whiteley (Hrsg.) (1999): Social Capital and European Democracy. London: Routledge.

Diamond, Larry (1993): Political Culture and Democracy in Developing Countries. Boulder, CO: Lynne Rienner.

Di Palma, Giuseppe (1990): To Craft Democracies. Berkeley: University of California Press.

Dittmer, Lowell (1977): Political Culture and Political Symbolism. Towards a Theoretical Synthesis. In: World Politics, 29, S. 552-583.

Easton, David (1965): A Framework for Political Analysis. Englewood Cliffs: Prentice-Hall.

Easton, David (1975): A Re-assessment of the Concept of Political Support. In: British Journal of Political Science, 5, S. 435-457.

Elster, Jon (1988): Consequences of Constitutional Choice. Reflections On Tocqueville. In: Jon Elster und Rune Slagstad (Hrsg.): Constitutionalism and Democracy. New York: Cambridge University Press.

Etzioni, Amitai (1993): The Spirit of Community. Rights, Responsibilities, and the Communitarian Agenda. New York: Touchstone Book.

Etzioni, Amitai (1996): The New Golden Rule. Community and Morality in a Democratic Society. New York: Basic Books.

Fuchs, Dieter (1989): Die Unterstützung des politischen Systems der Bundesrepublik Deutschland. Opladen: Westdeutscher Verlag.

Fuchs, Dieter (1993): Trends of Political Support in the Federal Republic of Germany. In: Dirk Berg-Schlosser und Ralf Rytlewski (Hrsg.): Political Culture in Germany. London: Macmillan, S. 232-268.

Fuchs, Dieter (1997): Welche Demokratie wollen die Deutschen? Einstellungen zur Demokratie im vereinigten Deutschland. In: Oscar W. Gabriel (Hrsg.): Politische Orientierungen und Verhaltensweisen im vereinigten Deutschland. Opladen: Leske + Budrich, S. 81-113.

Fuchs, Dieter (1999): Soziale Integration und politische Institutionen in modernen Gesellschaften. In: Jürgen Friedrichs und Wolfgang Jagodzinski (Hrsg.): Soziale Integration. Sonderheft 39 der Kölner Zeitschrift für Soziologie und Sozialpsychologie. Wiesbaden: Westdeutscher Verlag, S. 147-178.

Fuchs, Dieter (2000a): Die demokratische Gemeinschaft in den USA und in Deutschland. In: Jürgen Gerhards (Hrsg.): Die Vermessung kultureller Unterschiede. Wiesbaden: Westdeutscher Verlag, S. 33-72.

Fuchs, Dieter (2000b): Demos und Nation in der Europäischen Union. In: Hans-Dieter Klingemann und Friedhelm Neidhardt (Hrsg.): Zur Zukunft der Demokratie. Herausforderungen im Zeitalter der Globalisierung. WZB-Jahrbuch 2000. Berlin: edition sigma, S. 215-236.

Fuchs, Dieter und Hans-Dieter Klingemann (2002): Eastward Enlargement of the European Union and the Identity of Europe. In: West European Politics, 25 (im Erscheinen).

Fuchs, Dieter und Robert Rohrschneider (2001): Der Einfluss politischer Wertorientierungen auf Regimeunterstützung und Wahlverhalten. In: Hans-Dieter Klingemann und Max Kaase (Hrsg.): Wahlen und Wähler. Analysen aus Anlass der Bundestagswal 1998. Wiesbaden: Westdeutscher Verlag, S. 245-282.

Fuchs, Dieter und Edeltraud Roller (1998): Cultural Conditions of the Transformation to Liberal Democracies in Central and Eastern Europe. In: Samuel H. Barnes und János Simon (Hrsg.): The Postcommunist Citizen. Budapest: Erasmus Foundation and Institute for Political Science of the Hungarian Academy of Sciences, S. 35-77.

Gabriel, Oscar W. (1994): Politische Einstellungen und politische Kultur. In: Oscar W. Gabriel und Frank Brettschneider (Hrsg.): Die EU-Staaten im Vergleich. Opladen: Westdeutscher Verlag (2. Auflage), S. 96-133.

Gabriel, Oscar W. (1999): Integration durch Institutionenvertrauen? Struktur und Entwicklung des Verhältnisses der Bevölkerung zum Parteienstaat und zum Rechtsstaat im vereinigten Deutschland. In: Jürgen Friedrichs und Wolfgang Jagodzinski (Hrsg.): Soziale Integration. Sonderheft 39 der Kölner Zeitschrift für Soziologie und Sozialpsychologie. Wiesbaden: Westdeutscher Verlag, S. 199-235.

Geddes, Barbara (1995): A Comparative Perspective on the Leninist Legacy in Eastern Europe. In: Comparative Political Studies, 28, S. 239-274.

Green, Donald P. und Ian Shapiro (1994): Pathologies of Rational Choice Theory. A Critique of Applications in Political Science. New Haven: Yale University Press.

Habermas, Jürgen (1992): Faktizität und Geltung. Frankfurt a.M.: Suhrkamp.

Habermas, Jürgen (1998): Die postnationale Konstellation. Politische Essays. Frankfurt a.M.: Suhrkamp.

Huntington, Samuel P. (1996): The Clash of Civilizations and the Remaking of World Order. New York: Touchstone Book.

Jackman, Robert W. und Ross A. Miller (1996a): A Renaissance of Political Culture? In: American Journal of Political Science, 40, S. 632-659.

Jackman, Robert W. und Ross A. Miller (1996b): The Poverty of Political Culture. In: American Journal of Political Science, 40, S. 697-716.

Kaase, Max (1983): Sinn oder Unsinn des Konzepts „Politische Kultur" für die vergleichende Politikforschung, oder auch: Der Versuch, einen Pudding an die Wand zu nageln. In: Max Kaase und Hans-Dieter Klingemann (Hrsg.): Wahlen und politisches System. Analysen aus Anlaß der Bundestagswahl 1980. Opladen: Westdeutscher Verlag, S. 144-171.

Kaase, Max (1994): Political Culture and Political Consolidation in Central and Eastern Europe. In: Frederick D. Weil (Hrsg.): Political Culture and Political Structure. Research on Democracy and Society. Volume 2. Greenwich, Conn.: JAI Press.

Keesing, Roger M. (1974): Theories of Culture. In: Bernard J. Siegel, Alan R. Beals and Stephen A. Tyler (Hrsg.): Annual Review of Anthropology, Band 3. Palo Alto, Calif.: Annual Reviews, S. 73-97.

Kielmansegg, Peter Graf (1996): Integration und Demokratie. In: Markus Jachtenfuchs und Beate Kohler-Koch (Hrsg.): Europäische Integration. Opladen: Leske + Budrich, S. 47-71.

Klingemann, Hans-Dieter (1999): Mapping Political Support in the 1990s. A Global Analysis. In: Pippa Norris (Hrsg.): Critical Citizens. Global Support for Democratic Government. Oxford: Oxford University Press, S. 31-56.

Laitin, David D. (1995): The Civic Culture at Thirty. In: American Political Science Review, 89, S. 168-173.

Lane, Ruth (1992): Political Culture. Residual Category or General Theory? In: Comparative Political Studies, 25, S. 362-387.

Lepsius, M. Rainer (1995): Institutionenanalyse und Institutionenpolitik. In: Birgitta Nedelmann (Hrsg.): Politische Institutionen im Wandel. Sonderheft 35 der Kölner Zeitschrift für Soziologie und Sozialpsychologie. Opladen: Westdeutscher Verlag, S. 392-403.

Levi, Margaret (1990): A Logic of Institutional Change. In: Karen Schweers Cook und Margaret Levi (Hrsg.): The Limits of Rationality. Chicago: University of Chicago Press, S. 402-419.

Lijphart, Arend (1999): Patterns of Democracy. New Haven: Yale University Press.

Linz, Juan J. und Alfred Stepan (1996): Problems of Democratic Transition and Consolidation. Baltimore: The Johns Hopkins University Press.

Lipset, Seymour M. (1994): The Social Requisites of Democracy Revisited. 1993 Presidential Address. In: American Political Science Review, 59, S. 1-22.

Lipset, Seymour M. (2001): Conditions for Democracy. In: Hans-Dieter Klingemann und Friedhelm Neidhardt (Hrsg.): Zur Zukunft der Demokratie. Herausforderungen im Zeitalter der Globalisierung. WZB-Jahrbuch 2000. Berlin: edition sigma, S. 393-410.

Loewenstein, Karl (1969): Verfassungslehre. Tübingen: J.C.B. Mohr (2., durch einen Nachtrag auf den Stand von 1969 gebrachte Auflage).

Luhmann, Niklas (1970): Soziologie als Theorie sozialer Systeme. In: Niklas Luhmann: Soziologische Aufklärung. Aufsätze zur Theorie sozialer Systeme. Band 1. Opladen: Westdeutscher Verlag (4. Auflage), S. 113-136.

Luhmann, Niklas (1984): Soziale Systeme. Grundriß einer allgemeinen Theorie. Frankfurt a.M.: Suhrkamp.

Merkel, Wolfgang (1999): Systemtransformation. Eine Einführung in die Theorie und Empirie der Transformationsforschung. Opladen: Leske + Budrich.

McIntyre, Alasdair (1981): After Virtue. A Study in Moral Theory. Notre Dame, Ind.: University of Notre Dame Press.

Münch, Richard (1986): Die Kultur der Moderne. Frankfurt a.M.: Suhrkamp.

Nozick, Robert (1974): Anarchy, State, and Utopia. New York: Basic Books.

Offe, Claus (1998): Demokratie und Wohlfahrtsstaat. Eine europäische Regimeform unter dem Stress der europäischen Integration. In: Wolfgang Streeck (Hrsg.): Internationale Wirtschaft, nationale Demokratie. Herausforderungen für die Demokratietheorie. Frankfurt a.M.: Campus, S. 99-135.

Pappi, Franz Urban (1986): Politische Kultur. Forschungsparadigma, Fragestellungen, Untersuchungsmöglichkeiten. In: Max Kaase (Hrsg.): Politische Wissenschaft und politische Ordnung. Analysen zu Theorie und Empirie demokratischer Regierungsweise. Festschrift zum 65. Geburtstag von Rudolf Wildenmann. Opladen: Westdeutscher Verlag, S. 279-291.

Parsons, Talcott (1971): The System of Modern Societies. Englewood Cliffs, N.J.: Prentice Hall.

Pateman, Carole (1980): The Civic Culture. A Philosophic Critique. In: Gabriel A. Almond und Sidney Verba (Hrsg.): The Civic Culture Revisited. Boston: Little, Brown and Company, S. 57-102.

Patrick, Glenda M. (1984): Political Culture. In: Giovanni Sartori (Hrsg.): Social Science Concepts: A Systematic Analysis. Beverly Hills, Calif.: Sage.

Pharr, Susann J. und Robert D. Putnam (Hrsg.) (2000): Disaffected Democracies. What's Troubling the Trilateral Countries? Princeton, N.J.: Princeton University Press.

Plasser, Fritz, Peter Ulram und Harald Waldrauch (1997): Politischer Kulturwandel in Ost-Mitteleuropa. Theorie und Empirie demokratischer Konsolidierung. Opladen: Leske + Budrich.

Popkin, Samuel (1979): The Rational Peasant. Berkeley: University of California Press.

Przeworski, Adam (1991): Democracy and the Market. Political and Economic Reforms in Eastern Europe and Latin America. New York: Cambridge University Press.

Przeworski, Adam, Michael Alvarez, José Antonio Cheibub und Fernando Limongi (1996): What Makes Democracies Endure? In: Journal of Democracy, 7, S. 39-55

Putnam, Robert D. (1993): Making Democracy Work. Civic Traditions in Modern Italy. Princeton, New Jersey: Princeton University Press.

Rawls, John (1993): Political Liberalism. New York: Columbia University Press.

Reichel, Peter (1980): Politische Kultur – mehr als ein Schlagwort? Anmerkungen zu einem komplexen Gegenstand und fragwürdigen Begriff. In: Politische Vierteljahresschrift, 21, S. 382-399.

Reisinger, William M. (1995): The Renaissance of a Rubric. Political Culture as Concept and Theory. In: International Journal of Public Opinion Research, 7, S. 328-352.

Roller, Edeltraud (2000): Ende des sozialstaatlichen Konsenses? Zum Aufbrechen traditioneller und zur Entstehung neuer Konfliktstrukturen in Deutschland? In: Oskar Niedermayer und Bettina Westle (Hrsg.): Demokratie und Partizipation. Festschrift für Max Kaase. Wiesbaden: Westdeutscher Verlag, S. 88-114.

Rogowski, Ronald (1974): Rational Legitimacy. Princeton: Princeton University Press.

Rohrschneider, Robert (1999): Learning Democracy: Democratic and Economic Values in Unified Germany. Oxford: Oxford University Press.

Rose, Richard, William Mishler und Christian Haerpfer (1998): Democracy and its Alternative. Understanding Post-Communist Societies. Cambridge: Polity Press.

Rothstein, Bo (1996): Political Institutions. An Overview. In: Robert E. Goodin und Hans-Dieter Klingemann (Hrsg.): A New Handbook of Political Science. Oxford: Oxford University Press, S. 133-166.

Sandel, Michael (1982): Liberalism and the Limits of Justice. Cambridge: Cambridge University Press.

Scharpf, Fritz W. (1999): Demokratieprobleme in der Europäischen Mehrebenenpolitik. In: Wolfgang Merkel und Andreas Busch (Hrsg.): Demokratie in Ost und West. Für Klaus von Beyme. Frankfurt a.M.: Suhrkamp, S.672-694.

Street, John (1993): Review Article. Political Culture – From Civic Culture to Mass Culture. In: British Journal of Political Science, 24, S. 95-114.

Tsebelis, George (1995): Decision Making in Political Systems. In: British Journal of Political Science, 25, S. 289-325.

Taylor, Charles (1989): Cross-purposes. The Liberal-communitarian Debate. In: Nancy L. Rosenblum (Hrsg.): Liberalism and the Moral Life. Cambridge, Mass.: Harvard University Press, S. 159-182.

Taylor, Charles (1992): Wieviel Gemeinschaft braucht die Demokratie? In: Transit, 5, S. 5-20.

Verba, Sydney (1965): Conclusion. Comparative Political Culture. In: Lucian W. Pye und Sidney Verba (Hrsg.): Political Culture and Political Development. Princeton: Princeton University Press, S. 512-560.

Warren, Mark E. (1999): Democracy and Trust. Cambridge: Cambridge University Press.

Weaver, Kent R. und Bert A. Rockman (Hrsg.) (1993): Do Institutions Matter? Washington, D.C.: The Brookings Institutions.

Varieties of Democratic Experience: Normative Criteria for Cross-national Assessments of Citizenship*

William M. Lafferty

1. Introduction

Of the numerous standards by which we can judge the performance of nation-states, there is perhaps no more important than the quality of citizenship. Characteristics such as stability, effectiveness, and distributional equality are vital indicators of systemic performance, and measures of health, housing, and education are key indicators of the individual quality of life, but only citizenship captures and unites both types of phenomena.

As an analytic concept, citizenship focuses our attention on the dialectic interaction between man and the state, and as a normative concept, it advises as to what that interaction should be. Man, according to Aristotle, is essentially a political

---

* An earlier version of this article was originally prepared at the request of Hans-Dieter Klingemann for presentation at a small workshop on "Criteria for a Democratic Process" at the Wissenschaftszentrum Berlin für Sozialforschung (WZB), April 20-23, 1996. The workshop itself, arranged by Hans-Dieter and Dieter Fuchs, was Klingemann at his best: a small group of highly committed (and highly compatible) researchers freely probing – and occasionally hotly contesting – core issues of democratic governance. For if there is a common core in everything Klingemann has contributed to the social sciences, it is a concern with the basic values, procedures and practice of democracy. His trademark is in this respect highly similar to that of my mentor and colleague, Stein Rokkan, Norway's foremost contribution to post-war studies of democracy and the conditions for democracy in Europe. The work of Hans-Dieter Klingemann and his numerous student-colleagues in this area can be viewed as both complementary and constructive vis à vis Rokkan's contribution: complementary, in that Klingemann delves much deeper, both conceptually and empirically, into the actual substance of democratic values, procedures and institutions – how they "work" in practice; and constructive insofar as Klingemann has both explored a broader range of vital "marginal" democratic issues, particularly political protest, direct action and non-democratic values, and updated the perspective to the modern and post-modern challenges of the emerging European Union. As the present paper was first encouraged by Hans-Dieter, and subsequently (for numerous reasons) never published, I feel it is particularly relevant for a *festschrift* of works reflecting his very strong international influence on a generation of social scientists who have found his exceptional combination of cutting-edge empiricism and traditional concern with the basic values and challenges of democratic governance to be a unique source of critical dialogue in the very best sense of the term.

animal because it is only in and through the *polis* that full humanity can be realized. This does not imply, of course, that we must be totally politicized and constantly involved in political activity to warrant and manifest our "humanity." What it does mean is that there exists an ultimate dependency between personal life-chances and public decisions. In the classic terminology, man avoids a judgment of „idiocy" through the status and dignity of citizenship.

Citizenship thus expresses the conditions and expectations adhering to group membership. All social reality is partial, contextual, fluctuating, and group-bounded. Through its conditions of membership, the group establishes its rules for "entry" and "exit," as well as its provisions and prescriptions for "voice" and "loyalty" (Hirschmann 1970). By awarding the status of "citizen," the group turns atomistic individuality into meaningful existence. The quality of citizenship thus speaks to the quality of a group's basic standards for public virtue. Knowing what a group expects and encourages through its concept of citizenship, we are also informed as to its ideals for public behavior. Citizenship embraces nothing less than the status and rules for personal autonomy in and through community membership. It is thus a concept that addresses such perennial themes as freedom-vs.-obligation and the private-vs.-the-public – themes of obvious relevance for current ideological debates and academic discourses.

2. Democracy: The Basic Orientation

When dealing with the question of democracy, it is best to be as precise as possible – as quickly as possible. As an "essentially contested concept" (Connolly 1974), democracy requires that we seek to minimize communicative frustration through clarity of expression. Lucidity is no guarantee on consensus, but it should at least help to promote a truly essential contestation. The first problem is one of simple definition.

Of the numerous possible approaches to democracy, the one I have found most promising over the years is that of Carl Cohen (1971).[1] Beginning with the following definition, Cohen (1971: 7) develops a precise and useful set of analytic categories for democratic research:

---

1   It is perhaps worth recalling here that when UNESCO, in 1947, engaged a team of Norwegian researchers to explore the semantic diversity inherent in the democratic idea, the result was a catalogue of 311 "definitoid" statements (Naess, Christophersen and Kvalø 1956: Appendix 1). One can only admit, with a certain amount of exasperation, that the list has undoubtedly grown longer in the succeeding five decades. If ever the principle of "methodological instrumentalism" was self-warranted (i.e., the belief that conceptual conflicts are best and perhaps solely resolvable in terms of their intended *usage*), it is in relation to the term "democracy."

> "Democracy is that system of community government in which, by and large, the members of a community participate, or may participate, directly or indirectly, in the making of decisions which affect them all."

And why this definition instead of the virtually hundreds of other which might be employed? Three major reasons:

First, by placing strong emphasis on the aspect of *participation*, Cohen takes a clear stand on one of the most divisive issues of democratic theory: the necessity and desirability of widespread political involvement in modern industrial societies (see e.g., Kariel 1970; Parry 1972; Lively 1975). In contrast with those numerous definitions that downplay the role of participation at the core of democratic practice (e.g., Schumpeter 1943; Sartori 1962; Berelson 1952; Milbrath and Goel 1977; Almond and Verba 1963; or Elster 1983), Cohen's approach is unequivocally "participationist." This is not to say that Cohen neglects other vital aspects of the theory, for this is clearly not the case. What he does do, however, is to structure his approach around personal involvement and the exercise of democratic voice. He is not "participationist" in an ideological sense, therefore, but rather in an analytical sense where participation is deemed as essential to a core understanding of the democratic idea.

Second, Cohen's definition is *not bound to political associations*. Rather than presupposing that democracy is an issue of relevance only for national political governance, Cohen expands the realm of applicability to cover any "community." There are differences, of course, between political and nonpolitical communities (depending on their primary functions) but as long as any association has a core of common interests which binds it together into a unit of self-conscious purpose, it is, in Cohen's view, open for the application of democratic norms. This not only represents a more general normative alternative to the liberalist position on public-private boundaries, it also provides an empirical alternative for dealing with "post-liberal" tendencies in highly developed social-democratic regimes such as Sweden and Norway.

Third, Cohen's definition emphasizes participation in the *making of decisions*. Democracy is thus seen as a particular form of organizational activity: a specific set of processes and procedures for resolving issues of relevance for the community as a whole. It is not a form of consensus-building or legitimation, nor is it a method for choosing between alternatives formulated by elites. It is a question of *involvement in the central processes of social determination and value allocation*. Cohen's perspective thus opens for a shift of emphasis away from the standard view of "political participation" as activity directed primarily toward *governmental* policy-making (e.g., Milbrath and Goel 1977; Verba and Nie 1972), toward a concern with *"decision-making involvement" in general* (Lafferty 1983).

It is important in this context to remember, however, that by choosing a definition that places greatest emphasis on the concept of decision-making involvement, we are focusing mainly on the question of *democratic input*. With the exception of general perspectives on policy outputs as these relate to the conditions of citizenship practice and the distribution of citizenship resources, we will concentrate only on influence *attempts* and not influence *results*.

Further, a focus on citizenship means that the decision-making processes in question are to be studied primarily as *settings for individual activity* rather than as processes in their own right. We will not be discussing, in other words, specific instances of decision making, but rather the characteristics of major decision-making sectors as these relate to the problem of citizenship evaluation.

Finally, there is an important distinction between *categorical and relativistic analysis*. The vast majority of comparative studies in the area of empirical democratic theory are attempts to define and differentiate the characteristics of western democracies from those of non-western systems. The tendency with these studies is to apply an either/or approach at the level of the nation-state itself. Cohen's emphasis on the presupposition of community – *any* community – and the relativization of participation in terms of *degrees of involvement*, changes the nature of the analysis completely. As the following statement indicates, the definition of democracy is bound up with the openness of the community concept so as to facilitate a move from conflicts over the semantic essence of democracy to studies of the *process of democratization*:

> "... democracy, like most other affairs in the world of human society, is a matter of degree, and a matter of degree on many levels. The crucial questions to be answered in appraising democracy are not 'where is it?' and 'where is it not?' – but, *where democracy is the professed aim and ideal, 'how broad and deep is it?' and, 'upon what issues is it really operative?'*" (Cohen 1971: 34; my italics)

Democracy being the professed aim and ideal of nearly all countries in the world today, the task for comparative studies of citizenship is to convert Cohen's "crucial questions" into a more systematic approach for analysis and evaluation.

3. Three Dimensions of Participatory Democracy

As implied by the above statement, Cohen (1971: Chapter 2) views the problem of democratic assessment in terms of three basic democratic "dimensions:" the *breadth*, *depth* and *range* of participatory decision making. The first two of these dimensions refer respectively to the amount and quality of participation itself, while the third refers to the scope and decisiveness of the decision making in question. It is Cohen's intention that the three dimensions be used as rough standards for democratic evaluation.

Democratic breadth is a question of "the proportion of those in the community affected by a decision who do or may participate in the making of it" (Cohen 1971: 8). An assessment of breadth rests, in the first instance, on the degree of what we can call *participatory entitlement* – i.e., who is allowed to participate in which decisions? – and in the second, on the degree of *actual decision-making involvement*. The first aspect is clearly dependent on the criteria for community membership (its rights and obligations), while the second is a simple question of quantitative assessment and comparison. When the community in question is a nation-state, membership criteria are stipulated in the rights and obligations of national citizenship. Evaluation here is a question of determining, first, the proportion of those who are entitled to take part in the different democratic roles; and, second, the proportion of those who actually do take part. The normative logic of the dimension is straightforward: the higher the proportions of both entitlement and involvement, the greater the democratic breadth.

Cohen's second dimension involves a much more difficult standard: the "depth" of decision-making involvement:

> "As the breadth of democracy is determined by the generality with which members participate, the depth of democracy is determined by the fullness, the character of the participation that does take place. ... After the achievement of reasonable breadth, it remains to ask how fully and how significantly those who do participate [actually] participate" (Cohen 1971: 17).

The double usage of "participate" at the end of this statement indicates the difficult semantics involved. Participation may be (and increasingly is in most Western democracies) a simple act of voting. Or it may be an act of much more thorough involvement in the decision-making process, encompassing personal initiative, preparation, agenda-formation, discussion, voting and enactment. It is along this dimension that the basic quality of individual citizenship must be assessed, and it is here that we will need greater normative specification than that provided by Cohen himself. The dimension is obviously both difficult to operationalize and controversial to assess. The underlying normative logic is nonetheless relatively straightforward: the more "informed, continuing, vigorous and effective" the involvement in question (Cohen 1971: 18), the greater the depth of democracy.

Finally, there is the dimension of "range." This has to do with "the kinds of question upon which the voice of the people rules, and the restrictions upon the authority of that voice, if any" (Cohen 1971: 22). Where is democratic participation both *expected* and *decisive*, and where is it either explicitly declared "out of bounds" or otherwise rendered technically ineffective? Of all the possible decision-making processes in a community – indeed of all the existing spheres of authority in the community – which ones have been democratized, and how decisive are the democratic procedures in place?

As this latter dimension involves judgments of great complexity as to what democratic authority ultimately consists of, Cohen has supplemented his treatment of range with two important distinctions.

First, in relation to the underlying paradox of self-rule itself (how do we rule over ourselves as rulers?), Cohen (1971: 5) differentiates between the notion of *directive governance* and *administrative governance*. By directive governance is meant the individual's or group's ability to provide broad guidance in the form of common aims and purposes for community action. One can take part in this mode of directive "voice" without necessarily becoming involved in the more specific ongoing decision making which is necessary to realize common goals. This latter aspect of democracy is administrative governance: the extension of the democratic mandate through delegated authority and administration.

As a parallel to this distinction, Cohen also differentiates between the *sovereign* and the *effective* range of participatory decision making. The sovereign range refers to the constitutionally determined scope for ultimate democratic authority, while the effective range refers to the actual ability of the community to realize and enforce its will.

Combining the two sets of ideas, we might say (at the risk of oversimplification) that the sovereign range is expressed in the scope of constitutionally sanctioned directive governance, while the effective range points to two possible hindrances on the realization of sovereignty: built-in constitutional "checks and balances" and a need for administrative enactment.

The question of sovereign range is thus a question of where the democratic "mandate" is sanctioned to apply *in theory*, while the question of effective range is a question of assessing where it applies *in practice*. The former involves an ongoing conflicting judgment as to the boundaries of public and private domains, while the latter involves the conflicts and trade-offs inherent in the ultimate realization of democratic decisions. The normative logic of the dimension is, again, straightforward: the greater the scope of decisions and practices which are democratized, and the greater the decisiveness of that democratization, the greater the range of democracy.

Cohen's dimensions provide a normative point of departure and a basic vocabulary for evaluation. Though selective in relation to the entire range of possible "democratic" characteristics, they are appropriately selective in relation to the problem of citizenship. We must still be careful, however, not to loose sight of their partiality. All democratic norms are both relative and unidimensional. It is difficult to maximize a norm along one dimension without incurring costs and difficulties along another. It can be argued, for example, that a maximization of democratic breadth can also lead to an increase in conflict, irrationality, and instability; or that an increase in depth can lead to personal "overload," frustration, and withdrawal; or that an increase in range can undermine minority rights, personal freedom, and privacy.

Thus, though Cohen's dimensions are clearly well suited for the present problem, and though we clearly cannot be expected to cover *all* aspects of the normative spectrum, we must nonetheless aim for a reasonable and convincing balance. It is for this reason that Cohen's three dimensions must be supplemented by another dominant persuasion: Robert Dahl's systematization of democratic procedures.

4.   Five Standards for Procedural Democracy

As the principal architect of the "polyarchal" model of democracy and a major theorist of American pluralism (Dahl and Lindblom 1953; Dahl 1956, 1961, 1971,

1989), Robert Dahl represents a tradition that differs considerably from that enunciated by Carl Cohen. Rather than focusing on the problem of participation and citizen development, Dahl has concentrated on problems of *procedures and rights*. Whereas Cohen might be classified as a "substantive" theorist (oriented toward the substance of democratic practice and its effects on individuals), Dahl can be classified as a "formal" theorist (oriented toward democracy's formal characteristics). In the great decade of democratic debate in the United States, the 1960s, Dahl was clearly identified as a democratic "revisionist" of democratic theory: one of the many social scientists who took it upon themselves to update and redefine the democratic idea for modern nation-states in a world of intensified ideological conflict and increasing semantic disarray.[2]

Dahl has, however, proved to be a theorist in constant change and development. After his provocative and searching essay on "After the Revolution?" in 1970, he gradually expanded his analytic perspective to include several aspects of more wide-ranging conceptual and empirical interest. Without abandoning his concern for rights and procedures, he has gradually introduced conceptual "openings" of the original pluralist norm-set: openings that have provided access for many of the critical perspectives of his earlier opponents. This development, and the new synthesis which it has produced, is best expressed by what Dahl (1979) came to refer to as "the doctrine of procedural democracy." This "doctrine" (which is anything but "doctrinaire") represents a vital bridge between substantive and procedural norms, and serves to both expand and complement Cohen's three dimensions. It also prepares the way for moving on to the normative problem of citizenship itself.

In the order chosen here, the five criteria for procedural democracy are as follows:

Final Control of the Agenda (C.4): With this standard Dahl directs attention to the basic fact of sovereignty itself. In a full procedural democracy, the demos, and the demos alone, will have the right and the responsibility to determine the basic structure of the decision-making process. This does not mean that the demos must decide every binding issue itself, but it does mean that the demos itself is judged to be *qualified* – and exclusively so – as "the best judge of its own competence and limits." The criterion rests on the following basic assumption of democratic equality:

---

2   The debates and conflicts of the 1960s have been captured and summarized in a number of excellent overviews. These debates are of particular relevance today, when the debate over democracy has shifted markedly to the global scene, with greater emphasis on adapting democracy to problems of globalization and supra-national integration, rather than the essence and ideological nature of democracy more generally. In English see e.g., Kariel (1970), Ricci (1971) and Kelso (1978), and, in a Scandinavian context, Lewin (1970) and Hagtvet and Lafferty (1984). For a profile of Dahl's earlier production and development, see von der Muhll (1977) and Hagtvet (1984). A more recent treatment of Dahl's work is available in Held (1996).

> "With respect to all matters, citizens are qualified, and equally well qualified, taken all around, to decide which matters do or do not require binding decisions; of those that do, which matters the demos is qualified to decide for itself; and the terms on which the demos delegates authority" (Dahl 1979: 108).

Dahl is expressing here Cohen's distinction between "directive" and "administrative" governance, and he is stating forcefully the principle that the "sovereign range" is always and ultimately a matter for the demos itself to decide. It is for this reason that I prefer to place this criterion first. It points to the fundamental point of departure for democratic government, and it serves as a vital reminder that, in a procedural democracy, constitutionality itself is subject to ongoing popular consent and eventual popular revision. As a standard, the criterion alerts us to the ways by which the association in question has institutionalized and symbolized the agenda-setting and authority-allocating functions. Sovereignty may, it says, be delegated, but it may never – without relinquishing its procedural democratic status – be completely alienated. How democratic systems treat this value – the way in which sovereignty was originally conceived and institutionalized by the original demos and the degree to which it is "present" and "accessible" today – is the general question for evaluation.

Inclusiveness (C.5): In a historical perspective, most "putative" democratic systems (i.e. systems that, in one way or another, aspire to being democratic), establish the principle of "final control of the agenda" at their constitutional inception. In rebelling against existing unequal allocations of authority, the new democratic system legitimates its own authority with the above-mentioned assumption of "equal qualification." The declaration that "all men are created equal" must, however, be followed up by a clarification of *which* "men" are actually to take part in the determination and resolution of the post-revolutionary agenda. Dahl's standard of "inclusiveness" stipulates how that decision should be made in a full procedural democracy.

Relying once again on the assumption of "equal qualification," Dahl (1979: 129) argues that this criterion should approach "universality among adults." He would, in fact, stipulate that only "children" and "transients" are denied membership in the demos. In arriving at this decision, Dahl brings in the two additional assumptions (stated as A.6 in his scheme), namely: (a) that the good of each member is entitled (by a principle of fairness) to equal consideration, and (b) that "each member is assumed to be the best judge of her own interests in the absence of a *compelling showing* to the contrary" (what Dahl refers to as the "burden of proof").

Dahl is assuming, in other words, that there are good *prima facie* reasons for excluding children (they are not, prior to a certain age, which Dahl admits is difficult to stipulate, "the best judges" of their own interests); and transients (who are, presumably, not bound by the decisions made, though this is not adequately spelled out by Dahl). Beyond this, any exclusion should be weighed on the merits of each individual case, weighing exclusions *against* the six basic assumptions. In applying the criterion at the national level, it will be necessary to assess both the history of inclusion as it has progressed in both systems, as well as the status and arguments for all remaining exclusions. Dahl's well-formulated and detailed criteria here amount to a vital clarification of the "entitlement" aspect of Cohen's dimension of breadth.

Political equality (C.1): The most intuitive of Dahl's (1979: 101) standards, this aspect simply stipulates that "at the decisive stage [for determining outcomes] each citizen has an equal vote." From a developmental perspective, it is this criterion which logically follows after the issues of sovereignty and inclusiveness. Once we know where sovereignty lies and who is to be allowed to exercise it, the question arises as to how we will resolve specific differences of opinion and preference. Dahl's criterion thus seems to be a relatively simple statement of a core principle of democratic decision making, i.e., that equal voices should be accorded equal weight in the determination of binding decisions.

On closer examination, however, the standard proves to be more demanding than it at first appears, and, by all indications, more demanding than Dahl's earlier position on the same issue. By focusing on the *decisive stage for determining outcomes*, and by identifying a "vote" with the *expressed preferences of each member as to the outcome*, Dahl is, in substance, stipulating a depth of involvement and influence which poses a severe test for nearly all existing voting procedures. Expressed preferences as to actual outcomes are, for example, quite different from expressed preferences as to leaders without clear policy mandates (i.e., the norms of so-called "competitive democracy").

By way of illustrating the point, let us look briefly at the same standard as expressed in the earlier model for polyarchy. There Dahl (1970: 3) offered two sets of polyarchal "basics," expressed as three "necessary conditions" and eight "basic guarantees." As I interpret Dahl now, the current criterion for political equality is a more generalized expression of the following combination of guarantees (PG for "polyarchal guarantee") in relation to the following condition (C) (my own summary from Dahl 1970: 3):

> "Institutions for making government policies [should] depend on votes and other expressions of preference" (PG.8) and all "full citizens" should have the "right to vote" (PG.3). Further, preferences should be "weighed equally in the conduct of the government, that is weighted with no discrimination because of the content or source of the preference" (C.3).

This formulation would appear to reflect Dahl's earlier emphasis on influencing leaders and governmental procedures and guaranteeing against the weighting of votes, rather than what later appears as an emphasis on *the substantive goal of integrating individual preferences as fully as possible into specific decision-making outcomes*. It is as though Dahl moves in his work on procedural democracy to a position where the ideal procedural situation is, in fact, face-to-face decision making, and that political equality should be assessed in relation to *realized preferences* equally, or perhaps more so, than with respect to *fair procedures*. How close, he seems to be asking, does the system in question approximate an equality of "voice" in final outcomes despite the technical difficulties involved in decision making for large-scale associations? Evaluation here would seen to be directed toward the institutions and procedures for transmitting and converting "votes" into "final outcomes" and would thus seem to have a sharper, more substantive, normative edge.

Effective participation (C.2): Dahl's demands for an equal resolution of "voice" are given an added qualitative dimension with the criterion for "effective participation." Not only should citizen preferences be equally expressed and equally weighted at the decisive stage of the decision-making process, citizens should also be guaranteed an equal and effective access *throughout* the process:

> "According to this criterion, throughout the process of making binding decisions, one must have an adequate opportunity, and an equal opportunity, for expressing his or her preferences as to the final outcome. Thus citizens must have *adequate and equal opportunities for placing questions on the agenda, and for expressing reasons for endorsing one outcome rather than another*" (Dahl 1979: 102; my italics).

This criterion follows the developmental sequence here implied in that it is reasonable to turn to the conditions for democratic participation once the other issues treated above are decided. Though Dahl does not say so directly, the criterion should, I believe, be viewed mainly in relation to the question of *the rights and characteristics of decision-making access*. In this context, it expresses (at a minimum) the other conditions and guarantees of the polyarchal model. These can be summarized as follows:

> "All full citizens should have the 'unimpaired opportunity' to formulate their individual preferences (PC.1) and to signify these preferences to their fellow citizens and to the government by individual and collective action (PC.2). They should also be guaranteed access to alternative sources of information (PG.6), have the right to express themselves freely (PG.2) and to form and join organizations. Further, they should be guaranteed free and fair elections (PG.7) where leaders compete for their support by competing for their votes (PG.5 and PG.5a), and where they themselves are eligible for public office" (Dahl 1970: 3).

These "conditions" and "guarantees" provide a convenient checklist of minimum standards for "effective participation," whereby each system can be evaluated as to when and how these rights and provisions have been secured.

Beyond this list, however, there is an implication in Dahl's revision of the earlier Dahl of a "deeper," more substantive, standard of effectiveness. We should be willing, he seems to say, to look beyond the existence of rights and provisions to the conditions for their *actual usage*. We must consider the spirit as well as the letter of the standard:

> "Any specific procedures ... must be evaluated according to *the adequacy of the opportunities they provide for, and the relative costs they impose on, expression and participation by the demos in making binding decisions*. Other things being equal, procedures that meet the criteria better are to be preferred over those that meet it less well" (Dahl 1970: 102-103; my italics).

Once again, Dahl seems to be trying to meet his critics half way here (e.g., Newton 1969) by saying that procedural democracy should be concerned with the actual "costs" of using formal rights. It is not enough to evaluate decision-making systems in terms of constitutional guarantees; we must also evaluate the total participatory system to see how those guarantees actually function in practice. Taken together, the formal and more substantive aspects of the criterion of effective participation provide necessary specifics for Cohen's dimension of "depth." This involves, again, an assessment of the opportunities for participation *"throughout* the process of making binding decisions," i.e., in the preparatory and enactment stages of the process, as well as in the voting stage itself.

Enlightened understanding (C.3): It is with the criterion of "enlightened understanding," however, that Dahl makes a decisive move in the direction of "radical" democratic theory. By this I mean that Dahl had earlier shown a general liberalist tendency to emphasize what Dennis Thompson (1970) refers to (below) as the principle of *autonomy*. This principle is roughly the same as that expressed by Dahl's sixth assumption, i.e., that each individual is "assumed to be the best judge of his or her own interests in the absence of a compelling showing to the contrary." By placing this principle in a position of particular honor, and by placing strong demands on what might be accepted as a "compelling showing," the liberalist persuasion discourages attempts to second-guess expressed preferences by individuals.

In so doing, it has tended to play down what Thompson sees as the second dominant value in citizenship theory: the principle of *improvability*. While not aiming to directly contradict the notion of autonomy (in terms, for example, of a specific theory of "needs" rather than "wants"), this principle aims at complementing autonomy by raising a general question as to the *validity* of personal interest assessments. Whereas the utilitarian tradition within citizenship theory has largely insisted on taking the personal expression of preferences at face value, the radical tradition has tended to question preferences in relation to varying levels of citizen competence.

Dahl's criterion of "enlightened understanding" interjects the question of competence directly into the normative center of procedural democracy:

> "In order to express his or her preferences accurately, each citizen ought to have adequate and equal opportunities for *discovering and validating, in the time permitted by the need for a decision, what his or her preferences are on the matter to be decided.* This criterion implies ... that alternative procedures for making decisions ought to be evaluated according to the opportunities they furnish citizens for *acquiring an understanding of means and ends, and of oneself and other relevant selves*" (Dahl 1979: 105; my italics).

Though these are words which, in Dahl's own terms, are "rich in meaning and correspondingly ambiguous," they clearly point toward an evaluation of the conditions available for promoting *political consciousness*, *political rationality*, and *political competence* among the demos. The message would seem to be that, if democratic procedures are to realize their normative potential in terms of an inclusive, effective, and equal sovereignty, they must be executed by an enlightened and competent citizenry, *and* it is part of the obligation of procedural democracy to secure conditions toward this end. Dahl's perspective here thus rounds out Cohen's notion of "deep" participation, and provides a conceptual bridge for moving from a procedural demand for "depth" to theories that stipulate citizen norms in terms of personal characteristics and actions.

By way of summation thus far, it can be said that Dahl's five criteria and their assumptions both complement and potentially restrain Cohen's three dimensions. Inclusiveness reformulates the vital membership aspect of breadth; control of the agenda places more specific demands on the decisiveness aspect of range; political equality and effective participation stipulate clearer systemic standards for depth, at the same time that they raise a barrier of rights against unbridled democratic decisiveness; and enlightened understanding extends the depth dimension to a responsibility for political consciousness and democratic competence.

5. Assessing the Conditions and Consequences of Democratic Citizenship: A Normative-empirical Framework

In moving from basic norms toward specific analyses of existing democratic systems, we must identify possible areas of practice which allow for a direct connection between norms and performance. The major premise of the approach is that ostensibly democratic systems will vary considerably in how they attempt to realize norms through institutions and procedures, and that differences documented here will have identifiable (and measurable) effects on citizen values, competence and behavior. What follows is a brief outline of six categories for the normative-empirical assessment of the "varieties of democratic experience" across similar types of communities. The categories indicate in a general way the types of variables that could be used to comparatively assess (1) democratic conditions and (2) possible citizen consequences.

I.   Democratic conditions
I.1. The decisiveness and range of decision-making institutions

Democratization involves the transformation of nondemocratic regimes into regimes where, in theory at least, the people are to rule. The principle of popular sovereignty proves, however, to be an idea that lends itself easier to rhetoric and symbolization than to realization. The question of *which "people,"* ruling over *what* and *how*, is much more intricate and variable than that first indicated by revolutionary declarations of democratic intent. Establishing the principle of a democratic agenda is but the first and easiest of many steps in a long and conflictual process.

A comparative assessment of citizenship must begin, therefore, at the most basic level of democratic institutionalization: *the constitutional structure of democratic authority.* How was "democracy" originally conceived in the communities in question, and how has the principle of "popular sovereignty" been institutionalized in and through the constitutional process? Where is the democratic element thought to be decisive, and how decisive is this element in practice?

The normative guidelines for this initial evaluation of democratic conditions are derived from Carl Cohen's dimension of "democratic range" combined with Robert Dahl's criterion of "final control of the agenda." As we have seen, Cohen's dimension actually involves two separate subdimensions: the *degree of decisiveness* attaching to those decision-making processes which have been democratized, and the *scope of issues* over which democratic authority is designed to extend. As a relative and developing process, democratization varies as to the nature of its self-legitimating symbols (the official image of the sovereign range of popular governance) as well as its concrete results (the actual effective range of democratized decision making).

In this light, there are at least three factors of crucial importance for an assessment of decisiveness and range at any given time: (1) the nature of constitutional "checks and balances" on majoritarian democracy (in the form of other power-sharing institutions); (2) the nature of the limits imposed on democratized decision making by constitutional rights and subsystem autonomy; and (3) the nature of the conversion process by which the decisions of directive governance are translated into the results of administrative governance.

As for Dahl's criterion of agenda control, this can be introduced here as a final point of overall assessment. Once we have established relative benchmarks in relation to decisiveness and range, we will want to raise the question of *how each system maintains the standard of final control of the agenda as an ongoing feature of procedural democracy.* Given the fact that the democratic agenda is established and maintained through constitutional processes, it will be necessary to evaluate the procedures for changing the constitution itself along with the symbols and mechanisms by which the system encourages or discourages awareness of agenda-control possibilities. Furthermore, given the legitimating principle of popular sovereignty (the assumption that "the demos is the best judge of its own competence and limits"), we must inquire as to the provisions for allowing the demos to "effectively retrieve" any matter for decision by itself (Dahl 1979: 107).

I.2. The institutionalization of democratic voice

Having compared the basic conditions for the democratic agenda as a reflection of the expression of popular sovereignty through constitutional design, the next question is to assess the manner by which each system has sought to realize the aspirations of democratic sovereignty in practice. The analysis can here focus on two major issues: (1) the question of "inclusiveness" or "participatory entitlement" in relation to the dimension of democratic "breadth," and (2) the procedures and institutional arrangements for attaining "political equality" and "effective participation" as standards for the dimension of "depth."

The question of inclusiveness can be approached in terms of the electoral suffrage. Who received the vote first? When and how was the suffrage expanded? What are the conditions of electoral inclusiveness today? Further, there are questions as to the official conditions for involvement at the elite level: the conditions for holding elective office. Who has been entitled to sit where, and how have eligibility requirements changed over time?

By way of example, the situation for Norway, which is a "unitary state" with a parliamentary system and no significant regional differences, it is a relatively simple matter to summarize the conditions for both electoral participation and office-holding at the national and local levels. The situation would, however, be much more complex for systems like the United States or Germany, where one would have to try to grasp the broad variation of federalism by focusing on the conditions for more-or-less independent levels of decision making, all of which have their own histories of evolution and procedural change.

The second aspect would be to look at the procedures and institutions which have evolved in each system for the conversion of electoral acts into decision-making outcomes. As a device for systematic description and data-gathering here, we can introduce Stein Rokkan's dualistic perspective on macro democratization, with related models for "institutional" and "cleavage-structure" development (Rokkan 1970: 65).

Rokkan's institutional model deals with "the sequences of steps in the institutionalization of formal mass democracy." This involves "the establishment of safeguards for the freedom of organized competition, the broadening of the franchise, the standardization of secret voting, the lowering of the thresholds of representation, and the introduction of various measures of parliamentary control over the national executive." It also involves the procedures, both formal and informal, for providing interest groups with access to the executive-administrative process. We are provided, in other words, with a developmental framework for comparing the more legalistic aspects of national democratization.

The cleavage model, on the other hand, focuses on those processes which, though highly routinized and institutionalized, are more contingent and, theoretically at least, more open to change. In Rokkan's terms, the model covers "the timing of the growth and the stabilization of organizations for the mobilization of mass support" in and through the new channels created by the institutional model. More specifically, this involves "the formation and the 'freezing' of organized party alternatives within each national political system," as well as the structure and procedures for interest-group representation ("corporate pluralism"). The cleavage model thus provides a framework for the analysis of the actual organizational responses of the more important "objective interests" in different systems to the emerging decision-making opportunities.

We can thus here apply perspectives related to the timing and sequences of two interrelated processes: the formal institutionalization of democratic rights and decision-making procedures (the constitutionally sanctioned "rules of the game"), and the political-organizational system by which citizens are actually mobilized for political involvement. Taken together, the two perspectives provide necessary empirical benchmarks for assessing the nature of *the democratic access structure* in each system in terms relevant to the Cohen-Dahl norm-set. To the degree that it is possible to evaluate the conditions for democratic depth in relation to the norms of "political equality" and "effective participation," we should be able to do it most clearly and effectively in the interdependent terms of the Rokkan models. These models are addressed, after all, to the same substantive problems addressed here: the manner by which the choices of individual voters are structured, resolved and converted into decisional outcomes.

I.3. The promotion of political competence and enlightened understanding

A vital third area of institutionalized democracy involves those conditions which most directly affect the levels of political preparedness and political competence among the citizenry. These are conditions that further structure the capacity for "effective participation" at the individual level, but which also go to the very heart of the criterion of "enlightened understanding." More generally, they are the conditions for promoting what Dennis Thompson (1970) has called "the improvability of democratic citizenship." Whereas the conditions outlined for the analysis of the "institutionalization of democratic voice," deal with voice as an expression of autonomous will, the conditions under consideration here are those which more directly affect the strength and quality of both individual and aggregate opinion. What are the conditions, in other words, for actively developing competent and rational political actors?

Given the fact that nearly all socializing agents could be of interest in this connection, we must be relatively selective in focus. Two major types of "educational" possibilities come to mind: (1) specific efforts to impart the information, motivation and skills deemed necessary for the role of "citizen" (what is generally referred to in the United States as "civics"); and (2) the availability of opportunities for formalized decision-making involvement in areas of private authority. In an attempt to determine how each system prepares its citizens for "effective participation" in public decision making, we will want to look at existing programs for "theoretical" citizen education at the childhood and adult levels, and we must try to make a rough assessment of the scope of "hands-on" learning opportunities through democratization efforts at home, in school and at work.

As for the criterion of "enlightened understanding," we would want to follow up Dahl's (1979: 104-105) own suggestion for a meaningful evaluation by focusing on the conditions affecting *the ability of citizens to discover and validate their interests and preferences through open access to information and discussion.* Dahl himself has been highly reluctant to stipulate specific standards in this area, stating only that that system which appears to fulfill the general criterion best is to be preferred. He leaves no doubt, however, that what is at issue is the question of *political rationality*: the opportunities which different procedures furnish "for acquiring an understanding of means and ends, and of oneself and other relevant selves" (Dahl 1979: 105).

Recognizing the enormous complexity involved in any attempt to operationalize the conditions of "rationality," I would suggest that one concentrate on only a single vital aspect of the problem: the conditions of the mass media as these relate to the proliferation of information and the opportunities for "enlightening" discussion. Of particular importance here is the work done in the United States by (for example) Benjamin Page (1978) and Page and Shapiro (1992) on the role of the media in relation to the concept of a "rational public."

II. Citizen consequences

Having comparatively evaluated the two national systems with respect to the conditional norms, the next task is to see if the differences revealed can be reasonably associated with differing profiles of citizen behavior. The challenges here are, of course, enormous. How are we to trace and document the implied causality both within and across the two systems? Given the numerous *other* factors which could, and surely do, affect citizen characteristics, how can we isolate the effects of democratic structure? Which type of design could possibly serve the underlying logic of "conditions *and* consequences?"

Unfortunately, no type, to my knowledge, is currently available. The combination of normative evaluation with comparative macro-micro analysis is a rare hybrid in the flora of social-science approaches. We have Stein Rokkan's programmatic admonitions as to comparative macro-micro research, and we have Robert Dahl's wise observations on the need for judicious evaluation when it comes to democratic norms, but the task of bringing them both together within a convincing operational framework has yet to be achieved.

One strategy is to operate with two types of analysis in each area of citizenship assessment. So as to provide as broad a base as possible for an overall understanding and evaluation, each subanalysis could begin with a comparative overview of existing findings for the phenomena in question in each country. Since most behavioral analyses are careful to control for the major structural and socioeconomic variables in each context, it should be possible to arrive at general conclusions for similar types of groupings on the basis of secondary sources. We must clearly be on the alert, however, for system-specific factors which are neither controlled for nor reasonably traceable to democratic parameters.

The second type of approach would try to establish system consequences in a more direct and controlled way. The basic logic here is that democratic citizenship presupposes that all citizens should be roughly similar with regard to the characteristics deemed necessary for active citizen involvement. Given an ever-increasing pool of cross-national empirical studies of diverse aspects of both system and citizen, the possibilities are at least present for focusing on specific subgroups of citizens that appear to be "lagging" in citizen development. By using similar sample surveys from similar points in time for each system, it should be possible to construct similar categories for three major variables: *gender, occupation* and *economic resources*. The goal would then be to reduce the within-category variation of each variable by common coding procedures across systems so as to make the subgroups as similar and homogeneous as possible. By then applying controls for other system-specific characteristics (such as region, degree of urbanization, race, education, etc.), it should be possible to isolate and assess differences in citizen characteristics.

If, for example, it can be demonstrated that there are clear cross-system differences in citizen characteristics between women and men of similar socioeconomic background within similar contextual settings in each system, the proposition as to systemic effects related to democratic institutionalization and procedures is at least plausible. If such differences are also in line with the general findings of the secondary literature, and if we cannot falsify the proposition by further data manipulation and analysis, we would have carried the analysis as far as possible within the overall approach and analytic design.

In choosing specific characteristics to be investigated by this general approach, it is necessary to focus on those types of behaviors, attitudes, and competencies which are logically consistent with the Cohen-Dahl norm-set. We can divide these consequential "dependent variables" into three possible subsets: (1) citizen knowledge, affect, and efficacy; (2) the breadth and equality of citizen involvement; and (3) the nature of political rationality.

II.1. Political knowledge, affect, and efficacy

As reflected by Dahl's criterion for "final control over the agenda," the first prerequisite for active citizenship is *knowledge of the system itself.* Democratic citizens must possess, at a minimum, the information necessary to both objectify the system as an arena for action and to engage in that arena in a meaningful and effective way. This involves knowledge of rules, procedures, settings, and actors. Action presupposes cognition and cognition builds on simple information. What we are interested in here is the type of information that we would expect to find in, for example, a standard introductory course on "civics." What do citizens know about their democratic system? What are its elements? How is it accessed? How does decision making work? What must the citizen do to become involved in it?

Second, there is the question of *system affect.* Presuming that citizens have acquired a working knowledge of the system and of their role in it, the next expectation from the norm-set is that they basically *like* the system, that they identify with it and feel that it serves their basic needs as citizens. Without a feeling of positive affect toward democratic decision making, there is little reason to believe that citizens will actively partake in its procedures. An assessment of the degree of "systemic support" or "political alienation" in each system is thus an assessment of the system's ability to both engage ("inclusiveness") and satisfy ("political equality") its citizenry. Given the increasingly broad availability of standardized survey

probes for both of these dimensions, there should be no difficulty in making relatively straightforward cross-system comparisons.

Finally, there is a question of *personal political efficacy*. In addition to knowing
of and caring for democracy, the citizen should also perceive her/himself as a
qualified and competent political actor. To know and like the system does not
automatically translate into a feeling of effectuality. Feelings of political efficacy
have been consistently shown to correlate strongly with political involvement, providing in the eyes of many a vital link between potential and actual involvement
(Milbrath and Goel 1977; Nie, Powell and Prewitt 1969; Pateman 1970; Verba, Nie
and Kim 1978). Again, Dahl's criteria of "final control of the agenda" and "effective participation" both presuppose such a self-image, as do Thompson's (1970)
minimal conditions for voting and participation. Here too, the availability of similar data for systems over a prolonged period of time should allow for a relatively
clear-cut evaluation.

Taken together, these three types of variables constitute basic cognitive, affec-
tive and instrumental components of the "preparedness" aspect of democratic citizenship. They represent minimum expectations in relation to the procedural norms,
and they reflect the basic premises and convictions of the 13 classic "citizenship"
theorists identified in Thompson's (1970) comprehensive overview. We can, of
course, imagine democratic involvement without them. But we cannot logically
endorse such involvement within the normative framework here presented.
Whether acquired through programs for formal democratic education or through
involvement and learning within the system itself, their distribution and quality reflect vital attributes of citizenship in practice.

II.2. The breadth and equality of citizen involvement

Of all the consequences that might be associated with democracy, none is so
straightforward as citizen involvement. Honest colleagues may disagree over the
nature and measurement of knowledge, affect, and personal efficacy, and they
surely *will* disagree over similar aspects of "political rationality" (to follow), but
there is reason to hope that a comparative description of highly similar democratic
acts will speak largely for itself. Though there are democratic theories that equivo-
cate on the scope of inclusiveness and the desirability of participation, they are not
theories in the tradition of democratic citizenship, nor are they theories compatible
with Dahl's procedural democracy.

It should not be necessary, therefore, to elaborate at length on the basic expectations attaching to this aspect of citizenship (though several post-modern theories of
democracy are clearly willing to play them down in favor of more pluralist norms).
The normative point of departure assumes that democratic inclusiveness tends toward universality within the decision-making scope of the sovereign range, and
that involvement among those granted membership should be as widespread and
equally distributed as the mechanics of decision making allow. Furthermore, we
are entitled to expect that access to channels of influence other than those that are

constitutionally sanctioned (such as interest groups, lobbying, direct contact with officials and ad-hoc direct action) is also both open and equal. Such activities are, by now, an integrated part of the modern democratic state, and, insofar as they are accepted as complementary to the parliamentary channel, they too are subject to standards of equal access and efficacy. Our task thus amounts to a total assessment of the breadth and equality of involvement in those channels identified in the section on democratic range and decisiveness. Here too, there are ample sources of comparable aggregate and survey data to make such an assessment possible.

II.3. The nature of political rationality

Finally, there is the most elusive of all citizen traits: political rationality. Of the numerous "consequences" we might relate to variations in democratic structure, this is the one that poses the greatest challenge to design, measurement and evaluation. Yet, it is also one of the most vital for the question of democratic citizenship. The quality of political understanding and reasoning is of central importance to both Cohen's notion of "deep democracy" and Dahl's concept of "enlightened understanding." Providing that citizens know, like and actually *use* the democratic system, what effect do systemic characteristics have on their "political thinking?" What do they use as guides for comprehending politics, and how do they formulate preferences in relation to their interests, whether "perceived" or "real?"

The issues are every bit as complex as they sound, and certainly no less so when treated as "consequences" than when discussed (as above) as "conditions." Yet, they are not so complex as to defy assessment. Measuring the "demands" which citizenship theory places on individual political thinking may be one of the most difficult and controversial topics for democratic evaluation, but we are not totally without benchmarks. Students of public opinion in the United States have for decades been concerned with issues of "ideological consistency and constraint" (Converse 1964; Niemi and Weisberg 1976; Pierce, Beatty and Hagner 1982; Abramson 1983), and at least one major study has approached the issue in a comparative context (Barnes, Kaase et al. 1979).

Furthermore, the debates surrounding these studies have always contained an element of normative assessment in relation to democratic theory. When Philip Converse (1964) first raised the issue of constraint in his highly influential study of "the nature of ideology in mass publics," it was against an implicit background of what democratic theory *expected of* mass publics. More recently, Marcus and Hanson (1993) have brought that background sharply into focus and confronted the question of democratic expectations head-on. Whereas the Converse tradition clearly implied that democratic citizens should have clear, consistent and logically constrained ideological profiles, Marcus and Hanson first raised the basic question of whether such an understanding is, in fact, normatively correct for the American democratic system. Is it not possible, Marcus and Hanson ask, that the tradition of pluralistic and countervailing powers prevalent in the United States requires a *lack* of constraint in citizen rationality, i.e., an attitude toward interests and politics which is free-floating and susceptible to the arguments of the electoral market-place?

Marcus and Hanson thus brought to explicit focus a number of latent normative-empirical issues within the general problem area, and he did so in a manner directly amenable to more specific normative-empirical analysis. By raising the question of which norms are suitable for which type of democratic system, he goes directly to the problem of matching citizen norms with systemic specifications in relation to the issue of political rationality. By relating the type of approach here proposed to the methods, instruments and controversies of the debate over citizen ideology in America and Europe, and by applying the type of standardized coding schemes developed by Hans-Dieter Klingemann and his colleagues in Berlin (and first applied systematically in the eight-nation Barnes, Kaase et al. [1979] study), we should be able to handle this most difficult of issues in a more consistent, well-founded and relevant way.

6. A Concluding Postscript

The original purpose of the present chapter was to present a general design for a comparative assessment of citizenship in diverse democratic systems. Based on the conviction that normative propositions should be explicitly integrated into empirical analyses of normatively relevant phenomena, and claiming a particular need for this perspective in relation to a comparison of national regimes, the aim has been to systematize the relationship between norms and behavior in a manner suitable to both types of discourse.

The development of the analytic framework clearly shows, however, that the issue of democratic assessment is never a simple matter. It is a matter of gray in a world which prefers black and white; a matter of judiciousness in a discipline straining for objective facts; a matter of public choice and individual responsibility in an age of privatization and withdrawal. In trying to explore the contrasting conditions and consequences of diverse Western democracies – most specifically the more obvious differences between the American and European "varieties of democratic experience" – it should be possible to learn a great deal more about the vagaries and consequences of constitutional, institutional and procedural variation.

As outlined here, building on the works of Cohen, Dahl, Thompson and others, citizenship is case in the "heroic" mold. It is an ideal anchored in the classic tradition of enlightened autonomy, an ideal that connects personal maturity and well-being with responsibility for the matters of the *polis*. It is an ideal which is today under great strain in virtually all ostensible democracies. The cessation of the Cold War has given the Western notion of democracy an unparalleled position of ideological dominance. Yet, the growing technification of economic and social life, accompanied by a growing reliance on elitist decision making and market-based steering, has rendered the "heroic" ideal less and less attainable.

The challenges are not all from neo-liberalism and global commercialization however. As discussed elsewhere (Lafferty and Meadowcroft 1996; Lafferty 2000), the increasingly acute problems of global environmental degradation also pose *inherent* problems for the classic ideal. Demands for environmental protection, amelioration and equity (sustainable development) require social choice and action which is more decisive and more consequential in achieving vital change in this area than most systems of Western democracy currently seem capable of. The development of citizen insight, understanding and competence takes considerable time and "on-the-job" democratic training. Yet, in the eyes of many observers – increasingly supported by consensual research findings – time and timeliness are becoming more and more problematic for achieving effective change.

It is likewise with the issue of political rationality. Even the most "enlightened" citizen in a democracy dominated by commercialization, competition and individualization, will fail to grasp the cumulative negative consequences of unbridled exploitation of natural resources and sinks. The varieties of democratic experience are, in other words, not limited to empirical variation across existing systems, but include variation as to the holistic consequences of the general mode vis à vis the life-support capacity of nature. And while there is some trust in findings which show that Western-style democracies have proved more adept in arresting the worst environmental consequences of industrialization (Jänicke 1996; Jänicke and Weidner 1997), there is little joy in the prospect that the same types of systems are also the most profligate on earth with respect to the consumption of non-renewable natural resources and the overburdening of vital natural sinks.

In short, the further growth and progress of democratic citizenship faces serious challenges of balance. Thus far in the history of the West there has been a dominant trend toward the citizen-as-consumer, with the structures of democracy channeling preferences, understanding and competence in directions characterized by self-interest and personal/family security. The accomplishments in terms of both individual autonomy and community welfare have been truly amazing. The challenge confronting these systems now, however – both individually and as a global paradigm – is whether such a variety of "democracy-as-market-analogy" is indeed "sustainable." Hopefully the analytic perspectives offered here can serve to bring the question – if not necessarily the answer – into sharper focus.

References

Abramson, Paul R. (1983): Political Attitudes in America: Formation and Change. San Francisco: W. H. Freeman.

Almond, Gabriel A. and Sidney Verba (1963): The Civic Culture: Political Attitudes and Democracy in Five Nations. Boston: Little Brown.

Barnes, Samuel H., Max Kaase, Klaus R. Allerbeck, Barbara G. Farah, Felix Heunks, Ronald Inglehart, M. Kent Jennings, Hans-Dieter Klingemann, Alan Marsh and Leopold

Rosenmayr (1979): Political Action: Mass Participation in Five Western Democracies. Beverly Hills: Sage.

Berelson, Bernhard R. (1952): Democratic Theory and Public Opinion. In: Public Opinion Quarterly, 16, pp. 313-330.

Cohen, Carl (1971): Democracy. New York: The Free Press.

Connolly, William E. (1974): The Terms of Political Discourse. Princeton: Princeton University Press.

Converse, Philip E. (1964): The Nature of Belief Systems in Mass Publics. In: David Apter (ed.): Ideology and Discontent. Glencoe, Ill.: Free Press, pp. 206-261.

Dahl, Robert A. (1956): A Preface to Democratic Theory. Chicago: University of Chicago Press.

Dahl, Robert A. (1961): Who Governs? Democracy and Power in an American City. New Haven: Yale University Press.

Dahl, Robert A. (1970): After the Revolution? New Haven: Yale University Press.

Dahl, Robert A. (1971): Polyarchy: Participation and Opposition. New Haven: Yale University Press.

Dahl, Robert A. (1979): Procedural Democracy. In: Peter Laslett and James Fishkin (eds.): Philosophy, Politics and Society. New Haven: Yale University Press, 5th series, pp. 97-133.

Dahl, Robert A. (1989): Democracy and Its Critics. New Haven: Yale University Press.

Dahl, Robert A. and Charles E. Lindblom (1953): Politics, Economics and Welfare. Chicago: University of Chicago Press.

Elster, Jon (1983): Offentlighet og deltakelse (The Public Sphere and Participation). In: Trond Bergh (ed.): Deltakerdemokratiet. Oslo: Universitetsforlaget.

Hagtvet, Bernt (1984): Det ufullendt demokrati: Bernt Hagtvet i samtale med Robert A. Dahl. In: Samtiden, 93, pp. 71-80.

Hagtvet, Bernt and William M. Lafferty (eds.) (1984): Demokrati og demokratisering. Utgivelsesar.

Held, David (1996): Models of Democracy. London: Polity Press.

Hirschman, Albert O. (1970): Exit, Voice, and Loyalty: Responses to Decline in Firms, Organizations, and States. Cambridge: Harvard University Press.

Jänicke, Martin (1996): Democracy as a Condition for Environmental Policy Success: The Importance of Non-institutional Factors. In: William M. Lafferty and James Meadowcroft (eds.): Democracy and the Environment. Cheltenham: Edward Elgar, pp. 71-85.

Jänicke, Martin and Helmut Weidner (eds.) (1997): National Environmental Policies: A Comparative Study of Capacity-building. (In collaboration with H. Jörgens). Berlin: Springer.

Kariel, Henry S. (ed.) (1970): Frontiers of Democratic Theory. New York: Random House.

Kelso, W. A. (1978): American Democratic Theory: Pluralism and Its Critics. Westport, Conn.: Greenwood Press.

Lafferty, William M. (1983): Political Participation in the Social-democratic State: A Normative-empirical Framework for the Analysis of Decision-making Involvement in Norway. In: Scandinavian Political Studies, 6 (new series), pp. 281-308.

Lafferty, William M. (2000): Democratic Parameters for Regional Sustainable Development: The Need for a New Demos with a New Rationality, Working Paper 1/2000, Oslo: Program for Research and Documentation for a Sustainable Society.

Lafferty, William M. and James Meadowcraft (eds.) (1996): Implementing Sustainable De-
    velopment. Oxford: Oxford University Press.

Lewin, Leif (1970): Folket og eliterna. Stockholm: Almqvist og Wiksell.

Lively, Jack (1975): Democracy. Oxford: Basil Blackwell.

Marcus, George E. and Russell L. Hanson (1993): Reconsidering the Democratic Public.
    University Park, Pa.: Pennsylvania State University Press.

Milbrath, Lester W. and M. L. Goel (1977): Political Participation: How and Why Do Peo-
    ple Get Involved in Politics? Chicago: Rand McNally.

Muhll, George von der (1977): Robert A. Dahl and the Study of Contemporary Democracy:
    A Review Essay. In: American Political Science Review, 71, pp. 1070-1096.

Naess, Arne, Jens A. Christophersen and Kjell Kvalø (1956): Democracy, Ideology and Ob-
    jectivity. Oslo: Oslo University Press.

Newton, Ken (1969): A Critique of the Pluralist Model. In: Acta Sociologica, 12, pp. 209-
    223.

Nie, Norman H., Bingham G. Powell and Kenneth Prewitt (1969): Social Structure and Po-
    litical Participation. In: American Political Science Review, 63, pp. 361-378.

Niemi, Richard G. and Herbert F. Weisberg (eds.) (1976): Controversies in Voting Behav-
    ior. Washington: CQ Press.

Page, Benjamin I. (1978): Choices and Echoes in Presidential Elections; Rational Man and
    Electoral Democracy. Chicago: University of Chicago Press.

Page, Benjamin I. and Robert Y. Shapiro (1992): The Rational Public: Fifty Years of Opin-
    ion Trends. Chicago: University of Chicago Press.

Parry, Geraint (ed.) (1972): Participation in Politics. Manchester: Manchester University
    Press.

Pateman, Carole (1970): Participation and Democratic Theory. Cambridge: Cambridge Uni-
    versity Press.

Pierce, John C., Kathleen M. Beatty and Paul R. Hagner (1982): The Dynamics of American
    Public Opinion: Patterns and Processes. Glenview, Ill.: Scott, Foresman and Co.

Ricci, David M. (1971): Community Power and Democratic Theory. New York: Random
    House.

Rokkan, Stein (1970): The Growth and Structuring of Mass Politics in Western Europe: Re-
    flections of Possible Models of Explanation. In: Scandinavian Political Studies, 5 (old
    series), pp. 65-83.

Sartori, Giovanni (1962): Democratic Theory. Detroit: Wayne State University Press.

Schumpeter, Joseph A. (1943): Capitalism, Socialism, and Democracy. London: Allen &
    Unwin.

Thompson, Dennis F. (1970): The Democratic Citizen: Social Science and Democratic The-
    ory in the Twentieth Century. Cambridge: Cambridge University Press.

Verba, Sidney and Norman H. Nie (1972): Participation in America: Political Democracy
    and Social Equality. New York: Harper & Row.

Verba, Sidney, Norman H. Nie and Jae-on Kim (1978): Participation and Political Equality:
    A Seven-Nation Comparison. Cambridge: Cambridge University Press.

Cultural Cleavages in the European Union: Modernization and Cultural Persistence

Ronald Inglehart

1. Introduction

To what extent does a common culture exist among the countries of the European Union (EU)? European institutions have existed since the 1950s, and for the past several decades the peoples of the European Union countries have experienced increasingly high rates of economic, social and political interaction. Are their worldviews converging? A first step in this process might be the evolution of a uniform culture throughout the European Union; carried to an extreme, some critics argue that we are on our way to one global culture – a sort of "McWorld."

Modernization theorists from Karl Marx to Daniel Bell have argued that economic development brings pervasive cultural changes that tend to erase traditional cultural boundaries. But others, from Max Weber to Samuel Huntington, have claimed that cultural values are an enduring and autonomous influence on society; indeed, Huntington (1993, 1996) claims that the main conflicts of the post-Cold-War era will be between cultural zones based on religion. Analyzing evidence from the three waves of the World Values Surveys, this article finds evidence of massive cultural change *and* the persistence of distinctive cultural traditions.

The publics of the European Union countries have relatively similar basic values, in broad global perspective. But clear and consistent differences persist between the societies that were historically dominated by Protestant elites, and those that were historically Roman Catholic. And even larger differences persist between these two groups of traditionally Western Christian societies, and the historically Orthodox societies of Eastern Europe.

We also find evidence that economic development is associated with shifts away from absolute norms and values toward a syndrome of increasingly rational, tolerant, trusting, and participatory values. Cultural change, however, is path-dependent. The broad cultural heritage of a society – Protestant, Roman Catholic, Orthodox, Confucian, or communist – leaves an imprint on values that endures despite modernization. In the long term, common experience under shared institutions may lead to the evolution of a common culture in the European Union. So far, it has not emerged.

2. Modernization and Cultural Change

In the nineteenth century, modernization theorists such as Karl Marx and Friedrich Nietzsche made bold predictions about the future of industrial society, emphasizing the rise of rationality and the decline of religion. In the twentieth century, non-Western societies were expected to abandon their traditional cultures and assimilate the technologically and morally "superior" ways of the West.

In the opening years of the twenty-first century, we need to rethink "modernization." Few people today anticipate a proletarian revolution, and it is increasingly evident that religion has not vanished, as predicted. Moreover, it is increasingly apparent that modernization cannot be equated with Westernization. Non-Western societies in East Asia have surpassed their Western role models in key aspects of modernization, such as rates of economic growth and high life expectancy. And few observers today attribute moral superiority to the West.

Although modernization theory has been highly controversial, and few people would accept the original Marxist version today, one of its core concepts still seems valid: The insight that, once industrialization begins, it produces pervasive social and cultural consequences, from rising educational levels to changing gender roles. Industrialization is the central element of a modernization process that impacts on most other elements of society. Marx's failures as a prophet are well documented, but he correctly foresaw that industrialization would transform the world. When he was writing *Das Kapital*, only a handful of societies were industrialized; today, there are dozens of advanced industrial societies and almost every society on earth is at some stage of the industrialization process.

Economic development has systematic and, to some extent, predictable cultural and political consequences. These consequences are not iron laws of history; they are only probabilistic trends. Nevertheless, the probability is high that certain changes will occur, once a society has embarked on industrialization.

This article explores this thesis with data from the World Values Surveys, which include 65 societies containing over 80 percent of the world's population. These surveys provide time series data from the earliest wave in 1981 to the most recent wave completed in 1998, offering an unprecedentedly rich source of insight into the relationships between economic development and social and political change. These data show that substantial changes have occurred in the values and beliefs of the publics of these societies, even during the relatively brief time span since 1981. These changes are closely linked with the economic changes experienced by a given society. However, we find evidence of both massive cultural change *and* the persistence of traditional values. As we will demonstrate, economic development is associated with predictable changes away from absolute norms and values, toward a syndrome of increasingly rational, tolerant, trusting, and post-industrial values.

We also find that religious and historical traditions have left a durable legacy that continues to differentiate "cultural zones" (Huntington 1993, 1996) across a wide range of religious, political, economic, social, and sexual values. As we show, the fact that a society was historically Protestant or Orthodox or Confucian or experienced communist rule gives rise to distinctive value systems that persist even when we control for economic development. Economic development pushes societies in a common direction, but we find little evidence that their values are converging.

3.   Values of the Rich and Poor

The World Values Surveys data demonstrate that the worldviews of the people of rich societies differ systematically from those of low-income societies across a wide range of political, social, and religious norms and beliefs. In order to focus our comparisons on a small number of important dimensions of cross-cultural variance, we carried out a factor analysis of each society's mean level on scores of variables, replicating the analysis in Inglehart and Baker (2000).[1] The two most significant dimensions that emerged reflected, first, a polarization between traditional and secular-rational orientations toward authority and, second, a polarization between survival and self-expression values. *Traditional* values are relatively authoritarian, place strong emphasis on religion, emphasize male dominance in economic and political life, high levels of national pride, respect for authority, and relatively low levels of tolerance for abortion and divorce. Societies in which a large proportion of the work force is in the agricultural sector tend to emphasize traditional values. Industrialized societies tend to emphasize the opposite characteristics, manifesting *secular-rational* values. Table 1 shows some of the themes associated with this dimension. Only selected items are shown: numerous additional items, especially items linked with religion, show equally strong linkages with this dimension.

The second major dimension of cross-cultural variation is linked with the transition from industrial society to post-industrial societies in which a large proportion of the population is involved in the service sector or knowledge economy. This transition is linked with a polarization between *survival* and *self-expression* values. A central component of the survival vs. self-expression dimension involves the polarization between materialist and postmaterialist values. Massive evidence indicates that a cultural shift throughout advanced industrial societies is emerging among generations who have grown up taking survival for granted. Values among this group emphasize environmental protection, the women's movement, and rising demand for participation in decision-making in economic and political life. Table 2 lists some of the themes underlying this dimension. Inglehart and Baker (2000) demonstrate that value change has accompanied economic development. Prevailing orientations have shifted from traditional toward secular-rational values, and from survival toward self-expression values in almost all advanced industrial societies that have experienced economic growth.

1   For details of these analyses at both the individual level and the national level, see Inglehart and Baker (2000).

Table 1: Correlates of Traditional vs. Secular-rational Values

Item	Correlation
Traditional values emphasize the following:	
God is very important in respondent's life	0.91
It is more important for a child to learn obedience and religious faith than independence and determination(autonomy index)	0.89
Respondent believes in Heaven	0.87
One of respondent's main goals in life has been to make his/her parents proud	0.83
Abortion is never justifiable	0.78
Respondent has strong sense of national pride	0.78
There are absolutely clear guidelines about good and evil	0.78
Respondent favors more respect for authority	0.72
My country's environmental problems can be solved without any international agreements to handle them	0.64
Work is very important in respondent's life	0.64
There should be stricter limits on selling foreign goods here	0.63
Suicide is never justifiable; euthanasia is never justifiable	0.62
Expressing own preferences is clearly more important than understanding others' preferences	0.62
Respondent seldom or never discusses politics	0.58
Respondent places self on right side of a left-right scale	0.58
Family is very important in respondent's life	0.58
If a woman earns more money than her husband, it's almost certain to cause problems	0.55
Divorce is never justifiable	0.54
Relatively favorable to having the army rule the country	0.50
One must always love and respect one's parents regardless of their behavior	0.50
Secular-rational values take opposite position on all of above	

The figure in the right-hand column shows how strongly each variable is correlated with the traditional vs. secular-rational values index. The original polarities vary; the above statements show the polarity linked with the traditional pole of the traditional vs. secular-rational values index.
Source: Nation-level data from 63 societies surveyed in the 1990 and 1996 World Values Surveys.

In the past few decades, modernization has increasingly become *post*industrialization: the rise of the knowledge and service-oriented economy. These changes in the nature of work had major political and cultural consequences, too. Rather than growing more materialistic with increased prosperity, postindustrial societies are experiencing an increasing emphasis on quality-of-life issues, environmental protection, and self-expression.

While industrialization increased human dominance over the environment – and consequently created a dwindling role for religious belief – the emergence of postindustrial society is stimulating further evolution of prevailing worldviews in a different direction. Life in postindustrial societies centers on services rather than material objects, and more effort is focused on communicating and processing information. Most people spend their productive hours dealing with other people and symbols.

Table 2: Orientations Linked with Survival vs. Self-expression Values

Item	Correlation
Survival values emphasize the following:	
Respondent gives priority to economic and physical security over self-expression and quality of life (materialist/postmaterialist values)	0.87
Men make better political leaders than women	0.86
Respondent is not highly satisfied with life	0.84
A woman has to have children to be fulfilled	0.83
Respondent rejects foreigners, homosexuals, and people with AIDS as neighbors	0.81
Respondent has not and would not sign a petition	0.80
Respondent is not very happy	0.79
Respondent favors more emphasis on the development of technology	0.78
Homosexuality is never justifiable	0.78
Respondent has not recycled something to protect the environment	0.76
Respondent has not attended a meeting or signed a petition to protect the environment	0.75
A good income and safe job are more important than a feeling of accomplishment and working with people you like	0.74
Respondent does not rate own health as very good	0.73
A child needs a home with both a father and a mother in order to grow up happily	0.73
When jobs are scarce, a man has more right to a job than a women	0.69
A university education is more important for a boy than for a girl	0.67
Government should ensure that everyone is provided for	0.69
Hard work is one of the most important things to teach a child	0.65
Imagination is not of the most important things to teach a child	0.62
Tolerance is not of the most important things to teach a child	0.62
Leisure is not very important in life	0.61
Scientific discoveries will help, rather than harm, humanity	0.60
Friends are not very important in life	0.56
You have to be very careful about trusting people	0.56
Respondent has not and would not join a boycott	0.56
Respondent is relatively favorable to state ownership of business and industry	0.54
Self-expression values take opposite position on all of above	

The original polarities vary; the above statements show how each item relates to this values index.
Source: 1990 and 1996 World Values Surveys.

Thus, the rise of postindustrial society leads to a growing emphasis on self-expression. Today's unprecedented wealth in advanced societies means an increasing share of the population grows up taking survival for granted. Their value priorities shift from an overwhelming emphasis on economic and physical security toward an increasing emphasis on subjective well-being and quality of life. "Modernization," thus, is not linear – it moves in new directions.

Figure 1: Economic Levels of 65 Societies, Superimposed on Two Dimensions of Cross-cultural Variation

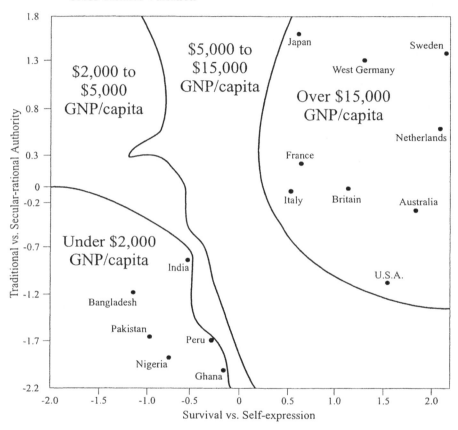

Note: All but one of the 65 societies shown in Figure 2 fit into the economic zones indicated here: Only the Dominican Republic is mislocated.
Source: Economic levels are based on the World Bank's Purchasing Power Parity Estimates as of 1995 (World Development Report 1997: 214-215).

Figure 1 shows a two-dimensional cultural map on which every country in the world could be plotted. The vertical dimension represents the traditional/secular-rational dimension, and the horizontal dimension reflects the survival/self-expression values dimension. Figure 2 actually plots more than 60 societies on this map, but first let us examine one important aspect: As Figure 1 illustrates, both dimensions of cultural change are strongly linked with economic growth. Economic development seems to have a powerful impact on cultural values: The value systems of rich countries differ systematically from those of poor countries. Germany, France, Britain, Italy, Japan, Sweden, Australia, the Netherlands, the U.S.A. and all of the other societies with an annual GNP per capita of over $15,000 rank relatively high on both dimensions – without exception, they fall in the upper right-hand corner.

On the other hand, every one of the societies with per capita GNPs below $2,000 fall into a cluster at the lower left of the map; India, Bangladesh, Pakistan, Nigeria, Ghana, and Peru all fall into this economic zone that cuts across the African, South Asian, ex-communist, and Orthodox cultural zones. The remaining societies fall into two intermediate cultural-economic zones. Economic development seems to move societies in a common direction, regardless of their cultural heritage.

Per capita GNP is only one indicator of a society's level of economic development. Another important indicator is the percentage of the labor force engaged in the agricultural sector, the industrial sector, or the service sector. The structure of the labor force is as strongly correlated with these value systems as is GNP per capita, but it is linked with the two dimensions in a more specific fashion: The shift from an agrarian mode of production to industrial production seems to bring with it a shift from traditional values toward increasing rationalization and secularization, while the rise of post-industrial society is closely linked with the survival/self-expression dimension.

4. How Values Shape Culture

Nevertheless, distinctive cultural zones persist two centuries after the industrial revolution began. Different societies follow different trajectories even when they are subjected to the same forces of economic development, in part because situation-specific factors, such as a society's cultural heritage, also shape how a particular society develops. Huntington (1996) has emphasized the role of religion in shaping the world's eight major civilizations or "cultural zones:" Western Christianity, Orthodox, Islam, Confucian, Japanese, Hindu, African, and Latin American. These zones were shaped by religious traditions that are still powerful today, despite the forces of modernization.

Other scholars observe other distinctive cultural traits that endure over long periods of time and continue to shape a society's political and economic performance. For example, the regions of Italy in which democratic institutions function most successfully today are those in which civil society was relatively well developed in the nineteenth century and even earlier, as Putnam (1993) notes. And a cultural heritage of "low trust" puts a society at a competitive disadvantage in global markets because it is less able to develop large and complex social institutions, as Fukuyama (1995) states. Figure 2 demonstrates the persistence of traditional cultural patterns. Using the latest available surveys for each country surveyed in the World Values Surveys, we plotted the locations of 65 societies on the same two-dimensional cross-cultural map that was shown in Figure 1.

Figure 2: The Relative Similarity of Basic Values of European Union Countries
           and Non-member Countries

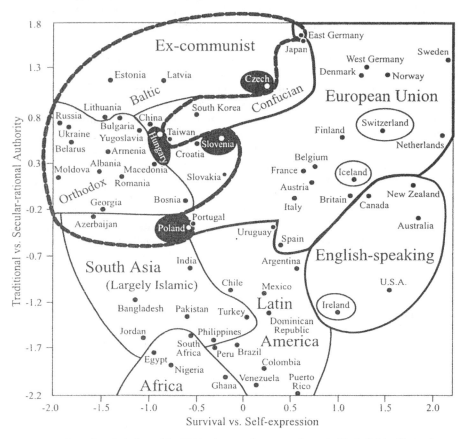

Note: Candidates for admission to the EU in the near future are shown in black fields. The scales on
      each axis indicate the country's factor scores on the given dimension.

As Figure 1 demonstrated, economic development is strongly associated with both
dimensions of cultural change. But a society's cultural heritage also plays a role:
All four of the Confucian-influenced societies (China, Taiwan, South Korea, and
Japan) have relatively secular values, constituting a Confucian cultural zone, despite substantial differences in wealth. The Orthodox societies constitute another
distinct cultural zone, as Huntington argued. And the eleven Latin American societies show relatively similar values. And despite their wide geographic dispersion,
the English-speaking countries constitute a relatively compact cultural zone. Similarly, the historically Roman Catholic societies (e.g., Italy, Portugal, Spain, France,
Belgium, and Austria) display relatively traditional values when compared with
Confucian or ex-communist societies with the same proportion of industrial work-

ers. And virtually all of the historically Protestant societies (e.g., West Germany, Denmark, Norway, Sweden, Finland, and Iceland) rank higher on both the traditional-secular rational dimension and the survival/self-expression dimension than do the historically Roman Catholic societies.

Religious traditions appear to have had an enduring impact on the contemporary value systems of the 65 societies. But a society's culture reflects its entire historical heritage. A central historical event of the twentieth century was the rise and fall of a communist empire that once ruled one-third of the world's population. Communism left a clear imprint on the value systems of those who lived under it. East Germany remains culturally close to West Germany despite four decades of communist rule, but its value system has been drawn toward the communist zone. And although China is a member of the Confucian zone, it also falls within a broad communist-influenced zone. Similarly, Azerbaijan, though part of the Islamic cluster, also falls within the communist superzone that dominated it for decades. Changes in GNP and occupational structure have important influences on prevailing worldviews, but traditional cultural influences persist.

Almost all of the member countries of the European Union fall into one broad cultural zone in the upper-right hand corner of Figure 2, although both Ireland and Portugal (the two poorest members shown here) are outliers. But this zone is widely dispersed, overlapping with the English-speaking zone (in the case of Ireland) and bordering on both the Latin American zone and the ex-communist zone (in the case of Portugal). Moreover, two countries that are not members of the European Union – Switzerland and Iceland – fall squarely inside the European Union zone. Their high levels of economic development and their Protestant historical traditions seem to have played much more important roles in shaping their basic values systems than any possible influence of membership in the European Union – for Iceland and Switzerland fall readily into the Protestant sub-cluster of the European Union cultural zone: They are culturally closer to the historically Protestant members of the European Union than are the historically Catholic members.

Four countries – the Czech Republic, Slovenia, Hungary, and Poland – are currently negotiating accession to the European Union in the near future. Figure 2 indicates these countries in black. Significantly, all four of the leading current candidate-countries show value systems that are relatively close to those of the European Union members, as is indicated by the fact that they already border the European Union zone in Figure 2. Culturally, as well as economically and politically, they seem relatively compatible with the other members of the EU.

5. The Deviant U.S.A.

Figure 2 also shows that the United States is a deviant case, having much more traditional values than any other comparably rich society. Although relatively advanced (but by no means the most advanced society) on the survival/self-expression dimension, the U.S.A. lags strikingly far behind other rich countries on the traditional/secular-rational values dimension with levels of religiosity and national pride comparable to those found in developing societies. The anomalous position of the U.S.A. in this respect has been noted by cultural observers from Tocqueville (1996) to Lipset (1969). The reasons why the U.S.A. has retained a relatively traditional religious outlook are less clear than the fact that she has them; one explanation attributes this anomalous position to the fact that the U.S.A. was founded by religious dissidents, who crossed the ocean for the sake of religious freedom. In any case, the U.S.A. does not seem to be the *avant-garde* of global cultural change. Despite widespread talk of the "Americanization" of the world, the U.S.A. is not a prototype of cultural modernization for other societies to follow. The Swedes and the Dutch seem closer to the cutting edge of cultural change than do the Americans.

Modernization theory implies that as societies develop economically their cultures tend to shift in a predictable direction. Our data supports this prediction. Economic differences are linked with large and pervasive cultural differences. But we find clear evidence of the influence of long-established cultural zones.

Do these cultural clusters simply reflect economic differences? For example, do the societies of Protestant Europe have similar values simply because they are rich? No. The impact of a society's historical-cultural heritage persists when we control for GDP per capita and the structure of the labor force. On a value such as *interpersonal trust* (a variable on the survival/self-expression dimension), even rich Catholic societies rank lower than rich Protestant ones.

Within a given society, however, Catholics rank about as high on interpersonal trust as do Protestants. The shared historical experience of given nations, not individual personality, is crucial. Once established, the cross-cultural differences linked with religion have become part of a national culture that is transmitted by the educational institutions and mass media of given societies to the people of that nation. Despite globalization, the nation remains a key unit of shared experience, and its educational and cultural institutions shape the values of almost everyone in that society.

6. Conclusion

Economic development is associated with pervasive, and to an extent predictable, cultural changes. Industrialization promotes a shift from traditional to secular-rational values; postindustrialization promotes a shift toward more trust, tolerance, and emphasis on well-being. Economic collapse propels societies in the opposite direction.

Economic development tends to push societies in a common direction, but rather than converging they seem to move along paths shaped by their cultural heritages. Therefore, we doubt that the forces of modernization will produce a homogenized world culture in the foreseeable future.

The impression that we are moving toward a uniform "McWorld" is partly an illusion. The seemingly identical McDonald's restaurants that have spread throughout the world actually have different social meanings and fulfill different social functions in different cultural zones. Eating in a McDonald's restaurant in Japan is a different social experience from eating in one in the United States, Europe, or China.

Likewise, the globalization of communication is unmistakable, but its effects may be overestimated. It is readily apparent that young people around the world are wearing jeans and listening to U.S. pop music; what is less apparent is the persistence of underlying value differences. And it is misleading to view cultural change as "Americanization." Industrializing societies in general are *not* becoming like the United States. In fact, the United States seems to be a deviant case: Its people hold much more traditional values and beliefs than do those in any other equally prosperous society. If any societies exemplify the cutting edge of cultural change, it would be the Nordic countries.

Cultural change seems to be path-dependent. Economic development tends to bring pervasive cultural changes, but the fact that a society was historically shaped by Protestantism or Confucian or Islam leaves a cultural heritage with enduring effects that continues to influence subsequent development. Even though few people attend church in Protestant Europe today, historically Protestant societies remain distinctive across a wide range of values and attitudes. The same is true for historically Roman Catholic societies, for historically Islamic or Orthodox societies, and for historically Confucian societies.

Nevertheless, the central prediction of modernization theory finds broad support: Economic development is associated with major changes in prevailing values and beliefs. The worldviews of rich societies differ markedly from those of poor societies. This does not necessarily imply cultural convergence, but it does predict the general direction of cultural change and (insofar as the process is based on intergenerational population replacement) even gives some idea of the rate at which such change is likely to occur.

In short, economic development seems to bring predictable shifts in the values of people in developing nations, but it does not seem likely to produce a uniform global culture. In global perspective, the value systems prevailing in the societies of the European Union are closer to each other than they are to those of Russia, China, Brazil, or Nigeria. But within the broad European Union cluster, the persistence of distinct subcultures is evident. We are still a long way from McWorld.

References

Fukuyama, Francis (1995): Trust. The Social Virtues and the Creation of Prosperity. New York: Free Press.

Huntington, Samuel P. (1993): The Clash of Civilizations? In: Foreign Affairs, 72, pp. 22-49.

Huntington, Samuel P. (1996): The Clash of Civilizations and the Remaking of World Order. New York: Simon and Schuster.

Inglehart, Ronald and Wayne Baker (2000): Modernization, Cultural Change and the Persistence of Traditional Values. In: American Sociological Review, 65, pp. 19-51.

Lipset, Seymour Martin (1996): American Exceptionalism. A Double-edged Sword. New York: W. W. Norton.

Putnam, Robert (1993): Making Democracy Work. Civic Traditions in Modern Italy. Princeton: Princeton University Press.

Tocqueville, Alexis de (1969): Democracy in America, ed. J. P. Mayer, trans. George Lawrence. Garden City, NY: Anchor Books.

World Bank (1997): World Development Report 1997. New York, NY: Oxford University Press.

Die Pathologie des Normalen. Eine Anwendung des Scheuch-Klingemann-Modells zur Erklärung rechtsextremen Denkens und Verhaltens

Kai Arzheimer und Jürgen W. Falter

1. Einleitung und Fragestellung

„Politischer Extremismus" gehört zu den wichtigsten und am häufigsten benutzten, aber auch zu den umstrittensten Begriffen der Sozialwissenschaften. Einerseits wird der Terminus von Wissenschaftlern und politischen Praktikern täglich zur Analyse und Beschreibung politischer Phänomene verwendet. Andererseits besteht in der Literatur aber wenig Einigkeit darüber, was überhaupt unter Extremismus verstanden werden soll, auf welche Objekte der Begriff bezogen werden muss und wie extremistische Einstellungen und Handlungen erklärt werden können (Winkler 1996, 2001). Neuere Studien zum Extremismus beginnen deshalb häufig mit „einer Erörterung der Bedeutung der von ihnen verwendeten Begriffe" (Druwe und Mantino 1996: 66).

Bei näherer Betrachtung zeigt sich schnell, dass die Extremismusforschung durch eine Vielzahl konkurrierender Ansätze gekennzeichnet ist, die teilweise nur einen geringen Strukturierungsgrad aufweisen. Dies lässt sich u.a. dadurch erklären, dass in diesem Bereich zwar kontinuierlich geforscht wird, die Wissenschaft zugleich aber stärker als in anderen Teilgebieten auf die – zumindest für Deutschland typische – wellenartige Häufung von politischen und gesellschaftlichen Ereignissen reagiert hat, die vielfach als Demokratiebedrohung empfunden wurden. Wahl- und Parteienforscher, Psychologen, Soziologen, Pädagogen, Historiker und politische Philosophen haben sich deshalb immer wieder aus der Perspektive ihrer jeweiligen Disziplin mit einzelnen Erscheinungsformen des politischen Extremismus auseinandergesetzt, sobald dieser Bereich an aktueller Bedeutung gewann. Ihre Analysen beschränkten sich jedoch bisher in der Regel auf eng abgegrenzte Teilaspekte des Phänomens Extremismus – Ideologien, politische Einstellungen, die Rolle von Organisationen, politischen Traditionen, Wahlsystemen, gesellschaftlichen Faktoren oder des unmittelbaren sozialen Umfeldes – und ignorierten dabei häufig genug die Ergebnisse der jeweils anderen Forschungstraditionen. Hinzu kommt, dass die Analyse extremistischer Phänomene in Deutschland oft von normativen und klassifikatorischen Überlegungen und insbesondere von der Frage nach dem Verhältnis von Links- und Rechtsextremismus überlagert wurde. Solche Perspektiven haben zwar ihre Berechtigung, tragen aber wenig zum Verständnis der Dynamik extremistischer Bewegungen bei und sind insbesondere dann problematisch, wenn sie normative und deskriptive Aussagen miteinander vermengen. Trotz einer mehr als fünfzigjährigen Forschungstradition existiert deshalb bis heute keine empirisch gehaltvolle und allgemein akzeptierte Theorie, welche die Erfolge extremistischer Parteien in modernen Gesellschaften umfassend erklären könnte.

Bereits 1967 haben jedoch Erwin K. Scheuch und Hans-Dieter Klingemann mit ihrer *Theorie des Rechtsradikalismus in westlichen Industriegesellschaften* das Grundgerüst einer solchen umfassenden Erklärung skizziert. Da das Konzept von Scheuch und Klingemann meist nur in der stark verkürzten Form der sogenannten „Modernisierungsverliererhypothese" rezipiert wird und bis zum heutigen Tage kaum jemals operationalisiert wurde (vgl. aber Klein und Falter 1996a), wollen wir die Gelegenheit nutzen, diesen ambitionierten Erklärungsversuch einem breiteren Publikum vorzustellen und zugleich wesentliche Teile der Theorie empirisch auf ihre Anwendbarkeit hin zu überprüfen.

2. Das Modell von Scheuch und Klingemann

Begrifflichkeit

Der für die Studie von Scheuch und Klingemann titelgebende Begriff des *Radikalismus* weist im deutschen, angelsächsischen und romanischen Sprachraum eine ebenso lange wie komplizierte Geschichte auf (vgl. ausführlich Wende 1984). Seit dem Ende der zwanziger Jahre wurde die Radikalismusvokabel in der politischen wie in der Wissenschaftssprache verwendet, um ganz allgemein Phänomene an beiden Rändern des politischen Spektrums zu bezeichnen (Backes 1989: 64). Dieser Tradition folgend nehmen Scheuch und Klingemann in ihrer Studie keine Definition im eigentlichen Sinne vor. Statt dessen knüpfen sie an die ältere Literatur und hier insbesondere an die Untersuchung von Adorno et al. (1950) an, indem sie eine Reihe von Bestandteilen eines rechtsradikalen Einstellungsmusters aufzählen. Zu den Kernelementen dieses Einstellungssyndroms rechnen sie die Ablehnung demokratischer Regeln, eine negative Einstellung gegenüber Fremdgruppen, eine Neigung zu Verschwörungstheorien und eine Vorliebe für „konservative ökonomische und politische Ideologien" (Scheuch und Klingemann 1967: 13).

Im Gegensatz zu der späteren Studie von Klingemann und Pappi (1972) verwenden Scheuch und Klingemann den Ausdruck *Extremismus* im Wesentlichen als Synonym für Radikalismus. Unter Extremismus verstehen sie „die grundsätzliche Ablehnung der gegenwärtigen Gesellschaftsform und ihrer politischen Organisation als untragbar, ja böse unter Verweis auf einen alternativen und effizienteren Organisationstyp der Gesellschaft" (Scheuch und Klingemann 1967: 22). Links- und Rechtsextremismus unterscheiden sich dabei durch ihren normativen Bezugspunkt. Während sich Linksextremisten an einer „zukünftige[n] Idealsituation (...), deren wesentliches Vollzugsorgan die Bewegung Gleichgesinnter bleiben soll" (Scheuch und Klingemann 1967: 22), orientieren, streben Rechtsextremisten nach einer

„(verbesserte[n]) Wiederherstellung vergangener Organisationsformen und Werte"
(Scheuch und Klingemann 1967: 23).[1]

In Anlehnung an Scheuch und Klingemann wollen auch wir in diesem Beitrag
mit Extremismus/Radikalismus eine fundamental negative Einstellung gegenüber
der bestehenden Gesellschaftsordnung, d.h. der liberalen Demokratie bezeichnen,
die ihren spezifischen „rechten" bzw. „linken" Charakter durch entsprechende alternative Wertorientierungen und Ordnungsvorstellungen gewinnt. Wie Scheuch
und Klingemann beschränken wir uns dabei im Wesentlichen auf die Untersuchung
rechtsextremistischer Einstellungen und (Wahl-)Handlungen.[2]

1   Die politischen Richtungsbegriffe „links" und „rechts" und ihr Verhältnis zum Begriff
    des politischen Extremismus bedürfen im Grunde einer eigenständigen ausführlichen
    Diskussion. Stark vereinfachend lässt sich festhalten, dass in der deutschsprachigen Li-
    teratur zu diesem Thema lange Zeit die u. a. von Uwe Backes (1989: 252) vertretene
    „Hufeisentheorie" dominierte. Nach diesem stark von den politischen Verhältnissen in
    der alten Bundesrepublik geprägten Ansatz lassen sich die politischen Positionen der
    Parteien und ihrer Wähler durch die jeweilige Position auf einer einzigen Dimension,
    dem Links-Rechts-Kontinuum, adäquat beschreiben. Positionen am rechten Rand dieses
    Kontinuums sind mit einer Ablehnung des Prinzips der *Gleichheit* verbunden, Positio-
    nen am linken Rand betonen das Gleichheitsprinzip so stark, dass sie in Konflikt mit
    dem demokratischen Prinzip der Freiheit geraten. Extremismus, verstanden als Ableh-
    nung demokratischer Prinzipien, kann deshalb nur an den Rändern des politischen
    Spektrums auftreten. Projiziert man die möglichen Positionen einer Person auf der
    Links-Rechts-Achse einerseits, ihre Nähe oder Distanz zu den Prinzipien des demokrati-
    schen Rechtsstaates andererseits auf eine Ebene, so ergibt sich eine U-förmige Kurve,
    der die Theorie ihren Namen verdankt.
    In der angelsächsischen Literatur (u. a. Lipset 1960; Lipset und Raab 1970; in jüngerer
    Zeit Kitschelt 1995) findet sich hingegen häufiger die Vorstellung, dass politische Ziele
    und Einstellungen durch zwei voneinander *unabhängige* wirtschafts- bzw. gesellschafts-
    politische Dimensionen beschrieben werden sollten. Für beide Sichtweisen gibt es gute
    Gründe, die wir hier aber nicht weiter diskutieren wollen, da sich unsere eigene Analyse
    strikt an der ursprünglichen Konzeption von Scheuch und Klingemann orientiert.

2   Die Theorie von Scheuch und Klingemann (1967: 19, 22) sollte prinzipiell auch Erfolge
    linksextremer Bewegungen erklären können. Ohnehin ist die inhaltliche Abgrenzung
    beider Extremismen nach dem Ende des Kalten Krieges noch problematischer gewor-
    den, als dies in früheren Jahrzehnten ohnehin schon der Fall war (Scheuch und Klinge-
    mann 1967: 12): Postkommunistische Parteien bemühen sich häufig um die „Wiederher-
    stellung vergangener Organisationsformen und Werte" und bieten „Erklärungsschemata
    und Idealbilder aus der ... konkreten Vergangenheit einer bestimmten Gesellschaft an"
    (Scheuch und Klingemann 1967: 23). Damit handelt es sich bei ihnen nach der ur-
    sprünglichen Definition der Autoren um rechtsradikale Bewegungen. Da wir uns auf-
    grund der Datenlage aber auf die westdeutsche Teilgesellschaft beschränken müssen, in
    der derzeit nur der klassische Rechtsextremismus von Bedeutung ist, spielt diese Prob-
    lematik für unsere Untersuchung keine Rolle.

Struktur und Erklärungsmuster

Ihrer Struktur nach handelt es sich bei der von Scheuch und Klingemann vorgeschlagenen *Theorie des Rechtsradikalismus in westlichen Industriegesellschaften*
um ein Mehr-Ebenen-Modell. Bei dieser Form der Theoriebildung, die in der neueren Literatur häufig als Idealfall einer soziologischen Erklärung betrachtet wird
(Hummell und Opp 1971; Coleman 1990; Opp 1995; Esser 1996), werden Phänomene auf der Makro-Ebene, beispielsweise eine Zunahme des Stimmenanteils
rechtsextremer Parteien, nicht direkt durch andere Makrophänomene erklärt. Charakteristisch für Mehr-Ebenen-Erklärungen ist vielmehr die Mikrofundierung der
Theorie: Befunde auf der Makro-Ebene werden auf die Aggregation *individueller*
Einstellungen und Handlungen zurückgeführt. Die Prozesse auf der Mikro-Ebene,
die für diese Einstellungen und Handlungen verantwortlich sind, lassen sich ihrerseits wieder durch Makro-Einflüsse erklären. Je nach Erklärungsanspruch können
dabei die Wirkung der zwischen Individuum und Gesellschaft geschalteten sozialen Gebilde (Meso-Ebene) entweder als *black box* betrachtet oder detaillierter analysiert werden. Wegen ihres typischen Argumentationsganges, der sich graphisch
gut veranschaulichen lässt – Phänomene auf der „höheren" gesellschaftlichen Er-
klärungsebene bringen Wirkungen auf der „niedrigeren" Individualebene hervor,
die ihrerseits wieder die übergeordnete gesellschaftliche Ebene beeinflussen – wird
die Mehr-Ebenen-Erklärung manchmal auch als „Badewannenmodell" bezeichnet.

Mit Hilfe dieses Grundmodells lässt sich der Ansatz von Scheuch und Klingemann in kompakter Form rekonstruieren. Am Anfang der von den Autoren skizzierten Kausalkette stehen vier Befunde auf der Makro-Ebene (in ihrer Terminologie: „Strukturbedingungen"), die als charakteristisch für „sich rasch wandelnde Industriegesellschaften" angesehen werden (Scheuch und Klingemann 1967: 17):

1. Zwischen „den für Primärgruppen kennzeichnenden Werten und Verhaltensweisen einerseits und den funktionalen Erfordernissen der sekundären Institutionen
   (z.B. Betriebe, Behörden und Organisationen) andererseits" bestehen Gegensätze.

2. Aufgrund der Ungleichzeitigkeiten in der ökonomischen Entwicklung, die unterschiedliche Produktionsformen nebeneinander fortexistieren lässt, treten außerdem Widersprüche zwischen den „in der eigenen Berufssituation geltenden
   und den die gesellschaftliche Entwicklung determinierenden Faktoren" auf.

3. Zugleich sind die Beziehungen zwischen Bürgern und politischer Führung „pre-
   kär geworden". Während einerseits immer mehr Menschen von Fehlleistungen
   der Politik direkt betroffen sind, werden die „traditionellen Mittel der Einflussnahme" (Wahlbeteiligung und Mitgliedschaft in Parteien) als unzureichend
   empfunden.

4. Darüber hinaus werden diese gesellschaftlichen Konflikte in den Medien nicht
   in ausreichendem Umfang thematisiert.

In modernen Gesellschaften bestehen also vielfältige *Konflikte zwischen konkurrierenden Werte- und Normensystemen*, die aufgrund der unter 3. und 4. genannten

Defizite nicht angemessen artikuliert und ausgetragen werden. Verschärft wird diese Problematik durch die in Industriegesellschaften gegenüber älteren Gesellschaftsformen zu beobachtende Beschleunigung des sozialen, politischen und ökonomischen Wandels, die eine beständige Umwertung der Werte nach sich zieht und dabei den Individuen (und den intermediären Organisationen) nur wenig Zeit lässt, ihre eigenen Wertvorstellungen anzupassen. Die parallele Abwertung beruflicher Qualifikationen durch den Modernisierungsprozess und die damit verbundenen Statusverluste für bestimmte Gruppen, die in der neueren Forschung in Form der Modernisierungsverliererhypothese häufig mit (Rechts-)Extremismus in Zusammenhang gebracht werden (Winkler 1996: 34), spielen hingegen bei Scheuch und Klingemann noch keine wesentliche Rolle, könnten aber problemlos als weiterer Faktor in das Erklärungsmodell integriert werden.

Im zweiten Schritt der Erklärung verlassen Scheuch und Klingemann (1967: 18) die Makro-Ebene: Die genannten gesellschaftlichen Konflikte werden ihnen zufolge vom Individuum als irritierende normative „Unsicherheiten" wahrgenommen.[3] Eine „pathologische" Form der Anpassung an diese normativen Unsicherheiten besteht Scheuch und Klingemann (1967: 18f.) zufolge in der Entwicklung eines rigiden Denkstils im Sinne der von Adorno et al. (1950), Eysenck (1954) und Rokeach (1960) entwickelten Konzepte, durch den die als störend empfundenen Ambiguitäten aufgelöst werden. Ein solcher Denkstil beinhaltet die Entwicklung von Freund-Feind-Schemata, die Bevorzugung einfacher und dabei radikaler politischer Konzepte sowie die Abwehr neuer Erfahrungen und Informationen über die soziale und politische Realität, welche die gewonnene Sicherheit wieder in Frage stellen könnten.

Ob, in welchem Umfang und in welchen Ausprägungen dieser rigide Denkstil zur Ausbildung extremistischer Einstellungen auf der Individualebene führt, hängt Scheuch und Klingemann (1967: 20) zufolge wiederum von einem Makro-Faktor ab: der Verfügbarkeit entsprechender „politischer Philosophien" in der nationalen politischen Kultur. Da die meisten Bürger nur ein geringes Maß an politischem Interesse aufbringen (van Deth 2000), werden nur wenige Menschen aus sich heraus politisch relevante extremistische Einstellungen entwickeln wie z.B. eine feindliche Haltung gegenüber bestimmten sozialen Gruppen, eine Ablehnung der Demokratie und des Pluralismus oder sogar die Befürwortung eines revolutionären Umsturzes. Wenn aber das kulturelle System einer Gesellschaft entsprechende Ideologiefragmente zur Verfügung stellt, besteht die Möglichkeit, dass diese von einem Teil derjenigen Bürger, die einen rigiden Denkstil entwickelt haben, aufgenommen werden, weil sie deren Bedürfnis nach einfachen Erklärungen und drastischen Maßnahmen befriedigen, so die (weitgehend implizite) Argumentation der Autoren.

---

3 Parallelen zu den Anomie-Konzepten von Durkheim und Merton sind an dieser Stelle unübersehbar.

Falls ein Teil der Bürger extremistische Einstellungen entwickelt, führt allerdings auch diese Tatsache noch nicht zwangsläufig zu einer Wahlentscheidung Egos zu Gunsten einer extremistischen Partei. Neben einer Reihe von Einflussfaktoren, die aus einer über den Ansatz von Scheuch und Klingemann hinausgehenden Handlungstheorie abgeleitet werden müssten, spielen hier wiederum zahlreiche institutionelle und andere Makro-Faktoren, auf die Scheuch und Klingemann (1967: 20f.) allerdings nur am Rande eingehen, sowie deren Wahrnehmung durch die Bürger eine wichtige Rolle. Zu denken ist dabei in erster Linie an die Anzahl und die organisatorische Stärke der extremistischen Parteien, an die rechtlichen Vorschriften, die die Gründung, Kandidatur und Wahlwerbung einer (extremistischen) Partei regeln, an die Präsentation der Extremisten in den Medien, an das programmatische Angebot der demokratischen Parteien, die politische Agenda der Öffentlichkeit, an die bisherigen Wahlerfolge der Extremisten, in denen sich die soziale Akzeptanz einer entsprechenden Wahlentscheidung widerspiegelt (Scheuch und Klingemann 1967: 21) sowie an die Anreize, die für Bürger (und Parteien) vom Wahlsystem ausgehen. Diese Faktoren, die unter dem Begriff der politischen Gelegenheitsstruktur zusammengefasst werden können, dürften maßgeblich dafür verantwortlich sein, dass beispielsweise der Wähleranteil rechtsextremer Parteien in der Bundesrepublik starken zyklischen Schwankungen unterliegt, obwohl das Niveau rechtsextremer Einstellungen weitgehend konstant ist bzw. sogar leicht sinkt (Klein und Falter 1996b; Arzheimer, Schoen und Falter 2001).

Ob schließlich die individuellen Wahlentscheidungen zu einem extremistischen Wahlerfolg auf der Makro-Ebene, d.h. zur Repräsentation im Parlament führen, hängt sowohl von der mathematischen Aggregation durch das jeweilige Wahlsystem als auch von der Fähigkeit der politischen Führer ab, untereinander formelle und informelle Wahlbündnisse zu schließen, die es ihnen ermöglichen, Sperrklauseln und andere Quoren zu überwinden (Cox 1997). Die Frage, ob es einer extremistischen Partei gelingt, die Schwelle zur parlamentarischen Repräsentation zu überwinden, ist für die Dynamik extremistischer Bewegungen von entscheidender Bedeutung, weil an diesem Punkt eine Reihe von Rückkopplungsmechanismen ansetzen. Zumindest einen dieser Mechanismen skizzieren Scheuch und Klingemann (1967: 21f.) selbst: Je größer der Stimmenanteil einer Partei ist, desto geringer dürften bei der nächsten Wahl die Effekte der sozialen Erwünschtheit sein, die einen Teil ihrer potenziellen Wähler davon abhalten, tatsächlich für diese Partei zu stimmen. Auf diese Weise kann eine extremistische Partei sogar für solche Bürger wählbar werden, die nur in geringem Umfang extremistische Einstellungen aufweisen, wie dies vermutlich bei der NSDAP der Fall war (Falter 1991).

Darüber hinaus hat das Erlangen der parlamentarischen Repräsentation eine Signalfunktion für taktische Wähler: Personen, die aufgrund ihrer Einstellungen eigentlich eine extremistische Partei präferieren, werden möglicherweise für eine demokratische Partei stimmen, wenn sie befürchten, dass ihre Stimme aufgrund des Wahlsystems verloren geht. Gelingt es einer extremistischen Partei jedoch, die

Abbildung 1: Mehr-Ebenen-Modell der Wahl rechtsextremer Parteien

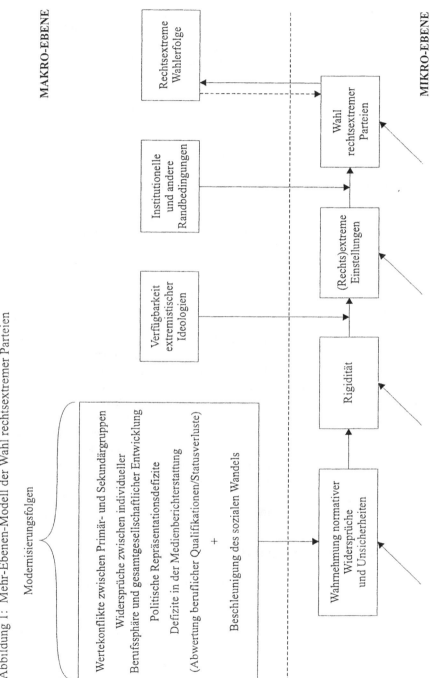

MAKRO-EBENE

MIKRO-EBENE

Modernisierungsfolgen

Wertekonflikte zwischen Primär- und Sekundärgruppen

Widersprüche zwischen individueller Berufssphäre und gesamtgesellschaftlicher Entwicklung

Politische Repräsentationsdefizite

Defizite in der Medienberichterstattung

(Abwertung beruflicher Qualifikationen/Statusverluste)

+

Beschleunigung des sozialen Wandels

Verfügbarkeit extremistischer Ideologien

Institutionelle und andere Randbedingungen

Rechtsextreme Wahlerfolge

Wahrnehmung normativer Widersprüche und Unsicherheiten

Rigidität

(Rechts)extreme Einstellungen

Wahl rechtsextremer Parteien

Sperrmechanismen des Wahlsystems zu überwinden und auf diese Weise relative
Stärke zu demonstrieren, wird diese Gruppe in der nächsten Wahl vermutlich die
extremistische Partei unterstützen, da die Gefahr einer „wasted vote" (Schoen
1999) dann als geringer wahrgenommen wird. Diese Logik gilt selbstverständlich
auch umgekehrt: Ein Scheitern an der Sperrklausel kann die Anhängerschaft einer
extremistischen Partei in der nächsten Wahl auf deren harten Kern reduzieren.
Darüber hinaus verändern Wahlsieg oder -niederlage in vielfältiger Weise die oben
genannten Randbedingungen der individuellen Wahlentscheidung, weil sie auf die
Organisationsstruktur, die Medienpräsenz, die öffentliche Agenda, das programmatische Angebot aller Parteien und – im Falle von Wahlrechts- und Verfassungsänderungen oder Parteienverboten – sogar auf die institutionelle Struktur des politischen Systems zurückwirken. Nicht zuletzt schließlich erhöhen sie aufgrund des
größeren Bekanntheitsgrades der Partei die Verfügbarkeit extremistischer Ideologien in einer Gesellschaft, können aber auch, wenn es zu einem Konsens der demokratischen Parteien und der Medien kommt, zur Folge haben, dass solche Ideologien zunehmend als illegitim angesehen werden.

Abbildung 1 zeigt die wesentlichen Elemente des Ansatzes und die Beziehungen zwischen ihnen noch einmal im Überblick. Dabei wird deutlich, dass es sich
bei der Konzeption von Scheuch und Klingemann in der Tat nicht um eine ge-
schlossene Theorie, sondern eher um die Skizze eines Forschungsprogramms handelt, das Raum für Erweiterungen lässt, was durch die vier zusätzlichen Pfeile im
unteren Bereich angedeutet ist. Sie stehen für weitere Einflüsse auf das Individuum, die von der Mikro- oder Makro-Ebene ausgehen können.[4] Darüber hinaus-
gehende Ergänzungen des Modells sind ohne weiteres denkbar. Diese offene
Struktur, die Komplexität und die explizite Berücksichtigung mehrerer Analyseebenen machen den großen Reiz des Modells aus, erschweren aber zugleich eine
empirische Überprüfung der von Scheuch und Klingemann formulierten Hypothesen. Überdies machen die Autoren keinerlei Aussagen darüber, wie stark die zu
erwartenden Zusammenhänge zwischen den Variablen sind, sondern verweisen lediglich darauf, dass die Beziehungen zwischen den von ihnen benannten Variablen
nicht deterministisch sind. Ziel unserer eigenen Untersuchung kann es deshalb nur
sein, exemplarisch das große Potenzial des Modells für synchron und diachron
vergleichende Studien auszuloten.

3. Datenbasis und Operationalisierung

Für eine echte Prüfung des Ansatzes von Scheuch und Klingemann würde man Daten aus einer international vergleichend angelegten Mehrebenen-Erhebung benöti-
gen. Auf der Makro-Ebene müssten sich die zu untersuchenden Gesellschaften hinsichtlich ihrer institutionellen Arrangements und der in ihnen ablaufenden Moder-

---

4   Auf die Darstellung der oben angesprochenen Rückkoppelungen zwischen Wahlerfol-
    gen und Rahmenbedingungen wurde aus Gründen der Übersichtlichkeit verzichtet.

nisierungsprozesse möglichst deutlich unterscheiden. Auf der Mikro-Ebene wäre dann zu prüfen, ob die Bürger in den verschiedenen Gesellschaften auf die Stimuli der Makro-Ebene in der von Scheuch und Klingemann prognostizierten Weise reagieren. Ein solcher Datensatz steht unseres Wissens jedoch bisher nicht zur Verfügung.[5] Unsere Untersuchung beschränkt sich deshalb im Wesentlichen darauf, das Mikro-Modell, von dem Scheuch und Klingemann ausgehen, in ein System von Strukturgleichungen zu überführen und die Parameter dieses Systems zu schätzen.

Selbst eine Umsetzung des Mikro-Modells für eine einzige, nämlich für die (west)deutsche Gesellschaft erwies sich jedoch als unerwartet schwierig, weil keine der uns bekannten Untersuchungen Fragen zur *Wahrnehmung* von Wertekonflikten enthält, die sich auf Modernisierungsprozesse zurückführen lassen. Diese Schwierigkeit lässt sich allerdings durch die Verwendung von Proxy-Variablen abmildern, mit deren Hilfe die Zugehörigkeit zu sozialen Gruppen modelliert wird, die von Wertekonflikten in besonderer Weise betroffen sind. Notgedrungen muss dabei angenommen werden, dass die Mitglieder dieser Gruppen die objektiv bestehenden Wertekonflikte auch tatsächlich wahrnehmen.

Schwerer wiegt dagegen ein zweites Problem: Es gibt so gut wie keine aktuellen Studien, in denen Persönlichkeitsmerkmale[6] untersucht wurden, die sich im Sinne des von Scheuch und Klingemann, Adorno und anderen verwendeten Konzeptes der Rigidität interpretieren lassen. In jüngster Zeit hat jedoch Siegfried Schumann im Rahmen seines Habilitationsprojektes eine bundesweite Umfrage durchgeführt, in der auch die sogenannte ASKO-Skala[7] (Schumann 1990, 2001) erhoben wurde.[8] Ähnlich wie die Skalen von Rokeach (1960) und Eysenck (1954) soll dieses aus neun Items bestehende Instrument das Vorhandensein eines geschlossenen Denkstils erfassen, ohne sich dabei explizit auf politische Gegenstände zu beziehen. Jedes der Items besteht aus einem Gegensatzpaar – beispielsweise „neue, bisher unbekannte Dinge" vs. „bekannte Dinge" –, aus dem die Befragten spontan den ihnen sympathischeren der beiden Begriffe auswählen sollen (zu dem Messinstrument im Einzelnen s. Anhang). Der Skalenwert eines Befragten ergibt sich aus der Anzahl seiner „symptomatischen", d.h. auf einen geschlossenen Denkstil hindeutenden Antworten und liegt dementsprechend zwischen null und neun. Inhaltlich kommt

5   Vgl. aber in diesem Zusammenhang das von Hans-Dieter Klingemann mit initiierte Forschungsprogramm *The Comparative Study of Electoral Systems* (CSES).

6   Scheuch und Klingemann (1967: 19) rechnen die „Denk- und Orientierungsstile", auf die sie sich beziehen, noch nicht der Persönlichkeit zu. Für unsere Argumentation spielt die von den Autoren getroffene Unterscheidung zwischen kognitiven Stilen und Persönlichkeitsmerkmalen im engeren Sinne aber keine wesentliche Rolle.

7   ASKO steht für *A*ffinität zu *S*tabilem *K*ognitiven *O*rientierungssystem.

8   Weder die Thyssen-Stiftung, die das Projekt finanziell gefördert hat, noch Siegfried Schumann, dem wir an dieser Stelle nochmals herzlich für die Überlassung der Daten danken wollen, sind in irgendeiner Form für die nachstehend berichteten Ergebnisse verantwortlich.

dieser Indikator dem Konzept der Rigidität, wie Scheuch und Klingemann es verwenden, sehr nahe.

Da der Datensatz neben der ASKO-Skala und anderen Instrumenten aus der Persönlichkeitsforschung außerdem auch eine ganze Reihe von Items enthält, die sich in der (Rechts-)Extremismusforschung gut bewährt haben, verwenden wir in diesem Beitrag ausschließlich die von Schumann erhobenen Daten. Bei der Auswertung beschränken wir uns auf jene 1339 Interviews, die in den westlichen Bundesländern durchgeführt wurden, da es angesichts der nach wie vor beträchtlichen politisch-kulturellen Unterschiede zwischen Ost- und Westdeutschen (Falter, Gabriel und Rattinger 2000) vermutlich wenig sinnvoll wäre, ein gemeinsames Modell für beide Teilgesellschaften zu schätzen und das ostdeutsche Sample mit einem Umfang von n = 324 für eine separate multivariate Analyse zu klein ist.

Zur Messung antidemokratischer und antipluralistischer Einstellungen, die einen wesentlichen Bestandteil eines allgemein als antidemokratisch zu verstehenden extremistischen Denkens ausmachen, stehen in Schumanns Untersuchung zwei Einzelindikatoren zur Verfügung: Zum einen die Frage, ob unter bestimmten Umständen „eine Diktatur die bessere Staatsform" sei, zum anderen das Item „Gruppen- und Verbandsinteressen sollten sich bedingungslos dem Allgemeinwohl unterordnen". Die Bereiche Nationalismus, Ausländerfeindlichkeit, Antisemitismus und Verklärung des Nationalsozialismus, die als Kernelemente eines spezifisch *rechts*extremen Einstellungssyndroms gelten können, werden durch je zwei Indikatoren abgedeckt, die zu vier Summenindizes kombiniert wurden (Falter 1994). Eine Besonderheit der Schumann'schen Untersuchung besteht darin, dass den Befragten bei diesen zehn Einstellungsitems statt der üblichen Ratingskalen dichotome Antwortvorgaben (richtig/falsch) vorgelegt wurden, woraus sich Konsequenzen für das zu verwendende Schätzverfahren und die Varianz der Antworten ergeben, auf die wir weiter unten eingehen (zu den Messinstrumenten vgl. Anhang).

Die Affinität zu den Parteien der extremen Rechten wurde mit Hilfe zweier Sympathie-Skalometer erfasst: Auf einer Skala mit elf Abstufungen konnten die Befragten angeben, wie sympathisch oder unsympathisch ihnen Republikaner und DVU jeweils sind. Da nicht auszuschließen ist, dass es unter den besonders stark mobilisierten Anhängern beider Parteien zu einer Polarisierung kommt, so dass besonders engagierte Anhänger der Republikaner die DVU eher unsympathisch finden und umgekehrt, wurde nicht die Summe, sondern das Maximum beider Einzelindikatoren verwendet, um die Nähe zu den Rechtsparteien zu operationalisieren, weil es sonst zu Verzerrungen kommen könnte. Die eigentliche Wahlentscheidung zu Gunsten der Parteien der extremen Rechten wurde mit der üblichen Sonntagsfrage erhoben. Eine Wahlabsicht für DVU oder Republikaner wurde dabei mit eins, eine Wahlabsicht zu Gunsten einer anderen oder keiner Partei mit null kodiert.

Als Proxy-Variablen schließlich, die für die Betroffenheit durch die von Scheuch und Klingemann beschriebenen Wertekonflikte stehen, welche wiederum zur Entwicklung eines rigiden Denkstils führen sollen, kommt eine ganze Reihe von Größen in Betracht. An erster Stelle ist hier die Zugehörigkeit zur Gruppe der „Materialisten" im Sinne der Wertewandelstheorie Ronald Ingleharts zu nennen. Nach der von Inglehart in zahlreichen Publikationen (u.a. Inglehart 1977, 1990) vertretenen These verlieren seit mehreren Jahrzehnten in allen demokratischen Gesellschaften ältere, auf materielle Sicherheit und die Erfüllung sozialer Normen ausgerichtete Werte zu Gunsten neuerer, auf Selbstverwirklichung und andere immaterielle Ziele bezogene Werte an Bedeutung. Dementsprechend sollte die Gruppe der „reinen Materialisten", die ausschließlich jene älteren Werte vertreten, schrumpfen, während die Gruppen der „Mischtypen" und der „reinen Postmaterialisten" an Boden gewinnen sollten. Obwohl Ingleharts Wertewandelstheorie in den vergangenen Jahren einer heftigen methodologischen und inhaltlichen Kritik ausgesetzt war (vgl. u.a. Schumann 1989; Bürklin, Klein und Ruß 1994; Klein und Arzheimer 1999), auf die wir aus Platzgründen nicht näher eingehen können, wollen wir hier auf die von ihm entwickelte Typologie zurückgreifen, weil Ingleharts Instrument trotz der mit dem Erklärungsansatz verbundenen Probleme in der Lage sein dürfte, eine gesellschaftliche Gruppe zu identifizieren, die den von Scheuch und Klingemann beschriebenen Widerspruch zwischen ihren eigenen Grundüberzeugungen und dem gesellschaftlichen Trend empfindet. Für die Zwecke der Analyse reduzieren wir den ursprünglichen Inglehart-Index auf eine Dichotomie (1 = Materialisten, 0 = alle übrigen Wertetypen).

In einer ähnlichen Situation wie die Materialisten befinden sich jene Menschen, die sich selbst als Angehörige der „Arbeiterschicht" sehen. Wie in allen westlichen Gesellschaften unterliegt auch in der Bundesrepublik der industrielle Sektor einem kontinuierlichen Schrumpfungsprozess (Geißler 1996). Parallel dazu ist das klassische Arbeitermilieu mit seinem dichten Netz sozialer Beziehungen fast verschwunden. Unter diesen Umständen wird die Selbsteinstufung in die Arbeiterschicht tendenziell zum Indikator für einen Konflikt zwischen den Produktionsformen und sozialen Normen, die für die eigene Berufssphäre und das Herkunftsmilieu charakteristisch sind, und der gesamtgesellschaftlichen Entwicklung (Scheuch und Klingemann 1967: 17).

Ein positiver Zusammenhang zwischen der Selbsteinstufung als Arbeiter und einem hohen Maß an Rigidität könnte allerdings auch auf eine schichtspezifische Sozialisierung (Lipset 1960; Kitschelt 1995) zurückgehen oder sich dadurch erklären, dass es sich bei dem Betroffenen mit einiger Wahrscheinlichkeit um einen „Modernisierungsverlierer" handelt, der aufgrund seiner negativen Erfahrungen auf dem Arbeitsmarkt einen rigiden Denkstil und extremistische Vorstellungen entwickelt. Diese letztgenannte Überlegung findet sich, wie oben erwähnt, in der neueren Literatur zum Extremismus häufig, greift aber über den ursprünglichen Ansatz von Scheuch und Klingemann hinaus. Auch die Schichtzugehörigkeit geht in unser Modell als Dichotomie ein.

Noch etwas komplizierter als bei der Schichtzugehörigkeit liegen die Verhältnisse bei der dritten von uns verwendeten Proxy-Variablen, nämlich der formalen Bildung. Im Sinne von Scheuch und Klingemann ist zunächst festzuhalten, dass die

Zahl der Wertekonflikte, denen sich ein Individuum gegenübersieht, mit dem Grad der formalen Bildung[9] tendenziell abnimmt, da Bildungseinrichtungen als Sozialisationsinstanzen wirken. Darüber hinaus sollte eine höhere Schulbildung unabhängig von der Vermittlung von Werten einen offenen Denkstil fördern, während umgekehrt davon auszugehen ist, dass ein extremes Maß an Rigidität einer Bildungskarriere entgegensteht. Drittens schließlich muss eine niedrige formale Bildung ebenso wie die Einstufung als Arbeiter als Indiz dafür gelten, dass es sich bei dem jeweiligen Befragten um einen „Modernisierungsverlierer" handelt. Für den zu erwartenden negativen Zusammenhang zwischen formaler Bildung und Rigidität gibt es also mehrere Ursachen, und die kausale Reihenfolge beider Größen ist nicht eindeutig festgelegt.[10] Wie bei der Schichteinstufung sind deshalb auch hier die möglichen Effekte, die hinter den beobachteten Zusammenhängen stehen, statistisch nicht voneinander separierbar.

Bei der letzten Proxy-Variablen, die wir in das Modell aufnehmen, handelt es sich um das Geschlecht, das stellvertretend für eventuelle spezifische Sozialisationsmuster steht. Aus dem Ansatz von Scheuch und Klingemann ergeben sich jedoch keine Hinweise darauf, in welche Richtung derartige Einflüsse wirken könnten. Deshalb betrachten wir das Geschlecht in erster Linie als Kontrollvariable.

Eine weitere mögliche Proxy-Variable, nämlich das Alter, haben wir *nicht* in das Modell einbezogen, obwohl nach den Überlegungen von Scheuch und Klingemann zu vermuten wäre, dass die Angehörigen älterer Generationen in stärkerem Maße von Wertekonflikten betroffen sind als jüngere Menschen, da ihre primäre und sekundäre Sozialisation länger zurückliegt und die Fähigkeit, sich an gesellschaftliche Veränderungen anzupassen, mit zunehmendem Lebensalter vermutlich abnimmt. Allerdings dürfte das Lebensalter keinen linearen Effekt auf die Entwicklung eines rigiden Denkstils haben. Entscheidend sollte in diesem Zusammenhang vielmehr die Zugehörigkeit zu *politischen Generationen* sein, für deren Einteilung es keine klaren Richtlinien gibt. Zudem ist davon auszugehen, dass etwaige Alterseffekte nicht in allen sozialen Gruppen in gleicher Weise ausgeprägt sind, sondern vielmehr komplexe Interaktionen mit anderen Variablen wie der Bildung auftreten. Die Modellierung solcher Interaktionseffekte mit einer mehrfach gestuften nominalen Variablen in einem Strukturgleichungsmodell wäre mit kaum lösbaren statistisch-mathematischen Komplikationen verbunden. Da das Alter überdies relativ stark mit der formalen Bildung korreliert, welche die von Scheuch und

---

9 Die formale Bildung geht als ordinale Variable mit den drei Ausprägungen „kein Abschluss oder Hauptschulabschluss", „mittlere Reife und vergleichbare Abschlüsse" sowie „Abitur und vergleichbare Abschlüsse" in unser Modell ein.

10 Generell ist eine Prüfung kausaler Zusammenhänge mit Umfragedaten kaum möglich, weil von wenigen Ausnahmen abgesehen die zeitliche Reihenfolge von hypothetischer Ursache und vermuteter Wirkung nicht eindeutig festgelegt werden kann. Außerdem besteht in aller Regel nicht die Möglichkeit einer umfassenden Drittvariablenkontrolle durch Randomisierung.

Abbildung 2: Operationalisierung des Mikro-Modells von Scheuch und Klingemann

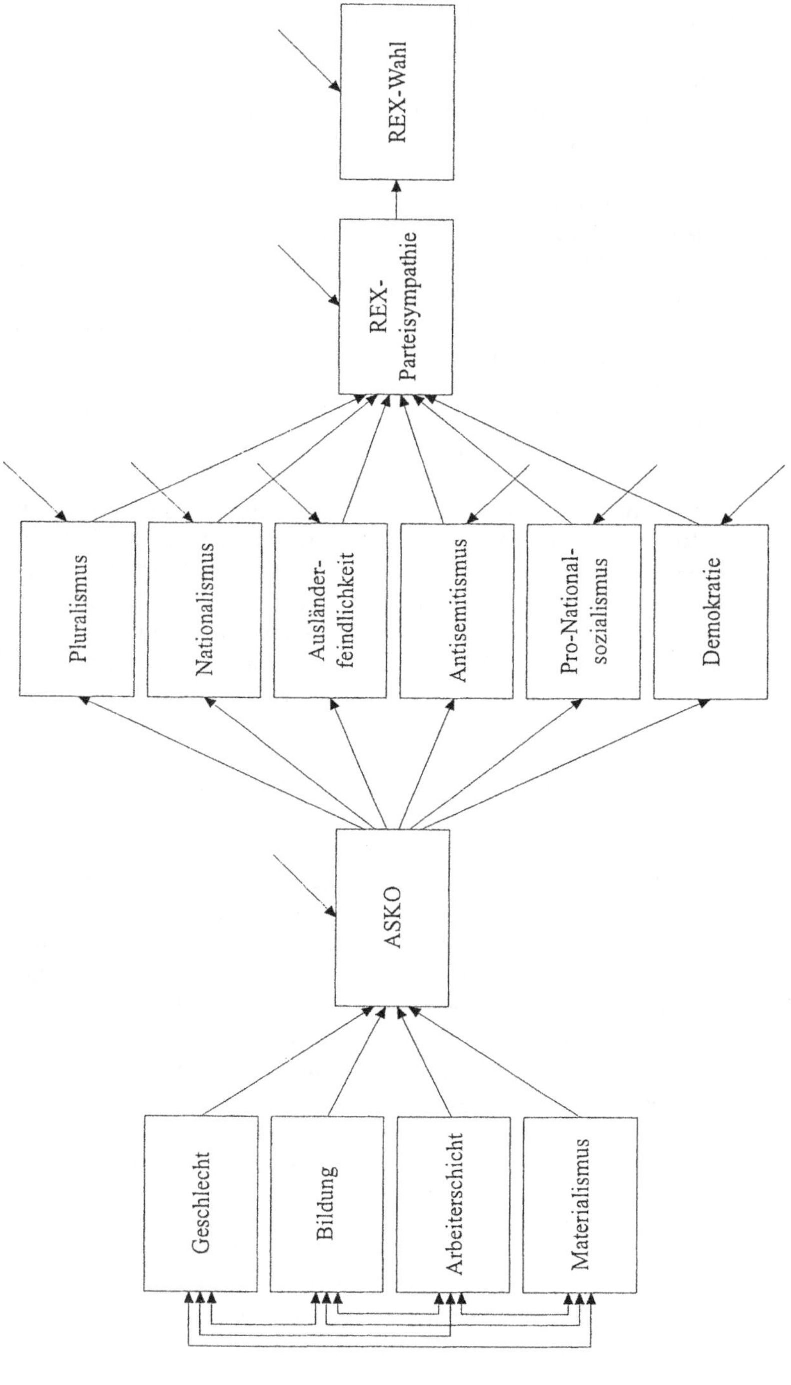

Klingemann beschriebenen Wertekonflikte weitaus besser und in vergleichsweise unproblematischer Weise erfassen sollte, beschränken wir uns deshalb auf die vier genannten Proxy-Variablen.

Abbildung 2 gibt einen Überblick über das von uns analysierte Modell, das aus insgesamt fünf hintereinander geschalteten Blöcken besteht: Ganz links sind die vier Proxy-Variablen zu erkennen, die für die Betroffenheit durch gesellschaftliche Widersprüche stehen, welche ihrerseits wieder auf Modernisierungsprozesse zurückgehen. Diese Einflussgrößen sind *exogen*, d.h. sie werden im Rahmen des Modells nicht erklärt, sondern als gegeben vorausgesetzt. Da zwischen den exogenen Variablen bekanntermaßen substanzielle Zusammenhänge bestehen – beispielsweise weisen Arbeiter im Durchschnitt eine niedrigere formale Bildung auf als Angehörige anderer sozialer Schichten –, wurden die Korrelationen zwischen ihnen als freie Parameter geschätzt.

Entsprechend dem von Scheuch und Klingemann vorgeschlagenen Erklärungsansatz enthält das Modell keine *direkten* Beziehungen zwischen Proxy- und Einstellungsvariablen. Statt dessen wird davon ausgegangen, dass Geschlecht und Bildung sowie Schicht- und Wertorientierungsgruppenzugehörigkeit einen Einfluss auf die Rigidität der Befragten bzw. deren *A*ffinität zu *S*tabilen *K*ognitiven *S*trukturen haben. Unter der (hier nicht geprüften, aber für die Bundesrepublik gegebenen) Voraussetzung, dass die politische Kultur entsprechende Ideologiefragmente zur Verfügung stellt, sollte ein hohes Maß an Rigidität wiederum dazu führen, dass die betreffenden Personen in der Tendenz Demokratie und Interessenpluralismus ablehnen und nationalistische, antisemitische, ausländerfeindliche und pro-nationalsozialistische Einstellungen annehmen. Diese sechs Einstellungsvariablen bilden den zentralen Block des Strukturgleichungsmodells.

Unter der (wiederum nicht modellierten) Bedingung, dass Parteien existieren, die solche Einstellungen in Politikentwürfe umsetzen, und dass diese Parteien von den Wählern korrekt wahrgenommen werden, sollten extremistische Einstellungen eine Affinität zu *rechtse*xtremistischen Parteien nach sich ziehen (REX-Parteisympathie). Diese Nähe zu den *rechtse*xtremistischen Parteien führt dann (unter den obengenannten Voraussetzungen) zur Wahl dieser Parteien (REX-Wahl).

Somit sind in unserem statistischen Modell alle wesentlichen Aspekte des von Scheuch und Klingemann skizzierten Wirkungsmechanismus auf der Mikro-Ebene umgesetzt. Stünden Daten aus Ländern, die mit der alten Bundesrepublik vergleichbar sind, zur Verfügung, wäre es durch eine Erweiterung des mathematischen Modells prinzipiell möglich, darüber hinaus zumindest einige der von Scheuch und Klingemann benannten, hier nur in Parenthese aufgeführten moderierenden Wirkungen von Makro-Variablen auf Mikro-Zusammenhänge zu überprüfen.

Bevor nun aber die Parameter des Mikro-Modells für die alten Bundesländer geschätzt werden können, müssen noch zwei technische Probleme angesprochen werden, die einen erheblichen Einfluss auf unsere inhaltlichen Ergebnisse haben: Zum einen muss die Frage beantwortet werden, ob das Skalenniveau der Variablen dem gewählten Analyseverfahren angemessen ist; zum anderen ist zu klären, wie in jenen Fällen verfahren werden soll, in denen die Respondenten nicht alle Fragen des Interviewers beantwortet haben.

Zunächst zum ersten Punkt: Grundsätzlich setzt die Schätzung eines Strukturgleichungsmodells mit dem üblichen Maximum-Likelihood-Verfahren Daten voraus, die mindestens intervallskaliert und dabei multivariat normalverteilt sind. Diese Bedingung ist bei der Analyse von Umfragedaten in aller Regel *nicht* erfüllt. In unserem Falle könnte höchstens die ASKO-Skala als intervallskaliert angesehen werden. Die klar erkennbar links-steile Verteilung der Messwerte weicht allerdings deutlich von einer Normalverteilung ab. Dies gilt in noch stärkerem Maße für die anderen im Modell verwendeten Variablen, die allesamt lediglich zwei oder drei Ausprägungen aufweisen und schon deshalb nicht als normalverteilt angesehen werden können. Wendet man die Standardverfahren zur Schätzung von Strukturgleichungsmodellen auf derartige Daten an, sind die Ergebnisse verzerrt: Tendenziell wird die Stärke von Zusammenhängen unterschätzt, zudem werden korrekt spezifizierte Modelle zu oft als mit den empirischen Daten unvereinbar zurückgewiesen (Hoogsland und Boomsma 1998).

Zwei neuere Entwicklungen in der Analyse von Strukturgleichungsmodellen, auf deren Einzelheiten wir an dieser Stelle nicht eingehen können, entschärfen diese Problematik aber: Die Analyse *polychorischer* Korrelationen gibt ein realistischeres Bild von der Stärke der Zusammenhänge zwischen Variablen, die auf ordinalem Niveau gemessen werden, während das Erfordernis der multivariaten Normalverteilung aufgegeben werden kann, wenn die Schätzung der Parameter nach dem ADF-Verfahren erfolgt.[11] Die Kombination von polychorischen Korrelationen und ADF-Schätzung stellt vermutlich derzeit das am besten zur Analyse von Umfragedaten geeignete Verfahren dar (Jöreskog und Sörbom 1996: 8ff.).

Auch das Problem der fehlenden Einzelmesswerte (*item non-response*) ist in der Umfrageforschung weitverbreitet: Häufig bearbeiten Respondenten nur einen Teil des Fragebogens und überspringen dabei insbesondere solche Items, die sie als schwierig oder unangenehm empfinden. In anderen Fällen „vergisst" der Interviewer, die entsprechenden Fragen zu stellen. Auch die von uns verwendeten Variablen sind vom Problem der *item non-response* betroffen. Dies gilt insbesondere für die Einstellungsfragen und die Items der ASKO-Skala: Während Fragen nach dem Geschlecht, dem Alter, der formale Bildung oder der subjektiven Schichteinstufung von maximal etwas mehr als einem Prozent der Befragten nicht beantwortet wurden, waren dort bis zu 23 Prozent Antwortausfälle (Sympathie für die vielen Wählern weitgehend unbekannte DVU) zu verzeichnen. Im Mittel blieben rund sieben Prozent der Einstellungsfragen unbeantwortet. Insgesamt sind die Daten von 779 der 1339 Befragten unvollständig.

---

11 ADF steht für *asymptotically distribution free*. Voraussetzung für eine stabile ADF-Schätzung sind „große" Stichproben. Angaben dazu, wie groß die Stichprobe konkret sein muss, finden sich in der Literatur allerdings selten.

In der Auswertungspraxis wenden Sozialforscher häufig Ad-hoc-Verfahren (paarweises Löschen, listenweises Löschen) an, um Fälle mit fehlenden Werten aus dem Datensatz auszuschließen. Dieses Vorgehen ist aber insbesondere dann inakzeptabel, wenn die Daten zur Schätzung von multivariaten Modellen eingesetzt werden sollen, weil es den Umfang der Stichprobe wie in unserem Fall dramatisch reduziert und die Zusammenhänge zwischen den Variablen verzerrt (King et al. 2001).

In den letzten Jahren hat deshalb die multiple Imputation (Vervollständigung) von Datensätzen an Bedeutung gewonnen. Das Prinzip der multiplen Imputation (vgl. für das Folgende ausführlich Schafer und Olson 1998) beruht auf der Grundüberlegung, dass die Zusammenhänge zwischen den untersuchten Variablen problemlos geschätzt werden könnten, wenn für alle Fälle vollständige Beobachtungen vorlägen. Umgekehrt ließen sich fehlende Werte ergänzen, wenn Klarheit über die Zusammenhänge zwischen den Variablen bestünde. In einem iterativen Verfahren können deshalb auf der Grundlage der beobachteten Zusammenhänge plausible Annahmen über die Verteilung der fehlenden Werte hergeleitet werden, die wiederum genutzt werden, um zusätzliche Informationen über die Beziehungen zwischen den Variablen zu erhalten. Beide Schritte werden so lange wiederholt, bis ein Konvergenzkriterium erreicht ist.

Anschließend ist es möglich, den unvollständigen Datensatz durch die Ziehung von Ersatzwerten aus diesen Verteilungen zu ergänzen und diesen vervollständigten Datensatz mit den gängigen statistischen Verfahren zu analysieren. Wiederholt man die Ziehung von Ersatzwerten (Imputation) mehrmals, so ergibt sich eine ganze Serie von ergänzten Datensätzen, die separat analysiert werden können. Je mehr Informationen über die fehlenden Werte sich aus den tatsächlich beobachteten Werten ableiten lassen, desto stärker ähneln diese Datensätze einander. Parameterschätzungen und Standardfehler aus den separaten Analysen – in der Regel werden zwischen drei und zehn imputierte Datensätze erzeugt – werden nach zwei einfachen Regeln miteinander kombiniert (King et al. 2001). Auf diese Weise erhält man Modellschätzungen, die einerseits alle tatsächlich vorhandenen Informationen nutzen und deshalb unverzerrt sind, zugleich aber die zusätzliche Unsicherheit, die aus dem Fehlen einiger Messwerte resultiert, durch größere Standardfehler berücksichtigen.

Für unsere eigenen Berechnungen haben wir mit dem von Schafer (1997) entwickelten Programm NORM fünf vervollständigte Datensätze generiert.[12] Bei den im nächsten Abschnitt wiedergegebenen Ergebnissen handelt es sich um die kombinierten Parameterschätzungen aus den fünf separaten Analysen. Die Signifikanz

---

12 Die Imputation wurde mit den Rohdaten vorgenommen. Um den ordinalen Charakter der Daten zu berücksichtigen, wurden die ergänzten Werte entsprechend der Empfehlung von Schafer zum nächsten real vorkommenden Wert hin auf- oder abgerundet. Sämtliche Summenindizes wurden anschließend auf der Grundlage der vervollständigten Daten konstruiert.

der Pfadkoeffizienten wird auf der Grundlage der kombinierten Standardfehler bestimmt. Dabei orientieren wir uns am konventionellen Fünf-Prozent-Niveau.

4. Ergebnisse

Aus Gründen der Übersichtlichkeit haben wir darauf verzichtet, die Parameterschätzungen in das in Abbildung 2 wiedergegebene Strukturmodell einzutragen. Statt dessen weisen wir alle Zusammenhänge in tabellarischer Form aus. Bei der Präsentation der Ergebnisse orientieren wir uns an dem von Scheuch und Klingemann (1967) vorgeschlagenen kausalen Ablauf.

Tabelle 1: Korrelationen zwischen den exogenen Variablen

Variablenpaar	Pearson's r
Bildung × Geschlecht	-
Bildung × Arbeiter	-0.58
Bildung × Materialismus	-0.39
Geschlecht × Arbeiterschicht	-
Geschlecht × Materialismus	-
Arbeiterschicht × Materialismus	0.30

Tabelle 1 zeigt zunächst die Korrelationen der exogenen Variablen untereinander. Diese entsprechen weitgehend den Erwartungen. Zwischen dem Geschlecht einerseits und der formalen Bildung, der Schichtzugehörigkeit und der Orientierung an materialistischen Werten andererseits gibt es *keine* statistisch signifikanten Zusammenhänge. Ein mit r = 0.30 deutlich positiver Zusammenhang besteht jedoch zwischen der Schichtzugehörigkeit und der Zugehörigkeit zur Gruppe der Materialisten. Noch etwas stärker ist der negative Zusammenhang zwischen formaler Bildung und materialistischen Wertorientierungen. Beide Ergebnisse sind plausibel und decken sich mit den Befunden früherer Studien zum Zusammenhang zwischen Sozialstruktur und Wertorientierungen. Ebenfalls plausibel ist der starke negative Zusammenhang zwischen Schichtzugehörigkeit und formaler Bildung.

Tabelle 2: Einfluss der exogenen Variablen auf die Rigidität der Befragten

Variablen	Standardisierter Pfadkoeffizient	$R^2 \times 100$
Geschlecht → ASKO	-	
Bildung → ASKO	-0.30	
Arbeiterschicht → ASKO	0.14	
Materialismus → ASKO	0.32	
ASKO		36.4

Interessanter als diese Korrelationen ist für unsere Fragestellung jedoch der Einfluss[13] der exogenen Variablen, die für die von Scheuch und Klingemann angesprochenen Wertekonflikte stehen, auf das mittels der ASKO-Skala gemessene Persönlichkeitsmerkmal „Rigidität" (Tabelle 2). Geht man davon aus, dass diese Variablen tatsächlich als valide Approximation an die von Scheuch und Klingemann beschriebenen Prozesse gelten können, so sprechen unsere Ergebnisse eindeutig für die Hypothese der Autoren: Bildung hat einen deutlich negativen, Materialismus im Sinne Ingleharts einen ebenso deutlich positiven Einfluss auf die gemessene Rigidität. Statistisch noch signifikant von null verschieden, wenn auch sehr schwach, ist hingegen der Effekt, der von der selbstdeklarierten Zugehörigkeit zur Arbeiterschicht ausgeht. Dabei ist allerdings zu berücksichtigen, dass es sich bei unseren Ergebnissen um simultane Schätzungen handelt. Der Koeffizient beschreibt deshalb den reinen Effekt der Schichtzugehörigkeit auf die gemessene Rigidität unter statistischer Kontrolle der übrigen Variablen. Gemeinsam erklären die exogenen Variablen rund 36 Prozent der Varianz der Rigidität. In Anbetracht der Tatsache, dass es sich hier um den Einfluss von Proxy-Variablen auf einen Summenindex handelt, dessen Einzelitems jeweils einen (im Modell nicht spezifizierten) Messfehler aufweisen, ist dies ein durchaus zufriedenstellendes Ergebnis.

Tabelle 3: Einfluss der Rigidität auf extremistische Einstellungen

Variablen	Standardisierter Pfadkoeffizient	$R^2 \times 100$
ASKO → Nationalismus	0.61	37.6
ASKO → Antisemitismus	0.69	48.0
ASKO → Pro-Nationalsozialismus	0.64	40.6
ASKO → Ausländerfeindlichkeit	0.76	58.2
ASKO → Antipluralismus	0.31	9.8
ASKO → Anti-Demokratie	0.49	24.2

Auch die positiven Zusammenhänge zwischen der mittels der ASKO-Skala gemessenen Rigidität und den extremistischen Einstellungen entsprechen den von Scheuch und Klingemann aufgestellten Hypothesen (Tabelle 3). Rigidität scheint dabei in erster Linie für die Entstehung spezifisch *rechts*extremer Einstellungen verantwortlich zu sein: Während die Einflüsse auf antipluralistische und antidemokratische Attitüden relativ schwach sind, bestehen zwischen Rigidität einerseits und Nationalismus, Antisemitismus, der Befürwortung des Nationalsozialismus und insbesondere der Ausländerfeindlichkeit andererseits starke Zusammenhänge. Im Mittel lässt sich knapp die Hälfte der Varianz dieser Einstellungen auf das Persönlichkeitsmerkmal Rigidität zurückführen, was die Überlegungen Scheuchs, Klingemanns und etlicher älterer Autoren zum Zusammenhang zwischen einem

13 Zum Problem der kausalen Interpretation von Umfragedaten vgl. FN 10.

geschlossenen Denkstil und der Anfälligkeit für rechtsextreme Ideologiefragmente eindrucksvoll bestätigt.

Tabelle 4: Einfluss extremistischer Einstellungen auf die Affinität zu den Rechtsparteien

Variablen	Standardisierter Pfadkoeffizient	$R^2 \times 100$
Nationalismus → REX-Parteisympathie	-	
Antisemitismus → REX-Parteisympathie	-	
Pro-Nationalsozialismus → REX-Parteisympathie	0.42	
Ausländerfeindlichkeit → REX-Parteisympathie	0.23	
Antipluralismus → REX-Parteisympathie	-	
Anti-Demokratie → REX-Parteisympathie	0.12	
REX-Parteisympathie		33.8

Ein differenziertes Bild ergibt sich auch für den Einfluss der extremistischen Einstellungen auf die Affinität zu DVU und Republikanern: Nationalismus, Antisemitismus und Antipluralismus haben in multivariater Betrachtungsweise keinen signifikant von null verschiedenen Effekt (Tabelle 4). Eine positive Einstellung zum Nationalsozialismus, ein negatives Verhältnis zu Ausländern und – mit Einschränkungen – eine Ablehnung der Demokratie führen hingegen tendenziell zu einer Annäherung an die Parteien der extremen Rechten. Die Zusammenhänge sind allerdings nicht allzu stark ausgeprägt, was ebenfalls der Argumentation von Scheuch und Klingemann entspricht: Wie u.a. frühere Studien von Falter (1994) gezeigt haben, wenden sich längst nicht alle Bürger mit rechtsextremen Einstellungen auch den rechten Flügelparteien zu. Entscheidend sind hier vermutlich die von Scheuch und Klingemann benannten Randbedingungen, die in unserem auf die Mikro-Ebene beschränkten Modell nicht berücksichtigt werden konnten, insbesondere das programmatische und personelle Angebot der Rechtsparteien sowie die Fähigkeit der bürgerlichen Parteien, Wähler am rechten Rand des Elektorats zu binden.

Tabelle 5: Affinität zu den Rechtsparteien und Wahlentscheidung

Variablen	Standardisierter Pfadkoeffizient	$R^2 \times 100$
REX-Parteisympathie → REX-Wahl	0.91	82.6

Sehr eng hingegen ist der Zusammenhang zwischen der Affinität zu den rechten Parteien und einer Wahlentscheidung zu ihren Gunsten, wie in Tabelle 5 zu erkennen ist: Wenn ein Bürger eine Partei am rechten Rand sehr sympathisch findet, wird er ihr mit großer Sicherheit auch seine Stimme geben. Insgesamt erzielt das Modell eine Anpassung an die empirischen Daten, die mit einem RMSEA (*root mean square error of approximation*) von 0.075 zwar nicht perfekt ist, angesichts der notwendigen Hilfsannahmen und des ordinalen Charakters unserer Instrumente aber als durchaus befriedigend gelten kann.

5. Fazit

Ausgangspunkt unseres Beitrages war die Feststellung, dass es bis zum heutigen Tag keine umfassende, empirisch gehaltvolle und allgemein anerkannte Theorie gibt, die den Erfolg rechtsextremer Parteien in modernen Gesellschaften erklären könnte. Die vor rund 35 Jahren von Hans-Dieter Klingemann und Erwin K. Scheuch entwickelte *Theorie des Rechtsradikalismus in westlichen Industriegesellschaften* hätte aus unserer Sicht jedoch das Potential, diese Lücke zu schließen. Von anderen theoretischen Ansätzen auf diesem Gebiet unterscheidet sie sich vor allem durch die systematische Integration von Mikro- und Makro-Faktoren. Deshalb wäre sie als analytischer Rahmen für die international vergleichende Rechtsextremismusforschung besonders geeignet.

Da in den gängigen Rechtsextremismusstudien in der Regel keine Persönlichkeitsmerkmale untersucht werden, die im Ansatz von Scheuch und Klingemann eine zentrale Rolle spielen, wurde die Scheuch-Klingemann-Hypothese bislang jedoch kaum empirisch untersucht. Ziel unserer Analysen war es deshalb, mittels der uns zur Verfügung stehenden Daten aus einer aktuellen Bevölkerungsumfrage die grundsätzliche Anwendbarkeit der Theorie zu prüfen. Aufgrund der Datenlage mussten wir uns dabei auf die Umsetzung des von Scheuch und Klingemann skizzierten Mikro-Modells beschränken. Insofern handelt es sich bei unserem Beitrag nicht um einen stringenten empirischen Test der Theorie, sondern eher um den Versuch, deren Möglichkeiten für eine zukünftige Anwendung auszuloten.

Richtung und Stärke der von uns beobachteten Effekte sprechen eindeutig für die Gültigkeit der von Scheuch und Klingemann formulierten Hypothesen über die Zusammenhänge zwischen gesellschaftlichen Konflikten, dem Persönlichkeitsmerkmal „Rigidität" und dem Auftreten rechtsextremer Einstellungen. Die Rechtsextremismusforschung sollte deshalb den Ansatz von Scheuch und Klingemann nicht nur im Munde führen, sondern ihn tatsächlich empirisch aufgreifen, ihn systematisch weiterentwickeln und ihn insbesondere bei der Konzeption internationaler Studien stärker berücksichtigen.

Anhang: Items zur Messung von Einstellungen und Persönlichkeitsmerkmalen

a) Die Items der ASKO (Affinität zu Stabilem Kognitiven Orientierungssystem)-Skala:
   „Bitte sagen Sie bei den folgenden Begriffspaaren jeweils, was Ihnen auf den ersten Blick rein gefühlsmäßig sympathischer ist — auch wenn es sich nicht immer um Gegensätze handelt."
   – Stetiger Wandel oder fest gefügte Verhältnisse,

– Neue Ideen oder altbewährte Anschauungen,
– Überraschende Situationen oder klare, eindeutige Verhältnisse,
– Ruhe und Ordnung oder Bewegung und Neuerungen,
– Einordnung und Unterordnung oder Aufbegehren,
– Veränderungsfreudigkeit oder Traditionsverbundenheit,
– Feste Regeln oder Improvisation,
– Neue, bisher unbekannte Dinge oder bekannte Dinge,
– Erhaltung des Althergebrachten oder Reformen.

b) Antidemokratische und antipluralistische Einstellungen:
„Bitte sagen Sie nun noch bei den folgenden Feststellungen, ob sie Ihrer Meinung nach eher zutreffen (richtig) oder eher nicht zutreffen (falsch)."
– Unter bestimmten Umständen ist eine Diktatur die bessere Staatsform.
– Gruppen- und Verbandsinteressen sollten sich bedingungslos dem Allgemeinwohl unterordnen.

c) Ausländerfeindlichkeit, Antisemitismus, Nationalismus und Befürwortung des Nationalsozialismus:
„Bitte sagen Sie nun noch bei den folgenden Feststellungen, ob sie Ihrer Meinung nach eher zutreffen (richtig) oder eher nicht zutreffen (falsch)."
– Die Bundesrepublik ist durch die vielen Ausländer in einem gefährlichen Maß überfremdet.
– Ausländer sollten grundsätzlich ihre Ehepartner unter ihren eigenen Landsleuten auswählen.
– Die Juden haben einfach etwas Besonderes und Eigentümliches an sich und passen daher nicht so recht zu uns.
– Auch heute noch ist der Einfluss von Juden zu groß.
– Wir sollten endlich wieder Mut zu einem starken Nationalgefühl haben.
– Ich bin stolz, ein Deutscher (eine Deutsche) zu sein.
– Der Nationalsozialismus hatte auch seine guten Seiten.
– Ohne die Judenvernichtung würde man Hitler heute als einen großen Staatsmann ansehen.

Literatur

Adorno, Theodor W. et al. (1950): The Authoritarian Personality. New York: Harper.

Arzheimer, Kai, Harald Schoen und Jürgen W. Falter (2001): Rechtsextreme Orientierungen und Wahlverhalten. In: Wilfried Schubarth und Richard Stöss (Hrsg.): Rechtsextremismus in der Bundesrepublik Deutschland. Eine Bilanz. Opladen: Leske + Budrich, S. 220-245.

Backes, Uwe (1989): Politischer Extremismus in demokratischen Verfassungsstaaten. Elemente einer normativen Rahmentheorie. Opladen: Westdeutscher Verlag.

Bürklin, Wilhelm, Markus Klein und Achim Ruß (1994): Dimensionen des Wertewandels. Eine empirische Längsschnittanalyse zur Dimensionalität und der Wandlungsdynamik gesellschaftlicher Wertorientierungen. In: Politische Vierteljahresschrift, 35, S. 579-606.

Coleman, James S. (1990): Foundations of Social Theory. Cambridge: Belknap Press of Harvard University Press.

Cox, Gary W. (1997): Making Votes Count. Cambridge: Cambridge University Press.

Deth, Jan van (2000): Interesting but Irrelevant. Social Capital and the Saliency of Politics in Western Europe. In: European Journal of Political Research, 37, S. 115-147.

Druwe, Ulrich und Susanne Mantino (1996): Rechtsextremismus. Methodologische Bemerkungen zu einem politikwissenschaftlichen Begriff. In: Jürgen W. Falter, Hans-Gerd Jaschke und Jürgen R. Winkler (Hrsg.): Rechtsextremismus. Ergebnisse und Perspektiven der Forschung. Sonderheft 27 der Politischen Vierteljahresschrift. Opladen: Westdeutscher Verlag, S. 66-80.

Esser, Hartmut (1996): Soziologie. Allgemeine Grundlagen. Frankfurt a. M.: Campus.

Eysenck, Hans Jürgen (1954): The Psychology of Politics. London: Routledge and K. Paul.

Falter, Jürgen W. (1991): Hitlers Wähler. München: Beck.

Falter, Jürgen W. (1994): Wer wählt rechts? München: Beck.

Falter, Jürgen W., Oscar W. Gabriel und Hans Rattinger (Hrsg.) (2000): Wirklich ein Volk? Die politischen Orientierungen von Ost- und Westdeutschen im Vergleich. Opladen: Leske + Budrich.

Geißler, Rainer (1996): Die Sozialstruktur der Bundesrepublik Deutschland. Zur gesellschaftlichen Entwicklung mit einer Zwischenbilanz zur Vereinigung. Opladen: Westdeutscher Verlag.

Hoogsland, Jeffrey J. und Anne Boomsma (1998): Robustness Studies in Covariance Structure Modeling. In: Sociological Methods & Research, 26, S. 329-367.

Hummell, Hans J. und Karl-Dieter Opp (1971): Die Reduzierbarkeit der Soziologie auf Psychologie. Eine These, ihr Test und ihre theoretische Bedeutung. Braunschweig: Vieweg.

Inglehart, Ronald (1977): The Silent Revolution. Changing Values and Political Styles Among Western Publics. Princeton: Princeton University Press.

Inglehart, Ronald (1990): Culture Shift in Advanced Industrial Society. Princeton: Princeton University Press.

Jöreskog, Karl und Dag Sörbom (1996): PRELIS 2: User's Reference Guide. Chicago: Scientific Software International.

King, Gary, James Honaker, Anne Joseph und Kenneth Scheve (2001): Analyzing Incomplete Political Science Data: An Alternative Algorithm for Multiple Imputation. In: American Political Science Review, 95, S. 49-69.

Kitschelt, Herbert (1995): The Radical Right in Western Europe. A Comparative Analysis. Ann Arbor: University of Michigan Press.

Klein, Markus und Jürgen W. Falter (1996a): Die dritte Welle rechtsextremer Wahlerfolge in der Bundesrepublik Deutschland. In: Jürgen W. Falter, Hans-Gerd Jaschke und Jürgen R. Winkler (Hrsg.): Rechtsextremismus. Ergebnisse und Perspektiven der Forschung. Sonderheft 27 der Politischen Vierteljahresschrift. Opladen: Westdeutscher Verlag, S. 288-312.

Klein, Markus und Jürgen W. Falter (1996b): Die Wähler der Republikaner zwischen sozialer Benachteiligung, rechtem Bekenntnis und rationalem Protest. In: Oscar W. Gabriel und Jürgen W. Falter (Hrsg.): Wahlen und politische Einstellungen in westlichen Demokratien. Frankfurt a. M.: Peter Lang, S. 149-173.

Klein, Markus und Kai Arzheimer (1999): Ranking- und Rating-Verfahren zur Messung von Wertorientierungen, untersucht am Beispiel des Inglehart-Index. Ergebnisse eines Methodenexperimentes. In: Kölner Zeitschrift für Soziologie und Sozialpsychologie, 51, S. 742-749.

Klingemann, Hans Dieter und Franz Urban Pappi (1972): Politischer Radikalismus. Theoretische und methodische Probleme der Radikalismusforschung, dargestellt am Beispiel einer Studie anläßlich der Landtagswahl 1970 in Hessen. München: Oldenbourg.

Lipset, Seymour Martin (1960): Political Man. The Social Bases of Politics. Garden City: Doubleday.

Lipset, Seymour Martin und Earl Raab (1970): The Politics of Unreason. Right-Wing Extremism in America, 1790-1970. New York: Harper & Row.

Opp, Karl-Dieter (1995): Methodologie der Sozialwissenschaften. Einführung in Probleme ihrer Theoriebildung und praktischen Anwendung. Opladen: Westdeutscher Verlag (3. Auflage).

Rokeach, Milton (1960): The Open and the Closed Mind. Investigations into the Nature of Belief Systems and Personality Systems. New York: Basic Books.

Schafer, Joseph L. (1997): Analysis of Incomplete Multivariate Data. London: Chapman & Hall.

Schafer, Joseph L. und Maren K. Olsen (1998): Multiple Imputation for Multivariate Missing Data Problems. A Data Analyst's Perspective. In: Multivariate Behavioral Research, 33, S. 545-571.

Scheuch, Erwin K. unter Mitarbeit von Hans-Dieter Klingemann (1967): Theorie des Rechtsradikalismus in westlichen Industriegesellschaften. In: Hamburger Jahrbuch für Wirtschafts- und Sozialpolitik, 12, S. 11-19.

Schoen, Harald (1999): Mehr oder weniger als fünf Prozent – ist das wirklich die Frage? In: Kölner Zeitschrift für Soziologie und Sozialpsychologie, 51, S. 565-582.

Schumann, Siegfried (1989): Postmaterialismus: Ein entbehrlicher Ansatz? In: Jürgen W. Falter, Hans Rattinger und Klaus G. Troitzsch (Hrsg.): Wahlen und politische Einstellungen in der Bundesrepublik Deutschland. Neuere Entwicklungen der Forschung. Frankfurt a. M.: Peter Lang, S. 67-101.

Schumann, Siegfried (1990): Wahlverhalten und Persönlichkeit. Opladen: Westdeutscher Verlag.

Schumann, Siegfried (2001): Persönlichkeitsbedingte Einstellungen zu Parteien. Der Einfluß von Persönlichkeitseigenschaften auf Einstellungen zu politischen Parteien. München: Oldenbourg.

Wende, Peter (1984): Radikalismus. In: Otto Brunner, Werner Conze und Reinhard Koselleck (Hrsg.): Geschichtliche Grundbegriffe. Historisches Lexikon zur politisch-sozialen Sprache in Deutschland, Bd. 5. Stuttgart: Klett-Cotta, S. 113-133.

Winkler, Jürgen R. (1996): Bausteine einer allgemeinen Theorie des Rechtsextremismus. Zur Stellung und Integration von Persönlichkeits- und Umweltfaktoren. In: Jürgen W. Falter, Hans-Gerd Jaschke und Jürgen R. Winkler (Hrsg.): Rechtsextremismus. Ergebnisse und Perspektiven der Forschung. Sonderheft 27 der Politischen Vierteljahresschrift. Opladen: Westdeutscher Verlag, S. 25-48.

Winkler, Jürgen R. (2001): Rechtsextremismus: Gegenstand, Erklärungsansätze, Grundprobleme. In: Wilfried Schubarth und Richard Stöss (Hrsg.): Rechtsextremismus in der Bundesrepublik Deutschland. Eine Bilanz. Opladen: Leske + Budrich, S. 38-68.

„Neues wagen – am Alten und Bewährten festhalten" Wertewandel, Sozialstruktur und Sozialberichterstattung

Wolfgang Zapf und Roland Habich

Vor mehr als 25 Jahren kreuzten sich in Mannheim die Wege von Wissenschaftlern des jungen *Zentrums für Umfragen, Methoden und Analysen* (ZUMA) und des Projektes „Sozialpolitisches Indikatoren- und Entscheidungssystem" (SPES-Projekt), dessen größerer Teil in Frankfurt a. M. und ein kleinerer Teil an der Fakultät für Sozialwissenschaften der Universität Mannheim angesiedelt waren. Der erstgenannte Autor war Leiter des SPES-Projektes Mannheim; der jüngere Autor zunächst studentische Hilfskraft, dann wissenschaftlicher Mitarbeiter in dem auf SPES folgenden Sonderforschungsbereich Frankfurt a. M./Mannheim (Sfb 3). Und hier kommt der Jubilar Hans-Dieter Klingemann ins Spiel. Er war damals einer der vier leitenden Wissenschaftler bei ZUMA und hat uns nachhaltig beraten bei der Entwicklung unseres Konzepts der Sozialberichterstattung, insbesondere bei der Ergänzung eines aus Sekundärdaten konstruierten Systems von Sozialindikatoren durch umfragenbasierte Primärerhebungen: die Wohlfahrtssurveys, die mit einem Vorlauf im Jahre 1976 seit 1978 in regelmäßigen Abständen durchgeführt werden. Wir beginnen diese Geschichte mit unseren ambitionierten theoretischen Vorgaben (1.) und mit den pragmatischen Hilfen von Hans-Dieter Klingemann (2.) und wir zeigen dann an ausgewählten Beispielen die Bedeutung des Jubilars für eine theoretisch inspirierte und empirisch fundierte Sozialberichterstattung im Rahmen unserer Wohlfahrtssurveys (3., 4.).

1. Theoretisches Modell der Wohlfahrtsproduktion

In den späten sechziger und frühen siebziger Jahren entwickelte sich das Programm der Sozialberichterstattung auf zwei unterschiedlichen Pfaden. Es ging zum einen um die Beobachtung, Messung und Erklärung der „objektiven" Lebensbedingungen der Bürger in modernen Wohlfahrtsstaaten und zum anderen um die wahrgenommene „subjektive" Lebensqualität. Die erste Linie wird am besten repräsentiert durch die seit 1968 erhobenen schwedischen *Level of Living Surveys* und die zweite Linie durch die von der Michigan-Schule (A. Campbell, Ph. Converse) angestoßenen Studien *The Quality of American Life* (1976). Sehr früh hat es dann Bemühungen gegeben, die beiden Wege zu vereinen, z.B. in dem konzeptionell (wenn auch nicht empirisch) einflussreichen Unternehmen der OECD *List of*

Social Concerns Common to Most OECD Countries und in dem von Erik Allardt geleiteten Projekt Dimensions of Welfare in a Comparative Scandinavian Study. Die Frankfurt-Mannheimer Arbeiten haben sich zunächst stark an dem OECD-Modell orientiert, aber dann immer mehr die subjektiven Komponenten der Wohlfahrt betont. Der folgende Textausschnitt aus dem Jahr 1976 (Zapf 1977a), der hier nur leicht bearbeitet worden ist, zeigt den damaligen Diskussionsstand und ehrgeizigen theoretischen Anspruch. In einem Modell der „Wohlfahrtsproduktion" (Abbildung 1) sollte die Verkürzung der Analyse auf Leistungen („objektive Lebensbedingungen") und Einstellungen („subjektive Lebensqualität") überwunden werden durch die Einführung von drei weiteren Komponenten der Wohlfahrtsproduktion: Interessen, Ziele und Werte.

Abbildung 1: Ein Modell der Wohlfahrtsproduktion

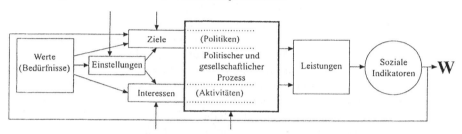

Wenn sich die Wohlfahrtsmessung auf die Erforschung von Leistungen und Einstellungen bei Individuen und Gruppen beschränken würde, hätte sie mindestens zwei schwerwiegende Mängel. Erstens würde sie die Bevölkerung als passive Wohlfahrtsempfänger betrachten, die allenfalls Unzufriedenheiten äußern können. Zweitens könnte sie nichts über die Konstitution der Bewertungsmaßstäbe aussagen, nach denen sich Leistungen und Zufriedenheiten bestimmen und die sich über die Zeit verändern bzw. zwischen sozialen Gruppen variieren. Deshalb wurden Interessen, Ziele und Werte als weitere Komponenten der Wohlfahrtsmessung eingeführt.

Unter Interessen werden „private" Ziel- und Wertsetzungen von Individuen und Gruppen verstanden. Individuen und Gruppen äußern nicht nur Zufriedenheiten mit einzelnen Komplexen, sondern sie äußern sich auch zu ihrer Wichtigkeit; sie setzen Prioritäten. Untersuchungen zeigen, dass Zufriedenheits- und Bedeutsamkeitsrangfolgen nicht übereinstimmen. Und Prioritäten lassen sich nicht nur erfragen, sondern auch „objektiv" beobachten, etwa durch die Untersuchung von Allokationsprozessen, insbesondere die Allokation von finanziellen Budgets und von Zeitbudgets. Interessen sind unter Wohlfahrtsgesichtspunkten von mehrfacher Bedeutung. Sie beeinflussen Bewertungsstandards. Sie sagen etwas über Handlungspotenziale aus, die künftig verhaltensrelevant werden können. Und sie prägen die faktischen Aktivitäten der Menschen, z.B. ihre politische oder soziale Beteiligung, die instrumental oder final wohlfahrtsrelevant sind.

Unter *Zielen* werden die öffentlichen Ziel- und Wertsetzungen verstanden, wenn man so will die „Interessen" von Regierung, Parteien und anderen Großorganisationen. Wie eine bestimmte nationalökonomische Forschungsrichtung, die *National Goals Analysis*, herausgestellt hat, kann davon ausgegangen werden, dass sich trotz aller Interessenkonflikte, Pluralismen und Wahlzyklen längerfristig nationale Ziele herauskristallisieren, für die ein hoher Konsensus besteht. Es wird angenommen, dass sich zunächst gesamtwirtschaftliche Performanzziele herausgebildet haben (Vollbeschäftigung, Wachstum, Preisstabilität) und dass in der Folge immer mehr bereichsspezifische Leistungsziele hinzugekommen sind (z.B. Gesundheit: Präventivmedizin; Bildung: Erhöhung der Weiterbildung), bis inzwischen die Interrelationen zwischen diesen Zielen und die Suche nach optimalen Zielkombinationen zum Problem geworden sind. Immer schon sind Ziele implizit in Budgetentscheidungen enthalten; die Budgetanalyse erlaubt es, auch langfristige Prioritätsveränderungen zu ermitteln. Explizit müssen Ziele formuliert werden, wenn es um diskretionäre Budgetentscheidungen geht, d.h. um die Verteilung des Zuwachses und um Umschichtungen. Daneben sind natürlich auch budgetneutrale Zielsetzungen, wie z.B. organisatorische oder rechtliche Reformen, zu beachten. Insgesamt ist die Zielanalyse die Stelle, an der man die politische Programmatik, die administrative Steuerung, die wissenschaftliche Planung und die technische Koordination der „Wohlfahrtsproduktion" am besten untersuchen kann. Die Inhaltsanalyse, z.B. von „Langzeitprogrammen", wird hier als Methode für die Wohlfahrtsmessung wichtig.

Bei der Formierung von Interessen und Zielen spielen *Werte* eine zentrale Rolle. Zusammen konstituieren Werte, Ziele und Interessen die Standards, nach denen Leistungen – vermittelt über Einstellungen – beurteilt werden. Die gesellschaftlichen Anliegen der OECD sind als Standards in diesem Sinne aufzufassen, selbst wenn sie nicht nach „Minimum", „Durchschnitt", „Optimum" usw. spezifiziert sind. In der Forschung versteht man Werte als „Auffassungen von Wünschenswertem" (Kluckhohn 1962), als „andauernde vorschreibende oder verbietende Glaubensüberzeugungen" (Rokeach 1973) und als „sozial determiniertes, dynamisches, ichzentriertes, selbstkonstitutives Ordnungskonzept" (Kmieciak 1976): also als personale Steuerungsprinzipien. Nach dieser Vorstellung verknüpfen Werte Kultur, Sozialsystem und Person, indem sie Normen legitimieren, Bedürfnisse strukturieren und Einstellungen organisieren. Werte gelten als prinzipieller denn Bedürfnisse, als allgemeiner denn situationsspezifische Normen und objektspezifische Einstellungen. Nach dieser Auffassung gibt es einen begrenzten Kernbestand von Werten, der nicht weiter reduzierbar ist und der, weil er auch „objektiv" widersprüchliche oder konkurrierende Ordnungsprinzipien enthält (Freiheit versus Gleichheit), Handlungsdilemmas grundsätzlich einschließt. (Der bekannteste Wertkatalog ist Rokeachs [1973] *Value Survey* mit 18 „terminal values" und 18 „instrumental values".) Diesen eingrenzbaren Satz von Werten stellt man sich als hierarchisiert vor. Je zentraler oder höherrangiger Werte sind, desto stärker ist ihre Resistenz gegenüber Veränderungen und desto größer ihre Kraft zur Konsistenzerhaltung von Einstellungen, Meinungen und Verhalten. Wertewandel erfolgt demnach über die „Peripherie", d.h. über Veränderungen von Meinungen, Einstellungen und niederrangigen Werten.

Der personale Wertansatz geht davon aus, dass sich die Wertesysteme nach sozialen Milieus unterscheiden und dass sie sich – obwohl sie Stabilisierungskräfte sind – sowohl im Zusammenhang mit sozialen Strukturveränderungen als auch im Lebenszyklus wandeln. Die Frage ist nun, ob es sinnvoll ist, daneben so etwas wie gesamtgesellschaftliche Werte anzunehmen, etwa eine „Kernkultur" (im Sinne von Parsons' *pattern variables*) oder Grundwerte, deren Institutionalisierung mit tiefgreifenden historischen Umbrüchen verbunden ist („Freiheit, Gleichheit, Brüderlichkeit"). In der Forschung spielt jedenfalls auch ein solcher gesamtgesellschaftlicher Werteansatz eine Rolle. Operationalisiert wird er u.a. dahingehend, die dominierende „politische Kultur", die politische Verfassung mit ihren Grundrechten und Verfassungspostulaten sowie die Rechtsnormen insgesamt als gesellschaftliches Wertesystem zu interpretieren.

Mit den Wohlfahrtskomponenten „Interessen, Ziele, Werte" werden die Analyseebenen der Organisationen/Institutionen und der Gesamtgesellschaft in die Wohlfahrtsmessung eingeführt. Damit wird die individuenzentrierte Perspektive der Sozialindikatorenbewegung wieder ausgeweitet. Die politisch und praktisch angeleitete Suche nach Standards hat die methodologische Konsequenz, dass statistische Parameter – zur Messung von Niveaus, Verteilungen, Kumulationen – gesucht werden müssen, insbesondere für die Analyse von Leistungen und Einstellungen, aber auch für die Analyse der Interessen, Ziele und Werte.

2. Indikatorenentwicklung

Wir haben diese theoretischen Überlegungen erst später in anderen Zusammenhängen weitergeführt (Zapf 1984; Noll und Habich 1990). Stattdessen haben wir mit einem umfangreichen Pretest einen ersten Versuch zu einem großen deutschen Wohlfahrtssurvey gemacht: *Pretest 1976 – Komponenten der Wohlfahrt* (Zapf 1977b). Durchgeführt wurde dieser Pretest mit besonders geschulten Mannheimer Soziologiestudenten, die im Dezember 1976 nach einem Quotenverfahren 215 Personen befragten. Nach dem Vorbild von Campbell, Converse und Rogers (1976) wurde eine Panelkomponente integriert; 100 Personen wurden bereits im Juli 1977 nochmals befragt. Hans-Dieter Klingemann hat uns von ZUMA aus bei diesem Unternehmen eingehend beraten und eine ganze Reihe von Entwicklungen vorgenommen, von denen hier drei näher in Erinnerung gerufen werden sollen. Zunächst die Fragen, die er als Standards eingebracht hat und die zu regelmäßigen Fragen der späteren Wohlfahrtssurveys geworden sind:

– Bedeutsamkeit wichtiger Probleme (13 Alternativen);
– Zufriedenheit mit dem Leben: gegenwärtig, vor fünf Jahren, in fünf Jahren, was stünde ihnen eigentlich gerechterweise zu.

Wolfgang Zapf und Roland Habich

Tabelle 1: Rokeach-Value-Survey (*terminal values*), Bundesrepublik Deutschland 1976 (N = 215)

Wertbezeichnung	Punkt-wert	Män-ner	Frau-en	20-30 Jahre	31-40 Jahre	41-64 Jahre	65 + Jahre	Rentner	Haus-frauen	Selb-ständige	Ange-stellte	Arbei-ter	Beamte
Eine friedliche Welt, eine Welt ohne Krieg und Konflikt	14.2			–			+	+		–	–	–	+
Glück, Zufriedenheit	13.6			–						+	–		–
Ausgeglichenheit, ohne innere Konflikte	13.3			–					+			–	
Familiäre Geborgenheit, Sorge für die Lieben	13.3			–		+			+	+	–		+
Wahre Freundschaft, enge Verbundenheit	11.2	+	–	+			–			+	+		
Freiheit, Unabhängigkeit, freie Wahlmöglichkeiten	10.6	+					–		–			+	
Ein Gefühl, etwas erreicht zu haben, etwas Bleibendes zu schaffen	10.3				–								
Selbstachtung, sich selbst respektieren können	10.1						–	–		+			
Ein angenehmes Leben, ein Leben in Wohlstand	9.7										–	+	
Eine Welt voller Schönheit, Schönheit der Natur und der Künste	8.7			–			+	+	–			–	–

Tabelle 1: (Fortsetzung)

Wertbezeichnung	Punktwert	Männer	Frauen	20-30 Jahre	31-40 Jahre	41-64 Jahre	65 + Jahre	Rentner	Hausfrauen	Selbständige	Angestellte	Arbeiter	Beamte
Gleichheit, Brüderlichkeit, Chancengleichheit	8.6								−	−	+		+
Reife Liebe, sexuelle und geistige Gemeinschaft	8.6			+	+	−				+	+		−
Nationale Sicherheit, Schutz vor militärischen Angriffen	7.9			−		+	+	−	−	−	−		−
Ein aufregendes Leben, ein anregendes, aktives Leben	7.4			+			−	−			+		−
Weisheit, eine reife Lebensphilosophie	7.1												−
Soziale Anerkennung, von anderen respektiert und bewundert zu werden	6.9			+						−		+	
Vergnügen, ein vergnügliches und entspanntes Leben	6.1	+		+			−	−				+	−
Erlösung, ein erlöstes, ewiges Leben	5.2				−		+	+			−		+

Legende: +/− bezeichnet eine Abweichung von +/−1.0 Punkten vom Durchschnitt.
Quelle: Zapf (1977b).

Das schwierigste Experiment war jedoch die Rokeach-Werteskala, die von Hans-Dieter Klingemann übersetzt und adaptiert worden ist und bei der die Befragten 18 „Werte" rangordnen sollten. Technisch haben wir das mit Aufklebern gemacht, die die Befragten bereitwillig auf einer Klebefolie – bei mehreren Korrekturmöglichkeiten – tatsächlich in eine eindeutige Rangordnung brachten. In Tabelle 1 ist die Fassung von Hans-Dieter Klingemann mit Pretestergebnissen nach sozialstrukturellen Kategorien dargestellt und Tabelle 2 enthält einen Vergleich mit den US-amerikanischen Daten von Milton Rokeach aus dem Jahr 1973. Unseres Wissens war dies die erste deutsche Anwendung der Rokeach-Skala.

Tabelle 2: Rokeach-Value-Survey: Vergleich Bundesrepublik Deutschland/USA

Werthaltung	Bundesrepublik Deutschland		USA	
	ø	Rang	ø	Rang
Friedliche Welt	14.2	1.	15.6	1.
Glück	13.6	2.	11.4	4.
Ausgeglichenheit	13.3	3.	8.5	13.
Familiäre Geborgenheit	11.2	5.	15.2	2.
Wahre Freundschaft	11.2	5.	9.7	11.
Freiheit	10.6	6.	13.1	3.
Etwas erreicht haben	10.3	7.	10.2	8.
Selbstachtung	10.1	8.	11.2	5.
Angenehmes Leben	9.7	9.	10.1	9.
Welt voller Schönheit	8.7	10.	5.5	15.
Gleichheit	8.6	11.	10.4	7.
Reife Liebe	8.6	12.	6.6	14.
Nationale Sicherheit	7.9	13.	9.5	12.
Aufregendes Leben	7.4	14.	3.8	18.
Weisheit	7.1	15.	10.9	6.
Soziale Anerkennung	6.9	16.	4.6	16.
Vergnügen	6.1	17.	4.5	17.
Erlösung	5.2	18.	9.7	10.

Quelle: Rokeach (1973) und Zapf (1977b).

Als wir dann 1978 von der Deutschen Forschungsgemeinschaft (DFG) den ersten repräsentativen Wohlfahrtssurvey bewilligt bekamen, wollten wir den über 2000 Befragten und dem Umfrageinstitut die komplizierte Klebearbeit mit 18 Werten nicht zumuten. Wiederum fand Hans-Dieter Klingemann einen Ausweg und entwickelte für uns eine genial einfache „Werte"-Frage, die wir dann zwischen 1978 und 1998 viermal erhoben haben, jüngst auch in Ostdeutschland. Die Frage lautet: „In der Politik gibt es Leute, die eher einmal etwas Neues wagen wollen, und solche, die lieber am Alten und Bewährten festhalten wollen. Wie ist das bei Ihnen: Zählen Sie sich eher zu denen, die gern einmal etwas Neues wagen wollen, oder zählen Sie sich eher zu den Leuten, die gern am Alten und Bewährten festhalten?" Die Antwortvorgaben sind: „Zähle zu denen, die gern einmal etwas Neues wagen wollen" und „Zähle zu den Leuten, die gern am Alten und Bewährten festhalten" (Tabelle 5).

3. Entwicklung politischer Einstellungen und Wertorientierungen

Nach dieser Hommage an den Jubilar, die mit vielen Erinnerungen an produktive Diskussionen verbunden ist, wollen wir einen knappen Überblick darüber geben, wie Hans-Dieter Klingemanns Themen in den Debatten um Wertewandel und politische Kultur in den Wohlfahrtssurveys 1978, 1980, 1984, 1988, 1990-Ost, 1993 und 1998 weiterverfolgt wurden (Habich 1996). In diesem Abschnitt präsentieren wir die zentralen Wertefragen – insbesondere auch die Titelfrage – in Zeitreihenform, und im nächsten Abschnitt werden einige Zusammenhänge und sozialstrukturelle Determinanten dargestellt.

Tabelle 3: Wichtigkeit des politischen Einflusses für das individuelle Wohlbefinden (in Prozent)

	1980	1984	1988	1990	1993	1998
Westdeutschland						
Unwichtig	26	18	12	-	10	9
Weniger wichtig	47	46	42	-	40	36
Wichtig	22	29	37	-	40	44
Sehr wichtig	5	7	9	-	9	10
Ostdeutschland						
Unwichtig	-	-	-	11	15	11
Weniger wichtig	-	-	-	40	48	39
Wichtig	-	-	-	37	32	41
Sehr wichtig	-	-	-	12	6	8

Datenbasis: Wohlfahrtssurvey 1978 bis 1998.

Beginnen wollen wir mit einer Frage, die gegen Ende des jeweiligen Interviews gestellt und mit der die Wichtigkeit verschiedener, bisher im Frageprogramm angesprochener Lebensbereiche für das eigene Wohlbefinden und die Zufriedenheit der Befragten erhoben wird. Dabei wird auch gefragt, wie wichtig *der Einfluss auf politische Entscheidungen* für das Wohlbefinden und die Zufriedenheit ist. Die in Tabelle 3 dargestellte Zeitreihe markiert für die westdeutsche Bevölkerung deutliche Verschiebungen hin zu einer stärkeren Bedeutung des „Politischen" für das individuelle Wohlbefinden. Die Anteile derjenigen, für die der Einfluss auf politische Entscheidungen sehr wichtig oder wichtig ist, verdoppelten sich zwischen 1980 und 1998. Während in der Spätphase der sozial-liberalen Koalition (1980) nahezu drei von vier Befragten den Einfluss auf politische Entscheidungen als weniger wichtig oder unwichtig einstuften, bewertete zu Beginn der rot-grünen Bundesregierung (1998) mehr als jeder zweite Befragte diesen Aspekt als wichtig oder sehr wichtig. In Ostdeutschland kann für den vergleichsweise kurzen Zeitraum von 1990 bis 1998 lediglich eine leichte Abnahme der Wichtigkeit im Jahre 1993 gegenüber den beiden anderen Erhebungszeitpunkten festgestellt werden.

Obwohl im Zeitverlauf eine Bedeutungszunahme des Einflusses auf politische Entscheidungen in Westdeutschland beobachtet werden kann, bleibt bezogen auf das *Interesse an Politik* (Tabelle 4) eine distanzierte Haltung über einen Zeitraum von zwanzig Jahren mehr oder weniger bestehen. Sowohl Ende der siebziger Jahre als auch Ende der neunziger Jahre interessiert sich etwa jeder zehnte Befragte „sehr stark" oder „überhaupt nicht" für Politik, die relative Mehrheit von 40 Prozent äußert mit leichten Schwankungen ein mittelmäßiges Interesse. In Ostdeutschland war kurz nach der Wiedervereinigung ein deutlich höheres politisches Interesse zu beobachten, das danach allerdings erheblich zurückging und 1998 unter dem westdeutschen Niveau lag.

Tabelle 4: Interesse an Politik (in Prozent)

	1978	1984	1988	1990	1993	1998
Westdeutschland						
Sehr stark	11	10	12	-	12	9
Stark	16	18	19	-	24	22
Mittel	44	40	41	-	37	40
Wenig	19	20	18	-	19	20
Überhaupt nicht	10	11	10	-	8	9
Ostdeutschland						
Sehr stark	-	-	-	19	11	10
Stark	-	-	-	25	16	17
Mittel	-	-	-	38	37	43
Wenig	-	-	-	11	23	20
Überhaupt nicht	-	-	-	7	12	11

Datenbasis: Wohlfahrtssurvey 1978 bis 1998.

Die Wichtigkeit des Einflusses auf politische Entscheidungen und das Interesse an Politik beschreiben in unterschiedlicher Art und Weise eine Disposition des Einzelnen gegenüber dem politischen Gemeinwesen. Im ursprünglichen Modell der Wohlfahrtsproduktion wären beide Indikatoren im Bereich der „Interessen" zu verorten. Sie sind eine wesentliche Grundlage für individuelle Bewertungsmaßstäbe. Demgegenüber zielt unsere „Klingemann-Frage" *an Altem und Bewährtem festhalten versus Neues wagen* direkt auf individuelle Werthaltungen ab. Angesichts des vielbeschriebenen und häufig diskutierten Wertewandels der letzten Jahrzehnte – auch unsere Daten dokumentieren beispielsweise eine Halbierung „materialistischer" Werthaltungen in Westdeutschland von 40 Prozent im Jahre 1978 auf 21 Prozent im Jahre 1998 – sollten solche Veränderungen auch einen erkennbaren Niederschlag in diesem Indikator haben. Dies ist, wie die in Tabelle 5 dargestellten Ergebnisse zeigen, allerdings praktisch nicht der Fall. Der Anteil derjenigen Personen, die sich zu denen zählen, „die gern einmal etwas Neues wagen wollen", steigt keineswegs deutlich und vor allem nicht systematisch über den Zeitraum von 1978 bis 1998 an. Wir haben diese Frage weder 1990 in Ostdeutschland noch 1993 im vereinten Deutschland erhoben, weil wir zu beiden Zeitpunkten sicher waren, dass das Indikandum in Ostdeutschland angesichts der politischen Veränderungen im Jahre 1990 und der unterschiedlichen Parteienlandschaft im Jahre 1993 nicht mit Westdeutschland vergleichbar war. Ob wir mit diesem Indikator im Jahre 1998 in Ost- und in Westdeutschland das Gleiche messen, kann mit guten Gründen angezweifelt werden.

Tabelle 5: Politische Innovationsbereitschaft („Zähle mich zu denen, die gerne einmal etwas Neues wagen", in Prozent)

	West				Ost
	1978	1980	1988	1998	1998
Insgesamt	59	54	57	62	68
Geschlecht					
Männer	64	60	61	66	70
Frauen	55	49	54	58	66
Bildung					
Volks-Hauptschule	55	49	50	51	47
Mittlere Reife	65	64	63	70	80
Fachhochschulreife, Abitur	63	71	71	74	78
Altersgruppen					
18-34 Jahre	81	81	77	83	87
35-59 Jahre	58	52	56	65	71
60 Jahre und älter	35	27	33	35	43
Werte (Inglehart)					
Materialist	45	39	35	45	53
Mischtyp	62	60	56	62	72
Postmaterialist	90	85	81	84	84
Politisches Interesse					
Stark, sehr stark	69	-	66	70	77
Wichtigkeit politischer Entscheidungen					
Wichtig, sehr wichtig	-	65	66	68	74

Datenbasis: Wohlfahrtssurvey 1978 bis 1998.

Zumindest für die westdeutsche Bevölkerung kann zusammenfassend festgehalten werden, dass wir es hier mit einem gegenüber gesellschaftlichen Veränderungen robusten Indikator zu tun haben. Trotz zweimaligen Regierungswechsels – von Schmidt zu Kohl und dann zu Schröder – und nun im wiedervereinten Deutschland bleibt das Verhältnis zwischen „Neuem wagen" und „an Altem festhalten" mit sechs zu vier stabil. Die oben angeführte Bedingung der Resistenz zentraler und höherrangiger Werte gegenüber Veränderungen kann als erfüllt angesehen werden. Darüber hinaus bleiben die sozialstrukturellen Muster in der Tendenz zu allen vier Erhebungszeitpunkten erhalten: Männer äußern eine höhere „Innovationsbereitschaft" als Frauen, jüngere Befragte wollen deutlich häufiger „etwas Neues wagen" als ältere, mit einer besseren finanziellen Situation des Haushaltes steigt die Innovationsbereitschaft ebenso wie mit höheren Bildungsabschlüssen. Personen, die sich selbst der Arbeiterschicht zuordnen, sind weniger häufig innovationsbereit als solche, die sich der Mittelschicht oder der oberen Mittelschicht zugehörig fühlen. Alles in allem steigt die Innovationsbereitschaft nicht zuletzt mit höherem Wohlstand an. Darauf bezogen bleibt an dieser Stelle eine wichtige Frage offen: Wenn nun aber in den letzten zwanzig Jahren eine deutliche Wohlstandssteigerung stattgefunden hat (Zapf und Habich 1999), wieso „reagiert" der Indikator „Innovationsbereitschaft" nicht darauf? Eine mögliche Antwort werden wir im nächsten Abschnitt anbieten.

Tabelle 6: Wahrgenommene Intensität von gesellschaftlichen Konflikten (in Prozent)

	Westdeutschland					Ostdeutschland		
	1978	1984	1988	1993	1998	1990	1993	1998
Links-Rechts								
Keine Konflikte	3	5	3	5	5	8	8	5
Eher schwache Konflikte	13	28	26	29	32	14	22	17
Ziemlich starke Konflikte	39	48	48	44	46	36	41	41
Sehr starke Konflikte	45	19	24	23	17	41	29	37
Arbeitgeber-Arbeitnehmer								
Keine Konflikte	6	3	3	7	6	17	9	7
Eher schwache Konflikte	34	22	27	43	40	34	25	26
Ziemlich starke Konflikte	45	43	53	40	44	35	46	48
Sehr starke Konflikte	15	32	16	10	9	14	20	19
Arm-Reich								
Keine Konflikte	7	-	-	10	5	16	11	5
Eher schwache Konflikte	26	-	-	44	40	31	30	23
Ziemlich starke Konflikte	41	-	-	35	41	34	37	45
Sehr starke Konflikte	25	-	-	11	13	19	22	28

Datenbasis: Wohlfahrtssurvey 1978 bis 1998.

Dass und wie sich die westdeutsche Gesellschaft in den betrachteten zwanzig Jahren auch in der Wahrnehmung der Bevölkerung verändert hat, soll andeutungsweise mit dem Indikator der Konfliktwahrnehmung illustriert werden. Mit der Frage nach der wahrgenommenen Intensität von *Konflikten zwischen gesellschaftlichen Gruppen und Akteuren* haben wir schon seit 1978 die Dimension der „Qualität der Gesellschaft" im Blick (Delhey 2000). Für die vorliegende Argumentationslinie konzentrieren wir uns auf drei Arenen der gesellschaftspolitischen Auseinandersetzung: auf die Konfliktwahrnehmung zwischen „politisch links und politisch rechts stehenden Parteien", zwischen „Arbeitgebern und Arbeitnehmern" sowie zwischen „Arm und Reich" (Tabelle 6). Die drei (von insgesamt 15) ausgewählten Dimensionen machen zum einen deutlich, dass gesellschaftliche Auseinandersetzungen nach wie vor zur Tagesordnung moderner Gesellschaft zu zählen sind; zum anderen ist unzweifelhaft erkennbar, dass die Intensität der Konflikte in den letzten zwanzig Jahren deutlich abgenommen hat. Die beispielweise 1978 zu beobachtende Polarisierung zwischen „politisch links und politisch rechts stehenden Parteien" könnte u.a. auf die heftigen Debatten im Zusammenhang mit der „Filbinger-Affäre" und der „Lockheed-Affäre" (Franz Josef Strauß) zurückzuführen sein; eine solche Polarisierung war zu keinem anderen Zeitpunkt mehr in diesem Ausmaß zu finden. Der „klassische" Konflikt zwischen Arbeitgebern und Arbeitnehmern fand seinen Höhepunkt in den Tarifauseinandersetzungen um die Einführung der 38,5-Stunden-Woche im Jahre 1984 und wird entsprechend wahrgenommen. Das letzte Beispiel, der wahrgenommene Konflikt zwischen „Arm und Reich", soll auf Zyklen der öffentlichen Skandalisierung hinweisen, denen solche Themen ganz offensichtlich unterliegen.

Die Rangfolge der wahrgenommenen Konflikte ist im Übrigen in Ost- und Westdeutschland vergleichbar, aber ostdeutsche Bürger nehmen überwiegend mehr und stärkere Konflikte wahr als westdeutsche. Zudem sind die Unterschiede im Zeitverlauf größer geworden, beispielsweise bei der Konfliktwahrnehmung zwischen Links und Rechts (1993: 5 Prozentpunkte; 1998: 14 Prozentpunkte). Im Hinblick darauf, dass im Prinzip die „gleiche" Gesellschaft bewertet wird, sind solche Differenzen bemerkenswert (Krause und Habich 2000: 334).

Wir konnten bisher mit einigen wenigen Indikatoren der Wohlfahrtssurveys illustrieren, ob und wie sich Werte, Einstellungen und Interessen der Bevölkerung gegenüber der Gesellschaft und Politik innerhalb der letzten zwanzig Jahren verändert haben. Schließen möchten wir diesen Abschnitt mit einigen empirischen Belegen zur Bewertung der Politik. In den Wohlfahrtssurveys spielen die *Zufriedenheitsbewertungen* eine herausragende Rolle, nicht zuletzt deshalb, weil damit die Zielgröße „individuelle Wohlfahrt" operationalisiert wird. Mit Blick auf die politische Dimension erfassen wir seit 1978 auch die Zufriedenheit *mit den Möglichkeiten, sich politisch zu betätigen*, sowie die Zufriedenheit *mit den demokratischen Einrichtungen*. Der erste Indikator zielt auf die eigenen Partizipationsmöglichkeiten und/oder -defizite ab; der zweite ist ein Indikator für die Unterstützung von Demokratie. Dabei werden alle Zufriedenheitsbewertungen mit einer Skala gemessen, die von „0" (ganz und gar unzufrieden) bis „10" (ganz und gar zufrieden) reicht.

In den Wohlfahrtssurveys finden sich bis zu 18 verschiedene Zufriedenheitsfragen, die sich auf private und öffentliche Lebensbereiche beziehen. Ein wesentliches Muster ist dabei, dass öffentliche Bereiche immer schlechter bewertet werden als private Bereiche. Die in Tabelle 7 ausgewiesenen Maße belegen zu allen Zeitpunkten untere Rangplätze. Beide Zufriedenheitsmaße korrelieren mit etwa 0.50

miteinander, was als Hinweis auf die unterschiedlichen Dimensionen zu verstehen ist. Die Zufriedenheit mit den demokratischen Einrichtungen hängt in keiner Weise mit der oben dargestellten Wichtigkeitsbewertung zusammen (Korrelation maximal 0.01), während ein leichter positiver Zusammenhang zwischen Wichtigkeit und Bewertung der Partizipationsmöglichkeiten gegeben ist.

Tabelle 7: Zufriedenheit mit der Möglichkeit, sich politisch zu betätigen, und
             Zufriedenheit mit den demokratischen Einrichtungen (Mittelwert)

	1978	1988	1990	1993	1998
Westdeutschland					
Politische Betätigung					
Männer	6.0	6.3	-	5.4	6.0
Frauen	5.2	5.7	-	5.0	5.5
Insgesamt	5.6	6.0	-	5.2	5.8
Demokratische Einrichtungen					
Männer	6.9	6.7	-	5.8	6.7
Frauen	6.7	6.4	-	5.6	6.3
Insgesamt	6.8	6.5	-	5.7	6.5
Ostdeutschland					
Politische Betätigung					
Männer	-	-	6.0	4.7	5.6
Frauen	-	-	5.4	4.3	5.4
Insgesamt	-	-	5.7	4.5	5.5
Demokratische Einrichtungen					
Männer	-	-	-	4.3	5.5
Frauen	-	-	-	4.2	5.5
Insgesamt	-	-	-	4.3	5.5

Datenbasis: Wohlfahrtssurvey 1978 bis 1998.

Beide Zufriedenheitsmaße bleiben in Westdeutschland mit einer Ausnahme über die Zeit relativ stabil. Die Ausnahme bildet das Jahr 1993, in dem das insgesamt niedrige Niveau nochmals deutlich nach unten geht. Wir interpretieren diesen Rückgang und die „Erholung" im Jahre 1998 mit der allgemeinen Stimmungslage im Jahre 1993, wobei dann die Bundestagswahlen von 1994 keine Veränderung, die Bundestagwahlen von 1998 jedoch den Wechsel herbeiführten. Die Zufriedenheit mit den Möglichkeiten der politischen Betätigung lag auch in Ostdeutschland des Jahres 1990 auf einem vergleichsweise niedrigen Niveau, reduzierte sich im 1993 erheblich und blieb auch 1998 unter dem westdeutschen Niveau.

4. Determinanten der Innovationsbereitschaft

Der nicht ganz falsche Eindruck, der sich aus den bisherigen Darstellungen ergeben mag, ist der einer alles in allem doch erstaunlichen zwanzigjährigen Stabilität ausgewählter Wohlfahrtsdimensionen in einer Gesellschaft, die in diesem Zeitraum erheblichen strukturellen Veränderungen unterworfen war. Wie kann man dies erklären? Muss sich vieles verändern, damit alles bleibt, wie es ist? Im Folgenden wollen wir zumindest einige Hinweise geben, welche Argumentationslinien und Analyseebenen dafür zur Verfügung stehen.

Die Frage nach den Bedingungen der relativen Robustheit des Indikators der Innovationsbereitschaft wird nun wieder aufgenommen. Wir benutzen einen kumulierten Datensatz, der die wesentlichen Informationen aus allen Wohlfahrtssurveys von 1978 bis 1998 enthält. In einem ersten Schritt wird zum weiteren Verständnis das Datenmaterial in drei Auszügen für die westdeutsche Bevölkerung präsentiert. Wir betrachten den Anteil derjenigen Personen, die „gerne einmal etwas Neues wagen wollen", und zwar im Zeitvergleich nach (a) Altersgruppen, (b) Altersgruppen und Geschlecht und schließlich (c) nach subjektiver Schichtzugehörigkeit.

Tabelle 8: Innovationsbereitschaft – nach Altersgruppen 1978 bis 1998 („Neues wagen", in Prozent)

	1978	1980	1988	1998
Altersgruppen				
18-22 Jahre	94	83	78	88
23-27 Jahre	79	84	82	83
28-32 Jahre	71	76	74	83
33-37 Jahre	74	70	68	73
38-42 Jahre	61	57	68	73
43-47 Jahre	54	55	59	66
48-52 Jahre	44	43	44	58
53-57 Jahre	61	49	51	62
58-62 Jahre	57	41	43	53
63-67 Jahre	42	36	46	42
68 Jahre und älter	26	19	24	26

Datenbasis: Wohlfahrtssurvey 1978 bis 1998 (Westdeutschland).

Die Altersverteilung ist nicht nur ein Grundtatbestand einer gegebenen Sozialstruktur. Sie markiert im vorliegenden Vergleich darüber hinaus signifikant andere Zeit- und Erlebnishorizonte der jeweils befragten Bevölkerung. In den drei hier ausgewiesenen Wohlfahrtssurveys 1978, 1988 und 1998 repräsentieren die jeweiligen Bevölkerungen somit auch unterschiedliche Erfahrungen mit dramatischen Zeiten und Zäsuren der deutschen Geschichte. Die im Wohlfahrtssurvey 1978 erfasste Bevölkerung war noch mehrheitlich durch das eigene Erleben der Weimarer Republik und des Dritten Reiches geprägt: Fast drei von vier Befragten wurden vor 1945 geboren, jeder vierte sogar vor 1918. Die Bevölkerung des Wohlfahrtssurveys 1988 ist bereits etwa zur Hälfte nach dem 2. Weltkrieg geboren. Dieser Anteil steigt dann auf knapp zwei Drittel der Befragten im Wohlfahrtssurvey 1998. Diese

zeitgeschichtlichen Hintergründe müssen beachtet werden, wenn man die Altersgruppen der jeweiligen Erhebungszeitpunkte vergleicht.

Die in Tabelle 8 dargestellten Daten sollen nochmals den deutlichen Zusammenhang zwischen Alter und Innovationsbereitschaft verdeutlichen. Zu allen Erhebungszeitpunkten geht mit zunehmendem Alter der Anteil der Innovationsbereitschaft, wenn auch mit einigen Ausreißern (etwa die Gruppe der 48-52-Jährigen),
systematisch zurück. Sowohl im Jahre 1978 als auch im Jahre 1998 äußert sich in
der höchsten Altersgruppe nur noch jeder Vierte als innovationsbereit.

Tabelle 9: Innovationsbereitschaft – nach Geschlecht und Altersgruppen 1978 bis
1998 („Neues wagen", in Prozent)

	1978	1980	1988	1998
Männer				
18-22 Jahre	100	84	74	85
23-27 Jahre	78	87	87	76
28-32 Jahre	75	82	81	84
33-37 Jahre	79	71	66	79
38-42 Jahre	64	61	70	71
43-47 Jahre	43	53	57	70
48-52 Jahre	49	45	36	63
53-57 Jahre	67	57	50	60
58-62 Jahre	66	51	55	51
63-67 Jahre	54	45	45	40
68 Jahre und älter	30	23	29	39
Frauen				
18-22 Jahre	88	82	83	92
23-27 Jahre	81	82	75	89
28-32 Jahre	67	70	68	81
33-37 Jahre	69	68	69	66
38-42 Jahre	57	53	66	74
43-47 Jahre	68	58	61	62
48-52 Jahre	39	41	49	54
53-57 Jahre	57	43	52	65
58-62 Jahre	50	33	34	55
63-67 Jahre	33	31	47	43
68 Jahre und älter	24	16	21	20

Datenbasis: Wohlfahrtssurvey 1978 bis 1998 (Westdeutschland).

Dieses Muster bleibt auch prinzipiell bestehen, wenn wir diese Altersgruppen getrennt nach Männern und Frauen betrachten (Tabelle 9). Zudem kann die Aussage
über erkennbare geschlechtsspezifische Unterschiede (siehe oben) relativiert werden. Zwar liegt insgesamt gesehen der Anteil der Innovationsbereiten zu allen Erhebungszeitpunkten bei den weiblichen Befragten deutlich unter dem entsprechenden Anteil der männlichen Befragten; dies gilt allerdings nicht durchgängig, wenn

man die einzelnen Altersgruppen betrachtet. Dabei wirkt sich ein spezifisches
Merkmal der Sozialstruktur aus: In der jeweiligen Alterspyramide verschieben sich
mit zunehmendem Alter die Anteile zwischen Männern und Frauen. Frauen sind,
so kann man an dieser Stelle zunächst „berichtigen", nicht an sich weniger bereit,
„einmal etwas Neues zu wagen", sondern der beschriebene Alterseffekt wirkt sich
über die stärkeren Besetzungszahlen in höheren Altersgruppen aus. Solche Effekte
des sozialstrukturellen Aufbaus der Bevölkerung sind nicht zu unterschätzen, gerade auch dann nicht, wenn Aussagen über eine längere Reihe von Erhebungsjahren
gemacht werden.

Als drittes Beispiel soll der Zusammenhang zwischen sozialem Status, der hier
mit dem Indikator der subjektiven Schichtzugehörigkeit abgebildet wird, und Innovationsbereitschaft dokumentiert werden (Tabelle 10). Zunächst soll die Ausgangslage in Erinnerung gerufen werden. Die westdeutsche Gesellschaft ist – im deutlichen Gegensatz zur ostdeutschen Gesellschaft – eine typische Mittelschichtsgesell-
schaft, wobei inzwischen nahezu sechs von zehn Personen sich selbst dieser
Schicht zugehörig fühlen (Habich und Noll 2000). Nicht zuletzt berufsstrukturelle
Veränderungen und zunehmender Wohlstand haben dazu geführt, dass die Anteile
der Zugehörigkeit zur „Arbeiterschicht" in den letzten zwanzig Jahren leicht zu-
rückgegangen und die Anteile der Einordnungen zur oberen Mittel- sowie Oberschicht leicht angestiegen sind. Dennoch bleibt der Zusammenhang zwischen subjektiver Einstufung innerhalb einer vertikal gegliederten Gesellschaft und der Innovationsbereitschaft im Zeitverlauf bestehen: je höher der soziale Status, umso
höher die Anteile an Innovationsbereiten.

Tabelle 10: Innovationsbereitschaft – nach subjektiver Schichtzugehörigkeit 1978
            bis 1998 („Neues wagen", in Prozent)

	1978	1980	1988	1998
Subjektive Schichtzugehörigkeit				
Arbeiterschicht	54	46	51	56
Mittelschicht	60	56	58	64
Obere Mittelschicht, Oberschicht	67	60	63	68

Datenbasis: Wohlfahrtssurvey 1978 bis 1998 (Westdeutschland).

Drei sozialstrukturelle Merkmale, die im beobachteten Zeitraum von zwanzig Jahren Veränderungen unterlagen, haben wir im Zusammenhang mit dem Indikator
„an Altem festhalten" versus „Neues wagen" betrachtet. Wir hatten eingangs beschrieben, dass sich die Wertesysteme nach sozialen Milieus unterscheiden und
dass sie sich – obwohl sie Stabilisierungskräfte sind – sowohl im Zusammenhang
mit sozialen Strukturveränderungen als auch im Lebenszyklus wandeln. Um nun
diese Veränderungen kontrollieren zu können, berechnen wir mit einem kumulierten Datensatz ein Regressionsmodell (Tabelle 11). Die abhängige Variable ist der
Anteil „Neues wagen"; als unabhängige Variable fungieren die Merkmale Alter,
Geschlecht, subjektive Schichteinstufung und Erhebungsjahr. Mit dieser Regressi-

onsanalyse rechnen wir gewissermaßen die Effekte „heraus", die auf die unterschiedliche Verteilung und Zusammensetzung der sozialstrukturellen Basismerk-
male in den einzelnen Erhebungsjahren zurückzuführen sind. Im Ergebnis liegen
somit die „reinen" Einflüsse vor, die mit Alter, Geschlecht oder sozialem Status
verknüpft sind. Die entsprechenden Befunde sind durchaus beachtenswert. Wir
finden praktisch unabhängig vom jeweiligen Erhebungsjahr (1978 bis 1998) einen
klaren und stabilen Einfluss von Alter und Geschlecht auf „Neues wagen". Dieser
Einfluss gilt auch unabhängig von der jeweiligen Zuordnung zur sozialen Schicht.

Tabelle 11: Regressionsschätzung (abhängige Variable „Neues wagen"
in Prozent)

	b-Werte	P>t	
Alter in Jahren	-1.07	0	
Geschlecht (Basis: Männer)			
Frauen	-4.61	0	
Erhebungsjahr (Basis: 1978)			
1980	-3.30	0.028	
1988	0.40	0.798	
1998	6.06	0	
Sozialer Status (Basis: Arbeiterschicht)			
Mittelschicht	5.95	0	
Obere Mittelschicht, Oberschicht	9.11	0	
Erklärte Varianz			0.16

Datenbasis: Kumulierter Wohlfahrtssurvey 1978 bis 1998 (Westdeutschland).

Mit jedem „Lebensjahr-Zuwachs" reduziert sich der Anteil derjenigen, die sich für
„Neues wagen" aussprechen, um nahezu exakt einen Prozentpunkt. Der Anteil der
Personen, die „Neues wagen" wollen, liegt beispielsweise bei den 50-Jährigen
gegenüber den 20-Jährigen um 30 Prozentpunkte niedriger. Dieser Alterseffekt
zeigt sich in allen beobachteten Jahren. Er „beweist" letztlich auch eine alltägliche
Erfahrung: Mit zunehmender Lebenserfahrung steigt die Wahrscheinlichkeit an,
dass man über einen zunehmenden „Erfahrungsschatz" verfügt, und es lohnt sich
immer mehr, „am Alten und Bewährten festzuhalten".
    Daneben kann ein ähnlich deutlicher geschlechtsspezifischer Einfluss festgehal-
ten werden. Die oben gemachte Aussage muss relativiert werden. Bei weiblichen
Befragten liegt der Anteil derjenigen, die sich für „Neues wagen" aussprechen,
immer um knapp 5 Prozentpunkte unter dem Wert der männlichen Befragten, wenn
man die sozialstrukturellen Verschiebungen kontrolliert. Je höher die subjektive
Schichteinstufung, umso ausgeprägter ist schließlich auch der Anteil derjenigen,
die „Neues wagen" wollen, wiederum unabhängig vom Erhebungsjahr, von Alter
und Geschlecht. Allen drei sozialstrukturellen Merkmalen kommt somit ein jeweils
spezifischer Einfluss auf den Wert „Innovationsbereitschaft" zu. Erwähnenswert
bleibt zudem, dass unabhängig von den beschriebenen Einflussfaktoren dem Erhe-

bungsjahr 1998 ein eigenständiger und positiver Einfluss zukommt – möglicherweise haben die Ergebnisse der Bundestagswahl gezeigt, dass etwas Neues möglich ist.

Damit ist jedoch die offene Frage nach der Robustheit des Indikators noch nicht beantwortet. Sie kann nun sogar zugespitzt formuliert werden. Betrachtet man die jeweilige Wirkung dieser Befunde, dann ist die Robustheit des „Klingemann-Indikators" mehr als erstaunlich, weil in der letzten Konsequenz der beschriebenen sozialstrukturellen Veränderungen die Anteile der Innovationsbereitschaft im Zeitverlauf eher sinken als stabil bleiben müssten. Unsere empirische Beobachtung zeigt aber das Gegenteil – eine leichte Zunahme. Wie kann man sich diesen Widerspruch erklären? Die Antwort ist naheliegend und verweist auf einen weiteren zentralen sozialen Tatbestand. Es wachsen „neue Generationen" nach, die ,in einer Kohortenbetrachtung den berechenbaren altersspezifischen Rückgang ausgleichen müssen, damit die Verteilung stabil und robust bleiben kann. Dies soll abschließend illustriert werden.

Tabelle 12: Anteil „Neues wagen" nach Alterskohorten und Geschlecht 1978 bis 1998

	Männer			Frauen		
	1978	1988	1998	1978	1988	1998
Kohorten						
A: 1976-80	-	-	85	-	-	92
B: 1971-75	-	-	76	-	-	89
C: 1966-70	-	74	84	-	83	81
D: 1961-65	-	87	79	-	75	66
E: 1956-60	100	81	71	88	68	74
F: 1951-55	78	66	70	81	69	62
G: 1946-50	75	70	63	67	66	54
H: 1941-45	79	57	60	69	61	65
J: 1936-40	64	36	50	57	49	55
K: 1931-35	43	50	40	68	52	43
L: 1926-30	49	55	36	39	34	15
M: 1921-25	67	45	32	57	47	23
N: bis1920	45	29	52	31	21	22
Insgesamt	64	61	66	55	54	58

Datenbasis: Kumulierter Wohlfahrtssurvey 1978 bis 1998 (Westdeutschland).

In der Tabelle 12 betrachten wir deshalb nicht Altersgruppen, sondern verschieben unsere Perspektive und verfolgen Geburtskohorten über die drei uns vor allem interessierenden Zeitpunkte (1978, 1988, 1998). Die Klassifikation der Kohorten in 5-Jahres-Schritten erfolgt aus rein technischen und pragmatischen Gründen. Zwei verschiedene, aber miteinander verknüpfbare Perspektiven kommen damit zum Vorschein. Wir können zum einen nachzeichnen, wie sich die jeweiligen Kohorten nach einem Zeitraum von jeweils zehn Jahren in ihrer Einschätzung zur Innovationsbereitschaft verändern. Und wir können zweitens in analoger Weise zugleich die jeweils nachrückende Generation betrachten. Dies sei an einem nicht zufällig gewählten Beispiel erläutert, an den Männern der Geburtskohorte zwischen 1936 und 1940. Im zwanzigjährigen Vergleich können hier erhebliche Veränderungen festgestellt werden. Im Jahre 1978 äußerten knapp zwei Drittel dieser Gruppe eine Innovationsbereitschaft, zehn Jahre später lediglich etwas mehr als ein Drittel, weitere zehn Jahre später stieg der Anteil auf die Hälfte an. Betrachtet man dagegen die jeweilige „Nachrückergeneration", dann zeigt sich an diesem Beispiel, dass die Anteile der Innovationsbereiten bei der nachrückenden Generation jeweils ansteigen. Solche generationsspezifischen Effekte führen zusammen mit Veränderungen in den Besetzungszahlen sozialstruktureller Merkmale dazu, dass die oben beschriebenen altersspezifischen Effekte „aufgehoben" werden können. Dies sei ein abschließender Hinweis darauf, dass spannende Fragen des sozialstrukturellen Wandels und der Sozialberichterstattung mit den Daten der Wohlfahrtssurveys 1978 bis 1998 (und darüber hinaus) formuliert und geklärt werden können.

Literatur

Campbell, Angus, Philip Converse und Willard Rogers (1976): The Quality of American Life. New York: Russell Sage Foundation.

Delhey, Jan (2000): Gesellschaftliche Konflikte und soziale Integration. In: Statistisches Bundesamt (Hrsg.) in Zusammenarbeit mit WZB und ZUMA: Datenreport 1999. Zahlen und Fakten über die Bundesrepublik Deutschland. Bonn: Bundeszentrale für politische Bildung, S. 592-601.

Habich, Roland (1996): Die Wohlfahrtssurveys – ein Instrument zur Messung der individuellen Wohlfahrt. In: Statistisches Bundesamt (Hrsg.): Wohlfahrtsmessung – Aufgaben der Statistik im gesellschaftlichen Wandel. Stuttgart: Metzler-Poeschel, S. 121-147.

Habich, Roland und Heinz-Herbert Noll (2000): Soziale Schichtung und soziale Lagen. In: Statistisches Bundesamt (Hrsg.) in Zusammenarbeit mit WZB und ZUMA: Datenreport 1999. Zahlen und Fakten über die Bundesrepublik Deutschland. Bonn: Bundeszentrale für politische Bildung, S. 552-559.

Kluckhohn, Clyde (1962): Values and Value-orientation in the Theory of Action. An Exploration in Definition and Classification. In: Talcott Parsons und Edward A. Shils (Hrsg.): Toward a General Theory of Action. New York: Harper & Row, S. 388-433.

Kmieciak, Peter (1976): Wertstrukturen und Wertewandel in der Bundesrepublik Deutschland. Göttingen: Verlag Otto Schwartz.

Krause, Peter und Roland Habich (2000): Einkommen und Lebensqualität im vereinten Deutschland. In: Deutsches Institut für Wirtschaftsforschung (Hrsg.): Zehn Jahre deutsche Währungs-, Wirtschafts- und Sozialunion. Vierteljahreshefte zur Wirtschaftsforschung, 69, S. 317-340.

Noll, Heinz-Herbert und Roland Habich (1990): Individuelle Wohlfahrt. Vertikale Ungleichheit oder horizontale Disparitäten? In: Peter A. Berger und Stefan Hradil (Hrsg.): Lebenslagen, Lebensläufe, Lebensstile, Soziale Welt. Sonderband 7. Göttingen: Otto Schwartz, S. 153-188.

Rokeach, Milton (1973): The Nature of Human Values. New York: The Free Press.

Zapf, Wolfgang (1977a): Komponenten der Wohlfahrtsmessung. In: Hans-Jürgen Krupp und Wolfgang Zapf: Sozialpolitik und Sozialberichterstattung. Frankfurt a. M.: Campus, S. 247-266.

Zapf, Wolfgang (1977b): Pretest 1976. Komponenten der Wohlfahrt. Fragebogen, Grundauszählung, ausgewählte Ergebnisse. Frankfurt a. M./Mannheim: SPES-Arbeitspapier Nr. 78.

Zapf, Wolfgang (1984): Welfare Production. Public Versus Private. In: Social Indicators Research, 14, S. 263-274.

Zapf, Wolfgang und Roland Habich (1999): Die Wohlfahrtsentwicklung in der Bundesrepublik Deutschland 1949 bis 1999. In: Max Kaase und Günther Schmid (Hrsg.): Eine lernende Demokratie. 50 Jahre Bundesrepublik Deutschland. WZB Jahrbuch 1999. Berlin: edition sigma, S. 285-314.

The Transformation of Baltic Political Culture*

Rasa Alisauskiene

1. Socio-political Transformation in the Baltic Countries

Beginning with the fall of communism in the early 1990s, the Baltic states of Lithuania, Latvia, and Estonia have experienced a major social, economic, and political transformation. Private ownership and multi-party systems have been restored and are functioning. Since 1990, citizens have taken part in parliamentary, municipal, and in Lithuania in two presidential elections. Multi-party systems have been re-established. For instance, by 2000 in Lithuania – a country with 3.8 million inhabitants and about 2.5 million registered voters – there were 37 registered political parties. Over 80 percent of the businesses in the Baltics are managed by private owners. Each of the three countries re-introduced national currency in 1993. And they have restored their memberships in major international organizations. In addition, the Baltic countries have clearly expressed the wish to join such organizations as the European Union (EU) and the North Atlantic Treaty Organization (NATO).

In this chapter, I address the question: How are these changes reflected in the views of the citizenry? No doubt, the major transformations are influencing the values, beliefs, attitudes, and life plans of the citizens. At the same time, system transformation would not be possible without public support. During the last decade, in spite of economic hardships and increasing social differentiation, the majority of the countries' populations has remained supportive of economic and political reforms.

These current changes in political culture are influenced by increasing social differentiation and the increased role of a plural media. But current changes also are shaped by different social and historical contexts. The Baltic countries today also reflect the generational differences. Pre-World War II socialization experiences are still relevant for people of the older generation. They had once lived in independent democratic states based on market principles. In contrast, the middle-aged generations were socialized under authoritarian state-run economic regimes. This phenomenon might explain some similarities in the value systems of the eldest and youngest groups in Lithuanian society. In many dimensions, grandparents and grandchildren are closer in their basic values than either is to the middle generation. Some attitudes and opinions are relatively fluid, depending on the social

* The editors are indebted to Richard I. Hofferbert for his work in producing a polished English version of this chapter.

context. But core values are formed during primary socialization and are thus less flexible. Therefore, the value systems depend much on the social system, the education system, and other factors of socialization.

It is important to single out two periods in the post-Soviet Baltic experience:

1. Until approximately 1992, politics dominated the agenda of goals and expectations of the residents in these countries. The majority of Lithuanians, Latvians, and Estonians supported their countries' struggles for sovereignty, independence, and international recognition. These were perceived as terminal values, not instruments for attaining some higher objective. In that period, the orientation toward collective action was strongly expressed, while social and ideological fragmentation was virtually absent.

2. After 1992, when the countries became internationally recognized, the main emphasis shifted from international politics and political goals toward domestic social issues. Social differentiation increased tremendously, ideological differences became obvious, and the societies experienced growing internal stress.

The first period differs from the second by the peculiarities of the prevailing self-identification. Until 1992, the most residents' principal identification was with their countries (Lithuania, Latvia, or Estonia) in contrast to the USSR. After international recognition of the Baltic states, the frame of reference shifted toward more regional and local entities. The majority of the residents now first of all consider themselves primarily to be residents of the towns or settlements where they live and only secondarily with their countries.

2. Political Values of Baltic Residents

Importance of the Spheres of Life

In spite of dramatic changes in the social context, the value orientations of the population have remained rather stable. Data of the 1997 World Values Surveys[1] show that citizens of the Baltic countries stress especially the family and work as important spheres of life (Table 1). An analysis of the answers of various socio-demographic groups indicates further that the main differentiating factor is age: young people attach more importance to friends and less to religion than the elder residents.

Comparing the orientation toward various groups of references and toward various spheres of life between 1990 and 1999 in Lithuania, one can conclude that the importance of the family remained stable, while the importance of work increased, and the importance of friends and politics diminished somewhat (Figure 1).

---

1 The 1997 World Values Surveys include national representative samples of 1000 and more residents, aged 18 years and more.

Rasa Alisauskiene

Table 1: Importance of Life Spheres, 1997 (percent very important)

	Family	Friends	Leisure	Politics	Work	Religion
Lithuania						
Up to 25 years	66	43	32	12	33	6
26-65 years	76	19	17	24	51	11
65 years and more	71	9	10	43	35	34
Male	68	21	20	30	46	10
Female	80	23	18	20	46	17
All	74	22	19	25	46	14
Latvia						
Up to 25 years	61	42	26	4	43	9
26-65 years	70	20	20	5	60	13
65 years and more	66	21	13	13	54	17
Male	60	21	20	8	56	11
Female	75	27	21	3	57	15
All	68	24	20	5	57	13
Estonia						
Up to 25 years	75	43	34	1	54	7
26-65 years	80	24	22	4	64	7
65 years and more	68	28	10	9	44	17
Male	70	26	20	6	68	6
Female	84	27	23	3	63	10
All	78	27	22	5	61	8

Source: 1997 World Values Surveys.

Figure 1: Importance of Spheres of Life in Lithuania, 1990-1999
        (percent very important)

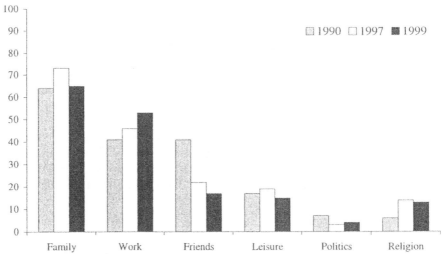

Source: 1990, 1997, 1999 World Values Surveys.

Political Interest

The orientation of the population toward democratic politics as well as the level of support for democratization might be evaluated if we look at the level of political interest, the level of the development of political values, and the level of political participation.

Table 2: Political Interest in Lithuania, 1997 (percent)

	Very interested	Somewhat interested	Not much interested	Not interested at all
Up to 25 years	1	17	52	31
26-65 years	5	43	42	11
65 years and more	15	43	23	18
Male	7	44	36	13
Female	4	33	45	18
Upper middle class	5	41	39	15
Lower middle class	6	41	39	14
Working class	4	38	46	12
Lower social class	7	29	34	30
Identifying with:				
Town of residence	3	38	44	16
Region or the country	7	43	36	14
Lithuania	8	41	38	13
Europe	0	22	39	39
World	6	36	41	18
All	5	39	40	15

Source: 1997 World Values Surveys.

In Lithuania, the level of political interest depends on age, social class, and geo-political identification. The youngest groups are least interested in politics. Lower social classes are less concerned with politics. People identifying themselves first of all with the region or country are more interested in politics than residents with a more cosmopolitan orientation (Table 2). In Latvia, men are more interested in politics than women, younger residents less interested than elder, higher social classes more than lower. Geo-political self-identification has no effect on political interest in Latvia (Table 3). In Estonia, the youngest residents are least concerned with politics. The lower the social class, the less interest one can observe (Table 4).

Table 3: Political Interest in Latvia, 1997 (percent)

	Very interested	Somewhat interested	Not much interested	Not interested at all
Up to 25 years	7	28	48	18
26-65 years	7	47	36	10
65 years and more	18	57	15	10

Table 3: (continuation)

	Very interested	Somewhat interested	Not much interested	Not interested at all
Male	11	49	32	9
Female	6	41	40	14
Upper middle class	14	50	28	8
Lower middle class	8	45	35	11
Working class	8	44	39	9
Lower social class	6	35	37	22
Identifying with:				
Town of residence	5	42	40	14
Region or the country	12	43	33	12
Latvia	9	49	33	10
Europe	12	38	45	5
World	7	40	38	15
All	8	44	36	12

Source: 1997 World Values Surveys.

Table 4: Political Interest in Estonia, 1997 (percent)

	Very interested	Somewhat interested	Not much interested	Not interested at all
Up to 25 years	2	34	49	16
26-65 years	8	43	35	14
65 years and more	9	43	29	19
Male	11	42	34	13
Female	4	42	37	16
Upper middle class	23	57	16	5
Lower middle class	7	44	38	11
Working class	5	40	38	17
Lower social class	8	34	25	33
Identifying with:				
Town of residence	8	40	37	16
Region or the country	8	42	36	14
Estonia	7	49	32	12
Europe	6	47	27	21
World	6	38	40	16
All	7	42	36	15

Source: 1997 World Values Surveys.

Priority of Political Values

Lithuanians attach more importance to the individual's ability to influence state and community decision-making than they do to freedom of speech (Table 5). The seemingly lower rating for freedom of speech may, of course, be due to the already high respect for free speech and media in Lithuania. In the early stages of the transformation, freedom of speech was one of the first priorities for Lithuanians. By 1997, Lithuanian media was internationally recognized as one meeting few obstacles from the authorities. Therefore, people may now be stressing the importance of other issues that have not yet reached the desired level. The level support for citizens' influence on decision-making at the national and the communal level are at comparable levels. Freedom of speech belongs to a separate dimension, where the majority probably believes the achievements to be irreversible.

Table 5: Importance of Political Values in Lithuania, 1987 (percent)

	First priority	Second priority	No priority
Seeing that people have more to say about how things are done at their jobs and in their communities	17	35	49
Giving people more say in important government decisions	18	23	58
Protecting freedom of speech	3	12	85

Source: 1997 World Values Surveys.

Political Participation

A peculiarity of the Lithuanian situation is that during the peaceful revolution of 1989-1991 a majority of the citizens took active part in a great number and variety of political actions. Meetings and demonstrations attracted over one million participants in that tiny country. Six years later, the number of such events as well as the level of participation has decreased significantly. In the wake of the success of the earlier actions, now it is clear that the more an effort a form of political activity is, the less Lithuanians are prepared to join in (Table 6). Separate analyses also show that level of political participation is closely related to level of education and type of community, but not to age or gender.

Table 6: Political Participation in Lithuania, 1997 (percent)

	Have done	Might do	Never do	Don't know/ No answer
Signing a petition	27.6	30.5	30.6	11.3
Joining in boycotts	4.3	31.7	49.1	15.0
Attending lawful demonstrations	15.2	40.6	35.0	9.2
Joining unofficial strikes	2.2	23.3	57.3	17.2
Occupying buildings or factories	1.3	9.9	72.6	16.2

Source: 1997 World Values Surveys.

Preferred Political Systems

In addition to education and type of community, political participation is also related to general attitudes toward the political system and level of satisfaction with the political, social, and economic processes. How do the Baltic residents perceive

Rasa Alisauskiene

the suitability of various types of political systems for their societies? If there is a residue of nostalgia for a stronger system of leadership, where does it reside in these societies? In all three countries, social class has the strongest relation to the support for the authoritarian system, with the lowest social class showing the strongest support for a strong leader or army rule (Table 7).

Table 7: Types of Political System Suitable for Own Country (percent very good and good)

	Upper middle class	Lower middle class	Working class	Lower class	Up to 25 years	26-65 years	65 years and more	All
Lithuania								
Strong leader	72	63	63	65	60	66	58	64
Experts running government	53	49	49	64	57	49	47	50
Army rule	11	4	5	15	6	5	9	6
Democratic system	83	88	90	82	87	88	88	88
Latvia								
Strong leader	34	45	46	56	33	47	60	46
Experts running government	45	52	57	75	49	57	63	56
Army rule	3	6	3	11	9	4	8	5
Democratic system	84	88	87	81	84	87	89	87
Estonia								
Strong leader	30	34	41	54	42	36	43	38
Experts running government	49	45	45	46	43	46	46	45
Army rule	5	4	4	14	5	4	11	5
Democratic system	83	89	90	84	88	90	88	89

Source: 1997 World Values Surveys.

Over 80 percent of the Lithuanians, Latvians, and Estonians consider a democratic system to be the best choice for their countries. Furthermore, only about 5 percent of the citizens support army rule. But Baltic citizens do not necessarily regard the existence of a strong leader and a democratic system as a contradiction. 64 percent of the Lithuanians, 46 percent of the Latvians, and 38 percent of the Estonians would support a strong leader while, at the same time, the majority of them consider themselves to be supporters of a democratic system. These answers show that the notion of "strong leader" is not necessarily understood by the citizens as a sign of autocratic rule. Personal characteristics are more often associated with this notion than a type of government.

   Across the three countries, Lithuanians express the highest level of support for a strong leader (64 percent). One of the differences between the political systems of the Baltic countries is the institution of presidency In Estonia and Latvia the president is elected by the parliament, while Lithuania uses direct popular election. This may help explain the differences in approval levels for "strong leader." Separate analyses show that support for a strong leader is higher among rural vs. urban residents and among those with less vs. more education. Citizens of different generations do not differ in their opinions about this question.

Regarding the desirability of the democratic system, all social groups in all three Baltic countries are of a common mind.

Table 8: Evaluation of Democratic System (percent strongly agree and agree)

	Upper middle class	Lower middle class	Working class	Lower class	Up to 25 years	26-65 years	65 years and more	All
Lithuania								
In democracy economy runs badly	36	42	38	64	42	42	47	42
In democracy too much indecision	52	58	61	79	58	61	60	60
In democracy no order	41	35	33	67	32	38	45	38
Democracy is the best	85	91	93	81	91	91	87	92
Latvia								
In democracy economy runs badly	18	26	26	44	21	29	28	27
In democracy too much indecision	45	56	61	74	58	59	62	59
In democracy no order	39	47	53	66	45	51	53	50
Democracy is the best	83	84	86	76	76	85	88	83
Estonia								
In democracy economy runs badly	22	22	23	32	29	20	30	23
In democracy too much indecision	39	43	41	49	40	42	51	43
In democracy no order	37	33	30	40	40	31	31	33
Democracy is the best	88	90	91	81	88	90	93	89

Source: 1997 World Values Surveys.

Over 80 percent of the Baltic residents agree that democracy is the best form of government, in spite of their view that it may carry with it some problems with efficiency and order (Table 8). While still strong in their support of democracy, elder residents and lower social classes do emphasize its shortcomings more than do younger and/or upper class people.

The important characteristic of the current social situation in the Baltic countries is the relative absence of clear rules, value dichotomies, and strict frames of references. In the previous communist system, the ideology implied a clear concept of what was right and what was wrong. At the same time, that system did provide some social stability. Social differentiation in everyday life was low; career opportunities were clearly defined. People held no high expectations, and thus were rarely uncertain and disillusioned. With the change of the system, the old schema was replaced by new and, in many instances, chaotic circumstances. In the first decade of building a market economy and a multi-party political system the old causal relations between education, hard work, and job experience were destroyed. This period can be best characterized by uncertainty: people became uncertain about their jobs, their social status, and their future prospects. The orientations of the residents of the Baltic countries toward more clearly defined rules and stability are expressed by the choice of government's priorities (Table 9). In Lithuania and Estonia, respect of the individual's rights and maintaining order attract nearly the same number of supporters. In contrast, Latvians lay much more emphasis on the individual's rights. Younger respondents are more democratic in this regard; they consider respect of the individual's rights more important than maintenance of order.

Table 9: The Main Responsibility of the Government (percent)

	Upper middle class	Lower middle class	Work-ing class	Lower class	Up to 25 years	26-65 years	65 years and more	All
Lithuania								
Maintaining order	47	44	48	52	38	46	53	45
Respect of the individual's rights	53	56	52	48	62	54	47	55
Latvia								
Maintaining order	39	38	39	42	29	40	55	39
Respect of the individual's rights	61	62	61	58	71	60	45	61
Estonia								
Maintaining order	57	53	47	48	39	51	61	51
Respect of the individual's rights	43	47	53	52	61	49	39	49

Source: 1997 World Values Surveys.

3. Attitudes Toward Country's Security and Stability

Residents of the three Baltic countries differ in their preferences with regard to the best way to guarantee security and stability (Figure 2). In Lithuania, the largest group of the population approves of NATO membership (26 percent). The options that were chosen next often are NATO and EU membership together (23 percent) and neutrality (23 percent). Only 3 percent of the Lithuanians think that EU membership without NATO membership can guarantee security and stability for Lithuania.

In Latvia, the highest percentage believes that neutrality guarantees Latvian security and stability best (29 percent). Second comes the option of NATO and EU membership together (26 percent), while NATO membership is the next (15 percent). 10 percent of the Latvian population believes that EU membership alone can guarantee stability and security for Latvia.

Figure 2: Alternatives that Guarantee the Country's Security and Stability Best (percent)

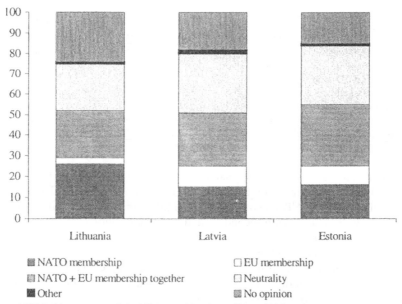

Source: 1998 Baltic surveys and the Ministry of Foreign Affairs of Lithuania.

In Estonia, NATO and EU membership together is considered to be the best guarantee (30 percent), followed by neutrality (29 percent) and NATO membership (16 percent). Nine percent of the Estonian residents believe that EU membership alone can guarantee security and stability for their country.

As we have seen, opinion on the best means to guarantee the country's security and stability differ between the Baltic countries. In order to examine this phenomenon more closely, I will analyze the countries separately.

Lithuania

Lithuanian men and women express different views on the question how best to
guarantee security and stability. Among men, NATO membership is most favored
followed by NATO and EU membership, neutrality, and EU membership. Women
think that neutrality is the best choice, followed by NATO and EU membership,
NATO membership alone, and EU membership alone.

Different age cohorts of Lithuanians also have different views on this issue, as
can be seen in Table 10.

Table 10: Alternatives that Guarantee the Country's Security and Stability in
           Lithuania Best (percent different age groups)

	15-19 years	20-29 years	30-39 years	40-49 years	50-59 years	60-74 years	All
NATO membership	29	25	23	35	22	22	26
EU membership	0	4	3	2	5	1	3
NATO and EU membership together	32	30	26	17	17	16	23
Neutrality	14	20	28	27	25	22	23
Other	0	0	0	1	1	3	1
Don't know/No answer	26	20	20	18	30	35	24

Source: 1998 Baltic surveys and the Ministry of Foreign Affairs of Lithuania.

Separate analyses again show that people with higher education most consider
NATO plus EU membership to be the best solution (37 percent). Those with lower
education opt for NATO membership alone (29 percent), while this is only the second option for people with secondary and higher education (22 percent and 29 percent accordingly). One out of four with secondary education and higher or one out
of five with education below secondary prefers neutrality.

Ethnicity is relevant in that non-Lithuanians are somewhat less pro-NATO and
more pro-EU or neutrality than are ethnic Lithuanians. A similar pattern emerges
between urban vs. rural dwellers, respectively.

Latvia

Latvian men prefer NATO and EU membership over EU membership alone or
neutrality. In contrast, Latvian women prefer neutrality against NATO and EU
membership, NATO membership alone, or EU membership alone as the best way
to guarantee Latvian security. Likewise, the higher the education, the more often
Latvian residents choose neutrality (data not displayed here).

Assuming some longitudinal stability in each age cohort's tendency, the data in
Table 11 provide some predictive value. The opinions of various age groups are
different. The younger cohorts are rather more positive about the likely benefits of
affiliation with NATO, whether in combination with the EU or alone. Although
they are again somewhat more similar to their grandparents than to their parents.

Table 11: Alternatives that Guarantee the Country's Security and Stability in Latvia Best (percent different age groups)

	15-19 years	20-29 years	30-39 years	40-49 years	50-59 years	60-74 years	All
NATO membership	19	10	14	16	15	17	15
EU membership	7	9	12	12	9	8	10
NATO and EU membership together	38	29	27	26	19	24	26
Neutrality	14	28	29	29	41	27	29
Other	2	2	2	2	3	1	2
Don't know/No answer	21	23	27	14	14	23	18

Source: 1998 Baltic surveys and the Ministry of Foreign Affairs of Lithuania.

And, as seen in Table 12, the same internationalist tendency is seen among Ethnic nationals compared to non-citizens. Ethnic Latvians more often prefer NATO or NATO and EU membership while non-Latvians mostly choose neutrality. Latvian citizens opt for NATO and EU membership first of all, while non-citizens choose neutrality.

Table 12: Alternatives that Guarantee the Country's Security and Stability in Latvia Best (percent citizenship)

	Citizens	Non-citizens	All
NATO membership	19	7	15
EU membership	8	15	10
NATO and EU membership together	33	12	26
Neutrality	23	41	29
Other	2	3	2
Don't know/No answer	16	22	18

Source: 1998 Baltic surveys and the Ministry of Foreign Affairs of Lithuania.

Estonia

Again, gender and age cohorts matter. Estonian men consider NATO and EU membership to be the most preferable option, followed by neutrality and NATO membership. EU membership by itself seems to be the preferable means to guarantee security only among 8 percent of the Estonian men. Estonian women choose neutrality first, followed by NATO plus EU membership. The data that are displayed in Table 13 show the age cohort differences, with preference for collective security higher among the youth than among the aged, with the latter showing rather more preference for neutrality.

Table 13: Alternatives that Guarantee the Country's Security and Stability in Estonia Best (percent different age groups)

	15-19 years	20-29 years	30-39 years	40-49 years	50-59 years	60-74 years	All
NATO membership	21	15	16	18	19	10	16
EU membership	10	7	10	11	7	9	9
NATO and EU membership together	34	39	34	26	26	24	30
Neutrality	13	22	26	29	40	38	29
Other	0	0	1	1	0	3	1
Don't know/No answer	23	16	14	15	9	16	15

Source: 1998 Baltic surveys and the Ministry of Foreign Affairs of Lithuania.

The distribution of preferences for alternative security strategies are comparable among ethnic Estonians to the pattern found with ethnic Latvians and Lithuanians, with the natives being more pro-NATO than are the non-Estonian ethnics.

Table 14: Alternatives that Guarantee the Country's Security and Stability in Estonia Best (percent citizenship)

	Citizens	Non-citizens	All
NATO membership	17	12	16
EU membership	9	10	9
NATO and EU membership together	33	19	30
Neutrality	25	43	29
Other	1	0	1
Don't know/No answer	15	16	15

Source: 1998 Baltic surveys and the Ministry of Foreign Affairs of Lithuania.

4. Summary and Conclusion

In all three Baltic countries, politics is not considered to be an important sphere of life, and political interest is not very pronounced relative to other zones of social interaction. But in this respect, the Baltic countries do not differ much from established Western democracies. Participation in unconventional political actions was relatively high in the period of the peaceful revolution from 1989 to 1991. In the meantime, it has drawn near to a level characteristic for Western countries.

A major difference between the Baltic countries and established Western democracies can be found in the preferences concerning the political system. Citizens of all three Baltic countries see democracy as "the best form of government" (Klingemann 1999: 45) to a slightly lower degree than do citizens of Western countries. But even more significant is the empirical finding that 64 percent in Lithuania, 46 percent in Latvia, and 38 percent in Estonia (Table 7) consider the statement „fairly good" or „very good" that a suitable type of government would include "Having a strong leader who does not have to bother with parliament and elections." This shows that political system preferences are ambivalent. If you subtract attitudes on a "strong leader" from consent to democracy to gain a measure for "solid democrats," you see that there still exists quite a distinction between the Baltic countries and the Western democracies (Fuchs and Klingemann 2000).

This difference, however, is likely to decrease once the Baltic countries get integrated into NATO and the EU. And there is a considerable readiness for this integration. In all three Baltic countries, a clear majority of the citizens that gave their opinion think that security and stability of their countries would be best guaranteed by membership in the NATO, the EU, or both of them.

References

Fuchs, Dieter and Hans-Dieter Klingemann (2000): Eastward Enlargement of the European Union and the Identity of Europe. WZB Discussion Paper FS III 00-206. Berlin: Wissenschaftszentrum Berlin für Sozialforschung (WZB).

Klingemann, Hans-Dieter (1999): Mapping Political Support in the 1990s: Global Analysis. In: Pippa Norris (ed.): Critical Citizens. Global Support for Democratic Government. Oxford: Oxford University Press, pp. 31-56.

II.

Wahlen und politischer Prozess

Wählen und politische Ungleichheit: Der Einfluss von individuellen Ressourcen und politischem Angebot

Bernhard Weßels

1. Einleitung

Die Frage nach politischer Gleichheit gehört zum Kernbestandteil demokratietheoretischer Forschung. Dementsprechend häufig ist sie aufgeworfen worden. Demokratie beruht auf der Norm des gleichen politischen Wertes eines jeden Bürgers. Jedes moderne demokratische Wahlsystem ist auf dieser Norm aufgebaut, in jedem ist formal das Prinzip „one person, one vote" realisiert. Gleichwohl ist politische Ungleichheit keine Schimäre. Insbesondere die politische Beteiligungsforschung hat immer wieder zeigen können, dass sozial besser Gestellte sich stärker politisch beteiligen und dass diese stärkere Beteiligung mit einer stärkeren Berücksichtigung ihrer Interessen bei politischen Entscheidungen einhergeht. Die Partizipationsforschung bezieht sich dabei auf das gesamte Repertoire möglicher politischer Aktivitäten. Untersucht werden mithin die Effekte unterschiedlicher Formen, Intensitäten und auch Qualitäten der Beteiligung. Bezogen auf das Wählen als einer spezifischen Form politischer Beteiligung wird die Frage hingegen in aller Regel binär gestellt: Wer beteiligt sich an Wahlen, wer nicht, und gibt es systematische soziale Unterschiede zwischen beiden Gruppen? Die Frage, welche Effekte eine systematisch ungleiche Beteiligung an Wahlen haben könnte, wird weniger und wenn, zumeist nur normativ angesprochen. Empirische Antworten auf diese Frage sind selten. Noch seltener werden die Fragen nach den ungleichen Voraussetzungen für begründete Wahlentscheidungen im Sinne des Modells des rationalen Wählers und möglicher Ungleichheit in der „Qualität" des Wählens gestellt.

Beiden Fragen soll hier nachgegangen werden. Es geht also darum zu klären, ob die Voraussetzungen, zu begründeten Wahlentscheidungen zu kommen, und die Qualität der getroffenen Wahl sich systematisch ungleich verteilen. Dabei soll auf drei unterschiedliche Aspekte eingegangen werden. Erstens lassen sich Gründe für politische Ungleichheit beim Wählen auf der Ebene individuell unterschiedlicher Ressourcenausstattung vermuten. Es soll daher zum einen geprüft werden, ob Unterschiede im Ausmaß des individuell zur Verfügung stehenden Human-, ökonomischen und Sozialkapitals auch mit ungleichen Ausgangsbedingungen für eine im Sinne des rationalen Modells begründeten Wahlentscheidung einhergehen. Zum anderen ist zu prüfen, ob aus einer unterschiedlichen individuellen Ressourcenausstattung auch eine unterschiedliche „Qualität" der Wahlentscheidung, das heißt, eine unterschiedliche Optimierung der Entscheidung im Sinne des räumlichen

Modells resultiert. Zweitens ist bekannt, dass der Grad der Involvierung in die Politik nicht nur nachfrageseitig, sondern auch angebotsseitig bestimmt wird. Wenn Parteien den Wählern klare Alternativen anbieten, erhöht das zum einen das Interesse an der Politik, zum anderen macht es eine Entscheidung auf Seiten der Bürger einfacher. Dementsprechend wird der Frage nachgegangen, ob und inwieweit die Struktur des politischen Angebots einen Einfluss auf die Ungleichheit des Wählens bzw. seiner Vorbedingungen hat. Ebenfalls auf der Angebotsseite anzusiedeln ist eine dritte Frage. Das politische Angebot der Parteien kann prinzipiell systematisch in einer Weise verzerrt sein, in der für bestimmte Wählerpräferenzen grundsätzlich ein schlechteres Angebot existiert als für andere. Es geht also darum zu klären, ob aus einem inhaltlichen Bias im politischen Angebot eine Ungleichheit in den Wahlmöglichkeiten für verschiedene Gruppen resultiert. Dabei geht es nicht nur um die Frage des Niveaus der Ungleichheit im Wählen, sondern auch um die Variation der Stärke der Ungleichheit vor dem Hintergrund von Makrobedingungen des politischen Angebots und des gesellschaftlichen Ressourcenstandes. Eine derartige Mikro-Makro-Fragestellung läßt sich nur mithilfe vergleichender Analysen bearbeiten. Daher wird hier auf repräsentative Umfragen aus Nachwahlstudien aus 17 Ländern zurückgegriffen, die im Rahmen des Projekts *The Comparative Study of Electoral Systems* (CSES) durchgeführt wurden und auf einem identischen Befragungsinstrument beruhen.[1]

Im Folgenden werden in einem ersten Schritt der Stand der Forschung zu politischer Ungleichheit in der politischen Beteiligung und der Analyserahmen sowie Hypothesen vorgestellt. Es werden danach die individuellen, also nachfrageseitigen, sowie die angebotsbezogenen Bestimmungsgründe der Ungleichheit des Wählens einschließlich seiner Vorbedingungen analysiert. In einem dritten Schritt wird der Frage nachgegangen, ob die Unterschiede des Ausmaßes politischer Ungleichheit bei der Wahl systematisch mit politischen und sozioökonomischen Systemmerkmalen kovariieren.

2. Ergebnisse zur politischen Ungleichheit, Analyserahmen und Hypothesen

Das Verhältnis von Demokratie, Wahlen und politischer Ungleichheit ist einer der zentralen Aspekte sowohl der normativen als auch der empirischen Demokratie-

1   Die Daten des CSES-Projekts sind ein öffentliches Gut. Sie stehen *public domain* unter http://www.umich.edu/~nes/cses/cses.htm zur Verfügung. Insgesamt umfasst der Datensatz derzeit Nachwahlstudien aus 27 Ländern aus den Jahren 1996 bis 2001. Zehn Länder konnten in der Analyse nicht berücksichtigt werden, weil für sie nicht alle hier notwendigen Indikatoren erfasst wurden. Die Nachwahlstudien folgender Länder wurden für die Analysen herangezogen: Australien, Deutschland, Großbritannien, Israel, Kanada, Mexiko, Neuseeland, Niederlande, Norwegen, Polen, Schweden, Schweiz, Spanien, Taiwan, Tschechische Republik, Ukraine und Ungarn.

theorie. Die Grundprinzipien der Demokratie sind die Volkssouveränität, das Mehrheitsprinzip, politische Gleichheit und Konsultation (Ranney und Kendall 1969). Analog spricht Robert A. Dahl (1997: 96f.) von vier Kriterien für die Demokratie, die vor dem Hintergrund einer inklusiven Staatsbürgerdefinition zu gelten haben: Letztkontrolle der politischen Agenda, Wahlrechtsgleichheit, effektive Partizipation und Möglichkeit des *enlightened understanding*. Während sich die ersten beiden Grundprinzipien bzw. Kriterien darauf beziehen, wie die mechanische Umsetzung des bereits artikulierten Bürgerwillens institutionell gestaltet sein sollte, beziehen sich die beiden letztgenannten auf die Frage, welche Möglichkeiten für die Bürger bestehen müssen, damit sie sich artikulieren können. Politische Gleichheit beziehen Ranney und Kendall (1969: 49) auf Partizipation: „Each member of the community must have the same chance as his fellows to participate in its total decision-making process." Dahl (1997: 96) bezieht effektive Partizipation auf politische Gleichheit: Bürger müssen adäquate und gleiche Bedingungen haben, Probleme auf die Agenda zu bringen und ihre Präferenzen hinsichtlich einer anstehenden Entscheidung ausdrücken zu können. Hiermit ist die formal oder strukturell gleiche Möglichkeit gefordert, sich zu artikulieren. Konsultation bzw. *entlightened understanding* sprechen darüber hinaus die Notwendigkeit an, dass „each citizen has adequate and equal opportunity for discovering which of the possible choices on the matter to be decided would best serve the goals, values, or interests of the citizen, of others, and of the collectivity" (Dahl 1997: 97). Gleiche Möglichkeiten sollen also auch hinsichtlich der Grundlagen bestehen, auf deren Basis Präferenzen gebildet und Entscheidungen getroffen werden. Die Realität der Demokratie weicht von diesen normativen Kriterien mehr oder minder stark ab. Darauf verweisen die Ergebnisse der allgemeinen ebenso wie der auf das Wählen bezogenen Partizipationsforschung.

Allgemeine Befunde der Partizipationsforschung

Die Partizipationsforschung hat immer wieder darauf aufmerksam machen können, dass von einer Gleichheit der Artikulationschancen in den meisten Fällen nicht ausgegangen werden kann. Mit ihrer wohl als klassisch anzusehenden Studie *Participation in America* zeigten Sidney Verba und Norman H. Nie (1972: 95-101) für die amerikanische Gesellschaft des Jahres 1967 auf, dass politische Beteiligung sozial geschichtet ist. Je schwieriger die Form politischer Beteiligung – vom relativ einfachen Wählen bis hin zum kompletten Repertoire des politischen Aktivisten–, desto stärker sind besser gebildete, besser verdienende und höheren beruflichen Status genießende Bürger in den Aktivitätsarten überrepräsentiert. Dass dies kein singulärer und auch kein auf die USA beschränkter Befund ist, konnten Verba, Nie und Kim (1978) mit ihrer sieben Nationen umfassenden Studie *Participation and Political Equality* und die beiden *Political-Action*-Studien (Barnes, Kaase et al. 1979; Jennings, van Deth et al. 1990) zeigen. Die jüngsten Befunde von Verba, Schlozman und Brady (1995) bestätigen für die USA die Befunde der späten sechziger Jahre: Eine bessere individuelle Ressourcenausstattung mit Bildung, Geld und in gewissem Rahmen Zeit bestimmt das Ausmaß individueller politischer Beteiligung. Politische Ungleichheit in der Beteiligung kann damit wohl für die meisten entwickelten Demokratien als eine soziale Tatsache im Sinne Emile Durkheims (1965: Kap. 1) angesehen werden, die zudem relativ persistent ist.

Demokratietheoretisch besonders bedeutsam ist in diesem Zusammenhang, dass ungleiche Beteiligung auch systematische Unterschiede in der Chance mit sich bringt, für die eigenen Interessen Gehör zu finden. Verschiedene Studien zeigen, dass neben dem Umstand, dass eher statushöhere Bevölkerungsgruppen sich beteiligen und wegen der Statusnähe eine größere Übereinstimmung in den Orientierungen und Politikzielen zwischen diesen Bevölkerungsgruppen und politischen Eliten besteht, ihr stärkeres Partizipationsverhalten die Übereinstimmung darüber hinaus erhöht (Verba und Nie 1972: Kap. 17; Klingemann 1985, 1991).

Befunde zur Ungleichheit des Wählens

Die allgemeinen Befunde der Partizipationsforschung können allerdings nicht umstandslos auf das Wählen übertragen werden. Im gesamten Repertoire politischer Beteiligung ist das Wählen zwar nur eine Form, aber aufgrund ihrer spezifischen Eigenschaften gesondert von anderen Formen zu betrachten. Wie Verba, Schlozman und Brady (1995: 23-24) feststellen, unterscheidet sich das Wählen fundamental von anderen Akten der politischen Beteiligung: „the vote is the single mode of participation for which the maximum input is equalized across actors". Jede wahlberechtigte Person in einer Demokratie hat die gleiche Zahl von Stimmen, meistens nur eine einzige. Weder kann sie ihr ein besonderes Gewicht verleihen, noch sie mit besonderer Vehemenz abgeben. Wählen ist die am weitesten verbreitete Form politischer Beteiligung. Die Wähler sind für die Gesamtbevölkerung, also einschließlich der Nichtwähler, repräsentativer als es Bevölkerungsteile, die andere Aktionsformen nutzen, für die Nichtaktiven sind. „Voting is less unequal than other forms of participation ..." (Lijphart 1997:1).

Gleichwohl sind soziale Unterschiede in der Wahlbeteiligung zu verzeichnen. Die Beobachtung sozialer Ungleichheit in der Wahlbeteiligung scheint mindestens so alt zu sein wie die modernen Sozialwissenschaften. Lijphart (1997) zitiert Befunde des 19. und frühen 20. Jahrhunderts, die Seymor Martin Lipset (1981: 182) in den sechziger Jahren auch im internationalen Vergleich als typisch beschrieben hat: „patterns of voting participation are strikingly the same in various countries ... The better educated [vote, B.W.] more than less educated; ... higher-status persons, more than lower." Zur Frage politischer Ungleichheit durch systematisch unterschiedliche Wahlbeteiligung hat die Partizipationsforschung eine ganze Reihe von Befunden vorgelegt, die sich über Länder und Zeiträume hinweg nicht wesentlich unterscheiden (Wolfinger und Rosenstone 1980; Powell 1986; Klingemann et al. 1993; Falter und Schumann 1994; Verba, Schlozman und Brady 1995; Brady,

Verba und Schlozman 1995). Danach ist die Wahlbeteiligung sozial geschichtet: je höher der soziale Status, desto höher die Wahlbeteiligung.[2]

Die Befunde zu den Auswirkungen systematisch unterschiedlicher Wahlbeteiligung zwischen Personen verschiedener sozialer Lage und Ressourcenausstattung sind allerdings nicht so eindeutig. Lijphart (1997: 4) behauptet zwar, „who votes and who doesn't has important consequences for who gets elected and for the content of public policies". Das träfe unter der Maßgabe zu, dass Nichtwähler sich systematisch in ihren politischen Präferenzen von Wählern unterschieden. Die Berücksichtigung ihrer Präferenzen wäre mangels Beteiligung zumindest beim Wählen unmöglich. Für Verba, Schlozman und Brady (1995: 13) hingegen bleibt die Frage nach dem Effekt von Nichtwahl auf den Charakter und die Gleichheit des Ausdrucks politischer Präferenzen offen. Zwar konstatieren auch sie, dass bezogen auf die ökonomischen Umstände und den Bedarf an staatlicher Unterstützung die Unterschiede zwischen Wählern und Nichtwählern beträchtlich sind, aber „in terms of their policy preferences, those who take part are not very different from those who do not" (Verba, Schlozman und Brady 1995: 511). Wolfinger und Rosenstone kommen ebenfalls zu diesem Ergebnis. Sie stellen keine relevanten Einstellungsunterschiede zwischen Wählern und Nichtwählern fest. Wenn Einstellungsunterschiede vorhanden sind, läßt sich kein systematischer Bias erkennen. Ihr Urteil daher: „In short, on these issues voters are virtually a carbon copy of the citizen population" (Wolfinger und Rosenstone 1980: 109f.). Allerdings stellen sie leichte Unterschiede bezogen auf die Verteilung der Parteiidentifikation fest. Unter Wählern sind diejenigen, die sich mit den Republikanern identifizieren, leicht überrepräsentiert.[3] Werden diese Unterschiede für so relevant gehalten, dass sich eine Interpretation lohnt, würde die Schlussfolgerung lauten, dass im politischen Spektrum eher rechts von der Mitte zu positionierende Interessen durch die Wahlenthaltung derjenigen, die andere Präferenzen haben, überrepräsentiert sind. Mithin ergibt sich eine systematische Unterrepräsentation für eher linke politische Präferenzen und damit eine Ungleichheit zwischen linken und rechten politischen Präferenzen. Die Befunde von Pacek und Radcliff (1995) beziehen sich zwar nicht direkt

2   Einen teilweise abweichenden Befund hat Richard Topf (1995: 47-49) in seiner Analyse der Wahlbeteiligung in 16 europäischen Demokratien vorgelegt. So überstieg die Wahlbeteiligung derjenigen mit geringer Schulbildung die derjenigen mit höherer Schulbildung in Deutschland in den früher sechziger Jahren, in Italien in den sechziger und siebziger Jahren sowie in Frankreich und Griechenland in der zweiten Hälfte der achtziger Jahre. Für alle anderen Zeiträume und Länder entsprechen Topfs Ergebnisse denjenigen anderer Studien.
3   „The proportion of Democrats is identical in the two groups – 51.4 percent of all citizens and 51.3 percent of voters identify with the Democratic party. Republicans, on the other hand, are slightly over-represented; they comprise 36.0 percent of the total population and 39.7 percent of voters ... All other differences between voters and the general population are considerably smaller than this gap of 3.7 percentage points" (Wolfinger und Rosenstone 1980: 109).

auf Unterschiede in den Chancen von linken und rechten politischen Präferenzen, repräsentiert zu werden, lassen sich aber in diese Richtung interpretieren. In ihrer Analyse der Wahlergebnisse von 19 industriellen Demokratien von 1950 bis 1990 stellen sie fest, dass sich der Anteil der linken Parteien mit jedem Prozentpunkt höherer Wahlbeteiligung um 0.3 Prozentpunkte erhöht. Um diese beiden Ergebnisse dahingehend zu interpretieren, dass eine systematische Verzerrung in der politischen Repräsentation durch die Unterschiede zwischen Wählern und Nichtwählern zu beobachten ist, sind die Unterschiede bei Wolfinger und Rosenstone (1980) wohl zu gering und die Art der Analyse von Pacek und Radcliff (1995) erlaubt keine direkten Schlussfolgerungen, zumal für diese Aggregatbefunde auch andere Erklärungen durchaus plausibel wären. Beim Wählen lassen sich im Unterschied zu anderen, stärker sozial selektiven Beteiligungsformen also keine bedeutsamen Unterschiede zwischen Wählern und Nichtwählern bezüglich ihrer politischen Präferenzen feststellen.

Demgegenüber sind die Ergebnisse zu den Vorbedingungen einer begründeten Wahlentscheidung wohl eindeutig. Wolfinger und Rosenstone (1980) haben darauf hingewiesen, dass, wenn es einen gravierenden Unterschied zwischen Wählern und Nichtwählern über die sozialen Unterschiede hinaus gibt, dieser darin zu sehen ist, dass diejenigen, die sich nicht an Wahlen beteiligen, in höherem Maße keine politischen Präferenzen benennen (können). Dennoch gehen die einen von dem „simple act of voting" aus (Kelley und Mirer 1974), andere eher vom „not so simple act of voting" (Dalton und Wattenberg 1993). An dieser Stelle soll nicht die verblüffenderweise fortdauernde Debatte über das Saldo zwischen den Fähigkeiten der Bürger und den Anforderungen, die die Demokratie an sie stellt, aufgegriffen werden. Dementsprechend geht es hier nicht darum zu beurteilen, ob der durchschnittliche Bürger dem demokratischen Ideal eines aufgeklärten, informierten und differenziert denkenden Wählers genüge tun kann, sondern um die Frage, ob zwischen Bürgern mit unterschiedlichen individuellen Ressourcen systematische Unterschiede bezogen auf die Vorbedingungen eines präferenzorientierten Wahlverhaltens bestehen.

Fuchs und Kühnel (1994) haben mit Rekurs auf den Rational-Choice-Ansatz die Vorbedingungen einer präferenzorientierten, also rationalen Wahlentscheidung systematisch geprüft. Wähler stehen bei ihrer Entscheidung vor einem Informations- und Bewertungsproblem. Sie müssen zunächst ihre eigenen Präferenzen bestimmen können, also ihre Politiknachfrage; sie müssen das politische Angebot kennen und sie müssen beides zueinander in Beziehung setzen können, um einen Nutzen kalkulieren zu können. Darüber hinaus müssen sie gegebenenfalls Randbedingungen mit berücksichtigen, zum Beispiel, dass zwar ein politisches Angebot mit ihren eigenen Präferenzen übereinstimmt, aber es sich dennoch nicht lohnt, die eigene Stimme für dieses Angebot zu verwenden. Dafür mag entscheidend sein, ob man der entsprechenden Partei überhaupt eine Wahlchance einräumt; man meint, ihr insoweit vertrauen zu können, dass die angekündigte Politik auch tatsächlich verfolgt wird; oder auch, wie man die Kompetenz der Partei einschätzt, die eigenen

Ziele auch durchzusetzen. Vollständige Information ist kaum zu erzielen und wenn, kaum prozessierbar. Angesichts der Komplexität von Politik sind Wähler auf *Shortcuts* und *Cues* angewiesen (Popkin 1991). Diese dienen nicht nur der Reduktion von Informationskosten, sondern auch des Erwerbs generalisierter Wahrnehmungs- und Bewertungsstandards und damit der Verarbeitungskapazität auf Seiten der Wähler (Fuchs und Kühnel 1994: 315f.). Ein besonders mächtiges Instrument zur Reduktion von politischer Komplexität haben Ideologien, beziehungsweise generalisierte politische Positionen. „Unter Ideologie wird im sozialpsychologischen Paradigma ein bestimmter Typus von Überzeugungssystemen (*belief systems*) verstanden ..." (Fuchs und Kühnel 1994: 320). Die Bedeutung derartiger Information-Shortcuts für die Entscheidungsfähigkeit des Wählers ist in der Wahlforschung weitgehend unumstritten (Dalton und Wattenberg 1993). Bereits an dieser frühen Stelle des individuellen Entscheidungsprozesses, also den Vorbedingungen präferenzorientierten Wählens, stellt sich die Frage nach politischer Ungleichheit. Denn die ideologische Konzeptualisierungsfähigkeit ist relativ deutlich ungleich verteilt.

Campbell et al. (1960: 250) haben die besondere Bedeutung von Bildung für die ideologische Konzeptualisierungsfähigkeit betont, ein Ergebnis, das auch Klingemanns Analysen (1979a) für fünf westliche Demokratien bestätigen. Zwar haben auch Einkommen, berufliche Stellung, Klassenzugehörigkeit und Organisationsmitgliedschaften einen deutlichen Einfluß auf die ideologische Konzeptualisierungsfähigkeit, aber der Einfluss von Schulbildung ist erheblich stärker. Die Fähigkeit, politische Sachverhalte im Sinne eines ideologischen Maßstabs zu beurteilen, hier die Links-Rechts-Dimension, ist also eindeutig sozial geschichtet (Klingemann 1979a: 256f.). Dieser Befund ist auch im Zeitverlauf relativ stabil, wie die Ergebnisse zur Fähigkeit, die Links-Rechts-Dimension inhaltlich zu deuten, zeigen. 1980 ergibt sich kein wesentlich anderes Bild als 1974: je besser gebildet, desto höher die Konzeptualisierungsfähigkeit (Fuchs und Klingemann 1989: 210). Der notwendige Einsatz von Shortcuts bei politischen Entscheidungen steht also nicht allen Bevölkerungsgruppen gleichermaßen zur Verfügung. Dass hierin eine wesentliche Voraussetzung nicht nur für das Wählen, sondern für politische Beteiligung, insbesondere in seinen konventionellen Formen liegt, konnte Klingemann für fünf Länder zeigen. Der Einfluss ideologischer Konzeptualisierung auf konventionelle politische Beteiligung bleibt auch dann bestehen, wenn für den Grad politischen Interesses kontrolliert wird (Klingemann 1979b: 281f.). Shortcuts stellen, so könnte man schließen, Handlungs- und Entscheidungsfähigkeit erst her. In dem Maße, wie die Voraussetzungen präferenzorientierter politischer Beteiligung und politischer Entscheidungen ungleich verteilt sind, sind es auch (Wahl-)Beteiligung und (Wahl-)Entscheidungen.

Die auf die Individualebene bezogenen Befunde der Beteiligungs- und Einstellungsforschung verweisen darauf, dass politische Ungleichheit für Demokratien alles andere als untypisch ist. Bezogen auf alle politischen Beteiligungsformen, selbst dem durch Wahlrechtsbestimmungen formal egalitarisierten Wählen, gehen systematische Ungleichheiten zu Lasten der im Hinblick auf Bildung, Einkommen, Stellung im Beruf usw. statusniedrigeren Bevölkerungsteile. Das gilt auch für die kognitiven Vorbedingungen politischer Beteiligung und politischer Entscheidung. Statusniedrige soziale Lagen zeichnen sich durch geringere Beteiligungsraten und ideologische Konzeptualisierungsfähigkeit aus, letztere steht dabei in unmittelbarem Zusammenhang mit politischer Beteiligung. Offen bleibt die Frage, in welchem Maße sich diese Befunde zur Auswirkung von individuellen Ressourcen und Skills sowohl auf die *Quantität* der Beteiligung als auch die *Qualität* politischer Entscheidungen auswirken. Befunde hierzu scheinen bisher nicht vorgelegt worden zu sein. Gleichwohl lässt sich analog zu dem Zusammenhang zwischen individuellen Ressourcen und Skills, der auf die variierende Qualität der Beurteilungsfähigkeit von Politik verweist, argumentieren, dass auch ein Zusammenhang mit der Qualität der Entscheidung existiert. Damit lassen sich im Hinblick auf das Wählen folgende allgemeine Hypothesen für die Mikroebene formulieren, die im ersten Teil des Abschnitts 3 zu konkretisieren und zu prüfen sind:

− Nicht nur bezogen auf die Wahlbeteiligung ist politische Ungleichheit zu konstatieren, sondern auch bezogen auf die Vorbedingungen des Wählens.
− Entsprechend ist auch die „Qualität" des Wählens im Sinne einer präferenzadäquaten Wahlentscheidung systematisch ungleich verteilt.

Allerdings dürften die Gründe für Ungleichheiten beim Wählen nicht nur auf der Individualebene, sondern auch auf der Makroebene liegen. Die bisherigen Forschungsergebnisse verweisen darauf, dass ein Zusammenhang zwischen der Angebots- und Institutionenstruktur eines politischen Systems und der Wahlbeteiligung (Powell 1986) sowie der individuellen politischen Konzeptualisierungsfähigkeit (Gordon und Segura 1997) existiert. Bezogen auf den Einfluss gesellschaftlicher Größen, beispielsweise relativer Wohlstand oder durchschnittliches Humankapital in einer Gesellschaft, und auf die politische Ungleichheit in einer Gesellschaft liegen unterschiedliche Befunde vor, die gegen (Nie und Anderson 1974) oder auch für (Roller und Weßels 1996; Weßels 1997) einen solchen Zusammenhang sprechen. Da hier die Befunde uneinheitlich sind, soll dieser Zusammenhang nicht ausgeklammert, sondern erneut geprüft werden. Auf einer generellen Ebene können daher allgemeine Hypothesen formuliert werden, die in den folgenden Abschnitten zu spezifizieren und zu prüfen sein werden:

− Die Angebotsstruktur in einem politischen System und das Niveau gesellschaftlichen Ressourcenreichtums hat einen Einfluss sowohl auf die Vorbedingungen des Wählens als auch auf die Qualität der Wahlentscheidung selbst (zweiter Teil des Abschnitts 3).
− Die Stärke politischer Ungleichheit variiert mit der Angebotsstruktur in einem politischen System und mit dem Niveau gesellschaftlichen Ressourcenreichtums (Abschnitt 4).

3. Bestimmungsgründe politischer Ungleichheit der Wahl

Individuelle Ressourcenausstattung und Ungleichheit der Wahl

Hinsichtlich der Frage nach den politischer Ungleichheit zugrunde liegenden sozialen Individualmerkmalen hat die Partizipationsforschung sich traditionell des SES-Modells bedient, des *standard socioeconomic model*. Nach diesem Modell bestimmt der soziale Status eines Individuums, gemessen an der Stellung des Haushaltsvorstandes im Beruf, der Bildung und des Einkommens, das Ausmaß politischer Beteiligung (Verba und Nie 1972: 13, Anhang C). Schon in ihrer vergleichenden Studie zu Partizipation und politischer Gleichheit benutzten Verba, Nie und Kim (1978) einen nicht unähnlichen, aber theoretisch anders eingeführten Index, den *socioeconomic resource level*. Zum einen war dies ein Tribut an die Vergleichbarkeit von Informationen zur sozialen Stellung zwischen verschiedenen Nationen, zum anderen, wie die weitere Entwicklung zeigte, in der Tat ein erster Schritt, den Beitrag sozialer Merkmale theoretisch schärfer zu fassen. Die jüngsten Arbeiten dieser Schule stellen explizit auf den Ressourcencharakter individueller Merkmale ab. Verba u.a. (Verba, Schlozman und Brady 1995; Brady, Verba und Schlozman 1995) sprechen nunmehr von einem Ressourcenmodell politischer Partizipation. Sie begründen dies damit, dass das SES-Modell sich zwar exzellent zur Vorhersage politischer Partizipation eigne, es aber nicht den Mechanismus zwischen Sozialstatus und Aktivität spezifiziert habe und daher nicht erklären könne (Brady, Verba und Schlozman 1995: 272). Ihre Weiterentwicklung des Standardmodells zu einem Ressourcenmodel hat dabei zwei Komponenten. Zum einen liefert es eine theoretisch tragfähigere Folie für die Erklärung, warum der sozioökonomische Status mit politischer Beteiligung kovariiert: „A resource-centered explanation of political activity, then, enhances the SES model by providing an interpretation of the way this model works" (Verba, Schlozman und Brady 1995: 282). Bis auf Einkommen, das in ihrem Ressourcenmodell einen anderen, eigenen Stellenwert erhält, gehen die traditionellen SES-Faktoren ein in die Ressource *civic skills*, die komponiert ist aus *job*, *organizational* und *church skills* sowie Bildungsindikatoren. Einkommen wird – im US-amerikanischen Kontext verständlich – als Ressource angesehen, die es ermöglicht, sich durch Spenden politisch zu beteiligen. Als neues Element führen sie Zeit ein (Brady, Verba und Schlozman 1995: 272). Insbesondere an den beiden letztgenannten Ressourcen wird die Nähe zum Investitionsmodell des rationalen Handelns deutlich.

Dieser Ressourcenansatz lässt sich in Beziehung setzen zu den Diskussionen um die den Individuen und Gesellschaften zur Verfügung stehenden Kapitalien, eine Debatte, die insbesondere mit Blick auf soziales Kapital bedeutsam geworden ist. Danach lassen sich drei Kapitalien unterscheiden, über die Individuen prinzipiell verfügen können: ökonomisches Kapital, Humankapital und soziales Kapital (Colemann 1990: 302ff.; 1994). Die Kapitalien stellen dabei Ressourcen dar, die in unterschiedlicher Weise eingesetzt werden können und dementsprechend auch einen theoretisch begründbar unterschiedlichen Einfluss auf politische Beteiligung und politische Entscheidungen haben können. So wäre die Stellung im Beruf als Humankapital zu trennen von Vermögen und Einkommen als ökonomische Kapitalformen. Bildung wäre nicht Statusfaktor, sondern als Fähigkeitsressource zu verstehen, Beziehungen zu anderen Individuen und kollektiven Akteuren nicht nur als Bindung und resultierende Sozialnorm, sondern als soziales Kapital, das dazu befähigt, mit anderen gemeinsam zu handeln und voneinander zu lernen.

Diese Trennung von Ressourcen ermöglicht es auch, genauer zu spezifizieren, welcher Zusammenhang mit politischem Verhalten zu erwarten ist. Hier wird davon ausgegangen, das Humankapital eine universelle kognitive Ressource darstellt, die sich auch relativ umstandslos für politische Zusammenhänge und damit für politisches Entscheidungshandeln nutzbar machen lässt. Ökonomisches Kapital ist als Medium für Einflussgewinn und materielle Unterstützung in der Politik einsetzbar (so auch die Konzeptualisierung von Brady, Verba und Schlozman 1995), hat aber keinen direkten Zusammenhang zur Durchdringung der politischen Welt. Soll der Bezug zu Einkommen nicht als äußeres Investitionsmittel, sondern als individuelle Ressource für das eigene politische Handeln erhalten bleiben, könnte davon ausgegangen werden, dass es sich um eine motivationale Ressource nach dem Motto „no taxation without representation" handelt, denn wer über ein hohes Einkommen verfügt, hat auch einen „stake in the system" (Wolfinger und Rosenstone 1980). Eine weitere, und im Sinne eines Modells individueller Ressourcen die plausibelste Interpretation wäre, Einkommen als einen Indikator für die zur Verfügung stehenden kognitiven Ressourcen anzusehen, die nicht in der formalen Bildung ihren Ausdruck finden. Es ergäbe sich also ein starker Zusammenhang mit der Stellung im Beruf, der empirisch tatsächlich sehr hoch ist. Bei Verba u. a. (Verba, Schlozman und Brady 1995; Brady, Verba und Schlozman 1995) geht die Stellung im Beruf vermittelt in die *civic skills* ein, ein Umstand, der auch für eine derartige Interpretation spricht. Soziales Kapital schließlich bedeutet bezogen auf die Politik, dass es für kollektives Handeln genutzt werden kann. Da kollektives Handeln mithilfe des Wählens nur durch Übereinstimmung im Handeln möglich ist, kann davon ausgegangen werden, dass soziales Kapital der Verständigung über politische Sachverhalte und Positionen dienlich ist, die zur Entscheidungsvorbereitung genutzt werden kann. Alle drei Kapitalformen stellen damit Ressourcen dar, die aus unterschiedlichen Gründen und in unterschiedlicher Stärke mit politischem Verhalten und seinen Vorbedingungen im Zusammenhang stehen können: je ressourcenstärker, desto bessere Vorbedingungen für politisches Handeln, desto mehr Beteiligung und desto größer das Ausmaß präferenzadäquater Entscheidungen.

Mit den hier zur Verfügung stehenden Daten lassen sich die drei Kapital- oder Ressourcenformen nur recht eingeschränkt messen. Die Indikatoren für Humankapital dürften am ehesten dem theoretischen Konzept entsprechen: formale Schulbildung und politisches Wissen. Hier wird politisches Wissen gemessen an der Zahl richtiger Antworten auf Fragen, die sich auf politische Sachverhalte beziehen. Ökonomisches Kapital wird über Einkommen beziehungsweise die Zugehörigkeit zu Einkommensquintilen bestimmt. Eine am wenigsten dem Konzept entsprechende Messung ist mit Blick auf soziales Kapital zu verzeichnen. Hier steht lediglich die Gewerkschaftsmitgliedschaft zur Verfügung, und zwar bezogen auf die Befragten und den Befragtenhaushalt. Soziales Kapital kann aber auch aus anderen Quellen resultieren. Mitgliedschaft in Interessenorganisationen gehört zwar unbestritten zu den Kernindikatoren sozialen Kapitals, aber auf Gewerkschaften reduziert, bietet der vorliegende Indikator nur ein sehr unvollkommenes Maß an.

Aufgrund der universalen Einsetzbarkeit der Ressource Humankapital kann davon ausgegangen werden, dass die bildungsbezogene Schichtung beim Wählen die stärksten Ungleichheitseffekte mit sich bringt. Sozialkapital dürfte an zweiter Stelle stehen, ökonomisches an dritter, weil dessen Einfluss nur vermittelt wirksam ist. Die allgemeinen Hypothesen für die Individualebene der Analyse lassen sich wie folgt spezifizieren:

– Die in Form von Human-, Sozial- und ökonomischem Kapital einem Individuum zur Verfügung stehenden Ressourcen bestimmen – den Formen nach in abnehmender Stärke – maßgeblich die Vorbedingungen politischen Handelns (a) im Sinne der Generierung einer eigenen Präferenz (Nachfrage) und (b) im Sinne der Fähigkeit, das politische Angebot systematisch wahrzunehmen;
– Sie bestimmen das Ausmaß, in dem politische Entscheidungsfähigkeit hergestellt werden kann;
– Sie bestimmen das Ausmaß, in dem die Wahlentscheidung zwischen den individuellen Präferenzen und dem politischen Angebot optimiert wird.

Die ersten zu betrachtenden abhängigen Faktoren, die Vorbedingungen des Wählens, sind die Fähigkeiten, die eigene Position und die Positionen der Parteien zu identifizieren. Hier dient die Links-Rechts-Selbsteinstufung und die Parteieneinstufung als generalisiertes Maß für Präferenzen und politische Angebote. Neben der Frage nach der Fähigkeit, Angebot und Nachfrage zu identifizieren, kann auch die ideologische Plazierung selbst auf ihre Schichtung entlang der Ressourcenausstattung betrachtet werden.

Die empirischen Analysen[4] zeigen, dass die Fähigkeit, sich selbst und die Parteien im Links-Rechts-Spektrum zu positionieren, unmittelbar und fast durchgängig linear mit der individuellen Ressourcenausstattung zusammenhängt. Die größten Unterschiede ergeben sich zwischen unterschiedlichen Graden politischer Informiertheit, gefolgt von Bildung. Einkommen und Gewerkschaftsmitgliedschaft verweisen zwar auf signifikante, allerdings kleine Effekte (Tabelle 1). Unter Kontrolle der Ländereffekte ergeben sich in der bivariaten Analyse deutliche Differenzen zwischen denjenigen mit geringem und jenen mit hohem Humankapital im Anteil der Selbsteinstufung auf der Links-Rechts-Dimension. Diese Differenzen fallen auch in der multivariaten Analyse, das heißt in diesem Falle unter Kontrolle

---

4 Durchgeführt wurden multiple Varianzanalysen mithilfe von SPSS (Anova). Sie erlauben die Kontrolle von Ländereffekten und des jeweiligen Einflusses der anderen Variablen im Modell. Wegen der einfachen und deskriptiven Form der Darstellung wurde die Multiple Classification Analysis (MCA) gewählt.

der jeweils anderen Sozialmerkmale und der Ländereffekte, nur wenig geringer aus. Zentrale Vorbedingungen für das Wahlverhalten sind also ungleich verteilt.

Tabelle 1: Individuelle Ressourcenausstattung und Verteilung der Fähigkeit zur Präferenzbildung und Angebotsbeobachtung (gepoolte Varianzanalyse, 17 Nationen)

	Links-Rechts-Selbsteinstufung vorgenommen[a]		% der Parteien auf Links-Rechts-Dimension eingestuft[b]	
	Grand Mean (sign.), für Ländereffekte kontrolliert			
	Abweichungen vom Grand Mean			
	bivariat	multivariat	bivariat	multivariat
Informationsgrad[c]	78 *(.00)*	79 *(.00)*	93 *(.00)*	*93 (.00)*
nichts richtig	-15	-12	-4	-3
1x richtig	-2	-3	-1	-1
2x richtig	7	5	1	0
3x richtig	13	9	2	2
Bildung	77 *(.00)*	*(.00)*	93 *(.00)*	*(.00)*
kein Abschluss	-19	-11	-8	-6
primäre Ebene	-5	-3	-1	-1
sekundäre Ebene	4	2	1	0
Universität	10	5	2	1
Haushaltseinkommen	79 *(.00)*	*(.00)*	94 *(.00)*	*(.00)*
unteres Quintil	-7	-4	-2	-1
2. Quintil	-3	-1	-1	0
3. Quintil	2	1	0	0
4. Quintil	4	2	1	0
oberstes Quintil	7	3	1	0
Gewerkschaftsmit-gliedschaft	78 *(.00)*	*(.00)*	93 *(.00)*	*(n.s.)*
nein	-2	-1	0	0
selbst	4	2	0	0
Haushalt	3	0	1	0
selbst u. im Haush.	6	2	1	1

a   Links-Rechts-Selbsteinstufung auf einer 11-Punkte-Skala, ja (1), nein (0).
b   Jeweils die wichtigsten Parteien (bis zu sechs) sollten von den Befragten auf einer Links-Rechts-Skala mit 11 Punkten eingestuft werden. Da die Zahl der Parteien zwischen den Nationen variiert, wurde hier der Prozentanteil der Einstufungen an den abgefragten Einstufungen gemessen.
c   Der Informationsgrad wurde mit drei politische Wissensfragen unterschiedlicher Schwierigkeit bestimmt. Die Variable misst die Anzahl richtiger Antworten.

Dass die Differenzen zwischen der jeweiligen Ressourcenausstattung für die Einstufung der Parteien dem Wert nach geringer ausfallen, darf aber nicht als eine geringere Ungleichheit bei der Angebotsbeobachtung missgedeutet werden. Gemessen wird hier der Prozentanteil der eingestuften Parteien in einem System, eine Standardisierung, die aufgrund der unterschiedlichen Größe der Parteiensysteme notwendig ist. Sowohl hinsichtlich der Bestimmung der eigenen Links-Rechts-Position als auch bezogen auf die Einstufung wenigstens einer Partei liegt der

Anteil derjenigen, der dazu nicht in der Lage ist, bei etwas über 20 Prozent (Daten nicht ausgewiesen). Auf der anderen Seite sind knapp 60 Prozent der Befragten in der Lage, auch das gesamte, in einem Parteiensystem vorhandene Angebot zu beurteilen, etwa 20 Prozent stufen nur einen Teil der Parteien ein.

Zusammenfassend lässt sich festhalten, dass die Ungleichheit bei den Vorbedingungen des Wählens, also der Bestimmung einer eigenen Präferenz und der Einordnung des politischen Angebots, maßgeblich auf Unterschiede in der Humankapitalausstattung, also im politischen Wissen und in der formalen Schulbildung, zurückgeht. Einkommen als Indikator für ökonomisches Kapital und gewerkschaftlicher Kontext als Indikator für soziales Kapital differenzieren in dieser Perspektive weniger und ihr ohnehin auch bivariat geringerer Einfluss nimmt unter Kontrolle der Humankapitalressourcen weiter ab. Insoweit bestätigen diese Ergebnisse die Befunde, die zur Fähigkeit ideologischer Konzeptualisierung vorgelegt worden sind (Klingemann 1979a; Fuchs und Klingemann 1989).

Ein Nebenaspekt, für die Frage der Repräsentation aber interessant, ist in diesem Zusammenhang, dass auch die Ausrichtung der Nachfrage, gemessen anhand der Links-Rechts-Selbsteinstufung, nach den Gruppen unterschiedlicher Ressourcenausstattung geschichtet ist (Daten nicht ausgewiesen). Dies trifft nicht oder nur in sehr geringem Maße auf den Informationsgrad zu. Dieser scheint bezogen auf politische Positionen neutral zu sein. Ansonsten ist höhere Bildung und Gewerkschaftsmitgliedschaft bzw. -kontext stärker als im Durchschnitt mit linken Positionen verbunden, höheres Einkommen hingegen stärker mit rechten Positionen. Der politische Bias ist nicht konsistent in dieselbe Richtung durch die Ressourcenstärke geprägt. Bei einer zusammenfassenden Messung nach dem Statuskonzept würden sich, zumindest partiell, die Unterschiede ausgleichen und nicht aufspürbar sein. Das spricht für die getrennte Betrachtung der Faktoren, wie das Ressourcenmodell es vorsieht.

Die hier besonders interessierende Frage richtet sich darauf, ob auch politische Entscheidungen dem Muster politischer Ungleichheit folgen. Die erste Frage ist, ob überhaupt eine Entscheidung gefällt wird oder gefällt werden kann, mithin also eine Stimme abgegeben wird. In dieser Beziehung werden die bereits vorliegenden Forschungsergebnisse bestätigt: je höher die Ressourcenausstattung, desto höher die Wahlbeteiligung (Tabelle 2). Der politische Informationsgrad spielt dabei eine besonders gewichtige Rolle. Die zweite Frage ist, ob auch hinsichtlich der „Qualität" der getroffenen politischen Entscheidung von politischer Ungleichheit ausgegangen werden kann. „Qualität" richtet sich dabei auf die Art des Wählerkalküls, die in den räumlichen Modellen der Wahlentscheidung, wie sie von Downs (1959) eingeführt wurden, besonders betont wird. Qualität bedeutet in diesem Zusammenhang, den auf die eigenen Präferenzen bezogenen Nutzen zu maximieren. Der Nutzen (*utility*) ergibt sich aus der Distanz zwischen dem Idealpunkt (die eigene Präferenz) und dem Angebot. Aus einem Angebot wird ein Wähler danach denjenigen Punkt wählen, der dem Idealpunkt am nächsten ist, das heißt, der Nutzen wird durch Distanzminimierung maximiert. Qualität im hier verstandenen Sinne bezieht sich auf die Fähigkeit, mit der eigenen Entscheidung die Distanz zwischen Idealpunkt und Angebot zu minimieren.

Tabelle 2: Individuelle Ressourcenausstattung, Wahlbeteiligung und die Qualität von Angebot und Nachfrage (gepoolte Varianzanalyse, 17 Nationen)

	Wahlbeteiligung		Minimale Links-Rechts-Distanz: Selbst – Partei		Links-Rechts-Distanz: Selbst – gewählte Partei	
	Grand Mean (sign.) für Ländereffekte kontrolliert					
	Abweichungen vom Grand Mean					
	bivariat	multi-variat	bivariat	multi-variat	bivariat	multi-variat
Informationsgrad[a]	77 (.00)	78 (.00)	0.66 (.00)	0.64 (.00)	1.52 (.00)	1.50 (.00)
nichts richtig	-13	-12	0.09	0.08	0.14	0.13
1x richtig	-3	-1	0.03	0.03	0.03	0.03
2x richtig	5	6	-0.04	-0.03	-0.05	-0.05
3x richtig	8	9	-0.07	-0.05	-0.08	-0.04
Bildung	76 (.00)	(.00)	0.67 (.00)	(.08)	1.55 (.00)	(.00)
kein Abschluss	-8	-1	0.02	-0.09	-0.16	-0.11
primäre Ebene	-3	-1	0.03	0.01	0.11	0.08
sekundäre Ebene	1	0	-0.03	-0.02	-0.06	-0.06
Universität	8	4	-0.02	0.02	-0.11	-0.07
Haushaltseinkommen	79 (.00)	(.00)	0.63 (.00)	(.00)	1.48 (.00)	(.00)
unteres Quintil	-6	-3	0.06	-0.06	0.13	0.11
2. Quintil	-2	-1	0.03	0.03	0.04	0.01
3. Quintil	0	0	-0.01	-0.01	0.00	-0.01
4. Quintil	4	3	-0.04	-0.04	-0.05	-0.02
oberstes Quintil	5	2	-0.04	-0.04	-0.11	-0.08
Gewerkschaftsmit-gliedschaft	77 (.00)	(.00)	0.66 (n.s.)	(n.s.)	1.52 (n.s.)	(n.s.)
nein	-2	-1	0.00	-0.01	0.00	-0.01
selbst	3	2	0.00	0.01	-0.01	0.01
Haushalt	4	2	0.00	0.02	0.01	0.03
selbst u. im Haush.	6	3	0.00	0.03	-0.04	0.01

a Der Informationsgrad wurde mit drei politische Wissensfragen unterschiedlicher Schwierigkeit bestimmt. Die Variable misst die Anzahl richtiger Antworten.

Die Möglichkeit, den Nutzen zu maximieren, also die Qualität der eigenen Entscheidung zu erhöhen, ist natürlich nicht unabhängig vom Angebot. Es wurde bereits festgestellt, dass die Präferenzen, gemessen auf der Links-Rechts-Dimension, je nach Ressourcenausstattung variieren. Dementsprechend wäre es z.B. möglich, dass Personen mit geringer Ressourcenausstattung über Präferenzen verfügen, für die das politische Angebot von vornherein erheblich schlechter ist als für Personen mit höherer Ressourcenausstattung. Daher soll hier auch betrachtet werden, ob unabhängig von der getroffenen Entscheidung prinzipiell die Möglichkeit der Nutzenmaximierung ungleich verteilt ist. Im Vergleich der prinzipiell möglichen Qualität mit der realisierten Qualität – gemessen an der durchschnittlich geringsten Distanz, die in einem existierenden Parteiensystem zu wählen möglich wäre bzw. der Distanz zwischen eigener Präferenz und ausgewähltem Angebot – zeigt sich, dass im Durchschnitt die Qualität des Angebots besser ist als die Qualität der Entscheidung. Die durchschnittlich mögliche minimale Distanz liegt bei etwa 0.6 Skalenpunkten der Links-Rechts-Dimension, die mit der Wahlentscheidung im Durchschnitt realisierte Distanz bei 1.5 Skalenpunkten.

Werden die Wählergruppen bezogen auf die Angebotseigenschaften betrachtet, ergibt sich im bivariaten Vergleich unter Kontrolle der Länderunterschiede zunächst systematisch für die Gruppen mit geringerer Ressourcenausstattung insofern ein Nachteil, als sie größere Distanzen auf der Links-Rechts-Skala zwischen den eigenen Präferenzen und der gewählten Partei realisieren als Gruppen mit besserer Ressourcenausstattung. Dieser lineare Zusammenhang verschwindet aber für Bildung und Einkommen unter gegenseitiger Kontrolle der Ressourcenmerkmale. Die im Hinblick auf Bildung und Einkommen ressourcenschwächsten Gruppen weisen dann die geringste mögliche Distanz zum politischen Angebot aus. Gewerkschaftsmitgliedschaft hat keinen signifikanten Effekt. Es kann nicht davon ausgegangen werden, dass die Angebotsstrukturen in den Parteiensystemen eine inhaltliche Verzerrung aufweisen, die systematisch dazu führt, dass ressourcenschwache Wählergruppen benachteiligt sind.

Hinsichtlich der Qualität der tatsächlich getroffenen Wahl ergeben sich hingegen für die Faktoren Informationsstand und Einkommen systematische Ungleichheitseffekte: je geringer die Ressourcen, desto weniger optimal ist die Wahlentscheidung. Das gilt hingegen nicht für Bildung. Befragte mit niedrigen formalen Bildungsabschluss wählen nicht weniger optimal als diejenigen mit hoher formaler Bildung. Gewerkschaftsmitgliedschaft hat keinen signifikanten Effekt. Die Differenzen sind bezogen auf den Informationsstand und das Einkommen aber so stark und folgen einem linearen Muster, dass die These von der Ungleichheit in der Qualität des Wählens als bestätigt angesehen werden muss.

Dieser Befund ist deshalb nicht trivial, weil er darauf verweist, dass politische Ungleichheit nicht nur bezogen auf die politische Beteiligung existiert, wie die Partizipationsforschung belegt hat, sondern auch bezogen auf die Qualität politischer Entscheidungen. Eine Konsequenz hieraus ist, dass auch die Chancen für die optimale politische Repräsentation ungleich verteilt sind. Das bedeutet, dass die hier untersuchten Demokratien nicht nur durch den demokratietheoretisch als Defizit zu bezeichnenden Befund geprägt sind, dass die Vorbedingungen für präferenzorientiertes Handeln und die Beteiligung (an Wahlen) entsprechend den individuell zur Verfügung stehenden Ressourcen ungleich verteilt sind, sondern diese Ungleichheit sich im politischen Prozess auch bezogen auf die Inhalte der repräsentierten Politik weiter fortsetzt.

Makrostrukturelle Bedingungen und Ungleichheit der Wahl

Angesichts dieser Befunde stellt sich die Frage, ob die Ursachen monokausal auf der Individualebene zu suchen sind, oder ob bestimmte Makrokonstellationen in politischen Systemen dazu beitragen, dass die Möglichkeiten zur Präferenzbildung, Angebotsbeobachtung und Qualität des Wählens unterschiedlich ausfallen. Eingangs wurde die allgemeine Hypothese formuliert, dass die Angebotsstruktur in einem politischen System und das Niveau gesellschaftlichen Ressourcenreichtums einen Einfluß darauf haben. Diese These stellt im Gegensatz zur Analyse auf der Individualebene nicht auf die Ausprägung von politischer Ungleichheit in einer Nation ab, sondern auf die durchschnittliche Ausprägung von für das Wählen zentralen Faktoren im Vergleich von Systemen.[5] Bisherige empirische Ergebnisse sprechen deutlich dafür, dass sowohl die Vorbedingungen politischen Handelns als auch die Entscheidung für politisches Handeln selbst stark von der Angebotsseite der Politik geprägt werden.

Im Hinblick auf die Ausbildung von klar strukturierten Präferenzen haben z.B. Gordon und Segura (1997) zeigen können, dass in Systemen mit Angebotsstrukturen, die die Mobilisierung des Elektorats befördern, auch die *belief systems* stärker ausgeprägt sind. Zu den mobilisierenden Faktoren zählten in ihrer Analyse die institutionalisierte Stärke des nationalen politischen Wettbewerbs, angebotsbezogen die Differenzierung des Parteiensystems, und zeitbezogen der Abstand zu den nächsten Wahlen. Powell (1986) konnte für ähnliche Faktoren zeigen, dass die Wahlbeteiligung steigt, wenn Institutionen- und Angebotsstrukturen wettbewerbsfördernd ausgelegt sind. Im Hinblick auf die Qualität des Wählens wurde zumindest konstatiert, dass die Rationalität des Inputs von Seiten der Wähler nur so hoch sein kann wie die Rationalität auf der Angebotsseite (Key 1966). Hinsichtlich der Angebotsseite politischer Systeme sprechen die Ergebnisse mithin für einen Zusammenhang zwischen dem Ausmaß, in dem Wähler Präferenzen bilden und Angebote einschätzen können. Zumindest theoretisch ist auch der Zusammenhang zur Qualität des Entscheidungshandelns unumstritten.

Anders verhält es sich mit der Frage, ob die Ressourcenausstattung einer Gesellschaft einen Einfluss auf Präferenzbildung und Partizipation hat. Nie und Anderson (1974) konnten z.B. keinen Zusammenhang zwischen dem Ausmaß ideologischer Konzeptualisierungsfähigkeit in einer Gesellschaft und ihrem durchschnittlichen Bildungsniveau feststellen. Andererseits ist der Zusammenhang zwischen gesellschaftlicher Ressourcenausstattung und dem Ausmaß gesellschaftlicher Beteiligung an politischem Protest (Roller und Weßels 1996) und Beteiligung in gesellschaftlichen Organisationen (Weßels 1997) belegt.

Hier sollen daher die Zusammenhänge bezogen auf beide Dimensionen, Angebotsstruktur und gesellschaftliche Ressourcenausstattung, geprüft werden. Angesichts der vorliegenden Ergebnisse wird dabei von der Hypothese ausgegangen,

---

5   Bewusst ist hier von Systemen die Rede, obwohl der Vergleich auf Nationen abstellt. Denkbar ist, dass sich im Zeitverlauf die makrostrukturellen Bedingungen so verändern, dass auch in einer Nation zu verschiedenen Zeitpunkten Unterschiede existieren können. Das hat weitreichende, auch demokratietheoretische Implikationen.

Tabelle 3: Politisches Angebot, ökonomischer Reichtum und Bildung in einer Gesellschaft: Auswirkungen auf die Vorbedingungen und die „Qualität" der Wahlentscheidung (Aggregatkorrelationen)

	Parteiensystem			Gesellschaftliches Ressourcenniveau	
	Anzahl effektiver Parteien (log.)	Links-Rechts-Range (log.)	Links-Rechts-Differenzierung (log.)	Kaufkraft pro Einwohner (PPP, log.)	Bildungsausgaben in Kaufkraft pro Einwohner (PPP log.)
Prozentanteil Befragter mit Links-Rechts-Selbsteinstufung	0.35	0.67^{***}	0.71^{***}	0.22	0.17
Durchschnittl. Links-Rechts-Einstufung der Parteien in Prozent	0.49^{**}	0.75^{***}	0.79^{***}	0.22	0.20
Durchschnittl. Links-Rechts-Differenz zu gewählter Partei	0.07	-0.42^{*}	-0.36	0.15	0.07
Durchschnittl. Links-Rechts-Differenz zu nächster Partei	-0.18	-0.53^{**}	-0.54^{**}	-0.33	-0.34

$* p \leq 0.10$; $** p \leq 0.05$; $*** p \leq 0.01$.
Minimum N = 16 Länder (sozioökonomische Merkmale, PPP; ohne Taiwan), sonst 17 Länder (Angebotsstruktur Parteiensystem).

dass die politische Angebotsseite einen deutlich stärkeren Effekt auf die Ausbildung der Nachfrage, die Beurteilungsfähigkeit des Angebots und die Qualität der Wahlentscheidung hat als die Ressourcenausstattung einer Gesellschaft.

Die politische Angebotsstruktur wird über drei Indikatoren bestimmt: die Anzahl effektiver Parteien im jeweiligen Land, die Links-Rechts-Spannweite eines Parteiensystems, ermittelt über die Mittelwerte der Links-Rechts-Werte der Parteieneinstufung durch die Befragten, sowie die Parteiensystemdifferenzierung, bestimmt als die normierte quadrierte Links-Rechts-Differenz zwischen Parteipaaren in einem System. Die gesellschaftliche Ressourcenausstattung wird gemessen über die durchschnittliche Kaufkraft pro Einwohner sowie die Bildungsausgaben pro Einwohner in Kaufkraft pro Einwohner (*purchase power parity*).

Die Ergebnisse bestätigen die Hypothese. In politischen Systemen mit einer stärker differenzierten politischen Angebotsstruktur kann ein höherer Anteil der Befragten eine eigene Präferenz anhand der Links-Rechts-Dimension bestimmen, eine größere Zahl von Parteien in dieser Dimension einstufen und auch im Durchschnitt mit der Entscheidung den eigenen Nutzen stärker maximieren (Tabelle 3). Ebenso geht eine größere Differenzierung des politischen Angebots mit einer besseren Angebotsqualität im Sinne der Möglichkeit einher, die Distanz zwischen dem eigenen Idealpunkt und dem Angebot zu reduzieren. Bezogen auf das Ausmaß der in einer Gesellschaft zur Verfügung stehenden Ressourcen, so wie sie hier gemessen werden konnten, ergeben sich entgegen der Erwartung keine signifikanten Effekte.

Dieser Befund verweist darauf, dass nicht grundsätzlich, zumindest nicht bezogen auf die drei hier betrachteten Aspekte – das erreichte Ausmaß von Präferenzbildung, die prinzipiell mögliche Nutzenmaximierung und die realisierte Nutzenmaximierung durch die Wahlentscheidung – davon ausgegangen werden kann, die Ursachen politischer Ungleichheit lägen nur auf der Individualebene. Vielmehr spielt die Angebotsseite der Politik in diesem Zusammenhang eine entscheidende Rolle. Dieser Befund hat einige demokratietheoretische Brisanz. Zeigt sich im Vergleich politischer Systeme, dass die Bedingungen für politisches Handeln und politische Entscheidungen aus angebbaren Gründen in einem System besser als in einem anderen sind, lässt sich an ein System, das seinen Bürgern relativ schlechte Bedingungen bietet, durchaus die Forderung stellen, diese zu verbessern. Da die Angebotsseite der Politik entscheidend ist, wäre damit eine Aufforderung an die Parteien gegeben, durch entsprechend differenzierte Angebote für die Bürger gute Ausgangsbedingungen herzustellen. Wenn sich also festhalten lässt, dass das Niveau politischer Ungleichheit in einem System durch die Angebotsstrukturen geprägt ist, dann stellt sich konsequenterweise die Frage, ob auch die Stärke der Ungleichheit von Systemmerkmalen abhängt.

4. Makrostrukturelle Bedingungen der Variation in der Stärke politischer Ungleichheit zwischen Nationen

Dass zwischen dem Niveau politischer Ungleichheit und der Stärke der Ungleichheit ein Zusammenhang besteht, ist insbesondere in der Ökonomie häufig thematisiert worden (Wright 1978). In der sozialwissenschaftlichen Modernisierungstheorie wurde darauf verwiesen, dass das Niveau sozioökonomischer Modernität in einer Gesellschaft im engen Zusammenhang mit politischer Ungleichheit steht: je höher die Modernität, desto geringer die Ungleichheit (Adelman und Morris 1973). Bezogen auf Wahlen hatte Tingsten 1937 ein Gesetz der Dispersion aufgestellt, wonach die Wahrscheinlichkeit der Differenzierung der Wahlbeteiligung nach sozialen Gruppen in dem Maße abnimmt, wie die Wahlbeteiligung steigt (Tingsten 1937 nach Lijphart 1997: 2). Rosenstone und Hansen (1993: 238) bestätigen diesen Befund: je niedriger die Beteiligung, desto stärker die Ungleichheit in der Beteiligung. Auch bezogen auf Protestverhalten und Mitgliedschaft in Interessengruppen ist der Zusammenhang belegt, dass mit der gesellschaftlichen und politischen Modernität einer Gesellschaft die Stärke der Ungleichheit zwischen sozialen Gruppen im Hinblick auf diese Formen der Beteiligung abnimmt (Roller und Weßels 1996; Weßels 1997).

Die eingangs aufgestellte allgemeine Hypothese, dass die Stärke politischer Ungleichheit auch von makrostrukturellen Faktoren geprägt wird, kann also relativ gute Evidenz aus verschiedenen sozialwissenschaftlichen Perspektiven für sich beanspruchen. Hinsichtlich der Vorbedingungen und der Qualität politischer Entscheidungen sind keine Ergebnisse bekannt. Vor dem Hintergrund, dass sich hier zu beiden Aspekten belegen ließ, dass auf der Individualebene Ungleichheit aus der unterschiedlichen Verfügbarkeit von Ressourcen resultiert und dass für das Niveau politischer Ungleichheit Angebotsfaktoren eine entscheidende Rolle spielen, wird hier davon ausgegangen, dass diese Hypothese auch auf die Vorbedingungen und die Qualität von politischen Entscheidungen anzuwenden ist. Wiederum werden die bereits betrachteten Angebots- und Ressourcenfaktoren eines Systems herangezogen.

Als Maß für die Stärke der Ungleichheit dienen die Differenzen in dem Ausmaß der Präferenzbildung, dem Ausmaß der Angebotsbeurteilung und der Qualität der Wahlentscheidung zwischen den Gruppe mit der niedrigsten und mit der höchsten Ressourcenausstattung. Die Hypothese besagt, dass die Differenzen umso geringer ausfallen, je höher das Reichtums- und Ressourcenniveau einer Gesellschaft und je stärker differenziert das politische Angebot ist.

Die Ergebnisse sprechen durchweg für die Hypothese (Tabelle 4). Bezogen auf die Vorbedingungen politischer Entscheidung, also die Frage, ob Präferenzen ausgebildet und politische Angebote eingeordnet werden können, haben sowohl das gesellschaftliche Ressourcenniveau als auch die Angebotsstruktur einen Einfluss. Ein besonders starker Zusammenhang ergibt sich hinsichtlich der durch politische Information und Bildung induzierten Ungleichheit. Sie reduziert sich mit dem Ressourcenreichtum und der Differenzierung des politischen Angebots recht eindeutig. Bei der Ungleichheit auf Basis von Einkommen und Gewerkschaftsmitgliedschaft kann dasselbe hingegen nicht gesagt werden. Dabei ist allerdings zu berücksichtigen, dass die beiden letztgenannten Faktoren auch am wenigsten Ungleichheit produzieren. Ungleichheit in der Wahlbeteiligung und der Qualität der Wahlentscheidung im Sinne der Nutzenmaximierung im räumlichen Modell sind nicht in dem Maße von der Angebotsseite der Politik geprägt wie die Vorbedingungen des Wählens, aber ebenso stark wie diese durch das gesellschaftliche Ressourcenniveau. Wiederum ist dieser Zusammenhang besonders deutlich bei der aus Bildungsunterschieden resultierenden Ungleichheit.

Diese Ergebnisse verweisen darauf, dass bei den Voraussetzungen der Wahlentscheidung Ungleichheit nicht nur deshalb existiert, weil sich die Gesellschaften sozioökonomisch unterscheiden, sondern weil sie sich in ihren politischen Angebotsstrukturen unterscheiden. Nicht nur das Niveau politischer Ungleichheit, sondern auch die Stärke der Ungleichheit ließe sich über eine Veränderung des politischen Angebots reduzieren. Bezogen auf das Entscheidungshandeln, d.h. Wahlbeteiligung und Qualität der Wahlentscheidung, trifft dies hingegen nicht in dem Maße zu. Die Frage, die dabei offen bleibt und hier aufgrund der geringen Fallzahlen auch nicht geprüft werden kann, ist, ob die Stärke der Ungleichheit im Entscheidungshandeln auch dann so stark ausfallen würden, wenn auf der Seite der Vorbedingungen die Ungleichheit stark reduziert wäre.

Tabelle 4: Der Einfluss von ökonomischem Reichtum, Bildung und politischem
            Angebot in einer Gesellschaft auf die Stärke politischer Ungleichheit
            durch unterschiedliche Verteilung von Human-, ökonomischem und
            sozialem Kapital (Aggregatkorrelationen)

	Kaufkraft per capita (PPP, log.)	Bildungs- ausgaben per capita in PPP (log.)	Parteiensystem		
Stärke der Ungleichheit in:			Anzahl effektiver Parteien (log.)	Links- Rechts- Range (log.)	Links- Rechts- Differen- zierung (log.)
Links-Rechts-Selbsteinstufung					
Effekt durch ungleiche/s:					
Information	-0.51**	-0.41	-0.54**	-0.19	-0.24
Bildung	-0.53**	-0.56**	-0.58***	-0.51**	-0.52**
Einkommen	0.35	0.42	-0.25	-0.30	-0.30
Gewerkschaftsmitgliedschaft	-0.11	-0.13	0.02	0.30	0.22
Links-Rechts-Parteieneinstufung					
Effekt durch ungleiche/s:					
Information	-0.61***	-0.52**	-0.39	0.04	0.01
Bildung	-0.65***	-0.65***	-0.52**	-0.37	-0.39
Einkommen	0.41	0.46*	-0.19	-0.22	-0.23
Gewerkschaftsmitglied	-0.13	-0.13	0.04	0.36	0.26
Wahlbeteiligung					
Effekt durch ungleiche/s:					
Information	-0.24	-0.23	0.11	0.01	0.01
Bildung	-0.55**	-0.58**	-0.19	-0.03	-0.06
Einkommen	0.35	0.34	-0.08	-0.17	-0.14
Gewerkschaftsmitglied	-0.13	-0.24	0.18	0.21	0.15
Links-Rechts-Dist. zu gewählter Partei					
Effekt durch ungleiche/s:					
Information	0.40	0.30	-0.06	0.02	-0.03
Bildung	-0.46*	-0.43*	-0.58***	-0.21	-0.21
Einkommen	-0.29	-0.37	-0.36	0.13	0.12
Gewerkschaftsmitglied	-0.26	-0.21	-0.25	0.10	0.00

* $p \leq 0.10$; ** $p \leq 0.05$; *** $p \leq 0.01$.
Minimum N = 16 Länder (sozioökonomische Merkmale, PPP; ohne Taiwan), sonst 17 Länder (Ange-
   botsstruktur Parteiensystem).
Effekt durch ungleiche/s: Differenz zwischen niedrigster und höchster Kategorie, z.B. Information:
   Differenz zwischen Informationsgrad „nichts" und „3x richtig"; zu niedrigster und höchster Kateg o-
   rie s. Tabelle 1.

5. Schlussfolgerungen

Die Frage, ob beim Wählen, obwohl die egalitärste Form der Beteiligung, ebenso
wie bei anderen Beteiligungsformen politische Ungleichheit existiert, lässt sich
klar mit einem Ja beantworten. Sowohl die Vorbedingungen des Wählens, also die

Fähigkeit, eine Präferenz auszubilden und das Angebot zu beurteilen, als auch das Entscheidungshandeln selbst sind systematisch ungleich zwischen Wählergruppen mit unterschiedlicher individueller Ressourcenausstattung verteilt. Dieser Befund gilt für die Beteiligung an Wahlen ebenso wie für die Qualität einer getroffenen Wahlentscheidung. Bürger mit geringerer Ressourcenausstattung wählen systematisch Parteien, die weniger gut zu ihren Präferenzen passen als Bürger mit guter individueller Ressourcenausstattung. Die individuelle Ressourcenausstattung beeinflusst demzufolge die Fähigkeit, den eigenen politischen Nutzen im Sinne des räumlichen Modells der Wahlentscheidung maximieren zu können. Bildung hat als eine universell zum Verständnis der Welt einzusetzende Ressource dabei den größten Einfluss auf politische Ungleichheit.

So klar die Ergebnisse für die Faktoren auf der Individualebene sind, so wenig darf vernachlässigt werden, dass die politische Ungleichheit auch maßgeblich mit makrostrukturellen Faktoren eines Systems im Zusammenhang steht. Es konnte gezeigt werden, dass insbesondere die Struktur des politischen Angebots dafür entscheidend ist, wie hoch das Niveau politischer Ungleichheit ist. Damit ergibt sich der demokratietheoretisch wichtige Befund, dass sich das Niveau politischer Ungleichheit des Wählens durch ein entsprechend differenziertes politisches Angebot auf Seiten der Parteien absenken ließe.

Es konnte darüber hinaus festgestellt werden, dass auch die Stärke politischer Ungleichheit mit makrostrukturellen Faktoren kovariiert. Zum einen hat wiederum die politische Angebotsseite einen nachhaltigen Einfluss darauf, wie stark die Ungleichheit bei den Vorbedingungen des Wählens, also der Fähigkeit, Präferenzen auszubilden und Angebote zu beurteilen, ausfällt. Zum anderen spielt das sozioökonomische Ressourcenniveau einer Gesellschaft eine entscheidende Rolle für die Ungleichheit bei politischen Entscheidungen, also zum einen für die Entscheidung, überhaupt zu wählen, und zum anderen für die Qualität der Wahlentscheidung im Sinne der Nutzenoptimierung im räumlichen Modell. Auch für die Stärke politischer Ungleichheit kommt dem politischen Angebot dabei also durchaus einige Bedeutung zu.

Der Befund der politischen Ungleichheit des Wählens kann hier nur für ein spezifisches Modell der Wahlentscheidung – das räumliche Modell der rationalen Wahlentscheidung – behauptet werden. Dagegen kann eingewendet werden, dass Wähler andere oder komplexere Entscheidungsmodelle verwenden und dass daher eine Interpretation der Befunde als politische Ungleichheit nicht adäquat wäre. Der Einwand, dass Wähler andere Wahlfunktionen heranziehen, um ihre Entscheidung zu treffen, ist nicht von der Hand zu weisen. Gleichwohl bleiben die systematischen Unterschiede zwischen den Wählergruppen unterschiedlicher Ressourcenausstattung erklärungsbedürftig. Sie würden vor diesem Hintergrund nichts anderes bedeuten, als dass Bürger unterschiedlicher Ressourcenausstattung unterschiedliche Entscheidungsfunktionen heranziehen: besser ausgestattete das räumliche Modell, weniger gut ausgestatte ein anderes. Man mag dies lediglich als Unterschiedlichkeit zwischen unterschiedlichen Sozialgruppen interpretieren. Angesichts des Befundes, dass sowohl das Niveau politischer Ungleichheit des Wählens als auch ihre Stärke mit der Beschaffenheit des politischen Angebots der Parteien und dem Ressourcenniveau einer Gesellschaft kovariieren, spricht jedoch einiges dafür, dass die Unterschiede nicht bloße Verschiedenheit, sondern politische Ungleichheit bedeuten.

Mit dem Befund, dass politische Ungleichheit kein ausschließlich an Individualmerkmale gebundenes Phänomen ist, sondern auch maßgeblich vom politischen Angebot der Parteien geprägt wird, verbindet sich normativ die Aufforderung an die politischen Anbieter, politische Ungleichheit dadurch reduzieren zu helfen, dass sie eine politische Angebotsstruktur schaffen, die dem Wähler klare Alternativen und hinreichende Wahlmöglichkeiten bietet.

Literatur

Adelman, Irma and Cynthia Taft Morris (1973): Economic Growth and Social Equity in Developing Countries. Stanford: Stanford University Press.

Barnes, Samuel H., Max Kaase, Klaus R. Allerbeck, Barbara G. Farah, Felix Heunks, Ronald Inglehart, M. Kent Jennings, Hans-Dieter Klingemann, Alan Marsh und Leopold Rosenmayr (1979): Political Action. Mass Participation in Five Western Democracies. Beverly Hills: Sage.

Brady, Henry E., Sidney Verba und Kay Lehman Schlozman (1995): Beyond SES. A Resource Model of Political Participation. In: American Political Science Review, 89, S. 271-294.

Campbell, Angus, Philip E. Converse, Warren E. Miller und Donald E. Stokes (1960): The American Voter. New York: John Wiley & Sons.

Coleman, James S. (1990): Foundations of Social Theory. Cambridge: The Belknap Press of Harvard University Press.

Coleman, James S. (1994): Social Capital in the Creation of Human Capital. In: American Journal of Sociology, 94, S. 95-120.

Dahl, Robert A. (1997): Toward Democracy: A Journey. Reflections: 1940-1997, Band 1. Berkeley: Institute of Governmental Studies Press.

Dalton, Russell J. und Martin P. Wattenberg (1993): The Not So Simple Act of Voting. In: Ada W. Finifter (Hrsg.): Political Science. The State of the Discipline. Washington: American Political Science Association, S. 193-218.

Durkheim, Emile (1965): Die Regeln der soziologischen Methode. Neuwied: Luchterhand.

Falter, Jürgen W. und Siegfried Schumann (1994): Der Nichtwähler − Das unbekannte Wesen. In: Hans-Dieter Klingemann und Max Kaase (Hrsg.): Wahlen und Wähler. Analysen aus Anlaß der Bundestagswahl 1990. Opladen: Westdeutscher Verlag, S. 161-213.

Fuchs, Dieter und Hans-Dieter Klingemann (1989): The Left-Right Schema. In: M. Kent Jennings, Jan W. van Deth, Samuel H. Barnes, Dieter Fuchs, Felix J. Heunks, Ronald Inglehart, Max Kaase, Hans-Dieter Klingemann und Jacques Thomassen: Continuities in Political Action. A Longitudinal Study of Political Orientations in Three Western Democracies. Berlin: Walter de Gruyter, S. 203-234.

Fuchs, Dieter und Steffen Kühnel (1994): Wählen als rationales Handeln. Anmerkungen zum Nutzen des Rational-Choice-Ansatzes in der empirischen Sozialforschung. In:

Hans-Dieter Klingemann und Max Kaase (Hrsg.): Wahlen und Wähler. Analysen aus Anlaß der Bundestagswahl 1990. Opladen: Westdeutscher Verlag, S. 305-364.

Gordon, Stacy B. und Gary M. Segura (1997): Cross-national Variations in the Political Sophistication of Individuals. Capability or Choice? In: Journal of Politics, S. 126-147.

Jennings, M. Kent, Jan W. van Deth, Samuel H. Barnes, Dieter Fuchs, Felix J. Heunks, Ronald Inglehart, Max Kaase, Hans-Dieter Klingemann und Jacques Thomassen (1989): Continuities in Political Action. A Longitudinal Study of Political Orientations in Three Western Democracies. Berlin: Walter de Gruyter.

Kelley, Stanley, Jr. und Thad W. Mirer (1974): The Simple Act of Voting. In: American Political Science Review, 68, S. 572-591.

Key, Valdimer Orlando Jr. (1966): The Responsible Electorate. Rationality in Presidential Voting, 1936-1960. Cambridge, Mass.: The Belknap Press of Harvard University Press.

Klingemann, Hans-Dieter (1979a): The Background of Ideological Conceptualization. In: Samuel H. Barnes, Max Kaase, Klaus R. Allerbeck, Barbara G. Farah, Felix Heunks, Ronald Inglehart, M. Kent Jennings, Hans-Dieter Klingemann, Alan Marsh und Leopold Rosenmayr: Political Action. Mass Participation in Five Western Democracies. Beverly Hills: Sage, S. 255-277.

Klingemann, Hans-Dieter (1979b): Ideological Conceptualization and Political Action. In: Samuel H. Barnes, Max Kaase, Klaus R. Allerbeck, Barbara G. Farah, Felix Heunks, Ronald Inglehart, M. Kent Jennings, Hans-Dieter Klingemann, Alan Marsh und Leopold Rosenmayr: Political Action. Mass Participation in Five Western Democracies. Beverly Hills: Sage, S. 279-303.

Klingemann, Hans-Dieter (1985): Formen, Bestimmungsgründe und Konsequenzen politischer Beteiligung. Berlin: Universitätsdruck.

Klingemann, Hans-Dieter (1991): Die Bürger mischen sich ein. Die Entwicklung der unkonventionellen politischen Beteiligung in Berlin 1981-1990. In: Hans-Dieter Klingemann, Richard Stöss und Bernhard Weßels (Hrsg.): Politische Klasse und politische Institutionen. Probleme und Perspektiven der Elitenforschung, Dietrich Herzog zum sechzigsten Geburtstag. Opladen: Westdeutscher Verlag, S. 375-404.

Klingemann, Hans-Dieter, Hans-Joachim Veen, Peter Gluchowski und Bernhard Weßels, Carsten Zelle (1993): Nichtwähler – Wechselwähler – Parteibindungen. Gutachten im Auftrag des Bundeskanzleramts.

Lijphart, Arend (1997): Unequal Participation. Democracy's Unresolved Dilemma. In: American Political Science Review, 91, S. 1-14.

Lipset, Seymour Martin (1981): Political Man. The Social Bases of Politics. Baltimore: The Johns Hopkins University Press, (Orig. 1960).

Nie, Norman A. und Kristi Andersen (1974): Mass Belief Systems Revisited. Political Change and Attitude Structure. In: Journal of Politics, 36, S. 540-591.

Pacek, Alexander C. und Benjamin Radcliff (1995): Turnout and the Vote for Left-of-Centre Parties. A Cross-national Analysis. In: British Journal of Political Science, 25, S. 137-143.

Popkin, Samuel (1991): The Reasoning Voter. Chicago: Chicago University Press.

Powell, G. Bingham (1986): American Voter Turnout in Comparative Perspective. In: American Political Science Review, 80, S. 17-41.

Ranney, Austin und Willmore Kendall (1969): Basis Principles for a Model of Democracy. In: Charles F. Cnudde und Deane E. Neubauer (Hrsg.): Empirical Democratic Theory, Chicago: Markham, S. 41-63.

Roller, Edeltraud und Bernhard Weßels (1996): Contexts of Political Protest in Western Democracies. Organization and Modernity. In: Frederick D. Weil (Hrsg.): Extremism, Protest, Social Movements, and Democracy, Research on Democracy and Society Band 3. Greenwich, Conn.: JAI Press, S. 91-134.

Rosenstone, Steven J. und John Mark Hansen (1993): Mobilization, Participation, Democracy in America. New York: MacMillan.

Topf, Richard (1995): Electoral Participation. In: Hans-Dieter Klingemann und Dieter Fuchs (Hrsg.): Citizens and the State. Oxford: Oxford University Press, S. 27-51.

Verba, Sidney und Norman H. Nie (1972): Participation in America. Political Democracy and Social Equality. New York: Harper & Row.

Verba, Sidney, Norman H. Nie und Jae-on Kim (1978): Participation and Political Equality. A Seven-nation Comparison. Cambridge: Cambridge University Press.

Verba, Sidney, Kay Lehman Schlozman und Henry E. Brady (1995): Voice and Equality. Cambridge, MA: Harvard University Press.

Weßels, Bernhard (1997): Organizing Capacity of Societies and Modernity. In: Jan van Deth (Hrsg.): Private Groups and Public Life. Social Participation, Voluntary Associations, and Political Involvement in Representative Democracies. London: Routledge, S. 198-219.

Wolfinger, Raymond E. und Steven J. Rosenstone (1980): Who Votes? New Haven: Yale University Press.

Wright, Charles L. (1978): Income Inequality and Economic Growth. Examining the Evidence. In: Journal of Developing Areas, 14, S. 49-66.

Issue Voting and Party Systems in Central and Eastern Europe[*]

Gábor Tóka

1. Introduction

Since the 1970s, partly in reaction to the somewhat bleak assessment by the Co-lumbia school and Campbell et al. (1960) of the individual citizen's political com-petence, a whole generation of specialists in political behavior has tried to show that ordinary people can make good use of their vote. Their studies suggest that citizens intelligently interpret programmatic differences between parties and candi-dates after all, and vote on the basis of their concerns with serious, substantive po-litical questions. Key (1966: 2) had concisely anticipated the earlier verdict on the dearth of issue voting in the electorate: "Even the most discriminating popular judgment can reflect only ambiguity, uncertainty, or even foolishness if those are the qualities of the input into the echo chamber."

Hans-Dieter Klingemann's research has offered a particularly upbeat version of this line of reasoning. A recurrent theme in it has been that political parties tend to offer meaningful alternatives, that their programmatic differences are not vanishing under the pressures of electoral competition (Klingemann 1995), and that these dif-ferences – rather than a convergence of party positions – give citizens control of public policies (Klingemann, Hofferbert and Budge 1994).

It is in this context that his critical remarks about formal modeling of party competition (Klingemann 1995: 185; Klingemann, Hofferbert and Budge 1994: 23) can be best understood. He insists on three points that together attribute party ide-ologies an unusually central place in democratic representation.

First, he sees most political parties as fundamentally and inevitably – if not ex-clusively – policy-oriented actors. Sometimes they may even be called "visionar-ies," but at other times they seem anything but interested in principles and ideol-ogy. Thus, the scholar studying them has to reckon that the actors' *motives are mixed and subject to change* – a situation with which rational choice analysis is naturally at odds.

Second, against the natural predilection of formal models to treat the issues of partisan conflict as endogenous to party competition, Hans-Dieter Klingemann traces their roots to intense *pre-existing societal conflicts* and to the distinct ideo-

* The editors are indebted to Charles Lewis Taylor for English editing.

logical baggage that the parties, given their past record and the demands of hard-core supporters, cannot help carrying.

Last but not least, he considers the presence of programmatically *differentiated* political parties a must for democratic representation. Ideological vision and the conflict of principles, rather than opportunism and convergence, seem to signal the health of democracy to him. This stands in sharp contrast with much formal modeling of party competition, where convergence born out of competition is the ultimate guarantee of popular representation, and multiple dimensions of ideological conflict always raise the superstitiously feared specter of cycling chaotic policy outcomes.

A crucial reason that his work attributes such a central role to party ideologies is his perception that the performance of citizens in the democratic process is fairly unproblematic. Even though their political sophistication depends upon their education and similar factors (Klingemann 1973, 1979b), they tend to make sense of the political choices they face (Fuchs and Klingemann 1989). If there are meaningful alternatives, they develop party preferences on the basis of substantive policy- and ideology-oriented considerations, assuming they have had prior opportunity to learn about relevant differences between the parties and the candidates (Klingemann 1979a; Klingemann and Wattenberg 1992). Therefore, whatever differences there may be between voters in old and new democracies, the fundamental cause should be the different political experiences to which they were exposed (Kaase and Klingemann 1994).

In other words, citizens' skills, orientations and behavior remain important determinants of the emergence and quality of democracy (Welzel, Inglehart and Klingemann 2000), but political behavior itself depends on variables exogenous to the political culture, such as the party system. Where the latter shows programmatic structuring, citizens' behavior will not be an obstacle to the emergence of policy congruence between parties and their voters. The offering of the parties, and not some kind of ethno-religiously defined culture in itself are the critical variables that *directly* affect democratic performance. Social structures and culture constrain parties, but they only influence outcomes through political intermediaries.

2. The Model

Below I offer an empirical test of some of the above propositions as operationalized in the context of issue voting. The notion of issue voting refers to the impact of policy, rather than that of party or personality (essentially non-political), on citizens' electoral choices (Klingemann and Taylor 1977). Much of the literature on the topic more or less implicitly assumes that the greater the influence of issue concerns, the more reasoned, rational, and politically efficacious will be the voters' behavior (Berelson, Lazarsfeld and McPhee 1954; Franklin 1985; Granberg and Holmberg 1988; Key 1966; Pomper 1972; RePass 1971; Rose and McAllister

1986; Nie, Verba and Petrocik 1976). It is still a matter of debate as to whether issue voting is a quintessentially rational aspect of electoral behavior, and whether it has increased in Western democracies since the 1950s. But the proposition that issue voting is facilitated by the clarity of policy differences between the major parties and by citizens' political competence has certainly remained popular over the decades (Carmines and Stimson 1980; Alvarez 1997).

Below I try to investigate whether the level of issue voting is indeed responding to the clarity of programmatic alternatives. More concretely, I will use survey data to investigate how the correlation between vote choice and issue attitudes is related to the clarity and degree of programmatic differences among the parties, the fractionalization of the party system, the age of democracy, and the pool of relevant knowledge in the voting population. While the main bone of contention is simple enough, there is surprisingly little in the way of systematic comparative evidence that could be marshaled to support or refute it. If anything, Hans-Dieter Klingemann's work teaches us that however logical something appears to be, we had better check its truth before believing.

My model tries to test an underlying substantive message of his works: If only parties staked out clear positions, the voters would react. In other words, the party system need not be particularly simple; the party alternatives do not have to be particularly old; and party positions can be fairly moderate to allow for issue voting in the electorate. The single most important party system characteristics that determine the extent to which policy congruence between voters and parties can emerge is the clarity of party policies.

The truth of this intuition is not obvious. The age of the political system could be expected to influence positively voters' information levels regarding party positions just as much as does the clarity of those positions. Party fractionalization can also be expected to impact issue voting by affecting all voters' information costs – and consequently knowledge – regarding party policies. Its likely effect through knowledge is negative, of course. The more parties there are, the bigger the voters' information costs and the less their knowledge; therefore issue voting must be less abundant. It is not immediately clear why these effects would be less pronounced than the likely positive effect of the clarity of party positions on voters' information level and issue voting.

Furthermore, the same three system characteristics may have a direct effect on issue voting even when we hold voters' information level regarding party positions constant. First, the aging of democracy may alter political culture. Citizens may increasingly adapt to norms that are widely – wisely or not is another matter – cherished in democracies. That is, they may respond to the norm that they should care "about the issues" and pay less attention to seemingly more superficial cues when it comes to voting in elections. Second, the more parties there are to choose from, the more clearly can differences in citizens' attitudes be expressed through vote choice. Finally, a greater clarity of party positions may result from larger policy distances among them. This may not only reduce citizens' information costs but also increase the policy stakes in competition and hence citizen's motivation to engage in issue-oriented voting. Thus, clarity of party positions may appear to have a direct effect on issue voting over and above its indirect effect through citizens' knowledge.

Hence, two regression models will be estimated below. The first assesses how the age of democracy, the number of parties and the clarity of party positions shape citizens' knowledge of party positions. The second explores the direct impact of both the dependent and independent variables of the first equation on the degree of issue voting in the electorate. The expectation suggested by Key's echo chamber metaphor as well as much of Klingemann's work is that the clarity of party positions has a predominant influence on citizens' knowledge, and the latter has a far bigger impact on issue voting than the three system characteristics.

Note that this argument does not refer to any possible understanding of what "issue voting" amounts to. The ultimate dependent variable in the theoretical argument is the collective capacity of citizens to hold politicians accountable to popular preferences. Thus, what matters is not the number of individual citizens who sincerely believe that they voted for the party that matches their issue positions best. If citizens lack any shared understanding of which party stands for what, then election results cannot intelligibly express voters' preferences. Rather, what empowers citizens, according to the above argument, is for voters with similar policy preferences to support similar parties. This collective behavior can assure – and make politicians expect – that parties will win or lose votes according to the popularity of the positions that they advocate as perceived by most ordinary voters.

It follows from this that the cases in the empirical analysis must not be individual citizens, but entire electorates. Due to the scarcity of comparable data on the clarity of party positions, the cases in the analysis were selected solely on the ground of data availability. Two separate analyses were carried out. This provided a check upon the robustness of the findings in the face of slight differences in the measurement of some key variables and a very substantial change in the sampled universe.

3. Data and Measures in the First Analysis

The first test covers the Czech Republic, Hungary, and Poland in the mid-1990s. The chief data sources are a cross-national survey of East Central European middle-level party elites directed by Herbert Kitschelt of Duke University, and a longitudinal comparative study on party images that was initiated and sponsored by the Central European University, Budapest (CEU 1992-1997). For the latter, national probability samples of the voting age population were interviewed six to eight times in each country between September 1992 and January 1997. In the former, face-to-face structured interviews were conducted with about 120-130 regional party leaders, mayors, city councilors and similar party politicians in each country in the spring of 1994. In the computations for this paper the data were weighted so that the relevant parties – numbering between six and ten per country – were equally represented in the weighted sample.

The degree of issue voting is likely to vary considerably across issues, time and countries. Thus, in order to test propositions about what influences its extent, it is desirable to construct a database in which issues, time points and countries all vary while the measures remain constant. This requirement has some undesirable implications for the precision with which issue voting can be estimated. As a rough indicator I will use the strength of statistical association, measured with the *eta* coefficients, between party preference (on the measurement, see Appendix B) and issue attitudes. The original issue attitude questions asked the respondents to rate ten political goals on a nine-point scale according to how strongly they were in favor or against them. Five of these items were included in the present analysis. These items were phrased identically to those for which respondents had to reveal their perception of party positions. The latter are used to measure citizens' knowledge below (see Appendix A). Respondents without either a party preference or a valid response to the issue question were excluded from the calculation of the *eta* coefficient.

The higher the value of the coefficient, the more the variation across citizens in issue attitudes is concentrated between, rather than within the supporters of individual parties. In Granberg and Holmberg's (1988) words, this indicates the "rational democratic component" of the congruence between voters' own issue attitude and what issue position they attribute to their preferred party. Unlike the simple correlation between the last two factors, the rational democratic component cannot result from just wishful thinking about party positions. It is fed by two factors only: that people with similar issue attitudes tend to vote for the same party, and that some people accept the issue position associated with the party that they – for whatever reason – support. In the first case, issue position is the cause that is followed by vote choice, while in the second case the issue position is the result of party choice. But in either case, a party-mediated and policy-based linkage obtains between the representatives and the represented.

However, only the first of the two elements of the "rational democratic component" has something to do with issue voting. Hence, it is unfortunate that the present data do not allow their separate treatment. This may result in statistically insignificant findings where the theoretically anticipated effects on issue voting are obscured by a zero relationship between the independent variables on the one hand, and the second ingredient of the rational democratic component, namely that some people may adopt their preferred party's issue positions, on the other. This is particularly likely when, as in the second analysis reported below, issue positions are replaced with party and self-placements on an abstract left-right scale (Inglehart and Klingemann 1976).

However, it is improbable that this measurement error leads to false positive findings. *A priori*, the independent variables of my model do not seem likely to influence either the parties' ability to persuade voters about their issue position, or the voters' eagerness to be persuaded *in the same direction* as I expect the system characteristics to impact the degree of issue voting. Hence, the measurement error may make my test somewhat conservative, but is unlikely to inflate any one of the effects estimated in the statistical models below.

Note that the measure of issue voting was computed separately for five issues and several time points in each of three countries. Altogether, there are 105 cases: five issues in each of eight surveys in the Czech Republic, of seven in Hungary, and of six in Poland. Obviously, a country at time t is not an independent event from the same country at time $t-1$; therefore an important assumption in the estimation of statistical errors would be violated if they were treated as separate cases. In order to avoid the underestimation of the statistical error of the parameter estimates, the cases in the analysis were weighted. The weight factor was one divided by the number of surveys in the respective country, yielding a weighted sample size of 15 (i.e., the number of issues times the number of countries).

In this first analysis, the age of democracy was measured by the number of months since the first free legislative election after the fall of communism, i.e., March 1990 in Hungary, June 1990 in Czechoslovakia, and October 1991 in Poland. For each time point covered by the analysis, the Effective Number of Parties variable was computed from the distribution of party list votes in the last lower house election in the respective country. The Laakso-Taagepera index was used, which is defined as $1/(1-F)$, where F is Rae's index of fractionalization – one minus the sum of the squared proportion of the vote won by each party. For instance, if there are only five parties winning noticeable electoral support, each taking one-fifth of all valid votes, then $F = 1-5(0.20)^2 = 0.80$, and the effective number of political parties is five, irrespectively of the number of parties winning (nearly) no votes at all.

Vote choice can only be motivated by citizens' issue and ideological concerns if the voters know, rather than just believe, something about party positions. This knowledge may not be correct, but it must be more than mere fantasy. It has to be intersubjective; otherwise it is not exogenous to the voting decision itself, and cannot be a cause of the latter. A visible form of such knowledge is consensus among citizens about where particular parties stand on an issue dimension. Its degree must depend partly on citizens' motivations and cognitive skills, and partly on how clear party positions are. Thus, the measurement of clarity needs to be separated from voters' knowledge about party positions, since that knowledge may be influenced by the skills and motivation of ordinary citizens, too.

These are, in a nutshell, the basic ideas behind the procedure developed for measuring the clarity of party positions and how knowledgeable citizens are about them. It suffices to sketch it here since the details are discussed elsewhere (Tóka 1998). The data come from Kitschelt's survey of party activists. All respondents were asked to locate all relevant parties in their country on several 20-point issue scales (e.g., more versus less progressive income tax). The items selected for the present analysis were close parallels to the ones that were used to calculate issue voting and the index of citizens' knowledge (see Appendix A). I assume that middle-level party activists are far more knowledgeable about party positions than individual citizens, and that – to the extent that there really are predictable party positions on the given issue – their knowledge is equally close to (or equally far from) perfect across issues, countries and parties.

On this basis, one could measure the "diffuseness" of party positions with the standard deviation of the placements of each party j on issue k across all respondents on a given issue (see Kitschelt et al. 1999). But this solution raises several problems. First, some of the variation in the placement of a party on an issue may merely reflect the diversity of partisan viewpoints in the jury, rather than a genuine lack of identifiable party positions. Second, standard deviations, as well as distances between party positions, depend on how the endpoints of the scale were defined. Had, for instance, point 20 of the income tax scale meant a poll tax (instead of a tax less progressive than the existing one), the same respondents might (indeed should) have placed the same parties in a narrower range. Then, the standard deviation of the judgments on any party j's position would have been smaller, too. Last but not least, distances and variances are not comparable across issues as long as we cannot define an explicit exchange rate between a unit difference on one issue (say income taxation) and another (say abortion rights or NATO membership).

To avoid these problems, a percentage-based measure was developed that has a naturally standardized metric, with the maximum value of 100 indicating that (1) not all parties were attributed exactly the same position by everyone, and (2) there was a perfect consensus among politicians/supporters of each party about the position of all the parties they were asked about. The first step to achieve this was to organize the responses into a data matrix where each issue k was a column, and each unique combination of respondents i and parties j was a separate row. Thus, the number of cells in each column was equal to the number of respondents times the number of parties they were asked to place on the issue scales. For each cell the entry was calculated as the ith respondent's rating of party j's position on issue k minus the average of all relevant parties' placement on issue k by respondent i. In other words, party positions were expressed in terms of the perceived direction and magnitude of their deviations from the all-party average on the given issue.

The Clarity of Party Positions variable shows, for each issue separately, the percentage of the total variance in party placements that was explained, in a variance analysis, by the two independent variables and their interaction: namely which party a response referred to, and which party the judge belonged to. A strong interaction between the two variables could obtain if, for example, members of left-wing parties placed their own parties at center-left and right-wing parties at far-right positions, while members of the right-wing parties placed their own parties just a bit right of the center, and the left-wing parties at far-left positions. Such a response pattern would not imply cross-party disagreement but rather a high degree of consensus. There would be agreement not only on the relative distance between the parties on the issue, but also on which positions (namely the centrist ones) are the most desirable.

The maximum value of the index (100) can also be reached if the interaction effect is nil, but everyone is in perfect agreement about the placement of each party, and these party locations at least minimally differ from one another. At the opposite extreme, the Clarity of Party Positions is at its minimum when the variance in the placement of every single party on the issue shows as much variance within the members of each party as in the total sample. In this case, the parties' true positions do not differ in an intelligible way, and they do not even dispute in a coherent way each other's claims to represent a particular position. In this situation, no party-based representation of citizens' issue concerns can occur, and the Clarity of Party Positions assumes its theoretical minimum value (0).

Note that within nearly every single issue domain the Clarity of Party Positions has an almost perfect correlation with the spread of party position (i.e., the standard deviation of each party's mean placement in the sample). This was determined in the following way. Both the clarity and spread measures were computed for all four countries and each of the 20 issue and ideological scales included in the Kitschelt survey, not just for the five issues and three countries included in the rest of my analysis. The correlation between spread and clarity was then computed for each of the 20 scales separately. Each correlation is based on just four cases (i.e., the four countries). Therefore only their mean value (0.94) should interest us.

The impressively high value is not a methodological artifact. Even where the mean distance between the placements of two or more parties is high, there could be an even bigger variance in where exactly the same party is located by different respondents. This would produce a relatively high spread but low clarity of party positions. Nor can we explain away the stunningly high mean correlation by pointing to the small number of cases (just four countries for each of the 20 correlation coefficients), since the standard deviation of the 20 correlation coefficients is a modest 0.12. Rather, the high correlation seems to signal that a higher clarity of party positions can only be expected from greater policy distances between the parties. However, since no meaningful quantitative comparison of policy distances is possible across issue domains, this analysis has to rely on a measure of clarity. The spread of party position can only replace it where, as in the second analysis reported below, the comparison is restricted to a single scale measured identically across a number of cases.

The Citizens' Knowledge of Party Positions variable closely parallels the Clarity of Party Positions index, but is derived from surveys of citizens. Unfortunately, the citizen survey relied on a different question format and probed different issue scales than did the party-activist survey. The respondents were asked which (up to three) parties were most and which were least likely to pursue certain goals. These goals included five that seem to tap nearly the same issue dimensions as the five picked from the elite survey, i.e., privatization, market economy, churches, former communists, and nationalism (see Appendix A on wording). Note that the citizen sample was also asked, as a separate question, to tell how important they considered these five goals, and the correlation of their ratings of the goals with their party preference was used to measure issue voting (see above). Hence, I obtained independent measures of three, presumably connected but distinct elements in a causal chain: How much consensus there is among party elites about the position of the parties, how much consensus there is about the same matter among voters, and how much issue voting emerges on the same issues among citizens.

From the citizens' responses on which parties follow particular goals, a close equivalent of the elite data was created. Here too, the unit of observation was the combination of respondent i and party j. The same parties were considered as those rated by the party activists (for the list, see Kitschelt et al. 1999), except that the Polish Democratic Union (UD) and the Liberal-Democratic Congress (KLD), which merged between the Spring 1994 elite and the Autumn 1994 mass survey, were replaced with their successor organization, the Freedom Union (UW), and the mass responses about the Czech Socialist Party (CSS) and Agrarian Party (CSZ) were considered equivalent to the activists' responses about their electoral alliance, the Liberal Social Union (LSU).

First, each party j attributed the goal in question by respondent i was coded plus one; the party "least likely" to pursue that goal minus one; and all other responses zero. Then, exactly as in the Kitschelt data, the average "placement" of all parties by respondent i was computed for each issue k, and subtracted from the respondent's placement of each party j on that issue. Finally, the same variance analyses were carried out for each issue as for the party activist survey, with the position of parties j as perceived by respondents i as the dependent variable, and the identity of the rated party and the party preference of respondent i as the two independent variables. In order to be included in the variance analyses the party preference data had to identify the respondent as a supporter of one of the parties rated in the survey of party activists.

This step completes the construction of the variables needed for the first empirical analysis. Note again that the unit of observation is a particular political issue domain in a particular country at a particular point in time, but the data are weighted so that each of the 15 issue-country pairs is counted as just one case in the analysis. Recall too that some effects of the party system characteristics on issue voting may well be mediated by citizens' knowledge. Therefore, the empirical tests require two regression equations, shown in Tables 1 and 2 respectively. The results of the first analysis, using the East Central European data described above, are displayed in the upper panel of the tables. Only the Clarity of Party Positions appears to have a statistically significant effect on Citizens' Knowledge about Party Positions; the Age of Democracy and the Effective Number of Parties do not. Issue Voting, in its turn, is only affected significantly by Citizens' Knowledge and thus, indirectly, also by the Clarity of Party Positions. All significant effects are in the expected, i.e., positive, direction. The theoretical implications will be discussed after presenting the results of the second analysis.

Table 1: Determinants of Citizens' Knowledge of Party Positions

First analysis
(weighted N = 15 issue-party system pairs, each observed at 6-8 points in time)

Independent variables	b	(s.e.)	beta
Age of Democracy (Version 1)	-0.052	(0.358)	-0.050
Effective Number of Parties	-2.427	(2.757)	-0.303
Clarity of Party Positions	0.780	(0.371)	0.533*
Adjusted R^2	0.125		

Second analysis
(N = 18 party systems, each observed at a single point in time)

Independent variables:	b	(s.e.)	beta
Age of Democracy (Version 2)	6.474	(4.424)	0.129
Effective Number of Parties	2.191	(1.260)	0.155
Spread of Party Positions	27.038	(2.729)	0.881**
Adjusted R^2	0.871		

* The coefficient is significant at the 0.10 or lower level.
** The coefficient is significant at the 0.01 or lower level.
Note: Table entries were derived from OLS-regression analyses with Citizens' Knowledge of Party Positions as the dependent variable. On data sources and the construction of the variables, see the main text.

Table 2: Determinants of Issue Voting

First analysis
(weighted N = 15 issue-party system pairs, each observed at 5-7 points in time)

Independent variables	b	(s.e.)	beta
Age of Democracy (Version 1)	0.001	(0.002)	0.161
Effective Number of Parties	0.009	(0.012)	0.222
Clarity of Party Positions	0.000	(0.002)	0.016
Citizens' Knowledge of Party Positions	0.004	(0.001)	0.720*
Adjusted R^2	0.333		

Second analysis
(N = 18 party systems, each observed at a single point in time)

Independent variables	b	(s.e.)	beta
Age of Democracy (Version 2)	-0.010	(0.080)	-0.023
Effective Number of Parties	0.007	(0.023)	0.051
Spread of Party Positions	0.003	(0.130)	0.012
Citizens' Knowledge of Party Positions	0.007	(0.005)	0.793
Adjusted R^2	0.566		

* The coefficient is significant at the 0.10 or lower level.
** The coefficient is significant at the 0.01 or lower level.
Note: Table entries were derived from OLS-regression analyses with Issue Voting as the dependent variable. On data sources and the construction of the variables, see the main text.

4.   Data and Measures in the Second Analysis

The survey data in the second analysis come from the Comparative Study of Electoral Systems (CSES 2000). In each country covered by the study, national probability samples of the adult population were interviewed shortly after a national election held some time between 1996 and 1999. The data sets and study documentation were downloaded from the website of the project, the participants of which are certainly not responsible for possible errors in my use of the data. In all analyses reported here, the CSES data are weighted with the variables provided through the CSES Supplementary Weight File. Scotland and East Germany were treated as separate cases not only because of their peculiar party systems but also because of their substantial overrepresentation in the German and British samples – a condition that did not obtain in the case of Wales and the regions of Spain, for instance. Of the countries covered by CSES, Japan, Lithuania, and the United States were excluded from the analysis because one or more variables utilized here were missing. Some of the relevant Israeli data were kindly provided by Asher Arian, whose prompt help is gratefully acknowledged. All in all, my second analysis covers 18 party systems and one issue dimension in each. The 18 data points enter the analysis unweighted.

The only issue variables available in the CSES survey are the respondents' ideological self-placement and their placement of up to six relevant parties on the same 11-point left-right scale. It is assumed here that the left-right discourse absorbs whatever major divisive partisan issues there are in a given country (Inglehart and Klingemann 1976; Fuchs and Klingemann 1989). Therefore, party and self-placements on the scale reflect some kind of weighted average of relevant issue positions. Starting from this assumption the Issue Voting and Citizens' Knowledge of Party Positions variables were computed from the left-right placements, using exactly the same procedures as in the first analysis. The coding of the party preference variable is described in the Appendix. The list of parties placed by the respondents is available from the study codebook (CSES 2000). Only the responses about Plaid Cymru by the few respondents in the Welsh counties of Britain were excluded from my computations.

Apart from Citizens' Knowledge, no information on the Clarity of Party Positions is available in the CSES data. The latter variable was therefore substituted with a proxy that I call the Spread of Party Positions. As shown in the previous section, the Clarity and Spread of Party Positions are very strongly correlated in the East Central European elite data, presumably reflecting a close causal relationship between the two variables.

The numerical value of spread is equal to the standard deviation of the mean left-right placement of each relevant party in a given country. This measure has been extensively used in the previous literature for cross-national comparisons of party polarization. I assume that the relative cross-national differences are not influenced by whether the calculus is based on data from surveys of citizens, party elites or other expert judges.

The Effective Number of Parties was measured exactly as in the first analysis, on the basis of vote fractionalization in the last legislative election. The Age of Democracy, however, was not counted in months, since further aging beyond a certain point seems unlikely to cause a notable change in voters' information or motivation. Instead, a crude distinction was used to capture what seems to be the most relevant variation in political system age within the second sample. Thus, the "old" democracies of Australia, Britain, Western Germany, Israel, The Netherlands, New Zealand, and Norway were coded 2; the "almost old" democracies of Argentina and Spain 1.67; the new democracies of the Czech Republic, East Germany, Hungary, Poland, Romania, and Taiwan 1.33; while Mexico and Ukraine were coded 1 as they were still dubiously democratic countries at the time when the CSES module was administered.

The results of the second analysis are displayed in the bottom panel of Tables 1 and 2. Citizens' Knowledge of Party Positions is almost perfectly explained by the model; notice how close the adjusted R-square gets to one. The only statistically significant effect belongs to the Spread of Party Positions, which is far stronger than the parallel impact of the Clarity of Party Positions in the first analysis. The difference of the effects cannot be explained with the difference between the two variables. As I indicated above, the Clarity and Spread of Party Positions are so closely correlated that in appropriate comparative contexts, they must be interchangeable. The discrepancy must be due to other factors. The first is provided by the differences in the wording of the issue scales that were used, in the first analysis, to calculate the Clarity of Party Positions variable on the one hand, and Citizens' Knowledge of Party Positions on the other (see Appendix A). The second reason must be that in the second analysis both the dependent and the independent variable are based on citizens' responses, which was not the case in the first analysis.

When all four independent variables are simultaneously entered in the second equation, none appears to register a statistically significant effect in the second analysis (Table 2). However, the explained variance is respectably high. In fact, it is even higher than in the first analysis, where Citizens' Knowledge recorded a significant effect. This puzzle is explained by the extremely close correlation between Citizens' Knowledge and the Spread of Party Positions in the second analysis (0.92, $p \leq 0.01$). When a stepwise regression procedure is employed to tackle their co-linearity, then only Citizens' Knowledge of Party Positions enters the equation, recording an effect significant well below the 0.001 level and explaining a healthy 65 percent of the cross-national variance in the degree of issue voting (data not shown).

5. Discussion

The results neatly support Key's proposition about what "the most discriminating popular judgment" can achieve when party positions are not sufficiently clear. Citizens' Knowledge of Party Positions responds to the Clarity, respectively Spread of Party Position, and if the same issue scales are used to measure both, the latter alone explains almost all cross-national variance in the former. The degree of issue voting, in its turn, is strongly dependent on consensus in the electorate about where each relevant party stands on the issue. Citizens' Knowledge of Party Positions alone explains between one and two-thirds of the variance in issue voting across political contexts. By and large, then, citizens live up to the role assigned to them in normative democratic theory, provided that the party system offers them an opportunity to do so. Minor additions to the costs of information – like those implied by more parties or the context of a new democracy – do not have a big impact on their behavior.

To be sure, I could not refuse the proposition that the age of democracy and the effective number of parties may *directly* influence the degree of issue voting. After all, the respective effects are positive, although clearly insignificant in both analyses. Yet, even if their small direct effects are real, they surely are dwarfed by the large *indirect* effect of the Clarity (or Spread) of Party Positions. At least in this respect, then, Citizens' behavior really does not differ much between old and new, two-party and multi-party democracies, at least not in comparison with the large difference between political systems with greatly varying Clarity of Party Positions. It is also noteworthy that the Spread of Party Position does not seem to have much direct effect on the degree of issue voting. This implies that high party polarization does not increase issue voting directly though it raises the stakes of competition. Its only effect on issue voting is through the Clarity of Party Positions.

This would all seem to confirm the central importance of clear, though not necessarily extreme party stances for the emergence of policy congruence between voters and parties. Yet, we saw that the Clarity of Party Positions is almost perfectly explained by their spread, i.e., the policy distance between the parties. This suggests that ideological polarization has at least one very positive contribution to the democratic process. And so do extremist parties, whenever they are called extremist because of their commitment to an unusual minority position on issues, and not for a widely condemned behavioral pattern. Whatever the merits of their issue positions are otherwise, they help to clarify the relative place of parties in the issue place. This last conclusion may not be entirely to the personal liking of Hans-Dieter Klingemann. But if there really is a trade-off between the positive and negative contributions of extremist parties to the health of democracy, it has been the work of scholars like him that has demonstrated the virtues of principled disagreement in the democratic process.

References

Alvarez, R. Michael (1997): Information and Elections. Ann Arbor, MI: University of Michigan Press.

Berelson, Bernard R., Paul F. Lazarsfeld and William N. McPhee (1954): Voting. A Study of Public Opinion Formation in a Presidential Campaign. Chicago, IL: The University of Chicago Press.

Campbell, Angus, Philip E. Converse, Warren E. Miller and Donald Stokes (1960): The American Voter. New York: John Wiley & Sons.

Carmines, Edward G. and James A. Stimson (1980): The Two Faces of Issue Voting. In: American Political Science Review, 74, pp. 78-91.

CEU (Central European University) (1992-1997): The Development of Party Systems and Electoral Alignments in East Central Europe. Machine-readable data files. Budapest: Department of Political Science, Central European University. Distributor: TÁRKI, Budapest.

CSES (The Comparative Study of Electoral Systems) (2000): Module 1 Micro-data, June 2000 version. Ann Arbor, MI: University of Michigan, Center for Political Studies (producer and distributor). URL: http:/www.umich.edu/~nes/cses/.

Franklin, Mark (1985): The Decline of Class Voting in Britain. Oxford: Oxford University Press.

Fuchs, Dieter and Hans-Dieter Klingemann (1989): The Left-Right Schema. In: M. Kent Jennings, Jan W. van Deth, Samuel H. Barnes, Dieter Fuchs, Felix J. Heunks, Ronald Inglehart, Max Kaase, Hans-Dieter Klingemann and Jacques J. A. Thomassen: Continuities in Political Action – A Longitudinal Study of Political Orientations in Three Western Democracies. Berlin: de Gruyter, pp. 203-234.

Granberg, Donald and Sören Holmberg (1988): The Political System Matters: Social Psychology and Voting Behavior in Sweden and the United States. Cambridge: Cambridge University Press.

Inglehart, Ronald and Hans-Dieter Klingemann (1976): Party Identification, Ideological Preference, and Left-Right Dimension Among Western Mass Publics. In: Ian Budge, Ivor Crewe and Dennis Farlie (eds.): Party Identification and Beyond: Representations of Voting and Party Competition. London: John Wiley & Sons, pp. 243-275.

Kaase, Max and Hans-Dieter Klingemann (1994): The Cumbersome Way to Partisan Orientations in a "New" Democracy. The Case of the Former GDR. In: M. Kent Jennings and Thomas E. Mann (eds.): Elections at Home and Abroad. Essays in Honor of Warren E. Miller. Ann Arbor, MI: The University of Michigan Press, pp. 123-156.

Key, Vladimir O., Jr. (1966): The Responsible Electorate. Cambridge, MA: The Belknap Press of Harvard University Press.

Kitschelt, Herbert, Zdenka Mansfeldova, Radoslaw Markowski and Gábor Tóka (1999): Post-communist Party Systems: Competition, Representation, and Inter-party Cooperation. Cambridge: Cambridge University Press.

Klingemann, Hans-Dieter (1973): Dimensions of Political Belief Systems. "Levels of Conceptualization" as a Variable. Some Results for the USA and FRG 1968/69. In: Comparative Political Studies, 5, pp. 93-106.

Klingemann, Hans-Dieter (1979a): Measuring Ideological Conceptualizations. In: Samuel H. Barnes, Max Kaase, Klaus R. Allerbeck, Barbara G. Farah, Felix Heunks, Ronald Inglehart, M. Kent Jennings, Hans-Dieter Klingemann, Alan Marsh and Leopold Rosenmayr (1979): Political Action. Mass Participation in Five Western Democracies. Beverly Hills: Sage, pp. 215-254.

Klingemann, Hans-Dieter (1979b): The Background of Ideological Conceptualizations. In: Samuel H. Barnes, Max Kaase, Klaus R. Allerbeck, Barbara G. Farah, Felix Heunks, Ronald Inglehart, M. Kent Jennings, Hans-Dieter Klingemann, Alan Marsh and Leopold Rosenmayr (1979): Political Action. Mass Participation in Five Western Democracies. Beverly Hills: Sage, pp. 255-277.

Klingemann, Hans-Dieter (1995): Party Positions and Voter Orientations. In: Hans-Dieter Klingemann and Dieter Fuchs (eds.): Citizens and the State. Oxford: Oxford University Press, pp. 183-205.

Klingemann, Hans-Dieter, Richard I. Hofferbert and Ian Budge (1994): Parties, Policy and Democracy. Boulder, CO: Westview Press.

Klingemann, Hans-Dieter and Charles L. Taylor (1977): Affektive Parteiorientierung, Kanzlerkandidaten und Issues. In: Max Kaase (ed.): Wahlsoziologie heute. Opladen: Westdeutscher Verlag, pp. 301-347.

Klingemann, Hans-Dieter and Martin P. Wattenberg (1992): Decaying Versus Developing Party Systems. A Comparison of Party Images in the United States and West Germany. In: British Journal of Political Science, 22, pp. 131-149.

Nie, Norman H., Sidney Verba and John R. Petrocik (1976): The Changing American Voter. Cambridge, MA: Harvard University Press.

Pomper, Gerald M. (1972): From Confusion to Clarity. Issues and American Voters 1956-1968. In: American Political Science Review, 66, pp. 415-428.

RePass, David (1971): Issue Salience and Party Choice. In: American Political Science Review, 65, pp. 389-400.

Rose, Richard and Ian McAllister (1986): Voters Begin to Choose. London: Sage.

Tóka, Gábor (1998): Party Positions. In: Jan W. van Deth (ed.): Comparative Politics. The Problem of Equivalence. London: Routledge, pp. 180-204.

Welzel, Christian, Ronald Inglehart and Hans-Dieter Klingemann (2000): Human Development as a Universal Theory of Social Change. Cross-level and Cross-cultural Evidence from 63 Societies. Paper presented at the 28th Joint Sessions and Workshops of the European Consortium for Political Research, Copenhagen, Denmark, 14-19 April 2000.

Appendix A: Issue Scales in the First Analysis

As explained in the main text, in the first analysis the Clarity of Party Positions and the Citizens' Knowledge of Party Positions were calculated from parallel – but not strictly comparable – survey data coming from the Kitschelt et al. survey of party activists and the CEU (1992-1997) surveys of citizens. Five issue questions were chosen from both surveys, and these were paired with each other so as to produce comparable data on the Clarity of Party Positions and on how much citizens know about them in five different issue domains in three countries.

The respondents in the elite-survey were asked to tell how important some ten potentially controversial issues were for their party, and to locate all parties on 20-point issue (e.g., more or less progressive income taxation) and ideological (left versus right, clerical versus secular, and so on) scales. The preamble of Q.17 (the question on perceived party positions) in the CEU survey reads as follows: "I am going to read some political goals. Please, tell me after each, which party or parties in ... [COUNTRY] you think really wish to reach that objective. You can name a maximum of three parties in each case. Then I am going to ask you which party you think is the least likely to pursue that goal. Please, consider every party operating in our country, not only those which we talked about earlier." The five issue domains and the phrasing of the paired items from the two surveys were as follows.

Privatization. Kitschelt survey: "According to some politicians, the privatization of the state-owned companies and the selection of the new owners should be directed by the goals of economic efficiency and fast privatization. According to other politicians, aspects of social and political justice must also be taken into account even if this leads to a slow down of the privatization process." CEU surveys: "Speed up the privatization of state-owned companies."

Market economy. Kitschelt survey: "Please place each party on a scale where supporters of state intervention into the economy are on the one end, and supporters of free market economy on the other." CEU surveys: "Help the development of private enterprises and a free market economy in ... [COUNTRY]."

Churches. Kitschelt survey: "According to some politicians, religion has to provide the moral guidelines for post-communist ... [COUNTRY]. Therefore, it is mandatory for the state to help in promoting religious faith, and the churches must have a significant say in the content of public education. According to other politicians, religion belongs to the private sphere and it is not the responsibility of the state to help promote religious faith. Thus, churches should not exercise a significant influence on the curricula of state-run schools." CEU surveys: "Increase the influence of religion and the Church(es)."

Former communists. Kitschelt survey: "According to some politicians, the former upper and intermediate level leaders of the ... [ruling party of communist period], because of their past sins, must be excluded from political life and from the privatization of state property by legal, administrative and political means. According to other politicians, former communists must be guaranteed the same opportunities to exercise political and economic rights as anybody else. They think that any law, administrative or political rule that aims at excluding former communists from economic or political life is unjustifiable." CEU surveys: "Removing former communist party members from positions of influence."

Nationalism. Kitschelt survey: "Please place each party on a scale where supporters of the values of liberal individualism are on one end, and supporters of traditional ... [Polish, Czech, Hungarian] culture and national solidarity are located on the other end." CEU surveys: "Strengthen national feelings."

Appendix B: Coding of Citizens' Party Preference

In the computation of the Issue Voting and the Citizens' Knowledge of Party Positions variables for the first analysis, the respondents' party preference was derived from their responses to a question about which party they would vote for if there were a parliamentary election next weekend. In the second analysis, respondents' recalled vote in the last legislative election served as the indicator of party preference. To increase the number of cases in the analysis, some closely related small parties had to be collapsed in one category.

In the first analysis, the variable was coded as follows:

Czech Republic: 1 ODA; 2 CSSD; 3 KDU-CSL; 4 OH, SD, SD-LSNS; 5 SPR-RSC; 6 KSCM; 7 ODS.

Hungary: 1 FIDESZ (from 1995: Fidesz-MPP); 2 FKGP; 3 KDNP; 4 MDF; 5 MSZP; 6 SZDSZ.

Poland: 1 PC; 2 ZChN, KKWO or just "Christian Party;" 3 PSL; 4 SLD, SDRP; 5 UD, KLD, UW; 6 KPN; 7 UP; 8 Solidarnosc; 9 BBWR.

In the second analysis, the party preference variable was coded as follows:

Argentina: 1 Alianza UCR-Frepaso; 2 PJ; 3 ApR; 0 other parties.

Australia: 1 Liberal; 2 Australian Labor; 3 National; 4 Australian Democrats; 5 Greens; 0 other parties.

Czech Republic: 1 CSSD; 2 KDU-CSL; 3 KSCM; 4 ODA; 5 ODS; 6 SPR-RSC; 0 other parties.

East and West Germany: 1 CDU/CSU; 2 SPD; 3 FDP; 4 B90/Die Grünen; 5 PDS; 0 other parties.

Hungary: 1 Fidesz-MPP; 2 FKGP; 3 MDF; 4 MIEP; 5 MSZP; 6 SZDSZ; 0 other parties.

Israel: 1 Likud; 2 Avoda, Meretz; 3 Shas, Mafdal; 4 Tzomet; 0 other parties.

Mexico: 1 PAN; 2 PRI; 3 PRD; 4 PT; 0 other parties.

The Netherlands: 1 PVDA; 2 CDA; 3 VVD; 4 D66; 5 GroenLinks; 6 SGP, GPV, RPF; 7 SP; 0 other parties.

New Zealand: 1 Labour; 2 National; 3 New Zealand First; 4 Alliance; 5 ACT; 6 Christian Coalition; 0 other parties.

Norway: 1 Red Electoral Alliance; 2 Socialist Left Party; 3 Labor Party; 4 Liberal Party; 5 Christian People's Party; 6 Center Party; 7 Conservative Party; 8 Progress Party; 0 other parties.

Poland: 1 UP; 2 UW; 3 AWS; 4 SLD; 5 PSL; 6 ROP; 0 other parties.

Romania: 1 USD and components; 2 PDSR; 3 UDMR/RMDSZ; 4 PNR; 5 CDR and components; 0 other parties.

Spain: 1 PP; 2 PSOE; 3 IU; 4 CiU; 0 other parties.

Taiwan: 1 KMT; 2 DPP; 3 New Party; 0 other parties.

Ukraine: 1 All-Ukraine Association Gromada; 2 Party of Greens of Ukraine; 3 Communist Party of Ukraine; 4 People's Rukh of Ukraine; 5 People's Democratic Party; 6 Electoral bloc Socialist Party of Ukraine; 7 Social-Democratic Party of Ukraine; 8 Progressive Socialist Party; 0 other parties.

England and Wales: 1 Conservative; 2 Labour; 3 Liberal Democrats; 0 other parties.

Scotland: 1 Conservative; 2 Labour; 3 Liberal Democrats; 4 SNP; 0 other parties.

Political Institutions and Electoral Behavior in Central and Eastern Europe

Radosław Markowski

There are many plausible ways to depict and explain the electoral behavior of the contemporary *homo politicus*. The one offered here is a very simple, though – in my view – parsimonious one. The main theme discussed concerns the changes that took place over the last decade in the countries of Central and Eastern Europe, determining two crucial aspects of the phenomenon: electoral participation and political choice.

Interest in the first aspect, electoral participation, needs no elaborate justification; the country-specific turnout rates serve distinct purposes (Rosenstone and Hansen 1993; Topf 1995; Teixeira 1992; LeDuc, Niemi and Norris 1996). Some scholars treat it as the main macro-political variable indicating the overall level of societal and public activity, others as an indicator of satisfaction with the regime, still others as hints to political efficacy and political representation, just to mention some. Since democracy without citizens cannot exist, both the level of electoral participation in a given country as well as its temporal fluctuations need to be monitored if we are interested in the level of consolidation of democracy in newly established democracies.

The second aspect of the electoral behavior – political choice – is a directional and "substantive" phenomenon. The questions why people choose particular parties and why some of them enjoy high support, whilst others do not, are of utmost importance. Low party identification and high volatility of voters in Central and Eastern Europe point out that the institutionalization of party systems is still to be accomplished in many of the polities in the region (Barnes 1998; Grzelak and Markowski 1999; Tóka 1997, 1998; Markowski 2001a). Nevertheless, patterns are already visible: for example, yuppies tend to vote for liberal parties more than for any other, peasants prefer peasant/people's parties. On the other hand, because of the sheer number of parties and the consequent "over-alternativeness" of the political market – supply side abundance –, many citizens face problems to identify with a single party, while they clearly do with party families and/or ideological orientations (Simon 2001; Kitschelt et al. 1999; Markowski 1997).

1. Theoretical Speculations

Depicting and explaining the link between institutional factors (like the structure of the political system, electoral laws, federalism, etc. as well as their immediate consequences, say, the effective number of parties) and electoral behavior has for long been one of the focal points of interest of empirically oriented political scientists (LeDuc, Niemi and Norris 1996; Oppenhuis 1995). Some initial theoretical proposals have been submitted for the new democracies of Central and Eastern Europe (Lijphart and Waisman 1996; Pridham and Lewis 1996; Cox 1997), though shortness of time has been the obstacle to more rigorous conclusions. But after a decade and several elections (at least in some countries), the time argument sounds less convincing.

In this chapter, I abstain from submitting classical hypotheses as the field is yet new and theoretically under-scrutinized. Still, some speculations are worth deliberating over. The diachronic approach poses serious problems. With the opening of the franchise in the post-communist polities, a bunch of contradictory expectations came to mind as far as the phenomena associated with electoral participation are concerned. First, what seemed obvious and was expected at the very beginning is that the general political tradition and culture of a country, its socio-economic development, and the "real socialism" legacies play a momentous role for the level of electoral mobilization. From this perspective the role of the newly implemented institutions can hardly be considered a decisive factor for participation, but might significantly influence political choices or individual votes. Second, taking into account the state of citizens' hopes and preferences in Central and Eastern Europe derived from barred expression of their political will for half a century or more, one could expect "just" – equivalent and balanced – political representation to be at the fore of their priorities. In other words, "winner-take-all" solutions (even if under democratic procedures) seem to be too closely connected to the former non-democratic, monocentric rule and thus are unlikely to be citizens' first choice. Switching to political science terminology, it is therefore plausible to anticipate that a parliamentary system, with proportional representation and bicameralism as institution-enhancing choices, will be positively related to electoral participation in the initial phase of the transformation. Yet, from another viewpoint, the "cognitive impotence" of the electorate (Markowski 1993) and diffuse relationships between socio-economic position and political offer might drive voters in new democracies toward more simple elections. If so, elections of a personalistic rather than a more complicated nature, requiring rational calculations and "tactical" choices, say between party and personal preferences, might prove conducive to electoral participation. Thus, presidential elections seem to be the more likely candidate for enhancing electoral participation. The above speculations do not permit the suggestion of clear hypotheses, and I will leave the question open to empirical testing.

Moreover, with the passing of time and the gaining of experiences with the working of political institutions, it is plausible that phenomena such as "decisiveness of elections," "clarity of responsibility" (Strøm 1984; Powell 1989), and comparable consequences of more majoritarian solutions and/or presidential systems might enhance electoral participation.

In a nutshell, selected theoretical legacies as well as common sense point to divergent expectations as far as participation is concerned. It therefore seems prudent to refrain from offering precise hypotheses and, instead, remain on the level of research questions or broad speculative expectations. One such broad speculative proposition submits that there are divergent factors, which are likely to be related to electoral participation: different at the beginning of the transformation, during the "honey-moon period," than after a decade of experiences with the institutional infrastructure of a given polity.

More precisely, we are interested in answering the following questions: To what extent do institutional factors matter? Do other, more meso- and micro-factors matter as much as the institutional ones? Does the magnitude of the direct effect of the former disappear after controlling for the latter? In order to avoid the traps of "ecological fallacy," both approaches – macro-level aggregate relationship as well as micro-level individual relationship – will be discussed.

Apart from institutional factors and their consequences, we are interested in the role of conceptually different factors: the social position of an individual, his or her political attitudes and issue orientations, his or her evaluation of the economic situation, and manifestations of what I call "accountability potential" (Markowski 2001b). Finally, special attention is focused on the three types of "democrats" – an idea derived from Hans-Dieter Klingemann's works (1999; Klingemann and Hofferbert 2000) – which serve here as simplified shortcuts covering the summarized experience with the new democratic system at the individual level.

The most general hypothetical expectations concerning these factors can be summarized as follows: When it comes to electoral participation, social position, and related socio-demographic factors, especially the ascribed status, are envisaged to be more influential at the beginning of the transformation than after a decade of democratic experiences. However, with the cumulative effects of the "political learning process" accompanying the transformation, citizens acquire knowledge and develop political attitudes congruent with the performance of the system. Thus, voters' political attitudes are expected to become more influential as the transformative time passes by. The two "short-term" sets of factors that clearly fall into the category of mediating quasi-causes of electoral participation on the one hand and that are results of the political developments on the other are economic fortunes of the individuals and their issue positions. My prediction concerning these two factors applies more to the voting behavior than participation. The more experiences there are with socio-economic policies and socio-cultural choices, the more the essence of politics creates political preferences. In more detail, one may predict that with the maturing of the new regime and the stabilization of the new social structure, the role of socio-cultural, symbolic issues will decrease, while socio-economic interests and preferences are likely to exert more significant impact.

As to the tentative presumptions concerning voting behavior, the most general expectations portrayed above for electoral participation hold true with few amendments. A first clarification concerns the peculiarity of the voting behavior variable in this study. Citizens cast votes, of course, for parties or party coalitions. In new democracies of the region, however, parties and voters reveal considerable instability (Tóka 1997; Markowski 2001b; Lewis 2001). This is not a question of voters' volatility but of the high fluctuation among political elites and party programs.[1] Changing political contexts and transformations of the social structure both contribute to unease in making sense of the political supply side by the average voters. Right from the beginning, however, citizens of the considered countries were able to identify their preferences in terms of broader meta-issues or macro-ideological orientations. "Left" and "right" constitute shortcut symbols that enable voters to simplify the surrounding political world by adapting their cognitive sophistication levels to the party programs and appeal messages. People differ in their ability to adequately conceptualize "left" and "right," identify policies correctly, and link them with particular parties because of their achieved status, mainly educational attainments and their direct consequences, primarily interest in politics (Inglehart and Klingemann 1976; Klingemann 1979b). Fuchs and Klingemann (1989: 205) conceive the "left-right schema as a mechanism for the reduction of complexity, which serves primarily to provide an orientation function to individuals and a communication function for the political system." Needless to say, in new democracies both functions are even more pronounced. Elsewhere, Langford (1991: 478) recalls that a "schema" is usually defined as a generic knowledge structure, which is used by individuals to effectively process new information and retrieve memories.

Anyhow, the intriguing finding of the seminal Inglehart and Klingemann (1976: 260) article was that among European citizens identification with "left" or "right" reflected more precisely party affiliations than issue or value preferences. In a recent study, Knutsen (1998) – distinct from Inglehart and Klingemann – concentrates on the partisan component of the left-right scale. Both works and their major findings encourage the design of my empirical analysis.

In this work, I focus on the "left-right vote." In technical terms, a simple mean is computed for respondents who cast their vote for a given party and are able to locate themselves on the left-right scale. The left-right positioning of a party is thus determined by the aggregate positioning of its electorate. Parties' locations on the left-right scale have therefore para-objective status – they are a product of the electorate's intersubjective ideological leaning. A person votes for a specific party, whose ideological location is defined by his or her co-voters' ideological self-placement. This approach has numerous shortcomings, which most scholars are aware of, but seems relevant to the particular objective I have in mind.

In the new democracies of Central and Eastern Europe, such an approach might be justified, first, by the still vague programmatic features of the parties, unstable

---

1   The space does not permit to enumerate the various party-orientation switches in Central and Eastern Europe: Numerous formerly socialist parties of the region became clearly social democratic ones, including the Polish SLD, some distinctly liberal parties turned into conservative ones (e.g. Hungarian Fidesz) and so on.

party platforms, and ambiguous policy positions (Kitschelt et al. 1999). Second, considerable proportions of citizens of the region are able to locate themselves on the left-right scale (Simon 2001); but, of course, countries differ in this respect,[2] and just in some cases one can attribute a definite issue/policy content to "left-right" (Markowski 1997). Third, although at the end of the decade in most countries one can seriously talk of a "party system" and "relevant parties" in the Sartorian sense, this has certainly not been the case in 1990/91, during the first wave of the project.[3] Hence, concentrating on voting for particular parties (extremely numerous in some countries) would have had considerable limitations.

2. The Results

Institutional Design and Electoral Participation: Broad Macro-level Generalization

Among the 11 factors labeled "institutional," some evidently fall into this category, whilst others do so less clearly. Among the first are the structure of the political system, electoral law, and structure of the parliament. Among the second are macro-factors such as the overall turnout rate, both an outcome of the institutional design and a broader indicator of political culture. Next, Freedom House ranking (political rights and civil liberties) is a para-objective evaluation of polities' performance as well as their "dynamics" and monitored changes over years prior to our research. Finally, three factors – determinants of their own in the long run – are frequently considered effects of the institutional design: disproportionality, effective number of electoral and parliamentary parties.[4] The aim of this section is to present the broad general relationship, across time and space, between political institutions and participation in Central and Eastern European polities by unveiling correlations between particular polities' institutional design and mean "participation index"[5] for the citizenry as a whole (Table 1).

---

2   The first wave of the study, in the early nineties, shows that 77 percent of the adult
    population in Poland and Bulgaria, 59 percent in Estonia, and 51 percent in Ukraine are
    able to locate themselves on the left-right scale.
3   The data used stem from the first and second waves of the comparative research project
    The Postcommunist Citizen (Barnes and Simon 1998).
4   A detailed description of the variables is presented in the tables.
5   The "participation index" is a simple additive scale based on answers to two questions
    on: (1) the participation in the last general election; and (2) the hypothetical "next Sun-
    day" election readiness to vote. It is thus a 3-point scale (ranging from 0 to 2). Entries of
    the two left columns of Table 1 are mean scores for the total population of a country at
    two points in time. The scores are then correlated with 11 macro-institutional variables.

Table 1: Correlation Between Institutional Factors and Participation and Left-right Vote in Central and Eastern European Countries, Macro-data

	Participation index (Mean)[a]		Left-right vote (Mean)[b]	
	1990 (corr.)	2000 (corr.)	1990 (corr.)	2000 (corr.)
Political system (0 parliam.; 1 semi-pres.; 2 presidential)	0.18	-0.15	-0.48*	-0.54*
Electoral law (0 proport.; 1 mixed, with major. elem.)	-0.37*	0.21	-0.70*	-0.09
Turnout (official mean turnout in the nineties)	0.39*	0.43*	-0.04	-0.52*
Unicameralism (0 bicameral; 1 unicameral)	-0.73*	0.38*	-0.67*	0.10
Political rights (Freedom House, 1 full rights; 7 no rights)	-0.15	-0.03	0.20	-0.69*
Civil liberties (Freedom House, 1 full liberties; 7 no liberties)	-0.13	-0.18	0.20	-0.58*
Change in political rights (prior three years change in Freedom House index)	0.64*	-0.57*	0.65*	0.03
Change in civil liberties (prior three years change in Freedom House index)	0.44*	-0.48*	-0.23	0.02
Disproportionality of electoral system (dev. from proportionality Taagepera/ Shugart)	-0.40*	-0.52*	-0.31*	-0.23
Effective number of electoral parties (Laakso-Taagepera index)	-0.01	-0.06	-0.41*	-0.64*
Effective number of parliamentary parties (Laakso-Taagepera index)	0.10	0.22	-0.41*	-0.60*
Satisfied democrats (democracy best form of gov., and also best for one's own country)	-	0.59*	-	0.41*
Dissatisfied democrats (democracy best form of gov., but not for one's own country)	-	-0.03	-	-0.14
Non-democrats (democracy neither best form of gov., nor best for one's own country)	-	-0.18	-	-0.35*

* $p < 0.05$.

a The participation index is a simple additive scale based on answers to two questions: (1) concerning the participation in the last general election; and (2) pertaining to the hypothetical "next Sunday" election readiness to vote. It is thus a 3-point scale (ranging from 0 to 2).

b Left-right vote: Mean of left-right self-placement of voters of a particular party. The left-right positioning of a party is thus determined by the aggregate positioning of its electorate (left: low score; right: high).

The three evidently independent institutional factors (structure of political system, electoral law, and the structure of the legislative body) reveal no stable relationship with participation. Across time their impact is fluid, confusing, and, generally, weak. A caveat is due, however: Even though the relationship is weak, its "direction" and changes over time are in accordance with one of our speculative predictions. At the end of the decade, parliamentary systems with elements of majoritarian solutions in their electoral systems together with unicameralism seem to be more participatory than presidential systems together with pure proportional representation and bicameralism. The latter combination, however, turned out boosting participation at the outset of the transformation. In a nutshell, the two above-mentioned institutional combinations reflect two mechanisms presented in the theoretical part; both turn out to be in place, though each in a different phase of the democratization process.

A definitely clearer message appears from the immediate effects of the institutional design. A systematic (i.e., at both points in time) and significant relationship exists between the disproportionality of an electoral system and participation: the higher the deviation, the lower the participation. Moreover, this – in a way, logical – relationship becomes more significant in the year 2000 than a decade earlier. This is a result that complies with the weak and insignificant positive association between the effective number of parties and participation. A relation apparently mediated by satisfaction with political representation.

Finally, Freedom House ranking tells us two stories: First, the higher the level of freedom in a country, the more likely its electoral participation is to be high (though this relationship is weak); and second, that pro-democratic changes, which occurred during the last decade, are as important for participation as proportionality of the electoral system. Yet, caveat again is due: This applies only to the changes "within" the time span of real democratization from 1989 onwards. A "reverse" story applies to the liberalizing changes during the socialist era. This finding seems of utmost importance: Dynamic change in freedom, be it enhancing of political rights or civil liberties, boosts citizens' participation in the following years only if this change takes place under democratic conditions. Improvements under, even mild, authoritarianism have no impact on the level of participation under newly opened democratic polities. To tell the whole story: The reverse is true.

Determinants of Electoral Participation: Individual-level Analysis

Now, we move to the classical approach in search for determinants. Having in mind the theoretical speculations, lets move directly to the most general result – the explained variance of electoral participation by conceptually different groups of factors, analyzed separately. Figure 1 presents the explanatory magnitude of individual-level determinants across the region at two points in time.

Three broad conclusions can be drawn from the R-squares presented in row one (Figure 1). First, political attitudes and individual social positions most signifi-

Figure 1: Determinants of Electoral Participation: Adjusted R^2 – Magnitude by Sets of Factors, 1990 (2000)

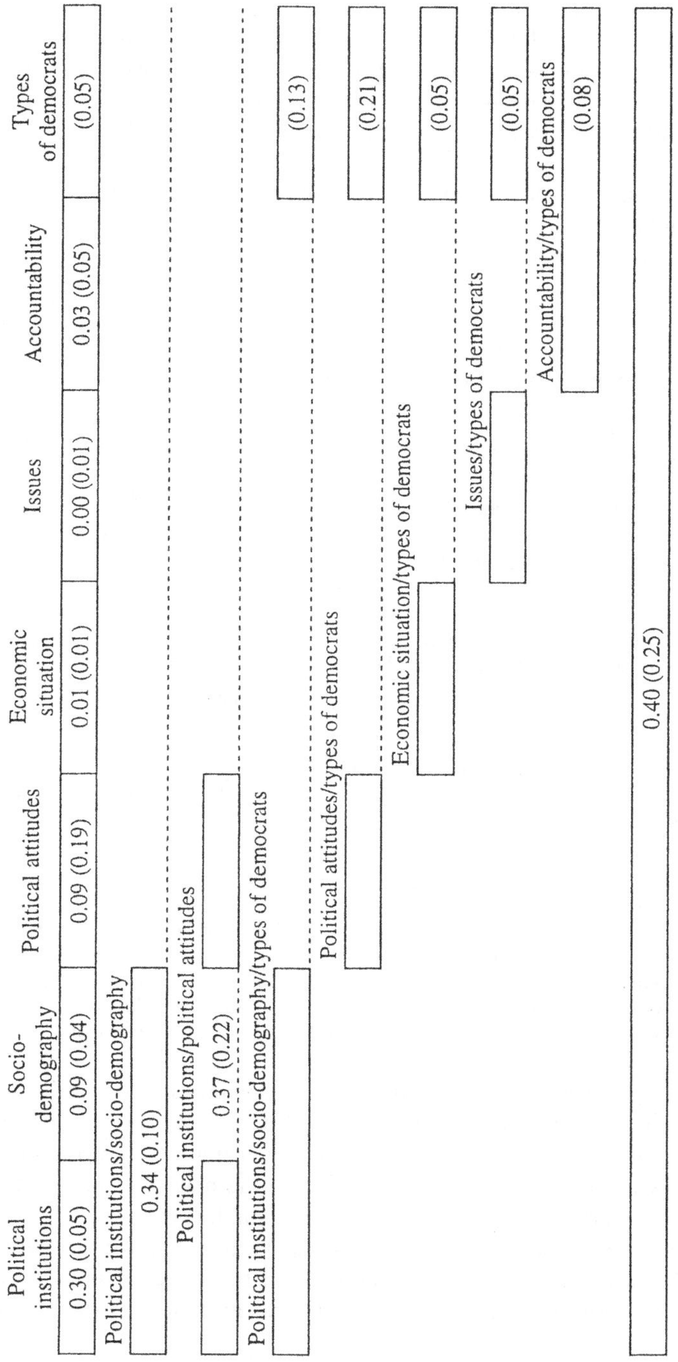

Political institutions	Socio-demography	Political attitudes	Economic situation	Issues	Accountability	Types of democrats
0.30 (0.05)	0.09 (0.04)	0.09 (0.19)	0.01 (0.01)	0.00 (0.01)	0.03 (0.05)	(0.05)

Political institutions/socio-demography
0.34 (0.10)

Political institutions/political attitudes
0.37 (0.22)

Political institutions/socio-demography/types of democrats

Political attitudes/types of democrats
(0.13)

(0.21)

Economic situation/types of democrats
(0.05)

Issues/types of democrats
(0.05)

Accountability/types of democrats
(0.08)

0.40 (0.25)

Radosław Markowski

cantly contribute to the explanation of participation. So does the individual "accountability potential" level, though to a lower extent. Second, economic evaluations and issue positions explain a negligible faction of the variance of the dependent variable. Third, the design of political institutions affects electoral participation at the individual level in 1990, but dramatically less a decade later.

Table 2: Institutional Determinants of Participation and Left-right Vote in Central and Eastern Europe, 1990-2000 (OLS regression model)

Independent variables	Participation[a] beta		Left-right vote[b] beta	
	1990	2000	1990	2000
Effective number of parliamentary parties (Laakso-Taagepera index)	-0.42**	-	-0.56**	-0.28**
Change in civil liberties (prior three years change in Freedom House index)	0.34**	-	-0.30**	-
Civil liberties (Freedom House, 1 full liberties; 7 no liberties)	-	-0.03*	-0.62**	-
Turnout (official mean turnout in the nineties)	-0.54**	0.13**	-	0.08**
Unicameralism (0 bicameral; 1 unicameral)	-0.18**	0.05**	-0.39**	-
Disproportionality of electoral system (dev. from proportionality Taagepera/Shugart)	-	-0.28**	-0.16**	-
Political rights (Freedom House, 1 full rights; 7 no rights)	0.42**	-	-	0.15**
Change in political rights (prior three years change in Freedom House index)	-	0.11**	-	-0.08**
Constant	3.13	1.01	6.54	5.14
Adjusted R^2	0.30	0.05	0.35	0.06
F	723.64	82.45	459.32	79.90
N	8414	8385	7340	8385

* $p < 0.10$, ** $p < 0.05$.

a   The participation index is a simple additive scale, based on answers to two questions: (1) concerning the participation in the last general election; and (2) pertaining to the hypothetical "next Sunday" election readiness to vote. It is thus a 3-point scale (ranging from 0 to 2).

b   Left-right vote: Mean of left-right self-placement of voters of a particular party. The left-right positioning of a party is thus determined by the aggregate positioning of its electorate.

The latter issue poses a serious challenge to the hypothesis that hardly any real impact of the institutions is to be expected at the beginning of the transformation because they did not have enough time to reveal their impact. To avoid misinterpretations, it is worth looking into details: Which of the macro- (and) institutional factors do actually affect participation at the individual level?

In Table 2, (a) both correlations and standardized coefficients are higher in 1990; and (b) the "direct effects" magnitude of the same factors on participation becomes much lower in 2000. There are several ways to interpret this configuration. Let me offer the most convincing one. All factors revealing significant net effects in 1990 prove to be much less interdependent than a decade later. This seems to be due to the "newness" of the institutional infrastructure. In other words, lack of intelligible collinearities (data not shown, available upon request)[6] among some of the institutional variables, which would diminish the effects of highly correlated variables[7] among the independent ones, is indicative of the phenomenon I point to. The essence of the models reveals that, at the beginning of the transformation, it was mainly bicameralism. A negative (!) civil liberties change record, i.e., its deterioration during a few years preceding the transformation, presidential and semi-presidential solutions, a smaller number of effective parties, and a poorer current political rights record contribute to higher electoral participation. Thus, two institutional factors – bicameralism and presidentialism – have enhanced participation; a result consistent with the aggregate level analysis. To be sure, the suspected mechanism behind this seems to lay in the more numerous, broader set of choices offered by such systems. Presidentialism means that direct elections of both the president and the assembly take place. Bicameralism extends both the number and, usually, the mode of elections.[8] At first glance, this logic is at odds with the "negative" impact of the effective number of parties; yet, taking into account the real number of parties in the region, the result tells us that a "reasonable" number of parties is optimal. A suggestion supported by the fact that this effect disappeared in 2000.[9]

Finally, the two Freedom House indices demonstrate that in countries where the late "real socialism" remained orthodox and untouched by liberalization, later on – after the democratic opening – participation has been much higher than in the countries of the region where liberalizing and/or revolt phenomena had been in place for a decade or more prior to the first free elections. The aggregate macro-figures support this interpretation: Official turnout figures for the first free elections in Poland and Hungary are considerably lower than in Czechoslovakia or Bulgaria.

The year 2000 model tells a different story: It is the positive dynamics of change in political rights evaluation (and positive political rights assessment itself) and unicameralism that matter most in boosting participation. To summarize, a decade of experiences with democratic consolidation starts exerting an impact that can be attributed to the institutional design. The effect of political rights assessment is particularly telling.

6 That is, correlations between electoral law and effective number of electoral parties amount to 0.28 in 1990 and 0.59 in 2000, respectively.
7 The only exception being the removal of the disproportionality variable from the equation model, which, in 1990, has the second largest gross effect on the participation index; its correlation equals 0.21.
8 In many polities the electoral rules to both houses differ substantially.
9 By then the effective number of parliamentary parties has decreased in the region (Lewis 2001).

Yet, the general conclusion is: in 2000, the regression model we have arrived at explains far less than the one for 1990. This, in search for determinants of electoral participation, turns our attention to other potential factors.

Among them, social structure and the individual's position in it are the traditional candidates for explanation. As indicated in Figure 1, its overall impact has decreased during the decade as well. Irrespectively of that, there are a few universal relations, which stand across time: (a) age is the single most important determinant of participation; (b) so are – though to a lower extent – gender, educational attainment, religious faith, and income (Table 3).

Table 3: Socio-demographic Determinants of Electoral Participation and Left-right Vote in Central and Eastern Europe, 1990-2000 (OLS regression model)

Independent variables	Participation[a] beta		Left-right vote[b] beta	
	1990	2000	1990	2000
Age (eight subgroups; low: young; high: old)	0.16^{**}	0.17^{**}	0.15^{**}	-0.09^{**}
Employment in state sector (1 yes; 0 no)	-0.16^{**}	-	-0.14^{**}	0.04^{**}
Class (subjective self-placement 1: upper; 2 upper-middle; 3 middle-lower; 4 worker, peasant)	-0.13^{**}	-	-0.03^{*}	
Income (relative placement of subjective evaluation: 1 poorest to 10 wealthiest)	0.09^{**}	0.07^{**}	0.07^{**}	0.07^{**}
Education (1 primary; 2 secondary; 3 university)	0.09^{**}	0.08^{**}	-	0.04^{**}
Self-employed (1 yes; 0 no)	-0.08^{**}	-	0.03^{**}	0.06^{**}
Gender (1 male; 2 female)	-0.06^{**}	-0.07^{**}	-0.02^{*}	-
Religious faith (1 devout believer to 5 agnostic)	-0.04^{**}	-0.04^{**}	-0.25^{**}	-0.17^{**}
Constant	1.16	0.82	5.30	5.25
Adjusted R^2	0.08	0.04	0.13	0.05
F	98.22	69.67	93.35	41.79
N	8414	8385	7340	8385

$* p < 0.10, ** p < 0.05.$

a   The participation index is a simple additive scale, based on answers to two questions: (1) concerning the participation in the last general election; and (2) pertaining to the hypothetical "next Sunday" election readiness to vote. It is thus a 3-point scale (ranging from 0 to 2).

b   Left-right vote: Mean of left-right self-placement of voters of a particular party. The left-right positioning of a party is thus determined by the aggregate positioning of its electorate.

In directional terms, the older, males, those with higher education, non-believers, and the better-off are more likely to vote than others. This pattern maintains across time. With the passing of time, the macro socio-economic position of an individual (class, sector) seems to matter much less (if at all) than micro-assets (education, individual income). To be sure, this relationship is a relative one. At the beginning of the decade, the two latter factors did, in absolutely terms, exert a stronger impact on participation than ten years later. All in all, electoral participation of Central and Eastern Europeans has become less determined by socio-structural factors than before – barely 4 percent of the explained variance, compared to 8.5 percent at the beginning of the decade.

Before we move further, a glance at the interactive impact of both institutional and socio-demographic factors might help. The main questions are: Do socio-demographic factors mitigate the impact of institutional ones on electoral decisions at the individual level? And, after the successful installment of the democratic regime, do individual traits and assets reveal more autonomy from institutional factors? If such phenomena occur, they are likely to be a product of the overall clarification and, subsequently, cognitive and behavioral adjustment of an individual's socio-economic position to the political market. In a nutshell, growth of the public knowledge about democratic politics should enhance independent political choice.

OLS regression models (full data not shown) with merged institutional and socio-demographic factors show that our prediction was correct. Their joint impact is 33.6 percent in 1990 and 10.1 percent in 2000. The explained variance of our dependent variable in 1990 by the institutional factors alone amounts to 30.0 percent and by the socio-demographic ones to 8.5 percent – in 2000, 4.6 and 3.9 percent, respectively. A simple subtraction shows that there is a considerable overlap in 1990. After controlling for institutional factors the socio-demographic ones add only 3.6 percent to the explanation, compared to their gross explanation of 8.5. This is not the case, however, in 2000. Thus, as expected, the social position of an individual exerts indeed a more autonomous – independent from institutional factors – impact on electoral participation at the end of the decade. (For a general overview of the results discussed, see Figure 1, rows 1 and 2.) Put briefly, the social position of an individual becomes relatively more autonomous from the institutional impact. In 1990, there was an overwhelming explanatory dominance of the institutional design; only education and age revealed a significant net impact on participation. In 2000, influences of these two sets of factors are more or less even.

Among political factors, at both time points (see Figure 1 and Table 4), the most weighty factor is party identification. It is positively associated with participation. Moreover, the effect of party identification is higher at the end of the decade. In 1990, participation is significantly influenced by satisfaction with the government. These two are the only political factors that exert a net effect. A decade later, six variables influence participation directly. The new noteworthy relationships are: participation is higher among those, who conceive democracy in terms of political rights/freedoms and – though less visibly – in terms of its economic distributive ability. In addition, dissatisfaction with the former communist regime becomes a significant factor in enhancing participation.

Therefore, with the maturing of the new regimes, electoral participation depends, first, less on the so-called "specific" as opposed to "diffuse" political support. Second, it becomes more contingent on factors that are linked to the experiences with democracy itself: its visions, satisfaction with it, and relative comparison with the *ancien regime*.

Table 4: Political Attitudinal Determinants of Electoral Participation and Left-right Vote in Central and Eastern Europe, 1990-2000 (OLS regression model)

Independent variables	Participation[a] beta		Left-right vote[b] beta	
	1990	2000	1990	2000
Meaning of democracy, economic[c]	-	0.05*	-	-
Democracy satisfaction (working of democracy: 1 full dissatisfaction to 4 full satisfaction)	0.02*	0.02*	-	0.11*
Satisfaction with communist regime (1 full dissatisfaction; 10 full satisfaction)	-	-0.02*	-0.08*	-0.14*
Party identification (0 no to 3 strong)	0.28*	0.40*	-	-0.09*
Meaning of democracy, political[d]	-	0.08*	-	0.07*
Satisfaction with government[e]	0.09*	0.03*	0.06*	0.22*
Constant	0.67	0.69	5.16	4.31
Adjusted R^2	0.09	0.19	0.01	0.13
F	273.90	337.14	22.80	143.54
N	8414	8385	7340	8385

* $p < 0.10$.
a   The participation index is a simple additive scale based on answers to two questions: (1) concerning the participation in the last general election; and (2) pertaining to the hypothetical "next Sunday" election readiness to vote. It is thus a 3-point scale (ranging from 0 to 2).
b   Left-right vote: Mean of left-right self-placement of voters of a particular party. The left-right positioning of a party is thus determined by the aggregate positioning of its electorate.
c   Composite index of two scales on whether (a) more jobs, less unemployment, and (b) economic conditions improve "Has a lot to do with democracy," 1, to "Has nothing to do with democracy," 4.
d   Composite index of two scales on whether (a) political liberties, e.g., freedom of speech, freedom of association; and (b) multi-party system "Has a lot to do with democracy," 1, to "Has nothing to do with democracy," 4.
e   Composite index based on two variables: (1) 3-point scale: 3 = full satisfaction with the current government, 1 = full dissatisfaction; (2) 3-point scale: 3 = improvement of one's material situation under incumbent government, 1 = deterioration of one's material situation under incumbent government.

The three dimensions of the "accountability potential" – procedural, cognitive, and behavioral (for details, see Markowski 2001b) – show change over time, even though all three reveal a direct and significant effect (Table 5). Briefly, the conviction that the diversity of party systems enhances choice and belief in elections as the best way of selecting a government proves to be conducive to participation.

Again, a phenomenon derived from the experiences of a democratic polity's functioning.

Table 5: Aspects of Accountability Potential as Determinants of Participation and Left-right Vote in Central and Eastern Europe, 1990-2000 (OLS regression model)

Independent variables	Participation[a] beta		Left-right vote[b] beta	
	1990	2000	1990	2000
Accountability/efficacy[c]	0.12**	0.06**	-	0.07**
Elections best way of choosing government (0 disagree; 1 agree)	0.06**	0.14**	0.03*	0.03**
No important difference between parties (0 disagree; 1 agree)	-0.09**	-0.15**	-	-
Constant	0.84	1.06	5.12	4.85
Adjusted R^2	0.03	0.05	0.00	0.01
F	78.31	158.01	3.33	14.47
N	8414	8385	7340	8385

* $p < 0.10$, ** $p < 0.05$.

a The participation index is a simple additive scale, based on answers to two questions: (1) concerning the participation in the last general election; and (2) pertaining to the hypothetical "next Sunday" election readiness to vote. It is thus a 3-point scale (ranging from 0 to 2).

b Left-right vote: Mean of left-right self-placement of voters of a particular party. The left-right positioning of a party is thus determined by the aggregate positioning of its electorate.

c Composite index based on two questions, inquiring whether "one could do something about a (a) governmental and (b) local council's decision that conflicts with the interests of citizens;" high: positive, low: negative.

Determinants of the "Left-right Vote:" Individual-level Analysis

To what extent vote decisions are contingent on elite's institutional choices is one of the main scholarly questions of today. One may, however, ask why, in the first place, should we expect a relationship between macro-institutional factors and the "direction" of the vote along the left-right continuum? Indeed, in stable democracies where political structure is in place for a long time, such an expectation seems superfluous. In newly established ones, however, political infrastructure is created by the very politicians that have their ideological leanings, value preferences, knowledge, and, finally, sheer interests. Briefly, social constructivism and establishment of the copyrights of political reform are in place. Behind these institutional preferences one finds certain broad visions of a social and political order, most notably there exists the trade-off between two qualities of democracy – representation versus governability: in other words, between choosing proportional representation and "majoritarian" solutions (Lijphart 1992). The same applies to the decisions concerning the chief executive. Currently, many political economy interpretations of the choice of presidential design draw along the argument of the communist legacy lines. The political debate in new democracies is thus not solely on policies, but on the rules of the game as well. Needless to add, these phenomena influence party preferences and are likely to diminish as the transformative time passes by.

Electoral rules in many countries of the region have changed since the implementation of new regimes, which frequently, substantially, and consequently affected the number of effective parties, the turnout, and – ultimately – the overall satisfaction with the way democracy is evaluated, be it by people themselves or by expert judgments (i.e., Freedom House rankings). And again, Central and Eastern European parties, left and right, differ in their preferences concerning institutional designs and their consequences. Left parties are in favor of more representation, based on proportional-representation solutions. This preference is based on their tradition and socialist ideas about representation and participatory democracy. Also, they clearly favor populist visions of democracy (as opposed to purely liberal).

Before individual level analysis is presented, another glance at the two right-hand columns of Table 1 (see former section) permits the following interpretation. First, there are strong relationships between the "left-right vote" and some of the institutional factors: political system design and effective number of parties, in particular. Second, the impact of numerous institutional traits is not stable over time. Third, in directional terms, the vote for right parties is more likely to occur in the following institutional environment: in parliamentary systems with a rather small number of parties and in systems creating lower deviation from proportionality. However, the very proportional representation system alone indicates a significant impact on the vote only in the early nineties; so does bicameralism. The new important relationships that occurred a decade later show that the vote for right parties is associated with a high level of observation of political rights and their dynamic improvement prior to the year 2000.

The overall purport of these results should not be overestimated as they depict the macro-level configuration only at two points in time, based on too few cases to allow generalizations. Nevertheless, one cannot neglect configurations, which stand still across time. On the other hand, the clearly intervening variable here is the general fortune of the new polity (i.e., democratic consolidation together with success or failure of market reform) and the parliamentary proportional representation systems are over-represented among the successful polities. That is why the political rights record reveals the same directional and across-time pattern. Moreover, a glance at the three bottom rows of Table 1 indicates a clear relationship between the three types of "democrats" and the vote. (For their detailed description, see Table 6 and next section.) The typology serves as a shortcut for transformational experience at the micro-level, showing that, indeed, political support for the "right" (associated in Central and Eastern Europe with their authorship of the transformation) is clearly linked to satisfaction with both the working of the new system and, in case of "satisfied democrats," belief in the democratic ideal.

Figure 2: Determinants of Left-right Vote: Adjusted R^2 – Magnitude by Sets of Factors, 1990 (2000)

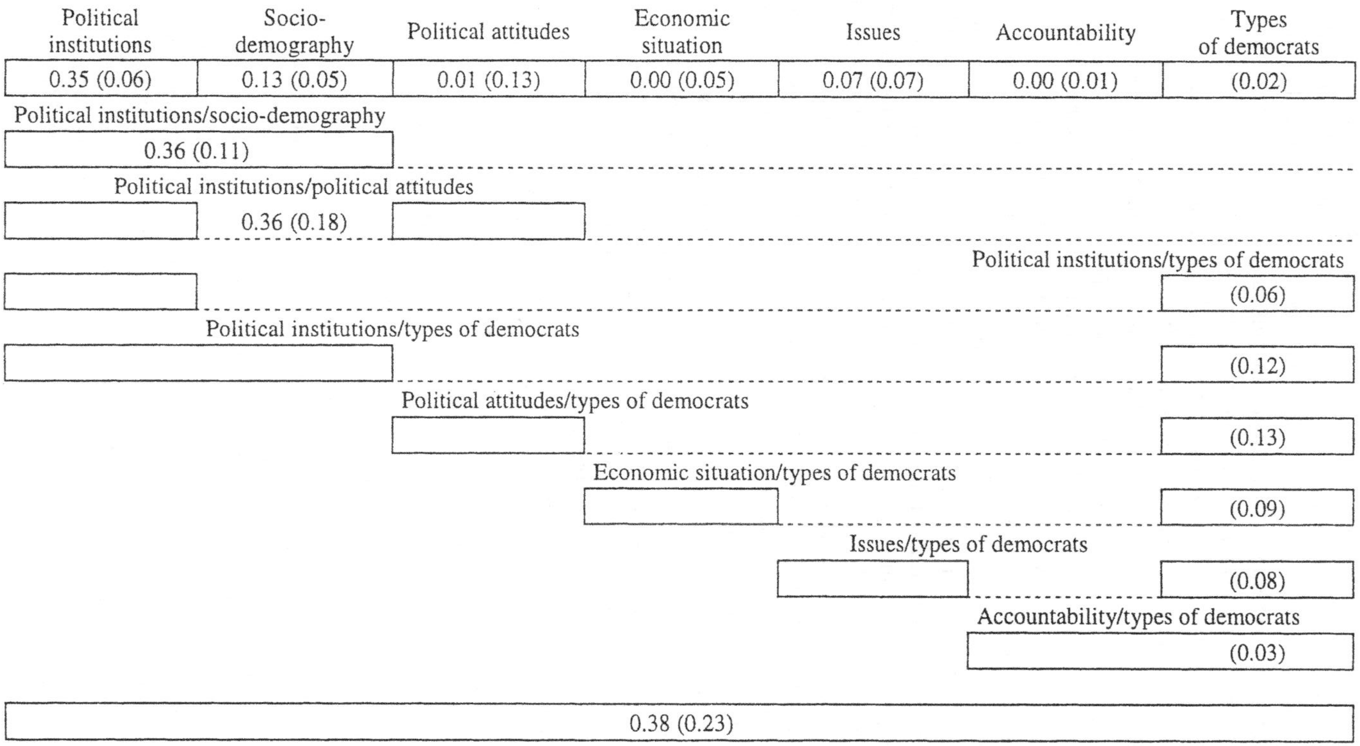
Political institutions
Socio-demography
Political attitudes
Economic situation
Issues
Accountability
Types of democrats
0.35 (0.06)
0.13 (0.05)
0.01 (0.13)
0.00 (0.05)
0.07 (0.07)
0.00 (0.01)
(0.02)
Political institutions/socio-demography
0.36 (0.11)
Political institutions/political attitudes
0.36 (0.18)
Political institutions/types of democrats
(0.06)
Political institutions/types of democrats
(0.12)
Political attitudes/types of democrats
(0.13)
Economic situation/types of democrats
(0.09)
Issues/types of democrats
(0.08)
Accountability/types of democrats
(0.03)
0.38 (0.23)

The individual-level relationship shows a similar dependency on the institutional factors: They prove to be important at the beginning of the decade and their influence diminishes considerably in the year 2000 (Figure 2, row 1). The remaining sets of factors sketch a fairly different general picture: Issue positions and economic indicators matter much more for vote than for participation, accountability assets distinctly less so. Political attitudinal factors change over time – from negligible impact in the early nineties to a fairly significant one a decade later. Sociodemographic influences decrease considerably. A glance at the more detailed picture of OLS regression models might prove supportive at this point.

In the year 2000, none of the apparent independent institutional factors (political system, electoral laws, uni- versus bicameralism) is important for party choice (Table 2). What turns out to matter, distinct from a decade earlier, are political rights records: (a) the better they are, the bigger the "right vote" share; and (b) their dynamics (change in political rights) show that the "left vote" is linked with a worsening of the political rights record. Still, after the initial weakness of the left in the region, left-leaning parties began to enjoy substantial support. In the mid-nineties, in Poland, Hungary, and Bulgaria – to name just the most apparent cases – former communists under new, recycled logos were able to form governments. This is a well described phenomenon with numerous interpretations. Worth emphasizing from our perspective is that this very fact has been rightly considered a relevant indicator of democratic consolidation. Consequently, this phenomenon is contributing to further overall political rights record improvement.

The role of the social position of an individual in determining the vote has decreased substantially during the decade. Three details, however, attract attention. First, the single most important determinant at both points in time is religious faith, even though it decreased in 2000 (details, see Table 3).

Second, age matters, but its directional impact changes. The social bases of the "right" support switched from the older generation in 1990 to the younger ones in 2000. This is hardly a surprise, knowing that the losers of the transformation are more likely to be found among pensioners and retirees combined with the prevalent view that the copyrights of the economic reforms and their consequences are to be linked with the political "right." The reverse logic applies to the young winners and their changing attitude toward the "right."

Third, in addition, the "right" enjoys support from the clearly better-off and from those that are self-employed or employed in the private sector. What is not perceptible from Table 3 is that the share of unemployed – a phenomenon the political "right" is held accountable for – has grown from nil to two-digit figures in most countries and thus a new division has grown between those in- and outside the market. That is why even employees of the state sector, highly left-leaning at the beginning of the transformation turned rather rightist at the end of the decade.

Finally, what is worth emphasizing is that gender, class, and education are negligible factors in determining vote choice. To be sure, in the case of education its high correlation with income distorts its overall impact (data not shown). All in all, with the maturing of the democratic polities of the region, citizens' vote is relatively more constrained by the achieved status factors (education, private sector, income) than in the early nineties, when ascribed factors dominated. If so, the relationship between vote and social position becomes more intelligible – citizens' choices get based on meritocratic principles. The overall decrease of the explained variance of the vote by socio-demographic factors supports the above conclusion.

Instead, a set of political attitudinal factors exerts an influence on the vote now that is radically higher than that of the socio-demographic factors and than their impact a decade ago. Its relative impact growth – from 1 to 13 percent – is noticeable (Table 4).

First, the most significant finding is: Across countries and time Central and Eastern Europeans that are satisfied with the government support rightist parties, while the dissatisfied advocate leftist parties; and this becomes much more pronounced after a decade. And again, viewing from all-transitional perspective, the result seems expected and conceivable. If juxtaposed with the fact that participation becomes less dependent on satisfaction with the government (Table 4), and the fact that satisfaction with democracy gets important for the vote in the year 2000, while its impact on participation remains negligible across time, one can say that "specific" political support influences the working of the democratic polity to a small degree, but proves crucial for political choice, while "diffuse" political support does both.

Second, not only current processes affect the vote; with cumulating democratic experience citizens of the region have started choosing by comparing the merits of the *ancien regime* with the current one. Obviously, a perception of a relative superiority of the old system drives the vote toward the political left. What counts is that with the passing of time this link becomes stronger, which hints that the relationship might be less symbolic-driven than many tend to believe, and, instead, is grounded in the economic experiences of the decade.

Third, there exists a relationship between party identification and vote in 2000. It is the non-partisan citizen (or weak identifier) who tend to support the right. In other words, the "right vote" seems less institutionalized than the left. Again, this is hardly a surprise, knowing the history of organizational legacies of post-communist parties of the region. On the other hand, weaker party identification among the rightist voters can be attributed to at least two phenomena: (a) the emergence of the "right" parties and their organizational instability; and (b) more calculative, rationally-based choice on their side. The latter suggestion fits plausibly into the interpretation above.

Fourth, vote in the region depends on the dominant vision of democracy; it is shaped by democracy conceptualized in terms of political norms and principles (liberal democracy), but is virtually independent from its economically conceived version (populist democracy), even though the latter matters for electoral participation (Table 4).

Finally, a general remark: The importance of political attitudinal factors has grown over the decade for both types of electoral behavior. Participation, however, tends to depend on more long-term factors: strength of party identification in the first place, but visions of (and consequently expectations toward) democracy as well. Vote, on the other hand, is affected mainly by political performance (satisfaction with the government, with democracy, and with a relative comparison of the two systems – the old one and the new one). The ontological nature of the latter factors, important for the vote, indicates that they are more short-term in character and thus vulnerable to fluctuations over time. The impact of accountability assets on the "left-right vote" – contrary to that on participation – proves negligible (Table 5).

The left-right political choices are also affected by issue positions[10] of the electorate. At both points in time, the overall explained variance has been estimated at about 7 percent, the dominant factor being attitudes toward religious issues; obviously the political right is supported by devout believers who identify themselves with the church and its social thought. It explains about 4 to 5 of the 7 percent of the total impact. The remaining approximately 2 percent can be attributed mainly to the socio-cultural and economic issue positions: social conservatism and pro-market policy attitudes are right-leaning, while socio-liberal attitudes and economic protectionism show left preferences. What seems worth emphasizing is that issue positions do not influence electoral participation of Central and Eastern Europeans, while they do influence the voting choices. Political systems of the region thus seem open enough to avoid exclusion of citizens from participation because of the way policy alternatives are coped with which, at the same time, effectively serve as orientations for choices in the political market. Moreover, they do so in a stable way right from the nascent of the democratic regime.

Finally, the economic situation – represented in this study by two simple evaluations of the household's material situation, retrospective and prospective[11] – exerted a negligible impact on electoral participation and vote in 1990, but indicated

10 Religious issues refer to a simple composite index of three issues: attitude toward abortion, religious belief, and trust in the church as an institution; socio-cultural issues are measured by an index based on two statements: (a) "best for women to take care of the house" (disagreement), (b) "homosexuals should be treated like all others" (agreement); economic-issue positions refer to a composite index based on three variables: agreement with following statements (a) "government should fight inflation in the first place;" (b) "incomes should not be limited;" and (c) "people, not government, should care about their lot." High scores: right; low ones: left.

11 Retrospective, 3-point scale: 3 = personal material situation improved since 1997, 2 = remained the same, 1 = worsened since 1997; prospective, 3-point scale: 3 = personal material situation will improve next year, 2 = will remain the same, 1 = will worsen next year.

growing influence on the vote at the end of the decade (5 percent explained vari-ance, see Figure 2), with both prospective and retrospective evaluations being sig-nificant.

The Impact of Democratic Experience on Electoral Behavior: On Three Types of "Democrats"

There are numerous ways to present the impact of macro-political events and proc-esses manifested on the micro-level. Since the main new political experience of the region is the implementation of democracy, it is wise to control for attitudes toward the regime. In this section, I utilize a concept put forward a few years ago (Klinge-mann 1999; Hofferbert and Klingemann 2000). The general idea and the original concept of "dissatisfied democrats" does not, however, say much about the genesis of the group. This does not at any rate diminish the heuristic value of the taxon-omy. For both theoretical and practical reasons it is beneficial to know how many satisfied and dissatisfied democrats, as well as non-democrats, are found in each polity. These three groups, the latter slightly modified,[12] serve as a general individ-ual-level manifestation of the decade-long democratic experiences of each polity.

The individual's encounter with democracy under different political institutional settings results in different relations between its distinctive features and the likeli-hood of generating specific attitudes toward democracy. The relationship on the macro-level – between the institutional design and the typology – shows a strong and significant association between non-democrats and institutional characteristics. Table 6 shows the details. First, non-democrats are over-represented mainly in presidential systems with majoritarian elements in their electoral laws, with a high number of parties, high deviation from proportionality of the electoral result, as well as poor and worsening political rights and civil liberties records. The satisfied democrats are to be found mainly in an inverse to the above institutional design: parliamentary systems with good and improving political and civil rights records as well as a small number of parties; though their relationship with macro-factors is not that significant. Finally, dissatisfied democrats fall in between: They are evi-dently more likely to be found in presidential systems with relatively numerous parties. They share the fate of living together with non-democrats in a poor and slightly worsening political rights environment, but with satisfied democrats in a good and improving civil rights one (this relationship is weak and insignificant though); they are slightly over-represented in proportional representation systems.

---

12 I concentrate here on one subgroup of non-democrats only, neglecting the group that Hofferbert and Klingemann (2000) denote "satisfied non-democrats." The latter group poses severe theoretical problems and seems to be at odds with common sense. An in-depth analysis is needed to understand this subgroup, which refuses democracy, but, at the same time, is satisfied with its functioning. This exercise exceeds by far the task of this contribution.

Since the mutual constitutive element of dissatisfied democrats and non-democrats is discontent with the performance of the system, it permits us to claim that presidentialism together with a high deviation from proportionality and a high number of effective parties seems to contribute most to the disaffection with regime performance in Central and Eastern Europe (this phenomenon resembles the well-known problems created by presidentialism combined with multi-partism) (Mainwaring 1993).

Table 6: Correlation Between Institutional Factors and the Three Types of "Democrats" in Central and Eastern European Countries, 2000 (Macro-data)

	Satisfied democrats[a]	Dissatisfied democrats[b]	Non-democrats[c]
Political system (0 parl; 1 semi-pres.; 2 presidential)	-0.59	0.53	0.83
Electoral law (0 proport.; 1 mixed, with major. elements)	-0.07	-0.27	0.79
Turnout (official mean turnout in the nineties)	0.26	-0.20	-0.54
Unicameralism (0 bicameral; 1 unicameral)	0.00	-0.20	-0.06
Political rights (Freedom House, 1 full rights; 7 no rights)	-0.63	0.25	0.75
Civil liberties (Freedom House, 1 full liberties; 7 no liberties)	-0.77	0.22	0.78
Change in political rights (prior 3 years change in Freedom House index)	-0.62	-0.14	0.62
Change in civil liberties (prior 3 years change in Freedom House index)	-0.51	-0.08	0.62
Disproportionality of electoral system (dev. from proportionality Taagepera/Shugart)	-0.28	0.13	0.53
Effective number of electoral parties (Laakso-Taagepera index)	-0.55	0.32	0.91
Effective number of parliamentary parties (Laakso-Taagepera index)	-0.44	0.38	0.73

a   Democracy best form of government and also best for one's own country = 1, else 0.
b   Democracy best form of government, but not for one's own country = 1, else 0.
c   Democracy neither best form of government, nor best for one's own country = 1, else 0.

Individual-level analysis shows that the overall explained variance of the two facets of electoral behavior is far from being impressive, even though its impact on participation amounts to 5 percent. A glance at the right columns of Figures 1 and 2 suggests that the impact of these typological groups is highly independent from

Table 7: Impact of "Types of Democrats" and Country-specific Influences on Participation and Left-right Vote, with Covariant Effects of Socio-demographics Controlled, Central and Eastern Europe, 2000

Source of variation	Participation			Left-right vote		
	Sum of squares	DF	F	Sum of squares	DF	F
Covariates	102.36	10	21.93**	86.95	10	18.99**
Gender (1 male; 2 female)	18.20	1	38.98**	0.86	1	1.87*
Age (8 subgroups; low: young; high: old)	48.30	1	103.46**	10.81	1	23.60**
Religious faith (1 devout believer to 5 agnostic)	5.62	1	12.04**	47.28	1	103.27**
Education (1 primary; 2 secondary; 3 university)	6.95	1	14.89**	1.86	1	4.06**
Employment in state sector (1 yes; 0 no)	3.71	1	7.95**	2.57	1	5.60**
Employment in agriculture (1 yes; 0 no)	0.10	1	0.22*	0.09	1	0.20*
Employment in private sector (1 yes; 0 no)	1.92	1	4.11**	0.21	1	0.46*
Self-employed (1 yes; 0 no)	0.12	1	0.25*	6.91	1	15.08**
Income (relative placement of subjective evaluation: 1 poorest to 10 wealthiest)	11.06	1	23.70**	6.70	1	14.64**
Class (subjective self-placement 1: upper; 2 upper-middle; 3 middle-lower; 4 worker, peasant)	1.08	1	2.31*	0.03	1	0.07*
Main effects	239.19	9	56.93**	182.03	9	44.17**
"Democrats" (1 satisfied democrats; 2 dissatisfied democrats; 3 non-democrats)	69.05	3	49.30**	28.56	3	20.79**
Country (dummy)	126.06	6	45.01**	131.93	6	48.02**
Two-way interaction "democrats" country	14.77	18	1.76*	45.46	18	5.52**
Explained	356.31	37	20.63**	314.44	37	18.56**
Total	*3392.08*	*6540*		*3291.99*	*6540*	

	% – explained variance	% – explained variance
Covariates	3	3
Main effects	7	6
"Democrats"	2	1
Country	4	4
Two-way interaction "democrats" country	0	1
Explained	11	10

* $p < 0.10$, ** $p < 0.05$.

the other determinants. In a nutshell, their net effect seems highly autonomous from other factors.

Simple correlations of membership in one of these three groups, electoral participation, and vote unveil a rather expected picture: Higher participation is substantially stronger linked with satisfied democrats (r = 0.16), less with dissatisfied democrats (r = 0.09), and there is virtually no relationship with non-democrats. Correlation with the vote is also transparent: Satisfied democrats are clearly linked to the political "right" (0.13), dissatisfied democrats are weakly leaning toward the "right" (0.01), whereas non-democrats evidently support the "left" parties (0.11).

The final analysis aims at comparing the relative significance of three sets of factors on electoral participation and vote. Two of them – types of "democrats" and countries' idiosyncrasies[13] – are tested against each other with controlling for the effects of the socio-demographic variable's impact. The task is performed by applying covariance analysis, which permits to analyze the effects of all variables simultaneously. Table 7 presents the results.

The general message of the covariance analysis and the explained variance percentages for the three groups of "democrats" unveiled in Figures 1 and 2, tell us that after controlling for socio-demographic features of citizens and taking into account particular countries' idiosyncrasies, the net effect of the three groups of "democrats" is rather moderate – not to say – negligible (about 1 to 2 percent of the explained variance). It applies to both facets of electoral behavior and indicates that the phenomenon is deeply rooted in particular countries' transformative paths and experiences. In other words, there seems to be nothing significantly spectacular in their political profile – as far as their impact on our two dependent variables is considered – that cannot be explained either by their socio-economic position (most notably age in case of participation and religion in case of the party's left-right preference) or by the institutional design of the system.

3. Conclusions

The theoretical speculations submitted at the beginning of the chapter were of a rather tentative nature. The main questions we have been trying to answer are rather aimed at drawing a general picture of the decade-long experiences with democratic governance in Central and Eastern Europe. Some of the hypothetical expectations came true: the role of institutional factors, the more pronounced impact of the social position of the individual – treated as individual resources (assets) – on participation, and the growing role of political-attitudinal factors, to name just few of the predictions. Summarizing, the results show the following:

---

13 A country's idiosyncratic effects cover, of course, all its possible traits – from political culture to economic and civilizational-level factors –, nevertheless, part of them are pertinent to the institutional design configuration described in the previous section.

(1)   Determinants of electoral participation on the one hand and vote choice on the other differ in Central and Eastern Europe and fluctuate over time.

(2)   Democratic experiences, particularly the transitional path, have created certain political attitudes and issue positions, which matter much more at the end of the decade than at its outset when the institutional infrastructure played an incomparably bigger role.

(3)   Macro-comparison shows that particular institutional choices lead – in the longer run – to an enhancement of participation. After a decade, parliamentary unicameral democracies seem to be more conducive to this than another institutional configurations. Moreover, higher turnout has to do with proportional representation – just political representation together with low deviation from proportionality serves the purpose well.

(4)   Improvement in political standards is positively related to participation, but only in a democratic environment. Under a non-democratic regime, the reverse is true.

(5)   At the individual level of analysis, it is noteworthy that presidentialism and bicameralism, after being in place for a decade, ceased to exert an impact on participation. Instead, unicameral structure plus positive change in political rights record matter most.

(6)   The maturing of the fragile democracies also results in a more transparent and, in a way, logical association between social position of individuals and their electoral behavior. Most notably, the achieved status factors, indicative of the individual's way of life and interests become more important for the vote.

(7)   Politics in Central and Eastern Europe is highly contingent on political activity of the age cohorts: Age determines electoral participation considerably, the older citizens being better represented. At the same time, initially, older generations did clearly support the "right," while ten years later a dramatic shift has occurred – it is now the younger generation that favors the "right." And again, the latter phenomenon seems to be evidently linked to the performance of the regime, outcomes of the market reform in particular.

(8)   At the very beginning of the transformation, when public knowledge about political institutions and actors is limited, the social position of an individual matters a lot in electoral participation and vote choice. With the maturing of the system, political factors (party identification and satisfaction with different aspects of the regime) start exerting a more significant impact on both aspects of electoral behavior.

(9)   Submitting predictions about the impact of institutional system features on "left-right vote" preferences is certainly a risky business. I know of neither theoretical proposals concerning such links nor analyses directly addressing this issue. Moreover, one may equally convincingly say – especially about the newly established systems – that the causal arrow in fact runs the other way round: The relative power of the "left" or "right" determines institutional

choices, at least at the outset. The problem definitely needs an in-depth analysis. In this work we can only share the empirical findings at hand and encourage their broader re-testing. The impact of the *effects* of the institutional infrastructure, however, is more intelligible and comprehensible (for details, see section on determinants of the left-right vote). The "right" political forces being associated with the copyrights of the reforms enjoy all its positive and negative consequences. This pattern is visible in the data presented above.

(10) Three different meta-attitudes toward democracy, indicative – as I presume – of divergent experiences with the new regime, show a strong and logically expected relation with both electoral participation and vote. This result and others, presented in this paper, point to the general conclusion that what matters most for the two facets of electoral behavior of Central and Eastern Europeans are the political experiences of the last decade rather than the institutional infrastructure or the social background heritage of the citizens.

References

Barnes, Samuel H. (1998): The Mobilization of Political Identity in New Democracies. In: Samuel H. Barnes and János Simon (eds.): The Postcommunist Citizen. Budapest: Erasmus Foundation and Institute of Political Science of the Hungarian Academy of Sciences, pp. 117-139.

Barnes, Samuel H. and János Simon (eds.) (1998): The Postcommunist Citizen. Budapest: Erasmus Foundation and Institute of Political Science of the Hungarian Academy of Sciences.

Cox, Gary W. (1997): Making Votes Count. Cambridge: Cambridge University Press.

Fuchs, Dieter and Hans-Dieter Klingemann (1989): The Left-Right Schema. In: M. Kent Jennings, Jan W. van Deth, Samuel H. Barnes, Dieter Fuchs, Felix J. Heunks, Ronald Inglehart, Max Kaase, Hans-Dieter Klingemann and Jacques Thomassen: Continuities in Political Action. A Longitudinal Study of Political Orientations in Three Western Democracies. Berlin: Walter de Gruyter, S. 203-234.

Grzelak, Pawel and Radosław Markowski (1999): Identyfikacja partyjna Polaków. Uniwersalia a specyfika lokalna (Party Identification of Poles. Universality Versus Local Peculiarity). In: Radosław Markowski (ed.): Wybory Parlamentarne 1997. System partyjny – postawy polityczne – zachowania wyborcze. Warszawa: ISP PAN Publishers & Ebert Foundation, pp. 47-80.

Hofferbert, Richard I. and Hans-Dieter Klingemann (2000): Democracy and Its Discontents in Post-Wall Germany. Discussionpaper FS III 00-207. Berlin: Wissenschaftszentrum Berlin für Sozialforschung (WZB).

Inglehart, Ronald F. and Hans-Dieter Klingemann (1976): Party Identification, Ideological Preference and the Left-right Dimension Among Western Mass Publics. In: Ian Budge, Ivor Crewe and Dennis Farlie (eds.): Party Identification and Beyond. Chichester: Wiley & Sons, pp. 243-276.

Kitschelt, Herbert, Zdenka Mansfeldova, Radosław Markowski and Gábor Tóka (1999): Post-communist Party Systems. Competition, Representation and Inter-party Cooperation. Cambridge: Cambridge University Press.

Klingemann, Hans-Dieter (1979a): Measuring Ideological Conceptualizations. In: Samuel H. Barnes, Max Kaase, Klaus R. Allerbeck, Barbara G. Farah, Felix Heunks, Ronald Inglehart, M. Kent Jennings, Hans-Dieter Klingemann, Alan Marsh and Leopold Rosenmayr: Political Action. Mass Participation in Five Western Democracies. Beverly Hills: Sage, pp. 215-254.

Klingemann, Hans-Dieter (1979b): The Background of Ideological Conceptualization. In: Samuel H. Barnes, Max Kaase, Klaus R. Allerbeck, Barbara G. Farah, Felix Heunks, Ronald Inglehart, M. Kent Jennings, Hans-Dieter Klingemann, Alan Marsh and Leopold Rosenmayr: Political Action. Mass Participation in Five Western Democracies. Beverly Hills: Sage, pp. 255-277.

Klingemann, Hans-Dieter (1999): Mapping the Political Support in the 1990s. A Global Analysis. In: Pippa Norris (ed.): Critical Citizens. Global Support for Democratic Government. Oxford: Oxford University Press, pp. 31-56.

Klingemann, Hans-Dieter and Richard I. Hofferbert (2000): The Capacity of New Party Systems to Channel Discontent. A Comparison of 17 Formerly Communist Polities. In: Hans-Dieter Klingemann and Friedhelm Neidhardt (eds.): Zur Zukunft der Demokratie. Herausforderungen im Zeitalter der Globalisierung. WZB-Jahrbuch 2000. Berlin: edition sigma, pp. 411-437.

Knutsen, Oddbjørn (1998): The Strength of the Partisan Component of Left-right Identity. In: Party Politics, 4, pp. 5-31.

Langford, Tom (1991): Left-right Orientation and Political Attitudes. A Reappraisal and Class Comparison. In: Canadian Journal of Political Science, 24, pp. 475-498.

LeDuc, Lawrence, Richard G. Niemi and Pippa Norris (1996): Comparing Democracies. Elections and Voting in Global Perspective. Thousand Oaks: Sage.

Lewis, Paul G. (ed.) (2001): Party Development and Democratic Change in Post-communist Europe. London: Frank Cass.

Lijphart, Arend (1992): Democratization and Institutional Choices in Czecho-Slovakia, Hungary and Poland, 1989-1991. In: Sisyphus. Social Studies, 1, pp. 87-102.

Lijphart, Arend and Carlos H. Waisman (eds.) (1996): Institutional Design in New Democracies. Eastern Europe and Latin America. Boulder: Westview Press.

Mainwaring, Scott (1993): Presidentialism, Multipartism and Democracy. The Difficult Combination. In: Comparative Political Studies, 26, pp. 198-228.

Markowski, Radosław (1993): Non-voters. The Polish Case. In: Gerd Meyer (ed.): The Political Cultures of Eastern Central Europe in Transition. Tübingen: Francke Verlag, pp. 339-354.

Markowski, Radosław (1997): Political Parties and Ideological Spaces in East Central Europe. In: Communist and Post-communist Studies, 30, pp. 221-254.

Markowski, Radosław (2001a): Party System Institutionalization in New Democracies. Poland – A Trend-setter with no Followers. In: Paul G. Lewis (ed.): Party Development and Democratic Change in Post-communist Europe. The First Decade. London: Frank Cass, pp. 55-77.

Markowski, Radosław (2001b): Democratic Consolidation and Accountability. News from Eastern and Central European Democracies. In: Radosław Markowski and Edmund Wnuk-Lipiński (eds.): Transformative Paths in Central and Eastern Europe. Warsaw: ISP PAN Publishers & Ebert Foundation, pp. 47-72.

Oppenhuis, Erik (1995): Voting Behavior in Europe. Amsterdam: Het Spinhuis.

Powell, Bingham G., Jr. (1989): Constitutional Design and Citizen Electoral Control. In: Journal of Theoretical Politics, 1, pp. 107-130.

Pridham, Geoffrey and Paul G. Lewis (eds.) (1996): Stabilising Fragile Democracies. London: Routledge.

Rosenstone, Steven J. and John M. Hansen (1993): Mobilization, Participation and Democracy in America. New York: Macmillan.

Simon, János (2001): The Political Left and Right – What It Means in The Post-communist Countries and Hungary. In: Radosław Markowski and Edmund Wnuk-Lipiński (eds.): Transformative Paths in Central and Eastern Europe. Warsaw: ISP PAN Publishers & Ebert Foundation, pp. 167-184.

Strøm, Kaare (1984): Minority Governments in Parliamentary Democracies. In: Comparative Political Studies, 17, pp. 199-227.

Teixeira, Ruy A. (1992): The Disappearing American Voter. Washington, D.C.: The Brookings Institution.

Tóka, Gábor (1997): Political Parties and Democratic Consolidation in East Central Europe. Studies in Public Policy, 279, Centre for the Study of Public Policy, University of Strathclyde.

Tóka, Gábor (1998): Party Appeals and Voter Loyalty in New Democracies. In: Political Studies, 46, pp. 589-610.

Topf, Richard (1995): Electoral Participation. In: Hans-Dieter Klingemann and Dieter Fuchs (eds.): Citizens and the State. Oxford: Oxford University Press, pp. 27-51.

Political Parties and Elections in the New Democracies

Charles Lewis Taylor

1. Introduction

The extraordinary events of 1989 marked the beginning not only of a transition in a number of political systems to a new form and content but also of the development of a new kind of scholarship. Except in the former German Democratic Republic, the members of academic staffs were not replaced wholesale. Rather a self-selection began among scholars interested in government and public affairs to re-tool and to become social scientists in the Western sense. Just as fundamental changes were required in politics, so were they needed in its analysis. The East was almost an empty landscape for empirical political analysis. The need to document what was happening in the new elections was urgent. These elections provided a unique chance to investigate the creation of democratic party systems and to study voting behavior in the face of system change. But no tradition of electoral research had been established nor were there networks of social scientists. Recruitment, training, contacts, support and opportunities were all needed. This called for the birth of the Founding Elections Project, initiated by Hans-Dieter Klingemann.

Through this project, leaders in the academic communities of Central and Eastern Europe were invited to encourage younger, promising scholars to learn and to use methods that had demonstrated their usefulness in studying the older democracies of the West. Essential to this process was the socialization of the new social scientists into the habits of data documentation and archiving that had already been so painfully and slowly developed. It was important to avoid some of the mistakes of early survey projects in the United States, Germany, and other European countries, where many early data sets were lost or were left undocumented and are no long available for historical analysis. A concerted effort has been made to facilitate the documentation and archiving of the relevant data sets, thanks to support from the Fritz Thyssen Foundation. The completed projects are now available through the Zentralarchiv für empirische Sozialforschung in Cologne or through national archives in the individual countries.

Coordinated with this effort was the publication of a series of volumes entitled *Founding Elections in Eastern Europe* (Tóka 1995a; Gabal 1996a; Karasimeonov 1997a; Šiber 1997; Goati 1998; Tóka und Enyedi 1999; Gel'man und Golosov 1999; Krupavičius 2001; Mansfeldová 2002; Skaric 2002). Each volume contains analyses of data related to the early democratic elections in one of the former communist states. The authors undertook several thematic approaches, but each volume includes analyses of the historical development of political parties and the party system, of the results in the early democratic elections and characteristics of the voters, of the electoral system and its effects, and of the early formation of governments. Some common understandings arise from these analyses that, along with the examinations of other social scientists, begin to evince a complex picture of political change in the post-communist states. This chapter lays out some of the findings on the formation of political parties and party systems and on party-voter linkages.

2. Political Party Formation in the New Democracies

The countries of the former Soviet bloc in Central and Eastern Europe still operated with a one-party system in one form or another in 1989. For some, the Communist Party was the only legal political party. For others, the party maintained control over selected minor parties that were allowed to exist but were not allowed to compete freely in elections. When laws governing the organization and operation of political parties began to be liberalized in the late 1980s, pluralistic party formation quickly got underway. At first the newly created political systems seemed to give rise to an almost endless variety of inchoate parties. Only a few had the potential to become sizeable or even viable parties in the long run. Some were able to reach the required election threshold for an election or two or even longer, but they remained marginal except when needed to fill out a coalition. Most, however, were destined to remain sofa parties; their total membership could sit upon a single piece of furniture.

In a very few countries quite early on, political parties with identifiable programs attracted voters with interests that related specifically to the policies and values articulated by their programs. In a larger number of countries, the opposition between the communist elite and reformers antagonistic to the old regime took center stage delaying the development of party programs that would express the economic, religious, location based, age and other interests of identifiable groups within the population. The first electoral confrontation then was between some version of reformed communists, who had been shaken in their positions of power, and the former dissidents, who now demanded fundamental changes. Even in those countries where parties were able early to find a programmatic focus, to articulate specific sets of interests, and to gather voters of somewhat like minds, the first free elections tended overwhelmingly to be contests over the continuation versus the transformation of the regime. Only thereafter could the electorate be expected to sort out the various interests and values it would like to pursue. Only then also could the political parties be expected to have the resources to expound differentiated ideological and policy positions. Working out the most relevant cleavage lines for political parties sometimes had to take its place in the cue of tasks to be accomplished.

This delay was complicated in the successor states. Citizens in the new states that were formerly part of the Soviet Union, Yugoslavia or Czechoslovakia were required not only to liberalize their economies and create a pluralistic system but also concomitantly to build both a nation and a state. Sorting out the demands of multiple ethnic groups further delayed the crystallization of political party formation.

The conditions in which political change took place made a difference to the party system that began to be formed. The type of regime change had implications for the new structures and for the pace of political party system development. "Negotiated change" between the old regime and the dissidents of the kind found in Hungary gave rise to a relatively stable system of a limited number of parties that have begun to find their own electoral bases. The "silent revolution" of Czechoslovakia, with the reluctance of the old elite to give up power, required a unity among the reformers that delayed the development of the articulation of disparate interests. The break-up of the Yugoslav state delayed the differentiation of parties even longer in Croatia. Energies were consumed by the need to consolidate the new state sovereignty. Parties of the center, neither placing Croatian nationalism above all else nor sympathizing with the Serb opposition, were destined to remain virtually inconsequential. Conflict between factions of the old elite in Bulgaria and Russia effectively blocked the development of political parties competing on the basis of conflicting aggregations of interests. The crystallization of parties in Bulgaria continued to be stymied by the debate over the kind of society and state to choose. In Russia, potential party leaders have had little success in expressing interests that can be coordinated with mass mobilization of voters.

Negotiated Change: The Case of Hungary

The change of regime in Hungary was a negotiated one. Reformed elements in the Hungarian Socialist Workers' Party worked with opposition forces outside the party to establish the rules and conditions for a more pluralist political system, that gave rise to what Tamas (1999: 14) calls "the multi-party game." The players were inexperienced in this game and the voters were even more unprepared. The latter was evident in the wild shifts in party support, particularly in the first few years. Quite evident also was the lack of specialized competence required for operating parties in a competitive political system. Tamas argues that this inexperience was behind the victory of the former communists in the 1994 election. Leaders of the Hungarian Socialist Party (the reorganized and renamed former ruling party) were marginally more competent than their rivals in the liberal and conservative parties and for this reason were able to lead their party to victory.

Nevertheless, leaders in all of these parties have been able to organize and to identify their ideologies and programs sufficiently to create a stable set of parties that have continued from parliament to parliament. Five of the six original parties have sat in the three parliaments since 1990 and only one additional party has attained admission. Moreover, the parties have been able to locate themselves with respect to fundamental cleavage lines in Hungary.

Three cleavages from the list used by Lipset and Rokkan (1967) to describe the development of political parties in Western Europe appeared also in Hungary. Conflict between clerical and anti-clerical ideologies has been a major focus of political and cultural conflict. Religion as a *Weltanschauung* became one of the most important factors dividing voters for the Hungarian Democratic Forum, the Independent Small Holders' Party, and the Christian Democratic People's Party from voters for the Hungarian Socialist Party, the Alliance of Free Democrats, and the Federation of Young Democrats. Class also has been important, but because the classical worker-capitalist opposition was eroded during the communist years, its effects have taken a different turn. The class cleavage now is defined as a division between those who cooperated with the party state versus those who stayed away from politics or lived under oppression. The Hungarian Socialist Party is still a party of cadres representing the political class of the former regime. The third cleavage relates to the division between urban and rural. Agricultural areas provide high levels of support for the Independent Small Holders' Party (Körösényi 1999).

Tóka (1995b) found that at the time of the first free election, valence issues dominated positional issues among the Hungarian electorate. This is characteristic for party systems in which parties are using a catch-all strategy to appeal to as wide a variety of social groups as possible and in which there is high electoral volatility. "The election was more a referendum on the legacy of a troubled past than an expression of the strength of social support for competing political options for the future," Tóka (1995: 120b) argued. Voters began to take a longer view by the next election. The relationship between party preference and socio-cultural variables had become more similar to that in older multi-party systems. Körösényi (1999) found that church going as an indicator for religiosity was related to party support. Not surprisingly, supporters for the Christian Democrats were overwhelmingly religious, but supporters for the Forum and the Small Holders also tended to be more religious. The non-religious voters were concentrated among the socialist and liberal party supporters. Support for the Hungarian Socialist Party was two to three times as high for former communist party members as for the general electorate. The rural-urban, agrarian-industrial cleavage divided voters for the Small Holders, and to a lesser extent the Christian Democrats, from voters for the other parties.

While party organization and voter-party linkages may be weaker than in Western Europe, Hungary has developed a set of stable parties that form alternating coalitions in power. This of course is in part a result of the complex election law that tends to add seats for larger parties at the expense of smaller ones and, through its electoral threshold, tends to stabilize the participating parties. But behind the institutional arrangements lies a nascent set of voter-party linkages that are likely to be strengthened with the development of the political parties and future elections.

Silent Revolution: The Case of the Czech Republic

Unlike Hungary, Czechoslovakia did not have a negotiated transition. Communist control there was not easily relinquished. The initial confrontation was a direct one between the communist authorities and an umbrella opposition movement, led by the Civic Forum in the Czech area and the Public Against Violence in Slovakia. The purpose of these movements, organized in November 1989, was to bring together a broad spectrum of political parties and interest groups with a variety of interests but with a common concern for a freer society and state. In the beginning, this common concern had to take precedence and there was little space for the creation of interest based political parties.

The Civic Forum included three distinct political parties along with a number of other components. The most important of these was the Civic Democratic Alliance. Its inspiration came from Western conservatism, particularly the British Conservative Party. It stressed parliamentary democracy, freedom and justice within the context of the legal state, strong local self-government and a free market. Less ideologically and programmatically based were the Politically Involved Non-Party Members Club, with anti-communism as its main concern, and the Movement for Civic Freedom, which had no candidates or program of its own but supported independent candidates.

Overtly against this reform movement was the unreformed Communist Party. Among the communist parties of Central and Eastern Europe, it was the only one that refused to convert to social democracy. In March 1990, it was reorganized as the Confederation of the Communist Party of Bohemia and Moravia and the Communist Party of Slovakia. Its continued existence and electoral strength required all other parties to band together to support the new regime.

Other Czech parties were already in operation as early as the 1990 election. The Christian Democratic Union was an electoral coalition comprised of three small religious parties. Finally there were a few regional and ethnic parties along with a number of smaller parties that failed to make much showing (Brokl and Mansfeldová 1996). In the election of 1990, however, only four parties or movements (Civic Forum, the Communist Party, the regional party for Moravia and Silesia, and the Christian Democratic Union) won seats in the federal parliament and in the Czech national assembly. Perhaps there was some evidence here of incipient cleavage definition along class, religious and regional lines, but the primary focus was on the opposition between the old order and the new.

As emphasis shifted from the establishment of a non-communist state to the expression of the varied interests inherent in a civil society, a movement such as the Civic Forum became less and less relevant. Interests represented within it began to be differentiated and successive new political entities emerged. From the beginning, the loose organization had tended to spawn independent interests that often broke away because of the personal ambitions of individuals. Eventually in February 1991, the Forum, which had just formally become a political party, split into the Civic Movement and the Civic Democratic Party. The former represented the moderate left while the latter was more to the right. Public opinion polls in April showed the Civic Democratic Party to have a 19 per cent rating making it the strongest political contender (Novák 2002).

After the election of 1992, the victorious Civic Democratic Party and its leader Václav Klaus wished to continue the federation, but Vladimir Mečiar as leader of the Movement for a Democratic Slovakia insisted on a confederation. In the end, this impasse led to two separate states (Gabal 1996b). The Czech National Assembly became the parliament of the new Czech Republic. The velvet divorce seems to have had little effect upon Czech political party development. Political parties in the Czech lands and in Slovakia had followed separate paths of development from the beginning.

In the election of June 1992, the Civic Democratic Party had won 76 of 200 seats in this assembly. Together with the Czechoslovak People's Party and the Civic Democratic Alliance, it formed an ideologically homogeneous governing coalition of the moderate right with 105 seats. The second largest party was the Communist Party. It campaigned as part of the Left Bloc that received 35 seats. During the term, however, splinter parties and groups left so that by 1996, the party had only 10 seats.

The rest of the seats were divided roughly equally among six smaller parties. The People's Party, with its Christian interests, was at first on the right economically and socially but shifted later toward the center. The Liberal-Social Union brought together the Agrarian Party, the Socialist Party and the Green Party in a moderate left bloc. The Civic Democratic Alliance was closely associated ideologically with the Civic Democratic Party. The Republicans were a small right-wing anti-systemic party. One regional party, with support in Moravia and Silesia, was the weakest party in parliament and eventually faded from the scene. The Social Democratic Party was also one of the small parties in this election, but its popularity began to grow in 1993 after a change in leadership.

The Civic Democrats formed a coalition with the small parties of the center since a coalition with the communists was unthinkable. But this meant that no alternation in power was possible. Paradoxically, this made it possible for historic social democracy to fill the void left by the absence of reformed communism. The Social Democrats were destined to play a much larger role in politics later on. Their party had been banned after the communist coup in 1948, but veterans who had prevented its fusion with the communists in 1948, and who had tried to revive it in 1968, did so successfully in 1989. Many social democrats were active in the Civic Forum particularly through the reformed communist club *Obroda* (Revival). With its breakup, many of them became active Social Democrats again. In the election of 1996, it became the second largest party and in 1998, it was to lead a coalition to form the government (Novák 2002).

Only six parties won seats in 1996. These were the Civic Democratic Party (68 seats) and the Civic Democratic Alliance (13 seats) on the moderate right, the Social Democrats (61) on the moderate left, the People's Party (18 seats) in the Christian and democratic center, the orthodox Communists (22 seats) on the left, and the Republicans (18 seats) on the extreme right. Almost two-thirds of the seats were in the hands of only two parties. Novák (2002) argues that these numbers reflect "the ongoing process of differentiation and crystallization of the Czech party scene, which was nowhere near complete." Surveys of voters, he adds, are more important to examine. He reports that in 1996 the Left Bloc maintained 67.1 per cent of its 1992 voters. Most of these were orthodox communists. The Civic Democratic Party had almost as good a voter-party linkage. In 1996, 63.3 per cent of its 1992 voters voted for it again. It also picked up 31.2 per cent of the Civic Democratic Alliance's 1992 voters. The latter's electorate was unstable; only 33.5 per cent of its 1992 voters supported it in 1996. The electorate of the People's Party was the most stable: 72.8 per cent of its supporters in 1992 supported it again in 1996. 61.1 per cent of the Republican's former voters voted for the party again. The great growth in support for the Social Democrats makes the figures for that party less meaningful but by February 1995, it was clear that their party would become the second largest party in the future.

Party development in the Czech Republic was delayed by the need for a strong movement to counter-balance the strong communist party. Even so, a party system with the left-right dimension has come into existence. The presence of two anti-systemic parties could be a problem, but a right of center and a left of center seem capable of alternating power with the support of their respective groups of supporters.

Breakup of the State: The Case of Croatia

The development of political parties in Croatia was more profoundly affected by the breakup of the Yugoslav state than developments in the Czech Republic had been by the dissolution of Czechoslovakia. In all of the post-communist countries, voters were confronted with a choice between communist parties, most of which had been reformed to one degree or another, and new parties that demanded the removal of the old regime. But in the successor states, an additional choice was required. Citizens of these states had to meet the challenges posed by the need to build both nation and state.

The Croatian Democratic Union grew out of a gathering of people around Franjo Tuđman, a retired Yugoslav army general with an ultra-nationalist ideology. This movement addressed the entire Croatian people in a conscious effort to bring together the left, right and center to achieve Croatian self-determination and Croatian sovereignty. Zakošek (1997: 39) maintains that even "the goal of establishing a pluralist democracy was seen as a tool for … staunch resistance to Serbian hegemony and expansion." Its identity then became that of a nationalist and populist party. Its primary opposition was the League of Communists of Croatia, first renamed Party of Democratic Changes and later, Social Democratic Party of Croatia. Far behind the nationalists and the communists, came the Coalition of People's Agreement consisting of four center parties. These parties, organized around a few

popular independent political figures, were no match for the national mass movement of the Croatian Democratic Union. Several other small parties were organized, but the only one of importance was the Serbian Democratic Party that walked
out of the parliament as the Serbian insurgence against Croatia began.

Šiber and Welzel (1997: 83) found that indeed "the social security issue that
should normally differentiate the voters of socialist and conservative parties most
strongly hardly did so in Croatia's first free election." Rather the ethno-national
dominated the socio-economic in the voters' perceptions of issue competence of
the parties. When voters were asked which party had the best solution to a variety
of problems facing the country, Croatian Democratic Union voters gave their party
a much high score for solving the problem of Croatia's national position than for
the problem of dealing with ethnic relations within Croatia (40 as opposed to 24
per cent). Voters for the reformed communists, on the other hand, thought their
party would be better at dealing with ethnic relations (17 to 41 per cent).

This difference was closely related to the ethnic difference between the two
electorates. Among Croats 45 per cent voted for the Croatian Democratic Union,
but among Serbs only 21 per cent did. On the other hand, only 0.9 per cent of
Croats but 46 per cent of Serbs voted for the Social Democratic Party. Bipolarization pitted the conservative Croats against the Serbs and the socialists. By the election of 1992, the first in Croatia as an independent state, the population was more
homogeneous, due to migrations and territorial losses in the war. The Serbian
population shrank to 5 per cent. The result was a "unipolar mobilization of the
electorate which further delayed the emergence of differentiated party-voter linkages (Šiber and Welzel 1997: 88). There had been a number of shifts in the party
scene in the two years since the first election, accompanied by a high fluidity in
party-voter alignments. The overwhelming reality of the election, however, was the
unipolarity of the election campaign in which the Croatian Democratic Union appeared more as a national movement than as a political party.

Even though there was relationship between ethnicity and religion with party
support, other demographic variables such as age, occupation, and type of community had a weak relationship. Šiber and Welzel (1997: 102) concluded that "as long
as national consolidation seems to be endangered, less importance will be attached
to basic democratic principles, including individual freedoms and peaceful [ethnic]
coexistence." The violence that accompanied the separation from a multi-ethnic
state delayed the differentiation of voter support for parties along the ideological
categories of conservatism, liberalism and socialism, in a way that was not so true
of the more peaceful separation in Czechoslovakia.

Conflict Between Old Elites: The Case of Bulgaria and Russia

Bulgaria's party development grew not so much out of elite negotiation between
ruling party and opposition as out of conflict between factions within the ruling
party. Opposition outside the party was slow to come forward. Instead the party
abolished the constitutional guarantee of its leading role, reversed discriminatory

policies against the Turkish population, and expelled the strong supporters of the previous regime. Penev and Karasimeonov (1997: 23) argue that "the initial stage of party formation was largely directed by the Communist Party which was eager to create an opposition that would legitimize its democratic intentions but would be obedient enough not to challenge too aggressively the communist hold on power."

Given its interest in controlling the process and pace of reform, the party played a significant part in the creation of its own opposition, the Union of Democratic Forces (UDF). This union brought together 13 disparate political parties, clubs, and movements, such as the Social Democratic Party, the Bulgarian Agrarian National Union, the Democratic Party, the Radical Democratic Party, the Green Party, Eco-glasnost and the Club for Glasnost and Democracy. Although without serious organization or coherent program and infiltrated by the secret police, it forced the Communist Party to participate in roundtable talks that moved the country toward a free election. Nevertheless, it remained more of a movement united on the basis of the rejection of communism, particularly the crimes and violations of human rights perpetrated by the *nomenklatura*.

The Union of Democratic Forces won more than one-third of the seats in the election for the constitutional assembly. A number of other small parties were formed, but only two of them (an agrarian party and a party of the Turkish minority) were able to enter parliament. Most of the parties were typically clientele parties grouped around a leader. Polarization between the Union of Democratic Forces and the Bulgarian Socialist Party (BSP, formerly the Communist Party) was so intense that small center parties were unable to attract attention. After the election, however, reformed groups within the BSP encouraged participation by the opposition in the government and eventually a *de facto* coalition was formed. The first divisions within the UDF began to take shape shortly thereafter. Its more radical members within parliament remained anticommunist, left parliament and pressed for an early election for a new National Assembly. That election evinced the polarization in Bulgarian politics between the ex-Communist Party and anticommunist forces (Karasimeonov 1997b). In the election for the first parliament under the new constitution, the UDF won a plurality of the seats and formed a government with the help of the Turkish party.

Crystallization of parties in Bulgaria was blocked by the continuation of the basic question of the type of society and state to choose. The bipolar confrontational model led to weak governments and blocked legislation. It also delayed development of party identities and programs. Choices to vote were only partially related to demographic characteristics. Not surprisingly, support for the Movement for Rights and Freedom was concentrated among the Turkish ethnic minority located in Sofia and the villages. Otherwise, Pachkova (1997) argues that there was some class division between the BSP and the UDF. The former was supported by the old *nomenklatura* who were becoming the new capitalist class and wished to maintain their privileges, while the latter was supported by the successors of the representatives of the *bourgeoisie*. She adds, however, that even this division did not hold as people had second thoughts and as interests of many within the society were not so clearly defined.

In Bulgaria, the parties quickly discovered a crisis of confidence as the people began to abstain from politics. Indeed political parties tended to be personified through their leaders. Party names were sometimes replaced by leaders' names and parties often split because of the ambitions of leaders. "The weak nature of civil society, strong patriarchal traditions, and the absence of a traditional elite have transformed political office into a means for achieving personal gain" (Penev and Karasimeonov 1997: 31).

Russian political parties have developed much less than parties in some of the states of Central Europe. Golosov (1999b) argues that development was hindered by the length of time that passed between the end of communist power and the arrival of free elections. The absence of competitive elections influenced the organizational and ideological development of political parties, as indicated by the high levels of voter volatility and the party system fragmentation. Moreover, the earlier attempts have created difficulties for organizing programmatic parties from scratch. Among the democratic parties, hierarchical structures have been rejected as too Stalinist; some of the nascent parties lacked any leadership structure at all. Under these circumstances, it is difficult to create a nation wide coalition. The nationalist parties have had hierarchical organizations with leaders; indeed there were too many leaders and this led to splits so that they too had difficulties creating a nation wide organization. The neo-communists have also been less fearful of strong organization and the idea of the unity of the working class was a part of their identity. They alone have been able to organize relatively well nationally along the lines of democratic centralism.

In the new regime all of the parties were new; even the Communist Party was reconstituted in 1993. What was needed for these new parties to develop into effective organizations, Golosov (1999a: 95) believes, was both "mass political mobilization that forges collective incentives [identity and solidarity, related to the ideology of the party] to the prospective party members, and institutional environments favorable for the gradual enhancement of selective incentives [material benefits and status]." Parties based upon the former are denoted as communities of fate while those based upon the latter are considered communities of fortune. It is precisely the nexus between the two that has gone missing. Mass political mobilizations were already in existence in early 1990. Democratic Russia, for example, was able to effectively contest the election in March, although it all but ceased to exist after the election. There are also examples of communities of fortune for which programmatic and ideological focus is lacking.

The campaign of 1996 further demonstrated the underdevelopment of the Russian party system. Throughout the campaign, the winner of the presidential election had carefully disassociated himself from any party. Moreover, the three candidates who were closely connected with parties were ruined. Not surprisingly, the underdevelopment of the institutions for representation and the unexpressed lines of cleavage are accompanied by low party identification among most Russians and high volatility in their voting (Meleshkina 1999). A party system has failed to emerge.

Concluding Comparison

The political party systems of these five countries fall along a continuum defined by the degree of development of the voter-party linkage. The Hungarian political party system may seem undeveloped when compared to that of Germany, but it is certainly among the most advanced in the new democracies. At least three cleavages are represented by the five or six parties that are established there. Hungary had the advantages of a negotiated transition and a self-contained state. The Czech Republic was delayed in the developing of an articulated party system by the initial unwillingness of the old regime to give up. The dissolution of Czechoslovakia, however, seems not to have hindered political party development in the Czech Republic and it may have helped. The parties show evidence of reflecting class and religious cleavages but no longer regional differences. Party system development in Croatia was much more affected by the national issue. The violence between Serbia and Croatia made it possible to subsume most matters of interest under the question of the national identity so that the party representing that identity overshadowed all alternative parties. Finally with the end of the war and the death of Tuđman, a wider set of interests began to be taken up by the parties and a somewhat more pluralist system began to develop. In Bulgaria, the old regime created its own opposition in some ways. Once that opposition was created, its electoral success brought a bipolarization in politics. The absence of a strong civil society has allowed politics to become one among communities of fortune, to use the term that Golosov applies in the Russian context. Continuity of elite rule in Russia worked to frustrate the creation of a party system. The lack of an opportunity for parties to exercise their skills in bringing ideology and interests together within an election campaign created a lost moment in political history.

Considerably more rigorous analysis is needed to draw out the nature of the linkages between voter perceptions and values on the one side and their preferences for political party programs and ideologies on the other. The authors whose work has been published in the *Founding Elections in Eastern Europe* series have made a valuable beginning.

3. Prospects for Future Election Research in Central and Eastern Europe

The creation of a multiparty system is more than a matter of the organization of some political parties, of course. To give substantial reality to a political party system, social groups must be aligned with some relatively limited number of parties. Party-voter linkages must be established so that differences in party programs reflect the cleavages within the society that are perceived to be important. This aspect of political party development has been less thoroughly analyzed than organizational development by the authors of the volumes in the *Founding Elections* series. Now the next agenda for social scientists analyzing politics in Eastern and Central Europe must be a closer delineating of the politically significant cleavages in the society and the appropriation of these cleavages by the political parties.

The primary purpose of the *Founding Elections in Eastern Europe* series has been to encourage the development of rigorous social science in the new democracies. A large number of theories, methodologies, and data constructions have been developed by social scientists in the older democracies of the West that address the phenomena of party development, voter preferences, societal cleavages, electoral legislation, government formation and other matters of relevance to the effective operation of democracy. Of course, conditions are different in the newer democracies. Not every theory that works well to explain politics in one country will do equally well in another. But that lends to the beauty of this enterprise. The theories and methods are not set for eternity. Of course, there are some particularities of the post-communist democracies and the specific playing out of relationships will be different, just as they are among countries of the West. When new relationships are encountered and new kinds of data are deemed relevant, then the new makes a contribution to the old. The theories must be expanded and tweaked to take into account the new information. This is how science grows. Comparative politics is concerned with general principles that do not erase the experiences of individual countries but rather uses them in building the most comprehensive theories possible. The work of the social scientists of Central and Eastern Europe will contribute to this construction.

References

Brokl, Lubomír and Zdenka Mansfeldová (1996): A Short History of the Czech and Slovak Parties. In: Ivan Gabal (ed.): The 1990 Election to the Czechoslovakian Federal Assembly. Analyses, Documents and Data. Series Founding Elections in Eastern Europe, edited by Hans-Dieter Klingemann and Charles Lewis Taylor. Berlin: edition sigma, pp. 51-69.

Gabal, Ivan (ed.) (1996a): The 1990 Election to the Czechoslovakian Federal Assembly. Analyses, Documents and Data. Series Founding Elections in Eastern Europe, edited by Hans-Dieter Klingemann and Charles Lewis Taylor. Berlin: edition sigma.

Gabal, Ivan (1996b): Election Results and Government Formation. In: Ivan Gabal (ed.): The 1990 Election to the Czechoslovakian Federal Assembly. Analyses, Documents and Data. Berlin: edition sigma, pp.126-135.

Gel'man, Vladimir and Grigorii V. Golosov (eds.) (1999): Elections in Russia, 1993-1996. Analyses, Documents and Data. Series Founding Elections in Eastern Europe, edited by Hans-Dieter Klingemann and Charles Lewis Taylor. Berlin: edition sigma.

Goati, Vladimir (ed.) (1998): Elections to the Federal and Republican Parliaments of Yugoslavia (Serbia and Montenegro) 1990-1996. Analyses, Documents and Data. Series

Founding Elections in Eastern Europe, edited by Hans-Dieter Klingemann and Charles Lewis Taylor. Berlin: edition sigma.

Golosov, Grigorii (1999a): The Origins of Contemporary Russian Political Parties: 1987-1993. In: Vladimir Gel'man and Grigorii V. Golosov (eds.): Elections in Russia, 1993-1996. Analyses, Documents and Data. Berlin: edition sigma, pp. 73-98.

Golosov, Grigorii (1999b): Political Parties in the 1993-1996 Elections. In: Vladimir Gel'man and Grigorii V. Golosov (eds.): Elections in Russia, 1993-1996. Analyses, Documents and Data. Berlin: edition sigma, pp. 99-126.

Karasimeonov, Georgi (ed.) (1997a): The 1990 Election to the Bulgarian Grand National Assembly and the 1991 Election to the Bulgarian National Assembly. Analyses, Documents and Data. Series Founding Elections in Eastern Europe, edited by Hans-Dieter Klingemann and Charles Lewis Taylor. Berlin: edition sigma.

Karasimeonov, Georgi (1997b): The Transition to Democracy. In: Georgi Karasimeonov (ed.): The 1990 Election to the Bulgarian Grand National Assembly and the 1991 Election to the Bulgarian National Assembly. Analyses, Documents and Data. Berlin: edition sigma, pp. 10-22.

Körösényi, András (1999): Cleavages and the Party System in Hungary. In: Gábor Tóka and Zsolt Enyedi (eds.): Elections to the Hungarian National Assembly 1994. Analyses, Documents and Data. Berlin: edition sigma, pp. 52-81.

Krupavičius, Algis (ed.) (2001): Lithuania's Seimas Election 1996, The Third Turnover. Analyses, Documents and Data. Series Founding Elections in Eastern Europe, edited by Hans-Dieter Klingemann and Charles Lewis Taylor. Berlin: edition sigma.

Lipset, Seymour Martin and Stein Rokkan (1967): Party Systems and Voter Alignments. Cross-National Perspectives. New York: The Free Press.

Mansfeldová, Zdenka (ed.) (2002): The 1992 and 1996 Elections in the Czech Republic. Analyses, Documents and Data. Series Founding Elections in Eastern Europe, edited by Hans-Dieter Klingemann and Charles Lewis Taylor. Berlin: edition sigma (forthcoming).

Meleshkina, Elena (1999): Russian Voters. Attitudes, Choice and Voice. In: Vladimir Gel'man and Grigorii V. Golosov (eds.): Elections in Russia, 1993-1996. Analyses, Documents and Data. Berlin: edition sigma, pp. 172-199.

Novák, Miroslav (2002): Development of a Party System in the Czech Republic. In: Zdenka Mansfeldová (ed.): The 1992 and 1996 Elections in the Czech Republic. Analyses, Documents and Data. Berlin: edition sigma (forthcoming).

Pachkova, Petya (1997): Electoral Behavior During Political Transition. In: Georgi Karasimeonov (ed.): The 1990 Election to the Bulgarian Grand National Assembly and the 1991 Election to the Bulgarian National Assembly: Analyses, Documents and Data. Berlin: edition sigma, pp. 44-58.

Penev, Vassil and Georgi Karasimeonov (1997): The Emergence of Political Parties. In: Georgi Karasimeonov (ed.): The 1990 Election to the Bulgarian Grand National Assembly and the 1991 Election to the Bulgarian National Assembly: Analyses, Documents and Data. Berlin: edition sigma, pp. 23-33.

Šiber, Ivan (ed.) (1997): The 1990 and 1992/93 Sabor Elections in Croatia. Analyses, Documents and Data. Series Founding Elections in Eastern Europe, edited by Hans-Dieter Klingemann and Charles Lewis Taylor. Berlin: edition sigma.

Šiber, Ivan and Christian Welzel (1997): Electoral Behavior in Croatia. In: Ivan Šiber (ed.): The 1990 and 1992/93 Sabor Elections in Croatia. Analyses, Documents and Data. Berlin: edition sigma, pp. 80-102.

Skaric, Svetomir (2002): Elections in Macedonia, 1990-2000. Analyses, Documents and Data. Series Founding Elections in Eastern Europe, edited by Hans-Dieter Klingemann and Charles Lewis Taylor. Berlin: edition sigma (forthcoming).

Tamas, Bernard (1999): Parties on Stage. Evaluating the Performance of Hungarian Parties. In: Gábor Tóka and Zsolt Enyedi (eds.): Elections to the Hungarian National Assembly 1994. Analyses, Documents and Data. Berlin: edition sigma, pp. 13-51.

Tóka, Gábor (ed.) (1995a): The 1990 Election to the Hungarian National Assembly. Analyses, Documents and Data. Series Founding Elections in Eastern Europe, edited by Hans-Dieter Klingemann and Charles Lewis Taylor. Berlin: edition sigma.

Tóka, Gábor (1995b): Voting Behavior in 1990. In: Gábor Tóka (ed.): The 1990 Election to the Hungarian National Assembly. Analyses, Documents and Data. Berlin: edition sigma, pp. 84-123.

Tóka, Gábor and Zsolt Enyedi (eds.) (1999): Elections to the Hungarian National Assembly 1994. Analyses, Documents and Data. Series Founding Elections in Eastern Europe, edited by Hans-Dieter Klingemann and Charles Lewis Taylor. Berlin: edition sigma.

Zakošek, Nenad (1997): Political Parties and the Party System in Croatia. In: Ivan Šiber (ed.): The 1990 and 1992/93 Sabor Elections in Croatia. Analyses, Documents and Data. Berlin: edition sigma, pp. 34-49.

Zur Institutionalisierung der international vergleichenden Wahlforschung

Ekkehard Mochmann

1. Wahlforschung im Spannungsfeld nationaler und internationaler Orientierung

Im Zusammenhang mit Europäisierung, Internationalisierung und Globalisierung wird verstärkt die Notwendigkeit international vergleichender Forschung betont, zugleich aber auch die immer noch vorherrschende parochiale Orientierung am Nationalstaat beklagt. Wie kein anderes Forschungsfeld steht gerade die Wahlforschung in diesem Spannungsverhältnis. Die Wahlen zu den nationalen Parlamenten erfordern vom Forschungsgegenstand her zunächst den nationalen Fokus. Da nicht nur gesamtstaatliche Faktoren für den politischen Prozess von Bedeutung sind, sondern auch lokale Besonderheiten im Umfeld der betroffenen Wähler, sind auch Gemeindekontexte bedeutsam. So behauptete der Bostoner Politiker O'Neil für Amerika „all politics is local", eine Perspektive, die auch für die Wahlforschung in Deutschland berücksichtigt wurde (Scheuch 2000: 45). Die Unterschiedlichkeit verschiedener politischer Systeme mit ihren jeweiligen Parteien und Wahlgesetzen sowie unterschiedliche soziale, wirtschaftliche und politische Voraussetzungen stellen zudem besondere Herausforderungen für die Schaffung einer empirischen Basis für vergleichende Wahlforschung.

Dennoch haben die Pioniere der international vergleichenden Wahlforschung es frühzeitig verstanden, dieser isolierten nationalen Perspektive und engen Fokussierung entgegenzuwirken. Dabei haben die Initiative einzelner Forscher, der Mut zu großen Visionen, die Persistenz, sie mit unternehmerischem Risiko in weltweiten Forschernetzen umzusetzen, und sicherlich auch die Verankerung in international agierenden Institutionen maßgeblich zur Entwicklung dieser Erfolgsstory beigetragen. Trotz limitierender Bedingungen ist der deutschen Wahlforschung gerade in ihrer Orientierung am internationalen − und das heißt in diesem Feld nun einmal vor allem amerikanisch geprägten − Mainstream ein hoher, auch international respektierter Entwicklungsstand zu bescheinigen (Kaase 2000: 36). Wie zu zeigen sein wird, hat sie sogar maßgeblich zu diesem hohen Standard in der westlichen Welt beigetragen und zugleich für eine entsprechende Entwicklung in den neuen Demokratien Osteuropas gesorgt.

2. Die Entwicklung der Voraussetzungen für die internationale Kooperation

Wo fangen Erfolgsgeschichten an? Sie haben viele Väter, zunehmend auch Mütter, und – je nach Perspektive – unterschiedliche Entstehungsorte und -zeiten. Chronisten müssen zudem häufig lernen, dass andere, noch weiter zurückliegende Erinnerungen und Quellen aktiviert werden müssen, aber die Geschichte soll aus deutscher Sicht nun mal um 1960 in Köln beginnen. Dafür gibt es eine Reihe guter Gründe: In Köln wurde die erste umfassende akademische Wahlstudie mit eigener Erhebung konzipiert (Scheuch und Wildenmann 1965; Kaase und Klingemann 1994); in der Kölner Sozialforschung gab es, geprägt durch die Arbeiten von René König und Erwin K. Scheuch, eine starke internationale Orientierung mit großem Interesse am interkulturellen Vergleich und es entwickelte sich bereits in den 60er Jahren eine europäische und transatlantische Zusammenarbeit mit Forschern, die nachhaltig den Aufbau einer sozialwissenschaftlichen Infrastruktur betrieben (Miller 1994).

Die Kölner Wahlstudie 1961: Ein Schritt zur internationalen Orientierung

Forschungsdesign, Methodenvielfalt und Inhalte der Kölner Wahlstudie 1961 sind an anderer Stelle gewürdigt (Scheuch und Wildenmann 1965). In diesem Kontext sind die personelle Konstellation und der institutionelle Hintergrund des Forschungsteams dieser ersten akademischen Wahlstudie in Deutschland hervorzuheben. Wie Scheuch (Scheuch 2000: 41) ausführt, war die Wahlstudie 1961 der Versuch dreier junger Wissenschaftler, eine empirische Untersuchung zu planen und durchzuführen, die besten internationalen Maßstäben mindestens entsprechen sollte. Diesem ehrgeizigen Plan verschrieben sich Gerhard Baumert, Erwin K. Scheuch und Rudolf Wildenmann. Sie zielten auf eine „Analyse des politischen Systems im Zustand seiner größten Intensivierung" (Scheuch 2000: 42). Scheuch hebt hervor, dass trotz fehlender finanzieller Unterstützung für die Durchführung von Umfragen im beachtlichen Maß empirisches Material gesammelt werden konnte. Er schreibt dies dem Enthusiasmus damals noch junger Mitarbeiter zu, von denen hier Max Kaase, Hans Dieter Klingemann und Franz Urban Pappi genannt werden sollen (ausführlicher dazu Scheuch 2000: 48).

Die theoretische Konzeption war inspiriert durch die Michigan Trias – Parteiidentifikation, Issues und Kandidatenorientierung – sowie durch die Hauptaspekte der Columbia School mit der Betonung von Milieu und Sozialisation politischer Anhänglichkeiten (s.a. Thomassen 1994). Universitätsrechenzentren mit sozialwissenschaftlicher Standard-Software gab es zu dieser Zeit in Deutschland noch nicht. Große Teile der Datenauswertung erfolgten unter Nutzung der Rechnerkapazitäten, die von der Harvard University aus verfügbar waren. Inspiriert durch die amerikanische Wahlforschung und geleitet durch die Kunst des Möglichen war damit bereits eine Basis für internationale Kooperation geschaffen, die mit wachsendem

Vertrauen in den jungen Forschernetzwerken zunehmend zur Selbstverständlichkeit werden sollte.

Die langfristige Bedeutung der Wahlstudie 1961 lag wohl über die Zahl von beachtlichen Publikationen hinaus in der Zusammenführung eines Kreises von Personen, die für die kommenden Wahlen die akademische Erforschung des Wählerverhaltens in der Bundesrepublik prägen sollten (Scheuch 2000: 49). Max Kaase, Hans Dieter Klingemann und Franz Urban Pappi sorgten in Abstimmung mit der Forschungsgruppe Wahlen, Mannheim dafür, dass die Durchführung von Wahlstudien zu den Bundestagswahlen sichergestellt wurde und die Daten der akademischen Forschung über das Zentralarchiv für Empirische Sozialforschung in Köln (ZA) für weitere Analysen zugänglich wurden (Kaase 2000; Zenk-Moeltgen und Mochmann 2000: 588-595).

Institutionalisierung des Datenzugangs

Die intensive Auseinandersetzung mit der amerikanischen Wahlforschung fand bald eine Parallele in dem Bemühen um eine Kultur des *data sharing*, das mit der Ausarbeitung einer Methodologie der Sekundäranalyse bereits erhobener Daten einherging. Hier kam es in den sechziger Jahren zu einer deutsch-amerikanischen Kooperation bei der Entwicklung sozialwissenschaftlicher Datenarchive und der Archivinstrumente. Das Standing Committee for Comparative Research des International Social Science Council der UNESCO, das maßgeblich von Stein Rokkan, Warren E. Miller und Erwin K. Scheuch geprägt wurde, veröffentlichte programmatische Ideen zur Verbesserung des Datenzugangs für die international vergleichende Sozialforschung. Im 1960 gegründeten Zentralarchiv für Empirische Sozialforschung der Universität zu Köln arbeitete eine kleine Gruppe unter Leitung von Hans-Dieter Klingemann an der Konzeption von Datenbanksystemen und der methodisch technischen Beschreibung von Daten der Umfrageforschung (Scheuch et al. 1967; Klingemann und Mochmann 1975). Resultate dieser Entwicklungen wurden mit den amerikanischen Kollegen im *Council for Social Science Data Archives* mit dem Ziel diskutiert, Standards für den internationalen Datenaustausch zu entwickeln. Sie sollten später auch die Diskussion über Instrumente für die Datendokumentation und den internationalen Datentransfer der entstehenden europäischen Datenarchive inspirieren.

Inhaltliche Forschung, Methodenentwicklung und technische Umsetzung der Instrumente erforderten Pionierleistungen, die sich zudem auch noch die finanziellen Voraussetzungen aus vielfältigen Quellen erschließen mussten, da die Rahmenbedingungen der Forschungsförderung hierauf nicht vorbereitet waren. Die Kosten für die Durchführung international vergleichender Erhebungen, die Komplexität der Datenbasen, aber auch die Kommunikationsbedingungen Dekaden vor dem Internet schienen unüberwindbar für mehrere Länder umfassende Umfragen. So ist verständlich, dass die Bereitstellung von einmal erhobenen Daten für weitere Nutzung und die Organisation des transnationalen Datentransfers zur großen Hoffnung der komparativen Forschung wurden.

Das German Election Data Project

Ein Gemeinschaftsprojekt des Zentralarchivs für Empirische Sozialforschung (ZA)
und dem Zentrum für Umfragen, Methoden und Analysen (ZUMA) mit dem Inter-
University Consortium for Political Research (ICPR) konzentrierte sich auf die Datenbasis der deutschen Wahlstudien zum Bundestag. Dieses *German Election Data
Project* (GED) wurde in Reaktion auf das besondere Interesse an bundesdeutschen
Wahlstudien in den USA konzipiert. So mussten alle Studien sowohl in Deutsch als
auch in Englisch zur Verfügung gestellt werden. Hans-Dieter Klingemann, damals
wissenschaftlicher Mitarbeiter im ZA, schrieb am 30. September 1971 an den Direktor des ICPR, Richard I. Hofferbert:

> "As I learned from Max Kaase, you are interested in some of the German Voting
> Studies and related materials. I think it would be of great help to all of us if the
> ICPR could provide resources to recode and clean these studies with the ultimate
> goal to have nice self-described-OSIRIS-data-sets".

Das ICPR beauftragte den jungen Wissenschaftler Russell J. Dalton, in Köln an der
Aufbereitung und Dokumentation der Daten mitzuarbeiten. Es entwickelte sich eine
fruchtbare Zusammenarbeit, die über die gegenseitige Vermittlung sprachlicher
Kompetenzen und profunder Einblicke in lokale Folklore hinaus Maßstäbe für in-
ternationale Datendokumentation setzte. Im Sommer 1975 berichtete *Political
Science* unter Professional Notes über den erfolgreichen Abschluss des Projektes.
Damit standen erstmals die Messinstrumente, Daten und Hintergrundinformationen
mit englischer Dokumentation für die Wahlen in Westdeutschland über das ICPR
und das ZA weltweit zur Verfügung (Zenk-Möltgen und Mochmann 2000). In den
ICPR Summer Schools, den ZA-Frühjahrsseminaren und in internationalen Daten-
Konfrontationsseminaren wurde die Kompetenz vermittelt, komplexe Datenbestän-
de mit fortgeschrittenen statistischen Analyseverfahren auszuwerten (Allerbeck,
Mochmann und Wieken-Mayser 1972; Miller 1994).

Schließlich machte das ICPR in Kooperation mit anderen inzwischen entwickelten europäischen Archiven den Versuch, weitere Datenbestände aus anderen Nationen für die Wahlforschung bereitzustellen. Obwohl es auch in Europa auf nationaler Ebene schon gut ausgebildete Wahlforschungsprogramme gab (Thomassen
1994), war eine vergleichende Wahlforschung noch nicht in Sicht. Aber die Bedingungen der Nutzung der komparativen Umfrageforschung als Kerninstrument der
Wahlforschung für vergleichende Analysen verbesserten sich.

3. Verbesserung der Rahmenbedingungen für komparative Forschung

Trotz des hohen Standards, den die Wahlforschung bereits setzte, wurden die
Grundlagen für vergleichende Umfragen zunächst in anderen, wenn auch verwand-
ten Bereichen – vor allem der Einstellungs- und Werteforschung – gelegt.

Unterschiedliche soziale Organisation der Gesellschaften, hohe organisatorische Anforderungen und mangelnde finanzielle Unterstützung bis hin zum Fehlen transparenter Verfahren zur transnationalen Förderung vergleichend angelegter Forschungsprojekte waren für viele Jahrzehnte ein Hemmnis, soziales Verhalten unter verschiedenen Systembedingungen mit dafür angelegten Primärerhebungen zu untersuchen. So gab es denn auch bis zu den frühen siebziger Jahren in Europa keine kontinuierlichen Projekte, Daten systematisch über Zeit mit international vergleichender Perspektive zu erheben. Trotzdem hat die Sozialforschung nachhaltig von einigen Projekten profitiert, die frühzeitig die nationale Fokussierung überwanden und die vergleichende Analyse bereits im Forschungsdesign berücksichtigten. Drei nach unterschiedlicher Finanzierungsform ausgewählte Projekte sollen exemplarisch genannt werden:

Im Frühjahr 1970 ging die erste *European Communities Study* in Belgien, Frankreich, Italien, den Niederlanden und der Bundesrepublik Deutschland ins Feld. Daraus entwickelten sich dann die Eurobarometer, die, zentral von der Europäischen Kommission finanziert, zweimal im Jahr durchgeführt wurden. Wichtigste Aufgabe dieser Studien war es, die Europäische Kommission über die öffentliche Meinung zu den aktuellen Themen der europäischen Integration zu informieren (Reif und Inglehart 1991). Frühzeitig wurde das breite Interesse an den Daten dieser Erhebungen erkannt und so entschied die Kommission, die Daten der Wissenschaft über die sozialwissenschaftlichen Datenarchive für Sekundäranalysen zur Verfügung zu stellen (http://www.gesis.org/eurobarometer). Bei aller, häufig auch berechtigten Kritik an den methodischen Standards kommt den Eurobarometern eine forschungspolitisch bis heute noch unterschätzte Bedeutung zu. Sie waren die erste auf Kontinuität angelegte komparative Umfragedatenquelle, die der Wissenschaft weltweit zur Verfügung stand.

Die ersten Wertestudien zur Erforschung des Wandels politischer und wirtschaftlicher Orientierungen, Einstellungen zur Familie und religiöser Werte, deren Einfluss auf die ökonomische Entwicklung, politische Strategien und demokratische Institutionen begannen 1981. Die *European Values System Study Group* erhob mit aus privaten Quellen eingeworbenen Mitteln Daten in zehn westeuropäischen Gesellschaften. Vergleichbare Umfragen wurden dann in weiteren 14 Ländern durchgeführt. Die zweite Welle startete 1989 und war im Frühjahr 1993 abgeschlossen, die dritte Welle ging 1999 ins Feld. Nach Erstauswertung durch die Primärforschergruppen werden auch die Daten der jüngsten Erhebung weiteren Forschern für Sekundäranalysen zur Verfügung stehen.

Das *International Social Survey Programme* (ISSP) ist wohl eines der bekanntesten komparativen Datenerhebungsprojekte, das in Selbstorganisation der Wissenschaft durchgeführt wird (http://www.issp.org, http://www.gesis.org/issp). Ausgewählte Fragenmodule werden in Fünfjahresintervallen repliziert. Die erste Umfrage wurde 1985 zum Thema "Role of Government" in den Vereinigten Staaten von Amerika, in Großbritannien, Westdeutschland und Australien durchgeführt. Jede nationale Forschergruppe muss die Finanzierung für die Studie im eigenen

Land sicherstellen. Inzwischen nehmen weltweit 38 Länder an der Erhebung mit einheitlichem Fragebogen teil. Die Daten stehen allen Wissenschaftlern unmittelbar nach Aufbereitung über die sozialwissenschaftlichen Datenarchive weltweit zur Verfügung.

Mit diesen Projekten hatte sich die Sozialforschung zugleich Modelle geschaffen, die auch über längere Zeit eine halbwegs verlässliche finanzielle Basis für die komparative, mehrere Länder umfassende Forschung boten. Dabei durfte es schon als Erfolg gelten, dass die Mittel für die Durchführung der Erhebungen gesichert waren oder im begrenzten Umfang auf die Erhebungsprogramme, z.B. der Eurobarometer, Einfluss genommen werden konnte. Desiderate blieben eine weitergehende methodische Kontrolle und in allen Fällen auch die Finanzierung der Aufbereitung, Kumulation und Dokumentation der Daten, deren Sicherstellung wiederum viel Energie und Kreativität beanspruchten.

Ungeachtet der fortbestehenden strukturellen Defizite der Forschungsförderung wuchs der Bedarf an international vergleichbaren Daten. Das *European Consortium for Political Research* (ECPR) unterstützte Ende der 80er Jahre eine Reihe von Workshops zur Integration der europäischen Datenbasis, deren Ergebnisse in einem Sonderheft des *International Social Science Journal* berichtet wurden (Mochmann und Tanenbaum 1994). In der Villa Vigoni betonte 1992 die erste Konferenz zum Thema „Infrastructure Challenges for Social Research: European Perspectives for the 1990s" die Notwendigkeit der Schaffung einer integrierten europäischen Datenbasis. Dieses Thema wurde auch zentral für das Standing Committee for the Social Sciences der *European Science Foundation* (ESF). Einer Konferenz in Luxemburg 1992 zum Thema „Making Data European: Integrating the European Database" (GESIS 1993: 113) folgte ein Memorandum zur Verbesserung der Infrastruktur für die Sozialforschung von Helga Nowotny, Howard Newby und John Smith, das erheblichen Einfluss auf die Ausgestaltung des 4. Rahmenprogramms der EU hatte.

Das ebenfalls von der European Science Foundation geförderte *Beliefs-in-Government*-Projekt (BIG) (Kaase, Newton und Scarbrough 1995b) erlaubte 40 Forschergruppen aus ganz Europa die Sekundäranalyse der verfügbaren vergleichenden Daten, die über das Zentralarchiv von den Mitgliedern des Council of European Social Science Data Archives zur Verfügung gestellt wurden. Trotz der erfolgreichen Publikation von fünf Projektbänden konstatierte das Projekt: „In general, the social sciences are a long distance away from a situation where data which are compatible across countries are searched for as a regular task by the archives, not even to speak of the problem of making them accessible to comparative research according to the criteria of functional equivalence and longitudinality" (Kaase, Newton und Scarbrough 1995a: 11). Selbst nach intensiver Suche änderte sich nichts an dem Befund, dass die Primärforschung nur in sehr beschränktem Umfang vergleichbare Indikatoren erhoben hatte. Insbesondere für soziale und politische Einstellungen und Orientierungen stellt das Projekt gravierende Lücken in der Europäischen Datenbasis fest: „There is no comparative longitudinal material to speak of available in areas like political extremism, political violence, value orientations beyond the simplistic Inglehart indicators, social attitudes (fascism, ethnocentrism, dogmatism) and mass communication behaviour, which would have been extremely desirable to round off BiG conclusions" (Kaase, Newton und Scarbrough 1995a: 11). Der Präsident des Council of European Social Science Data Archives und Expert Advisor for the Integration of the European Data Base des Standing Committee for the Social Sciences der European Science Foundation schrieb am 24. Januar 1996 an die Projektleiter: „The data services can do a lot to facilitate comparative research, nevertheless, I think strong appeals should be sent to the social scientific community to consider aspects of comparability right in the design phase. We tried to implement this in the Comparative Study of Electoral Systems (CSES)."

Diese Defizitanalyse führte zu dem Beschluss, einen kontinuierlichen *European Social Survey* zur Schaffung einer kohärenten komparativen Datenbasis für Europa zu institutionalisieren (Kaase 1998). Die Erfolgsaussichten für die Umsetzung dieser Pläne sind mittlerweile gut, aber auch hier war wieder ein außerordentlich großer, jahrelanger Einsatz erforderlich, um die Finanzierung der Erhebungskosten auf nationaler Ebene und der zentralen Kosten für die methodische Kontrolle und das Projektmanagement auf europäischer Ebene zu sichern. Obwohl die Gesellschaften einen hohen Orientierungsbedarf für ihre soziale und politische Zukunft haben, scheint es immer noch wesentlich leichter, vielfach höhere Beträge für technologische Großprojekte zu aktivieren, selbst wenn deren Erfolg fraglich ist, als den Grundbedarf einer evidenzbasierten Analyse der gesellschaftlichen Entwicklungen zu decken.

4. Erste Primärerhebungen für die komparative Wahlforschung

Angesichts der bereits geschilderten Rahmenbedingungen für komparative Forschung ist es nicht verwunderlich, dass es lange Zeit keine vom Design her bereits komparativ angelegte Primärerhebungen für die internationale Wahlforschung gab. Eine erste Ausnahme war die Initiative, das Wählerverhalten bei den Wahlen zum Europaparlament zu erforschen. Die Wahlen zum Europäischen Parlament haben seit 1979 jeweils in Fünfjahresintervallen stattgefunden. Eine Datenerhebung für 1984 konnte finanziell nicht sichergestellt werden. Dennoch gelang es, einige Variablen in die Eurobarometer-Erhebungen einzuschalten und somit vergleichbare Daten für die Europawahl 1984 zu gewinnen. Nach Schmitt und Niedermayer (1994: 10) war „die Europawahlstudie 1989 die erste international vergleichend angelegte Wahlstudie mit Primärdatenerhebung auf Wählerebene überhaupt".

Ende der achtziger Jahre gab es dann den ersten umfassenden Versuch, eine Untersuchung der Wahlen zu den Nationalparlamenten in den USA, in Großbritannien, Japan und Deutschland, später auch in Spanien durchzuführen. Projektleiter für Deutschland waren Max Kaase, Hans-Dieter Klingemann und Franz Urban Pappi. Dieses *Cross-national Election Project* (CNEP) sollte neben nationalen re-

präsentativen Umfragen, vorzugsweise als Panel organisiert, um einige regionale
Fallstudien ergänzt werden. Um Einflüsse des sozialen Umfeldes und der Massenmedien zu bestimmen, sollten die Umfragedaten durch Inhaltsanalysen der Massenmedien ergänzt werden.

Dieses Ziel der Verbindung von Umfragedaten mit Daten von Inhaltsanalysen
konnte nur in Deutschland und, mit Einschränkungen, in den USA realisiert werden. Die Analysen mussten Japan aus dem Vergleich aussparen, um nicht die Grenzen dessen, was noch als funktional äquivalent zu werten ist, deutlich zu überschreiten. Trotz beachtlicher Publikationen führt auch dieses Projekt zu einer lehr-
reichen Defizitanalyse:

– Wenn die Rahmenbedingungen fehlen, gelangen derartige Projekte schnell national und insbesondere international an die Grenzen des methodologisch und for-
  schungspraktisch Machbaren;
– Ohne eine oder mehrere ressourcenstarke Institutionen als Träger des Projektes
  und ohne ausreichende Finanzierung ist die Realisierung gefährdet;
– Es bedarf nationaler Arbeitsgruppen, die ernsthaft ihre Forschungsinteressen an
  dem gemeinsamen Ziel einer komparativen Studie ausrichten (Kaase 2000: 27).

Damit wiederholen sich die bereits 1961 und zwischenzeitlich immer wieder kons-
tatierten Erfahrungen. Trotz erheblicher methodischer und inhaltlicher Fortschritte
der Forschung und erleichterten technischen Bedingungen der Kommunikation und
der Datenanalyse liegen kreativitätsabsorbierende Hemmnisse in den nach wie vor
dem Forschungsbedarf nicht angepassten Förderbedingungen, insbesondere für die
transnationalen Arbeiten, die nicht einem Land eindeutig zugerechnet werden können. Nicht nur die Probleme bei der Realisierung von Projekten vergleichender
Wahlforschung, sondern auch die Einsicht, dass eine große Zahl von Wahlstudien
in vielen Nationen bereits existierte, aber aus verschiedenen Gründen der vergleichenden Analyse verschlossen blieben, führte ab Ende der achtziger Jahre zu einer
anderen Strategie.

5. International Committee for Research into Elections and Representative Democracy

Diese Strategie setzte bei der Beobachtung an, dass eine wachsende Zahl parlamentarischer Demokratien im Rahmen akademischer Wahlforschungsprojekte regelmäßig zu den nationalen Parlamentswahlen Repräsentativbefragungen der Wählerschaft durchführen, die sich alle an der Tradition der Michigan-Wahlstudien orientieren. Darauf gegründete Erwartungen, dass komparative Analysen ohne größeren
Aufwand möglich seien, erwiesen sich aber als zu optimistisch. Wie sich heraus-
stellte, lagen die Fragebögen für die einzelnen Länder nur in Originalsprache vor,
die Frageformulierungen waren nicht vergleichbar und die Daten waren entsprechend der Orientierung an den jeweiligen nationalen Prioritäten aufbereitet. Es

mussten also weitere Anstrengungen unternommen werden, um die Voraussetzungen für vergleichende Analysen herzustellen.

Diese hatten ihren Ausgangspunkt 1989 in den Research Workshops des European Consortium for Political Research (ECPR). In der Villa Mattioli nahe Rimini wurde das *International Committee for Research into Elections and Representative Democracy* (ICORE) mit dem Ziel gegründet, eine europäische Wahldatenbasis für vergleichende Analysen zu schaffen. Mitglieder von ICORE wurden die verantwortlichen Primärforscher der nationalen Wahlforschungsprojekte. Sie kamen überein, alle relevanten Fragebögen zusätzlich zur jeweiligen Landessprache auch in englischer Übersetzung zur Verfügung zu stellen und die Daten zu allen nationalen Parlamentswahlen, soweit verfügbar, im Zentralarchiv in Köln zu archivieren. Zugleich sollte die Kommunikation über vergleichende Wahlforschung verbessert und neue Projekte angeregt werden. Diese Aufgabe unterstützte Hermann Schmitt mit der Herausgabe des *ICORE Newsletters* (Thomassen 1993).

Die Planungen schlossen die Schaffung von recherchierbaren Datenbanken für Studienbeschreibungen und Fragen, die in den nationalen Wahlstudien gestellt wurden, ein. In mehrjähriger Zusammenarbeit mit ICORE und dem Council of European Social Science Data Archives konnte das Zentralarchiv eine umfassende Sammlung der Wahlstudien zusammentragen (Abbildung 1).

Abbildung 1: National Election Studies

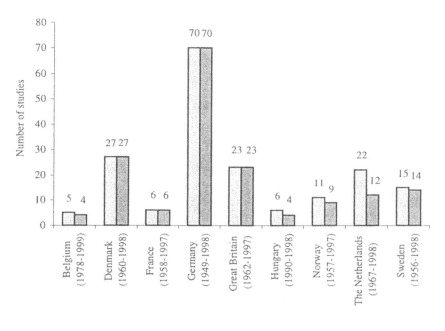

Diese Datensammlung ist inzwischen mit Studienbeschreibungen in dem ICORE Inventory (Mochmann, Oedegaard und Maurer 1998) dokumentiert und für die Forschung im ZA-EUROLAB (http://www.gesis.org/EUROLAB), dem Europadatenlabor des Zentralarchivs, zugänglich. Sie wird fortlaufend für die neuesten Wahlen aktualisiert, sobald die Daten von den jeweiligen Primärforschern freigegeben werden. Obwohl auch hier für die transnationalen Aufgaben keine Ressourcen zur Verfügung standen, konnten durch die Kooperation des Primärforschernetzes mit den Infrastruktureinrichtungen wichtige Voraussetzungen für empirische Analysen des „europäischen Wählers" geschaffen werden. Ein gleichnamiges Projekt, koordiniert von Jacques Thomassen und Tony Curtice, arbeitet derzeit mit Unterstützung des ZA-Europadatenlabors, gefördert von der Europäischen Kommission, an einer Buchpublikation, die den „europäischen Wähler" aus der Perspektive und anhand der nationalen Wahlstudien untersucht.

6. Comparative Study of Electoral Systems

Während sich ICORE zunächst auf nationale Wahlstudien in Europa konzentrierte, inspirierte es durch seine Arbeiten bald ein weltweites Projekt, die *Comparative Study of Electoral Systems* (CSES). Insbesondere der damalige Direktor des amerikanischen nationalen Wahlstudienprogrammes, Steven Rosenstone, hatte großes Interesse an den europäischen Fortschritten im Bereich der Datenintegration und vergleichenden Wahlforschung. An der ICORE-Sitzung in Grenoble 1993 nahmen die amerikanischen Forscher erstmals teil und die *American National Election Study* (ANES) wurde als Mitglied aufgenommen. Damit war, von allen freudig begrüßt, der erste Schritt zur Öffnung über Europa hinaus getan. Schwieriger gestaltete sich die Diskussion über die Frage, wie viele Länder in die vergleichende Perspektive einbezogen werden sollten. Einige Mitglieder der ersten Stunde traten für Konsolidierung und Konzentration auf eine überschaubare Zahl von Ländern ein. Andere plädierten zusammen mit den amerikanischen Kollegen für eine dynamische Ausweitung unter Einbeziehung aller Kontinente. Angesichts noch bestehender Zugangsbeschränkungen und mangelnder Vergleichbarkeit der in den verschiedenen Ländern verwendeten Indikatoren und Frageformulierungen rückte die Überlegung in den Vordergrund, die internationale Kooperation der Primärforscher zu stärken und zunehmend für vergleichbar konzipierte Fragen in den zukünftigen nationalen Wahlstudien zu sorgen.

So beschloss ICORE alle interessierten Nationalen Wahlstudienprogramme aus 63 Ländern zu einer Konferenz über die „Comparative Study of Electoral Systems" einzuladen, die vor der Weltkonferenz der *International Political Science Association* (IPSA) 1994 im Wissenschaftszentrum Berlin für Sozialforschung (WZB) stattfand. Mitglieder des Steering Committees waren John Curtice (University of Strathclyde), Hans-Dieter Klingemann (WZB, Freie Universität Berlin), Steven Rosenstone (Institute for Social Research, University of Michigan) und Jacques Thomassen (University of Twente). Die Resonanz auf das Stimulus-Papier des

Steering Committee war unerwartet hoch. Es antworteten 85 Wissenschaftler aus 44 verschiedenen politischen Systemen und bekundeten Interesse an einer Mitarbeit. Schließlich konnten 50 Sozialwissenschaftler aus 31 konsolidierten Demokratien an der Berliner Konferenz teilnehmen (Rosenstone 1994).

Inzwischen kooperieren Forscher aus mehr als 50 Ländern, darunter auch ein bemerkenswerter Anteil aus den neuen Demokratien. Sie verständigten sich auf ein einheitliches Forschungsdesign und die Erhebung von Mikro- und Makrodaten nach Vorgaben, die unter breiter internationaler Beteiligung vorbereitet und verabschiedet werden. Damit soll das Wahlverhalten unter verschiedenen Systembedingungen erforscht werden. Seit 1996 haben mehr als 30 Länder Daten nach diesen Vorgaben erhoben.

Eine zweites CSES-Modul für die Jahre 2001-2005 ist vorbereitet. Zentrale theoretische Fragestellung für dieses Modul ist, ob Wahlen eher ein Mechanismus sind, Regierungen für die Erreichung der politischen Ziele verantwortlich zu machen, oder ob die Wahlen ein Instrument sind, die Interessen und Anschauungen der Wählerschaft im demokratischen Prozess angemessen zu repräsentieren. Dabei soll überprüft werden, inwieweit die unterschiedlichen Sichtweisen und deren Verankerung in institutionellen Strukturen die Wahlentscheidungen und die Demokratiezufriedenheit beeinflussen.

Das CSES-Sekretariat und die Integration der Länderdatensätze wurden von der Amerikanischen Nationalen Wahlstudie (ANES) in Ann Arbor, Michigan übernommen (http://ssdc.ucsd.edu/ssdc/brows/anes.series.html). Die Daten sollen im Inter-University Consortium for Political and Social Research (ICPSR) und im Zentralarchiv (ZA) archiviert werden.

7. International Comparative Party Manifestoes Project

Repräsentative Bevölkerungsumfragen waren und sind das dominante Instrument zur Erhebung politischer Einstellungen und Verhaltensweisen. Die Comparative Study of Electoral Systems betont die Bedeutung der Handlungskontexte und ergänzt die Surveydaten um Aggregatdaten der untersuchten politischen Systeme. Wie wichtig und verlässlich aber ist die politische Information der Wählerschaft durch die politischen Parteien?

Dies ist eine der zentralen Fragen des internationalen Party-Manifestoes-Projektes. Es umfasst in seiner ersten Phase die Analyse von mehr als 1000 Parteiprogrammen aus 20 Ländern, die in der Zeit zwischen 1945 und 1983 entstanden sind (Klingemann, Hofferbert und Budge 1994). Die Berliner Projektgruppe am WZB ergänzt die Sammlung um Parteiprogramme aller Mitgliedstaaten der *Organization for Economic Cooperation and Development* (OECD) (Budge et al. 2001). Der Inhalt der Parteiprogramme wurde nach einem Klassifikationsschema mit 56 Kategorien inhaltsanalytisch verschlüsselt und als numerischer Datensatz für statistische Analysen aufbereitet. So konnte erstmals auf breiter Basis überprüft werden, inwieweit politische Parteien in modernen Demokratien die Wählerschaft zuverlässig über ihre politischen Agenden informieren und inwieweit sie ihre Versprechen ein-lösen. Das Projekt kam zu einer überraschend frohen Botschaft für viele enttäusch-te Staatsbürger: Es zeigte sich, dass die Parteien in der Regel die Wähler gut infor-mieren und die erklärten Absichten auch tatsächlich zur Leitlinie ihres Handelns machen (Hofferbert, Klingemann und Volkens 1992). Die Daten sind über das Zentralarchiv, Köln und das UK Data Archive Essex, England zu beziehen.

8. Founding Elections in Eastern Europe

Das Entstehen neuer politischer Systeme in Osteuropa nach 1989 bot mit der de-mokratischen Transformation und Konsolidierung eine große Herausforderung, Konzepte und Hypothesen zu testen, die über Jahrzehnte bei der Erforschung west-licher Demokratien entwickelt wurden. Erste Bestandsaufnahmen erfolgten im Rahmen der Berliner Konferenz über „Perspectives of Comparative Political Re-search in Eastern Europe" (Klingemann, Mochmann und Newton 1995). Ein Kon-sortium von Wissenschaftlern aus 24 Ländern Mittel- und Osteuropas begann, die Formierung neuer Parteien und das Wahlverhalten in den neuen Demokratien zu er-forschen. Das Projekt war zur Analyse der ersten demokratischen Wahlen in den jeweiligen Ländern auf nationale Experten angewiesen. Sie erarbeiteten Beiträge über den historischen Kontext, über Wahlgesetze und die Verfassung, über Partei-engesetze, die politischen Parteien, ihre Mitglieder und Kandidaten, über Wahler-gebnisse, die Sozialstruktur und die Einstellungen der Wähler in Vor- und Nach-wahlstudien und schließlich über die Regierungsbildung. Die Untersuchungen für diese Länder folgen einem gemeinsamen Konzept, um spätere vergleichende Ana-lysen zu ermöglichen.

All diese Informationen, einschließlich der Datendokumentation, die vom Pro-jekt in Kooperation mit dem Zentralarchiv erstellt wird, stehen mit bisher acht Bänden in englischer Sprache zur Verfügung (Klingemann und Taylor 1995ff.). Diese Arbeiten werden vom Wissenschaftszentrum Berlin für Sozialforschung (WZB), dem Zentralarchiv für Empirische Sozialforschung an der Universität zu Köln (ZA) und der Fritz-Thyssen-Stiftung unterstützt.

9. Entwicklungsperspektiven für die internationale Wahlforschung

Die Entwicklungsanalyse der internationalen Wahlforschung bestätigt wieder ein-mal, was Elisabeth Noelle-Neumann prägnant formuliert hat: „Die Wahlforschung hat wesentliche Beiträge zur Entwicklung der Umfrageforschung geleistet" (Noelle-Neumann 2000: 60). „Wenn man sich umsieht, welche Forschungsaufgabe am meisten zum methodischen Fortschritt der Umfrageforschung beigetragen hat: Man wird kaum zweifeln können, dass die Wahlforschung den größten Beitrag geleistet hat" (Noelle-Neumann 2000: 80). Darüber hinaus hat sie auch für die Entwicklung der international vergleichenden Forschung wichtige Impulse gegeben und leistet einen wichtigen Beitrag zum demokratischen Selbstverständnis moderner Gesellschaften. Die Analyse der Entwicklung zeigt, dass es zum Teil seit Jahrzehnten eine kontinuierliche Wahlforschung auf hohem methodischen und theoretischen Niveau in den westlichen Demokratien gibt. Unübersehbar ist aber auch, dass diese Kontinuität mehr durch das hohe Engagement der beteiligten Forscher als durch institutionelle Rahmenbedingungen gesichert ist. Hervorzuheben ist, dass sowohl bei ICORE als auch bei CSES frühzeitig auf die Beteiligung des wissenschaftlichen Nachwuchses und die freie Zugänglichkeit der Daten für alle interessierten Forscher geachtet wurde. Aber etablierte nationale Wahlstudienprogramme mit langfristig gesicherter Finanzierung gibt es nur in wenigen Ländern, eine gesicherte Basis für die beachtlichen transnationalen Aufgaben fehlt.

Hier liegt eine außerordentliche Chance weitsichtiger nationaler und transnationaler Forschungsförderung. Durch Schaffung von Förderprogrammen, finanziellen Grundlagen und infrastrukturellen Voraussetzungen können erhebliche Potenziale für die eigentlichen Forschungsaufgaben freigesetzt werden. Einsparungen könnten durch bessere, langfristig angelegte Koordination der Erhebungen bei gleichzeitiger Steigerung der Validität der Ergebnisse erzielt werden, und die gesellschaftliche Orientierung könnte auf breiter Grundlage für drängende politische Fragen verbessert werden. Der internationalen Wahlforschung ist zu wünschen, dass diese Chancen von der Forschungsförderung erkannt werden und die außerordentlichen Anstrengungen, auf denen die bisherigen Fortschritte beruhen, durch die Schaffung entsprechender Forschungsförderungsinstrumente honoriert werden.

Nicht zuletzt ist die erfolgreiche Institutionalisierung der vergleichenden Wahlforschung dafür mitentscheidend, dass die Grundlagenforschung über menschliches Verhalten und Entscheidungshandeln sowie die Demokratieforschung weitere Fortschritte erzielen können. Erst aus der vergleichenden Analyse lassen sich Handlungs- und Entscheidungsuniversalien jenseits politischer Kontexte im Sinne "soziologischer Gesetze" (Emile Durkheim) bestimmen; gerade aus dem Vergleich verschiedener Gesellschaften lassen sich Aussagen über die Qualität und Wirkung des Wählens und des Wirkens politischer Institutionen gewinnen. Eine dynamische Entwicklung vergleichender Forschung ist daher für die Grundlagenforschung über soziales und politisches Handeln ebenso wichtig wie politikrelevante Ergebnisse der Wahlforschung für Institutionenbauer und Institutionennutzer.

Literatur

Allerbeck, Klaus R., Ekkehard Mochmann und Maria Wieken-Mayser (1972): Techniken der Datenanalyse in der empirischen Sozialforschung. Bericht über das Frühjahrsseminar 1972. In: Kölner Zeitschrift für Soziologie und Sozialpsychologie, 24, S. 915-921.

Budge, Ian, Hans Dieter Klingemann, Andrea Volkens, Judith Bara, Eric Tanenbaum mit Richard C. Fording, Derek J. Hearl, Hee Min Kim, Michael McDonald und Silvia Men-

240   *Ekkehard Mochmann*

dez (2001): Mapping Policy Preferences. Estimates for Parties, Electors and Governments 1945-1998. Oxford: Oxford University Press.

GESIS (Gesellschaft Sozialwissenschaftlicher Infrastruktureinrichtungen) (1993): Jahresbericht 1992/93.

Hofferbert Richard I., Hans-Dieter Klingemann und Andrea Volkens (1992): Wahlprogramme, Regierungserklärungen und politisches Handeln. Zur Programmatik politischer Parteien. In: Hans-Jürgen Andreß, Johannes Huinink, Holger Meinken, Dorothea Rumianek, Wolfgang Sodeur und Gabriele Sturm (Hrsg.): Theorie – Daten – Methoden. Neue Modelle und Verfahrensweisen in den Sozialwissenschaften. München: Oldenbourg, S. 383-392.

Kaase, Max (Vorsitzender) (1998): Blueprint for a European Social Survey (ESS). An ESF Scientific Programme. Strasbourg: European Science Foundation.

Kaase, Max (2000): Entwicklung und Stand der Empirischen Wahlforschung in Deutschland. In: Markus Klein, Wolfgang Jagodzinski, Ekkehard Mochmann und Dieter Ohr (Hrsg): 50 Jahre Empirische Wahlforschung in Deutschland. Entwicklung, Befunde, Perspektiven, Daten. Wiesbaden: Westdeutscher Verlag, S. 17-40.

Kaase, Max und Hans-Dieter Klingemann (1994): Electoral Research in the Federal Republic of Germany. In: Jacques Thomassen (Hrsg.): The Intellectual History of Election Studies. Special Issue of the European Journal of Political Research, 25, S. 343-366.

Kaase, Max, Kenneth Newton und Elinor Scarbrough (1995a): Final report of the Beliefs in Government Research Programme for the European Science Foundation. Berlin: Wissenschaftszentrum Berlin für Sozialforschung (WZB).

Kaase, Max, Kenneth Newton und Elinor Scarbrough (Serienherausgeber) (1995b): Beliefs in Government. Five Volumes. Oxford: Oxford University Press.

Kaase, Max und Kenneth Newton (Hrsg.) (1995c): Beliefs in Government. Oxford: Oxford University Press.

Klingemann, Hans-Dieter und Ekkehard Mochmann (1975): Sekundäranalyse. In: Jürgen van Koolwijk und Maria Wieken-Mayser (Hrsg.): Techniken der empirischen Sozialforschung. Band 2. München: Oldenbourg, S. 178-195.

Klingemann, Hans-Dieter, Richard I. Hofferbert und Ian Budge (1994): Parties, Policies and Democracy. Oxford: Westview Press.

Klingemann, Hans-Dieter, Ekkehard Mochmann und Kenneth Newton (Hrsg.) (1995): Political Research in Eastern Europe. Berlin. edition sigma.

Klingemann, Hans Dieter und Charles Lewis Taylor (Serienherausgeber) (1995ff.): Founding Elections in Eastern Europe. A series sponsored by the Fritz Thyssen Foundation. Berlin: edition sigma.

Miller, Warren E. (1994): An Organizational History of the Intellectual Origins of the American National Election Studies. In: Jacques Thomassen (Hrsg.): The Intellectual History of Election Studies. Special Issue of the European Journal of Political Research, 25, S. 247-265.

Mochmann, Ekkehard und Eric Tanenbaum (1994): Integrating the European Database. Infrastructure Services and the Need for Integration. In: European Social Science Databases. Their Use in Cross-national Research. Special Issue. International Social Science Journal, 142, S. 499-511.

Mochmann, Ekkehard, Ingvill C. Oedegaard und Reiner Mauer (1998): Inventory of National Election Studies in Europe 1945-1995 in Cooperation with the International Committee for Research into Elections and Representative Democracy (ICORE) and the

Council of European Social Science Data Archives (CESSDA). Bergisch-Gladbach: Edwin Ferger Verlag.

Noelle-Neumann, Elisabeth (2000): Der Beitrag der Wahlforschung zur Methodenentwicklung in der empirischen Sozialforschung. In: Markus Klein, Wolfgang Jagodzinski, Ekkehard Mochmann und Dieter Ohr (Hrsg.): 50 Jahre Empirische Wahlforschung in Deutschland. Entwicklung, Befunde, Perspektiven, Daten. Wiesbaden: Westdeutscher Verlag, S. 59-84.

Reif, Karlheinz und Ronald Inglehart (Hrsg.) (1991): Eurobarometer. The Dynamics of European Public Opinion. 1. Western Europe. Public Opinion. Essays in Honour of Jacques-René Rabier. London: Macmillan.

Rosenstone, Steven J. (1994): The Comparative Study of Electoral Systems. In: ICORE Newsletter, 3, S. 1-2.

Scheuch, Erwin K. und Rudolf Wildenmann (1965): Zur Soziologie der Wahl. Opladen: Westdeutscher Verlag.

Scheuch, Erwin K., Philip J. Stone, Robert C. Aylmer und Anne G. Friend (1967): Experiments in Retrieval from Survey Research Questionnaires by Man and Machine. In: Social Science Information, 6, S. 137-167.

Scheuch, Erwin K. (2000): Die Kölner Wahlstudie zur Bundestagswahl 1961. In: Markus Klein, Wolfgang Jagodzinski, Ekkehard Mochmann und Dieter Ohr (Hrsg.): 50 Jahre Empirische Wahlforschung in Deutschland. Entwicklung, Befunde, Perspektiven, Daten. Wiesbaden: Westdeutscher Verlag, S. 41-81.

Schmitt, Hermann und Oskar Niedermayer (1994): Einführung. In: Oskar Niedermayer und Hermann Schmitt (Hrsg.): Wahlen und europäische Einigung. Opladen: Westdeutscher Verlag.

Thomassen, Jacques (1993): ICORE News. In: ICORE Newsletter, 1, S. 1.

Thomassen, Jacques (1994): Introduction. The Intellectual History of Election Studies. In: Jacques Thomassen (Hrsg.): The Intellectual History of Election Studies. Special Issue of the European Journal of Political Research, 25, S. 239-245.

Zenk-Möltgen, Wolfgang und Ekkehard Mochmann (2000): Der Continuity Guide der Deutschen Wahlforschung und der ZA Codebook Explorer. In: Markus Klein, Wolfgang Jagodzinski, Ekkehard Mochmann und Dieter Ohr (Hrsg.): 50 Jahre Empirische Wahlforschung in Deutschland. Entwicklung, Befunde, Perspektiven, Daten. Wiesbaden: Westdeutscher Verlag, S. 596-614.

III.

Politische Partizipation und Interessenartikulation

Civil Society and Democratic Participation: Theme and Variations

Samuel H. Barnes

It is a common theme that a vigorous democracy is inconceivable in the contemporary world without the support of a strong civil society. Civil society is widely recognized as a means of restraining and dispersing power, of opposing arbitrary rule whether of kings or modern dictators. The wide sharing of power is itself the central ingredient of successful democracy (Vanhanen 1990). Civil society, which stands between the state and the private world of the family, promotes democratic development and consolidation in many ways (Warren 2001).

Current interest in civil society has been greatly stimulated by the writings of Robert Putnam. With his colleagues Robert Leonardi and Raffaella Nanetti, Putnam (1983, 1993) carried out extensive research on the development of regional governments in Italy. They credited the existence of a long tradition of associational life in Northern Italy and its near absence in the South for the wide differences they found between the two areas in the quality of public life. Putnam also emphasized the importance of civil society for American democracy and especially for the development of *social capital* – the ability of citizens to work with others on civic concerns, an asset developed by participation in associations. He documented a sharp secular decline in American involvement in associations and, in the rich metaphor of "Bowling Alone," viewed this phenomenon as a threat to the vitality of American democracy (Putnam 2000).

Larry Diamond has written widely on democratization in the contemporary world and about the contribution of civil society to the process. In a summary work on the topic, he lists a bakers dozen of these contributions: providing the basis for the limitation of state power, promoting democratic participation, developing skills and a sense of political efficacy, providing an understanding of the rights and obligations of citizenship, assuring multiple channels for interest articulation, building trust among citizens, and others (Diamond 1997: 29-42). He concurs with Tocqueville that civil society ultimately contributes to strengthening the state by providing it with a knowledgeable and competent citizenry and thus with legitimacy (Diamond 1997: 42). Diamond's views reflect a widespread near consensus on many aspects of civil society and democracy.

There is little in this view of civil society to dispute at the level of normative theory. However, there are numerous examples of successful democracies in which civil society functioned in ways that do not conform to the ideal type. This exploratory analysis looks at several of these during the period of the consolidation of democracy in Western Europe. It focuses on some of the ways in which the patterns of civil society varied from the ideal type implicit in much of the contemporary literature on the topic. One is the nature of the relationship of civil society to political society. The second is the degree of vertical vs. horizontal integration of associations. The third is the degree of pluralism, of variety, in the membership. The ideal civil society associations are posited as pluralistic, horizontal in relationships, and independent of political society.

1. Civil Society

In its broadest sense, civil society consists of all associations between the state and the individual and family. In some conceptualizations, associations that pursue offices in the state, such as political parties, form "political society" and are excluded, as are associations that are "parochial" and promote only private ends (Diamond 1997: 5). These distinctions are of dubious utility. Political parties have been increasingly regulated, especially by electoral laws, and hence partially incorporated into the state, though we do not think of them in that way. While analytically distinct, parties, especially parties that sought to mobilize large numbers of voters in the period of a rapid expansion of the electorate, established a vast array of associations appealing to segments of the population. The line between the parties and civil society was shifting and often insignificant. And many parochial organizations pursue public goals; many are sometimes inward looking, yet sometimes not. Even those that seek to escape the public sphere are often the subject of intense public concern. Although some do it with greater transparency than others, most associations seem to have implications for public life.

Much writing about civil society focuses on the importance of horizontal relationships that bring together people of similar interests and encourage them to cooperative without the mediation of higher authorities; hierarchically structured organizations are frowned upon. However, for people with low levels of resources, skills, and experience – low social capital – more highly structured organizations may be better at involving them and pursuing their interests. As we will see, some of the most significant associations in the democratization of Western Europe were hardly horizontal in their structures.

In addition, limiting the designation "civil society" to those associations that meet the standards of rigorous pluralism obscures contributions of patterns of associations that have played important roles in the growth of democracy. Similarity of interests and of preferences is one of the things that brings people together in politics. A pluralist bias seems unnecessarily dominant in the civil society literature and obscures the contribution of some important patterns of political mobilization. This chapter analyzes several patterns of civil society in countries now considered consolidated democracies and discusses how these patterns fit uneasily with some of the assumptions about the nature of civil society in democratization.

In this chapter, political democracy is viewed as choice and inclusiveness, the ability of citizens to select their rulers as well as the inclusion of substantially all adults in this selection process (Dahl 1971; Schumpeter 1943). Choice and inclusion are not possible without rights that are enforceable, hence democracy requires that certain rights operate. This is a minimalist view that does not encompass social or economic components as essential to democracy. Inclusiveness has been achieved in modern democracies only in the Post World War Two era, when women acquired the vote in a number of European countries and minorities were largely incorporated in the United States electoral process.

2. Civil Society: European and American Differences

Much of the discussion of civil society has been about the United States, and this focus is certainly one of the reasons why its conceptualization often seems a poor fit with European experience. Some differences between the civil societies of the two areas are worth mentioning as an introduction to the European cases. Differences in social (and economic) structure account for many of the variations in civil society that we note. From an early period, most American white males were granted the franchise; although slaves, women, and people without property were effectively excluded from politics. The absence of strong class differences as well as the frontier society encouraged a rough equality of condition for most white males. Only the American South with its plantation economy provided a social base for the traditional conservatism common in Europe.

The American right has consequently been dominated by the interests of business and commerce, which meshed rather easily with the culture and aspirations of most of the population. A result is the enduring confusion of terms – a European "liberal" is an American conservative; an American "liberal" is closer to a European progressive of some stripe. From an early period, most – though not all – American conservatives favored the market over the state and considered the former as the preferred route to power. European conservatives did not fear the state; they had created it, staffed it, and prospered from it. It was largely European liberals who developed the institutions of liberal democracy and gradually created a cultural and social base congenial to further democratization as they challenged – with varying degrees of success – the hegemony of the ancien regimes.

In the United States, the liberal market mentality was hegemonic, though challenged periodically by an intellectually barren populism that repeatedly lost out, often even sold out, to nativist fears of minorities , immigrants, Papism, and those just beneath them on the socioeconomic scale. But why there is no socialism in the United States is another story. One does not have to read Antonio Gramsci's *Prison Notebooks* (1971) to understand the value of hegemony: In the United States, it was a rare association of civil society that did not accommodate to the chamber of commerce mentality of the local elites.

The road to democracy in Europe differed greatly. The institutions of democracy such as parliaments, political parties, electoral systems, and the rule of law emerged over a long period of time and reflected contributions from a number of eras and groups. Some were largely the product of bourgeois achievements that included revolutions but especially reflected the expansion of liberal capitalism and industrialization; other institutions of democracy in Europe originated in long-established traditions of representative bodies and a deeply rooted respect for the rule of law even though it was not always applied to the rulers. But as the political leaders of the bourgeoisie developed and expanded the institutions of representative government, they tried to keep them under their dominance by severely restricting the size of the electorate; they proved to be as frightened by the growing proletariat as the nobility had been by the end of feudalism and the expanding bourgeoisie.

The parties and associations of the bourgeoisie and of the conservatives were poorly suited for the absorption of large numbers of poor, uneducated, and insecure citizens into electoral politics. In most European countries they made little effort to do so. In a few, liberals and conservatives alike peered into the future and saw that an expanding electorate was inevitable and hence sought to recruit these new voters to their side first. There is little scholarly consensus over whether the expansion of the electorate was due to the effective demands of the organized have-nots or competition among the old parties for new voters. Undoubtedly, both processes contributed.

The role of religion and religiously inspired associations in this period as well as later is also important for the present discussion. The pace of industrialization varied greatly from country to country. But the exodus from the countryside continued over a long period of time and it ended only in the latter half of the last century. The innovations in civil society discussed in this chapter stem largely from the changes in social structure brought about by industrialization and urbanization. Conservatives had long counted heavily on the rural elites to counter the vote of the rising bourgeoisie. To this they sought to add the support of all those who maintained ties with organized religion, including both peasants and a part of the emerging urban proletariat. Many religiously motivated individuals and associations joined in opposition to the treatment of the working class. This took many forms. In the United Kingdom (UK), the chapel movement within protestantism aided the development of working class social capital and weakened the appeals of Marxist socialism. In the UK, the dominant force on the left became the labor movement; it supported a party that adopted socialism as a policy goal though it remained primarily the party of trade unions. On the continent, Catholic opposition to liberalism as an ideology as well as to the practices of capitalism contributed to the rise of social Catholicism. This doctrine, enshrined in papal encyclicals, formed a basis for corporatism as an alternative to both liberalism and socialism as well as the basis of the Christian democratic movement. That political movement was linked to the Catholic Church by both ideology and organization.

Socialism of several varieties was creative and thorough in mobilizing the industrial working class, as well as providing interclass collaboration in the expansion of the electorate. Long before Gramsci explored the topic, European socialist movements sought to create alternative civil societies to mobilize the new voters. In addition to the mass parties and trade unions, civil associations appealed to women, students, peasants, and many other categories. These provided programs on education, health, child-care, self-help, and the like – a plethora of associations designed to translate numbers into power through the development of social capital.

The organizational accomplishments of these largely working-class movements provided continuing pressure to expand the electorate and insured that most of the expansion benefitted working-class parties. In several countries, the counter-mobilization of practicing Catholics served to off-set the advantages of the left. In Italy, Germany, and the Low Countries, religiously oriented parties often held the balance in the formation of governments even before the First World War.

There were other tendencies represented in the mix of associations. Nationalists were organized practically everywhere, whether in the form of associations of war veterans, proponents of particular visions of the national community, irredentists, or, especially after the First World War, supporters of nationalistic modern authoritarian movements, especially in Italy and Germany, the two large European countries that were late in achieving national unity. Varieties of fascism or fascist-like movements were present in practically every European country during the inter-war period. In Spain, anarchists complicated the scene. These patterns of civil society exhibited few of the qualities of pluralism, inclusiveness, and cross-cutting cleavages leading to the toleration and compromise associated with ideal type civil society. These variations are explored in the pages that follow.

3. European Socialism and Democratization

In most of Europe, socialism of one variety or another dominated the drive toward inclusive democracy. As a mass movement, the success of socialist parties was largely related to the success of the trade union movement in organizing the industrial work force, though agrarian socialist movements were also important in a number of areas. Working class movements faced severe problems in creating the structures of mobilization required of successful national and international movements. The challenge was to create organizations that could convert numbers into political clout. The dislocated rural denizens lacked social capital in the form of experience managing associations, formal education, time, a sense of solidarity, the knowledge of how to relate political action and political goals, and – especially – a credible alternative to the existing market system. Socialism offered solutions for each of these problems.

The paucity of social capital was attacked by two strategies. One was by making efficient use of the social capital available. The other was to develop additional social capital within the working class. Many individuals from outside the working class were attracted to the movement for ideological and other reasons; many members from the working-class acquired skills through self-education, on-the-job training, and natural ability. A major problem was how, in a market economy, could a working-class leadership be supported materially? Workers had hardly any free time. Few middle-class sympathizers possessed independent financial means.

The answer was to build and sustain specifically working-class associations that were outside the control of the political and economic elites. These took the form of trade unions and political parties, along with an impressive array of ancillary associations, plus, wherever electoral success made it possible, paid political office. These structures seem to have inevitably developed into hierarchical, oligarchical machines for the maintenance of leaders in power (Michels 1959 [1911]; Barnes 1967). While the result hardly conformed to the democratic ideals of the movement, it provided a secure base for working-class leadership within a hostile political environment. It also facilitated the collective acquisition of a wide variety of organizational skills by that leadership, skills that are essential to the successful mobilization of large numbers of people. These bureaucratic structures required substantial qualities of their staffs. Foremost perhaps was loyalty to organizational goals and personal probity, limiting, though not eliminating, the personal aggrandizement, demagoguery, sell-outs, and betrayals that plague mobilizations of the have-nots of society. It also necessitated and facilitated the development of a variety of skills and knowledge, including the ability to deal with the world of ideas, to postulate goals, to analyze as well as to criticize the existing order, to articulate demands, interests, preferences, and needs.

This is not the place to explore the strengths and weaknesses of socialism as an ideology. It seems evident that in the European context, it was a belief system that fit the perceptions of both leaders and rank-and-file. The transition from traditional agricultural society to the industrial era has everywhere been traumatic for those involved. Material insecurity seems universal at this stage. While many – perhaps most – first generation industrial workers are better off materially than they had been in agriculture, the uncertainties and dislocation suffered were frightening. For a largely dechristianized working class, the promise of a future good society – on earth – was attractive, and socialist ideology served the purpose of justifying the deprivations of the present and the massive effort at democratization. The ideology strongly emphasized solidarity, which supported collective efforts at democratization. For many, the Marxist view of the evolution of society made good sense. Whether it was good social science was less important than whether it fit the needs of the movement.

Marxism was a doctrine with appeal and supporters at various social levels. Its view of societal change justified Gramscian notions of hegemony long before Gramsci articulated them: the associations of the working class were viewed as the harbingers of the new emerging society. They were the kernel of the future growing within the old and were expected to replace the old as history unfolded. They were not conceived of as problem-solving local bodies dealing pragmatically with issues through wide discussion and give and take. They knew the future. Their task was to educate their own members and to oppose class enemies. Perhaps this view of the role of associations reached its peak in the Italian Communist Party (PCI). And not surprisingly, the greater the electoral success of a socialist movement and the more democratic and inclusive the political system, the more accommodating and realistic the movement seemed to become, as was the case with the PCI. We return to this example later after discussions of two patterns of civil society that have played a major role in thinking about democracy in contemporary Europe – consociational democracy and corporatism.

4. Consociational Democracy

European consociational democracy has been a very successful pattern of mobilization that violates most of the assumptions of what should be the role of civil society in democratization. Consociationalism is especially relevant when societal divisions are cultural in nature, that is, religious, linguistic, ethnic, and the like (Lijphart 1968). Consociationalism involves cooperation among elites who represent segments of society organized along cultural lines. Among European democracies, Belgium, Switzerland, Austria, and the Netherlands are viewed as belonging to this type. These countries exhibited consociational patterns yet were as consolidated, stable, just, and secure as any in the world.

The classic example is the Netherlands in the first three quarters of the twentieth century. The segments, called *verzuiling* or pillars in Dutch, were Catholic, Protestant, socialist, and liberal, each with its own political party (or parties, in the case of the Protestants), trade unions, schools, newspapers, mutual aid societies that administered most of the welfare functions of the state, separate access to radio and television, and a full set of associations of civil society. Each segment developed its own student, teacher, and parent associations; Red Cross chapters, civic organizations; summer camp programs, reading societies, and the like. Few associations of civil society possessed cross-cutting memberships. There was little interaction at the mass level.

Separatism was aided by considerable geographic concentration. Religious practice was higher in rural areas, with Protestants in the North and Catholics in the South. Socialists and liberals were heavily represented in the central provinces of North and South Holland, the most economically advanced areas. Political leaders worked their way up within each segment; when they reached the top, they negotiated with the leaders of other segments on matters of national concern. Government coalitions required cooperation of at least two segments. Grand coalitions of all parties were available for major crises. Intensive bargaining followed elections based on national level proportional representation, with no minimum threshold required for inclusion.

Issues deemed critical for the survival of a segment, such as state support for religious schools, were seldom open to negotiation; each segment possessed a veto over particular policy areas. Issues such as foreign affairs were largely non-partisan, and the cabinet was remarkably efficient and non-partisan in its implementation of the legislative program once it was agreed upon. This system provided stable democracy for the Netherlands for three-quarters of a century, until economic development and social and geographical mobility allowed the evolution of consociationalism into modern European consensus patterns. A systematic attempt to identify the changes responsible for the decline of the system just described concluded that there were no specific causes. Rather, a slow but accelerating decay of attachments to separate segments was apparent throughout the system (Andeweg 1982). Eventually, Catholic and Protestant political parties joined in a Christian Democratic Alliance, a development inconceivable a few years before. Although it was highly structured into separate and non-overlapping segments with few of the formal features of the core civil society theme associated with social capital, the Dutch system of consociational democracy developed what is undoubtedly one of the world's highest per capita levels of social capital. It is possible that the experience of working together on common problems over a long period of time led to the mutual trust that made the separate hierarchical pillars no longer necessary, leading to their evolution into patterns more similar to the ideal-type civil society patterns. It is also possible, as Donald Horowitz (1985) argues, that consociational arrangements work only when sufficient trust and agreement on fundamentals already exist.

Two other consociational systems benefitted from the geographical isolation of segments. Belgian democracy has survived a severe conflict between its Flemish and Walloon sectors in part because it chose the consociational approach to national reconciliation. Political parties and most political associations are organized separately in the two segments; elite bargaining makes national unity possible. This is the case with Switzerland too. Federalism is a useful institutional device for difficult democracies. Language seems to be one of the most difficult lines of cleavage, and religion is another. Certainly, associations of civil society that bring these different groups together would be ideal. Yet several of the most successful democracies of Europe exhibit patterns of associational life that encourage reenforcing alignments.

5. Corporatism

Corporatism is another such pattern that encourages reenforcing memberships. It derives from two quite different traditions; one is state corporatism and the other social corporatism (Schmitter 1984). The former derived from nineteenth and early twentieth century Catholic social doctrine developed as an alternative to liberalism and socialism. It stressed the common interests of labor and capital and advocated functional patterns of political mobilization and representation based on employment rather than geography. Italian fascism replaced the Chamber of Deputies with a Chamber of Corporations that feigned implementation of this doctrine, and state corporatism was diversely copied by other authoritarian regimes in predominately Catholic countries.

Social corporatism emerged independently in northern Europe as an institutional arrangement for involving the organizations of the working class and of capital and management in political and economic decision making (Lehmbruch 1984). At a high level of generalization, social corporatism can be viewed as an implicit compromise between social democracy and capitalism under which the former renounced nationalization and public ownership and control of industry in exchange for the guarantee of labor sharing, through both wages and welfare benefits, in the increased prosperity generated by capitalism's productivity and efficiency (Maier 1975). Corporatist systems depend heavily on high levels of mobilization that not only aid the pursuit of political office and power but also serve to enforce decisions within the segments. Structures are hierarchical and inclusive, with peak organizations interacting with government (representatives of the cabinet) to make national policy in a wide variety of areas that include not only wages and industrial relations issues but also the nature and extent of public services and systems of redistribution of national income. While the system is formally open, it rests heavily on the near monopoly of the dominant organizations speaking for labor and management. The high level of organization renders the rank-and-file quiescent. Furthermore, corporatism focuses largely on economic issues. Smooth functioning of the system is facilitated by the role played by policy specialists, mainly economists, who share important areas of professional agreement, speak the same professional language, and work to combine economic rationality with the political goals of their organizations.

While unions deal with a large variety of issues, the corporatist aspects of union life leave little room for rank-and-file involvement. For workers in many fields, union membership is obligatory as is the dominant role of peak organizations. Thus it is debatable whether membership is voluntary and whether the corporatist apparatus is independent of the state and hence fits within many conceptualizations of civil society. Philippe Schmitter (1997) argues that these robust corporatist structures are more important for democracy than those typical of a pluralist system of interest intermediation. Certainly the corporatist pattern does not match the expectations of the dominant view of civil society with its horizontal linkages, overlapping memberships, and extensive mass involvement. Yet corporatist countries seem to have extensive civil societies with high rates of participation as well as high levels of social capital.

6. Political Mobilization and Civil Society in Weimar Germany

Another variation on the civil society theme is the experience of Germany and Italy in the twentieth century, two large European states that were late in achieving national unity and developing legitimate national democratic institutions. Both possessed modernizing social structures and the political mobilization patterns associated with modern democracies, but without the national consensus on institutions associated with consolidated democracies.

Sheri Berman (1997) has written an insightful analysis of the role of civil society in the collapse of the Weimar Republic. She describes the process through which the National Socialist German Workers Party (NSDAP) used the associations of civil society in the final period of the Weimar Republic to their own ends. Germany was already a nation of joiners, with a rich associational life, a wide variety of organizations appealing to people of differing ideological persuasions, and polarized views on most topics of the day. Political movements supported competing sets of associations. The mass parties in particular were very active in civil society. Socialist and communist associations competed for the allegiance of the left. Various nationalist and national liberal viewpoints were represented. Catholics were attracted to the Center Party as well as to the parochial and other associations of the Church. Berman describes how the national socialists manipulated the openness and lack of political affiliations of many of these associations as part of their strategy for disrupting their opponents and swaying public opinion. Their activists infiltrated crucial associations and, through skillful politics, steered many of them into supporting the expansion of the NSDAP at a critical juncture of German life when many association members were fed-up with the democratic system. German civil society in this period exhibited few of the positive traits of free discussion, understanding and toleration of different points of view, and pragmatism associated with ideal-type voluntary associations. However, much of it was, in Berman's view, not tied to particular parties or even to the democratic system. Thus this civil society served as a transmission belt for national socialist ideas and served as that party's vehicle for the penetration of civil society.

One message from the Weimar experience seems clear: It was the associations that were weakest in the qualities emphasized in much of the literature on civil society that were most resistant to the national socialist takeover. The Center Party, with its ideological ties to a hierarchical church and its appeal to a Catholic minority on the defensive, resisted. The leftist associations, with their ideological commitments, organizational links to particular parties, and competing visions of an alternative sovereignty, likewise resisted the takeover of both the associations and of the German polity itself. Indeed, the ideological and non-pragmatic, non-trusting associations allied with political parties were better at resisting national socialist tactics.

7. Political Mobilization and Civil Society in Italy

Italy in the past century was a hot-house of political experimentation. Mussolini, a former socialist, appreciated the role of organization and propaganda in the politics of the modern age. He realized that the Leninist model of political mobilization, based on hierarchical structures that were outwardly democratic, with the lower levels selecting the higher but with the reverse the operating principle, could be separated from Marxist ideology and used to create a modern form of authoritarianism with goals quite different from those of the left. Italian fascism exhibited several of the features of modern authoritarianism that it shared with the emerging communist system of the USSR. One of the most significant was the attempted destruction of the entire structure of civil society except for the official one controlled by the party.

The Leninist mobilization system, adopted first by the Italian fascists and later by the German, required that there be only one association for each category. Membership in it was obligatory for those in that category; all other associations were forbidden. Traditional authoritarians were largely content to strike down any association, group, or individual that seemed to be threatening to the leaders. This usually meant that most associations were forbidden, but there was seldom any attempt to establish obligatory replacements. The goal of leaders was to maintain society as it was, not to alter it. For that purpose, control of the state machinery, especially its coercive components, along with dominance of education plus cooperation from a compliant church and from willing economic elites, were sufficient without attempting to mobilize the population.

Modern authoritarians, however, want to remake society, and mobilization speeds up the process. Mussolini toyed with the idea of using the fascist party as an organizational weapon to penetrate and alter society, but too many sectors – the church, entrepreneurs, landed gentry, even much of the machinery of the state – were never brought securely under the close control of the party. Fascist Italy did not become a full-blown modern dictatorship though the core institutions were in place. Civil society was weakened but not destroyed. However, repression of opponents, especially on the left, was severe and left bitter memories and a sharply polarized electorate in the post-war period.

Communists, Christian democrats, socialists and others fought a war of position and attrition for control of post-war civil society. Antonio Gramsci (1971), who died in a Fascist prison, had understood clearly the need to dominate the organizations and cultures – shared assumptions – of civil society as the basis for remaking society and legitimizing a new order. This required establishing a set of new associations, an alternative civil society, that paralleled the old and that was more attractive to the young and to the emerging critical sectors of society. With these efforts, communists sought to build a new alternative society within the edifice of the old. To accomplish this, they created an immense organizational structure dominated by the party and trade unions, with ancillary associations to appeal to diverse segments of society, to cultural and other interests as well as to occupational groups. In some of these efforts they collaborated with one or more of several socialist parties; in others, they acted alone. In most areas, however, they sought to reach out to other groups that they thought would strengthen their growing alternative networks. While they were extremely critical of many policies and programs of the Christian democratic-led governments of the post-war period, they did not attack the church, religious belief, or practicing Catholics. They argued that the party and its organizations were open to all who shared their goals. Agreeing with the ideological bases of the party was not necessary; communism and Catholicism were compatible.

Opposing the communist associations of civil society were associations representing several other traditions within Italian society. The most significant of these was the Catholic network. At its core was the church itself, with its presence everywhere, especially in the lower levels of the educational system. Catholic teachings dominated many aspects of the legal system, especially those dealing with family matters, including marriage, divorce (legalized under greatly restricted circumstances over the opposition of the church), and reproductive behavior. More peripheral was the Christian Democratic Party itself, peripheral in the sense that while it seldom failed to support the church's position on the issues of the day, and certainly benefitted electorally from the blessings of the clergy, it functioned much more as the apparatus occupying the state – and benefitting from that status – than as the leader in a campaign to change society. Its dependence on and use of clientelism and patronage are legendary. The associations stemming directly from the church were largely religious and pious, appealing to the small percentage of the population that attended church regularly; but participants in these associations, while often hardly conscious of politics, were extremely loyal electorally to the Christian democrats. Inspired by the Church but functioning semi-independently were the associations of Catholic Action, which in the early post-war years inspired many Catholics with a strong moral vision of politics. The second largest trade union in Italy was in the Christian democratic camp as well. And the most important agricultural organization was run by the party virtually as a benefits-distributing agency. In short, Catholic civil society, including the church itself, the Christian Democratic Party, and the associations of civil society, functioned as an effective competitor with the communist.

Other traditions were active though with less presence. The socialists cooperated with the communists during much of the period, split, reunited, and split again. The largest socialist party cooperated with a related trade union and maintained a precarious foothold in the working class until in later years when it joined in the governing coalition and benefitted from the clientelism made possible by the largesse of the state. Liberal and non-Marxist progressive traditions were largely restricted to the educated middle class. Even the discredited dictatorship was represented by a neo-Fascist Italian Social Movement, which espoused the more radical doctrines of the Republic of Salo, which Mussolini established under the auspices of the occupying German military. Italian civil and political society was thus splintered among a vast array of political and ideological traditions.

There are several lessons here concerning civil society. One is that it is often not useful to draw a sharp distinction between civil and political society. In Italy, practically all of the organizations of civil society were tied to political society. The reality was that the country was highly politicized. But perhaps a more important lesson is that many of the optimistic assumptions about the role of civil society are ultimately borne out in Italy. For over the post-war period, most of the intense polarization and passion, hatred of opponents, and ideological goal-seeking virtually disappeared. This is evident in the experience of the Italian communists. Over the almost half-century between the fall of Fascism and the end of the Soviet Union, Italian communism transformed itself or was transformed by changes in Italian society. It did not abandon its attempt to create an alternative civil society. It did pursue its goals with increasing moderation, pragmatism, cooperation with other parties, and an increasing appreciation of the advantages of markets and the institutions of bourgeois democracy. It developed a reputation for good governance in the areas that it controlled, which included most of the cities and countryside of the Red Belt across central Italy as well as most of the largest cities of the country.

In the early post-war years, the party's strategy was especially appropriate for a society that possessed a strong leftist tradition, a rapidly growing industrial working class and declining agricultural sector, a strong reaction against the fascist era and its supporters, and a modernizing culture. It was also appropriate for a society that did not border on the Soviet Union, which would have enabled the communists to count on military support, which was unlikely anyway considering the political and power realities of the Cold War. Its strategy also owed much to the party's minority status within Italy. Although the communists were dominant in many areas of the country they were never as strong nationally as the Christian democrats in the critical years. This meant that the communists always operated under the hostile eye of the ruling Christian democrats. As local administrators they were "forced to be good;" they could not get away with the rampant corruption and favoritism demonstrated by the Christian democrats.

Many of the areas the communists controlled were those that Putnam (1993: 121-162) emphasized as being heirs to the rich tradition of civil society of the late medieval and Renaissance periods. Path dependence is a fascinating subject that relates to the issues discussed in this chapter, but it cannot be pursued here (but see Pierson 2000). Also important to these issues is the impact of the state and the actions of its agents on patterns of mobilization. The subject is of special interest in Italy because of the differences between northern and southern regions and the debate over the origins of these differences. Putnam's work emphasizes cultural differences between the two regions. Others have criticized excessive reliance on this focus, pointing instead to the role of political structures – including both the state itself and the political parties as they operate in the regions – as the fundamental source of the differences (see Tarrow 1996).

The source of current attitudes and behaviors need not concern us here. The impact of the patterns of mobilization of civil society, however, is an important subject. While the past civil society of Central and Northern Italy may have influenced the stock of social capital in those regions, its contribution to the development of Italian democracy is ambivalent. Several of the regions of the North and Center were the most economically advanced in the country, with a strong entrepreneurial class, robust trade union traditions, a relatively prosperous rural population, and good administrative traditions. Some were heavily Catholic and Christian democratic. Far more were traditionally leftist, with strong socialist traditions. Some of them had also been areas of Fascist strength. Many were the most strongly communist areas of the country.

The Italian Communist Party was the largest in the non-communist world. For decades it supported the policies of the USSR in international affairs and praised that country as a model for Italy. It denounced bourgeois democracy and advocated the dictatorship of the proletariat though it used the bourgeois institutions and did not emphasize dictatorship. We will never know how Italy would have developed had it not been part of NATO and a leader of the movement for European integration, and had the Christian democrats and their allies not made strong ties to the United States and anti-communism core policies. The PCI's ambivalence about formal democracy rests uneasily along side its eventual rejection of the Soviet model and its embrace first of Euro-communism and later of the current Italian constitutional order and the uniting of Europe. The strong civic tradition of Central and Northern Italy, the PCI's areas of strength, did not interfere with its acceptance of Stalinism and the Soviet model. Yet, that same civic tradition may have encouraged its evolution into the social democratic welfare party that its largest successor stands for today. The PCI was always more independent minded than its French counterpart, and its role in the evolution of Italian democracy has been both more positive and more substantial than the impact of the French communists on that country's democracy.

Earlier work of Putnam (1973) that included interviews with Italian politicians had demonstrated that communist deputies by the 1960s possessed attitudes reflecting the positive features of civil societie – in fact more so than the Christian democrats. They were open, trusting, pragmatic, and non-ideological, at least in comparison with many of their colleagues in other parties. This may stem in part from their long experience running local governments under the rule of law. It may also have been greatly influenced by the experience of dealing with policy-making in situations of negotiation and compromise, with many opportunities for building trust. But then these are the positive results expected from involvement in civil society. The party built up huge amounts of social capital through its massive mobilization efforts. The existing stock may have made working within the European democratic paradigm in an increasingly affluent Italy and Europe more attractive than trying to revise a discredited Soviet model and renouncing any hope for a future for the party in the emerging Italy. The Italian postwar experience demonstrates that the role played by civil society and social capital depends on many factors.

8. Conclusions

The conclusions to be drawn from this review are easy to summarize: How civil society fits into the consolidation of democracy "depends." In the European experience of democratization, the role played by civil society has been quite varied and did not always exhibit the qualities ascribed to democratic civil societies. This chapter has focused on several examples in which democracy emerged strong and consolidated in the last half of the twentieth century despite the leading political role played by associations of civil society that lacked several of the expected qualities. Many of the most important examples of vital associations of civil society were tied closely to political parties. Few were pluralistic; most were highly class-oriented in membership and goals. Many were hierarchical, even oligarchical, in structure. Yet all of these countries enter the twenty-first century among the leaders by example of the democratic world.

   This review need not discourage those who prefer and advocate associations that are internally democratic, non-partisan in politics, and diverse in their membership. The examples discussed have moved in these directions over time, though many are far from meeting the high expectations of the criteria just enumerated. All seem to have been successful in developing social capital, one of the positive products of a vital civil society. Perhaps associations in democratizing countries today that achieve that goal, despite their varied forms, will in the long run contribute in similar ways to the consolidation of democracy.

References

Andeweg, Rudy B. (1982): Dutch Voters Adrift. On Explanations of Electoral Change, 1963-1977. Leyden: Doctoral Dissertation in Political Science.

Barnes, Samuel H. (1967): Party Democracy. Politics in an Italian Socialist Federation. New Haven: Yale University Press.

Berman, Sheri (1997): Civil Society and the Collapse of the Weimar Republic. In: World Politics, 49, pp. 401-429.

Dahl, Robert A. (1971): Polyarchy. Participation and Opposition. New Haven: Yale University Press.

Diamond, Larry (1997): Civil Society and the Development of Democracy. Working Paper 1997/101. Madrid: Juan March Institute.

Gramsci, Antonio (1971): State and Civil Society. In: Quintin Hoare and Geoffrey Nowell Smith (eds.): Selections from the Prison Notebooks of Antonio Gramsci. New York: International Publishers, pp. 206-277.

Horowitz, Donald (1985): Ethnic Groups in Conflict. Berkeley: University of California Press.

Lehmbruch, Gerhard (1984): Consociational Democracy, Class Conflict, and the New Corporatism. In: Wolfgang Streek and Philippe C. Schmitter (eds.): Private Interest Government: Beyond Market and State. Beverly Hills: Sage, pp. 53-61.

Lijphart, Arend (1968): The Politics of Accommodation: Pluralism and Democracy in the Netherlands. Berkeley: University of California Press.

Maier, Charles S. (1975): Recasting Bourgeois Europe. Stabilization in France, Germany, and Italy in the Decade After World War I. Princeton: Princeton University Press.

Michels, Robert (1959) [1911]: Political Parties. A Sociological Study of the Oligarchical Tendencies of Modern Democracy. New York: Dover.

Pierson, Paul (2000): Increasing Returns, Path Dependence, and the Study of Politics. In: American Political Science Review, 94, pp. 251-268.

Putnam, Robert D. (1973): The Beliefs of Politicians: Ideology, Conflict, and Democracy in Britain and Italy. New Haven: Yale University Press.

Putnam, Robert D. (2000): Bowling Alone. The Collapse and Revival of American Community. New York: Simon and Schuster.

Putnam, Robert D., Robert Leonardi, Raffaella Y. Nanetti, and Franco Pavoncello (1983): Explaining Institutional Success. The Case of Italian Regional Government. In: American Political Science Review, 77, pp. 55-74.

Putnam, Robert D. with Robert Leonardi and Raffaella Y. Nanetti (1993): Making Democracy Work. Civic Traditions in Modern Italy. Princeton: Princeton University Press.

Schmitter, Philippe C. (1984): Still the Century of Corporatism? In: Wolfgang Streeck and Philippe C. Schmitter (eds.): Private Interest Government: Beyond Market and State. Beverly Hills: Sage, pp. 7-52.

Schmitter, Philippe C. (1997): Civil Society East and West. In: Larry Diamond, Marc F. Plattner, Yun-han Chu, and Hung-mao Tien (eds.): Consolidating the Third Wave Democracies. Themes and Perspectives. Baltimore: Johns Hopkins University Press, pp. 240-262.

Schumpeter, Joseph A. (1943): Capitalism, Socialism, and Democracy. London: George Allen and Urwin.

Tarrow, Sidney (1996): Making Social Science Work Across Space and Time. A Critical Reflection on Robert Putnam's Making Democracy Work. In: American Political Science Review, 90, pp. 389-397.

Vanhanen, Tatu (1990): The Process of Democratization. New York: Taylor and Francis.

Warren, Mark E. (2001): Democracy and Association. Princeton: Princeton University Press.

Elektronische Demokratie: Wird endlich ein Traum wahr?

Max Kaase

1. Prolegomenon

Die Beteiligung der Bürger an der Politik ist Anlass für Reflexion und Kontroversen gewesen, seit Menschen begonnen haben, sich in staatsähnlichen Gebilden zu organisieren und hierfür politische Institutionen – auf Dauer gestellte und personenunabhängige Regelwerke – zu schaffen. Der Übergang von vordemokratischen zu demokratischen politischen Ordnungen in Europa in der zweiten Hälfte des 19. und der ersten Hälfte des 20. Jahrhunderts war im Kern durch die Einführung des allgemeinen und gleichen Wahlrechts, das Entstehen von auf Wettbewerb beruhenden Parteiensystemen und die Parlamentarisierung politischer Entscheidungsprozesse gekennzeichnet. Robert Dahl (1989) hat hierfür bezeichnenderweise den Begriff der Polyarchien gewählt, weil er Demokratie für eine – noch nicht existierende – politische Ordnung reservieren wollte, die mit der unmittelbaren und kontinuierlichen Beteiligung der Bürger an den Entscheidungen des politischen Gemeinwesens Ernst macht. Auch der Siegeszug der repräsentativen pluralistischen Demokratie, vor allem im Vergleich mit totalitären oder autoritären Alternativen, wie er am Anfang des dritten Jahrtausends zu konstatieren ist, hat jedoch die Stimmen nicht verstummen, sondern sogar lauter werden lassen, die eine Umgestaltung in Richtung direktdemokratischer Ordnungen oder zumindest eine wesentliche Erweiterung repräsentativer Verfassungen durch direktdemokratische Elemente wie Volksinitiativen, Volksbegehren und Volksentscheide *auf nationaler Ebene* fordern.

Lange Zeit galten solche Forderungen entweder ganz allgemein als utopisch oder eben bestenfalls als für kleine territoriale Einheiten vorstellbar. Dem entspricht auch die Feststellung, dass bis heute alle rechtsstaatlich verfassten und auf individuellen Grundrechten fußenden Demokratien, sieht man einmal von dem Sonderfall der Schweiz ab, in ihrem Kern durch die Dominanz repräsentativer politischer Institutionen gekennzeichnet sind.

Diese Diskrepanz zwischen direktdemokratischer Idee und polyarchischer Realität wird vielleicht leichter nachvollziehbar, wenn man – wie Fuchs (2000) – einen genaueren Blick auf die athenische Demokratie wirft, die auch heute noch als direktdemokratisches Ideal die Fantasie derer anregt, die über politisch-institutionelle Reformen nachdenken. Im vorchristlichen Athen hatten zwischen 35000 und 40000 Bürger das Recht, sich als Gleiche an der Volksversammlung zu beteiligen, die im Jahre etwa vierzig Mal zu Beratungen und Entscheidungen zusammentrat, wobei letztere ein Quorum von mindestens 6000 Bürgern verlangten. Von besonderer Bedeutung ist, dass von den Bürgern rund 8000 jeweils ein öffentliches Amt innehatten (darunter vor allem Geschworene bei den Volksgerichten). Sowohl Fuchs (2000) als auch Sartori (1987: 281-282) heben hervor, dass die athenische Demokratie außerordentliche Anforderungen an ihre Bürger stellte, die nur unter sehr spezifischen Bedingungen zu erfüllen waren (so wurde z. B. nur etwa einem Zehntel der in Athen lebenden Bevölkerung der Bürgerstatus zuerkannt). Letztlich kann also nicht überraschen, dass diese direkte Form der Demokratie sich nicht beliebig über Raum und Zeit transportieren ließ.

Dennoch war hier, zumindest im Prinzip, die Identität von Regierenden und Regierten gegeben: alle Bürger konnten sich an der Diskussion über anstehende Entscheidungen beteiligen, ein Hauptanliegen der zeitgenössischen Advokaten direkter Demokratie. Fuchs (2000: 255-256) weist allerdings, sich auf Euripides berufend, auf eine sehr wichtige Einschränkung hin. Die offene Bürgerbeteiligung an den öffentlichen Deliberationen sollte nämlich keine eigensüchtigen, sondern lediglich solche Gesichtspunkte und Vorschläge vorbringen, die dem Nutzen der gesamten Polis dienten. Ob dieses normative Ideal je erreicht wurde, darf allerdings bezweifelt werden. So betont Sartori (1987: 281), dass im 4. Jahrhundert vor Christus in Athen „entweder die Reichen oder aber die Armen jeweils in ihrem eigenen Interesse regierten" (Übersetzung MK).

Dieser offenkundige Niedergang des athenischen politischen Ethos – wenn es denn je existierte – akzentuiert das Problem, dass selbst unter dem institutionell förderlichen Kontext der athenischen Polis die Bildung der Bürger durch Beteiligung offenbar nicht ausreichte, um zu verhindern, dass die kollektiven Ziele der Polis nicht durch partikularistische, im schlimmsten Fall sogar durch individuell-egoistische Interessen gefährdet würden. Es ist entsprechend kein Zufall, dass im Zusammenhang mit den Diskussionen über direkte Demokratie immer wieder die Frage nach den Qualitäten der Bürger, die für eine solche politische Ordnung notwendig sind, gestellt wird.

Eine Schlussfolgerung aus dieser historischen Reminiszenz ist, dass man den Begriff der direkten Demokratie eigentlich auf solche Fälle beschränken sollte, in denen – etwa in kleinen Einheiten wie z.B. der Landgemeinde des schweizerischen Kantons Glarus – vollständige Bürgerbeteiligung unter gegenseitiger Kontrolle möglich ist. Entsprechend argumentiert Sartori (1987: 111-115), dass, wenn heutzutage von direkter Demokratie gesprochen wird, es in Wirklichkeit um eine Abstimmungs- oder Referendumsdemokratie geht. In seinen Worten: „Es geht um eine Demokratie, in der das Volk zwar direkt über die anstehenden Fragen entscheidet, aber nicht durch Zusammenkunft, sondern getrennt als Referendum. (...) Wenn man so will, handelt es sich um eine direkte Demokratie von isolierten einzelnen Individuen und nicht von interagierenden Teilnehmern" (Übersetzung MK). In diesem Sinne wird im Folgenden direkte Demokratie als Abstimmungsdemokratie und repräsentative Demokratie als Wahldemokratie begriffen, wobei „in Wahlen ... Entscheidungsvollmacht in öffentlichen Angelegenheiten von den Bürgern befristet auf Repräsentanten übertragen [wird]" (Kielmansegg 2001).

Diese Einführung soll mit dem folgenden Gedanken abgeschlossen werden. In dem vorliegenden Beitrag soll es zunächst einmal um elektronische oder Cyberdemokratie gehen. Beide Begriffe zielen insofern auf eine technologische Dimension, als die moderne Demokratie durch die Verfügbarkeit elektronischer Kommunikationssysteme verändert werden kann, ja bereits verändert worden ist, indem Bürger, Organisationen und Institutionen nun direkt vernetzt sind oder sein können und so zunehmend miteinander kommunizieren. Dieser vielfältige und komplexe Prozess bedarf, unter der Fragestellung dieses Beitrags, der Fokussierung. Entsprechend wird es im Folgenden darum gehen zu prüfen, inwieweit man durch elektronische Kommunikation den Idealen direkter Demokratie näherkommen kann.

Viele der Hoffnungen in diesem Zusammenhang kulminieren in Benjamin Barbers (1984) Konzept einer „starken Demokratie". Dieses utopische, normative Konzept ist eine Orientierungshilfe für die Identifikation der Schwächen zeitgenössischer repräsentativer Demokratien und für die Suche nach Korrekturen. Aber mögliche Veränderungen demokratischer Verfassungsordnungen müssen nach Auffassung des Autors dieses Beitrags zumindest unter zwei Gesichtspunkten gerechtfertigt sein: sie müssen (1) die bisherigen Ergebnisse des politischen Prozesses deutlich und nachhaltig verbessern, und (2) die Akzeptanz der politischen Ordnung durch die Bürger erhöhen (siehe dazu auch Offe 1998).

2. Kommunikation und Politik: einige grundsätzliche Überlegungen

Die Verfügbarkeit von Kommunikationskanälen ist die unabdingbare Voraussetzung für die Verbindung von Bürgern und Politik; tatsächlich ist Kommunikation sogar die Essenz allen sozialen Lebens. Während die regelmäßige unmittelbare Interaktion zwischen Bürgern wie auch zwischen Bürgern und ihren Vertretern (in der athenischen Demokratie war das der durch Los jedes Jahr neu bestimmte Rat der Fünfhundert – Boulé; siehe dazu Fuchs 2000: 252-257) unter den besonderen Bedingungen eines Stadtstaates noch vorstellbar erschien, musste dieser Anspruch in dem Maße unwiederbringlich aufgegeben werden, in dem sich größere territoriale Einheiten politisch formierten.

An dieser Stelle muss und kann das vielfältige Problem der Verbindung zwischen Bürgern und Politik (z. B. über die politischen Parteien) nicht im Einzelnen entfaltet werden. Aber spätestens in dem Augenblick, in dem demokratische Repräsentativverfassungen, welche die Beteiligung aller Bürger normativ forderten und institutionell absicherten, als politische Ordnung an Bedeutung gewannen, musste die Rolle der Massenkommunikation – darunter lange Zeit vor allem der Tageszeitungen – in den Blick genommen werden (immer noch von Interesse ist hier Lippman 1922).

Wilke (1989) hat in einem interessanten Aufsatz gezeigt, wie wichtig bereits frühe Medien der Massenkommunikation für die Diffusion kritischer historischer Ereignisse in Europa wie die Reformation und die französische Revolution waren. Zwar schuf die Verschriftlichung von Sprache eine erste entscheidende Voraussetzung für Massenkommunikation. Doch erst die Gutenberg'sche Erfindung der Druckerpresse brachte den Prozess von Massenkommunikation sui generis – eine Quelle, viele Empfänger – in Gang, in Deutschland z.B. schon im 16. Jahrhundert über Flugblätter. Danach war es die Institutionalisierung der kommerziellen Zeitungspresse, welche die Chance eröffnete, dass Bürger sich über zumindest im Prinzip unabhängige Medien regelmäßig über öffentliche Angelegenheiten und über ihr Staatswesen und dessen Akteure informieren konnten. Das Radio, das in der ersten Hälfte des 20. Jahrhunderts rasend schnell Verbreitung fand, verkürzte die zwischen Ereignissen und der Berichterstattung hierüber liegende Zeit massiv, und die inzwischen zumindest in den OECD-Ländern flächendeckende Verbreitung des Fernsehens verband nun sogar die zeitliche Unmittelbarkeit mit der Lieferung beweglicher Bilder. Heute belegt die Forschung vielfältig, dass gerade die Gleichzeitigkeit von Sprache und Bild die Art des Nexus zwischen Bürgern und der Welt der Politik entscheidend geprägt und gleichzeitig verändert hat.

Dass die Konturen des Bürger-Politik-Verhältnisses in den zeitgenössischen Demokratien sehr genau bekannt sind, ist nicht zuletzt das Verdienst der Empirischen Sozialforschung, die mit den Elementen der wahrscheinlichkeitstheoretisch fundierten Zufallsstichprobe und der Methodik des standardisierten Interviews die Voraussetzungen dafür geschaffen hat, dass zuverlässige Erkenntnisse über die Befindlichkeiten der Bürger vorliegen. Die frühen Wahlstudien der Gruppe um Paul F. Lazarsfeld in den USA haben dabei ein eher skeptisches Bild vom politischen Engagement der Bürger und dem Grad ihrer Informiertheit über öffentliche Angelegenheiten gezeichnet (Berelson 1952), ein Bild, das sich bis heute nicht grundlegend gewandelt hat, wenn auch die Bewertung der Befunde Veränderungen in Richtung einer weniger negativen Einschätzung erfahren hat (Popkin 1991; Page und Shapiro 1992). Dass unzureichendes politisches Wissen übrigens nicht nur auf das Desinteresse der Bürger, sondern auch auf das Informationsangebot der Medien zurückzuführen ist, haben weitere Untersuchungen ergeben (Dimock und Popkin 1997).

Angesichts der Komplexität moderner Politik, ihrer Institutionen und Verfahren wird es nicht überraschen, dass Bürger sich dieses Feld lediglich in groben Rastern aneignen können. Hinzu kommt, dass der Kontakt zur Politik für die Mehrzahl der Bürger nur indirekt, und das heißt über Freunde, Bekannte und Kollegen sowie durch die Massenmedien hergestellt wird; direktes Engagement, etwa in Parteien, Bürgerinitiativen oder in Gemeindeparlamenten, bleibt die Ausnahme.

Als weiteres Hindernis erweist sich, und das wird gerne von den Protagonisten direkter Demokratie aus dem Auge verloren, dass den Bürgern sehr vieles in ihrem Leben wichtiger ist als Politik. So belegt eine Serie von Repräsentativbefragungen, die in Deutschland seit den achtziger Jahren durchgeführt wird, immer wieder von neuem, dass unter zahlreichen abgefragten Lebensbereichen wie Beruf, Familie, Gesundheit, Freizeit und eben Politik es stets letztere ist, die – neben Religion – als mit Abstand persönlich für am wenigsten wichtig angesehen wird (Statistisches Bundesamt 2000: 444; van Deth 2000: 122 und Fuchs 2000: 264 zeigen, dass es sich bei diesem Befund nicht etwa nur um eine deutsche Spezialität handelt). Bedenkt man schließlich, dass zahlreiche Lebensbereiche und Präferenzen in einen 24-Stundentag unterzubringen sind, dann kann im Grunde nicht wirklich überraschen, dass mit Ausnahme der politischen Klasse, die sich ihren Lebensunterhalt in der Politik verdient, für die anderen Bürger Politik eben nicht im Zentrum ihres Lebens steht und auch nicht stehen kann. Unter solchen Umständen, deren grundlegende Veränderung trotz aller anderslautenden Utopien nicht zu erwarten ist, erscheint eine demokratische Repräsentativverfassung als eine systemisch durchaus adäquate Antwort auf die Probleme demokratischer Regierungsweise und die Rolle der Bürger in Demokratien – letzteres übrigens ganz besonders unter dem zentraldemokratischen Aspekt der politischen Gleichheit.

3. Kommunikation und Politik: erste Schritte

So unbestritten die Bedeutung eines – staatsunabhängigen – Systems der Massenkommunikation für pluralistische Demokratien ist, so unbestritten war lange Zeit, dass die Beziehung zwischen Bürgern und Massenmedien einseitiger Natur war: hier Konsumenten, dort Produzenten. Und sie war marktförmig organisiert, indem die Konsumenten die freie Wahl hatten, was sie konsumieren wollten und was nicht – und damit durchaus einen gewissen Einfluss auf das Angebot hatten, in Abhängigkeit von der spezifischen Organisation des Mediensystems (so hat etwa die Dualisierung des Rundfunksystems in Deutschland seit 1985 die Wettbewerbssituation der Anbieter grundlegend verändert).

Mit dem Aufkommen neuer Technologien wie vor allem des Kabels wurden schnell Hoffnungen wach, die Einseitigkeit der Kommunikation etwa über Rückkanäle aufzuheben, Hoffnungen, die sich sowohl wegen technischer Beschränkungen und hoher Kosten als auch wegen des mangelnden Interesses der Nutzer nicht erfüllten. Bald wuchs jedoch das Interesse daran, diese neuen technischen Möglichkeiten für eine Ausweitung der Bürgerbeteiligung an Politik zu nutzen. Daryl Slaton (1992: 99-122) berichtet über eine Vielzahl solcher Projekte, die jedoch in keinem Fall zur kontinuierlichen Anwendung gereift sind. Sie selber war am Televote-Modell in Hawaii beteiligt, das dort von den späten siebziger Jahren an implementiert wurde. Dieses Modell verdient hervorgehoben zu werden, weil es sich systematisch mit kritischen Fragen an die Teledemokratie wie etwa der Repräsentativität der teilnehmenden Bürger sowohl in Bezug auf deren Auswahl als auch in Bezug auf deren Mitwirkung auseinandergesetzt hat.

Die Diskussion über das Televote-Modell ist in den USA mit großem Engagement und sehr kontrovers geführt worden (siehe dazu Arteron 1987; Abramson, Arterton und Orren 1988 als Kritiker und Slaton 1992: 177-211 als Verteidigerin).

Offensichtlich ist die Lösung des Problems, wie man eine repräsentative Abbildung der Bevölkerung erreichen kann und die als eine Voraussetzung für die Akzeptanz von durch solche Verfahren getroffenen Entscheidungen gelten muss, von überragender Bedeutung. Dabei ist zu beachten, dass in der frühen Phase der Entwicklung zu elektronischer politischer Beteiligung nicht von einer Vollversorgung der Bevölkerung mit Geräten und Netzanschlüssen ausgegangen werden konnte und sich damit das Problem der Repräsentativität als Teilnahmegelegenheit von selber erledigen würde. War aber einmal eine bevölkerungsrepräsentative Stichprobe gewonnen, dann konnte über das Netz ein interaktiver, deliberativer Prozess in Gang gesetzt werden, an dessen Ende dann eine informierte Bürgerentscheidung getroffen werden könnte. (Auf einer ähnlichen Logik beruht das von Dienel [1991] entwickelte Konzept der Planungszelle sowie die von Fishkin [1995] vorgeschlagene Methode des *deliberative polling* und die Idee eines minipopulus nach Dahl [1989: 340].)

All diesen Modellen ist jedoch eine strukturelle Schwäche zu Eigen: Stets sind es zahlenmäßig kleine Gruppen, für die der Anspruch erhoben wird, ein getreues Abbild der durch sie repräsentierten Bevölkerung zu sein. Ein erster Einwand ist, dass auf diese Weise – soll der minipopulus nicht unhandlich groß werden – stets quantitativ geringe, aber repräsentationsbedürftige und -würdige Gruppen der Bevölkerung ignoriert werden. Wesentlich gravierender, ja tödlich für die Idee direkter Demokratie ist das Argument, dass auf diese Weise ein Kernbestandteil demokratischer Selbstideologie – das Beteiligungsrecht *aller* Bürger – außer Kraft gesetzt wird.

4. Das Internet – auf dem Weg zur elektronischen Demokratie?

Weiter vorne war Benjamin Barber als Protagonist einer besseren, einer „starken" Demokratie angesprochen worden. Bevor darauf eingegangen wird, erscheint es sinnvoll, seine diesbezügliche Definition in Erinnerung zu rufen (Barber 1984: 32):

> „Bei einer starken Demokratie handelt es sich um partizipatorische Politik, in der Konflikte angesichts des Fehlens verbindlicher Grundlagen durch einen partizipativen Prozess als einer Art ständiger Selbst-Gesetzgebung und durch die Schaffung einer politischen Gemeinschaft gelöst werden, welcher abhängige private Individuen in freie Bürger und partikularistische und private Interessen in das öffentliche Wohl überführt" (Übersetzung MK).

In dieser Definition wie im gesamten Buch dominieren zwei Elemente: das Erfordernis eines ständigen Prozesses der „Selbst-Gesetzgebung" und durch diesen und durch andere Mittel die Erzeugung eines idealen demokratischen Bürgers, der kontinuierlich, konsistent und reflektiert das öffentliche Wohl mehrt (siehe dazu auch Barber 1995: 923). Der utopische Charakter dieser Überlegungen ist offensichtlich, wenn man nur daran denkt, von welchem Maß an Unterschiedlichkeit der Bürger nach Bildung, Persönlichkeit und Wissen und damit Durchsetzungsfähigkeit in deliberativen Diskursen ausgegangen werden kann und muss (Kaase 1998; Hooghe 1999).

Sieht man einmal von solchen grundsätzlichen Einwänden gegen Barber ab, so erscheint es dennoch sinnvoll zu fragen, inwieweit über neue elektronische Kommunikationsnetze zumindest die Chance besteht, dem Ideal einer starken Demokratie näher zu kommen. Hier nimmt Barber (1999) eine zurückhaltende Position ein. Während er keinen Zweifel an der großen Bedeutung dieser technikinduzierten Entwicklungen für das politische, soziale, wirtschaftliche und politische Leben äußert, ist er sich dennoch deren Janusköpfigkeit voll bewusst (Barber 1999: 575): „Wohin die Technologie unsere sozialen und politischen Institutionen führen wird, hängt teilweise davon ab, wohin wir die Technologie leiten" (Übersetzung MK). Angesichts der engen Verbindung zwischen Technologie und Demokratie kommt Barber dann zu drei möglichen Zukunftsszenarien: (1) dem passiven Pangloss-Szenario; nichts ändert sich, alles wird von der wirtschaftlichen Entwicklung bestimmt; (2) dem schlechtmöglichsten Pandora-Szenario, in dem die Technologie siegt und die Bürger ihr Opfer werden; und (3) dem positiven Jefferson-Szenario, in dem die Technologie in dienender Funktion dazu beiträgt, der Jefferson'schen Vision einer aktiven und verantwortlich handelnden politischen Gemeinschaft (wieder) Geltung zu verschaffen.

Die unzweifelhaft interessanten, stimulierenden Überlegungen Barbers sind hier etwas ausführlicher behandelt worden, weil sie einerseits grundsätzliche Probleme der Bürgerbeteiligung ignorieren, die auch unter Bedingungen der elektronischen Demokratie fortbestehen werden – Bildungs- und Wissensdifferenzen, unterschiedliche Lebensentwürfe, Distanz zur Politik aus fehlender aktiver Beteiligung, Grenzen von Zeit, Raum und Informationsverarbeitung –, und weil sie andererseits die Hoffnungen verkörpern, die mit diesen neuen Kommunikationstechnologien verbunden werden.

An dieser Stelle erscheint es angebracht, für einen Augenblick innezuhalten und sich des augenblicklichen Entwicklungs- und Forschungsstandes in diesem Feld zu vergewissern. Zunächst einmal beeindruckt die Schnelligkeit und die Tiefe dieser Trends. 1995 waren in den USA 9.5 Prozent der Haushalte mit einem Internet-Zugang ausgestattet; im Jahr 2000 waren es bereits 39 Prozent (Stipp 2000: 128). Anfang 2000 war die Zahl der Internet-Nutzer in Deutschland in sechs Monaten von 9.9 Millionen auf 15.9 Millionen gestiegen (Frankfurter Allgemeine Zeitung 2000: 24). Analysen belegen, was durch zahlreiche Innovationsforschungen bereits bekannt ist, dass ursprüngliche Verzerrungen in der Zusammensetzung der Nutzergruppen sich langsam in Richtung des Bevölkerungsdurchschnitts angleichen werden, aber eben nur langsam. Hinzu kommt – und dies stellt das größere Problem unter demokratietheoretischer Perspektive dar –, dass sich die Nutzung des neuen Massenmediums Internet, wie die anderer Medien, nach Ressourcenausstattung der Bürger unterschiedlich gestaltet und damit die ohnehin zwischen Bürgern bestehende Wissenskluft (Bonfadelli 1994) zumindest nicht gemindert, voraussichtlich

jedoch erhöht wird (dieser *internen* Form der Ungleichheit steht noch viel gravierender die zwischen Nationen gegenüber; siehe dazu Norris 2000).

Aber auch technische Argumente zur Cyberdemokratie bedürfen der Berücksichtigung. Zunächst einmal gibt es, wie Resnick (1998: 55-67) zurecht betont, einen Unterschied zwischen Politiken innerhalb des Internets und solchen, welche
das Netz von außen beeinflussen (die laufende Debatte über die *Internet Corpora-
tion for Assigned Names and Numbers* – ICANN – ist für die Binnenpolitik des Internets ein herausragendes Beispiel; für eine neuere Debatte über *Internet Governance* siehe die Schweizerische Zeitschrift für Politische Wissenschaft 1999). Andere Themen sind Probleme der Deterritorisierung durch das Internet (Lenk 1997),
des Datenschutzes (Raab 1997) und der Authentisierung von elektronischen Unterschriften (Denning 1997), ohne deren Lösung elektronische Demokratie nicht möglich sein wird.

Neben diesen eher technischen Problemen, die sicherlich in absehbarer Zeit er-
ledigt sein werden, wirft das Internet bereits heute erhebliche Fragen für den demokratischen Prozess auf. Dazu gehören:

- der Einfluss auf die Binnenstrukturen der politischen Parteien und die Kommunikation zwischen Zentralen und Untergliederungen z.B. durch Intranets;
- der wachsende Diskurs zwischen Bürgern und politischen Institutionen (Caldow
  1999);
- die Chance von Interessengruppen, ihre Mitglieder über das Netz nicht nur zu informieren, sondern auch schnell zu mobilisieren (Hill und Hughes 1998);
- die Notwendigkeit von Informationshändlern (*brokern*), um die ungeheure Vielzahl von Angeboten im Netz auf ihre Glaubwürdigkeit zu prüfen und zu bündeln.

Und letztlich geht es auch, für die Protagonisten der direkten Demokratie von besonderem Gewicht, um die Frage der Qualität des politischen Diskurses im Netz.
Genau diesen Aspekt beurteilt Streck (1997: 47) mit allergrößter Skepsis, wenn er
vom Cyperspace sagt, dass er „durch die Natur von Kommunikation begrenzt ist.
Der Cyberspace wird keine grenzenlose Diversität hervorbringen, denn dem
menschlichen Geist geht die Fähigkeit ab, alle Informationen zu verarbeiten, die
aus dieser Vielfalt resultieren. Der Cyberspace wird keine Gleichheit produzieren,
denn die Geschichte – das heißt, der Fluss der Zeit – produziert Unterschiedlichkeit. Darüber hinaus werden ähnliche Probleme Versuchen entgegenwirken, im
Cyberspace Gemeinschaft, Demokratie, Gerechtigkeit, Inklusion und alle die anderen Tugenden zu finden, die, so wird behauptet, in großen Mengen dort existieren.
Was werden wir also im Cyberspace finden? Eine Welt, die der unsrigen gleicht:
ein vielfältiger Ort von Gemeinschaft, Isolation, Vorurteil, Liebe, Hass, Intelligenz,
Dummheit, Kultur, Handel, Respekt, Verachtung und alles andere, welches das
Leben gleichzeitig lebenswert und dann wieder zu mehr macht, als wir glauben, er-
tragen zu können."

Alle die Themen und Probleme, die in diesem Abschnitt kurz angesprochen
worden sind, bedürfen sorgfältiger Analyse (siehe dazu insbesondere Buchstein
1996; ferner Friedland 1996; Gellner und Korff 1998; Kamps 1999), die hier nicht

geleistet werden kann. Daher wird es im Folgenden *unter der Annahme, dass alle netzpolitischen, technischen und wirtschaftlichen Probleme bereits befriedigend gelöst sind und alle Bürger über einen umfassenden Netzzugang verfügen,* lediglich darum gehen zu prüfen, wie die elektronischen Technologien den demokratischen Prozess auf den Dimensionen Qualität und Akzeptanz der Ergebnisse im Vergleich zu den zeitgenössischen Demokratien beeinflussen (können).

5. Elektronische = Direkte Demokratie: Gilt diese Gleichung?

Die Fachliteratur enthält zahlreiche kritische Kommentare zu Repräsentativverfassungen insbesondere im Vergleich zu direktdemokratischen Idealen umfassender Bürgerbeteiligung und eine Vielzahl von Vorschlägen, wie sich die behaupteten Schwächen der repräsentativen Demokratie beseitigen, oder zumindest mindern lassen. Die dabei vorgebrachten Argumente sind nicht neu; sie haben jedoch mit dem Niedergang des totalitären Kommunismus als Gegenmodell zur pluralistischen Demokratie westlicher Prägung seit 1989 an Kraft gewonnen. Denn bis dahin konnte die Konfrontation beider Ordnungsmodelle auf jeder nur denkbaren Dimension auch bei distanzierter Betrachtung keine Vorzüge des kommunistischen gegenüber dem liberal-demokratischen Modell erkennen lassen.

Der mit dem Ende des Kalten Krieges verbundene Feindbildverlust im Westen ließ jedoch die vorerst durchaus nicht ignorierten Schwächen der Demokratie deutlicher als zuvor hervortreten, wenn auch die von der linken Spätkapitalismuskritik schon vor dreißig Jahren proklamierte umfassende Legitimitätskrise der Demokratie westlicher Prägung immer noch nicht eingetreten war. Die sich verschärfende Kritik an Einzelaspekten demokratischer Regierungsweise (so z. B. in Deutschland die Föderalismusdebatte und die Wohlfahrtsstaatkontroverse) verband sich jedoch mit der Erfahrung eines sich dramatisch beschleunigenden Wandels sozialer, wirtschaftlicher und kultureller Strukturen nicht zuletzt im Zuge der Internationalisierung; die Beantwortung der Frage, welche Implikationen diese Entwicklungen für die immer noch zentral auf Nationalstaaten beruhenden Demokratiekonzeptionen haben, steht allerdings bis heute aus und wird voraussichtlich noch auf längere Zeit ausstehen. Gerade die Gefahr der politischen Entmündigung der Bürger durch die Verlagerung von Entscheidungen von der nationalen Ebene auf transnationale Organisationen und Institutionen, die – wie in der Europäischen Gemeinschaft – nicht durch Bürgervotum legitimiert sind, macht Überlegungen plausibel, ob die zunehmende elektronische Vernetzung der Haushalte nicht neue Chancen eröffnet, die Bürger stärker als bisher in politische Entscheidungsprozesse einzubeziehen.

In seinem Buch von 1995 *The Electronic Republic* unterstellt Lawrence K. Grossman als selbstverständlich, dass sich nach der Athenischen Demokratie und der Zweiten demokratischen Transformation zu Repräsentativverfassungen zumindest die USA bereits mitten in der dritten Transformation hin zu einer „elektronischen Republik" befinden. In seinen Augen (Grossman 1995: 5) geht es um die Wiedergeburt der direkten Demokratie, die unweigerlich bevorsteht. Auch Grossman (1995: 7) möchte, wie Barber, die USA „in eine Nation qualifizierter Bürger, die nicht als isolierte Individuen nur ihre individuellen Ziele verfolgen, sondern als gemeinschaftsorientierte Mitglieder für das Gemeinwohl tätig sind" (Übersetzung MK), transformieren. Und wie Barber, weicht er der Frage aus, wie dieses Ziel erreicht werden kann, sondern scheint in bester amerikanischer Tradition auf die diesbezüglichen Fähigkeiten zur Selbsttransformation zu setzen, als ob die hierfür notwendigen Ressourcen und Strategien bereits existierten. Allerdings unterscheidet sich Grossman von Barber darin, dass er die mit seiner Vision einhergehenden konstitutionellen und institutionellen Veränderungen zumindest andenkt.

Auch diese Analyse belegt, dass die Diskussion über elektronische Demokratie all die Themen und Probleme aufnimmt, die im Zusammenhang mit der Erörterung von direkter Demokratie wieder und wieder angesprochen worden sind. Zwar gehen, das wurde weiter vorne bereits thematisiert, die Folgen der Elektronifizierung weit über den Aspekt der Bürgerbeteiligung an Politik hinaus. Andererseits unterscheidet sich dieser Aspekt, sieht man einmal von der technologischen Dimension ab, nicht so grundlegend von den bisherigen Überlegungen zur direkten Demokratie, dass es nicht sinnvoll wäre, die Erfahrungen mit dieser Beteiligungsform auch für die Debatte über elektronische Demokratie fruchtbar zu machen. Dies soll im folgenden Anschnitt geschehen.

6. Ausgesuchte empirische Befunde zur direkten Demokratie

In Artikel 20 Absatz 2 des Grundgesetzes heißt es: „Alle Staatsgewalt geht vom Volke aus." Damit ist der Kern demokratischer Regierungsweise umfassend bezeichnet; demgegenüber ist die Frage nachgeordnet und dem Bereich des *constitutional and institutional engineering* zuzurechnen, wie dieses Grundprinzip in die konkrete politische Ordnung einer Demokratie überführt wird. Vor diesem Hintergrund ist eine direkte Demokratie ein System, in dem alle (wichtigen?; siehe dazu später) politischen Entscheidungen nach angemessener Beratung und öffentlichem Diskurs im Abstimmungsverfahren durch die Gesamtheit der Bürger getroffen werden. Demgegenüber ist eine repräsentative Demokratie ein System, in dem die Bürger in regelmäßig stattfindenden Wahlen über die Personen entscheiden, denen sie für eine begrenzte Zeit ein Mandat erteilen, die erforderlichen politischen Entscheidungen in Parlamenten oder anderen Institutionen für sie und durch sie legitimiert zu treffen.

Über die Tatsache, dass alle zeitgenössischen Demokratien eine Mischung von Elementen repräsentativer und direkter Demokratie aufweisen, gibt es keine wissenschaftliche Kontroverse. Übereinstimmung besteht auch in der Einschätzung, dass ein Trend in Richtung einer zunehmenden Integration von direktdemokratischen Elementen zu beobachten ist – jenseits aller Elektronifizierung (Butler und Ranney 1994). Eine erste Einschränkung betrifft die Frage, ob diese Entwicklung auch die Anwendung direktdemokratischer Verfahren auf nationaler Ebene einschließt, und diese Frage muss für die repräsentativen Demokratien ganz überwiegend mit „nein" beantwortet werden. Das gilt übrigens auch für ein Land wie die USA, in dem immerhin etwa die Hälfte der Bundesstaaten die Volksinitiative kennt (Broder 2000).

Ein zweiter Gesichtspunkt wird von Kielmansegg (2001) ins Spiel gebracht, indem er fragt, ob direktdemokratische Verfahren durch die Regierenden selber kontrolliert werden oder ob – wie im Beschluss des SPD-Parteivorstandes (SPD 2001) erstmals für die Bundesebene ins Auge gefasst – ein Gesetzgebungsrecht der Bürger etwa über die Abfolge von Volksbegehren und -abstimmung existiert. Hier vertritt Kielmansegg die Auffassung, dass dieses direkte Gesetzgebungsrecht bisher weltweit die Ausnahme und nicht die Regel ist. Insgesamt ergibt sich also ein Bild, nach dem direktdemokratische Verfahren in aller Regel, wenn sie denn überhaupt institutionalisiert sind, vor allem in Kommunen und – bei föderalistisch verfassten Systemen – gelegentlich auch auf der Länderebene zu finden sind (eine gute Übersicht über die Situation in der Bundesrepublik gibt Gabriel 1999).

Diese Feststellung ist nicht trivial, belegt sie doch, dass es offenbar selbst bei wohlwollender Einschätzung direktdemokratischer Verfahren sachlich begründete Vorbehalte von Gewicht gibt: die Notwendigkeit sorgfältiger Beratung der Entscheidungsalternativen, die Frage des Inhalts und der Zahl der den Bürgern zur Abstimmung vorgelegten Sachverhalte und nicht zuletzt die Sorge vor einer Mehrheitstyrannei und von nicht dem Gemeinwohl dienlichen Entscheidungen durch eine egoistische und schlecht informierte Bürgerschaft.

Diesen Überlegungen entspricht die Beobachtung, dass aus einem international vergleichenden Blickwinkel direktdemokratische Verfahren durchaus unterschiedlich ausgestattet sind. Beispielsweise unterscheiden Feld und Savioz (1998: 34) zunächst einmal grundsätzlich zwischen Referenden als Volksabstimmungen und Initiativen, die Vorschläge für Verfassungs- und Gesetzgebung zum Gegenstand haben, und innerhalb der beiden Grundformen weitere Ausprägungen (siehe dazu auch Luthardt 1994: 33-40). Große Unterschiede gibt es ferner in der konkreten Ausgestaltung der Verfahren z. B. in Bezug auf die für einen Erfolg benötigten Quoten und die einer Abstimmung zugänglichen Themen (siehe dazu für die Schweiz auch Kirchgässner, Feld und Savioz 1999; für die USA Magleby 1994; für Deutschland neben Gabriel 1999 auch Heußner und Jung 1999).

Wenn vorher von einer Zunahme direktdemokratischer Elemente in den Repräsentativverfassungen die Rede war, so drängt sich die Frage nach den Gründen hierfür auf. Eine erste Hypothese liegt auf der Hand: Demokratien sind unterschiedlich konstruiert und geben den Bürgern mehr oder weniger Anlass, zusätzliche Beteiligungsrechte zu fordern. Sowohl die naheliegende Vermutung, auf dem Mehrheits- gegenüber dem Konsensprinzip beruhende politische Systeme oder Zentralstaaten gegenüber föderalistischen Staaten zögen stärkere Partizipationsbedürfnisse nach sich, erweisen sich in der Forschung überraschenderweise nicht als tragfähig (Bogdanor 1994; Luthardt 1994: 174; Lijphart 1999: 230-231). Es scheint vielmehr, dass historische Traditionen der ausschlaggebende Faktor für diesbezügliche nationale Unterschiede sind. Da der angesprochene Trend systemübergrei-

fend zu beobachten ist, liegt die Frage nahe, ob die seit den siebziger Jahren zu beobachtende „partizipatorische Revolution" (Kaase 1982) das Movens hinter dieser
Entwicklung ist oder ob es eher die in vielen Demokratien zu beobachtende wachsende Unzufriedenheit mit der Demokratie und ihren Repräsentanten ist.

Zunächst einmal belegen Umfragen für die Bundesrepublik, dass Bürger stark
zu Gunsten von mehr direktdemokratischen Elementen optieren (Noelle-Neumann
und Köcher 1993: 562-563). Eine aktuelle Analyse von Bürklin und Dalton (2001)
zeigt, dass der Wunsch nach direkter Demokratie weniger von den höhergebildeten
Protagonisten der partizipatorischen Revolution als von den weniger Gebildeten,
eher politisch nicht involvierten und vor allen Dingen von den politisch unzufriedenen Bürgern geäußert wird (ähnlich Gabriel 1999: 328-329). Wenn sich diese
Befunde auch für andere Demokratien bestätigten, dann würde natürlich die Frage
nach den Effekten direkter Demokratie noch an Bedeutung gewinnen.

Ein wichtiges Argument für direktdemokratische Verfahren lässt sich auf Anthony Downs' ökonomische Theorie der Demokratie (1957) zurückverfolgen. Dort
wird hervorgehoben, dass Mehrheitsentscheidungen regelmäßig Ergebnisse hervorbringen, welche die Position des „mittleren Wählers" (*median voter*) besser
treffen als Entscheidungen in repräsentativen Systemen. Da die Schweizer Kantone
und Gemeinden sich im Ausmaß der Implementation direktdemokratischer Verfahren erheblich unterscheiden, ist dieses Land ein ideales Laboratorium, um die
Downs'sche These und auch die These einer höheren ökonomischen Effizienz direktdemokratischer Verfahren zu testen. Kirchgässner, Feld und Savioz (1999: 71-
109) haben sich dieser Fragen in eigenen Untersuchungen und in einer umfassenden Literaturrezeption angenommen. Sie kommen dabei zu dem Ergebnis, dass
sowohl in Bezug auf die Präferenzen des Medianwählers als auch hinsichtlich ökonomischer Effizienz (kleinere Budgets, geringere Schulden, funktionsfähigere
Dienstleistungen) und einer geringeren Steuervermeidung die Einheiten mit ausgeprägten direktdemokratischen Verfahren wesentlich besser abschneiden als jene
Einheiten, in denen diese Verfahren nicht oder kaum implementiert sind. Zu diesem Bild passt eine Analyse von Frey und Stutzer (2001) ebenfalls für die
Schweiz. Diese Autoren fanden in einer Armutsstudie, in deren Rahmen zwischen
1992 und 1994 6000 Schweizerinnen und Schweizer befragt worden waren, einen
zwar nur kleinen, aber immerhin statistisch signifikanten Effekt direktdemokratischer Verfahren in den Kantonen auf die persönliche Lebenszufriedenheit.

Kritischer sind die Dinge allerdings zu beurteilen, wenn es um den Schutz der
Interessen und Rechte von Minderheiten geht, die ein integraler Bestandteil demokratischen Selbstverständnisses und verschiedentlich auch verfassungsmäßig oder
institutionell abgesichert sind. So ist das Bild, das Kirchgässner, Feld und Savioz
(1999: 192-200; siehe ferner Feld und Savioz 1998: 58-63) für diesen Bereich
zeichnen, denn auch deutlich skeptischer. Dieser Befund gilt besonders für die
USA, in denen Volksinitiativen in den Bundesstaaten, die diese Institution kennen,
seit dem Erfolg der berühmten kalifornischen Antisteuer-Proposition 13 im Jahre
1978 außerordentlich zugenommen haben (Broder 2000: 7). Derselbe Autor (Bro-

der 2000: 219-220) weist darauf hin, dass sich eine ganze Reihe der Initiativen erfolgreich mit dem Ergebnis der Einschränkung von Minderheitenrechten durchgesetzt hat. Hier kann der Verweis von Kirchgässner, Feld und Savioz (1999: 198) nicht überzeugen, dann müssten eben diese Rechte in der Verfassung verankert werden. So kann nicht überraschen, dass Offe (1998) genau dieses Problem in seiner Kritik an direktdemokratischen Verfahren zur Geltung bringt.

Letztlich ist noch ein weiterer Aspekt zu nennen. Die Analyse von Broder (2000) für die USA kreist um die Problematik, dass sich in den einschlägigen Bundesstaaten inzwischen geradezu eine Initiativen-Industrie etabliert hat, zu der nicht zuletzt geschäftsmäßig operierende Firmen für die Beschaffung von Unterschriften gehören, und dass die Volksinitiativen durch ressourcenstarke Interessen missbraucht werden können. Es liegt auf der Hand, dass so wohlmeinende Regelungen des genannten SPD-Konzepts (bei Volksinitiativen 1 Prozent der Wahlberechtigten aus mindestens der Hälfte der Bundesländer; bei Volksbegehren 5 Prozent der Wahlberechtigten aus zwei Dritteln der Bundesländer) leicht ausgehebelt werden können.

Die Pros und Cons direkter Demokratie, die hier nur kursorisch diskutiert werden konnten, belegen, dass die Einführung direktdemokratischer Elemente in repräsentativ verfassten Demokratien sorgfältig in ihren Konsequenzen abgewogen werden muss. Damit ist nun der Anschluss an die Frage gewonnen, inwieweit die neuen elektronischen Netztechnologien direktdemokratische Optionen eröffnen, die bisher nicht gegeben waren: „Die *neue* Herausforderung der direkten Demokratie liegt in dem aufregenden Sachverhalt, dass sie nun technisch möglich ist" (Budge 1996: 1; Hervorhebung IB; Übersetzung MK). Wenn man das Votum des Autors für die direkte Demokratie näher analysiert, bezieht sich sein „technisch möglich" auf zwei wesentliche Sachverhalte: (1) die Erweiterung der bisherigen massenmedialen einseitigen Kommunikation (ein Sender, viele Empfänger) in eine interaktive und vernetzte Richtung, so dass direkte politische Diskurse zwischen Bürgern und zwischen Bürgern und Gruppen/Organisationen/Institutionen im Prinzip möglich werden; und (2), dass nun alle Entscheidungen seitens der Bürger durch Knopfdruck getroffen werden können. Aber ist die Welt der direkten Demokratie wirklich so einfach herzustellen? Im nächsten Abschnitt wird ein prinzipielles Problem demokratischer Entscheidungen behandelt, also ein Problem, das nicht nur, aber auch über elektronische Mittel zustande gekommene Entscheidungen betrifft: das Aggregationsproblem.

7. Das Aggregationsproblem

Sieht man einmal von Minderheitenrechten und -schutz ab, so geht es in der Demokratie darum, Regierungsmehrheiten zu gewinnen und bei Mehrheitsentscheidungen über Sachfragen möglichst genau die Positionen des Medianwählers zu treffen. Nun liegt auf der Hand, dass bei Abstimmungen über einfache ja/nein-Entscheidungen kein Problem entsteht: die die Mehrheit auf sich vereinende Alternative obliegt und repräsentiert gleichzeitig die Position des Medianwählers. In der Literatur sind jedoch bereits seit langem die Probleme erörtert worden, die entstehen, wenn ein Bürger gleichzeitig zwischen drei und mehr Alternativen entscheiden muss (Arrow 1963; Riker 1982) und diese individuellen Präferenzordnungen dann zu einem Gesamtvotum der Gruppe oder Bevölkerung aggregiert werden müssen. Budge (1996: 79-82, 133-171) hat diese Probleme im Einzelnen erörtert; wegen ihres technisch-methodischen Charakters müssen sie hier nicht aufgegriffen werden. Als Summe lässt sich ziehen, dass das Abstimmungsergebnis entscheidend von prozeduralen Aspekten wie der Zahl und Reihenfolge der Alternativen, ihrer Platzierung auf dem Stimmzettel und der Frage abhängt, ob mit einer Entscheidung in Zusammenhang stehende Alternativen gleichzeitig oder unabhängig voneinander zur Abstimmung stehen. Schon aus dieser Aufzählung ergibt sich, dass bei einer konkreten Abstimmung erhebliche Manipulationsmöglichkeiten existieren. Letztlich führen diese Überlegungen dazu, alle anstehenden Entscheidungen nach Möglichkeit als ja/nein-Dichotomien zu definieren, eine Position, die Budge (1996: 185) einnimmt mit der Begründung, es sei nicht nur möglich, sondern auch vernünftig, alle Politikentscheidungen als binäre Optionen, etwa unter der Perspektive Status quo vs. Veränderung, zu formulieren. Nun ist dies unzweifelhaft eine gravierende Einschränkung, die der Rechtfertigung bedarf.

Zunächst einmal geht Budge – eigentlich in direktdemokratischer Perspektive unplausiblerweise – weiterhin von einer zentralen Rolle der politischen Parteien im politischen Prozess aus, zumal diese sich – wenn auch mit abnehmender Deutlichkeit – immer noch auf der Links-Rechts-Dimension als Ordnungsprinzip gruppieren lassen; dasselbe gilt für Regierungen und Wähler. Daher können politische Einzelfragen in der Regel auf dem Links-Rechts-Kontinuum verortet und entsprechend unproblematisch als ja/nein abgestimmt werden. Wenn hingegen, wovon auszugehen ist, die ideologische Prägekraft des Links-Rechts-Kontinuums abnimmt, dann stehen die zur Abstimmung gestellten Fragen nicht mehr in einem engeren inneren Zusammenhang und erweisen sich umso mehr gegenüber separaten Voten als offen.

Aber wie teilbar sind politische Entscheidungen in der komplexen, vernetzten Welt von heute, in der alles mit allem in Beziehung steht? Alle Vorteile direktdemokratischer Abstimmungen hängen von der Gültigkeit der Annahme ab, dass die Präferenzen der Bürger für eine Vielzahl von Sachfragen tatsächlich nicht in einem internen Zusammenhang stehen: Welches Ergebnis sie für die Abstimmung über eine bestimmte Sachfrage wünschen, soll das Ergebnis der Abstimmung für eine andere Sachfrage nicht präjudizieren. Wenn diese Bedingung jedoch nicht gegeben ist, so Lacy und Niou (2000: 13), dann führen Abstimmungen unter Umständen zu Entscheidungen, die nicht den Präferenzen des Medianwählers entsprechen. Zwar kann man sich mit der Option teilweise aus diesem Dilemma befreien, dass mehr als eine Sachfrage bei der Abstimmung in einem Paket zusammengefasst werden. Wenn jedoch die Annahme einer abnehmenden Ideologisierung zutrifft, dann dürfte es immer schwerer werden, ein solches *packaging* vorzunehmen, ohne dass Bürger hierbei in Präferenzkonflikte geraten.

Ein weiteres Problem in diesem Zusammenhang kann entstehen, wenn individuelle Entscheidungen von der Kenntnis der Präferenzen aller anderen Bürger abhängen. Ein Beispiel ist eine Situation, in der ein Wähler von seiner ersten Präferenz abweicht, weil er für diese keine Siegchance sieht oder den Sieg einer Alternative verhindern möchte, die er unter keinen Umständen präferiert. Hier kann man z. B. an einen CDU/CSU-Anhänger denken, der (jedenfalls von 1982 bis 1998) aus Sorge, die FDP könnte die Fünfprozenthürde nicht überspringen, seine Stimme dieser Partei gab, um eine konservativ-liberale Bundesregierung im Amt zu halten.

Nun kann Informationsunsicherheit bei nicht separierbaren Präferenzen im Prinzip durch sequenzielles Wählen ausgeräumt werden, bei dem das Ergebnis der ersten Abstimmung bekannt gemacht wird, bevor der zweite Abstimmungsgang stattfindet. Damit könnte eine Entscheidung zu Gunsten der Präferenz des Medianwählers sichergestellt werden. Während ein solcher sequenzieller Prozess zur Zeit alleine schon aus zeitlichen und aus Ressourcengründen kaum implementierbar erscheint, könnte nun endlich die große Stunde der elektronischen Demokratie schlagen. Und so argumentiert denn auch Budge (1996: 149), dass „durch einen kontinuierlichen Prozess der Neubewertung und durch wiederholtes Abstimmen ... einige negative Konsequenzen der in diesem Abschnitt diskutierten Aggretationsprobleme gemindert, wenn nicht sogar vollständig ausgeräumt werden" (Übersetzung MK). Also doch das Licht am Ende des Tunnels für die elektronische Demokratie?

8. Elektronische Demokratie?

Eine Schwierigkeit, die der realistischen Einschätzung des direktdemokratischen Potentials der elektronischen Demokratie besonders deutlich entgegensteht, ist die problematische Mischung von normativen, theoretischen und empirischen Aussagen zu dieser Thematik. Einige der in diesen Überlegungen behandelten Aspekte werden im Folgenden ganz eklektisch aufgegriffen, bevor aus der Gesamtheit der in diesem Beitrag behandelten Themen einige Schlussfolgerungen gezogen werden.

Wie gezeigt wurde, spielt bei normativ angeleiteten direktdemokratischen Positionen besonders die Diskrepanz zwischen den vorgestellten und unterstellten hohen Bürgertugenden einerseits und der empirischen Realität einer maßvoll politisch informierten und interessierten, auf dieser Dimension jedoch stark differenzierten Bürgerschaft andererseits kaum eine Rolle, obgleich sich die empirischen Daten aus Gründen, die weiter vorne angesprochen worden sind, über Dekaden solider Sozialforschung nicht grundlegend geändert haben. Was immer in den einschlägigen normativen Theoriekonzepten hierzu gesagt wird: Wie heute und künftig ein Weg von den empirischen Befunde zu den hohen Ansprüchen an die Bürger führen soll, damit direkte Demokratie – Barbers „starke Demokratie" – die in sie gesetzten hohen Erwartungen erfüllen kann, wird an keiner Stelle ernsthaft erörtert. Hinzu kommt, dass inzwischen auf empirischer Grundlage argumentiert wird, dass das politische Engagement der Bürger in Quantität und Qualität sogar zurückgeht (van Deth 2000). Da die Ungleichheit politischer Beteiligungschancen auch ihren Niederschlag in der Unterschiedlichkeit der Chance, das politische System zu Reaktionen zu veranlassen, findet (Ungleichheit ist im übrigen eine Konstituante von Vergesellschaftung in allen Lebensbereichen), ist gerade das Institut der allgemeinen gleichen Wahl eine vielleicht nicht völlig ausreichende, aber doch geradezu ideale „Erfindung" politischer Denker, um die Effekte von strukturellen Ungleichheiten zumindest in Grenzen zu halten.

Von dieser Überlegung führt der Weg sehr schnell zu einem zweiten Aspekt, der gerade unter direktdemokratischer Perspektive von besonderer Bedeutung ist: der Feststellung, dass Bürger im Deliberationsprozess über ganz unterschiedliche Fertigkeiten verfügen, wenn es darum geht, ihre Politikpräferenzen zur Geltung zu bringen. Auch in diesem Fall gilt also: die allgemeine gleiche Wahl trägt, vermittelt über eine Repräsentativverfassung, am ehesten zur politischen Gleichheit der Bürger bei. Der mögliche Einwand, dass sich sowohl bei Wahlen als auch bei Abstimmungen nicht alle Bürger beteiligen, spielt in diesem Zusammenhang – wobei Abstimmungen bekanntlich quantitativ weitaus schlechter als Wahlen abschneiden – keine Rolle, denn es gehört zu den demokratischen Rechten, nicht an der politischen Willensbildung mitwirken zu müssen. Zu beachten ist allerdings, dass niedrige Beteiligungsraten stets die Frage nach der kollektiven Legitimität von politischen Entscheidungen aufwerfen (können; wie das Beispiel der amerikanischen Präsidentschaftswahlen zeigt, existiert hier keine in eine bestimmte Richtung deutende Automatik). Für direktdemokratische Entscheidungen entsteht allerdings eine besondere Verantwortungs- und Zurechnungsproblematik, auf die später noch zurückgekommen werden wird.

Für repräsentativdemokratisch gewonnene Entscheidungen in Parlamenten wird regelmäßig die Qualität der Deliberation ins Feld geführt. Entsprechend verlangen, um hier nicht hinter den Status quo zurückzufallen, direktdemokratische Verfahren vor einer Sachentscheidung einen hoch informierten öffentlichen Diskurs, um die Abstimmenden mit relevanten Informationen zu versorgen (Kirchgässner, Feld und Savioz 1999: 35-55). Wie weit das gehen kann, zeigt das Biotechnologiereferendum am 7. Juni 1998 in der Schweiz, dem eine sechsjährige (!) öffentliche Debatte vorausgegangen ist (Braun 1998). (Es wäre jetzt unfair zu fragen, wie viele nationale Diskurse dieser Art eine Gesellschaft überhaupt verkraften kann.)

Nun wird gerade von den Protagonisten der elektronischen Demokratie vorgebracht, dass über das Netz auch für den einfachen Bürger eine Vielzahl von Informationen zu beliebigen Themen verfügbar ist, wie man sie vorher nicht gekannt hat. Das erscheint jedoch als eine sehr vordergründige Betrachtungsweise, wird doch schon jetzt zurecht beklagt, dass die über das Netz zugängliche Informationsmenge unter den Begrenzungen der menschlichen Kapazität zur Informationsaufnahme und -verarbeitung niemals sinnvoll ausgeschöpft werden kann. Daraus wird sich – Ansätze bestehen bereits – die Notwendigkeit von Informationstreuhändern ableiten, ohne die das Problem der Glaubwürdigkeit und Zuverlässigkeit von Information nicht gelöst werden kann. Diese Notwendigkeit wird durch den Umstand verstärkt, dass für den Bereich der Politik im Cyberspace bereits heute die allseits bekannten Akteure wie Parteien und Interessengruppen aktiv sind, die schon ihrer Funktion nach keine Garanten umfassender und nicht verzerrter Information sein können.

Mit all dem soll nicht das Wort geredet werden, ein fairer und informierter öffentlicher Diskurs über zu entscheidende Sachfragen sei prinzipiell nicht möglich. Aber selbst die Verfechter der direkten Demokratie widersprechen nicht, dass solche Diskurse der in jeder Beziehung unabhängigen Massenmedien bedürfen. Und damit kommt man zu einer entscheidenden Frage: Wie viele politische Sachentscheidungen kann ein politisches System in einem bestimmten Zeitraum unter den Bedingungen eines informierten öffentlichen Diskurses vor der Entscheidung verarbeiten?

Budge (1996: 188) will die Abstimmungen über Sachfragen unter der Annahme, dass das britische Parlament pro Jahr etwa 20 bis 30 *wichtige* (Hervorhebung MK) Gesetze verabschiedet, auf etwa fünfzig (!) begrenzen. Schon das ist unter deliberativen Aspekten eine enorme, im Grunde viel zu hohe Zahl, wenn die Qualität der Entscheidung nicht leiden soll. Der deutsche Bundestag jedoch prozessiert im Durchschnitt pro Jahr etwa 150 Gesetzesvorhaben, von denen etwa die Hälfte Gesetzeskraft erlangen. Die offensichtliche Spannung zwischen der Zahl der zu entscheidenden Angelegenheiten und der Notwendigkeit ausreichender öffentlicher Deliberation und Information kann also auf jeden Fall nicht durch das technische Argument, das Budge vorbringt, aufgelöst werden: dass nämlich 50 solcher Abstimmungen unter den Bedingungen der elektronischen Demokratie (kinder-)leicht zu bewerkstelligen sind. Denn entweder ist die Zahl zu hoch für eine sorgfältige Diskussion, oder man ist bereit zu akzeptieren, dass die Bürger idiosynkratisch auf der Grundlage keiner, auf jeden Fall aber unzureichender Information oder aber rein nach ideologischer Nähe und/oder Selbstinteresse entscheiden – beides sicherlich im Vergleich zur repräsentativen Demokratie keine Verbesserung und mit ziemlicher Sicherheit eine Verschlechterung.

Wenn man also zusammenfassend eine erste Antwort auf die zu Beginn des Beitrags gestellte Frage versucht, ob direkte Demokratie, im Sinne von Budge (1996: 181) institutionalisiert unter anderem als ein Parlament, das sich zu einem lediglich beratenden, investigativen und debattierenden Ausschuss mit dem Ziel der öffentlichen Information wandelt, insgesamt eine wesentliche Verbesserung gegenüber der repräsentativen Demokratie darstellt, so ist diese Frage mit einiger Sicherheit mit „nein" zu beantworten. Und Cyberdemokratie kann, das wurde gezeigt, wenig tun, um dieses Urteil zu relativieren oder gar umzukehren.

Diese Einschätzung wird durch die folgenden Überlegungen gefestigt. Erstens geht es um die gerade erörterten strukturellen Beschränkungen der Abstimmungen über Politiken und über politische Sachfragen. Akzeptiert man nämlich – und das dürfte unabweisbar sein – die Grenzen in Bezug auf die Zahl der Sachfragen, über die in einem gegebenen Zeitraum, z. B. einem Jahr, per Abstimmung entschieden werden kann, entsteht sofort das Problem, nach welchen Kriterien und durch welche legitimen Verfahren die Sachfragen, über die abgestimmt, und diejenigen, über die nicht abgestimmt wird, ausgewählt werden sollen. Das weiter oben nach Budge zitierte Kriterium der Bedeutung der Wichtigkeit (*importance*) der Sachfrage hilft hier nicht weiter, denn in einer differenzierten Gesellschaft gehen nun einmal die Vorstellungen über das, was wichtig ist, auseinander – zum Teil weit.

Der zweite grundsätzliche Vorbehalt nimmt das Thema der nicht aufteilbaren, miteinander verbundenen Präferenzen auf, das den Rückgriff auf getrennte, mit lediglich zwei Alternativen formulierte Entscheidungen nur in Ausnahmefällen gestattet. Natürlich können sich auch parlamentarisch getroffene und in Ausschüssen vorbereitete Entscheidungen in den Konsequenzen, intendiert oder nicht intendiert, verschätzen. Angesichts einer modernen Welt, in der – übertrieben gesprochen – alles mit allem zusammenhängt, besteht hier jedoch zumindest die Chance, dass anders als durch Plebiszite Entscheidungen getroffen werden können, welche diese Komplexitäten eher als Plebiszite berücksichtigen.

Drittens ist noch einmal nachdrücklich an die Analyse der Folgen des Initiativrechts der Bevölkerungen in rund der Hälfte der amerikanischen Bundesstaaten zu erinnern, die Broder (2000) vorgelegt hat. Zwar sollen die in dem Beschluss des SPD-Parteivorstands vom 19. März 2001 zum „Ausbau der Beteilungsrechte der Bürgerinnen und Bürger auf Bundesebene" (SPD 2001) vorgesehenen unterschiedlichen Quoren für die drei vorgesehenen Beteiligungsformen Volksinitiative (Gesetzesantrag im Bundestag), Volksbegehren (unmittelbarer Gesetzesantrag) und Volksentscheid (Entscheidung über einen per Volksbegehren initiierten Gesetzesentwurf) einem Missbrauch dieser direktdemokratischen Instrumente vorbeugen. Dennoch zeigen die amerikanischen Befunde dramatisch, in welchem Umfang sowohl die Beschaffung von Unterschriften als auch die Ressourcenabhängigkeit der Erfolgschancen für Volksinitiativen der Manipulation Tür und Tor öffnen; nicht ohne Grund spricht Broder von der „entgleisten Demokratie", von der „Initiativindustrie" und vom „Geldspiel".

Die vierte und schwierigste Frage ist jedoch die nach der Verantwortungszuweisung (*accountability*) für getroffene Entscheidungen (siehe dazu auch Kielmansegg 2001). In vorliegendem Beitrag wird argumentiert, dass einer der evolutionären Vorzüge der Demokratie gegenüber anderen Regierungssystemen darin besteht, dass Regierungen auf Zeit eingesetzt werden, die sich in regelmäßigen Abständen dem Votum der Wähler stellen müssen und von ihnen bestätigt oder abgewählt werden können. Der Mechanismus der allgemeinen gleichen Wahl verkörpert die institutionelle gesicherte Option eines Regierungswechsels, als Ergebnis der unmittelbaren Zurechenbarkeit guter oder schlechter Leistungen auf eine Regierung – sei es im Bund, im Bundesland oder in der Gemeinde. Hingegen muss sich die Wahlbevölkerung in der direkten Demokratie auf nationaler Ebene ohne Repräsentativverfassung in einem ständigen Feedback-Prozess ständig selbst für erwünschte wie für unerwünschte Konsequenzen ihrer Abstimmungsentscheidungen selber verantwortlich machen und bleibt doch als Adressat solcher Reaktion stets amorph; nach

Kielmansegg (2001) „läuft die Aufhebung des Gegenübers von Amtsträger und Bürger auf eine Privatisierung des Öffentlichen hinaus". Entsprechend würden so die Bürger in Flächenstaaten in einen ständigen selbstreflexiven Entscheidungsprozess involviert, bei dem es Makro-Verantwortlichkeit mangels eines definierten, für diesen mit Konsequenzen verbundenen Ansprechpartners nicht gibt und die individuelle Verantwortlichkeit richtungs- und folgenlos ist.

So kann letztlich nicht überraschen, dass in ihrer Diskussion über Referenden auch Lacy und Niou (2000: 26-27) zu einer negativen Einschätzung gelangen, die es verdient, ausführlich zitiert zu werden:

> „Der wichtige Vorzug von gesetzgebenden Körperschaften gegenüber Verfahren der direkten Demokratie ergibt sich aus der Fähigkeit der Wähler, ihre Präferenzen zu kommunizieren und ihr Abstimmungsverhalten zu koordinieren ... Wenn nur einige wenige Wähler nicht-teilbare Präferenzen aufweisen, ist das Referendum ein Prokrustesbett für die Aggregierung individueller Präferenzen in kollektiv verbindliche Entscheidungen. So lässt die direkte Demokratie die Frage bestenfalls offen und beantwortet sie schlechtestenfalls falsch, die da heißt: ‚Was haben die Bürger gewollt?‘ Und, das soll hier noch einmal gesagt werden, Cyberdemokratie kann nichts tun, um mit diesem Problem besser fertig zu werden" (Übersetzung MK).

Die zweite zu Beginn aufgeworfene Frage war die nach den Effekten direkter Demokratie auf die Akzeptanz und Wertschätzung des politischen Systems durch die Bürger. Bedauerlicherweise scheint im Augenblick kaum empirisches Material zu existieren, das es gestatten würde, hier eine belastbare Antwort zu geben. Zwar kann man sich, ähnlich wie bei der zitierten, letztlich aber nicht überzeugenden Studie von Frey und Stutzer (2001), durchaus feldexperimentelle Studien zum Thema vorstellen, von denen man Aufschluss erwarten könnte, doch hat sich die Forschung hier bisher offensichtlich nicht engagiert. Hinzu kommt immer wieder, dass die dem Konzept der direkten Demokratie normativ verbundenen Fürsprecher erkennbar wenig Interesse an der Empirie zeigen; für sie ist a priori klar, dass direkte Demokratie zu einer grundlegenden Verbesserung des demokratischen Lebens und damit auch zu einer Erhöhung der Akzeptanz der politischen Ordnung führen würde.

Verlässt man für einen Augenblick die (Mikro-)Perspektive des Bürgers und wendet sich der politischen Institutionenordnung zu, so sind zusätzlich zumindest die beiden folgenden Probleme zu bedenken. Zunächst einmal würde ein fortlaufender öffentlicher Deliberationsprozess – unterstellt, dass etwa 50 Sachfragen pro Jahr zur Abstimmung gestellt werden und Deliberation, die ja normativ unverzichtbar ist, überhaupt stattfindet – eine Gesellschaft in ständige Politisierung auf hohem Niveau zwingen. Politische Denker wie Barber (1984) oder auch Pateman (1970) mögen dies für einen wünschenswerten Zustand halten. Demgegenüber kann man fragen, ob die strukturelle Spannung zwischen Konflikt und Konsens, die ohnehin in den „normalen" politischen Prozess in den zeitgenössischen Demokratien eingebaut ist, Überlegungen rechtfertigt, wie sie vor nunmehr vierzig Jahren von Almond und Verba (1965: 30) zu Gunsten einer Elemente von Aktion und

Ruhe balancierenden politischen Kultur formuliert worden sind: „Positive Einstellungen gegenüber politischer Beteiligung spielen in einer Bürgerkultur (*civic culture*) eine herausragende Rolle; dasselbe gilt aber auch für nichtpolitische Einstellungen wie Vertrauen in andere Menschen und allgemeine gesellschaftliche Involviertheit. Die Beibehaltung, dieser eher traditionellen Einstellungen und ihre Verbindung (*fusion*) mit Partizipationsorientierungen führen zu einer ausgeglichenen politischen Kultur, in der politische Aktivität, Engagement und Rationalität existieren, aber ein Gegengewicht in Passivität, Tradition und der Bindung an alte Werte finden" (Übersetzung MK).

Zweitens ist zu bedenken, dass ein Prozess permanenter systemischer Deliberation und Politisierung angesichts der zahlreichen in Abstimmungen zu treffenden Entscheidungen ständig Gewinner und Verlierer erzeugen wird, ein angesichts der in der direkten Demokratie erhofften hohen Politisierung durchaus problematischer Sachverhalt. Denn wenn man mit Hirschman (1982: 10) der Auffassung ist, dass Akte öffentlichen Engagements in Bürgern Gefühle der Befriedigung hervorbringen, dann sollten umgekehrt regelmäßig – und bei der Zahl der Entscheidungen notwendig – erfahrene Enttäuschungen, wenn man eine Abstimmung verloren hat, das politische Engagement reduzieren und letztlich in ihrer Kumulation zu Systementtäuschung führen.

Angesichts dieser Überlegungen spricht also wenig dafür, dass ein völliger Übergang zu einer direktdemokratischen Institutionenordnung notwendigerweise die Akzeptanz dieser Art von politischer Ordnung nachhaltig erhöht; man muss diese aber als offene Frage behandeln, solange die Sachverhalte nicht zuverlässig empirisch untersucht sind. Akzeptiert man auch nur einige der in diesem Beitrag vorgebrachten Argumente, spricht dennoch fast alles dafür, dass der Übergang zu einem mehr oder weniger „reinen" direktdemokratischen System dessen Legitimitätsgeltung zwar kurz nach dem Übergang von einem repräsentativ-demokratischen System erhöhen, dann aber jedoch unter das frühere Niveau drücken würde.

9. Abschließende Bemerkungen

Dieser Beitrag hat versucht, das Thema „elektronische Demokratie" insofern besonders ernst zu nehmen, als es *nicht* technische Probleme wie die zuverlässige Identifizierung von an einer Abstimmung Teilnehmenden oder die gesamtgesellschaftliche Herausforderung des gleichen Zugangs zu und kompetenten Umgangs mit elektronischen Netzen sowie Hard- und Software in den Mittelpunkt stellt. Unrealistisch, wie dies noch auf längere Zeit sein mag, ist hier von gleichen Bedingungen für alle Bürger ausgegangen worden. Im Mittelpunkt stand vielmehr die Frage, in welchem Umfang eine direktdemokratische politische Ordnung durch die Möglichkeiten der Cyberdemokratie eher verwirklicht werden kann mit dem Ziel, die „unauthentische" Situation einer Repräsentativverfassung durch die „authentische" einer direktdemokratischen Verfassung zu ersetzen.

Cyberdemokratie und direkte Demokratie mögen künftig tatsächlich eng miteinander verbunden werden können. Der Versuch, die Argumente für diese Entwicklung einer genauen Prüfung zu unterziehen, hat allerdings ergeben, dass die Protagonisten der elektronischen Demokratie bislang wenig theoretische und empirische Mühe in einen ernstzunehmenden Versuch investiert haben, über die Bedingungen *im Einzelnen* zu reflektieren, die gegeben sein müssen, um die direktdemokratische Option in ein funktionsfähiges System sui generis zu überführen. Im übrigen ist das Systemkonzept hier nicht etwa nur eine verbale Floskel. Damit soll vielmehr auf den Umstand verwiesen werden, dass die zeitgenössischen Demokratien der OECD-Welt komplexe Mehrebenensysteme sind, bei denen Interventionen und mehr noch grundlegende Veränderungen die zeitlichen, strukturellen und funktionalen Abhängigkeiten zwischen unterschiedlichen Systemebenen und Teilsystemen nicht ignoriert werden dürfen.

Die beiden zu Beginn des Beitrags gestellten Fragen nach der Verbesserung der Leistungsfähigkeit und der Akzeptanz bei einem durch cyberdemokratische Innovationen beförderten Übergang von einer repräsentativ- zu einer direktdemokratischen Verfassung konnten, ist man wenigstens im Prinzip bereit, einigen hier entwickelten Gedanken und berichteten Befunden zu folgen, nicht positiv beantwortet werden. Man mag kritisieren, dass der versuchte Blick in die direkt- und cyberdemokratische Zukunft nicht fantasievoll genug, die Perspektive zu konventionell und Status-quo-bezogen war. Das ändert aber nichts daran, dass die Geschichte gezeigt hat, wie wertvoll das Gut der heute vorhandenen repräsentativen Demokratien ist. Will man hier grundlegenden Wandel, dann kann jedenfalls nicht darauf verzichtet werden, die Notwendigkeit hierzu und die Chance, Verbesserungen wirklich zu erreichen, sorgfältiger zu prüfen, als das bisher in der Debatte über Cyberdemokratie und direkte Demokratie geschieht. Damit, das sei abschließend hervorgehoben, soll im übrigen *nicht* gegen Versuche, wie sie sich in der Realität bereits bewährt haben, argumentiert werden, repräsentativ- und direktdemokratische Elemente in einer Mischverfassung zu optimieren.

Literatur

Abramson, Jeffrey B., F. Christopher Arterton und Gary R. Orren (1988): The Electronic Commonwealth. The Impact of New Media Technologies on Democratic Politics. New York: Basic Books.

Almond, Gabriel A. und Sidney Verba (1963): The Civic Culture. Princeton: Princeton University Press (zitiert aus der Paperback-Ausgabe 1965).

Arrow, Kenneth (1963): Social Choice and Individual Values. New York: Wiley (2. Auflage).

Arterton, F. Christopher (1987): Teledemocracy. Can Technology Protect Democracy? Newbury Park: Sage.

Barber, Benjamin R. (1984): Strong Democracy. Participatory Politics for a New Age. Berkeley: Berkeley University Press.

Barber, Benjamin R. (1995): Participatory Democracy. In: Seymour Martin Lipset (Hrsg.): Encyclopedia of Democracy, Band III. Washington, D.C.: Congressional Quarterly, S. 921-924.

Barber, Benjamin R. (1999): Three Scenarios for the Future of Technology and Strong Democracy. In: Political Science Quarterly, 113, S. 573-590.

Berelson, Bernard R. (1952): Democratic Theory and Public Opinion. In: Public Opinion Quarterly, 16, S. 313-330.

Bogdanor, Vernon (1994): Western Europe. In: David Butler und Austin Ranney (Hrsg.): Referendums Around the World. Washington: AEI Press, S. 24-97.

Bonfadelli, Heinz (1994): Die Wissenskluft-Perspektive. Massenmedien und gesellschaftliche Information. Konstanz: Ölschläger (KKV-Medien).

Braun, Richard (1998): Lessons from the Swiss Biotechnology Referendum. Briefing Paper No. 8. European Federation of Biotechnology, Task Group on Public Perceptions of Biotechnology.

Broder, David S. (2000): Democracy Derailed. Initiative Campaigns and The Power of Money. New York: Harcourt.

Buchstein, Hubertus (1996): Bittere Bytes: Cyberbürger und Demokratietheorie. In: Deutsche Zeitschrift für Philosophie, 44, S. 583-607.

Budge, Ian (1996): The New Challenge of Direct Democracy. Cambridge: Polity Press.

Butler, David und Austin Ranney (Hrsg.) (1994): Referendums Around the World. Washington: AEI Press.

Bürklin, Wilhelm und Russell J. Dalton (2001): Zwei Gesichter der Demokratie: Repräsentative versus direkte Demokratie. In: Hans-Dieter Klingemann und Max Kaase (Hrsg.): Wahlen und Wähler. Analysen aus Anlass der Bundestagswahl 1998. Wiesbaden: Westdeutscher Verlag, S. 529-551.

Dahl, Robert A. (1989): Democracy and Its Critics. New Haven: Yale University Press.

Denning, Dorothy E. (1997): The Future of Cryptography. In: Brian D. Loader (Hrsg.): The Governance of Cyberspace. London: Routledge, S. 175-189.

Deth, Jan van (2000): Interesting But Irrelevant: Social Capital and the Saliency of Politics in Western Europe. In: European Journal of Political Research, 37, S. 115-147.

Dienel, Peter C. (1991): Die Planungszelle. Der Bürger plant seine Umwelt. Eine Alternative zur Establishment-Demokratie. Opladen: Westdeutscher Verlag (2. Auflage).

Dimock, Michael A. und Samuel L. Popkin (1997): Political Knowledge in Comparative Perspective. In: Shanto Iyengar und Richard Reeves (Hrsg.): Do the Media Govern? Politicians, Voters and Reporters in America. Thousand Oaks: Sage, S. 217-224.

Downs, Anthony (1957): An Economic Theory of Democracy. New York: Harper.

Feld, Lars P. und Marcel R. Savioz (1998): Vox Populi, Vox Bovi? Ökonomische Auswirkungen direkter Demokratie. In: Gerd Grözinger und Stephan Panther (Hrsg.): Konstitutionelle Politische Ökonomie: Sind unsere gesellschaftlichen Regelsysteme in Form und guter Verfassung? Marburg: Metropolis, S. 29-80.

Fishkin, James S. (1995): The Voice of the People. Public Opinion and Democracy. New Haven: Yale University Press.

Frankfurter Allgemeine Zeitung (2000): Zahl der Internet-Nutzer in Deutschland steigt auf 15.9 Millionen. 23. Februar, S. 24.

Frey, Bruno S. und Alois Stutzer (2001): Happiness, Economy and Institutions. In: Economic Journal (im Erscheinen).

Friedland, Lewis A. (1996): Electronic Democracy and the New Citizenship. In: Media, Culture & Society, 18, S. 185-212.

Fuchs, Dieter (2000): Demokratie und Beteiligung in der modernen Gesellschaft: einige demokratietheoretische Überlegungen. In: Oskar Niedermayer und Bettina Westle (Hrsg): Demokratie und Partizipation. Festschrift für Max Kaase. Wiesbaden: Westdeutscher Verlag, S. 250-280.

Gabriel, Oscar W. (1999): Das Volk als Gesetzgeber: Bürgerbegehren und Bürgerentscheide in der Kommunalpolitik aus der Perspektive der empirischen Forschung. In: Zeitschrift für Gesetzgebung, 14, S. 299-230.

Gellner, Winand und Fritz von Korff (Hrsg.) (1998): Demokratie und Internet. Baden-Baden: Nomos.

Grossman, Lawrence K. (1995): The Electronic Republic. Reshaping Democracy in the Information Age. New York: Viking.

Heußner, Hermann K. und Otmar Jung (Hrsg.) (1999): Mehr direkte Demokratie wagen. Volksbegehren und Volksentscheid: Geschichte – Praxis – Vorschläge. München: Olzog.

Hill, Kevin A. und John E. Hughes (1998): Cyberpolitics. Citizen Activism in the Age of the Internet. Lanham: Rowman and Littlefield.

Hirschman, Albert O. (1982): Shifting Involvements. Private Interest and Public Action. Princeton: Princeton University Press.

Hooghe, Marc (1999): The Rebuke of Thersites. Deliberative Democracy Under Conditions of Inequality. In: Acta Politica, 34, S. 287-301.

Kaase, Max (1982): Partizipatorische Revolution – Ende der Parteien? In: Joachim Raschke (Hrsg.): Bürger und Parteien. Ansichten und Analysen einer schwierigen Beziehung. Opladen: Westdeutscher Verlag, S. 173-189.

Kaase, Max (1998): Demokratisches System und die Mediatisierung von Politik. In: Ulrich Sarcinelli (Hrsg.): Politikvermittlung und Demokratie in der Mediengesellschaft. Opladen: Westdeutscher Verlag, S. 24-51.

Kamps, Klaus (Hrsg.) (1999): Elektronische Demokratie? Perspektiven politischer Partizipation. Opladen: Westdeutscher Verlag.

Kielmansegg, Peter Graf von (2001): Soll die Demokratie direkt sein? Wenn die Bürger selbst entscheiden, ersetzt der Monolog den Dialog zwischen Wählern und Gewählten. In: Frankfurter Allgemeine Zeitung, 25. April, S. 14.

Kirchgässner, Gebhard, Lars P. Feld und Marcel R. Savioz (1999): Die direkte Demokratie. Modern, erfolgreich, entwicklungs- und exportfähig. Basel: Helbing und Lichtenhahn, Verlag Franz Vahlen.

Lacy, Dean und Emerson M. S. Niou (2000): A Problem with Referendums. In: Journal of Theoretical Politics, 12, S. 5-31.

Lenk, Klaus (1997): The Challenge of Cyberspatial Forms of Human Interaction to Territorial Governance and Policing. In: Brian D. Loader (Hrsg.): The Governance of Cyberspace. London: Routledge, S. 126-135.

Lijphart, Arend (1999): Patterns of Democracy. Government Forms and Performance in Thirty-Six Countries. New Haven: Yale University Press.

Lippmann, Walter (1922): Public Opinion (als Paperback veröffentlicht 1965 durch The Free Press, New York).

Luthardt, Wolfgang (1994): Direkte Demokratie. Baden-Baden: Nomos.

Magleby, David B. (1994): Direct Legislation in the American States. In: David Butler und Austin Ranney (Hrsg.): Referendums Around the World. Washington: AEI Press, S. 218-257.

Noelle-Neumann, Elisabeth und Renate Köcher (Hrsg.) (1993): Allensbacher Jahrbuch der Demoskopie 1984-1992. Bd. 9. München: K. G. Saur; Allensbach am Bodensee: Verlag für Demoskopie.

Norris, Pippa (2000): The Global Divide: Information Poverty and Internet Access Worldwide. Paper presented to the XVIIIth World Congress of the International Political Science Association (IPSA), 1-6 August, Quebec City, Quebec, Kanada.

Offe, Claus (1998): Vox Populi und die Verfassungsökonomik. Anmerkungen zum Beitrag von Feld und Savioz. In: Gerd Grözinger und Stephan Panther (Hrsg.): Konstitutionelle Politische Ökonomie: Sind unsere gesellschaftlichen Regelsysteme in Form und guter Verfassung? Marburg: Metropolis, S. 81-88.

Page, Benjamin I. und Robert J. Shapiro (1992): The Rational Public. Fifty Years of Trends in Americans' Policy Preferences. Chicago: The University of Chicago Press.

Pateman, Carole (1970): Participation and Democratic Theory. Cambridge: Cambridge University Press.

Popkin, Samuel L. (1991): The Reasoning Voter. Communication and Persuasion in Presidential Campaigns. Chicago: The University of Chicago Press.

Raab, Charles D. (1997): Privacy, Democracy, Information. In: Brian D. Loader (Hrsg.): The Governance of Cyberspace. London: Routledge, S. 155-174.

Resnick, David (1998): Politics on the Internet: The Normalization of Cyberspace. In: Chris Toulouse und Timothy W. Luke (Hrsg.): The Politics of Cyberspace. New York: Routledge, S. 48-68.

Riker, William H. (1982): Liberalism Against Populism. San Francisco: Freeman.

Sartori, Giovanni (1987): The Theory of Democracy Revisited. Chatham, NJ: Chatham House Publishers.

Schweizerische Zeitschrift für Politikwissenschaft (1999): Debate: Internet Governance. In: Schweizerische Zeitschrift für Politikwissenschaft, 5, S. 115-136.

Slaton, Daryl Christa (1992): Televote. Expanding Citizen Participation in the Quantum Age. New York: Praeger.

SPD (2001): Demokratie braucht Partei. Beschluss des SPD-Parteivorstandes vom 19. März, http://www.spd.de/events/demokratie/beteiligungsrechte.html.

Statistisches Bundesamt (Hrsg.) (2000): Datenreport 1999. Bonn: Bundeszentrale für Politische Bildung.

Stipp, Horst (2000): Nutzung neuer und alter Medien in den USA: Wechselwirkungen zwischen Online- und TV-Konsum. In: Media Perspektiven, 3, S. 127-134.

Streck, John (1998): Pulling the Plug on Electronic Town Meetings: Participatory Democracy and the Reality of the Usenet. In: Chris Toulouse und Timothy W. Luke (Hrsg.): The Politics of Cyberspace. New York: Routledge, S. 18-47.

Wilke, Jürgen (1989): Geschichte als Kommunikationsereignis. Der Beitrag der Massenkommunikation beim Zustandekommen historischer Ereignisse. In: Max Kaase und Winfried Schulz (Hrsg.): Massenkommunikation. Sonderheft 30 der Kölner Zeitschrift für Soziologie und Sozialpsychologie. Opladen: Westdeutscher Verlag, S. 57-71.

Modernisierung und Partizipation: Kontroversen und Befunde zur Partizipationsthese

Christian Welzel

1. Einleitung: Die Partizipationsthese

Wie Daniel Bell (1973: 12) feststellte, ist „das axiale Prinzip der modernen politischen Ordnung die Partizipation" (Übersetzung CW). In der Tat ist es eine der tragenden Annahmen der Modernisierungstheorie, dass die breite Bevölkerung intensiver am politischen Geschehen partizipiert, wenn Gesellschaften jene vielschichtigen Entwicklungsprozesse durchlaufen, die der Begriff der Modernisierung plakativ zusammenfasst. Im Folgenden bezeichne ich die Annahme, dass Modernisierung die politische Beteiligung der Bürger steigere, als die *Partizipationsthese*. An dieser Partizipationsthese haben sich in den letzten 50 Jahren einige der interessantesten Kontroversen entzündet, die die empirische Sozialforschung kennt. Es ist das Ziel dieses Beitrags, die zentralen Argumentationslinien dieser Kontroversen nachzuzeichnen und im Lichte der verfügbaren Evidenz zu bewerten.

In den verschiedenen Varianten der Modernisierungstheorie findet sich die Partizipationsthese in unterschiedlichen Abwandlungen.[1] Einen prominenten Platz hat sie zunächst in den klassischen *sozio-ökonomischen* Varianten der Modernisierungstheorie (Lerner 1958; Lipset 1959; Deutsch 1965; Bell 1973; Vanhanen 1997). Dieser Theorievariante zufolge steigt die politische Partizipation deshalb, weil die sozio-ökonomische Entwicklung die Bürger mit partizipationsrelevanten Ressourcen ausstattet. In den *klassen-* und *konflikt*theoretischen Formulierungen der Modernisierungstheorie wächst die politische Massenpartizipation als Folge der ideologischen Aufladung und der politisch-organisatorischen Mobilisierung von ökonomischen Klassenkonflikten (Moore 1966; Rokkan 1967; Huber, Rueschemeyer und Stephens 1992). Darüber hinaus findet sich die Partizipationsthese in den *staatstheoretischen* Varianten der Modernisierungstheorie. Sie beschreiben den Aufbau des modernen National- und Wohlfahrtsstaats als eine Ko-Evolution von

---

1 Ich beschränke mich auf Varianten der Modernisierungstheorie, die empirisch prüfbare Thesen hervorgebracht haben. Das schließt eher philosophische Konzeptionen, wie die der „reflexiven" Modernisierung aus. Dieser Ausschluss begründet sich nicht aus einer Geringschätzung solcher Konzeptionen, sondern aus der Fragestellung dieses Beitrags. Es geht um das Verhältnis zwischen Modernisierung und Partizipation. Da dieses Verhältnis nicht allein theoretisch geklärt werden kann, sondern der empirischen Prüfung bedarf, können nur empiriefähige Varianten der Modernisierungstheorie Gegenstand dieses Beitrags sein.

politischer Massenmobilisierung und staatlichem Kapazitäten- und Aufgaben-
wachstum (Flora 1983; Gurr, Jaggers und Moore 1990; Esping-Andersen 1990).
Einen besonderen Stellenwert nimmt die Partizipationsthese schließlich in den *politisch-kulturellen* Varianten der Modernisierungstheorie ein (Almond und Verba
1963). Diese Varianten thematisieren politische Massenpartizipation als Folge des
Wertewandels (Inglehart 1977; Flanagan 1987; Nevitte 1996; Klages und Gensicke
1999) und des Aufkommens neuer politischer Themen (Barnes, Kaase et al. 1979;
Baker, Dalton und Hildebrandt 1981; Dalton 1996).

All diese Theorievarianten teilen die Annahme, dass der gesellschaftliche Modernisierungsprozess die politische Partizipation der Bürger steigert. Sobald man
diese pauschale Formulierung der Partizipationsthese aber weiter qualifiziert, werden sofort kontroverse Positionen erkennbar. Dabei stehen sich *allgemeine* und
pfadspezifische Modernisierungstheorien gegenüber. Zwar sind sich Vertreter beider Varianten darin einig, dass die Bürger immer stärker als *Objekt* staatlicher Regulierung am politischen Prozess teil*haben*. Doch ob die Bürger auch stärker als
selbstbestimmte *Subjekte* am politischen Prozess teil*nehmen*, wenn die Modernisierung voranschreitet, ist umstritten. Vertreter der allgemeinen Modernisierungstheorie gehen davon aus, dass genau dies der Fall sei. Denn Modernisierung habe die
Tendenz, insbesondere *demokratische* Formen der politischen Massenpartizipation
zu befördern (Parsons 1964). Vertreter der pfadspezifischen Modernisierungstheorie stellen diese generelle Wirkung des Modernisierungsprozesses in Abrede. Sie
behaupten, dass es von den konkreten Variationen im Modernisierungsprozess ab-
hinge, ob dieser demokratische oder autoritär gelenkte Formen der politischen
Massenpartizipation unterstütze (Moore 1966).

Diese und andere Kontroversen um die Partizipationsthese stehen im Zentrum
dieses Beitrags. Bevor ich jedoch auf die umstrittenen Fragen eingehe, möchte ich
im zweiten Abschnitt die grundlegenden Prämissen herausarbeiten, die die meisten
Varianten der Modernisierungstheorie einen. Im dritten Abschnitt führe ich die Partizipationsthese in der Formulierung der allgemeinen Modernisierungstheorie aus.
Der vierte Abschnitt ist den Kontroversen um diese Partizipationsthese gewidmet.
In den Schlussbemerkungen schlage ich eine Reformulierung der Modernisierungstheorie vor, die unter der Perspektive der Humanentwicklung steht.

2. Kernprämissen der Modernisierungstheorie

Ausgangspunkt aller Modernisierungstheorien ist der tiefgreifende gesellschaftliche
Transformationsprozess, der im europäischen Frühkapitalismus des 15. Jahrhunderts wurzelt und der die modernen Gesellschaften mit dem Einsetzen der Industriellen Revolution aus den Fesseln der feudalen Agrarzivilisation herauslöste (Weber 1904; Chirot 1986; Hall 1988; Jones 1992; Landes 1998). Dieser vielschichtige
Transformationsprozess hält unvermindert an. Entfesselung, Dynamisierung und
Mobilisierung der gesellschaftlichen Kräfte sind seine Kernmerkmale. Und seit der

„Europäisierung der Welt" im Kolonialzeitalter zieht er alle Regionen und Kulturen in der einen oder anderen Form in seinen Bann (Wallerstein 1974).

Angesichts dieser globalen zivilisatorischen Transformation (Marshall 1950) teilen viele Modernisierungstheorien eine Einsicht, die von niemandem sonst so einflussreich formuliert wurde wie von Karl Marx: die Einsicht nämlich, dass die andauernden sozio-ökonomischen und sozial-strukturellen Wandlungen tiefgreifende Konsequenzen für das kollektive Bewusstsein und Verhalten der Bürger sowie für die Gestalt ihrer politischen Institutionen und Regime haben. Natürlich haben die verschiedenen Modernisierungstheorien unterschiedliche Auffassungen darüber, welche Konsequenzen dies im Einzelnen sind. Dass sozio-ökonomische und sozial-strukturelle Wandlungsprozesse aber überhaupt das kollektive Bewusstsein und Handeln sowie die politischen Institutionen und Regime verändern, wird im Rahmen der Modernisierungstheorie nicht ernsthaft in Frage gestellt.

Trendrichtungen und Tendenzen, welche die sozio-ökonomischen und sozial-strukturellen Umwälzungen beherrschen, bilden darum einen Hauptfokus der Modernisierungstheorie. Versuche, den Begriff der Modernisierung zu definieren, setzen daher zunächst im Bereich sozio-ökonomischer und sozial-struktureller Umwälzungen an (Lerner 1968). Umwälzungen in diesen Bereichen gelten gemeinhin als Bestimmungsfaktoren von Veränderungen in anderen, insbesondere kulturellen und politischen Bereichen. Wenn auch nicht in einem deterministischen Verständnis, so halten die meisten Modernisierungstheorien doch an dem Primat fest, das Karl Marx zufolge die „sozio-ökonomische Basis" über den kulturellen und „institutionellen Überbau" hat.

Die meisten Modernisierungstheorien sehen den Ursprung gesellschaftlichen Wandels im technologischen Fortschritt und dabei insbesondere im produktions-technologischen Fortschritt (Lenski und Nolan 1984). Die Wirkung des technologischen Fortschritts wird vor allem darin gesehen, dass er die Effizienz von Fertigungstechnologien verbessert und dadurch die Arbeitsproduktivität erhöht. In den Bereichen, die von diesem „Rationalisierungsprozess" betroffen sind, sinkt der Arbeitskräftebedarf und es werden Arbeitskräfte für andere Tätigkeiten freigesetzt, die zur Etablierung neuer Erwerbssektoren und damit zu berufsstrukturellen Umschichtungen führen. Im bisherigen Modernisierungsverlauf waren drei große Phasen der gesellschaftlichen Umschichtung zu erkennen:

Zunächst setzte die Steigerung der Arbeitsproduktivität im Agrarsektor massenhaft Arbeitskräfte frei, die dann dem industriellen Fertigungssektor als „Reservearmee" zur Verfügung standen. Dieser gewaltige Umschichtungsprozess, der zunächst gegen 1750 in England einsetzte, markiert das Zeitalter der Industrialisierung. Um 1860 war England die erste *Industriegesellschaft*, in der der Anteil der in der Industrie Beschäftigten den Beschäftigtenanteil im Agrarsektor übertraf.

Die anhaltende Effizienzsteigerung von Produktionstechnologien erhöhte sodann die industrielle Arbeitsproduktivität. Daraus ergab sich ein neuerlicher Umschichtungsprozess, dessen Dramatik dem Industrialisierungsprozess in nichts nachsteht (Iversen und Cusack 2000). Dieser Prozess der „Post-Industrialisierung" oder „Tertiärisierung" setzte Arbeitskräfte frei, die bislang im Industriesektor gebunden waren und nun dem Dienstleistungssektor zufließen. In den 1950er Jahren kristallisierten sich die USA als erste *Dienstleistungsgesellschaft* heraus – eine Gesellschaft also, in der der Anteil der Beschäftigten im Dienstleistungssektor den Beschäftigtenanteil im Industriesektor übertrifft (Bell 1973).

Gegenwärtig befinden sich die OECD-Länder in einem dritten Umschichtungsprozess, der von Fortschritten in der Informations- und Kommunikationstechnologie vorangetrieben wird und dessen Ausmaße noch nicht abzuschätzen sind (Hughes 1999). Es handelt sich um eine Umschichtung innerhalb des Dienstleistungssektors hin zu wissensintensiven Dienstleistungen. Mit dieser Umschichtung deutet sich der Übergang in die „Wissensgesellschaft" (Schelsky) an.

3. Die Partizipationsthese in der allgemeinen Modernisierungstheorie

Die allgemeine Modernisierungstheorie geht davon aus, dass der oben beschriebene Transformationsprozess generelle Wirkungen auf die politische Partizipation der Bürger entfaltet. Diese Wirkungen werden in einem mobilisierungs- und in einem individualisierungstheoretischen Argumentationsstrang ausformuliert. Der mobilisierungstheoretische Argumentationsstrang thematisiert gruppen- und schichtungsbezogene Veränderungen, der individualisierungstheoretische dagegen solche, die sich mehr oder minder uniform bei allen Individuen zeigen.

Der *mobilisierungstheoretische* Argumentationsstrang geht davon aus, dass die Modernisierung bestimmte Bevölkerungsgruppen aus tradierten Mechanismen der kollektiven Risikoteilung herauslöst. Dies ist es, was beispielsweise Deutsch (1965) und Huntington (1968) unter „sozialer Mobilisierung" verstehen. Die Logik der dabei wirksamen Mobilisierungsdynamiken kann man anhand der europäischen Entwicklung nachzeichnen (ohne diese damit in einem normativen Sinne als vorbildlich zu bewerten).

Soziale Mobilisierung schafft neue soziale Problem- und Interessenlagen, die neue Ansprüche auf kollektive Risikoteilung begründen und die mit den Ansprüchen tradierter Gruppen konfligieren. Entstehen diese Konflikte in einem modernisierten Staatswesen, das den administrativen Zugriff auf seine Bürger gewonnen hat und von ihnen Ressourcen in Gestalt von Diensten und Abgaben abzieht, so wird dieser Staat seinerseits zum zentralen Adressaten der konfligierenden Interessen. Rokkan (1967) und Flora (1983) zufolge entstehen auf diese Weise neue Konfliktlinien (*cleavages*), die ideologisch aufgeladen und politisch organisiert werden. Damit etabliert sich ein System von konkurrierenden Organisationen der Interessenvertretung, die um staatlichen Einfluss ringen, um bestimmte Politiken durchsetzen zu können. Bei anhaltender Dynamisierung der gesellschaftlichen Verhältnisse bilden sich immer wieder neue soziale Bewegungen, neue Verbände und neue Parteien, die auf Zugang zum politisch-administrativen System drängen.

Überspringen die Parteien dabei die Schwelle zur parlamentarischen Repräsentation, so öffnet sich damit das politisch-administrative System für neue Themen, Gruppen und Organisationen. Diese Öffnung im *Input* schlägt sich sodann auch im *Output* der staatlichen Tätigkeiten nieder, denn neue Ansprüche sind auch immer neue Ansprüche an das, was der Staat an kollektiver Risikoteilung organisiert. Politische Mobilisierung von Ansprüchen, die auf kollektive Risikoteilung abzielen, ist deshalb ein Motor der Ausdifferenzierung und des Wachstums von Staatsaufgaben (Iversen und Cusack 2000; Boix 2000). Es kommt also zu einer Ko-Evolution zwischen (1) der Öffnung des Staates zur Gesellschaft und (2) der Zugriffserweiterung des Staates auf die Gesellschaft.

Der mobilisierungstheoretische Argumentationsstrang behauptet eine allgemeine Dynamisierungssequenz, die über die Stationen (1) soziale Mobilisierung, (2) kognitiv-ideologische Mobilisierung, (3) politisch-organisatorische Mobilisierung sowie (4) Demokratisierung und Kapazitätsgewinn des Staates verläuft.

Der *individualisierungstheoretische* Argumentationsstrang thematisiert die Folgen, die der Modernisierungsprozess für die sozialen Beziehungen zwischen den Individuen hat. Schon Émile Durkheim (1988) hat mit seiner Unterscheidung zwischen „mechanischer" und „organischer" Solidarität herausgearbeitet, wie sich die sozialen Beziehungen im Zuge der Modernisierung verändern. So ist es ein Kennzeichen der Modernisierung, dass sie die ökonomischen, sozialen und kulturellen Interaktionen zwischen den Individuen vervielfältigt. Auf diese Weise werden Gesellschaften von einem dichten Netz aus marktförmigen und assoziativen Beziehungen durchzogen (Simmel 1984). *Horizontale* Tauschbeziehungen, die freiwillig und zum gegenseitigen Vorteil eingegangen werden, gewinnen dabei an Gewicht gegenüber *vertikalen* Autoritätsbeziehungen, die an starre Hierarchien gefesselt sind (Putnam 1993). Die Individuen werden dadurch aus klientelistischen Abhängigkeiten herausgelöst, was ihnen insgesamt mehr persönliche Entscheidungsautonomie in ihren beruflichen, familiären und freizeitlichen Rollen ermöglicht und abverlangt (Bell 1973; Lenski und Nolan 1984; Blau 1994).

Eine weitere Ursache dieser Individualisierung, die ebenfalls modernisierungsbedingt ist, liegt in der materiellen Wohlstandsmehrung, die sich in einer Steigerung der Erwerbseinkommen und der staatlichen Transferleistungen zeigt. Dadurch verfügen die Individuen in zunehmendem Maße über materielle Ressourcen. Es gehört zum *conventional wisdom* der Partizipations- wie der Wohlfahrtsforschung, dass materielle Ressourcen die Individuen unabhängiger machen und ihnen neue Handlungsoptionen eröffnen, und zwar nicht nur in den ökonomischen, sondern auch in den sozialen und politischen Handlungsfeldern. Ressourcenverfügung macht die Menschen handlungs- und damit auch partizipationsfähiger (Verba, Schlozman und Brady 1995).

Die Wohlstandsmehrung hat außerdem zur Folge, dass die Bildungssysteme ausgebaut werden und die Menschen sich besser qualifizieren können. Die „Bildungsexpansion" steht wiederum im Zusammenhang mit dem Ausbau der Massenkommunikationsmedien, der dem technologischen Fortschritt folgt (Thompson

1998). Die Ausweitung der medialen Massenkommunikation verschafft den Individuen einen kostengünstigen Zugang zu politischer Information, während die steigende Bildung ihre Fähigkeit verbessert, diese Informationen zu verarbeiten. Die Menschen erlangen im Zuge der Modernisierung also nicht nur mehr materielle, sondern auch mehr kognitive Ressourcen. Sie werden also auch wissensmäßig und informationell individualisiert (Bell 1973). Diese Entwicklung steigert die politische Kompetenz der Individuen (Barnes, Kaase et al. 1979), was ebenfalls ihre Partizipationsfähigkeit erhöht.

Objektive Partizipations*fähigkeit* erzeugt subjektive Partizipations*ansprüche*. Auf diese Aussage kann man die modernisierungstheoretisch inspirierten Theorien des Wertewandels zuspitzen. Sie thematisieren die „subjektive Modernisierung", die sich als Folge aus der „objektiven Modernisierung" ergibt (Hradil 1992). Dabei teilen die meisten Theorien die Vorstellung eines „funktionalen Wertewandels" (Flanagan 1987), in welchem die Individuen ihre subjektiven Wertorientierungen an ihre objektiven Möglichkeiten und Befähigungen anpassen. Wachsen also die individuellen Partizipationsfähigkeiten, so steigen auch die individuellen Partizipationsansprüche. Diese Anspruchsmobilisierung setzt den Staat unter den Druck von zusehends ambitiösen Massenerwartungen, auf die er einerseits mit einer Öffnung der politischen Einflusskanäle und andererseits mit der Bereitstellung öffentlicher Leistungen reagiert (Gurr, Jaggers und Moore 1990).

Die mobilisierungs- wie die individualisierungsbezogene Formulierung der Modernisierungstheorie machen den Modernisierungsprozess an grundlegenden sozioökonomischen, sozial-strukturellen und politisch-kulturellen Wandlungen fest. Sie teilen die Annahme, dass der Modernisierungsprozess einerseits den Staat für gesellschaftliche Einflüsse öffnet und andererseits seinen Zugriff auf die Gesellschaft erweitert. Im Zuge dieser Verklammerung von Staat und Gesellschaft gewinnen die Bürger mehr politische Teil*nahme*- und mehr soziale Teil*habe*rechte, die sie enger an den Staat binden. Diese Bindungen haben sich im Zuge des Modernisierungsprozesses intensiviert und tun dies nach Auffassung der allgemeinen Modernisierungstheorie auch weiterhin. Das besagt die Partizipationsthese in ihrer am stärksten generalisierten Form.

4. Kontroversen um die Partizipationsthese

Ausgehend von der Partizipationsthese haben sich verschiedene Debatten mit hoch kontroversen Positionen entsponnen. Strittig war zunächst, ob der Modernisierungsprozess nun unbedingt *demokratische* Partizipationsformen beförderte oder unter Umständen auch in autoritär gelenkte Massenpartizipation mündet. Unter „demokratisch" sind dabei selbstbestimmte Formen der politischen Beteiligung zu verstehen, die ein plurales System aus konkurrierenden Verbänden und Parteien voraussetzen.

Eine zweite Debatte bezog sich auf die neuen Partizipationsformen, die mit der 68er Bewegung in den modernen Demokratien Einzug hielten. Eine Reihe von Autoren betrachteten diese Partizipationsformen als undemokratisch und sahen in ihnen ein ernsthaftes Krisensymptom. In der dritten und aktuellsten Debatte wird die Partizipationsthese geradewegs umgedreht. Es wird behauptet, dass Modernisierung nicht zu mehr, sondern zu weniger Partizipation und zum Rückzug aus der Politik führe. Im Folgenden werde ich diese Debatten skizzieren und die konträren Positionen in Bezug auf ihren empirischen Gehalt diskutieren.

Führt Modernisierung unbedingt zu demokratischen Formen der Partizipation?

Die These, dass Modernisierung nun ausgerechnet demokratische Formen der Partizipation erzeuge, hat in der Diskussion um die Ausbreitung der Demokratie eine große Rolle gespielt. Gerade in der Entwicklungsdiskussion der 1950er bis 1970er Jahre war hoch umstritten, ob sich die Demokratie auch in Länder außerhalb des „westlichen" Kulturkreises ausbreiten werde, wenn diese sich modernisieren.

Der These, dass dem so sei, ist zum Teil heftig widersprochen worden. Der Widerspruch nährte sich aus den damaligen Erfahrungen in Ländern der Dritten Welt, des sowjetkommunistischen Blocks und aus historischen Beispielen, wie der Weimarer Republik, die den Zusammenhang zwischen Modernisierung und demokratischer Partizipation zu widerlegen schienen.

Vertreter der Dependenztheorie (Cardoso und Faletto 1979) und der Weltsystemtheorie (Wallerstein 1974) haben beispielsweise behauptet, dass die internationale Arbeitsteilung eine Modernisierung in den Ländern der Dritten Welt verhindere. Folgerichtig war aus ihrer Sicht auch keine demokratische Entwicklung der Dritten Welt zu erwarten. Huntington (1968) wiederum hat geltend gemacht, dass besonders rasante Modernisierungsprozesse zu unkontrollierter Massenmobilisierung und zum Zusammenbruch politischer Ordnungen führen, ohne dass Demokratie das zu erwartende Ergebnis sei. Wahrscheinlicher seien vielmehr „Prätorianische Regime", in denen das Militär als einzig verfügbare Ordnungsmacht die Kanalisierung der Massenpartizipation übernehme. In eine ähnliche Stoßrichtung ging eine viel zitierte Untersuchung O'Donnells (1973). Mit Blick auf frühe demokratische Zusammenbrüche in Lateinamerika konstatierte O'Donnell, dass eine Zunahme an Modernisierung nicht die Demokratie, sondern den „bürokratischen Autoritarismus" befördere.

Die Existenz des sowjetkommunistischen Blocks schien den Zusammenhang von Modernisierung und demokratischer Partizipation ebenfalls zu widerlegen. So war für Vertreter des Totalitarismusansatzes (Friedrich und Brzezinski 1965) zwar unbestritten, dass Modernisierung die Massenpartizipation steigert, doch konnte diese Massenpartizipation auch in den Bahnen von totalitär gelenkten Massenmobilisierungen stattfinden. Totalitäre Herrschaftssysteme, wie die Stalinistische Sowjetunion, wurden dabei als durchaus moderne Industriegesellschaften angesehen, und es galt geradezu als Ausweis ihrer Modernität, dass sie in der Lage waren, ein hohes Maß an gelenkter Massenpartizipation zu erzeugen. Nach Chalmers Johnson (1970) handelte es sich bei den sowjetkommunistischen Systemen um hochmoderne „Mobilisierungs-Regime".

Huntingtons Theorie der Prätorianer-Regime, O'Donnells Theorie des bürokratischen Autoritarismus und Johnsons Theorie der Mobilisierungs-Regime teilten die Weber'sche Vorstellung, dass der Staat im Zuge des Modernisierungsprozesses zum Hauptträger physischer Gewaltsamkeit avanciere. Er würde dadurch so mächtig, dass er sowohl genügend Mittel für die Unterdrückung politischer Opposition als auch für ihre Befriedung durch soziale Transferleistungen mobilisieren könne. Nach diesen Theorien hat der Staat in der Mobilisierung von Ressourcen immer einen Vorsprung vor der Zivilgesellschaft, so dass demokratische Partizipationsformen nur in den seltensten Fällen das zu erwartende Ergebnis des Modernisierungsprozesses sind.

In diesem Punkt besteht Übereinstimmung mit der *pfadspezifischen* Modernisierungstheorie, wie sie von Barrington Moore (1966) vertreten wurde. Dieser Variante zufolge gibt es keinen einheitlichen Pfad und kein einheitliches Ergebnis des Modernisierungsprozesses. Pfad und Resultat hängen vielmehr aufs engste von den jeweiligen Klassenstrukturen und -bündnissen ab. Sie bestimmen, ob die industrielle Modernisierung zu demokratischen oder zu autoritär gelenkten Formen der Massenpartizipation führt. Moore zufolge handelte es sich bei der „westlichen" Entwicklung um einen sehr spezifischen Entwicklungspfad, der sich so nicht wiederholen würde. Die Industrialisierung führte nach Moore nur in den westlichen Ländern zur demokratischen Form der Partizipation, weil nur hier die dafür erforderliche Klassenstruktur anzutreffen war: nämlich eine breite und kommerziell orientierte Mittelschicht (*no bourgeoisie, no democracy*) bei gleichzeitiger Abwesenheit einer Schicht von Großgrundbesitzern, die staatliche Pfründe und Renten für sich monopolisiert (*no landed aristocracy, no autocracy*).

Huber, Rueschemeyer und Stephens (1992) haben diesen Ansatz aufgegriffen und hinsichtlich der Bündnisoptionen der Industriearbeiterschaft modifiziert. Ihrer Argumentation zufolge führt die industrielle Modernisierung nur dann zu demokratischen Formen der Massenbeteiligung, wenn sich die bürgerlichen Mittelschichten und die Arbeiterschicht zu einem sozial-reformerischen Bündnis gegen reaktionäre soziale Kräfte verbünden, die im Großgrundbesitz, in der Großindustrie sowie in der Hochbürokratie und den oberen Militärs ihre Stütze haben.

Der pfadspezifischen Modernisierungstheorie sind auch die historischen Sequenztheorien zuzuordnen. Diesen Theorien zufolge müssen Modernisierungsprozesse in einer bestimmten Reihenfolge ablaufen, damit sie der Verankerung demokratischer Partizipationsformen dienlich sind. Dahl (1973) zum Beispiel argumentierte, dass eine sehr frühe Demokratisierung nur in den Ländern gelang, wo der politische Wettbewerb vor der demokratischen Öffnung der Repräsentativverfassung institutionalisiert wurde (England, britische Siedlerkolonien, Skandinavien, Niederlande, Schweiz).

Die pfadspezifische Modernisierungstheorie kontrastiert in markanter Weise mit der allgemeinen Modernisierungstheorie, die uns kaum irgendwo so deutlich vor

Augen tritt wie in Parsons (1964) Arbeit über „evolutionäre Universalien in der Gesellschaft". Parsons betrachtete die demokratische Form der Partizipation (bei Parsons: „demokratische Assoziation") als eine „evolutionäre Universalie". Diese sei das zu erwartende Resultat in jeder Gesellschaft, die den Modernisierungsprozess erfolgreich bewältige. Gesellschaften, die die Partizipation nicht demokratisch organisieren, können eine überlebensnotwendige Systemleistung, nämlich die Beschaffung von Konsens, nicht erbringen. Nach Parsons war das sowjetische Modell deshalb zum Scheitern verurteilt. Aus systemtheoretischen Überlegungen war Modernisierung bei Parsons nur mit demokratischer Partizipation vereinbar, nicht mit autoritär gelenkter Massenmobilisierung.

Die allgemeine Modernisierungstheorie fand ebenfalls empirische Bestätigung. So konnte Lipset (1959) in einem Vergleich lateinamerikanischer und europäischer Länder zeigen, dass es eine hoch signifikante Korrelation zwischen der demokratischen Qualität eines Regimes und verschiedenen Indikatoren des sozioökonomischen Entwicklungsstandes einer Gesellschaft gibt. Dieser Befund ist von zahlreichen Forschern für verschiedene Ländergruppen und Zeiträume repliziert worden (u.a. Bollen und Jackman 1985; Helliwell 1992; Burkhart und Lewis-Beck 1994; Gasiorowski und Power 1998). Auf Grund dieser und eigener Analysen kam Diamond (1992: 110) zu dem Schluss, dass der Zusammenhang zwischen Modernisierung und Demokratie „einer der mächtigsten und robustesten Zusammenhänge in der vergleichenden Forschung nationaler Entwicklung ist" (Übersetzung CW).

Die Begründung, warum sozio-ökonomische Modernisierung zu mehr Demokratie führt, verweist auf die Modernisierung der politischen Kultur, also der unter den Bürgern vorherrschenden Einstellungen und Verhaltensweisen. Das Argument lautet, dass der Anstieg von Wohlstand und Bildung zu Anspruchssteigerungen bei den Bürgern führt, die sie gegen diktatorische Bevormundung und für demokratische Selbst- und Mitbestimmung mobilisieren. Dabei spielt die Ressourcenverfügung den Bürgern die Mittel in die Hände, um diesen Anspruch auch durchzusetzen (Vanhanen 1997). In der Mobilisierung von Ressourcen verschafft der Modernisierungsprozess also der Zivilgesellschaft und nicht dem Zwangsstaat einen Vorsprung.

Das Problem dieser Argumentation bestand lange Zeit darin, dass das politisch-kulturelle Bindeglied nicht spezifiziert werden konnte. Wegen fehlender Umfragedaten konnte nicht gezeigt werden, dass sozio-ökonomische Merkmale die Partizipationsansprüche der Bürger beeinflussen. Vor diesem Hintergrund ist die *Civic Culture*-Studie von Almond und Verba (1963) als bahnbrechend anzusehen. Sie stellt den ersten systematischen Versuch dar, Gesellschaften hinsichtlich ihrer politisch-kulturellen Modernität zu beschreiben. In der Tat konnten Almond und Verba zeigen, dass sozio-ökonomischer Status in signifikanter Weise mit den partizipativen Orientierungen und den „demokratischen Tugenden" der Bürger zusammenhängt: Je höher der sozio-ökonomische Status und die Bildung der Bürger, desto stärker ihre partizipative Orientierung und ihre Befürwortung demokratischer Grundprinzipien. Dieser Befund ist durch zahlreiche Folgestudien immer wieder repliziert worden, darunter die *Political Action*-Studie (Barnes, Kaase et. al. 1979), das *Beliefs-in-Government*-Projekt (Fuchs und Klingemann 1995) und die *Citizen Politics*-Studie (Dalton 1996). Nach wie vor gilt die Feststellung: „in all nations, citizens appear to convert socioeconomic resources into political involvement" (Verba, Nie und Kim 1978: 73).

Auf der Persönlichkeitsebene wirkt die Verfügung über materielle und kognitive Ressourcen zweifelsohne positiv auf demokratische Tugenden, partizipative Orientierungen und tatsächliche Partizipation. Wie die *World Values Surveys* für ca. 60 Nationen gezeigt haben, gilt dieser Befund auch im Vergleich ganzer Gesellschaften: Je höher das sozio-ökonomische Modernisierungsniveau einer Gesellschaft, desto stärker sind emanzipatorische, partizipative und demokratische Tugenden unter den Bürgern ausgeprägt (Inglehart 1997; Inglehart und Baker 2000; Welzel 2001).

Wie sind nun die empirischen Befunde, die einerseits die pfadspezifische und andererseits die allgemeine Modernisierungstheorie bestätigen, miteinander in Einklang zu bringen?

Einschränkend muss zu den pfadspezifischen Modernisierungstheorien gesagt werden, dass sie durchweg mit historischen Fallstudien operieren und insofern lediglich auf exemplarische Evidenz verweisen können. Diese Studien vermitteln tiefere Einsichten in ausgewählte Einzelfälle. Damit ist die Verallgemeinerbarkeit ihrer Befunde aber prinzipiell fragwürdig. Die Studien dagegen, die die allgemeine Modernisierungstheorie stützen, basieren allesamt auf großflächigen Viel-Länder-Vergleichen. Das hat den Vorteil, dass sich die Verallgemeinerbarkeit ihrer Befunde anhand statistischer Signifikanzen und erklärter Varianzen präzise quantifizieren lässt. Ihre Befunde sind durch die pfadspezifischen Untersuchungen keineswegs widerlegt, weil statistische Zusammenhänge nicht durch Einzelbeispiele falsifiziert werden können. Mit den Daten von Vanhanen wurde beispielsweise gezeigt, dass es seit 1850 in jeder Dekade und in jeder Weltregion einen hochsignifikanten Zusammenhang zwischen der Verteilung ökonomischer Ressourcen und dem Niveau demokratischer Partizipation gibt (Vanhanen 1997; Welzel 2001). Einzelne Beispiele, in denen die Demokratisierung trotz fortgeschrittener Modernisierung scheiterte (Weimarer Republik) oder in denen die Demokratisierung trotz geringer Modernisierung gelang (Indien), widerlegen nicht die systematische Beziehung, denn als Einzelfälle sind diese Beispiele ihrerseits nicht verallgemeinerungsfähig. Schon dass sie so häufig zitiert werden, unterstreicht ihre Einzigartigkeit.

Dort, wo die empirische Evidenz für die pfadspezifische Modernisierungstheorie zu sprechen scheint, ist dies auf eine vorübergehende historische Phase beschränkt. Die pfadspezifischen Modernisierungstheorien erklären insbesondere, unter welchen Bedingungen die Industrialisierung *schon früh* zu stabilen Demokratien führte. Damit ist ihre Erklärungskraft sehr deutlich auf die Modernisierungsphasen eingegrenzt, die im Zeichen des industriellen Klassenkonflikts standen. Die zahlreichen jüngeren Demokratisierungsprozesse, die im Zuge der sogenannten „Dritten Welle" (Huntington 1991) stattfanden, werden von den pfadspezifischen Modernisierungstheorien dagegen nicht erfasst. Diese Demokratisierungsprozesse vollzogen sich nämlich vorwiegend in Gesellschaften, in denen die neuen Mittelschichten des Dienstleistungssektors eine dominierende Rolle spielen und aus deren Reihen sich auch die zivilgesellschaftlichen Aktivisten der Bürgerrechtsbewegungen rekrutiert haben (Diamond 1993; Schubert, Tetzlaff und Vennewald 1994; Joppke 1994).

Die allgemeine Modernisierungstheorie war stark auf das zu erwartende demokratische Resultat des Modernisierungsprozesses fixiert und interessierte sich weniger dafür, auf welchen Wegen und Umwegen dieses Resultat erreicht würde. Die „nachholende Demokratisierung" der Schwellenländer in Südeuropa, Lateinamerika und Südostasien sowie die „verspätete Demokratisierung" der ex-kommunistischen Länder (Diamond 1992: 102) haben die allgemeine Modernisierungstheorie in dieser Ergebnisfixierung weitgehend bestätigt, wie Lucian Pye (1990) meint.

Einen neuerlichen Angriff auf die allgemeine Modernisierungstheorie haben jüngst Przeworski und Limongi (1997) gestartet. Sie behaupten, dass Demokratisierungsprozesse in erster Linie das Werk kalkulierten Elitenhandelns seien und dass Modernisierung zwar das Überleben, nicht aber die Entstehung von Demokratien beeinflusse. Sie stützen diesen Befund auf folgende Beobachtung: Die Wahrscheinlichkeit, dass eine Diktatur in eine Demokratie übergeht, ist nicht größer, wenn das Pro-Kopf-Einkommen eines Landes höher liegt. Wie Welzel (2001) und Welzel und Inglehart (2001) gezeigt haben, ist dieser Befund jedoch nicht aussagekräftig, weil er allein auf die Regimewechsel*häufigkeit* anstatt auf die Regimewechsel*bilanz* abstellt. Gerade die Bilanz ist aber entscheidend, wenn man wissen will, wie sich die Modernisierung auf die Regimeselektion zwischen Demokratien und Diktaturen auswirkt. Und wie sich aus Przeworski und Limongis eigenen Daten leicht ausrechnen lässt, verschiebt sich die Regimewechselbilanz in beeindruckender Klarheit zu Gunsten der Demokratien, wenn das Pro-Kopf-Einkommen der Länder wächst. Dieser Befund belegt, dass die Verdrängung von Diktaturen durch Demokratien systematisch mit sozio-ökonomischer Modernisierung voranschreitet. Sozio-ökonomische Modernisierung hat demnach entscheidenden Anteil an der Regimeselektion, die im globalen Staatensystem stattfindet.

Darüber hinaus ließ sich mit den *World Values Surveys* zeigen, dass Merkmale politisch-kultureller Modernisierung einen noch profunderen Einfluss auf Demokratie haben als die sozio-ökonomische Modernisierung (Welzel 2001; Welzel und Inglehart 2001). So hatte das Ausmaß, in dem emanzipatorische Werte in einer Gesellschaft verankert sind, einen starken Einfluss auf die freiheitsrechtliche Entwicklung, die politische Regime während des Hauptschubs der „Dritten Demokratisierungswelle" nahmen. Dabei sind emanzipatorische Werte keineswegs das Produkt demokratischer Institutionen, sondern werden primär von der sozio-ökonomischen Modernisierung beeinflusst. Diese Befunde bestätigen die von der allgemeinen Modernisierungstheorie favorisierte Sequenz von (1) sozio-ökonomischer Modernisierung über (2) politisch-kulturelle Modernisierung zur (3) Durchsetzung oder Behauptung demokratischer Formen der Partizipation.

Ist „direkte" Partizipation demokratieschädlich?

Eine andere Diskussion bezieht sich auf fortschreitende Modernisierungsprozesse, die sich *innerhalb der etablierten* Demokratien abspielen. Für anhaltende Diskussionen hat dabei die „Partizipatorische Revolution" (Kaase) der späten 1960er und frühen 1970er Jahre gesorgt. Strittig war insbesondere die demokratietheoretische Bewertung der Protestkultur und der „direkten" Beteiligungsformen, die sich mit dieser „Kulturrevolution" in den westlichen Demokratien etabliert haben. Dabei wurde weniger bestritten, dass die Protestkultur aus sozio-ökonomischen und politisch-kulturellen Modernisierungsprozessen folgte. Vielmehr wurde in Zweifel gezogen, dass Protestkultur und direkte Partizipation der Demokratie dienen.

Diese Kritik wurde von Vertretern einer strikt repräsentativen Demokratiekonzeption vorgetragen (Crozier, Huntington und Watanuki 1975; Sartori 1987). Ihre Kritik richtete sich darauf, dass die direkten Partizipationsformen systemschädlich seien: (1) weil sie die Partizipation an den repräsentativen Instanzen vorbeilenken; (2) weil sie das politische System mit einer Anspruchsinflation überladen würden, was notwendigerweise zu Systementtäuschung führe; (3) weil den Aktivisten dieser „neuen sozialen Bewegungen" ein Mangel an demokratischer Bürgertugend zu bescheinigen sei; (4) weil daher die Grenze zu Unruhe, Gewalt und Terrorismus überschritten werde; und deshalb schließlich (5) die Demokratie in ihren Grundlagen gefährdet würde. In dieser Kritiklinie wurde ein Zuviel an Bürgerpartizipation konstatiert und die „stabilisierende Apathie der Massen" gepriesen.

Diese Behauptungen mussten im Lichte der empirischen Forschung in so gut wie jeder Hinsicht korrigiert werden. An dieser Stelle ist insbesondere auf die *Political Action*-Studie zu verweisen, die in mehrfacher Hinsicht bahnbrechend war (Barnes, Kaase et al. 1979). Sie zeigte nämlich: (1) dass die Nutzer und Befürworter direkter Partizipationsformen klar zwischen legalen und illegalen Protestformen trennen; (2) dass nur eine verschwindende Minderheit auch illegale (gewaltsame) Formen unterstützte; (3) dass die überdurchschnittlichen Nutzer der legal-direkten Beteiligungsformen auch in überdurchschnittlichem Umfang die repräsentativen Beteiligungsformen nutzten; und schließlich (4), dass das politische Interesse, die politische Kompetenz und die Unterstützung demokratischer Prinzipien unter den Nutzern und Befürwortern der direkten Beteiligungsformen überdurchschnittlich stark ausgeprägt waren.

In die gleiche Richtung weisen empirische Untersuchungen des Wertewandels in modernen Gesellschaften. Inglehart (1977, 1990, 1997) konnte zeigen, dass es einen Trend zu postmaterialistischen Werten gibt, die einen stark libertär-partizipatorischen Charakter haben. Wenngleich es zwischen den einzelnen Wertewandelforschern durchaus unterschiedliche Auffassungen über die Angemessenheit des Inglehart'schen Frageformats gibt und wenngleich umstritten ist, ob Postmaterialismus ein eindimensionales Konzept ist, so ist der auf Selbst- und Mitbestimmung fokussierende Gehalt der „neuen" Werte doch weitgehend unstrittig – gleich ob diese nun als „postmaterialistische Werte", als „libertäre Werte" (Flanagan 1987; Nevitte 1996), als „anthropozentrische Werte" (Bürklin, Klein und Ruß

1996), als „Selbstentfaltungswerte" (Klages und Gensicke 1999; Inglehart und Baker 2000) oder als „emanzipatorische Werte" (Welzel 2001) gekennzeichnet werden.

In diesem Zusammenhang ist zu betonen, dass das demokratische Anspruchsni-
veau unter den Trägern der emanzipatorischen Werte besonders ambitiös ist. Dieser
Befund verweist auf die Haltung des „unzufriedenen Demokraten", die Hans-Dieter
Klingemann (1999) als ein weltweites Phänomen nachgewiesen hat. Die „unzufriedenen Demokraten" unterstützen die Demokratie als Regierungsform in einem hohen Maße, sind aber gleichzeitig mit der Art und Weise unzufrieden, wie sie in ihrem Lande funktioniert.

Es ist außerdem ein Kennzeichen der „unzufriedenen Demokraten", dass sie
starkes soziales Vertrauen mit geringem politischen Vertrauen verknüpfen (Welzel
2001). Dieser Befund macht Sinn, wenn man davon ausgeht, dass *soziales* Vertrau-
en zugleich „horizontales" Vertrauen in die Tauschbeziehungen mit statusgleichen
Mitbürgern bedeutet, während *politisches* Vertrauen eher „vertikales" Vertrauen in
die Autoritätsbeziehungen mit übergeordneten Instanzen impliziert (Putnam 1993).
Dies berücksichtigend verweist die Verbindung von hohem sozialen Vertrauen mit
geringem politischen Vertrauen auf eine mitbürgerliche Orientierung, deren Kehr-
seite eine kritische Haltung gegenüber Autorität und Hierarchie ist. Insoweit sich
das geringe politische Vertrauen auf die Gruppe der „unzufriedenen Demokraten"
konzentriert, ist darin kein Krisensymptom der Demokratie zu sehen. Die Existenz
der „unzufriedenen Demokraten" reflektiert vielmehr ein starkes zivilgesellschaftli-
ches Reformpotential in den demokratischen Gesellschaften.

Führt die weitere Modernisierung zum Niedergang politischer Partizipation?

Eine dritte Diskussionsfront fokussiert ebenfalls auf die etablierten Demokratien
und ist von hoher Aktualität. Robert Putnam (1996, 2000) gehört zweifellos zu denjenigen, die diese Diskussion mit am stärksten angestoßen haben. Seine Thesen
knüpfen dabei in vielerlei Hinsicht an die antimodernistische Individualisierungs-
kritik der Kommunitaristen an (Lawler und McConkey 1998). Aus dieser Perspektive wird Individualisierung nicht als Autonomie-, Options- und Emanzipationsge-
winn gesehen, der eine soziale Ressource ist, sondern als Bindungsverlust und Ver-
einzelung, was zum Rückzug von der Gemeinschaft und zur Erosion politischer
Partizipation führe.

Dafür werden eine Reihe von Begleiterscheinungen des Modernisierungsprozesses verantwortlich gemacht, wie die Auflösung der sozialen Klassen, vor allem aber
die sogenannte „Videomalaise" (Norris 2000), deren Ursache im zunehmenden Be-
deutungsgewinn des Fernsehens als Medium der politischen Kommunikation gesehen wird.

In diesem Zusammenhang diagnostiziert Putnam (1996, 2000) einen dramatischen Niedergang des sozialen Vertrauens und des zivilen Engagements in den
USA und spricht vom Übergang in eine *post-civic generation*. Verantwortlich für

diese Entwicklung macht er die Individualisierung der Freizeitaktivitäten durch intensiven Fernsehkonsum. Dabei glaubt er zeigen zu können, dass soziales Vertrauen und ziviles Engagement unter den intensiven Fernsehkonsumenten signifikant niedriger liegen als im Bevölkerungsdurchschnitt.

An der Niedergangsthese sind jedoch mehrere Fragezeichen angebracht. Zunächst muss die Videomalaise-These relativiert werden. Wie Norris (2000) zeigte, macht es bei den Fernsehkonsumenten nämlich einen Unterschied, welche Art von Sendungen sie konsumieren. Negative Effekte intensiven Fernsehkonsums auf das soziale Vertrauen und das zivile Engagement sind allein bei den überwiegenden Nutzern von Unterhaltungssendungen nachweisbar. Formen des Fernsehkonsums dagegen, die auch das Informationsangebot nutzen, zeigen eher positive Effekte. Unklar bleibt aber nach wie vor, ob der Fernsehkonsum die besagten Einstellungen erzeugt oder ob nicht die Menschen mit den besagten Einstellungen von vornherein zu bestimmten Nutzungsformen des Fernsehens neigen (Stichwort Selbstselektion).

Umstritten ist außerdem Putnams Befund abnehmenden sozialen Vertrauens. Wie Jackman und Miller (1998) gezeigt haben, sind Putnams Analysen durch Kontrollen für Bildung verzerrt. Sie zeigen damit lediglich, dass das soziale Vertrauen nicht in gleichem Maße angestiegen ist wie die Bildungsexpansion. Auch weisen andere Indikatoren, die auf wachsende zwischenmenschliche Toleranz hindeuten, in eine andere Richtung (Page und Shapiro 1992; Inglehart und Baker 2000).

Ebenso umstritten ist Putnams Befund abnehmenden Engagements. Putnam stützt sich dazu auf eine Fragebatterie aus dem *General Social Survey*, die seit mehr als zwanzig Jahren nicht mehr verändert wurde, obwohl in der Zwischenzeit zahlreiche neue Arten von Organisationen entstanden sind. Es kann von daher nicht erstaunen, dass Putnam ausgerechnet in der Residualkategorie „Andere Organisationen" einen großen Anstieg im Engagement konstatiert. Schließlich lässt Putnam unkonventionelle Engagementformen, die nicht durch Organisationsmitgliedschaften formalisiert sind, gänzlich außer Acht. Genau dieses sind aber die direkten Engagementformen, die von vielen Bürgern mittlerweile bevorzugt werden. Putnams Befunde zeigen deshalb keinen generellen Rückgang des bürgerschaftlichen Engagements in den modernen westlichen Demokratien. Nach einer Reihe anderer Befunde scheint eher das Gegenteil der Fall.

Eine aufschlussreiche Untersuchung von Roller und Wessels (1998) über ca. 20 westliche Demokratien zeigt beispielsweise, dass die Beteiligung der Bürger an legalen Formen spontanen Protests systematisch mit dem Stand der sozioökonomischen Modernisierung steigt. Wessels (1999) hat diese Analysen für formalisierte Formen des Engagements weitergeführt. Selbst hier zeigt sich, dass die *organizing capacity* von Gesellschaft in einer hochsignifikanten Abhängigkeit vom Niveau der sozio-ökonomischen Modernisierung steht. Welzel (1999) wiederum hat diese Analysen auf die globale Länderauswahl der *World Values Surveys* ausgedehnt. In diesen Analysen deutet sich ein „Phasenwechsel der Zivilgesellschaft" an: Zunächst steigt in frühen Stadien der sozio-ökonomischen Modernisierung das formalisierte Engagement; dieses bleibt in späteren Phasen auf einem hohen Niveau stabil, wobei es Umschichtungen von alten zu neuen Organisationen gibt (Roller und Wessels 1998); auf höheren Niveaus der sozio-ökonomischen Modernisierung steigt dann vor allem das spontane Engagement besonders stark. Selbst was das formalisierte Engagement angeht, ist für die EU-Länder im Zeitverlauf eher ein Anstieg als ein Niedergang zu verzeichnen (Reutter und Rütters 2001).

Diese Befunde werden im Übrigen auch durch die vergleichenden Studien zum sogenannten „Dritten Sektor" gestützt. Wie das *Johns-Hopkins-Comparative-Third-Sector*-Projekt gezeigt hat, verzeichnen die westlichen Gesellschaften im Bereich von Selbsthilfe und Selbstorganisation geradezu eine Explosion bürgerschaftlichen Engagements (Anheier, Priller und Zimmer 2000). Von einem generellen Niedergang kollektiven Engagements kann also keine Rede sein. Eher schon lässt sich sagen, dass sich das Engagement von Formen der generalisierten Loyalitätszuweisung an Amtsautoritäten wegzubewegen und auf mehr bürgerschaftliche Selbstorganisation hinzubewegen scheint.

Dass dies die etablierten Institutionen unter „Stress" setzt, ist indessen zuzugestehen. Sie haben noch nicht die institutionellen Kanäle geöffnet, durch die dieses „zivile Kapital" in den politischen Prozess eingespeist werden kann (Klages und Gensicke 1999). Bedenkt man, dass die neuen Engagementformen themenspezifisch, spontan und direkt sind, setzt ihre institutionelle Einspeisung mehr direkte Kanäle der Einflussnahme voraus. Das ist ein Befund, der für die Diskussion um die Ausweitung der Sachstimmrechte wegweisend sein kann.

5. Schlussbetrachtung: Modernisierung in der Perspektive der Humanentwicklung

Was Partizipation angeht, hat die allgemeine Modernisierungstheorie ihre Gültigkeit in zweierlei Hinsicht erwiesen: in Bezug auf die Ausbreitung der Demokratie als Regierungssystem (Ausdehnung der Demokratie); und in Bezug auf die Entwicklung neuer Beteiligungsformen in den etablierten Demokratien (Intensivierung der Demokratie). So wenig man auch mit der Modernisierungstheorie sympathisieren mag, die Beziehung zwischen sozio-ökonomischer Modernisierung, politisch-kultureller Modernisierung und der demokratischen Qualität von Regimen ist von schlagender Evidenz (Welzel, Inglehart und Klingemann 2001). Der Befund, dass diese drei Phänomene in einem übergeordneten Entwicklungszusammenhang stehen, lässt sich deshalb schwerlich von der Hand weisen. Wie auch immer die kausalen Wechselwirkungen innerhalb dieses Zusammenhangs aussehen mögen, der fundamentalere Sachverhalt ist, dass sie *überhaupt* einen Zusammenhang bilden.

Vor diesem Hintergrund hat die Modernisierungstheorie allerdings ein Integrationsproblem, weil sie viele Einzelphänomene unter ihr Dach nimmt, ohne genau zu spezifizieren, was den gemeinsamen Kern dieser Phänomene ausmacht. Auf dieses Problem hält die Reformulierung der Modernisierungstheorie unter der Humanentwicklungsperspektive ein Integrationsangebot bereit (Welzel 2001). Demnach handelt es sich bei diesen drei Prozessen lediglich um funktional spezifische Teilaspekte innerhalb eines umfassenderen Prozesses der individuellen Autonomisierung. Sozio-ökonomische Modernisierung führt dabei zu „materieller" und „kognitiver" Autonomisierung durch gesteigerte Ressourcenverfügung (human*ökonomische* Entwicklung); politisch-kulturelle Modernisierung führt zu „motivationaler" Autonomisierung durch das Aufkeimen emanzipatorischer Werte (human*ethische* Entwicklung); und Demokratisierung führt zu „institutioneller" Autonomisierung durch Persönlichkeitsrechte und politische Rechte (human*rechtliche* Entwicklung). Dies sind funktional äquivalente Prozesse im Rahmen eines übergeordneten Prozesses der Humanentwicklung.

Diese Fortschreibung der Modernisierungstheorie bietet ein besser integriertes und dennoch fokussiertes Gesamtverständnis dessen, was die Logik des Modernisierungsprozess im Kern ausmacht. Diese Logik liegt in einem „Mehr" an individuellen Selbst- und Mitbestimmungschancen.

Literatur

Almond, Gabriel und Sidney Verba (1963): The Civic Culture. Princeton: Princeton University Press.

Anheier, Helmut K., Eckhard Priller und Annette Zimmer (2000): Zur zivilgesellschaftlichen Dimension des Dritten Sektors. In: Hans-Dieter Klingemann und Friedhelm Neidhardt (Hrsg.): Zur Zukunft der Demokratie. Herausforderungen im Zeitalter der Globalisierung. Berlin: edition sigma, S. 71-98.

Baker, Kendall L., Russell J. Dalton und Kai Hildebrandt (1981): Germany Transformed. Cambridge: Harvard University Press.

Barnes, Samuel H., Max Kaase, Klaus R. Allerbeck, Barbara G. Farah, Felix Heunks, Ronald Inglehart, M. Kent Jennings, Hans-Dieter Klingemann, Alan Marsh und Leopold Rosenmayr (1979): Political Action. Mass Participation in Five Western Democracies. Beverly Hills: Sage.

Bell, Daniel (1973): The Coming of Postindustrial Society. New York: Penguin.

Blau, Peter M. (1994): Structural Contexts of Opportunity. Chicago: University of Chicago Press.

Boix, Charles (2000): Democracy, Development and the Public Sector. In: American Journal of Political Science, 45, S. 1-17.

Bollen, Kenneth und Robert W. Jackman (1985): Political Democracy and the Size Distribution of Income. In: American Sociological Review, 50, S. 438-457.

Bürklin, Wilhelm, Markus Klein und Achim Ruß (1996): Vom postmateriellen zum anthropozentrischen Wertewandel. In: Politische Vierteljahresschrift, 37, S. 517-536.

Burkhart, Ross E. und Michael S. Lewis-Beck (1994): Comparative Democracy. In: American Political Science Review, 88, S. 903-910.

Cardoso, Fernando H. und Edmondo Faletto (1979): Dependency and Development in Latin America. Berkeley: University of California Press.

Chirot, Daniel (1986): Social Change in the Modern Era. Orlando: Harcourt Brace Jovanovich.

Crozier, Michel, Samuel P. Huntington und Joji Watanuki (1975): The Crisis of Democracy. New York: New York University Press.

Dahl, Robert A. (1973): Polyarchy. New Haven: Yale University Press (2. Auflage).

Dalton, Russell J. (1996): Citizen Politics. Chatham: Chatham House (2. Auflage).

Deutsch, Karl (1965): Social Mobilization and Political Development. In: American Political Science Review, 59, S. 582-603.

Diamond, Larry (1992): Economic Development and Democracy Reconsidered. In: Garry Marks und Larry Diamond (Hrsg.): Reexamining Democracy. London: Sage, S. 93-139.

Diamond, Larry (1993): The Globalization of Democracy. In: Robert O. Slater, Barry M. Schutz und Steven R. Dorr (Hrsg.): Global Transformation and the Third World. Boulder: Lynne Rienner, S. 31-69.

Durkheim, Émile (1988): Über soziale Arbeitsteilung. Frankfurt a. M.: Suhrkamp (1. Auflage 1893).

Esping-Andersen, Gøsta (1990): The Three Worlds of Welfare Capitalism. London: Polity Press.

Flanagan, Scott (1987): Value Change in Industrial Society. In: American Political Science Review, 81, S. 1303-1319.

Flora, Peter (Hrsg.) (1983): State, Economy and Society in Western Europe. Frankfurt a. M.: Campus.

Friedrich, Carl Joachim und Zbigniev Brzezinski (1965): Totalitarian Dictatorship and Autocracy. London: Macmillan (2. Auflage).

Fuchs, Dieter und Hans-Dieter Klingemann (1995): Citizens and the State. A Relationship Transformed. In: Hans-Dieter Klingemann und Dieter Fuchs (Hrsg.): Citizens and the State. Oxford: Oxford University Press, S. 417-443.

Gasiorowski, Mark J. und Timothy J. Power (1998): The Structural Determinants of Democratic Consolidation. In: Comparative Political Studies, 31, S. 740-771.

Gurr, Ted R., Keith Jaggers und Will H. Moore (1990): The Transformation of the Western State. In: Studies in Comparative International Development, 25, S. 73-108.

Hall, John A. (1988): States and Societies. In: Jean Baechler, John A. Hall und Michael Mann (Hrsg.): Europe and the Rise of Capitalism. Oxford: Basil Blackwell, S. 20-38.

Helliwell, John F. (1992): Empirical Linkages Between Democracy and Economic Growth. In: British Journal of Political Science, 24, S. 225-248.

Hradil, Stefan (1992): Die „objektive" und die „subjektive" Modernisierung. In: Aus Politik und Zeitgeschichte. Beilage zur Wochenzeitung „Das Parlament", B29-30, S. 3-14.

Huber, Evelyne, Dietrich Rueschemeyer und John D. Stephens (1992): The Impact of Economic Development on Democracy. In: Journal of Economic Perspectives, 7, S. 71-85.

Hughes, Barry B. (1999): International Futures. Boulder: Westview Press.

Huntington, Samuel P. (1968): Political Order in Changing Societies. New Haven: Yale University Press.

Huntington, Samuel P. (1991): The Third Wave. Norman: University of Oklahoma Press.

Inglehart, Ronald (1977): The Silent Revolution. Princeton: Princeton University Press.

Inglehart, Ronald (1990): Cultural Shift in Advanced Industrial Societies. Princeton: Princeton University Press.

Inglehart, Ronald (1997): Modernization and Postmodernization. Princeton: Princeton University Press.

Inglehart, Ronald und Wayne E. Baker (2000): Modernization, Cultural Change, and the Persistence of Traditional Values. In: American Sociological Review, 65, S. 19-51.

Iversen, Torben und Thomas Cusack (2000): The Causes of Welfare State Expansion. In: World Politics, 52, S. 313-349.

Jackman, Robert W. und Ross E. Miller (1998): Social Capital and Politics. In: Annual Review of Political Science, 1, S. 47-73.

Johnson, Chalmers (Hrsg.) (1970): Change in Communist Systems. Stanford: Stanford University Press.

Jones, Eric L. (1992): The European Miracle. Cambridge: Cambridge University Press (4. Auflage).

Joppke, Christian (1994): Revisionism, Dissidence, Nationalism. In: British Journal of Sociology, 45, S. 543-561.

Klages, Helmut und Thomas Gensicke (1999): Wertewandel und politisches Engagement im 21. Jahrhundert. Speyerer Forschungsberichte 193. Speyer: Forschungsinstitut für öffentliche Verwaltung.

Klingemann, Hans-Dieter (1999): Mapping Political Support in the 1990s. In: Pippa Norris (Hrsg.): Critical Citizens. New York: Oxford University Press, S. 31-56.

Lawler, Peter Augustine und Dale McConkey (Hrsg.) (1998): Community and Political Thought Today. Westport: Praeger.

Landes, David S. (1998): The Wealth and Poverty of Nations. New York: W. W. Norton.

Lenski, Gerhard und Patrick D. Nolan (1984): Trajectories of Development. In: Social Forces, 63, S. 1-23.

Lerner, Daniel (1958): The Passing of Traditional Society. New York: Free Press.

Lerner, Daniel (1968): Modernization – Social Aspects. In: David L. Sills (Hrsg.): The International Encyclopedia of the Social Sciences. Band 10. New York: Free Press, S. 386-395.

Lipset, Seymour M. (1959): Some Social Requisites of Democracy. In: American Political Science Review, 53, S. 69-105.

Marshall, T. H. (1950): Citizenship and Social Class. Oxford: Oxford University Press.

Moore, Barrington (1966): The Social Origins of Democracy and Dictatorship. Boston: Beacon Press.

Nevitte, Neil (1996): The Decline of Deference. Ontario: Broadview Press.

Norris, Pippa (2000): The Impact of Television on Civic Malaise. In: Susan J. Pharr und Robert D. Putnam (Hrsg.): Disaffected Democracies. Princeton: Princeton University Press, S. 231-251.

O'Donnell, Guillermo (1973): Modernization and Bureaucratic Authoritarianism. Berkeley: University of California Press.

Page, Benjamin und Robert Y. Shapiro (1992): The Rational Public. Chicago: Chicago University Press.

Parsons, Talcott (1964): Evolutionary Universals in Society. In: American Sociological Review, 29, S. 339-357.

Przeworski, Adam und Fernando Limongi (1997): Modernization – Theories and Facts. In: World Politics, 49, S. 155-183.

Putnam, Robert D. (1993): Making Democracy Work. Princeton: Princeton University Press.

Putnam, Robert D. (1996): The Strange Disappearance of Civic America. In: The American Prospect, 24, S. 34-49.

Putnam, Robert D. (2000): Bowling Alone: The Collapse and Revival of American Community. New York: Simon & Schuster.

Pye, Lucian W. (1990): Political Science and the Crisis of Authoritarianism. In: American Political Science Review, 84, S. 3-19.

Reutter, Werner und Peter Rütters (Hrsg.) (2001): Verbände und Verbandssysteme in Westeuropa. Opladen: Leske + Budrich.

Rokkan, Stein (1967): Zur entwicklungssoziologischen Analyse von Parteiensystemen. In: Kölner Zeitschrift für Soziologie und Sozialpsychologie, 17, S. 675-702.

Roller, Edeltraud und Bernhard Wessels (1998): Contexts of Political Protests in Western Democracies. Band 3. In: Frederik D. Weil (Hrsg.): Research on Democracy and Society. Greenwich, Conn.: JAI Press, S. 91-134.

Sartori, Giovanni (1987): The Theory of Democracy Revisited. Chatham: Chatham House.

Schubert, Gunther, Rainer Tetzlaff und Werner Vennewald (1994): Demokratisierung und politischer Wandel. Münster: LIT Verlag.

Thompson, John B. (1998): The Media and Modernity. Cambridge: Polity Press.

Vanhanen, Tatu (Hrsg.) (1997): Prospects of Democracy. London: Routledge.

Verba, Sidney, Norman Nie und Jae-on Kim (1978): Participation and Political Equality. New York: Cambridge University Press.

Verba, Sidney, Kay L. Schlozman und Henry E. Brady (1995): Voice and Equality. Cambridge: Harvard University Press.

Wallerstein, Immanuel (1974): The Modern World System. Band I. New York: Academic Press.

Weber, Max (1904): Die protestantische Ethik und der „Geist" des Kapitalismus. In: Archiv für Sozialwissenschaft und Sozialpolitik, 20, S. 1-54.

Welzel, Christian (1999): Humanentwicklung und der Phasenwechsel der Zivilgesellschaft. In: Hans-Joachim Lauth und Ulrike Liebert (Hrsg.): Im Schatten demokratischer Legitimität. Opladen: Westdeutscher Verlag, S. 207-236.

Welzel, Christian (2001): Fluchtpunkt Humanentwicklung – Die Ursachen der Dritten Demokratisierungswelle und die Grundlagen der Demokratie. Opladen: Westdeutscher Verlag (im Erscheinen).

Welzel, Christian und Ronald Inglehart (2001): Human Development and the „Explosion" of Democracy. Discussion Paper FS III 01-202. Berlin: Wissenschaftszentrum Berlin für Sozialforschung (WZB).

Welzel, Christian, Ronald Inglehart und Hans-Dieter Klingemann (2001): Human Development as a General Theory of Social Change. Discussion Paper FS III 01-201. Berlin: Wissenschaftszentrum Berlin für Sozialforschung (WZB).

Wessels, Bernhard (1999): Organizing Capacity of Societies and Modernity. In: Jan van Deth (Hrsg.): Private Groups and Public Life. London: Routledge, S. 198-219.

Zum Problem direkt-demokratischer Beteiligung*

Jürgen Fijalkowski

1. Einleitung, gegebene Grundgesetz-Regelungen und historischer Hintergrund

Die Ausdehnung direkt-demokratischer Entscheidungen auf die Bundesebene Deutschlands gehört zu den Programmpunkten der seit 1998 regierenden Koalition zwischen SPD und Bündnisgrünen. Der Vorstoß ist einer in einer längeren Reihe ähnlicher Vorstöße, die in der Vergangenheit zwar nur selten die Ebene verfassungsgesetzgeberischer Arbeiten erreichten, in der weiteren Öffentlichkeit jedoch gelegentlich auch größere Leidenschaften für ideologisch-fundamentalistische Argumente entfesselten. Für die Bundesebene gingen die Vorstöße immer wieder leer aus. Da sie dennoch periodisch wiederkehren, bestehen die Ursachen offensichtlich fort. Es gibt daher weiterhin Anlass, sich über Möglichkeiten und Grenzen direkt-demokratischer Beteiligung der Bürger auf der gesamtstaatlichen Ebene Rechenschaft zu geben.

Direkt-demokratische Beteiligung ist begrifflich von indirekt-demokratischer Beteiligung zu unterscheiden. Bei letzterer handelt es sich um die Mindest- und Normalbeteiligung des Bürgers, ohne deren institutionelle Vorkehrung das Regierungssystem keine Demokratie wäre. Diese Mindest- und Normalbeteiligung besteht in der Ausübung des Wahlrechts, d.h. in der Mitwirkung bei der Auswahl von Personen, die sich für die Regierungsfunktionen bewerben, dazu um das Wählervotum konkurrieren und nach dem Wahlausgang ihre Funktionen in der Gesetzgebung wie in der Exekutive dann zwar auf Zeit, aber mit Letztentscheidungsgewalt auszuüben befugt sind. Der Bürger kann sich auch selbst unter die um das Wählervotum konkurrierenden Personen begeben, wenn Mitbürger ihn dazu aufstellen. Diese Normalbeteiligung des Bürgers an den Vorgängen, in denen die Gesetze gemacht, novelliert und die Regierungsfunktionen des Gemeinwesens nach innen und außen erfüllt werden, heißt indirekte Beteiligung, weil sie keine auf den jeweils konkreten Fall bezogene Sachentscheidungen betrifft, von denen allein die Rechtsgeltung der Gesetze und Regierungsakte abhängt. Während der Periode zwischen den Wahlterminen liegt die Letztentscheidungsgewalt nicht mehr beim Bürger, sondern bei den Gewählten. Um direkt-demokratische Beteiligung des Bürgers handelt es sich nur dann, wenn der Bürger selbst an der Urne, und zwar für den jeweils einzelnen

---

* Des Essaycharakters der vorliegenden Beitrags wegen wird auf Literaturangaben vollständig verzichtet.

Fall, die für die Rechtsgeltung maßgebliche Letztentscheidung über vorgesehene gesetzliche Regelungen oder Neuregelungen und Regierungsakte trifft.

De jure, de lege lata, gibt es auf der Ebene der Bundesländer der Bundesrepublik Deutschland flächendeckend die Möglichkeit zu direkt durch das Volk getroffene Sachentscheidungen. Ebenso gibt es die Möglichkeit zu unmittelbaren Sachentscheidungen der Bürger auf der Ebene der Selbstverwaltungskörperschaften in fast allen Gemeindeordnungen der Länder. Aber auf der Gesamtstaatsebene der Bundesrepublik und im Bereich ihrer ausschließlichen und konkurrierenden Zuständigkeiten sind Ausübungen der Staatsgewalt durch das Volk mittels Abstimmungen bis dato nur für den Fall der Veränderung von Grenzen der Bundesländer vorgesehen. Der Grundgesetzgeber ist bei der Konstituierung der Bundesrepublik Deutschland im Jahre 1949 äußerst zurückhaltend gegenüber den Möglichkeiten direkter Demokratie gewesen. Das mochte aus zwei Gründen verständlich sein.

Zum einen erfolgte diese Konstituierung in einer zeitgeschichtlichen Situation Nachkriegsdeutschlands, in der angesichts des inzwischen ausgebrochenen Kalten Krieges zwischen Ost und West eine Beteiligung der deutschen Länder an dem von den USA finanzierten Europäischen Wiederaufbauprogramm entweder mit Rücksicht auf die Interessen der Sowjetischen Besatzungsmacht und den Forterhalt der Einheit Deutschlands unterbleiben musste oder nur um den Preis eines teilstaatlichen Zusammenschlusses zu erreichen war, dessen Legitimation aber nur herleitbar war, wenn er sich selbst als Provisorium verstand und demgemäß auch die direkte Feststellung des Volkswillens dahingestellt bleiben lassen konnte. So erklärt sich, weshalb die für das Grundgesetz (GG) charakteristische Abwendung von allen direkt-demokratischen Elementen sich nur in denjenigen westdeutschen Länderverfassungen wiederfindet, die erst nach Verabschiedung des GG ergangen sind, hingegen nicht in denen, die bereits vor Konstituierung der Bundesrepublik ergingen.

Zum anderen erklärt sich, wenn man die unterschiedliche Tragweite von Landes- und Bundesentscheidungen berücksichtigt, die Zurückhaltung des GG gegenüber den direkt-demokratischen Möglichkeiten auch aus der Sicht unmittelbar nach Ende des Zweiten Weltkriegs, in den die 1933 erfolgte Machtergreifung der Nationalsozialisten gemündet hatte. Die Weimarer Republik, die das im Ersten Weltkrieg zusammengebrochene Obrigkeitssystem der konstitutionellen Monarchie abgelöst hatte, hatte die Möglichkeiten von Volksbegehren und Volksentscheid auf der Zentralstaatsebene durchaus vorgesehen. Aber der Gebrauch, der davon gemacht worden war, war in einer Gestalt im öffentlichen Gedächtnis geblieben, die Theodor Heuss während der Beratungen des Parlamentarischen Rats formulierte: In einer Zeit der Vermassung und Entwurzelung seien die plebiszitären Verfahren in der großräumigen Demokratie eine „Prämie für jeden Demagogen". Die direkt-demokratischen Verfahren hatten den Demagogen in der Tat kräftige Möglichkeiten der Mobilisierung von Primitivargumenten und Verhetzungen geboten, und diese Begleitgeräusche, insbesondere die Volksbegehren zur Fürstenenteigung 1925/26, zum Panzerkreuzerbau 1928 und zum Youngplan über die Regelungen des Problems der Reparationszahlungen 1929, hatten sich in der Erinnerung tiefer eingegraben als der sachliche Ausgang der Versuche, über die Mobilisierung von Volksbegehren zu Sachentscheidungen zu gelangen. Keiner der Versuche führte zu dem von den Initiatoren gewünschten Erfolg. Andererseits hatte Hitler ein gleich im Juli 1933 neu geschaffenes Gesetz über Volksabstimmungen benutzt, um im November 1933 Deutschlands Austritt aus dem Völkerbund, im August 1934 die Vereinigung der Ämter des Reichskanzlers und des Reichspräsidenten, d.h. die Einsetzung Hitlers zum Staatsoberhaupt, und im März 1938 die „Heimholung Österreichs in das Reich" durch direkte Entscheidung des Volkes zu legitimieren.

2. Generelle Rechtfertigungen für Beschränkung auf repräsentative Demokratie

Eine generelle Rechtfertigung der repräsentativen Demokratie kann aus der Komplexität der Regelungsmaterien und der beschränkten Urteilskaft der Bürger hergeleitet werden. In der Tat ist, was im überschaubaren Lebenskreis einer nicht zu großen Bürgergemeinde wie der altgriechischen Polis, eines Schweizer Bergbauernkantons oder auch einer hessischen Kreisstadt noch denkbar ist, im sehr viel schwieriger überschaubaren Lebenskreis einer millionenstarken Großgesellschaft, deren Netzwerke sich über viele Hunderte von Kilometern und zig Verästelungen der Arbeitsteilung bis in globale Größenordnungen ausspannen, nicht mehr realistisch: Der von den Entscheidungen der Politik betroffene Urstimmberechtigte ist nur sehr beschränkt noch urteilsfähig. Auch die beste Talkschau mit kompetenten Repräsentanten aller wichtigen Interessenperspektiven vermag ihm bei etlichen Regelungsmaterien und gesellschaftspolitischen Strukturproblemen nicht die Urteilsfähigkeit zu vermitteln, die für öffentlich verantwortbare Entscheidungen benötigt wird.

Im überschaubaren Lebenskreis der lokalen Gemeinde steht die Urteilsfähigkeit der Urstimmbürgerschaft nicht in Frage; in Kleingemeiden ist sogar denkbar, dass alle die Gemeinde betreffenden Entscheidungen ausschließlich direkt-demokratisch durch das zum *town meeting* versammelte Volk getroffen werden. Die mögliche Korrektur der Entscheidung der Mehrheit der Gewählten durch die Entscheidung der Mehrheit der Urstimmbürgerschaft ist eine echte Chance, aus Abwegen wieder auf den Hauptweg der Gemeinwohlorientierung zurückzufinden. Mit der Ausdehnung der Menge des Volkes und der Komplexität der zu entscheidenden Angelegenheiten werden die Schwierigkeiten für direkt-demokratische Entscheidungen jedoch immer größer. Ehe Entscheidungen getroffen werden können, müssen erst die entscheidungsbedürftigen Problemzusammenhänge sorgfältig aufgeklärt sein, und dazu bedarf es der umfänglichen Arbeit von Menschen, die die im Spiele befindlichen Interessengegensätze klar auf den Tisch bringen sowie mit professioneller Expertise die Konsequenzen alternativer Problemlösungsvorschläge ausbreiten. Deshalb sind auf den höheren Ebenen, sofern sich dort auch die komplexeren Sachproblemzusammenhänge finden, Vorkehrungen repräsentativer, von halb- bis voll-

beruflich professionellen Politikern ins Werk gesetzter Demokratie schlicht unent-
behrlich.

Zugleich wächst mit der Komplexität der Zusammenhänge das Risiko, dass die
urteilsschwachen Entscheidungsberechtigten Opfer von Populisten und Ideologen
werden, die die Stimmungsempfänglichkeit der Basisbevölkerung mobilisieren, um
Spielraum für missbräuchliche Machtausübung zu gewinnen. Als einer der verläss-
lichsten Rechtfertigungsgründe dafür, am strengen Typus repräsentativer Demokratie festzuhalten, und Versuche, ihn durch plebiszitäre Elemente aufzubrechen, mit
allem Nachdruck abzuwehren, gilt die Überzeugung, dass Aktionen wie die Mobilisierung von Unterschriftenaktionen, Strassendemonstrationen, Ämterbesetzungen,
Verkehrsblockaden etc., aber eben auch Mobilisierungen von Volksbegehren und
Volksentscheid, eine Polarisierung bewirken, die von Primitivierungen lebt, das
jeweilige Thema entsprechend polemisch auflädt und so den Spielraum der parlamentarischen Politik, auch der Novellierbarkeit und Korrigierbarkeit parlamentarischer Entscheidungen beengen. Im Hintergrund der strikten Ablehnung direkt-
demokratischer Verfahren lauert am Ende die Furcht vor Bürgerkrieg und Unterdrückung: entweder der Minderheit durch die Mehrheit oder beider durch die Diktatur. Die Formen plebiszitärer Demokratie sind bei den Anwälten konstitutionell
beschränkter Herrschaft und des rein parlamentarischen Systems ohnehin seit eh
und je als Risiko der Vergewaltigung aller Bürger durch die im Namen aller ausge-
übte Diktatur eines Einzelnen in Verruf, zumal Louis Bonaparte, der spätere Napo-
leon III. sie 1851 benutzt hatte, um sich mit diktatorischen Vollmachten ausstatten
zu lassen und die Französische Republik mit Zustimmung des Volkes erneut in ein
Kaiserreich zu verwandeln. Plebiszitäre Demokratie, Cäsarismus und Bonapartis-
mus sind in ideengeschichtlicher Perspektive durch eine innere Affinität miteinander verbunden.

3. Gründe des Ungenügens mit den bestehenden Regelungen

Andererseits wachsen gerade mit der Ausdehnung der Menge des Volkes und der
Komplexität der zu entscheidenden Angelegenheiten auch die Risiken der Entfremdung der Gesamtheit der politischen Klasse von den Urstimmberechtigten. Vor allem diese Erfahrung der Entfremdung zwischen Gewählten und Wählern, Entscheidenden und Betroffenen, Regierenden und Regierten, politischer Klasse und ge-
wöhnlichem Volk ist es, die Anlass gibt, über die Tauglichkeit des gegebenen Re-
präsentativ-Systems der Willensbildung und Entscheidungsfindung zu reflektieren.
Die bei Konstituierung der Bundesrepublik einleuchtenden Gründe starker Betonung indirekter Demokratie haben inzwischen deutlich an Gewicht verloren, während sich auf der andern Seite Schattenseiten der betont repräsentativen Demokratie
bemerkbar gemacht haben, die bei der Neukonstituierung des politischen Lebens in
Deutschland vor 50 Jahren noch nicht erkennbar waren. Unter dem Dach der vom
GG eigens begünstigten Parteienstaatlichkeit, deren Entfaltung geholfen hat,
Deutschland in den Kreis stabiler westlicher Demokratien zurückzuführen, ist mit

der Zeit eine Machtstellung der Parteien entstanden, durch die nicht wenige gerade der engagierten und gebildeten Bürger sich überwältigt und mediatisiert fühlen. Demokratie wird tendenziell zur Zuschauerdemokratie reduziert. So hat z.B. Hildegard Hamm-Brücher hervorgehoben: „Viele Probleme, die den Bürger bedrängen, erreichen das Forum der Repräsentanten verspätet und sind dann bereits zur Parteiraison geronnen"; der bloße Austausch von Standpunkten verschiedener Parteizentralen gewinne immer mehr Raum auf Kosten spontaner Debatten, „ ... der Bürger weiß: an vorgefassten Entscheidungen ändert keine noch so heftige Debatte etwas". Zum allgemeinen Kontext der Diskussion um mehr direkt-demokratische Bürgerbeteiligung gehören auch die Feststellungen über Vertrauensschwund der Bürger in die Fähigkeiten und Willigkeiten der Politiker, die Probleme angemessen zu erkennen und Lösungen dafür zu finden. Es gibt einen verbreiteten Zweifel an der Problemlösungstüchtigkeit der gegebenen Demokratie.

Die Unzufriedenheit mit der gegebenen Parteienherrschaft ist eher noch größer bei denen, die durch wachsende Bildung sowie vermehrt frei verfügbare Zeit und Information zugleich die Potenziale vermehrter Möglichkeiten der Abhilfe gegen das Entfremdungsrisiko erkennbar werden lassen. Wähler versuchen, die Kompetenz, d.h. den sachlichen Durchblick und die Urteilskraft von Mandatsbewerbern, zu ermessen. Das können sie nur, wenn sie auch selbst zumindest ein Minimum an sachlichem Durchblick und Urteilsfähigkeit gewonnen haben. Wenn Wähler bereits aus beruflichen Gründen einen gewissen Durchblick in einem Sachproblembereich besitzen und genügend Zeit und Bildung mitbringen, sich weiter einzuarbeiten, können sie selbst zu hohen Graden an Sachkompetenz gelangen. Und wo die Fähigkeit zu Sachentscheidungen wächst, steigt auch die Forderung nach mehr Beteiligung, Berücksichtigung und Gefragt-werden-müssen. Das Aufkommen von Bürgerinitiativen ist der anschauliche Beleg für die wachsende Bedeutung von Bildung und Abkömmlichkeit für Art und Intensität des Partizipationsbegehrens. Der Abbau der Entfremdung zwischen politischer Klasse und Volk der Urstimmberechtigten, den man im Bereich der Energiepolitik inzwischen konstatieren darf, wäre wahrscheinlich geringer, wenn es nicht diesen über freie Bürgerinitiaiven sich selbst mobilisierenden und mobilisierten, originär um öffentliche Unterstützung werbenden und mit Gewinn dieser Unterstützung weiter wachsenden Sachverstand gegeben hätte, der quer zu den etablierten Wegen der öffentlichen Meinungs- und Willensbildung Einfluss gesucht und erschlossen hat.

4. Vorstöße für „mehr Demokratie" in der Entwicklung der Bundesrepublik Deutschland

Sowohl aus der zivilgesellschaftlichen und parteipolitischen als auch aus der wissenschaftlichen Diskussion hat es immer wieder Vorstöße für „mehr Demokratie" gegeben. In der Tat wurden in der 50-jährigen Geschichte der Bundesrepublik die Möglichkeiten direkter Demokratie, sprich Sachentscheidungen durch die Ur-

stimmbürgerschaft, in mehreren Schüben erhöht. Mit lebhaften Auseinandersetzungen haben sich Bürgerbegehren und Bürgerentscheid inzwischen in den meisten der
deutschen Gemeindeordnungen durchgesetzt und werden auch kräftig praktiziert.
Auf der Ebene der Bundesländer und für den Zuständigkeitsbereich der Landesge-
setzgebung und Landesregierung hat es dann einen großen Schub durch die Auflösung der DDR und die Neukonstituierung der Länder gegeben, die 1990 als neue
Länder der Bundesrepublik beitraten und deren Landesverfassungen von vornherein unter starker Beteiligung von Bürgerbewegungen und Basisinitiativen gestaltet
wurden. Der Schub beschränkte sich keineswegs auf die fünf neuen Bundesländer
und ihre Verfassungen, sondern bezog auch Schleswig-Holstein, Niedersachen und
Berlin mit ein, in denen nach 1990 neue Verfassungen in Kraft traten. Zudem kam
es in Bremen und Hamburg zu Verfassungsrevisionen. Seither ist die Etablierung
von Formen direkter Demokratie, die die indirekte Demokratie des Repräsentativsystems ergänzen, so unterschiedliche Gestalt sie im Einzelnen hat, auf der Ebene
der Verfassungen der deutschen Bundesländer flächendeckend geworden.

Auch auf der Bundesebene hat es Vorstöße zur Einführung von Volksbegehren
und Volksentscheid im Zusammenhang mit der GG-Revisionsdiskussionen zu Beginn der 70er Jahre und erneut bei der zur deutsch-deutschen Vereinigung 1990 an-
gestellten Überlegung gegeben, inwieweit die Vereinigung über den Beitritt der
neuen Länder oder über eine Totalrevision des GG vollzogen werden sollte. Bei der
deutsch-deutschen Vereinigung 1990 stand zur Frage, ob man für das vereinigte
Land eine neue Verfassung erarbeiten und diese dann zum Volksentscheid stellen
sollte. Etliche Kräfte aus der SPD, von Seiten der Grünen und aus der DDR traten
dafür ein. Im Juni 1990 bildete sich als erste gesamtdeutsche und parteiübergrei-
fende Bürgerinitiative das „Kuratorium für einen demokratisch verfassten Bund
deutscher Länder". Es legte auf der Grundlage des Grundgesetzes und unter Einbeziehung des Runden-Tisch-Entwurfs für die DDR sowie der Arbeitsergebnisse von
Kongressen, die in Weimar, Potsdam und in der Frankfurter Paulskirche tagten, einen eigenen Verfassungsentwurf vor. Inzwischen war von Bundestag und Bundesrat eine Gemeinsame Verfassungskommission eingesetzt worden, die Vorschläge
zur Änderung des GG erarbeiten und dann Bundestag und Bundesrat zur weiteren
Beratung und Beschlussfassung vorlegen sollte. Die gemeinsame Verfassungskommission legte zum 1. Juli 1993 ihre Ergebnisse vor. Zu diesem Zeitpunkt stellte
auch das Kuratorium seine Arbeiten ein, allerdings mit dem ausdrücklichen Bedau-
ern darüber, dass zwischen Kuratoriumsentwurf und Ergebnissen der Gemeinsamen
Verfassungskommission so wenig Übereinstimmung habe hergestellt werden können, und dass quer durch die Parteien hindurch zu viele Bedenken gegen einen Ve-
reinigungs- und Verfassungs-Volksentscheid nach Artikel 146 GG vorgebracht
worden seien.

So sind, anders als auf der Ebene der Bundesländer, auf der Ebene der gesamtstaatlichen Zuständigkeiten der Bundesgesetzgebung und der Aktivitäten der Bundesregierung alle Vorstöße zur Etablierung von Formen direkter Demokratie gescheitert. Gleichwohl enthält der zwischen der SPD und Bündnis90/Die Grünen

1998 abgeschlossene Koalitionsvertrag erneut den Programmpunkt, dass die demokratischen Beteiligungsrechte gestärkt werden sollen. Nachdem in der Vergangenheit alle Anstrengungen, zu „mehr Demokratie" durch die Einführung direkt-demokratischer Entscheidungsverfahren auch auf die Bundesebene vorzudringen, in der Bundesrepublik ohne Erfolg geblieben sind, ist der Ausgang der gegenwärtigen Runde offen. Zu tief sitzt die Skepsis gegenüber den direkt-demokratischen Verfahren und ihren möglicherweise gefährlichen Implikationen für die Stabilität des bewährten repräsentativen Systems.

5. Gründe der anhaltenden Zurückhaltung gegenüber direkten Sachentscheidungen des Volkes auf der Bundesebene

In der Tat kann die Einführung direkt-demokratischer Entscheidungsverfahren auf der Bundesebene eine gravierende Veränderung jener politischen Kultur bedeuten, die sich in der Entwicklung der Bundesrepublik Deutschland in 50 Jahren herausgebildet hat. Wie gravierend eine solche Veränderung sein kann, wird allerdings erst deutlich, wenn man sich vergegenwärtigt, dass es starke und schwächere Formen der Ausübung direkt-demokratischer Sachentscheidungen durch die Bürger gibt. So bedeutet es noch keine Veränderung der ansonsten repräsentativdemokratischen politischen Kultur eines Gemeinwesens, wenn für Fragen, die die Existenz des gesamten Gemeinwesens und Grundentscheidungen seiner Verfassung betreffen, also für Verfassungsänderungen und/oder die Souveränität betreffende internationale Verträge, außer dem Votum der Regierung und der sie tragenden Mehrheit der Gewählten auch das ausdrückliche Votum einer Volksabstimmung verlangt werden kann oder gar muss. Dieser Vorbehalt eventueller Volksabstimmung für Entscheidungen, die die Grundvoraussetzungen der Funktionsfähigkeit eines Gemeinwesens betreffen, lässt durchaus offen, dass der Alltag der Gesetzgebungs- und Regierungsaktivität ausschließlich den Gewählten überantwortet bleibt, ohne dass die Bürger anders als auf den indirekten Wegen Einfluss darauf nehmen. Um starke Formen direkt-demokratischer Beteiligung der Bürger handelt es sich erst:

– wenn auch für den Alltag der Gesetzgebungs- und Regierungsaktivität die Möglichkeit der fallbezogenen originären Vetointervention des Bürgers offen gehalten ist und es keine verbindlichen Entscheidungen gibt, solange sie nicht in direkter Volksabstimmung, oder ausdrücklichem Verzicht darauf, bestätigt oder verworfen wurden, und
– wenn verbindliche Regelungen, im Einzelfall auch gegen den Willen der Gewählten und am Prozess der regulären sonstigen Gesetzgebungs- und Regierungsaktivität vorbei, durch direkt-demokratische Sachentscheidung in Kraft gesetzt werden können.

Es sind die Vorkehrungen und der tatsächliche Gebrauch vor allem des Referendums und der Volksinitiative im Bereich diesseits (!) der Fragen, die die Existenz des gesamten Gemeinwesens und Grundentscheidungen seiner Verfassung betref-

fen, also im Bereich des Alltagsgeschehens der Politik, die die starke Form direkt-
demokratischer Beteiligung charakterisieren. Sie allerdings implizieren durchaus
eine Andersartigkeit der politischen Kultur.

Werden neben den Institutionen der repräsentativen Demokratie Vorkehrungen
für direkte Demokratie in diesen starken Formen getroffen, so verändert sich die
politische Kultur insbesondere dann, wenn es sich um parlamentarische Regierungssysteme handelt, in denen zumindest der Chef der Regierung gemäß den in
den Parlamentswahlen gewonnenen Ergebnissen durch die Mehrheitspartei oder eine von ihr zu bildende Koalition aus dem Parlament heraus bestimmt wird, und die
Regierung insgesamt des Vertrauens der sie tragenden Parlamentsmehrheit bedarf.
Denn nun entsteht mit der Chance zur Mobilisierung direkt-demokratischer Entscheidungen ein Volksrecht zur Intervention in die während der Wahlperiode ansonsten den Gewählten überantworteten Befugnisse. Es entsteht die Chance zur
Ausübung von Vetomacht gegenüber an sich fertig verabschiedeten Regelungen –
Verlangen eines Referendums – oder auch die Chance der originären Volksinitiative – Volksantrag, Volksbegehren, Volksentscheid – zu Themen, denen der Nor-
malgang der Vorbereitung von Gesetzesregelungen und Regierungsaktivitäten bis
dahin keinen Zugang zu den eigentlichen Entscheidungsverfahren gewährt hat. In
parlamentarischen Regierungssystemen jedoch kommt ein auf diese Weise gegen
die Regierungsmehrheit zustande gekommener Erfolg von Interventionen einzelfallbezogenen direkten Volkswillens einem Misstrauensvotum gegen die Regierung
bzw. der Ablehnung einer von ihr gestellten Vertrauensfrage gleich, so dass eine
Regierungsneubildung oder sogar Neuwahlen folgen müssten, um die Fortdauer der
Grundlagen parlamentarischer Regierungsweise sicher zu stellen.

Mit aller Vorsicht lässt sich in der theoretischen Deduktion also folgern: Regierungssysteme, in denen die Möglichkeit solcher Rekurse auf die Veto- und Initia-
tivmacht direkter fallbezogener Sachentscheidung durch die Bürger vorgesehen
sind, geraten in Kompatibilitätsschwierigkeiten mit ihrer eigenen Logik, wenn es
sich um parlamentarische Regierungssysteme handelt. Nur in Regierungssystemen,
die gemäß einer strikten Trennung der Gewalten funktionieren und in denen die
Exekutive nicht aus der Mitte der Legislative bestimmt wird, kann der gegen eine
Mehrheit der Gewählten durchgesetze Erfolg einer einzelfallbezogenen unmittelbaren Volksabstimmung die Fortgeltung der Legitimität der Regierung unbeeinträch-
tigt lassen, weil sie ohnehin unabhängig vom Legislativgremium gewählt worden
und ihr wegen ihrer Fixierung auf die Funktionen als Exekutive auch keine originä-
re Initiativfunktion für die Gesetzgebung zuerkannt worden ist. Umgekehrt entmu-
tigen und erschweren Regierungssysteme, in denen die Priorität der Veto- und Ini-
tiativmacht direkter fallbezogener Sachentscheidung durch die Bürger hervorge-
kehrt ist, etwaige Versuche, zur parlamentarischen Regierungsweise überzugehen.

Die Beispiele starker direkter Demokratie, die viele der US-Einzelstaaten und in
Europa vor allem die Schweiz bieten, belehren über das Fahrwasser, in das man mit
einem Mehr an direkt-demokratischer Beteiligung geraten kann, und dabei auch
über Nebenfolgen und Kehrseiten.

6. Im Fahrwasser direkter Demokratie: Erfahrungen aus Kalifornien

Volksgesetzgebung, die neben der durch Repräsentativorgane vorgenommen Gesetzgebung stattfindet, sich dieser überordnen und sogar an ihre Stelle treten kann, gehört in den USA zu den Selbstverständlichkeiten der politischen Kultur. In 23 von 50 Bundesstaaten sind die Möglichkeiten von gesetzeswirksamen direkten Sachentscheidungen durch Volksinitiative und Referendum konstitutionell vorgesehen. Sie werden freilich nicht überall auch regelmäßig und intensiv genutzt. Immerhin gibt es sieben Bundesstaaten, in denen seit langem ausgiebige und lebhafte Erfahrungen vorliegen. Dazu gehören vor allem Kalifornien, daneben Washington, Colorado, Oregon, North Dakota, Oklahoma und Arizona. Die uns interessierenden direkt-demokratischen Verfahren der Volksinitiative und des Referendums gibt es in Kalifornien seit 1911.

Die Volksinitiative gibt den Bürgern die Möglichkeit, zu Themen der Verfassungsregelung wie der einfachen Gesetzgebung, die ihnen wichtig erscheinen, Sachabstimmungen herbeizuführen, sofern es sich pro Initiative jeweils nur um ein einzelnes Thema handelt. Bevor das Verfahren zur Herbeiführung einer Volksabstimmung in Gang kommt, muß der Entwurf dem Justizminister vorgelegt werden, bei dem er gegen eine Gebühr von 200 Dollar betitelt und zusammengefasst wird. Danach haben die Initiatoren 150 Tage Zeit, die nötigen Unterschriften zu sammeln. Bei einer *constitutional initiative* sind 8 Prozent, bei einer *statute initiative* 5 Prozent der bei der letzten Gouverneurswahl abgegebenen Unterschriften nötig. Zum Abstimmungstag werden umfangreiche *ballot pamphlets* (Broschüren) verschickt, die neben dem Text der Vorlage die vom Justizminister veranlasste Textzusammenfassung sowie Kurzanalysen zu den fiskalischen und anderen problematischen Aspekten des Projekts enthalten, die der *legislative analyst* vorlegt, ein überparteilich arbeitender Gesetzgebungshilfsdienst von hohem Ansehen. Daneben findet über die Medien ein von den Protagonisten des Projekts und ihren Gegnern betriebener Agitationskampf statt. Dabei spielt die Finanzkraft der Protagonisten wie der Gegner natürlich eine erhebliche Rolle. Es liegt nahe, demgemäß eine Instrumentalisierung der direkt-demokratischen Vorkehrungen für das große Geld zu erwarten, weil kleinere, unbekanntere, durch die Massenkommunikationsmedien schlecht vermittelte und finanziell ärmer ausgestattete Gruppen geringere Chancen haben, überhaupt in den Kreis zureichender öffentlicher Aufmerksamkeit zu gelangen. Eine finanzielle Begrenzung von Spenden, wie sie der *Political Reform Act* von 1974 vorsah, wurde vom *Supreme Court* als verfassungswidrig eingestuft. Immerhin kam mit Hilfe der Bürgerrechtsbewegung *Common Cause* die Einrichtung einer *Fair Political Practice Commission* zustande, die die Spender wie Empfänger von Initiativkampagnen und Wahlkämpfen durch Dokumentation für jedermann erkennbar macht.

Seit 1966 können Volksbegehren nur noch direkt, ohne Beratung in den Abgeordnetengremien, zur Abstimmung gelangen. Auf diese Weise wird der anti-hegemoniale, von Seiten der repräsentativen Staatsorgane unkontrollierte Charakter der Ausübung direkten Volkswillens eigens betont. Ob eine Initiative angenommen ist, entscheidet die einfache Mehrheit der abgegebenen Stimmen ohne Quorum. Wie stark die Stellung der Volksinitiativen im kalifornischen Gesetzgebungsverfahren ist, zeigt sich u.a. daran, dass erfolgreiche Verfassungsinitiativen lediglich durch neue Verfassungsinitiativen zu Fall gebracht bzw. abgeändert werden können, nicht aber durch die staatlichen Organe, sowie daran, dass erfolgreiche Gesetzesinitiativen nur mit Zwei-Drittel-Mehrheit in beiden Häusern der Legislative und nach erneuter Abstimmung durch die Urstimmbürger geändert werden können. Volksinitiativen sind vetofest und bedürfen auch nicht der Ausfertigung durch den Gouverneur, um wirksam zu werden.

Was die wichtigeren Themen angeht, zu denen in 100 Jahren Volksinitiativen gestartet wurden, rangieren an erster Stelle Volksinitiativen zu Steuerfragen, an zweiter Stelle Fragen des Wahlrechts, an dritter Stelle Fragen der öffentlichen Sicherheit Moral und Kultur (Prohibition, Glücksspiel, Homosexualität, Aids, anderssprachige Minderheiten, Todesstrafe, Waffenbesitz, etc.). Gerade in Abstimmungen zu Steuerfragen werden gerne populistische Emotionen gegen „die da oben" mobilisiert: „Zeigt den Politikern, wer der Boss ist." – David gegen Goliath.

Neben der Volksinitiative gibt es in den kalifornischen Verfassungsregelungen mehrere Vorkehrungen für Referenden und für Abwahlinitiativen. Bürger haben nach Unterzeichnung eines Gesetzes durch den Gouverneur 90 Tage Zeit, um die erforderlichen 5 Prozent der bei der letzten Gouverneurswahl abgegebenen Stimmen zu sammeln. Themen wie Neuwahlen, Haushaltsfragen und Notstandsmaßnahmen sind vom *petition referendum* allerdings ausgeschlossen. In der Praxis haben es seit 1884 nur wenige außerparlamentarisch initiierte Referenden geschafft, auf den Stimmzettel zu gelangen. Ob ein Referendum angenommen ist, entscheidet – wie bei den Initiativen – die einfache Mehrheit der abgegebenen Stimmen ohne Quorum. Außerdem sieht die Verfassung *compulsory referenda* für *legislative constitutional amendments*, die die Legislative vorzunehmen wünscht, sowie für Staatsanleihen *bond acts* vor. Solche *compulsory referenda* gibt es Jahr für Jahr in großer Zahl; sie werden, nachdem sie in beiden Häusern der Legislative eine Zwei-Drittel-Mehrheit gefunden haben, der Wählerschaft automatisch zur Abstimmung vorgelegt, haben den Charakter routinemäßiger Vorgänge, pflegen wenig kontrovers zu sein, behandeln oft harmlose Themen und werden auch von den Medien nur mäßig beachtet.

Zur Gesamtwürdigung einer solchen, durch die Instrumente starker direkter Demokratie charakterisierten politischen Kultur lässt sich festhalten: Der eigens gegen die Kontrolle seitens der gewählten Staatsorgane gerichtete, anti-hegemoniale Charakter der direkt-demokratischen Vorkehrungen bedeutet eine gewollte Schwächung der legislativen Funktion des Parlaments, bringt die Handlungsfähigkeit der Regierung unter erschwerte Randbedingungen und verläuft parallel zu einer weitgehenden Minderung der Bedeutung der Parteien als eigenständig integrierende politische Akteure. In den jeweiligen Politikfeldern verlagern sich die Sachentscheidungen, einschließlich der Entscheidungsverhinderungen, in beträchtlichem Umfang in den ungeregelten Prozess außerparlamentarischer Willensbildung, dessen Träger die von ihren eigenen politischen Eliten dominierte Vielfalt von organisierten Interessen, Bürgergruppen und -bewegungen sowie Ad-hoc-Organisationen ist. Die dominierende Rolle organisierter ressourcenkräftiger Interessen, der gezielte Einsatz der Medien und die Instrumentalisierung direkt-demokratischer Mittel durch führende Politiker inner- und außerhalb des Parlaments wie der gelegentlich erfolgreichen Non-Profit-Organisationen und Bürgerbewegungen spiegelt die diffuse und aufgesplitterte formale Machtstruktur einer in sich heterogenen dynamischen Gesellschaft wider, wie sie für eine politische Kultur mit der spezifisch historischen Tradition Kaliforniens charakteristisch ist und dieser auch spezifisch angepasst erscheint.

Die undurchsichtige Punktualität der Interessenauseinandersetzungen und die dadurch mögliche Widersprüchlichkeit miteinander nicht abgestimmter Volksgesetzgebungsintiativen wird nur durch das richterliche Prüfungsrecht in den verfassungsrechtlich gebotenen Grenzen gehalten, weshalb denn etliche der auf Volksbegehren hin verabschiedeten Volksentscheide am Ende der Judikative wieder zum Opfer fallen. Insbesondere dass im Falle von Volksinitiativen/Volksbegehren zu bestimmten Sachthemen die Möglichkeit abgeschafft ist, wonach vor dem endgültigen Volksentscheid auch die Häuser der Legislative noch ihre Stellungnahmen abgeben können, charakterisiert die Andersartigkeit dieser politischen Kultur. Sie baut auf dem Vorrang des jeweils zu einzelnen Sachthemen empirisch ermittelbaren Volkswillens sowie den *checks and balances* strikter Gewaltenteilung und nicht (!) auf der Führungsfunktion parlamentarischer Regierungen auf, die, und zwar ebenso wie die um die Regierungsverantwortung konkurrierende Opposition, eine Verantwortlichkeit für die Einhaltung persistent-konsistenter politischer Richtungsentscheidungen übernehmen.

7. Im Fahrwasser direkter Demokratie: Erfahrungen aus der Schweiz

Das andere lehrreiche Beipiel für starke direkte Demokratie bietet in Europa die Schweiz. Die geltende Schweizer Bundesverfassung war 1874 in Kraft gesetzt worden und ist seither in ihrem Kernbestand ziemlich unverändert geblieben. Erfolgte Änderungen führten nicht zu einer Minderung, sondern im Gegenteil zu einem Ausbau der direkt-demokratischen Grundlagen. Die Sachentscheidungen des Volkes erfolgen in der Gestalt von Referenden und Volksinitiativen. Annahme und Ablehnung von Initiativvorlagen wie Referendumsvorlagen werden durch die einfache Mehrheit der Abstimmenden ohne Quorum entschieden. Referenden geben 50000 Stimmberechtigten das Recht, die Volksabstimmung über die vom gesetzgebenden Organ beschlossenen Gesetze oder Beschlüsse zu verlangen, Volksinitiativen geben 100000 Stimmberechtigten (bei 6.5 Millionen Wohnbevölkerung sind das etwa 1.5 Prozent der Wohnbevölkerung bzw. 2.6 Prozent der 3.8 Millionen

Wahlberechtigten) das Recht, die Volksabstimmung über Total- oder Partialrevisionen der Verfassung zu verlangen. Da die Schweizerische Verfassungspraxis die in Deutschland vertraute Unterscheidung von „materiellen Grundnormen der Verfassung" und „das Nähere regeln Gesetze" so nicht kennt, sind Initiativen zu Partialrevisionen der wichtigste direkt-demokratische Weg für Quereinsteiger, Sachentscheidungen des Volkes zu Regelungen von Einzelmaterien herbeizuführen.

Die Einzeichnungsfrist für Volksinitiativen beträgt 18 Monate. Die Bundesversammlung kann den Partialänderungsvorschlag annehmen oder verwerfen und einen Gegenvorschlag unterbreiten, der dann gleichzeitig mit dem Initiativantrag dem Volk zur Abstimmung vorgelegt wird. Die gestattete Mindestbearbeitungszeit einer Partialrevision ohne Gegenentwurf in Form einer allgemeinen Anregung kann maximal 5 Jahre betragen (24 Monate im Bundesrat, 36 Monate in der aus Nationalrat und Ständerat bestehenden Bundesversammlung). Diese Frist verlängert sich noch, wenn es sich um einen ausgearbeiteten Entwurf der Volksinitiative handelt oder von der Bundesversammlung ein Gegenentwurf erarbeitet wird. Bei allen Abstimmungen zu Partialrevisionen der Bundesverfassung hat der Bundesrat den Stimmberechtigten rechtzeitig vor dem Abstimmungstag ein „Bundesbüchli" zukommen zu lassen, in dem Text und Begründung der Initiiative bzw. Vorlage und Gegenvorlage übermittelt und erläutert werden.

Hinsichtlich der Anwendungshäufigkeit der direkt-demokratischen Instrumente der Volksinitiative und des Referendums rangiert die Schweiz hinter Kalifornien an der Spitze aller Staaten, die solche Instrumente kennen. Zwischen 1848 und 1990 fanden in der Schweiz auf Bundesebene 352 Sachabstimmungen statt, in jüngster Zeit mit steigender Tendenz. Der Schweizer Stimmbürger wurde auf Bundesebene also zwei bis drei Mal jährlich, seit 1971 bis zu sieben Mal im Jahr zur Abstimmung gefordert. Berücksichtigt man die auf Kantons- und Gemeindeebene ebenfalls stattfindenden Sachabstimmungen, erhöht sich diese Beanspruchung noch beträchtlich. So fanden in St. Gallen zwischen 1956 und 1979 insgesamt 379 Sachentscheide, im Schnitt 16 pro Jahr, statt. Solche Inanspruchnahme kennzeichnet durchaus eine nur für die starken Direktdemokratien charakteristische politische Kultur. Die zweifelsfrei hohen quantitativen (Zahl) und qualitativen (Komplexität) Anforderungen an die Sachabstimmungsberechtigten führen zu einem pragmatisch-selektiven Verhalten: Es wird nur zu den Themen und Terminen abgestimmt, die die persönliche Situation besonders betreffen und die hinreichend verstanden werden.

Wie in Kalifornien ist auch in der Schweiz die Initiative im Vergleich zum Referendum das wichtigere der Instrumente. Das Referendum wird im Verhältnis zur Anzahl referendumsfähiger Beschlüsse relativ selten ergriffen. Das Normalverfahren parlamentarischer Gesetzgebung und Beschlußfassung bleibt also hochgradig unwidersprochen. Im Bereich der obligatorischen Referenden gilt im Zeitraum 1848-1990 ebenfalls eine vergleichweise hohe Akzeptanz für die Beschlüsse der Bundesversammlung: Von 144 Vorlagen wurden 103 (= 71.5 Prozent) angenommen. Volksinitiativen hingegen wurden vom Souverän häufig abgelehnt: Im Zeitraum 1891-1990 wurden von 183 Volksinitiativen lediglich 10 (= 5.5 Prozent) angenommen, 60 (= 32.8 Prozent) hingegen zurückgezogen.

Als Anwender der direkt-demokratischen Instrumente kommen gemäß Verfassung alle stimmberechtigten Bürger in Frage. In der Praxis treten Initiativen und Organisatoren bzw. Organisationen hervor, die die Kosten der Unterschriftensammlung und dann vor allem die erforderlichen finanziellen Mittel der Stimmwerbung aufzubringen vermögen. Denn der Staat übernimmt dafür keine Kosten. Und referendumsfähig im Sinne ausreichend verfügbarer Finanz- und Personalressourcen sind nur Organisationen wie Parteien und vor allem die in dieser Hinsicht in der Schweiz wegen fehlender staatlicher Parteienfinanzierung wesentlich stärkeren Interessenverbände mit ihren Spendengebern.

Die empirische Abstimmungsbeteiligung des souveränen Volks der Schweiz, das mit den direkt-demokratischen Verfahren eigens angesprochen ist, und seine Beteiligung an den Urnengängen ist im internationalen Vergleich eher gering, sowohl bei Sachentscheidungen als auch bei Personenwahlen. Bei der Beteiligung an Sachabstimmungen steht die Schweiz im Vergleich mit elf Staaten sogar an letzter Stelle. Eine im Zeitraum 1945-1975 durchschnittliche Beteiligung an Sachabstimmungen von 46.8 Prozent entspricht bei 6.5 Millionen Bevölkerung einem Anteil von 26.8 Prozent der Urstimmberechtigten, und so scheint man durchaus folgern zu können, geringe Stimmbeteiligung bedeute, dass eine Minderheit über Sachfragen abstimmt, die eine Mehrheit betreffen. Aber was heißt betreffen? Die sich nicht beteiligen, fühlen sich offenbar jedenfalls nicht von Nachteilen betroffen. Und die sich beteiligende Minderheit ist je nach dem Ausgang zufrieden oder unzufrieden. Wenn sie sich mit ihrem Engagement in der Abstimmung nicht hat durchsetzen können, mag sie sich als Opfer einer desinteressiert schweigenden Mehrheit vorkommen. In Wahrheit ist sie nichts anderes als die von Entscheidungen besonders Betroffenen, auf die einzuwirken sie immerhin eine größere Chance hatte als sie bei Abwesenheit der Möglichkeit von direkt-demokratischen Initiativen und Referenden gehabt hätte. Insgesamt ist die Beteiligung grundsätzlich immer dann höher, wenn der Abstimmungskampf durch hohe Polarisierung gekennzeichnet ist.

Zur Beurteilung der Wirkungen der Verfügbarkeit und faktischen Nutzung direkt-demokratischer Methoden der Entscheidungsfindung in der Schweiz muss zunächst hervorgehoben werden, dass anders als in Kalifornien dem Parlament und der Regierung ausdrücklich das Recht vorbehalten ist, den Volksinitiativen mit Gegenvorschlägen und abweichenden Vorschläge entgegenzutreten. Außerdem muss zwischen direkten und indirekten Wirkungen unterschieden werden. Das Instrument der Volksinitiative bringt zwar neue Themen auf die politische Agenda, da – wie immer die Entscheidung am Ende ausgeht – das Parlament gezwungen ist, sich damit zu befassen. Doch ist der Anteil der unmittelbar erfolgreichen Initiativvorlagen vergleichsweise gering. Insofern nur bei einem geringen Teil der referendumsfähigen fakultativen Beschlüsse das Referendum überhaupt ergriffen wird, ist auch beim Referendum die *direkte* Wirkung des Gebrauchs gering. (Umgekehrt ist die Quote der Zustimmung zu der zur Abstimmung gestellten Vorlage aus dem Parlament bei den fakultativen Referenden hoch und die zu den obligatorischen Referenden sogar sehr hoch. Die Parlaments-[Nationalrats-]beschlüsse treffen offenbar auf eine hohe Akzeptanz.) Die *indirekte* Wirkung besteht jedoch darin, dass im Prozess der parlamentarischen Entscheidungsfindung eine mögliche Androhung des Referendums im Vorfeld abzuwehren versucht wird.

Das hat dazu geführt, dass die Regierung, der Schweizer Bundesrat, seit langem nach einer seit 1959 geltenden sogenannten Zauberformel der Parteien- und Interessengruppenberücksichtigung als Allparteienregierung gebildet wird. Damit hat sich, im Fahrwasser der politischen Kultur eines betont direkt-demokratischen Regierungssystems, die Funktion der Opposition verlagert: aus der Horizontalen der Parteienkonkurrenz in die Vertikale der Konkurrenz zwischen einer Konkordanzpolitik in den aus Gewählten bestehenden Gremien von Bundesversammlung und Bundesrat auf der einen Seite, und quereinsteigenden Initiativen von Seiten aufbegehrender Bürgerbewegungen oder auch großer Interessenverbände auf der andern Seite. Man berücksichtigt die referendumsfähigen Interessen und ihre Organisationen in der Erarbeitung der Beschlussvorlage, die man als referendumssicheren Kompromiss zu gestalten versucht. Das wichtige Instrument, das der Kompromissfindung dient, ist das in der Schweiz sogenannte Vernehmlassungsverfahren, das zum Teil in der Bundesverfassung vorgeschrieben ist.

Insgesamt ergibt die Analyse der Erfahrungen aus der Schweiz das Bild, dass sich aus Verfügbarkeit und Gebrauch der direkt-demokratischen Instrumente zwar eine Förderung der Konkordanzbedingungen, aber eher eine innovationsschwache Konservation als eine reformfreudige Innovationsoffenheit der Verhältnisse ergibt; dass die Urteilsfähigkeit des Urstimmberechtigten an Grenzen stößt, je komplexer Angelegenheiten sind; dass aber entsprechend sinkende Beteiligung nicht mit Übermacht von Minderheiten gleichgesetzt werden darf und schließlich, dass Verfügbarkeit und Gebrauch der direkt-demokratischen Instrumente weder Anlass geben zu irgendwelchen Befürchtungen über „Stimmungsdemokratie", die die Rationalität der Repräsentativorgane zu überwältigen droht, noch zu Illusionen über mehr Demokratie in irgendeinem radikaleren Sinne. Germann sprach sogar von einer „Entwertung der Volksrechte" durch das Konkordanzsystem, das sich herausgebildet habe.

8. Konsequenzen für die bundesdeutsche Diskussion

Die Haupteinwände gegen Ausweitungen der direkten Demokratie, die die öffentliche Diskussion bereit hält, lauten zusammengefasst:

- Schwächung des repräsentativ-parlamentarischen Systems durch dauerndes Belauern der Repräsentanten, die durch ihr Gewähltwordensein zu Entscheidungen nach bestem Wissen und Gewissen ermächtigt sind. Auf höheren Ebenen wächst die Gefahr unzuträglicher Reduzierung komplexer Sachverhalte auf irreführende oder ideologisierte Ja/Nein-Fragen, deren Entscheidung durch eine Bevölkerung,

der der Sachverstand fehlt, die Schwierigkeit der Lösung der sachlichen Probleme nur erhöht. Auch kann das Volk durch übermäßige Beanspruchung so ermüdet werden, dass sich daraus bereits die Chance ergibt, ohne Rücksicht auf das Gemeinwohl bloße Sonderinteressen durchzusetzen;
- Innovationsfeindlichkeit der direkten Demokratie, weil das Volk konservativer ist als die Eliten, sich durch Beurteilungszumutungen seitens der Innovations- und Korrekturagenten überfordert sieht und daher lieber beim Gewohnten bleibt;
- Instrumentalisierbarkeit für die finanzkräftigsten Interessenorganisationen und deren Werbeaufwand, der zu überwältigen versucht, indem Expertisen mit Gegenexpertisen erdrückt werden, so dass den Sachunverständigen nichts anderes übrig bleibt, als ideologisch oder gemäß Werbeüberwältigung oder schlicht innovationsfeindlich konservativ zu entscheiden, oder sich der Entscheidung durch Nichtbeteiligung ganz zu entziehen;
- sezessionistische Effekte der Frustration bei den Verlierern einer Volksentscheidung nach heftigem Kampf, der die Entscheidung in kochend aufgeheizter Stimmung fallen lässt, und Gefahr der Verletzung von Minderheitenschutz in Gestalt von Schwierigkeiten, angesichts von Unversöhnlichkeiten und Gefühlen existenziell-fundamentaler Betroffenheit zur Akzeptanz von Mehrheitsentscheidungen zu gelangen.

Löst man diese Einwände in die Einzelbestandteile von Faktaussagen auf, aus denen sie zusammengesetzt sind, und betrachtet man die aus Kalifornien und der Schweiz vorliegenden, über hundertjährigen Erfahrungen, so zeigt sich die Notwendigkeit der Relativierung und größter Vorsicht gegenüber allen vorzeitigen Generalisierungen. Abwegig ist jeder Versuch, die Probleme der Ausgestaltung der Verfahren politischer Entscheidungsfindung auf eine vermeintliche Modellalternative zwischen plebiszitärer Demokratie und demokratischen Repräsentivsystem zu reduzieren. Was zur Diskussion steht sind einzig erneuerte Ausgestaltungen eines verfassungspolitischen Mixsystems unter veränderten Kontextbedingungen der Problemzusammenhänge und der Urteilsfähigkeit der Menschen.

In der politischen Kultur eines Regierungssystems mit betont indirekten Verfahren der Entscheidungsfindung bleibt das Volk in Sachfragen auf die groben Richtungsentscheidungen beschränkt, die sich mit der Wahl der einen anstatt der anderen Macht-Prätendentengruppe verbinden und die nach der Wahl mit der Mehrheitsfeststellung bzw. den darauf aufbauenden Koalitionsverträgen wirksam werden. Ist die Wahlentscheidung gefallen, sind die Gewählten Repräsentanten des gesamten Volkes, an Aufträge und Weisungen nicht gebunden, nur ihrem Gewissen unterworfen und ihre Entscheidungen stehen unter keinerlei Vorbehalt der Übereinstimmung mit dem, was sich in einer anstehenden Frage als der Mehrheitswille des Volkes herausstellen würde; das Volk hat keine Interventionsrechte im Prozess der Entscheidungsfindung. Wo in einem Mehrparteiensystem gewöhnlich keine der konkurrierenden Parteien stark genug wird, allein die Regierung zu bilden, sondern die Regierungsbildung auf Koalitionen angewiesen bleibt, ist für die Wählerentscheidung, sofern Koalitionsabsichten nicht von vornherein und ringsum klar gemacht wurden, nicht einmal klar, inwiefern eine gewollte Richtungsentscheidung bei der Festlegung von Koalitionsvertrag und Regierungsprogramm überhaupt zur Geltung kommen kann. Möglicherweise kann ein Wählerwille nicht einmal als Entscheidung für das eine oder das andere Lager zur Geltung kommen.

In der politischen Kultur eines Regierungssystems, das den indirekten Verfahren der Entscheidungsfindung Instrumente direkt-demokratischer Sachentscheidungen an die Seite stellt, kann das Volk in Sachfragen auch selbst die Entscheidungen fällen. Gewiss können in einer Großgesellschaft mit sehr komplexen Zusammenhängen nicht alle Bürger alle regelungs- und entscheidungsbedürftigen Materien jederzeit mit gleicher Sachkompetenz durchschauen. Dies nötigt, Repräsentanten und Mandatsträger zu wählen, denen auf Zeit die Regelungs- und Entscheidungsermächtigung übertragen wird. Aber auch nach getroffener Wahl und Handlungsermächtigung der Repräsentanten bleiben deren Entscheidungen in allen Regelungsmaterien unter dem Vorbehalt der Intervention aus der Mitte der Urbürgerschaft. Interventionsversuche können erfolglos bleiben. Im Ergebnis kann es jedoch sein, dass Gesetz wird, was die Mehrheit der Gewählten für richtig befunden hat; aber der rechtliche Vorbehalt für den Versuch der direkten Sachentscheidung durch das Volk bleibt bestehen.

Allerdings sollte man unter groß- und komplexgesellschaftlichen Bedingungen auch von keiner Seite falsche Erwartungen an direkt-demokratische Erweiterungen des Repräsentativsystems knüpfen. Direkt-demokratische Institutionen sind kein Allheilmittel und ihre Benutzung macht Entscheidungen sicher nicht schneller, u. U. auch die Akzeptanz bei der unterlegenen Minderheit nicht gerade größer. Aber ihre Existenz kann die Effizienz und Legitimität des politischen Systems rechtstaatlicher Demokratie durchaus erhöhen, z.B. indem sie die Qualität der Entscheidungen durch frühzeitige Einbeziehung von professionellen und extraprofessionell herangewachsenen Experten vergrößert.

Allerdings müssen dazu bestimmte Bedingungen der Ausgestaltung der Verfahren für Volksbegehren und Volksentscheid eingehalten werden, insbesondere der Regelungen über die Quoren. Sie kommen, wie die Beispiele Kaliforniens und der Schweiz lehren, grundsätzlich nur auf der Vorstufe zum eigentlichen Volksentsscheid in Betracht, also beim Volksbegehren. Dort sind sie sinnvoll als Vorkehrungen dagegen, dass nicht allzu häufig und womöglich zu eher nebensächlichen Themen von außerparlamentarischer Seite auf Volksentscheide hinzuarbeiten versucht wird. Die Quoren sollten allerdings auch nicht zu hoch angesetzt werden, damit sie nicht in einer Weise prohibitiv werden, die die gemeinte Chanceneröffnung für quereinsteigende Volksintervention wieder zunichte macht. Auf der Endstufe der eigentlichen Volksabstimmung sind Quoren-Forderungen jedoch abzulehnen. Wenn es Weimarer Erfahrungen gibt, dann diese: Die Entscheidung muss an der Urne fallen und darf nicht durch Mobilisierbarkeit von Teilnahmeboykott herbeigeführt werden können. Stimmenthaltungen sind keine Nein-Stimmen.

Political Participation in Central and Eastern Europe. Results of the 1999 European Values Surveys[*]

Elena Bashkirova

> "A country is impossible to ruin until its people becomes a grave-digger of its own security; neither it is possible to save a country until its people takes concern about security into its own hands." (Daniel Webster, American political figure and spokesman, 1782-1852)

1. Introduction

Many Western and Russian analysts believe that post-Soviet Europe is unique and not subject to explanation by general social theories that articulate patterns of transition from totalitarianism to democracy and the market economy. For example, according to some of the early comparative analyses of East European, and particularly Polish, economic reforms were called successful in comparison to Russian economic reforms, but later they were failures. Unlike the changes that took place in some other countries, the collapse of communism in Russia, Ukraine and Belarus brought no change in the ruling elite. As a result, three former elite groups have become the basis for the newly emerging political class:

- parts of the previous bureaucracy that adapted to the new political and economic situation (the strong top business managers);
- the peak of the new bourgeoisie ("oligarchs") who have merged either with state power or with the criminal element; and
- the armed forces and police, including particularly the special services.

The last of these have stayed in the shadow during the past ten years. Now, however, their political role has become much more visible. Today in Russia, Ukraine and Belarus they are major players in determining the rules of the political game. They operate within the framework of legal borders, but these borders are being revised by these forces that are now themselves closely connected to the highest powers of the state. Thus, the armed forces and police employ legitimate legal

[*] The editors are indebted to Charles Lewis Taylor for his extensive work in producing a polished English version of this chapter.

mechanisms of the state to pursue their own interests. This is a form of vertical power now being built by the presidential administration.

None of the countries of the region has ever possessed an effective structure of modern civil society. This is not "an improper feature" or "a limitation" in the abilities of the peoples of post-Soviet Europe. It is rather a peculiar feature of their social structures that grew within the context of first the Tsarist and then the Soviet empires. The authoritarian tendencies inherent in the development of the new countries of the post-Soviet era are not at all "Asiatic features." Rather, they result from a post-empire syndrome, which has characterized several places and times in Central and Eastern Europe, as in many other regions of the world. Under these conditions, the state and its structures of force – being the most organized and the least corrupted parts of the whole society – become a natural wall holding off the young society from chaos and devastation.

According to Fuchs and Klingemann (2000a, b), societal types can be determined with a combination of theoretical and pragmatic approaches. Empirically, indicators from the World Values Surveys can identify the type of political participation in a democratic society.

2. Methodology and Research Questions

The data for analysis were obtained from the fourth wave of the World Values Surveys. Ronald Inglehart has conducted this monumental survey over a period of 18 years (1981, 1990, 1995, and 1999). His goal has been to study the values and beliefs of the populations of six continents, through the use of the standardized interviews. The key section of the questionnaire concerns traditional vs. postmodernist values, but it also includes questions that seek information about political preferences, political socialization, and the rationality of economic behavior of the respondents. With these questions, it was possible to obtain data on a wide spectrum of social, cultural, political, economic and other matters.

In the 1999 wave, the questionnaire grouped questions by thematic category. The goal was to reveal the ideological, political and value preferences of various professional and social-demographic groups in the countries under survey. Respondents' major social and political orientations were compared with their value preferences. A discriminant analysis (Fuchs and Klingemann 2000a) found different values for countries with developed democracies and those with "infantile" democracies.

The basic questions for analysis are as follows:

1. How strong is the motivation of citizens to participate in democratic process? What is the degree of this participation?
2. To what extent do the citizens of Central and Eastern Europe accept the existing democratic political system?

3. To what extent do the citizens of Central and Eastern Europe support democracy (deny autocracy) as a form of political structure?

Indices used for the analysis included: political motivation, generalized support of the current and past political systems, protest behavior, attitudes toward democratic rule, and attitudes toward autocratic rule.

3. Political Motivation and Political Participation

How can we describe the type of states that had been formed in Central and Eastern Europe after a decade of *perestroika* and market reforms? Political scientists, sociologists and historians have a wide array of opinions. Simply defining the period as "transitional" or "transformational" leaves us ignorant about where the region came from and where it is going. Mass consciousness in a transitional society both reflects and enhances the contradictions typical of the social environment. Unwillingness to continue as before is accompanied by an ever-increasing disappointment with new ideals that prove to be false or unattainable. Enthusiasm for freedom and private enterprise is accompanied by unwillingness to bear responsibility for economic and financial initiatives. A desire to defend newly acquired privacy from infringement, including the government's watchful eye, is accompanied by an urge for "an iron hand." This is only a brief list of the new contradictions that make it difficult to describe the new Central and Eastern Europe.

The success of post-communist transformation seems to be more visible in political life. New constitutions that proclaim such democratic values as priority for human and civil rights, freedom of speech and belief, private property, division of powers, independent local self-government, etc. have been in force since the beginning of the reforms in Central and Eastern Europe. Numerous democratic institutions have been formed and are functioning. Authorities are elected at all levels; laws protecting individual rights and freedoms have been adopted; an independent judiciary operates; a variety of non-governmental printed and electronic media are available; we enjoy a multi-party system; several thousands of national and regional public associations have been registered. In short, the changes that have occurred both in the state systems and in the political structures of Central and Eastern Europe over the last decade can be described as revolutionary. One of the most visible signs of change in the 1990s has been the emergence of genuine political competition. This can be seen in the legalization of competitive political parties and in the holding of genuinely competitive elections, both presidential and parliamentary. The legalization of political parties occurred in many countries of the region in the closing stages of the communist era. Nevertheless, it is the post-communist period that has witnessed the consolidation of multi-party arrangements and the regularization of competitive parliamentary elections. By now, every European and Eurasian post-communist state has held at least one parliamentary election in which competition between political parties has been more or less genuine.

In some, re-named communist parties have made allegations of unfair treatment, for instance on the grounds that much of their property has been sequestered, leaving them less able to finance election campaigns. In spite of difficulties of this sort, there is now real political competition almost throughout the entire region.

However, an unbiased analysis of the performance of the current democratic institutions in this region reveals their weakness and underdevelopment. The problem of democratic development in many countries of this region lies in the fact that many of the institutions formally exist but perform poorly. That may be an inevitable stage of development in a country lacking long-standing democratic traditions. Of special concern are signs showing that democratic institutions and tools are currently being distorted intentionally by the authorities, while the society is unable to oppose this process effectively. One such sign is that courts are formally independent and guided by the law, but they are squeezed into such narrow financial limits that occasionally they do not have enough money to mail summons or to copy verdicts. It is no wonder that both federal and local authorities that finance courts can hardly lose a case. When ordinary citizens file a suit, the litigation can drag on for months, and its outcome is unpredictable. The Constitution and the laws proclaim civil rights, but they are not recognized. An example is the difficulty of exercising the right to alternative military service by those whose beliefs do not allow them to participate in military service. Formally, the mass media are independent of the government, but actually they are concentrated in the hands of a few financial clans that are loyal to the leadership. The law regulates free and democratic elections, but these turn into a parody of democracy because of dirty campaign tactics.

The experience of states with established democracy shows that it is only a civil society that can ensure democratic functioning. Without going into detail about different interpretations of the term, we can just point out that the most important characteristics of a civil society are as follows:

– it is formed as a result of citizens' initiative and public associations;
– it is independent of the government but, of course, interacts with the authorities;
– it performs as mediator between the government and the individual;
– it is able to perform the function of control over authorities and the machinery of government in the interests of the whole society and of individuals.

A civil society performs successfully if it relies upon the middle class, an affluent, independent, well-educated and socially active group of the society. Public interest in policy is a key indicator of stable democratic society and the existence of a civil society. The level of importance of public policy for the lives of people was evaluated with the help of the following questions:

– "Please, say for each of the following, how important it is in your life. Would you say politics is (4) very important, (3) rather important (2) not very or (1) not at all important."
– "How interested would you say are you in politics? (4) very, (3) somewhat, (2) not very or, (1) not at all interested."

Table 1: Political Motivation (in percent)

	Belarus	Bulgaria	Czech Republic	Russia	Slovenia	Ukraine	Total
Low	31	26	18	33	44	33	30
Medium	54	56	59	49	50	48	53
High	16	18	23	18	7	19	18
N	952	938	1878	2408	998	1095	8269

Source: 1999 European Values Surveys.

Table 2: Active Membership in Voluntary Associations (in percent)

	Belarus	Bulgaria	Croatia	Czech Republic	Hungary	Romania	Russia	Slovakia	Slovenia	Ukraine	Total
Non-active	84	83	79	72	86	85	93	56	74	89	81
Active	16	17	21	28	14	15	7	44	26	11	19
N	1000	1000	1003	1908	1000	1146	2500	1331	1006	1195	13089

Source: 1999 European Values Surveys.

– "When you get together with your friends, would you say you discuss political matters (3) frequently, (2) occasionally, or (1) never?"

Answers to these questions were used to compile the political motivation index (Table 1). The scale for this index began at 2 (low degree of political motivation) and continued to 12 (high degree of political motivation).

The level of involvement in public voluntary organizations was evaluated with the following question: "Now I am going to read out a list of voluntary organizations; for each one could you tell me whether you are (3) an active member, (2) an inactive member, or (1) not a member of that type of organization? Political party, labor union, professional organization, church or religious organization, environmental organization, charitable organization, art, music or educational organization, sport or recreational organization, and any other voluntary organization." The answers given to the above question were used to make up an index of active membership in voluntary associations (Table 2).

It should be noted that as the 1980s gave way to the 1990s, the Central and Eastern European societies were strongly politicized. Problems of political and economic strategy were discussed in newspapers and magazines, at home, and at work. At that time many people thought that the discussions would lead to a secret pathway for rapid and effective reforms. They sought a "philosopher's stone" that could solve all the accumulated problems quickly and without pain. However, the old times were gone. The realities of post-communist transformation appeared very cruel and less effective. The belief in a miracle faded and was replaced by apathy.

Table 1 shows that by 1999 public interest in policy and recognition of its importance for the lives of people had reached a low level. Surveys indicate that citizens of Central and Eastern Europe do not consider political problems to be the major ones. The hierarchy of values shows that policy and politics occupy one of the last places in the list. We can draw two conclusions. First, Central and Eastern European citizens still have an average interest in political events that took place in their countries, but they do so in a passive manner because they have become quite tired of endless political battles that do not improve their everyday life. It is conceivable that citizens of Central and Eastern Europe today want to keep even from themselves the fact that they are seriously interested in policy and politics. Hence, when answering a direct question about the place of policy and politics in their lives, many respondents express more interest in family, friends, work and even religion, rather than in policy and politics. Second, people do not believe that they can influence political events via participation in a political association or political party (Table 2). In other words, politics has become the business of the elite at the federal and regional levels.

4. Protest Behavior

Participation in protest actions is traditionally employed in comparative studies of political culture as an indicator of the readiness of a person to cooperate with other people and to be involved in political actions. It is an important matter of self-orientation for the individual. The respondents' willingness to participate in protest actions were evaluated with the help of the following question: "Now I'd like you to look at this card. I'm going to read out some different forms of political action that people can take, and I'd like you to tell me for each one, whether you have actually (3) done any of these things, (2) whether you might do it, or (1) would never, under any circumstances, do it: signing a petition, joining in boycotts, and attending lawful demonstrations." The answers were used to compile the index "Protest Behavior" (Table 3).

Among Russian respondents, 11 percent reported having signed petitions while another 30 percent said they were willing to do so. Just 2.4 percent of the respondents had participated in boycotts, but 23 percent expressed readiness to do so. Moreover, 22.5 percent had participated in demonstrations and 54 percent said they might do so. Only 1.5 percent had participated in strikes, but 17 percent were ready to join them. Given the economic crisis in Russia and the other countries, the low level of protest behavior (Table 3) and the negative attitude toward violence are probably related to a lack of efficacy for changing anything. In this context any political activity looks senseless and a high civil consciousness is not likely to develop. A feeling of weakness overcomes the need to express actively one's personal political position or point of view. Protest actions are not impossible, but actions of even large groups of individuals cannot be compared in effectiveness with the protest expressed by a united social group.

Most citizens of Central and Eastern Europe do not feel that ordinary citizens can influence state policy through membership in public associations and political parties, or through participation in meetings, forums and other political actions. The citizens leave policy to politicians, but the level of trust in politicians and the state is extremely low. Most citizens of Central and Eastern Europe believe that voting during elections is the only way of expression of their attitude toward politicians. The level of activity of voters during national elections and referenda can be easily compared to the level of activity in traditional democratic countries. In other words, political culture in the Central and Eastern European societies cannot be called a "culture of citizens" or a "culture of participation." The alienation of most of population from those in power is definitely a characteristic of political life in today's Central and Eastern Europe. Moreover, this is the main feature that distinguishes post-Soviet regions from the Western democratic states. Nevertheless, the data show an average level of interest in policy and politics, so we may say that the Central and Eastern Europe societies do not have the features of a nonpolitical culture.

5. Generalized Support of the Current and Past Political Systems

The features of a democratic community are not as clearly seen in its structures as in its culture. If all the citizens of a country support a political system that is not autocratic, this system can be characterized as a democratic one. Democracies can be implemented constitutionally by very different methods. That is why people can express overall support for the idea of democracy but oppose the form of democracy that exists in their own country. In other words, people can criticize the form of democratic rule for many reasons (Fuchs and Klingemann 2000a). For example, citizens may criticize the idea of democracy, because in reality democracy in their country does not measure up to standard democratic ideals, even though these citizens have no doubts about alternative forms of democratic rule. People of this kind may be referred to as "criticizing democrats" (Klingemann 1999: 31-35). However, if even the majority of members of a certain community criticize the existing model of democratic rule of their community as inadequately meeting democratic standards and values, this community can yet be accepted as a democratic one.

We know that the political system, including "the rules of the game" and the standards that govern the whole process of state control, can be studied as an institutional aspect of political culture. On the basis of the legitimacy of the ruling process and the process of decision-making in both state and politics, we can judge the democratic character of any regime and the adequacy of its civic culture. The level of political system support was assessed on the basis of the question: "People have different views about the system for governing this country. Here is a scale for rating how well things are going: 1 means very bad and 10 means very good. Where on this scale would you put the political system as it is today?" (Table 4).

The level of support for the former communist political system was determined by the use of the following question: "People have different views about the system for governing this country. Here is a scale for rating how well things are going: 1 means very bad and 10 means very good. Where on this scale would you put the political system as it was ten years ago?" (Table 5).

Support of the current political system, as an indicator of the democratization of society, turned out to be the lowest in Russia, Ukraine and Belarus, among the countries surveyed (Table 4). Half of the Russian respondents and one-third of those in the Ukraine and Belarus displayed a desire to conserve the remnants of the past lifestyle. This tendency was reflected in the high assessments of the communist political system as a method for ruling a country (Table 5). The hesitancy of the less adaptive part of the population to assume individual responsibility, required for a free community, provides a psychological support for the communist regime. The socialism of "stagnation" was characterized by limited but guaranteed well-being. To some extent, the same reasoning explains the support given to nationalistic parties that appeal to the poor who frequently do not understand the reasons of existing troubles and problems.

Table 3: Protest Behavior (in percent)

	Belarus	Bulgaria	Croatia	Czech Republic	Hungary	Romania	Russia	Slovakia	Slovenia	Ukraine	Total
Low	75	65	30	41	77	75	71	51	42	70	60
Medium	23	29	61	43	18	22	25	40	49	24	33
High	3	6	9	16	4	3	4	8	10	6	7
N	904	784	911	1669	937	878	2245	1083	909	989	11309

Source: 1999 European Values Surveys.

Table 4: Generalized Support of the Current Political System (in percent)

	Belarus	Bulgaria	Croatia	Czech Republic	Hungary	Romania	Russia	Slovakia	Slovenia	Ukraine	Total
Low	23	25	35	26	28	23	35	32	24	36	29
Medium	45	45	36	54	50	37	23	47	55	35	41
High	32	31	29	20	21	40	42	21	21	29	29
N	904	928	990	1881	962	1087	2398	1289	974	1108	12521

Source: 1999 European Values Surveys.

6. The Democracy-Autocracy Indices

When classifying political regimes, social scientists tend to separate democratic from authoritarian regimes. Robert Dahl (1971) listed some widely accepted criteria for the identification of the democratic character of any community. These criteria include civil and political rights along with legitimate, competitive and general elections. Dahl calls a country that meets all the above criteria a polyarchy. However, in most cases we usually call such countries liberal democracies.

Two sub-types of democratic communities have won wide recognition in analyses of new democracies. Boundary regimes have several liberal democratic features, but these semi-democratic regimes stand somewhere between democracy and authoritarianism and may be identified as electoral democracies. Boundary regimes usually refer to a specific type of semi-democratic community, that may also be identified as a regime capable of conducting clean, competitive and more or less general elections but incapable of protecting political and civil freedoms required for the true liberal democracies. Progressive democracies, on the other hand, possess some additional positive features beyond the minimum number of distinctive liberal democratic criteria and possess a democratic quality higher than that of many new democracies. The two words "progressive" and "democracy" when combined make a special term that brings us to the brink of idealizing wealthy Western democracies. However, even if we agree that in many cases admiration for "developed Western democracies" is based upon stereotypes, we must still admit that theoretical criteria such as "conformity to democratic standards" are empirically measurable aspects of social reality.

Based upon these concepts, modern political theory proposes some formal procedures as required features of a democratic regime. These are:

– universal suffrage;
– a possibility for citizens to lay claim to holding elective offices;
– regular free, competitive and legitimate elections;
– the constitutional right of elected officials to control governmental decisions;
– absence of oppression of the political opposition;
– the right of citizens to establish and to join independent associations and organizations (including independent political parties and interest groups);
– free access to all sources of alternative information.

However, no minimum number of required features is enough for the qualitative evaluation of democracy. Many political scientists consider social and economic parameters as well as structural characteristics in evaluating democracy. The drastic and extremely important changes that have been taking place in Central and Eastern Europe during the past decade are not isolated phenomena. These changes are just one example of the very complicated process of the post-authoritarian democratic transformations that have changed the political systems of most of the world toward the end of the twentieth century. Understanding the essence and the

Table 5: Generalized Support of the Past Political System (in percent)

	Belarus	Bulgaria	Croatia	Czech Republic	Hungary	Romania	Russia	Slovakia	Slovenia	Ukraine	Total
Low	19	23	30	31	14	18	13	19	21	21	21
Medium	35	27	40	29	46	27	36	39	45	32	35
High	45	50	29	40	40	55	51	42	34	47	44
N	821	911	947	1849	918	1059	2350	1253	947	1073	12128

Source: 1999 European Values Surveys.

Table 6: The Democracy-Autocracy Index (in percent)

	Belarus	Bulgaria	Croatia	Czech Republic	Hungary	Romania	Russia	Slovakia	Slovenia	Ukraine	Total
Strong democrats	11	16	38	35	24	10	2	20	27	5	18
Democrats	41	39	51	49	51	36	33	50	54	42	43
Undecided	41	40	11	15	22	41	52	25	16	46	32
Autocrats	6	6	1	1	3	13	13	5	3	7	6
N	1000	1000	1003	1908	1000	1146	2500	1331	1006	1195	13089

Source: 1999 European Values Surveys.

basic regularities of the process of global democratization is an important condition for grasping the true character of the transformations in this region.

None of the countries of Central and Eastern Europe has ever had a true democratic political system with democratic traditions. Both citizens and politicians of these countries require some time to perceive and to accept democratic standards of political behavior. States and societies of this kind are often called "infantile" democracies. But some Central European countries, such as Yugoslavia or Hungary, have been more liberal than authoritarian ones, such as Romania or Albania.

The summary index of democracy and authoritarianism was created to group respondents according to their democratic-autocratic orientations (Table 6). The groups were labeled as follows:

− strong democrats: respondents giving strong positive assessments of democracy and expressing negative attitudes toward autocracy;
− democrats: respondents giving overall positive assessments of democracy, but with varying assessments;
− undecided citizens: respondents who reveal contradicting assessments, or who expressed difficulties in answering the questions;
− autocrats: respondents who gave positive assessments to autocracy and negative to democracy.

Table 6 shows that the most significant difference between the Central and the Eastern European countries lies in the number of strong democrats, that is people that support democracy and reject authoritarianism for their country. However, another difference is in the number of undecided citizens, who have no consequent attitude toward democracy and authoritarianism. For example, in Russia in 1999 undecided citizens accounted for 52 percent of total respondents, but in Central European countries the highest percentage was 41 in Romania.

7. Conclusion

An apparent contradiction between the practical necessity of a strong state and the development of democratic society comprises one of the most fundamental problems of transition from authoritarianism to democracy. Western social scientists, who hailed the radical political changes in Central and Eastern Europe of the late 1980s and 1990s as a triumph of democracy, also agreed that the collapse of communism did not mean a direct transition of the former totalitarian societies into democratic ones. They soon dropped the illusion of a linear post-authoritarian development and the rapid achievement of a positive outcome. Rather, democratic development "could be only one of many possible results brought to life by the fall of any authoritarian regime" (Klingemann and Hofferbert 2000).

Several East European scholars share this understanding. Attila Ágh, a Hungarian political scientist, has noted that possible variants of post-communist transformation include "moving back to the past regime" and "establishment of a kind of new type of authoritarian rule" (Ágh 1993). He stresses the high probability of the latter. Many ordinary people perceive the evils of the current social and political system to be a distinctive feature of a democratic regime. Unlike citizens in Western countries and in democratic systems elsewhere, Russians and other Central and Eastern Europeans do not clearly distinguish between democracy as an optimum form for state rule and the concrete functioning of political institutions and leaders. They have begun to lose interest in democracy, as they face negative changes and events.

Guillermo O'Donnell and Philippe Schmitter in *Transitions from Authoritarian Rule. Tentative Conclusions on Uncertain Democracies* (1986) investigated the influential concept of transition from authoritarian to democratic society. According to O'Donnell (1994: 56), "New democracies may regress to authoritarian rule, or they may stall in a feeble, uncertain situation. This situation may endure without opening avenues for institutionalized forms of democracy." Easterners have different perceptions of democracy than do Westerners. Their experience with the great economic and social problems that accompanied democratic reforms lessens their enthusiasm for democracy. In Russia and other post-Soviet countries, people are dissatisfied with the functioning of the new democratic institutions. They have ceased believing in the ability of the new state to sustain significant democratic reforms. They are disappointed with democracy. Only a small fraction of the Russian population prefers the institutions of democracy to other forms of political structure for solving social and political conflicts.

Melvil (1998: 169) says that the Russian population perceives democracy not as constant mass political participation that influences the process of decision-making, but as the election of leaders on a regular basis, even though these leaders have no intention of accepting input from the voters. However, in spite of the absence of democratic traditions, the traditional Russian mentality cannot be equated with an "Asiatic" mentality that calls for the natural submission of an individual to despotism. Dreams about freedom and moral resistance against unjust rule have always been present among citizens of Central and Eastern Europe. In Russia, the understanding of democracy has always been expressed by the word "freedom." By this is meant individual freedom from any social and political compulsion. It is a freedom to live in a way a person likes to, but it is not an institutional freedom protected and declared by law. Archaic freedom, found now in some of the sectors of the modern Russian community, comes closer to the understanding of traditional freedom than does Western "free society." This cultural tradition may be one of the possibilities or preconditions for the development of democratic consciousness. There is still another phenomenon that counters conservative tendencies in the Russian mentality. This is the quality of basic ideas and perceptions. If compared to Western ideas, they are less stable and are more easily transformed under the influence of the changing social and historical climate. For example, the strongly religious Russian people did not oppose the Bolshevik's politics aimed at destruction of religion in Russia. The Russian mentality is anxious and uncertain; its perceptions, values and motivations are unstable and give way to various developments along different and even contradictory pathways.

Many important events have occurred in Central and Eastern Europe in the years since the survey that may lead to radical shifts in public consciousness and values. Russian society, that anticipated the end of the Yeltsin era, obtained new leadership in parliamentary and presidential elections. Problems such as finding a way out of the crisis and outlining priorities for further development are to be solved by the new leadership. How to achieve the goals is of no lesser importance. Whether democracy and civil society will be established in Russia and other countries of the region depends upon whether the leadership uses democratic or autocratic methods. The first steps taken by the leadership, including the way the election campaign was carried out, the resumption of hostilities in Chechnya, and further confrontation with the West, are alarming. But this can be the subject matter for another analysis.

References

Ágh, Attila (1993): The Comparative Revolution and the Transition in Central and Southern Europe. In: Journal of Theoretical Politics, 5, pp. 231-252.

Dahl, Robert A. (1971): Polyarchy. Participation and Opposition. New Haven: Yale University Press.

Fuchs, Dieter and Hans-Dieter Klingemann (2000a): Eastward Enlargement of the European Union and the Identity of Europe. Discussion Paper FS III 00-206. Berlin: Wissenschaftszentrum Berlin für Sozialforschung (WZB).

Fuchs, Dieter and Hans-Dieter Klingemann (2000b): A Comparison of Democratic Communities. American Exceptionalism and European Etatism. Paper presented at the conference "Re-thinking Democracy in the New Millennium," University of Houston, 17-20 February 2000.

Klingemann, Hans-Dieter (1999): Mapping Political Support in the 1990s. A Global Analysis. In: Pippa Norris (ed.): Critical Citizens. Global Support for Democratic Government. Oxford: Oxford University Press, pp. 31-56.

Klingemann, Hans-Dieter and Richard I. Hofferbert (2000): The Capacity of New Party Systems to Channel Discontent. In: Hans-Dieter Klingemann and Friedhelm Neidhardt (eds.): Zur Zukunft der Demokratie. Herausforderungen im Zeitalter der Globalisierung. WZB-Jahrbuch 200. Berlin: edition sigma, pp. 411-437.

Melvil, Andrei (1998): Politicheskiye Tsennosti I Orientatsii I Politicheskiye Instituty (Political Values and Orientations and Political Institutions). In: Lilii Shevtsova (ed.): Rossiya Politicheskaya. Moscow: Carnegie Endowment for International Peace.

O'Donnell, Guillermo (1994): Delegative Democracy. In: Journal of Democracy, 5, pp. 55-69.

O'Donnell, Guillermo and Philippe C. Schmitter (1986): Transitions from Authoritarian Rule. Tentative Conclusions about Uncertain Democracies. Baltimore: Johns Hopkins University Press.

Political Action and the Political Context: A Multi-level Model of Environmental Activism

Russell J. Dalton and Robert Rohrschneider

1. Introduction

One of the hallmarks of advanced industrial democracies is the "participatory revolution" that has changed the nature of democratic citizenship in the later half of the twentieth century (Barnes, Kaase et al. 1979). Public interest lobbies, citizen action groups, and new social movements of all forms have bloomed across the political landscape. Environmental groups, for example, became a regular participant in most democratic policy processes – while they barely existed as a modern social movement a generation ago (Klingemann 1985). The same applies to the women's movement, self-help movements, and a variety of other citizen-initiated movements. Moreover, these social movements have developed a transnational or international presence and influence.

This research examines the confluence of two factors that have been central in Hans-Dieter Klingemann's research career. First, we are concerned with the spread of unconventional political action – specifically participation in new social movements such as the environmental movement. Second, our research focuses on two factors – democratic context and value change – as predictors of these new forms of action. Moreover, in keeping with the cross-national emphasis of Klingemann's research, we examine how these new forms of political action vary on a near-global scale based on analyses of the 1990 World Values Surveys. We begin by describing the levels of involvement in a set of new social movements across all the nations in the World Values Surveys, and then we focus on the case of environmental activism to test rival theories of political action.

2. Global Variations in Political Activism

The first step in our analysis assesses the cross-national levels of citizen engagement in various examples of new social movements or citizen action groups. The 1990/91 World Values Surveys (WVS) includes relevant data for more than 40 nations that span five continents.[1] These nations represent roughly 70 percent of the

---

[1] We excluded a survey of Moscow residents and those six nations where environmental indicators were not available.

Table 1: Membership in Various Political Groups and Political Parties

Nation	Environmental groups	Women's groups	Community groups	Political party
Netherlands	23.8	7.3	4.9	9.4
Denmark	12.5	1.7	5.0	6.5
Sweden	10.6	2.9	2.2	10.1
Switzerland	10.4	-	3.3	9.0
United States	8.3	8.5	4.8	14.5
Canada	7.6	6.6	5.1	7.3
Belgium	6.6	9.7	4.3	5.8
Finland	5.4	3.4	3.2	13.8
Britain	5.0	4.8	2.7	4.9
Iceland	4.8	6.7	2.0	15.1
West Germany	4.6	5.6	1.7	7.5
Latvia	4.3	0.9	5.4	18.4
Norway	4.1	2.9	2.7	13.9
Bulgaria	3.8	1.5	2.0	11.4
East Germany	3.5	6.8	3.0	10.8
Italy	3.3	0.4	1.6	5.0
Austria	2.9	4.1	2.2	11.9
Mexico	2.8	2.1	4.3	5.3
Brazil	2.8	1.6	7.5	4.9
Estonia	2.7	2.0	4.5	7.9
Ireland	2.3	4.6	3.3	3.8
France	2.3	1.1	3.3	2.7
Lithuania	2.1	2.5	2.1	7.4
South Korea	2.0	3.4	12.5	4.6
Slovenia	1.7	0.3	5.8	3.3
Russia	1.7	2.2	2.5	11.3
Chile	1.6	2.5	4.1	4.9
Spain	1.4	0.7	1.1	1.8
Hungary	1.4	1.0	1.4	2.4
Japan	1.1	3.0	0.2	2.0
Romania	1.0	0.5	1.1	2.5
China (PRC)	1.0	3.1	0.6	35.1
Portugal	0.8	0.2	1.4	4.0
Argentina	0.2	0.7	1.3	2.0

Source: 1990 World Values Surveys. Table entries are the percentage of each nation that says they belong to each type of group.

world's population. There is nearly complete coverage of the advanced industrial democracies, nearly a dozen states from Eastern Europe and the former Soviet Union, and many developing nations (e.g., Nigeria, the People's Republic of China, and India).

The World Values Surveys taps the degree to which individuals belong to a variety of social, economic and political groups. The first step in our analysis was to measure membership in three forms of new social movement activity: environmental groups, women's groups, and community groups.[2] Table 1 presents the levels of political activism by nation. First, one is struck by the high level of involvement in these movements within the advanced industrial societies.[3] In the ten nations with the highest Gross National Product (GNP), for example, on average about 6.1 percent of the population claim to be members in an environmental organization; the equivalent percentage for the ten nations with the lowest GDP/capita is 1.9 percent. In many European democracies, environmental group membership even surpasses expressed membership in political parties (e.g., in the Netherlands and Denmark). The link between GNP/capita and membership rates is substantial ($r = 0.45$) and increases if the Netherlands (the highest value outlier) is excluded ($r = 0.60$).

The broad cross-national pattern for political involvement in women's groups is quite similar ($r = 0.53$) to environmental groups. Participation in civic associations is unrelated to affluence if the South Korean outlier is excluded ($r = 0.00$). Thus, new social movement activism in green and women's groups follows a similar trajectory as part of a new style of political engagement. At the same time, there is also considerable variation across nations and even within the advanced industrial democracies. In addition, these forms of action have generally increased over time, even since the previous World Values Surveys at the beginning of the 1980s (Inglehart 1997). Thus, our second research goal is to explain the levels of political activism across nations.

3. What Stimulates Environmental Activism

Even if environmental activism is distinctly more common in advanced industrial societies, environmental concerns are nearly a global phenomenon (Inglehart 1995; Dunlap, Gallup and Gallup 1993). Indeed, in previous work we showed that there is strong concern for environmental protection and attitudinal support of environmental groups across nations, and this is almost independent of national affluence (Rohrschneider and Dalton 1997). Although environmental activism first appeared on a widespread scale in affluent democracies, there are also enormous pollution problems in developing countries that arouse the concerns of those living in pol-

---

2 "Please look carefully at the following list of voluntary organizations and activities and say ... which, if any, do you belong to?" Table 1 presents membership in (1) conservation, the environment, or ecology groups; (2) women's groups; and (3) groups active on local community issues.

3 We recognize, of course, that the meaning for these groups varies across nations. For instance, party membership in China has a much different meaning than membership in an Finnish political party. Similarly, the meaning of women's groups and community groups can be quite different. This is one of the reasons we focus on environmental groups as the basis of our cross-national analyses.

luted areas. The contrast between the breadth of environmental concerns in cross-national public opinion surveys, vs. actual participation in advanced industrial societies, is a key point in the analyses that follow. In objective terms, one might suggest that the need for environmental protection is actually lower in those nations where the movement is the strongest (Inglehart 1995). Our goal is to examine the factors that might explain why environmental activism – and other types of direct citizen participation – is concentrated in the advanced industrial societies, even though ecological or other political concerns may exist globally.

Socio-economic Development

The most obvious explanation is that unconventional, elite-challenging political action is a consequence of the forces of socio-economic modernization – an extension of the long tradition of political development literature (Pye 1997; Lipset 1994). Most theories argue that industrial societies have reached a stage where economic development is linked to dense communication structures, mass education, urbanization, and high degrees of social mobility (Vanhanen 1997). These characteristics facilitate the opportunities for environmental protesters (or other political activists) to translate public concerns into activism. Consider, for example, the importance of mass communication technologies. These technologies enable groups to communicate with potential constituencies across large distances. Simply put, if environmental activists cannot reach many of their potential supporters, it is difficult to build an organization with a large membership base. The higher levels of education in advanced industrial societies also contribute to the greater ability of groups to mobilize supporters. A better educated public is, on average, better able to evaluate environmentalists' alternative policy claims independently of the cues emanating from established elites. A cognitively sophisticated public is also more likely to translate their policy preferences into political action. The greater social mobility in advanced industrial societies also increases the likelihood that individuals are willing to join new political groups that do not directly represent a traditional social milieu. When citizens' political loyalties are defined by kinship, it is less likely that ecological groups successfully mobilize their supporters than when these supporters lack strong ties to a traditional milieu. And urbanization may help to mobilize ecological concerns because the concentration of like-minded individuals (e.g., in certain sections of cities) enhances their mobilization by groups. Thus, the societal infrastructure of modern societies enhances the odds that support can be mobilized by appeals from environmental groups.

These macro-level arguments of citizen mobilization may also have a more subtle manifestation at the micro-level. The "standard model" of political action predicts higher levels of activity among those with higher social status (Verba, Nie and Kim 1978; Barnes, Kaase et al. 1979). We hypothesize that this relationship may systematically vary across nations. The unique position of higher status individuals within advanced industrial societies, such as the greater "radicalism" of the new middle class (Cotgrove 1982) or their greater sensitivity to ecological problems

(Brandt 1982), can reinforce environmental activism. In sum, these studies maintain that the specific problems of advanced industrial societies (e.g., the costs of mass consumption patterns, "overdevelopment," and the presence of a nuclear energy industry) sensitize these social strata to the ecological costs of economic development (Offe 1985). In less affluent nations, the social distribution of environmental concerns may be different. If individuals' exposure to pollution is the central reason for support of environmental protection (Dunlap, Gallup and Gallup 1993), then this burden may fall more heavily on lower status groups in the developing world. When the absence of clean drinking water or adequate sanitation stimulates the public's environmental concerns, it is probable that environmentalism will no longer be concentrated among the more affluent (Bloom 1995; DeBardeleben and Hannigan 1995). In short, this literature suggests that environmental activism in less affluent countries may be less dependent on social status than it is in advanced industrial nations.

In sum, environmental mobilization in advanced industrial democracies may have a twofold advantage in comparison to less developed nations. At the national level, advanced industrial societies possess the infrastructure needed to mobilize constituencies. This suggests that the *levels* of political mobilization will be higher in advanced industrial societies. In addition, at the individual-level we expect to find systematic differences in the *strength* of the social correlates of political action. Many citizens in advanced industrial societies possess higher social status and other demographic characteristics that are likely to stimulate action, and such social status measures should be more strongly related to environmental activism than in a less developed nation.

Democratic Institutions and Environmentalism

Modernization is undoubtedly important, but we believe this is an insufficient explanation if taken alone. Once we reach beyond the Western advanced industrial democracies, it is obvious that political institutions affect the mobilization potential of a political movement independent of national affluence.[4] Simply put, democratic societies are more likely than authoritarian ones to afford people with the opportunities to mobilize new political interests and, ultimately, to recruit new members.

Democratic rules greatly facilitate the free exchange of ideas, the ability to form groups, and the potential to oppose a government. This point is self-evident. Still, to appreciate the importance of institutional openness for environmentalism, one

---

4 Within the confines of the advanced industrial societies, the concept of political opportunity structures is frequently used to consider the influence of national institutions on movements (e.g., Kitschelt 1986; McAdam, McCarthy and Zald 1996). While very important, these analyses focus on advanced industrial societies and may thus assume that civil liberties are in place. In contrast, we are concerned with the existence of basic democratic rights, not the more refined institutional differences *within* the democratic spectrum.

must consider that environmentalism represents a challenge to the dominant economic priorities of most contemporary societies. In most nations, labor unions and business associations are united in their resistance to the growth-restricting policies of environmentalists. As a result, environmental policies typically must overcome the resistance of economic interests that are better institutionalized, better funded, and possess greater political access. Consequently, the expression of opposition to dominant governmental policy priorities requires that citizens have the right to challenge governments – whether on environmental protection, women's rights, human rights, or other causes. These democratic rights are constitutionally guaranteed in well-established democracies, such as those of the U.S. and Western Europe.

In contrast, authoritarian systems frequently suppress autonomous citizen action, such as environmental protests. For instance, when Nigerian activist Ken Saro-Wiwa challenged his government over environmental policies in 1995, he and several supporters were publicly executed. Unfortunately, such incidents are not uncommon in developing nations. Thus, all else being equal, a restrictive polity undoubtedly reduces the degree to which environmental concerns are translated into environmental activism.

Indeed, we expect that there is an interaction effect between modernization and democratization in explaining environmental group membership. The conditions for mobilizing potential members are particularly favorable where *both conditions exist* – societies have a well-developed infrastructure and are democratic. While modernization and democratization tend to be linked, the correlation is certainly not perfect. Some nations are modern and undemocratic (e.g., Kuwait), while others are less affluent but democratic (Costa Rica). If societies have the social infrastructure to organize environmental action, a democratic political context maximizes the opportunities for citizens to act on the basis of their concerns. All else being equal, the mobilization of environmental concerns is greater where modernity and democracy coincide.

Cultural Theories

Another explanation of environmental activism and general involvement in new social movements stresses the key role played by individuals' values. Ronald Inglehart (1995, 1997) maintains that the social modernization of advanced industrial societies stimulates a new set of postmaterial values that place greater stress on quality of life concerns, such as environmental protection, gender equality, and the other concerns of new social movements. These values also broaden environmental concerns beyond those that directly affect the individual, because the environment is considered an interconnected ecosystem. Thus, acid rain and deforestation are viewed as important issues, even if they do not directly affect one personally. In addition, these values are likely to encourage a broader social critique as part of the solution to environmental program, what some have labeled the *New Environmental Paradigm* (NEP) (Dunlap and van Liere 1978). Further, the alternative, participatory values of postmaterial values stimulate individuals to be politically active in the first place (Inglehart 1990).

Environmentalism is likely viewed differently in less developed societies, for at least three reasons. First, in less developed nations environmental concerns often focus on problems that directly impinge on the individuals' quality of life, such as the provision of clean water, waste disposal, or clean air (Fisher 1993). Environmental actions in these contexts are frequently movements of victims who are directly suffering from pollution problems. Second, given the widespread poverty in less developed societies, it is implausible to argue that people fault economic affluence for pollution problems. Instead, environmental concerns often co-exist alongside a preference for economic growth and affluence. Third, environmental concerns may actually manifest a concern for one's economic well-being in these societies. In his study of the rain forest preservationist movements in Central Africa, Robert Bailey (1996: 328) maintains that Africans "want to preserve forest, but not for its aesthetic beauty or for backpacking, camping, tourism, or wildlife biology. Rather the forest is to be exploited." Environmental concerns may not only co-exist with economic concerns but may exist *in order to* enhance individuals' economic well-being. Additional evidence comes from a comparative study of environmental protests against nuclear weapons' facilities in the United States and Russia (Dalton, Garb and Lovrich 1999). Postmaterial orientations played a stronger role in predicting group support in America, which was important in explaining the relative mobilization success of U.S. groups.

The point is *not* just that postmaterialists have a greater propensity to participate in ecological groups (this claim would hardly be novel). Rather, we also suggest that value priorities have a stronger impact on the mobilization of environmental action in the advanced industrial societies, because this reflects the nature of environmentalism in these societies.

In sum, we suggest that cross-national patterns of participation in environmental groups, and presumably other new social movements, reflect the confluence of three factors. Environmental activism is more likely in nations that: (1) possess the societal infrastructure necessary to form environmental groups; (2) when political systems tolerate the formation of protest; and (3) when publics link environmental concerns to a basic critique of modern societies. Furthermore, some of these factors should have a differential impact across nations. For instance, social status and postmaterial values are expected to be stronger predictors of activism in advanced industrial societies because these traits provide the basis for the political appeals of environmental groups in these nations. Thus, only a multi-level explanation with these interaction effects can adequately explain the conditions under which citizens are mobilized in these groups.

4. The Evidence of Micro-level Interactions

Our first empirical analyses involve the socio-economic bases of political action. The standard model of political participation predicts that upper status individuals will participate more in politics (Barnes, Kaase et al. 1979; Verba, Nie and Kim 1978). Everything else being equal, one expects a positive relationship between social status and membership in political groups across nations. At the same time, however, we have argued that environmental groups are more successful in mobilizing upper status citizens in affluent countries, and may have a different social base in developing nations. Consequently, we expect the socio-demographic basis of environmental membership to vary systematically across the globe. Individuals with higher education should be disproportionately more likely to join environmental groups, but this relationship would be significantly attenuated or even reversed in less developed nations.

Figure 1: The Relationship Between Education and Environmental Group
                Membership

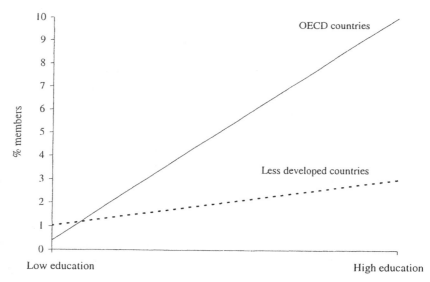

Source: 1990 World Values Surveys.

Figure 1 tests this expectation by displaying the relationship between education and group membership as summarized by the slopes from two regression analyses. The relationship between education and group membership (the solid line) in the OECD nations is obviously much stronger (r = 0.14) than the nearly flat slope (the dashed line) in the set of less developed nations (r = 0.04). To cite some specific examples, in an affluent nation such as Denmark there is a moderate correlation between education and membership in an environmental group (r = 0.18); this relationship is generally weaker in poorer nations, such as China (r = 0.00) or Brazil (r = 0.05).

It would be cumbersome to repeat this figure for a set of social status measures, and such a dichotomous analysis restricts the full variance across nations. Thus, an alternative analytic method examines whether the strength of the relationship in each nation varies systematically by affluence or other measures. For example, the education/group membership correlation generally is stronger in nations with a higher GNP/capita; and across the 46 nations in our study, these two national characteristics are correlated at the 0.33 level (Table 2). Similarly, income and social class have a stronger impact on environmental group membership in more affluent nations.

Table 2: The Relationship Between the Strength of the Correlates of Environmental Group Membership and National Affluence and Democracy

Correlation	Affluence (GNP/capita)	Democracy (Freedom House)
Education-Membership	0.33	0.43[*]
Income-Membership	0.34	0.33
Class-Membership	0.28	0.36
Postmaterialism-Membership	0.74[*]	0.64[*]
Leftism-Membership	0.66[*]	0.64[*]

[*] $p \leq 0.05$.

Note: Based on the aggregate data set, entries are the correlations (r) between the nation's micro-level correlation between the two variables displayed in the first column and the nation's GNP/capita and Freedom House scores. Number of cases ranges from 26 (for the class variable) to 36.

On the whole, these patterns suggest that environmental group membership does have a somewhat different socio-demographic base across the world. The socio-demographic profile of activism in advanced industrial societies manifests the "normal" model of political action: higher among the better educated and the more affluent. In less developed nations, these linkages tend to be weaker. Thus, these global patterns support the thesis that the socio-demographic base of environmentalism in advanced industrial societies produces differential mobilization patterns.

We also expect systematic cross-national differences in the influence of postmaterial value priorities on political activism. While postmaterial values might generally stimulate political engagement, these effects are most likely to be seen in advanced industrial societies. On the one hand, there are more postmaterialists in these nations and these individuals often define the core constituency for new social movements. On the other hand, the ideological appeals of environmental groups in these nations are more likely to be focused on issues and campaigns that resonate with postmaterialists.

Figure 2 documents the varying relationship between postmaterial values and environmental membership across the globe. As in the previous figures, the relationships are, expectedly, stronger in the OECD nations. For the OECD countries in our study, the average correlation between postmaterialism and environmental group membership is $r = 0.13$. In contrast, in the ten nations with the lowest GNP/capita, the average correlation is $r = 0.03$. There are even negative correlations in some lower GNP nations.

The lower rows of Table 2 present the aggregated macro-level summary of how national affluence interacts with the strength of the postmaterial correlation. Postmaterial values have a much stronger impact on group membership in the advanced industrial societies ($r = 0.74$). Furthermore, another ideological dimension — self-placement on the left-right scale — also serves as a stronger mobilizing force in affluent societies than in less affluent ones.

Figure 2: The Relationship Between Postmaterial Values and Environmental Group Membership

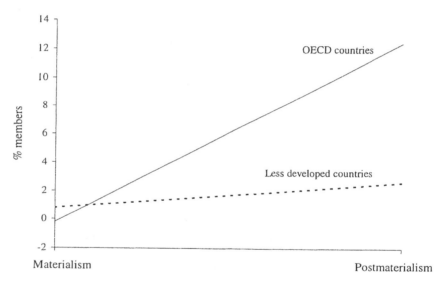

Source: 1990 World Values Surveys.

The second column of Table 2 replicates these macro-level comparisons, except now we consider whether the impact of social status and postmaterialism is affected by the institutional context. We find a similar pattern as with national affluence. The strength of the social status/membership relationship tends to be systematically stronger in more democratic nations. The impact of institutional context on the education relationship ($r = 0.43$) is even stronger than for the national affluence relationships we have just examined ($r = 0.33$). Similarly, ideological factors, such as postmaterialism, have a greater influence on participation in environmental groups in more democratic nations ($r = 0.64$).

In summary, both national affluence and political institutions interact with the pattern of micro-level correlates of environmental group membership. When citizens in advanced industrial societies (or democratic polities) decide to join environmental groups, their responses are more strongly based on social status and value-based (postmaterial or NEP-based) considerations. Environmental group membership is thus linked to a broader critique of society's priorities. This constitutes an important contrast to less-developed nations where environmental orientations are frequently weakly or not at all related to social status or postmaterial values. Evidently, in these nations, environmental concerns often *co-exist* with material concerns; in advanced industrial societies, environmental concerns are *replacing* material concerns. At the individual-level, then, the NEP base of environmentalism is the most distinctive feature of environmental support and membership in affluent countries. One consequence of this pattern is that environmental elites in advanced industrial democracies must be able to translate a public's ecological preferences into action if they wish to mobilize a large membership for the movement.[5]

5. A Multivariate Analysis of Global Activism Levels

We need to carry the analyses one step further to consider how these various factors jointly, and independently, explain environmental group membership at the level of nation-states. Even when we discuss the individual-level foundations of environmental activism, we do so in order to draw out their *nation-level consequences*. To examine these macro-level processes, our research calls for a model that is aggregated to the national level. We start with a basic model: The percentage of the public that belongs to an environmental group is seen as dependent on several factors (see Appendix):

- Affluence (GNP/capita),
- Democracy (Freedom House scores),
- Postmaterialism (Percentage of postmaterialists),
- Environmental group support (a nation's average support for environmental groups),

---

5 We also tested whether the relationship between wealth and openness is curvilinear, on the grounds that mobilization is highest in "middle" countries whereas very oppressive and very open regimes suppress membership in groups: In repressive systems, free membership is not possible; in very open systems, elites often respond to ecological movements. However, our analyses do not support this interpretation.

Russell J. Dalton and Robert Rohrschneider

Table 3: Predicting National Membership Figures in Environmental Groups: A Nation-level Model

	Model 1			Model 2			Model 3		
	B	SE	T	B	SE	T	B	SE	T
GNP/capita	-0.0001	0.000	0.33	-0.0006	0.000	0.37	-0.005	0.000	2.1
Palmer's pollution index (high values = low pollution)	-0.067	0.000	1.64	-0.05	0.04	1.1	-0.071	0.04	1.90
Freedom House	0.16	0.46	0.36	0.017	0.46	0.037	-0.25	0.41	0.62
Mean postmaterialism (PM)	0.43	3.7	1.1	3.6	3.7	0.98	4.1	3.2	1.3
Mean group support	-5.7	2.9	1.83	-3.8	3.2	1.2	-3.9	2.7	1.4
Correlation PM-group support	a	a	a	18.4	14.4	1.3	26.1	12.69	2.1
GNP/capita*Freedom House	a	a	a	a	a	a	0.003	0.000	2.7
R-square	0.44			0.48			0.64		
N	24			24			24		

Note: Entries are results from ordinary least squares regression analyses. An "a" denotes that a variable is not included in the model.

– Objective environmental conditions (a compositive measure of pollution problems).[6]

Model 1 in Table 3 indicates that the strongest predictor of national membership in environmental groups is the average level of group support and the nation's pollution level. However, national levels of support for environmental groups and pollution levels are related to *lower*, not higher, membership levels (the variables are significant at the 0.05 level, one-tailed). This anomaly occurs, in part, because national levels of support for environmental groups is not strongly related to socio-economic development, while group membership is (Rohrschneider and Dalton 1997). Thus controls for factors related to development may "overcontrol" this relationship.

These negative relationships and the relatively low predictive power of the model suggest that the baseline model omits important factors so it does not capture the *causal* processes underlying environmental group membership. The other standard variables that might explain membership rates – affluence, Freedom House scores, and levels of postmaterialism – are insignificant. Undoubtedly, these relationships are weakened by the multicollinearity among several of the independent variables. For example, the bivariate correlation between GNP/capita and postmaterialism ($r = 0.74$) partly explains the insignificance of GNP/capita in the multivariate model.[7]

Therefore, we expanded the model to include two additional variables that represent the core of our macro-level interaction argument. First, we added an interaction term between affluence (GNP/capita) and democracy (Freedom House scores). The interaction term represents our argument that the combination of both traits – affluence and democracy – facilitates the mobilization of environmental protest. Our hypothesis is that citizens in affluent *and* democratic nations are more easily mobilized than citizens in countries that lack either of these two characteristics. Second, we incorporate a measure of the differential mobilization base of environmental groups by including the correlation between postmaterial values and support for environmental groups as a nation-level variable. This variable represents the extent to which environmentalism in a nation is linked to the alternative values of postmaterialism, which we believe facilitates the mobilization potential of environmental groups.

6 To assess the impact of objective conditions, we include Palmer's composite measure of pollution problems (Palmer 1997). This measure includes the average growth of forests, 1965-1989; fertilizer consumption in 1989; CO_2 controlling for population size, growth rates of fertilizer consumption, 1965-1989 (Palmer 1997: 16). This index is widely used, for example, by Lijphart (1999).

7 Despite the strong relationships among the predictors – especially the main and interaction effects in Models 2 and 3 –, it is reassuring that only one of the standard errors of the variables increases as we add more variables – and none of the standard errors of those variables used to construct the interaction term increases. In short, the high correlations among predictors do not cause statistical problems for our analyses.

Model 2 suggests that adding the correlation between postmaterialism and group membership adds only a modest degree of explained variance (by about 4 percent). However, the fully specified Model 3 produces a substantial increase in explained variance by adding the affluence*democracy interaction term. The interaction term also is highly significant (p = 0.01 level). Nations with higher GNP/capita and better Freedom House scores (representing affluent democracies) have higher environmental group memberships. Evidently, wealthy and democratic nations provide the infrastructure and an institutional framework that facilitate the mobilization of group sympathizers. Equally important, the correlation between postmaterialism and group support now turns out to be a highly significant predictor in Model 3. Generally, the two variables representing the core of our arguments emerge as the strongest predictors of group membership. Both the ideological basis of environmental action and a nation's socio-political context strongly influence the extent to which supporters are mobilized. The other variables fail to reach conventional significance levels.

6. Conclusion

This research asks: Why is membership in environmental groups higher in some nations than in others even though environmental group support or general environmental concern is a global phenomenon? We adopted a multi-level approach to answer this question, and our findings suggest a complex interaction among micro-level and macro-level factors. At the micro-level, socio-economic traits are a modest spur to political action. While others argue that better education and a higher social class stimulate activism, we find modest support for this relationship when environmental activism is viewed globally. For challenging groups, such as the environmental movement, this relationship may even reverse in the least developed nations. An ideological appeal to alternative values, such as the New Environmental Paradigm, may have a stronger influence on whether citizens' environmental concerns are mobilized by groups.

At the macro-level, environmental mobilization is facilitated by the confluence of societal and political development. The societal infrastructure of affluent nations substantially stimulates the mobilization of public involvement in environmental groups. In addition, a democratic political context also facilitates the mobilization of environmental activity, as the political opportunity structure literature suggests (Tarrow 1994; McAdam, McCarthy and Zald 1996). But what is most important is the joint presence of both social and institutional factors, as seen in the weight of the interaction term in our multivariate model.

The most interesting and novel finding, however, is the interaction between macro-influences and the ideological base of environmentalism. Postmaterialism is a substantially stronger correlate of environmental activism in affluent societies than in developing societies. This relationship is also magnified in democratic nations, and is strongest in affluent *and* democratic societies. This suggests that ideological mobilization, such as represented by challenging groups like the environmental movement, flourishes more easily in a supportive socio-political context.

Such interactions appeared with fairly crude and highly aggregated measures of national conditions; we suspect that more detailed analyses would uncover even stronger interaction effects.[8] For example, these results suggest that research might examine how the levels of democracy affect the structure of environmental organizations, and whether this influences the capacity of movements to mobilize their constituencies. There is such a relationship within Europe (e.g., Wessels 1997) and groups' organizational structures may represent another factor influencing why movements in lesser developed nations are less successful in raising membership figures. Therefore, our study should encourage such analyses: the divergence of support and membership at the global level points to the importance of mobilization patterns; and the multi-level model developed in this paper suggests the importance of structures *and* ideology in explaining global patterns.

Our study also underlines the importance of a multi-level explanation of environmental activism. Citizens may have the proper predisposition, but if they do not have the opportunity to express their views freely or the means to reach potential activists, the chances for mobilizing environmental sentiments are significantly lowered. However, structural opportunities while important, tell only part of the story. If the proper structural conditions exist, but citizens lack the ideological base, levels of environmental membership may remain limited even though concerns for the environment are widespread. A recent study of environmentalism in contemporary Russia graphically illustrates this point (Dalton, Garb and Lovrich 1999). Despite horrendous environmental damage during to nuclear weapons production in the Chelyabinsk region, and government acknowledgment of these problems, the environmental movement has struggled to mobilize the aggrieved populations, while less dire ecological circumstances surrounding the American nuclear weapons facility generated a larger and more active environmental response. In short, a focus on one level of analysis to the detriment of others omits an important piece of the mobilization potential of environmental concerns. A fully specified model would consider the *confluence* of structures and motives.

One practical implication concerns the pace at which one may expect a global environmental movement to form. Some analysts of environmental action suggest the emergence of global "civic society" where environmental non-governmental organizations (NGOs) take a lead in establishing international regulations to protect the environment (Smith, Chatfield and Pagnucco 1997; Princen and Finger 1994). Our study suggests that environmental concerns in less developed nations will have difficulty mobilizing broad public involvement because they often lack the proper infrastructure, are frequently occurring in undemocratic circumstances, and envi-

---

8 For example, the GNP/capita variable represents a variety of aspects concerning nations' infra-structure across the world; and the Freedom House scores do not capture the nuanced influence of institutions on the opportunities of movements, for example, within the confines of advanced industrial societies (e.g., McAdam, McCarthy and Zald 1996).

ronmentalists are less likely to successfully use ideological appeals to recruit members. This, in turn, suggests that environmental groups in advanced industrial democracies will remain as the largest and most influential actors on global environmental issues. Since public pressures are vital in this process, environmentalists in advanced industrial societies are in a better position to lobby for international agreements. Consequently, larger mass-based groups from advanced democracies may have to take the lead in accomplishing the development of a global environmental regime.

In addition, it is likely that the goals and values of environmental groups will tend to differ between the developed and the developing world. Because of the support for the New Environmental Paradigm among adherents of environmental groups in the development world, these groups may be more concerned with global issues and be more willing to challenge the existing social and economic paradigms of global capitalism (Rohrschneider and Dalton 2002). At the same time, because of their different membership base, environmental groups in developing nations may be drawn to pay greater attention to domestic environmental issues and aim at limited environmental improvements, rather than fundamental social change at a global level. Thus, environmental groups in advanced industrial democracies likely face a dual task in terms of global environmental issues: They must lobby their own governments to change policies, and they may have to mobilize (and subsidize) the support of environmental groups in the lesser developed parts of the world.

Appendix: Measures in the 1990/91 World Values Surveys and the Aggregate Data Set

Environmental Group Membership

V26   Please look carefully at the following list of voluntary organizations and activities and say ... which, if any, do you belong to? [Do you belong to] conservation, the environment, or ecology groups?

The Correlates of Environmentalism

V356   Education in years of schooling
V363   Income (ten income categories ranging from low to high)
V364   Social class (interviewer assessment of respondents' social class); using occupational categories produces similar results. V364 is preferable because it is available for more countries
V379   Postmaterialism (12-item indicator)
V248   Left-right ideology (self-placement). Using a composite index of several economic left-right indicators produces virtually identical results

Aggregate Measures

Environmental group membership	Percentage of national group members (Table 1)
Pollution index	Palmer (1997: 16-20)
GNP/capita	World Bank (1991)
Environmental group support	Based on World Values Surveys, mean support for the environmental groups (V290)

Mean levels of postmaterialism	Based on World Values Surveys, mean postmaterialist values (based on the 12-item indicator)
Democracy	An additive index of two Freedom House scores (Freedom House 1990). High scores represent democracies

References

Barnes, Samuel H., Max Kaase, Klaus R. Allerbeck, Barbara G. Farah, Felix Heunks, Ronald Inglehart, M. Kent Jennings, Hans-Dieter Klingemann, Alan Marsh, and Leopold Rosenmayr (1979): Political Action. Mass Participation in Five Western Democracies. Beverly Hills: Sage.

Bailey, Robert (1996): Promoting Biodiversity and Empowering Local People in Central African Rainforests. In: Leslie E. Sponsel, Thomas N. Headland and Robert C. Bailey (eds.): Tropical Deforestation. The Human Dimension. New York: Columbia University Press.

Bloom, D. E. (1995): International Public Opinion on the Environment. In: Science, 269, pp. 354-359.

Brandt, Karl-Werner (1982): Neue Soziale Bewegungen. Opladen: Westdeutscher Verlag.

Cotgrove, Stephen (1982): Catastrophe and Cornucopia. New York: Wiley.

Dalton, Russell J., Paula Garb and Nicholas P. Lovrich (1999): Critical Masses. Cambridge: MIT Press.

DeBardeleben, Joan and John Hannigan (eds.) (1995): Environmental Security and Quality After Communism. Boulder: Westview Press.

Dunlap, Riley, George Gallup and Alec Gallup (1993): Health of the Planet Survey. Princeton, NJ: Princeton Institute.

Dunlap, Riley and Kent D. van Liere (1978): The New Environmental Paradigm. In: Journal of Environmental Education, 9, pp. 10-19.

Fisher, Duncan (1993): The Emergence of the Environmental Movement in Eastern Europe and its Role in the Revolutions of 1989. In: Barbara Jancar-Webster (ed.): Environmental Action in Eastern Europe. Armonk, NH: M.E. Sharp.

Freedom House (1990): Freedom in the World. The Annual Survey of Political Rights and Civil Liberties. New York: Freedom House.

Inglehart, Ronald F. (1990): Culture Shift in Advanced Industrial Society. Princeton: Princeton University Press.

Inglehart, Ronald F. (1995): Public Support for Environmental Protection: Objective Problems and Subjective Values in 43 Societies. In: PS: Political Science and Politics, 28, pp. 57-72.

Inglehart, Ronald F. (1997): Modernism and Postmodernism. Princeton: Princeton University Press.

Kitschelt, Herbert (1986): Political Opportunity Structures and Political Protests. Antinuclear Movements in Four Democracies. In: British Journal of Political Science, 16, pp. 57-85.

Klingemann, Hans-Dieter (1985): Umweltproblematik in den Wahlprogrammen der etablierten politischen Parteien in der Bundesrepublik Deutschland. In: Rudolf Wildenmann (ed.): Umwelt, Wirtschaft, Gesellschaft. Stuttgart: Staatsministerium Baden-Württemberg, pp. 356-361.

Lijphart, Arend (1999): Patterns of Democracy: Government Forms and Performance in Thirty-six Countries. New Haven, Connecticut: Yale University Press.

Lipset, Seymour M. (1994): The Social Requisites of Democracy Revisited. In: American Sociological Review, 59, pp. 1-22.

McAdam, Doug, John D. McCarthy and Mayer N. Zald (eds.) (1996): Comparative Perspectives on Social Movements. New York: Cambridge University Press.

Offe, Claus (1985): New Social Movements. In: Social Research, 52, pp. 817-868.

Palmer, Monte (1997): Political Development. Itasca, Ill: Peacock.

Princen, Thomas and Matthias Finger (eds.) (1994): Environmental NGOs in World Politics. Linking the Local and the Global. London: Routledge.

Pye, Lucian (1997): Political Science and the Crisis of Authoritarianism. In: American Political Science Review, 84, pp. 3-20.

Rohrschneider, Robert and Russell J. Dalton (1997): The Influence of Democratic Structures, Affluence, and Environmental Ideology on Membership in Environmental Groups. A Multi-level Model. Paper presented at the annual meeting of the Midwest Political Science Association, Chicago.

Rohrschneider, Robert and Russell J. Dalton (2002): A Global Network? Transnational Cooperation among Environmental Groups. In: Journal of Politics (Forthcoming).

Smith, Jackie, Charles Chatfield and Ron Pagnucco (eds.) (1997): Transnational Social Movements and Global Politics. Syracuse: Syracuse University Press.

Tarrow, Sidney (1994): Power in Movement: Social Movements, Collective Action and Politics. Cambridge: Cambridge University Press.

Vanhanen, Tatu (1997): Prospects of Democracy. A Study of 172 Countries. London: Routledge.

Verba, Sidney, Norman Nie and Jae-on Kim (1978): Participation and Political Equality. Cambridge: Cambridge University Press.

Wessels, Bernhard (1997): Organizing Capacity of Societies and Modernity. In: Jan van Deth (ed.): Private Groups and Public Life. New York: Routledge, pp. 198-219.

World Bank (1991): World Tables. Oxford: Oxford University Press.

Interessenwandel und Wandel kollektiver Akteure

Joachim Amm

1. Einleitung

Es liegt in der Natur der Sache, dass Anpassungsprozesse von Institutionen an sich ändernde systemumweltliche Bedingungen sowie die Frage nach möglichen Regelmäßigkeiten institutionellen Wandels und Lernens ein immer wieder aktuelles Thema sowohl für die Praxis der Politik als auch für die Politikwissenschaft bleiben. Wie stellen sich Wirtschaftsunternehmen und im ökonomischen Sektor agierende Verbände auf die Globalisierung ein? Wie haben Nationalstaaten und Verteidigungsbündnissen auf die Auflösung der Bipolarität im System der internationalen Beziehungen reagiert? Wie ist mit neuen Entwicklungen in der Biotechnologie, mit plötzlichen Ölpreisschocks oder mit der BSE-Problematik politisch umzugehen? Diese Fragen beschreiben nur beispielhaft einige aktuelle, ständig neu entstehende Herausforderungen, auf die es institutionell zu antworten gilt. „Alles ist im Flusse", das oft bemühte Zitat des griechischen Philosophen Heraklit (ca. 550 bis 480 v.Chr.) trifft gewiss auch auf kollektive politische Akteure des intermediären Systems – vor allem Interessenverbände und Parteien – zu, von denen dieser theoretisch-explorative Beitrag handelt.

Verbände und Parteien sind normalerweise bestrebt, im eigenen Sinne auf die Politik einzuwirken, d.h. ihrerseits *externen* Wandel (und manchmal auch explizit dessen Verhinderung) zu erreichen. Es stellt sich jedoch die Frage, in welcher Weise sich kollektive politische Akteure auch selbst *intern* verändern, inwiefern also eine Subjekt-Objekt-Inversion vorliegt. Und wandeln sich dabei auch die *Interessen* der Organisationen? Wäre letztere Frage zu bejahen, bedeutete dies einen durchaus kontra-intuitiven Befund. Es wäre beispielsweise kaum vorstellbar, dass sich eine Gewerkschaft nicht mehr für Arbeitnehmerbelange einsetzte, oder dass ein Umweltverband aufhörte, ökologische Themen zu befördern. Einerseits findet organisatorischer Wandel in der Tat kontinuierlich statt, aber bereits im Zuge des Versuchs, gewisse Regelmäßigkeiten häufig vorfindbarer Wandlungs- und Adaptionsmuster intermediärer Organisationen zu entdecken, wird andererseits bei der Sichtung des Literatur- und Forschungsstandes offenbar, dass zwar sehr viele Veröffentlichungen zum Organisationswandel, aber so gut wie keine Titel zum organisatorischen *Interessen*wandel vorliegen. Diese Divergenz verweist auf die Notwendigkeit, sowohl den Interessenbegriff als auch die vielfältigen Facetten organisatorischen Wandels konzeptionell zu klären, um für spätere empirische Untersuchungen ein analytisches Instrumentarium bereitzustellen und ein Forschungsprogramm aufzuzeigen. Konkret ist zu fragen, welche Dimensionen organisatorischen

Wandels in Betracht zu ziehen sind, welche Austauschprozesse zwischen Organisation und Organisationsumwelt stattfinden, worin die Stimuli und Motive organisatorischen Wandels bestehen, wo sie emanieren und wer ihre Träger sind, wie sie in die Organisation induziert und dort verarbeitet werden, welche Bedeutung dabei dem Verhältnis vom kollektiven Akteur zu den in ihm wirkenden individuellen Akteuren zufällt, was unter organisatorischem Lernen zu verstehen ist, wie Interessen definiert und ggf. umdefiniert werden, welche organisatorischen Konfigurationen als Folge von Lernprozessen verändert werden und welche Wirkungen die Veränderungsprozesse im Ergebnis nach sich ziehen.

2. Interdisziplinärer Theorienaustausch

In verschiedenen Wissenschaftsdisziplinen ist zum organisatorischen Wandel und Lernen bereits umfangreiche Forschung durchgeführt und Theoriebildung vorgenommen worden, allerdings nicht in erster Linie in der Politikwissenschaft und hinsichtlich kollektiver politischer Akteure. Darum bietet es sich an, die wichtigsten vorliegenden Befunde und Theoreme u. a. aus der Organisationssoziologie und aus der Organisations- und Managementlehre (sowie aus der Individualpsychologie und teilweise aus der modellbildenden Ökonomik) mittels einer synoptischen Tour d'horizon kursorisch zusammenzutragen, um sie dann hinsichtlich der Möglichkeit des Transfers und der Nutzbarmachung für die Politikwissenschaft zu überprüfen und sie am gegebenen Untersuchungsgegenstand weiterzuentwickeln.

Theorieimporte und gegenseitige interdisziplinäre Informationsprozesse bildeten lange Zeit ein offenes Desiderat. Mittlerweile hat jedoch ein Austausch begonnen, der den forschungsdisziplinären Partikularismus überwinden könnte, und in dem *selbst* eine Form des (wissenschaftlichen) Lernens zu erkennen ist. So wird seitens der Managementlehre bereits eine Strategie der interdisziplinären Wissensvernetzung verfolgt (Albach et al. 1999; Dierkes, Alexis et al. 2001; Dierkes, Berthoin-Antal et al. 2001) und dabei auch politikwissenschaftlicher Sachverstand durchaus einbezogen (z.B. LaPalombara 2001). Auch die Politikwissenschaft ihrerseits bedient sich vielfältiger Theorie- und Methodenimporte, z.B. aus der Ökonomie. Das gilt nicht nur für die momentan vor allem in der amerikanischen Politikwissenschaft äußerst populäre formale Modellbildung (Spieltheorie), sondern vor allem für die über viele Jahre geradezu paradigmatische Rational-Choice-Theorie, welche sich auf den ersten Blick in besonderer Weise für die Untersuchung von politischen Interessen sowie deren Herleitung und Wandel anzubieten scheint. Allerdings wurden von Rational Choice angeleitete Überlegungen bislang ganz überwiegend nur insoweit zur Analyse kollektiver politischer Akteure genutzt, wie es darum ging, auf das *Free-Rider*-Problem aufmerksam zu machen und die Hypothese der verminderten Organisationsfähigkeit gemeinwohlorientierter kollektiver Interessen gegenüber privaten Interessen zu untersuchen.

Natürlich ist die Politikwissenschaft zur Untersuchung des Wandels kollektiver Akteure nicht *ausschließlich* auf Theorieimporte angewiesen, da z.B. Teilaspekte der Pluralismustheorie und der neueren Institutionentheorie ebenso wichtige Erkenntnisse hervorgebracht haben. Dennoch stellt z.B. der jüngst vorgelegte Band über *Politik in Organisationen* (Bogumil und Schmid 2001), in dem die Erkenntnisse der Organisationssoziologie aus politikwissenschaftlicher Perspektive zusammengefasst werden, eine äußerst verdienstvolle Aufhebung einer bisherigen Wissensvernetzungslücke dar, die *allein* politikwissenschaftlich kaum zu schließen gewesen wäre.

3. Organisationswandel (und dessen Hemmfaktoren)

Die Wandlungsformen von Organisationen lassen sich nach vielfältigen Kriterien klassifizieren: nach der Quelle der Wandlungsstimuli und -motivationen (organisationsendogen oder -exogen), nach der Artikulationsform dieser Stimuli (manifest geäußerte Anreize oder Forderungen oder latent selbst aufzuspürende Chancen und Risiken), nach der mit diesen Stimuli verbundenen positiven oder negativen Sanktionserwartungen (Belohnungen oder Strafen), nach den Trägern des Vollzugs von Wandel (intern selbstinduziert oder extern fremdgesteuert), nach dem Freiwilligkeitsgrad der organisatorischen Wandlungsimplementationen (Einsicht oder Zwang), nach dem Zeitpunkt des Wandels (frühzeitig-antizipativer bzw. aktiv-selbstintendierter *Push*-Wandel vs. spät-reaktiver, krisenbedingter *Pull*-Wandel), nach dem Vollzugstempo des Wandels (Kontinuum zwischen schleichend-evolutionär und abrupt-revolutionär), nach dem Grad der organisationsinternen Wahrnehmung des Wandels (bewusst-explizit oder unbewusst-implizit) und nach den Organisationsfolgen (konstruktiv-stabilisierend oder destruktiv-destabilisierend). Wandel lässt sich auch auf Modellen gesamtorganisatorischer Verlaufszyklen (von der Genese über die Expansion bis zum Niedergang) abtragen. Das sich in dieser Vielfalt von Faktoren ausdrückende breite Spektrum an möglichen Typen organisatorischen Wandels – bei dem die organisationsinternen Mikro-Makro-Verarbeitungsprozesse von Wandlungsstimuli sowie die verschiedenen Dimensionen der im Ergebnis gegebenenfalls zu wandelnden organisatorischen Konfigurationen (Strukturen, Aktionsformen und Strategien, Ziele und Normen, Symbolik) noch nicht einmal mitbedacht sind – verdeutlicht bereits, dass es wohl kaum möglich sein wird, eine „universale und gleichzeitig instruktive" Theorie organisatorischen Wandels zu entwickeln (Wiesenthal 1995: 138).

Zudem kann, erstens, noch erschwerend hinzukommen, dass innerhalb einer Organisation mehrere – eventuell hinsichtlich der jeweils nahegelegten Wandlungsimplementationen miteinander inkompatible – Wandlungs- und Lernprozesse gleichzeitig stattfinden können (Wiesenthal 1995: 139). Zweitens hängt es vom Zeitpunkt des Wandels ab, ob die Chance für eine Organisation steigt (bei frühem Antizipieren) oder sinkt (bei spätem Reagieren), sich eine Palette von Gestaltungs- und Handlungsoptionen offen zu halten und selbst in einen sich in der Systemumwelt vollziehenden Wandel steuernd einzugreifen. Wandel sollte – insbesondere angesichts zu untersuchender kollektiver *politischer* Akteure mit ihrem nach außen gerichteten Steuerungs- und Integrationsanspruch – jedenfalls als dynamische Austauschbeziehung zwischen Organisation und Systemumwelt konzipiert werden.

Drittens mag eine Organisation jedoch über keine volle Handlungs- und Wandlungsfreiheit verfügen, weil die Wandlungspotenziale durch ressourcenbedingte, organisationsumfeld- oder politikfeldabhängige Faktoren beschränkt sein könnten (Kissling-Näf und Knoepfel 1999: 255). Organisationen verfügen in bestimmten Politikfeldern aufgrund deren spezifischen Charakteristika (z.B. Luftreinhaltepolitik) über weniger Wandlungsoptionen als in anderen, und bei autoritär fremdgesteuerten Organisationen (z.B. abhängige lokale Untergliederungen übermächtiger Konzerne oder Großverbände) tendiert die eigenständige Wandlungsflexibilität gleich ganz gegen Null. Die Wandlungskapazität findet auch in der organisationsstrukturellen Problemwahrnehmungs- und Problemverarbeitungskompetenz einen begrenzenden Faktor. Die Verarbeitungskompetenz ergibt sich dabei nicht nur aus dem organisatorischen Professionalisierungsgrad, sondern auch aus dem Grad interner Interessenhomogenität. Handelt es sich lediglich um eine relativ lose Vereinigung heterogener Einzelakteure und Untergruppen, so ist eher mit internen Reibungsverlusten durch Flügelkämpfe zu rechnen als bei intern hochgradig geschlossenen kollektiven Akteuren.

Viertens können je nach Wandlungsstimuli und deren Trägern ganz unterschiedliche Wandlungsanforderungen an eine Organisation gerichtet sein. Zwar sind – wie im Falle von Wirtschaftsunternehmen empirisch ermittelt wurde – oftmals aktuelle Ressourcenkrisen die Auslöser für dann reaktiv erfolgenden Wandel (d. h. Organisationen werden durch eigene bisherige Misserfolge zum Wandel veranlasst; vgl. Berthoin-Antal, Dierkes und Marz 1999: 517), aber neben weiteren von außen ausgehenden Faktoren (z.B. Legitimitätskrisen oder von anderen Organisationen ausgehender Konkurrenzdruck; vgl. Slater und Narver 1995) und von innen emanierenden Wandlungsstimuli (z.B. Effizienzkrisen oder in der Mitgliederbasis ausbrechende Zielkonflikte), die jeweils mit *negativen* Sanktionen im Nicht-Wandlungsfalle verbunden sind, müssen auch die mit *positiven* Sanktionsanreizen einhergehenden Wandlungsstimuli bedacht werden, z.B. Möglichkeiten zur Expansion der Mitgliederbasis (etwa nach der deutschen Einheit), Möglichkeiten zur besseren internen Kommunikation aufgrund der Entwicklung neuer Technologien (z.B. durch die Weiterentwicklung des Internets) oder Möglichkeiten zum Eingehen strategischer Allianzen, die als Gelegenheitsstrukturen entstehen, wenn sich andere Organisationen wandeln (z.B. korporatistische Bündnisse wie das Bündnis für Arbeit; vgl. Weßels 1999, 2000).

Selten ergibt sich ein Wandlungsstimulus auch dadurch, dass eine Organisation ihre politischen Ziele erreicht hat. In solchem Falle werden – u. a. aufgrund von Positionswahrungsinteressen des Leitungspersonals oder aufgrund gruppensolidarischer Interessen der Mitglieder – meist eher weitergehende Ziele definiert oder neuartige Ziele gesucht, anstatt dass eine Organisation bereit ist, am eigenen Erfolg zugrunde zu gehen und sich für die Wandlungsoption der Selbstauflösung zu entscheiden (Schumacher 1998: 191; Kaufman 1985: 26f., 29). Beispielsweise wurde nach dem Wegfall des Ost-West-Konflikts sogar diskutiert, ob sich die NATO nun verstärkt dem Umweltschutz zuwenden sollte.

Fünftens kann Organisationswandel schließlich auch als Makro-Phänomen begriffen werden, wenn im Zuge von Modernisierungsprozessen bzw. neuen gesellschaftlichen Themen oder Konfliktlinien ganze inhaltlich beschriebene Klassen von Organisationen – den einzelorganisatorischen Wandel ergänzend oder teilweise substituierend – quantitativ abnehmen (z.B. Gewerkschaften) oder zunehmen (z.B. Umweltschutzorganisationen; vgl. Amm 1995). Diese Überlegung korrespondiert einesteils mit dem biologistischen *Population-Ecology*- bzw. *Natural-Selection*-Ansatz zur Erklärung von organisationssystemischen Veränderungen (Pfeffer und Salancik 1978) und findet andernteils Unterstützung im *Resource-Mobilization*-Ansatz, der die Entstehung neuer Organisationen mit dem Vorhandensein von Mäzenatentum und „politischen Unternehmern" begründet (McCarthy und Zald 1977; Salisbury 1969).

4. Organisationslernen (und dessen Hemmfaktoren)

Wie lassen sich durch dieses theoretisch-konzeptionelle Dickicht des Organisationswandels dennoch sinnvolle Schneisen schlagen? Als ein wesentlicher Unterfall von Wandel kann organisatorisches Lernen begriffen werden, worunter bewusste und zumeist aktiv kontrollierte Prozesse des Zugewinns an aktualisierbarem organisatorischen Wissen durch „In-Formationen" – in Verbindung mit Wandlungsresponsivität und undeterminierten Handlungsfolgen – verstanden werden sollen. Das Konzept des organisatorischen Lernens, das im Gegensatz zum eher neutralen Begriff des Wandels eine positive normative Aufladung besitzt, ist aufgrund der Annahme eines akteursbezogenen Handlungsbegriffs wichtig für die Analyse des Interessenwandels kollektiver politischer Akteure.

Organisatorisches *Lernen* weist mit dem Konzept des organisatorischen *Wandels* eine große Schnittmenge auf, ist aber insoweit nicht mit letzterem gleichzusetzen, als Lernen im Ergebnis auch dazu führen kann, dass Wandel eben verhindert werden soll und ausbleibt. Umgekehrt gilt, dass ein langfristiger, schleichender, impliziter Wandel von Organisationen, der sich z.B. als quasi zufälliges Ergebnis von wechselhaften und nicht planvollen *Muddling-Through*-Prozessen einstellen kann, nicht als Lernen konzipiert werden sollte. Allerdings können solch unbewusst und langsam ablaufenden Wandlungsprozesse die *Voraussetzungen* für organisatorisches Lernen beeinflussen, indem z.B. durch den natürlichen Personalwechsel im Zeitverlauf eine mit geänderten Wertvorstellungen versehene Generation in organisatorische Entscheidungsträgerpositionen nachrückt (Kohorteneffekte) und es aufgrund der so erfolgenden allmählichen – wenngleich nie ganz vollständigen – „Durchdringung" einer Organisation mit neuen (z.B. postmaterialistischen) Werten in der Folge zu modifizierten Lernprozessen kommt (Amm 1995; Inglehart 1990). Diese Denkfigur wird ähnlich in der Organisationssoziologie formuliert (z.B. March 1991) und kommt implizit auch in Trumans (1967: 508ff.)

pluralismustheoretischem Konzept des Ideenimports durch *overlapping members-hips* und *cross pressures* zum Ausdruck. Personalwechsel bedeutet jedoch zugleich auch, dass die Permanenz alter organisatorischer Wissensbestände in Frage gestellt sein könnte und diese wieder entlernt werden können (Simon 1991), wenn nicht anderweitig für das Fortdauern eines kollektiven Organisationsgedächtnisses ge-sorgt wird.

Wird Lernen in erster Linie als *Prozess* aufgefasst, so ist zwischen verschiede-nen *Lernformen* bzw. Methoden des Lernens zu unterscheiden, und zwar vor allem zwischen experimentellem Eigenlernen im Versuch (z.B. Trial-and-Error; Pilotpro-jekte in Laborsituationen) und imitativem Lernen durch Lernerfahrungsimporte von außen (Kissling-Näf und Knoepfel 1999: 250ff.). Diese Methoden implizieren, dass Lernen ebenso wie Wandel nicht stets nur als reaktive Problemlösungsstrate-gie, sondern häufig auch als selbstinduzierte Innovationsstrategie zu verstehen ist (Berthoin-Antal 1999: 41). Im Dissens zur Darstellung bei Kissling-Näf und Knoepfel sollte allerdings deren weitere Kategorie, ein allein durch äußere Zwänge ausgelöstes anbefohlenes Lernen, nicht wirklich als Lernen begriffen werden, son-dern eher als nachvollziehendes Adaptionsverhalten, das meist mit nur sehr gerin-gem organisatorischen Einsichts-, Kompetenz- und Wissenszugewinn verbunden ist.

Vielmehr sollte der klassischen Dreigliederung von *Lerntypen* gefolgt werden, die auf Bateson (1972) zurückgeht und von Argyris und Schön (1978) popularisiert wurde. Diese das Lernen eher als *Ergebnis* konzeptionalisierende Klassifikation unterscheidet zwischen einfachem Lernen (*single-loop learning*), komplexem Ler-nen (*double-loop learning*) und reflexivem Lernen (*deutero learning*).

Einfaches Lernen meint dabei eine Responsivität gegenüber Wandlungsimpul-sen, die aber nicht auf von wirklicher Einsicht geprägtem Lernen beruht. Die Implementationsfolgen dieses Typs von Lernen drücken sich oft lediglich im Wan-del der organisatorischen Konfigurationsdimension der Symbolik aus. Beispiels-weise mögen neue Organisationsziele und -leitideen zwar deklamatorisch in der Organisationsprogrammatik postuliert und nach außen werbend proklamiert, aber dennoch nicht wirklich ernsthaft verfolgt werden, oder es mögen neue strukturelle Untergliederungseinheiten zur Befassung mit neuen Thematiken geschaffen wer-den, mit deren bloßer Existenz aber ebenfalls nur auf symbolischer Ebene eine Be-friedung neuer Anforderungen versucht wird. Solche Manifestationen scheinbar adaptiven Lernens belegen tatsächlich oft ein auf die Abwehr von Wandel zielen-des organisatorisches Verhinderungslernen. Teilweise mag die Verhinderungsab-sicht von Wandel sogar offen proklamiert werden, selbst wenn dies inhaltlich ge-gebenenfalls nicht als politisch korrekt gelten mag. Der dann möglicherweise ein-geleitete organisatorische Verhinderungswandel zur Abwehr neuer Anforderungen wäre wohl am treffendsten als anti-adaptiver Wandel zu bezeichnen. Aber auch andere, durchaus nicht nur mit defensiver Intention betriebene Adaptionsvorgänge können in die Kategorie des *single-loop learning* fallen, soweit sie nämlich ledig-lich einen mechanistischen Nachvollzug von Wandlungsanforderungen bedeuten,

der nicht zugleich von sinnhafter Reflexion und einem „Wandel in den Köpfen"
der Akteure begleitet wird.

Die Kategorie des komplexen Lernens hingegen, deren relativ seltene empirische Vorfindbarkeit von Argyris und Schön (1978) beklagt wird, meint genau diesen Wandel in den Köpfen. Komplexes Lernen führt in der Implementationsfolge
häufig zu tatsächlichen Modifikationen der Organisationsziele. Es muss dadurch
nicht einmal in jedem Falle zur Neudefinition bisheriger Organisationsziele kommen, denn sofern die neuen Wandlungsanforderungen nicht im direkten themati-
schen Zusammenhang mit den ursprünglichen Zielen stehen, mag lediglich die Expansion der programmatischen Organisationsagenda hinreichen. Ebenso mag es
angehen, dass die neuen Anforderungen mit den alten Zielen inhaltlich kompatibel
sind. Problematisch könnte es jedoch werden, soweit (anfänglich) von den Organi-
sationsakteuren Unvereinbarkeiten mit den ursprünglichen Zielen perzipiert werden und es insofern Interessenkonflikte zu überwinden gilt. Entscheidend für komplexes Lernen ist dann jedoch, dass die Überwindung eben solcher Konflikte gelingt und dass der Wandel der Organisationsziele auf einer Erweiterung der organisatorischen Wissensbestände sowie auf einer organisationsintern breit fundierten
neuen kollektiven Wirklichkeitsdeutung beruht.

Reflexives Lernen schließlich meint, dass eine Organisation zu lernen lernt und
sich somit antizipativ und planvoll auf die inhaltlich ungewissen Wandlungsanforderungen der Zukunft einstellt, um auf deren Verarbeitung strukturell vorbereitet
zu sein. Lernbefördernde strukturelle Vorkehrungen können organisationsintern
z.B. die Ermöglichung und Proklamierung einer lebhaften innerorganisatorischen
Lern- und Diskussionskultur zur effizienten Verbreitung neuer Ideen, die Einrichtung von Kreativitätsabteilungen (strukturelle Differenzierung) unter Einbindung
von Fachexperten (Professionalisierung), den Ausschluss von die Informationsflüs-
se behindernden Repressalienandrohungen (Enthierarchisierung) oder den Einbau
interner Opposition als Kontroll- und Lerninstanz umfassen (Schein 1993; Pennings, Barkoma und Douma 1994; Kissling-Näf und Knoepfel 1999).

Zu bedenken ist allerdings, dass erstens bei kollektiven politischen Akteuren,
vor allem bei politischen Parteien, aufgrund der oft vorfindbaren großen internen
Interessenvielfalt (Moe 1980: 152) und geringen Homogenität (Fraktions- und Flü-
gelbildung) für eingebaute Opposition meist schon von allein gesorgt sein dürfte,
und dass zweitens ein Übermaß an Enthierarchisierung erfahrungsgemäß zu un-
kontrollierbarer Profilierungskonkurrenz gleichrangiger Untergliederungseinheiten
sowie zur Unterbrechung von Informationskanälen führen und somit kontra-
produktiv wirken kann. Reflexives Lernen kann sich organisationsintern außerdem
darin ausdrücken, dass organisatorische Leitideen und Ziele bewusst in relativer
Unschärfe gehalten werden, damit sowohl bei bereits bestehender Interessenvielfalt
als auch im Falle neuer konfligierender Wandlungsanforderungen leichter zwischen verschiedenen Positionen moderiert werden und sich trotz inhaltlich eventuell nicht vollständig gelingender Lernprozesse alle Akteure in ihrer Organisation
integrativ wiederfinden können. Dem selben Zweck können auch sequenziell

wechselnde Themenprioritäten bei der Abarbeitung verschiedener Organisationsziele dienen (Cyert und March 1963; vgl. ähnlich „multiple Identität" bei Wiesenthal 1995).

Weitere Hypothesen über die organisationsinternen strukturellen Voraussetzungen für reflexives Lernen werden in der Organisationssoziologie formuliert: Der
Grad organisatorischer Innovationen bzw. Programmänderungen werde von unabhängigen Variablen wie *centralization of decision-making* (personale Entschei-
dungshierarchien bzw. „Machtverteilung" auf Leitungs- und Mitarbeiterebene),
stratification (Anzahl hierarchisch geschichteter organisatorischer Abteilungsebe-
nen), *complexity* (Anzahl gleichrangig nebeneinander bestehender organisatorischer Abteilungen), *formalization* (Anzahl von Regeln und standardisierten Prozeduren; Bürokratisierung) sowie der Organisationsgröße beeinflusst (Price und
Mueller 1986; Hage 1980; Hage und Aiken 1970; Hall 1987). So würde sich eine
höhere Komplexität fördernd auf mehr programmatischen Wandel auswirken, weil
eine große Anzahl von thematisch unterschiedlich orientierten, aber innerverband-
lich gleichrangiger Abteilungen in der Lage sei, vielerlei neue Außeninputs aufzunehmen und zu verarbeiten. Hingegen ließen mehr *centralization*, *formalization*
und *size* jeweils weniger Wandel erwarten, weil z.B. bei einer ausgeprägten For-
malisierung instrumentelle Ziele und Prozeduren zu inhaltsentleerten Selbstzwe-
cken werden könnten und die eigentlichen inhaltlichen Ziele darüber zur Zweitran-
gigkeit verkommen könnten („goal displacement"; vgl. Merton 1940: 563) oder
weil bei einer ausgeprägten Hierarchie die organisationsinterne Kommunikation
beeinträchtigt sein könnte, da einerseits die niedriger gestellten Mitarbeiter aus
Furcht, nicht befördert zu werden, auf die Weiterleitung innovativer Ideen verzich-
ten würden, während gleichzeitig aber auch das Leitungspersonal auf die Einführung von Änderungen verzichte, weil es befürchten müsse, dadurch könnten Um-
brüche und Umstrukturierungen entstehen, in deren Folge die Führungspositionen
gefährdet würden (Hage 1980; Hage und Aiken 1970; Kaufman 1985). Organisati-
onsextern kann sich reflexives Lernen z.B. im Eingehen strategischer Allianzen
oder sogar in einer der Ressourcenpooling dienenden Fusion mehrerer Einzelorga-
nisationen strukturell ausdrücken, wie dies z.B. jüngst im Fall der Dienstleistungs-
gewerkschaft *ver.di* zu beobachten war.

5. Die Problematik des Interessenwandels

Den vorstehenden theoretischen Überlegungen zum Trotz ist ein Interessenwandel
bei kollektiven politischen Akteuren empirisch ebenso relativ selten zu beobachten
wie komplexes oder reflexives Organisationslernen. Um diesen nicht einmal sehr
verwunderlichen Befund zu deuten, soll in zwei Schritten vorgegangen werden.
Zunächst sind allgemein die Bedingungen und Hemmfaktoren innerorganisatorischen Wandels im Zusammenhang mit der Willensbildung und der Interessenpro-
blematik zu erörtern. Danach sollen die zusätzlichen Besonderheiten kollektiver *politischer* Akteure problematisiert werden. Dass die in der Politikwissenschaft zent-

rale Kategorie des Interesses in der organisationssoziologischen und management-
wissenschaftlichen Literatur kaum Erwähnung findet, ist in diesem Zusammenhang
bemerkenswert. Der Begriff des Interesses ist daher sowohl zu definieren als auch
in die soziologisch geprägte Theorie des Organisationswandels und -lernens zu in-
tegrieren.

Interessen sollen als nutzenerbringend bzw. vorteilsversprechend perzipierte Bedürfnisse und Ziele von Individuen oder Gruppen verstanden werden, die sich in
spezifischen Forderungen oder Handlungspräferenzen ausdrücken können (ähnlich
Patzelt 2000: 464; Bogumil und Schmid 2001: 214). So definiert, werden Interessen als *subjektive* Wahrnehmungen und Interpretationen dessen konzipiert, was zur
Vorteilserreichung nötig erscheint (Easton 1979: 45). Entscheidend ist, dass auch
die Herausbildung von Interessen selbst einen Lernprozess darstellt, dass dieser jedoch durch gesellschaftliche und organisatorische Kontexte beeinflusst und begrenzt wird und überdies stets durch Bedingungen unvollständigen Wissens charakterisiert ist (Bogumil und Schmid 2001: 33; Simon 1991). Oft führen deshalb
subjektiv verzerrte bzw. irreale Wahrnehmungen zur Bestimmung von Interessen,
die dann aber in sehr reale Handlungsfolgen münden. „Die Fakten sind ja nicht das
Entscheidende, sondern die Vorstellung, die die Menschen von den Fakten haben"
(so in anderem Sachzusammenhang Marion Gräfin Dönhoff in DIE ZEIT vom
9.7.1993: 1). Dieser Umstand der „untested" und „unverified beliefs" (Haas 1990:
9f., 30f.) mag normativ beklagenswert sein, aber beim Adaptions- und Lernverhal-
ten von *objektiven* Interessen auszugehen, widerspräche nicht nur der organisatorischen, sondern wohl auch der menschlichen Funktionslogik.

So müsste zwar Organisationslernen sowie ein permanenter adaptiver Wandel
eigentlich im genuinen Eigeninteresse kollektiver politischer Akteure liegen
(Schmid und Tiemann 1991: 38, 46), weil mittels einer (nur) so zu erreichenden
lang andauernden fließgleichgewichtig-dynamischen Passung zur Systemumwelt
die besten Stabilitäts- und Prosperitätschancen sowohl hinsichtlich der Einflusslo-
gik (verkürzt: politische Zieldurchsetzung im Output-Bereich) als auch hinsichtlich
der Mitgliederlogik (verkürzt: organisatorische Ressourcen- und Bestandssiche-
rung als operatives Ziel im Input-Bereich) bestehen. Allerdings ist eben *nicht* a
priori davon auszugehen, dass dieses objektive Interesse kollektiver Akteure in jedem Fall auch eine Entsprechung in der subjektiven Interessenbestimmung findet.

Wenn nämlich Wandlungsanforderungen auf eine Organisation und die in ihr
wirkenden Akteure zukommen, unterliegen sie zunächst einer wertgefilterten
Wahrnehmung und Interessenkompatibilitätsbeurteilung, die durch das Sozialisati-
ons- und Erfahrungswissen der handelnden Akteure geprägt ist, das teilweise auch
als stilles (*tacit*) Wissen bezeichnet wird (Nonaka und Takeuchi 1995; Polanyi
1962). Mit anderen Worten: Lernen verläuft pfadabhängig und neue Lern-Inputs
treffen dabei auf mehr oder weniger stabil vorbestehende Interessen (als die Manifestationen vergangener Lern- und Sozialisationserfahrungen), gleich in welcher
unvollständigen und subjektiven Weise diese zuvor herausgebildet worden sind.
Diese Beschränkungen werden vom Konzept der begrenzten Rationalität (*bounded
rationality*) am besten erfasst, das sich als mittlere Position zumindest bezüglich

der Analyse von Interessen als herrschende wissenschaftliche Meinung inzwischen
sinnvollerweise überwiegend durchgesetzt hat, nachdem die Sozialwissenschaften
in der Vergangenheit eher zwischen den Extremen behavioristischer Stimulus-
Response-Modelle einerseits und strikt ökonomischer Rational-Choice-Ansätze
andererseits paradigmatisch oszillierten (Bogumil und Schmid 2001: 31, 39ff.; Simon 1991).

Wandlungsstimuli werden also zwar teilweise falsch, d.h. irrational-wertgefiltert
(und dabei manchmal nur selektiv) vom organisatorischen Leitungspersonal oder
von einfachen Organisationsmitgliedern wahrgenommen und interessenbezogen
beurteilt, mischen sich dann aber mit durchaus strategisch-rationalen Überlegungen
bezüglich angemessener Reaktionsweisen bzw. Handlungsfolgen. Wenn sich jedoch *Rational* Choice nur auf den handlungsbezogenen Therapieaspekt bezieht,
nicht aber auch bei der zugrunde liegenden Diagnose und Motivanalyse zum Tragen kommt, bedeutet dies im Ergebnis eher *Irrational* Choice. Je mehr Unwissen
über die Natur der Wandlungsstimuli und Ungewissheit über die Auswirkungen
routinebrechender möglicher Reaktionsoptionen herrscht, desto mehr werden sich
zumindest risikoscheue bzw. vorsichtige organisatorische Entscheidungsträger in
erster Linie durch ihre subjektiv erfahrungswissenbasierte, gegebenenfalls von organisationsintern konditioniertem Rollenverhalten geprägte und von routinisierten
Perzeptionsmustern beeinflusste *bounded rationality* leiten lassen, was in der Konsequenz oft auf Standardreaktionen und auf das Bestreben hinausläuft, Wandel zu
verhindern oder nur äußerst langsam und vorsichtig zu implementieren, weil die
andernfalls entstehenden Transaktionskosten als zu hoch erscheinen (Kaufman
1985: 48f.; Hall 1987: 207, 289, 292; March 1991). Im Rahmen einer empirischen
Studie gaben Manager von Wirtschaftsunternehmen in der Tat die Selbstauskunft,
dass sie sich bei Entscheidungen über organisatorische Wandlungsprozesse in erster Linie auf selbst konstruierte, durch Erfahrungswissen erlangte implizite Theorien verließen (Berthoin-Antal, Dierkes und Marz 1999: 516). Wenn also nicht gelegentlich neue Leitungspersonen vorzugsweise von außerhalb der Organisation
rekrutiert werden, sind Strukturverkrustungen zu erwarten, weil langjährige und al-
ternde Leitungspersonen häufig nicht (mehr) in der Lage sind, neue Ideen aufzunehmen. Eingefahrene Routinen und tradierte Gewohnheiten (*forces of the habit*)
begünstigen dann um so mehr eine Status quo-Orientierung und die behindern die
Aufnahme oder kreative Verarbeitung neuer Themen und Ideen (Hage 1980: 196;
Hrebenar und Scott 1982: 31).

Organisationen sind, so es sich um Erwartungssicherheit produzierende Institutionen handelt, häufig viskose Bollwerke gegen den Wandel. Habituelle defensive
Routinen und das pfadabhängige Moment traditioneller Organisationskultur stehen
zunächst einmal dem Lernen entgegen (Argyris 1990; Grinyer und Spender 1979;
Hedberg und Jönsson 1989; Schein 1992). Für einen wirklichen Interessenwandel
kollektiver Akteure bedürfte es jedoch des oben beschriebenen komplexen Lernens, wobei sich dieser zunächst auf individueller Ebene (Wandel in den Köpfen)
vollziehen und sich dann handlungsleitend auf die kollektive Ebene übersetzen

müsste. Diese wesentlichsten Schritte des Lernpfades (Kissling-Näf und Knoepfel 1999: 245f.) bedürfen noch fünf weiterer, hier nicht in jedem Detailaspekt auszuführender Feststellungen:

Erstens ist davon auszugehen, dass zunächst tatsächlich *individuelle* Akteure lernen und die kollektive Ebene dann gegebenenfalls nachfolgt (Tsoukas 1996; Daft und Weick 1984; Hedberg 1981). Zweitens sind beim Lernen die *Leitungspersonen* von Organisationen – sei es als Individuen oder als dominante Koalitionen bzw. Netzwerke – diejenigen Akteure, deren Lernprozesse am handlungsrelevantesten sind. Das liegt unter anderem daran, dass die Leitungspersonen in der Regel über die relativ größten Machtressourcen verfügen, Wandel auch durchzusetzen, dass sie normalerweise sowohl über inhaltliche Informationsvorsprünge als auch über erhöhtes administratives Wissen (Geschäftsordnungsmacht) gegenüber den einfachen Mitgliedern verfügen (die sich zudem häufig passiv-loyal verhalten) sowie daran, dass sie ihre eigene Rollenbeschreibung am relativ leichtesten stilprägend umdefinieren können (Lindblom 1977: 141; Stinchcombe 1965: 181; Haas 1990: 7; March und Olsen 1975; Daft und Weick 1984; Shrivastava 1983; vgl. aber Modifikation dieser Annahme bei kollektiven *politischen* Akteuren im folgenden Abschnitt).

Drittens sind Mitgliederinteressen, Leitungspersonalinteressen und Gesamtorganisationsinteressen in der Regel nicht identisch (Hall 1987: 308; Moe 1980: 73). Die Unterscheidung zwischen individuellen Einzelinteressen und Gesamtorganisationsinteressen beruht unter anderem auf dem Umstand, dass die Organisationen neben der Erreichung ihrer inhaltlichen Ziele (*policy goals*) stets auch die Erfüllung operativer Ziele zweiter Ordnung anstreben müssen, worunter vor allem die für das organisatorische Fortbestehen erforderliche Ressourcensicherung bzw. -erweiterung fällt. Zu diesem Zweck muss außer den Erwartungen der eigenen Mitglieder meist auch den Anforderungen anderer Zielgruppen strategisch entgegengekommen werden. Die gesamtorganisatorisch-operative Zielsetzung der Ressourcensicherung spielt einerseits für die einfachen Organisationsmitglieder keine gewichtige Rolle als Mitgliedschaftsmotiv, für das Leitungspersonal andererseits sehr wohl, zumal sich die Leitungspersonen dem langfristigen Gedeihen „ihrer" Organisation schon deshalb in besonderer Weise strategisch verpflichtet fühlen dürften, weil damit auch ihr daran gekoppeltes persönliches Prestige steht oder fällt (Stinchcombe 1965: 181). Insofern kann es in Organisationen zu Interessenkonflikten zwischen Leitungspersonal und Mitgliedern kommen, wenn das Ziel der Ressourcensicherung eine strategisch andere Lern-Input-Verarbeitungsform nahe legt, als sie den Vorstellungen und Interessen der Einzelmitglieder entspricht (vgl. ausführliche Diskussion bei Amm 1995: 194ff.). Ein weiteres Beispiel für erwartbare Divergenzen zwischen Einzelakteurs- und Gesamtorganisationsinteressen bildet die aufgrund mikropolitischer Positionskämpfe und Machtrivalitäten vielfach abweichende Handlungsrationalität einzelner Politiker gegenüber den organisatorischen Gesamtinteressen ihrer jeweiligen Parteien (Bogumil und Schmid 2001: 32, 106).

Viertens bedarf es eines gelingenden binnenorganisatorischen Diffusionsprozesses des neuen Wissens, um die Handlungsfolgen des Lernens auf kollektiver Ebene stabil zu implementieren. Hier gilt es, verschiedene mögliche Übersetzungsschwierigkeiten im Lernpfad, d.h. beim Transfer vom individuellen zum kollektiven Wissenszuwachs zu überwinden. Zum einen können die oben beschriebenen strukturelle Lernvoraussetzungen in Organisationen (u.a. Hierarchisierung, mangelnde Diskussionskultur, bremsende Rolle des Leitungspersonals, übermäßige Organisationsgröße etc.) einen begrenzenden Faktor bilden. Zum anderen hängen die Diffusionschancen vom inhaltlichen Abstraktionsgrad des jeweiligen Wandlungsstimulus ab, und darüber hinaus können Kommunikationsbarrieren zu falschem Lernen oder zu unvollständigen Lernzyklen führen (Bogumil und Schmid 2001: 47; March und Olsen 1975, 1976). Jenkins-Smith und Sabatier (1993; zitiert in: Kissling-Näf und Knoepfel 1999: 241) beschreiben einen typischen Verlaufsprozess neuer organisatorischer Lernimpulse wie folgt: „Changes in the distribution of beliefs within a coalition generally will start with individual learning or turnover, be resisted by group dynamics, and then get diffused throughout the group. Diffusion depends upon the rate of turnover, the compatibility of the information with existing beliefs, the persuasiveness of the evidence, and the political pressures for change."

Fünftens gilt auf kollektiver Ebene schließlich dasselbe wie zuvor bereits auf individueller Ebene: Wertgefilterte und pfadbedingte Lernbarrieren müssen überwunden werden; komplexes Lernen ist erforderlich. An dessen Ende steht dann im Idealfall gelungenen Lernens neben den formellen Wandlungsimplementationen auch eine Änderung der innerorganisatorisch geltenden Theorie (*theory in use*) aufgrund gewandelter *basic assumptions*, neuer mentaler Landkarten und einer modifizierten Wirklichkeitskonstruktion eines ganz überwiegenden Teils der Organisationsmitglieder (Kissling-Näf und Knoepfel 1999: 241; Berthoin-Antal, Dierkes und Marz 1999: 500; Kofman und Senge 1993; Berger und Luckmann 1966; Patzelt 2001).

Zusammenfassend ist festzuhalten, dass organisatorisches Lernen und die Veränderung von Grundüberzeugungen auf einer Vielzahl von Faktoren beruht, die sich aufgrund ihrer Komplexität nur schwerlich zusammenhängend modellieren lassen.

6. Besonderheiten kollektiver politischer Akteure

Unzweifelhaft ist, dass für die politikwissenschaftliche Untersuchung des Wandels kollektiver *politischer* Akteure Modifikationen beim Theorienimport aus der Soziologie und Managementlehre erforderlich sind. Der Grund hierfür liegt in den unterschiedlichen typischen Untersuchungsgegenständen der Nachbardisziplinen. Bei den management- und wirtschaftswissenschaftlich untersuchten kollektiven Akteuren handelt es sich ganz vornehmlich um Wirtschaftsunternehmen (vgl. z.B. die explizite Beschränkung auf *work organizations* im *Handbook of Organizational*

Measurement von Price und Mueller 1986), bei den makro-soziologisch untersuchten Organisationen oft um Verwaltungen und Bürokratien (vgl. z.B. Hage und Aiken 1970; Hage 1980; sowie Übersicht bei Hall 1987: 206 ff.). Zudem ist das For-
schungsinteresse z.B. in der Management-Literatur teilweise lediglich normativer
oder sogar präskriptiver Natur, indem Unternehmensleitungen als Adressaten dieser Literatur praktische Handlungsanleitungen für das Adaptionsverhalten ihrer Betriebe angeboten werden (Berthoin-Antal 1999: 39). Was ist also beim Theorie-
transfer zu bedenken?

Für den *Input-Bereich* der Partizipation an der innerorganisatorischen Willensbildung ist festzustellen, dass sowohl bei Wirtschaftsunternehmen als auch in Ver-
waltungsbürokratien in aller Regel steilere organisationsinterne Hierarchien bestehen als bei den zumeist demokratisch strukturierten kollektiven politischen Akteuren des intermediären Bereichs (Verbände und politische Parteien), zumal sich –
als wichtigster Unterschied – die Strukturen der Ressourcenversorgung ganz unterschiedlich darstellen. Bei Wirtschaftsunternehmen und Verwaltungen ist die Mitgliedschaft (Beschäftigungsverhältnis) ein knappes Gut, weil die Zahl der Arbeits-
plätze begrenzt ist und die Mitglieder jeweils Geld *von* der Organisation erhalten.
Bei Verbänden und Parteien hingegen kann die Mitgliederzahl – meist im Eigeninteresse vieler Organisationen – oft beliebig steigen, und die Mitglieder *geben* Geld
(Mitgliedsbeiträge) sowie oft kostenfreie Dienstleistungen *an* die jeweiligen Organisationen, die häufig ganz (viele Verbände) oder zumindest zu wichtigen Teilen
(politische Parteien) in ihrem Bestand von diesen Ressourcenflüssen abhängig
sind. Die Mitgliedschaft in Wirtschaftsunternehmen und Verwaltungen ist zudem –
im wesentlichen Gegensatz zu Verbänden und Parteien – faktisch nicht freiwillig,
weil für die Beschäftigten von der Tätigkeit oft ihre materielle Grundsicherung abhängt.

Aufgrund dieser unterschiedlichen Ressourcenabhängigkeiten und der inversen
Verteilung von Freiwilligkeiten ergeben sich konträre Konstellationen organisatorischer Intra-Konfliktfähigkeit: Wirtschaftsunternehmen und Verwaltungen können
den in ihr wirkenden Individuen mit Austritt (Entlassung) drohen, während es
– umgekehrt – bei Verbänden und politischen Parteien die Mitglieder sind, die ihrer Organisation den Austritt und damit den Ressourcenentzug androhen können
(vgl. die Klassifikation von *Exit, Voice and Loyalty* bei Hirschman 1970). Hieraus
wiederum folgt, dass das Leitungspersonal bzw. die Entscheidungsträger in Verbänden und Parteien – schon, weil sie es sich oft gar nicht anders leisten könnten –
relativ empfänglicher für Anregungen, Wünsche und Forderungen ihrer Mitglieder
sein dürften, als dies bei Wirtschaftsunternehmen und Verwaltungen vermutlich
der Fall ist. Die Responsivität gegenüber den Ressourcengebern erhöht sich also
bei kollektiven Akteuren, denen an ihrem Fortbestehen gelegen ist, in dem Maße,
je freiwilliger die Rolle dieser Ressourcengeber definiert ist. Erhöhte Responsivität
bei Organisationen, die gegenüber ihren Mitgliedern nicht mit Zwang und Repres-
salien arbeiten können, bedeuten aufgrund der offeneren Input-Strukturen jedoch
zugleich eine strukturell bessere Voraussetzung für erhöhte Lernfähigkeit.

Auch im *Output-Bereich* gibt es wichtige Unterschiede. Wirtschaftsunternehmen versuchen im eigenen Interesse Produkte zu verkaufen und ihre Marktposition
zu behaupten bzw. zu expandieren. Verbände und politische Parteien hingegen
verkaufen ihren Mitgliedern den Versuch politischer Interessendurchsetzung, sei es
ohne oder mit eigener Personalstellung bei der Besetzung von öffentlichen politischen Ämtern. Diese Unterscheidung der Output-Zieldefinitionen ist hinsichtlich
der Fähigkeit zum Organisationslernen und Organisationswandel insofern wichtig,
als nur bei den Organisationen mit freiwilliger Mitgliedschaft die organisatorische
Fortentwicklung und der Erfolg im Input-Bereich direkt an den Erfolg im Output-
Bereich gekoppelt ist, während sich der Mitgliedschaftsanreiz bei Wirtschaftsunternehmen vor allem über das Sekundärmotiv der materiellen Entlohnung steuert.
Zwar sind auch die einfachen Mitglieder von Wirtschaftsunternehmen am Output-
Erfolg interessiert, aber oft nur als operatives Ziel zweiter Ordnung (z.B. um zur
Sicherung des eigenen Arbeitsplatzes zu verhindern, dass der arbeitgebende Wirt-
schaftsbetrieb in den Konkurs geht), während hingegen bei Parteien und Verbänden – und wiederum insbesondere bei solchen mit gemeinwohlorientierten programmatischen Zielsetzungen – ein genuin ideelles oder ideologisches Eigeninteresse am organisatorischen Output-Erfolg das treibende Mitgliedschaftsmotiv bildet (ungeachtet eventueller selektiver materieller Zusatzanreize und solidarischer
Gruppenanreize, die noch darüber hinaus geboten werden mögen). Wenn folglich
bei den freiwilligen kollektiven Akteuren seitens der Mitglieder von einem besonders hohen Grad an ideologischer Identifikation mit den (dann als Output politisch
durchzusetzenden) programmatischen Zielen der Organisation ausgegangen werden kann, lässt dies hinsichtlich der Bereitschaft zum Interessenwandel eher auf eine hochgradige Veränderungsresistenz schließen, sofern sich nicht auch bei den
Mitgliedern selbst ein entsprechender und auf wirklicher innerer Einsicht basieren-
der Bewusstseins- und Interessenwandel vollzieht.

Zusammengenommen heißt dies: Kollektive politische Akteure mit freiwilliger
Mitgliedschaft dürften zwar einerseits im Prinzip responsiver als z.B. Wirtschaftsunternehmen gegenüber einem Interessenwandel ihrer Mitgliedschaft reagieren, jedoch ist andererseits gerade bei diesen Akteuren – eben angesichts der auf freiwilliger programmatischer Identifikation beruhenden Mitgliedschaftsmotivation – ein
solcher von den Mitgliedern ausgehender Interessenwandel an sich sehr unwahrscheinlich. Im Gegenteil dürften sich die Mitglieder eher als entweder aktive
Verhinderer von Wandel erweisen oder ihren Unmut schlicht durch Austritt quittie-
ren, wenn – was jedoch eher unwahrscheinlich ist – das organisatorische Leitungspersonal einseitig einen Interessenwandel von oben vorzugeben versucht.

7. Fazit

Die Analyse des Wandels und Interessenwandels kollektiver Akteure leidet weiterhin darunter, dass aufgrund der Komplexität des Themas keine umfassende *grand*

theory zur Verfügung steht. Darum beziehen sich viele empirische Untersuchungen nur auf Einzelaspekte des Lernens und des Wandels. Auch mit diesem Beitrag ist die Theorielücke natürlich nicht zu schließen, jedoch wurde versucht, eine knappe Übersicht des Themenspektrums darzustellen und die relevanten Aspekte mittels einer Zusammenschau der Literatur verschiedener Forschungsdisziplinen zumindest einmal zu benennen, um so eine Grundlegung und Forschungsanregung für weitere politikwissenschaftliche Studien zu bieten. Als einzige und sehr global gehaltene inhaltliche Erkenntnis, die sich übereinstimmend aus theoretischen Überlegungen und empirischen Studien ergibt, ist zu konstatieren: Wandel etwa in Form von Rationalisierungen oder Professionalisierungen findet bei kollektiven Akteuren stetig statt (Amm 1995; Reutter 2000; Rucht und Roose 2001), wahrhaftiger Interessenwandel im Sinne komplexen Lernens hingegen eher selten.

Literatur

Albach, Horst, Meinolf Dierkes, Ariane Bertoin-Antal und Kristina Vaillant (Hrsg.) (1999): Organisationslernen – institutionelle und kulturelle Dimensionen. Berlin: edition sigma.

Amm, Joachim (1995): Interessenverbände und Umweltpolitik in den USA. Die Umweltthematik bei Wirtschaftsverbänden, Gewerkschaften und Naturschutzorganisationen seit 1960. Wiesbaden: Deutscher Universitäts-Verlag.

Argyris, Chris (1990): Overcoming Organizational Defenses. Facilitating Organizational Learning. Englewood Cliffs: Prentice-Hall.

Argyris, Chris und Donald A. Schön (1978): Organizational Learning: A Theory of Action Perspective. Reading, MA: Addison Wesley.

Bateson, Gregory (1972): Steps to an Ecology of Mind. Collected Essays in Anthropology, Psychiatry, Evolution and Epistemology. San Francisco: Chandler.

Berger, Peter L. und Thomas Luckmann (1966): The Social Construction of Reality. Garden City, NY: Doubleday.

Berthoin-Antal, Ariane (1999): Die Dynamik der Theoriebildungsprozesse zum Organisationslernen. In: Horst Albach, Meinolf Dierkes, Ariane Bertoin-Antal und Kristina Vaillant (Hrsg.): Organisationslernen – institutionelle und kulturelle Dimensionen. Berlin: edition sigma, S. 31-51.

Berthoin-Antal, Ariane, Meinolf Dierkes und Lutz Marz (1999): Implizite Theorien des Organisationslernens. Ergebnisse empirischer Untersuchungen in China, Deutschland und Israel. In: Horst Albach, Meinolf Dierkes, Ariane Bertoin-Antal und Kristina Vaillant (Hrsg.): Organisationslernen – institutionelle und kulturelle Dimensionen. Berlin: edition sigma, S. 497-522.

Bogumil, Jörg und Josef Schmid (2001): Politik in Organisationen. Organisationstheoretische Ansätze und praxisbezogene Anwendungsbeispiele. Opladen: Leske + Budrich.

Cyert, Richard M. und James G. March (1963): A Behavioral Theory of the Firm. Englewood Cliffs, NJ: Prentice-Hall.

Daft, Richard L. und Karl E. Weick (1984): Toward a Model of Organizations as Interpretation Systems. In: Academy of Management Review, 9, S. 75-123.

Dierkes, Meinolf, Marcus Alexis, Ariane Berthoin-Antal, Bo Hedberg, Peter Pawlowsky, John Stopford und Anne Vonderstein (Hrsg.) (2001): The Annotated Bibliography of Organizational Learning and Knowledge Creation. Berlin: edition sigma.

Dierkes, Meinolf, Ariane Berthoin-Antal, John Child und Ikujiro Nonaka (Hrsg.) (2001): Handbook of Organizational Learning and Knowledge. Oxford: Oxford University Press.

Easton, David (1979): A Systems Analysis of Political Life. Chicago: University of Chicago Press.

Grinyer, Peter H. und J.-C. Spender (1979): Turnaround: Managerial Recipes for Strategic Success. London: Associated Business Press.

Haas, Ernst B. (1990): When Knowledge is Power. Three Models of Change in International Organizations. Berkeley: University of California Press.

Hage, Jerald (1980): Theories of Organizations. Form, Process, and Transformation. New York: John Wiley & Sons.

Hage, Jerald und Michael Aiken (1970): Social Change in Complex Organizations. New York: Random House.

Hall, Richard H. (1987): Organizations. Structures, Processes and Outcomes. Englewood Cliffs: Prentice-Hall.

Hedberg, Bo (1981): How Organizations Learn and Unlearn. In: Paul C. Nyström und William H. Starbuck (Hrsg.): Handbook of Organizational Design 1. New York: Oxford University Press, S. 3-27.

Hedberg, Bo und Sten Jönsson (1989): Between Myth and Action. In: Scandinavian Journal of Management, 5, S. 177-185.

Hirschman, Albert O. (1970): Exit, Voice, and Loyalty. Responses to Declines in Firms, Organizations, and States. Cambridge, Mass.: Harvard University Press.

Hrebenar, Ronald J. und Ruth K. Scott (1982): Interest Group Politics in America. Englewood Cliffs: Prentice Hall.

Inglehart, Ronald (1990): Culture Shift in Advanced Industrial Society. Princeton: Princeton University Press.

Kaufman, Herbert (1985): Time, Chance, and Organizations. Natural Selection in a Perilous Environment. Chatham: Chatham House Publishers.

Kissling-Näf, Ingrid und Peter Knoepfel (1999): Lernprozesse in öffentlichen Politiken. In: Horst Albach, Meinolf Dierkes, Ariane Bertoin-Antal und Kristina Vaillant (Hrsg.): Organisationslernen – institutionelle und kulturelle Dimensionen. Berlin: edition sigma, S. 239-268.

Kofman, Fred und Peter M. Senge (1993): Communities of Commitment: The Heart of Learning Organizations. In: Organizational Dynamics, 22, S. 5-23.

LaPalombara, Joseph (2001): The Underestimated Contributions of Political Science to Organizational Learning. In: Meinolf Dierkes, Ariane Berthoin-Antal, John Child und Ikujiro Nonaka (Hrsg.): Handbook of Organizational Learning and Knowledge. Oxford: Oxford University Press, S. 137-161.

Lindblom, Charles E. (1977): Politics and Markets. The World's Political-Economic Systems. New York: Basic Books.

March, James G. (1991): Exploration and Exploitation in Organizational Learning. In: Organization Science, 2, S. 71-87.

March, James G. und Johan P. Olsen (1975): The Uncertainty of the Past: Organizational Learning Under Ambiguity. In: European Journal of Political Research, 3, S. 147-171.

March, James G. und Johan P. Olsen (1976): Organizational Learning and the Ambiguity of the Past. In: James G. March und Johan P. Olsen (Hrsg.): Ambiguity and Choice in Organizations. Bergen: Universitetsforlaget, S. 54-68.

McCarthy, John D. und Mayer N. Zald (1977): Resource Mobilization and Social Movements: A Partial Theory. In: American Journal of Sociology, 82, S. 1212-1241.

Merton, Robert K. (1940): Bureaucratic Structure and Personality. In: Social Forces, 18, S. 560-568.

Moe, Terry M. (1980): The Organization of Interests. Incentives and the Internal Dynamics of Political Interest Groups. Chicago: The University of Chicago Press.

Nonaka, Ikujiro und Hirotaka Takeuchi (1995): The Knowledge-creating Company. New York: Oxford University Press.

Patzelt, Werner J. (2000): Interesse/-nbegriff. In: Gerlinde Sommer und Raban Graf von Westphalen (Hrsg.): Staatsbürgerlexikon. München: Oldenbourg, S. 464-466.

Patzelt, Werner J. (2001): Evolutionstheorie in der Politikwissenschaft. Unveröffentlichtes Manuskript, Dresden.

Pennings, Johannes M., Harm G. Barkema und Sytse W. Douma (1994): Organisational Learning and Diversification. In: Academy of Management Journal, 97, S. 608-640.

Pfeffer, Jeffrey und Gerald R. Salancik (1978): The External Control of Organizations. A Resource Dependence Perspective. New York: Harper & Row.

Polanyi, Michael (1962): Personal Knowledge: Towards a Post-critical Philosophy. London: Routledge and Kegan Paul.

Price, James L. und Charles W. Mueller (1986): Handbook of Organizational Measurement. Marshfield: Pitman Publishing.

Reutter, Werner (2000): Organisierte Interessen in Deutschland. Entwicklungstendenzen, Strukturveränderungen und Zukunftsperspektiven. In: Aus Politik und Zeitgeschichte. Beilage zur Wochenzeitung „Das Parlament", B26-27, S. 7-15.

Rucht, Dieter und Jochen Roose (2001): Zur Institutionalisierung von Bewegungen: Umweltverbände und Umweltprotest in der Bundesrepublik. In: Annette Zimmer und Bernhard Weßels (Hrsg.): Verbände und Demokratie in Deutschland. Opladen: Leske + Budrich (im Erscheinen).

Salisbury, Robert H. (1969): An Exchange Theory of Interest Groups. In: Midwest Journal of Political Science, 13, S. 1-32.

Schein, Edgar H. (1992): Organizational Culture and Leadership. San Francisco: Jossey-Bass.

Schein, Edgar H. (1993): On Dialogue, Culture, and Organizational Learning. In: Organizational Dynamics, 22, S. 40-51.

Schmid, Josef und Heinrich Tiemann (1991): Die Zukunftsdiskussionen und -programme der Parteien und Verbände. Nur Rauch ohne Feuer? In: Aus Politik und Zeitgeschichte. Beilage zur Wochenzeitung „Das Parlament", Nr. B44, S. 38-46.

Schumacher, Tom (1998): Wandlungsfähigkeit und Beharrung von internationalen Institutionen am Beispiel der Nordischen Kooperation. In: Stefanie Pfahl, Elmar Schultz, Claudia Matthes und Katrin Sell (Hrsg.): Institutionelle Herausforderungen im neuen Europa. Legitimität, Wirkung und Anpassung. Opladen: Westdeutscher Verlag, S. 191-214.

Shrivastava, Paul (1983): A Typology of Learning Systems. In: Journal of Management Studies, 20, S. 7-28.

Simon, Herbert A. (1991): Bounded Rationality and Organizational Learning. In: Organization Science, 2, S. 125-134.

Slater, Stanley F. und John C. Narver (1995): Market Orientation and the Learning Organization. In: Journal of Marketing, 59, S. 63-74.

Stinchcombe, Arthur L. (1965): Social Structure and Organizations. In: James G. March (Hrsg.): Handbook of Organizations. Chicago: Rand McNally, S. 142-193.

Truman, David B. (1967): The Governmental Process. Political Interests and Public Opinion. New York: Alfred A. Knopf.

Tsoukas, Haridimos (1996): The Firm as a Distributed Knowledge System: A Constructionist Approach. In: Strategic Management Journal, 17 (Winter Special Issue), S. 11-25.

Weßels, Bernhard (1999): Die deutsche Variante des Korporatismus. In: Max Kaase und Günther Schmid (Hrsg.): Eine lernende Demokratie. 50 Jahre Bundesrepublik Deutschland. WZB-Jahrbuch 1999. Berlin: edition sigma, S. 87-113.

Weßels, Bernhard (2000): Die Entwicklung des deutschen Korporatismus. In: Aus Politik und Zeitgeschichte. Beilage zur Wochenzeitung „Das Parlament", B26-27, S. 16-21.

Wiesenthal, Helmut (1995): Konventionelles und unkonventionelles Organisationslernen. Literaturreport und Ergänzungsvorschlag. In: Zeitschrift für Soziologie, 24, S. 137-155.

Medienfreiheit und Medienqualität. Zu den normativen Grundlagen der öffentlichen Kommunikation in der Demokratie

Katrin Voltmer

1. Einleitung

Die politische Öffentlichkeit und die Institutionen, die für die Vermittlung von Politik verantwortlich sind, geraten zunehmend in die Kritik. Besonders in Wahlkampfzeiten mehrt sich das Unbehagen an einer Kommunikationskultur, in der die Rationalität von Argumenten mehr und mehr hinter Unterhaltungselementen und Politikinszenierungen zurücktritt. In der Tat sind die Massenmedien seit etwa zwei Jahrzehnten einem tiefgreifenden Strukturwandel unterworfen. Deregulierung und Globalisierung der Medienindustrie sowie technologische Neuerungen haben den Inhalt und die Form, in der Politik dargestellt wird, nachhaltig verändert. Gleichzeitig sehen sich die Parteien gezwungen, sich mit Hilfe moderner Marketingstrategien an die veränderte Medienumwelt anzupassen (Blumler und Gurevitch 1995; Patterson 1993; Schulz 1998). Es scheint ein Teufelskreislauf zu sein, in dem sowohl Massenmedien als auch politische Parteien wechselseitig den Qualitätsverlust der politischen Kommunikation vorantreiben.

Es ist deswegen nicht erstaunlich, dass sich die Stimmen mehren, die eine Ethik der politischen Kommunikation einfordern (Denton 1991). Insbesondere von den Medien wird verlangt, sich auf ihre öffentliche Aufgabe zu besinnen und sicherzustellen, dass elementare Qualitätsstandards in der politischen Berichterstattung eingehalten werden (Erbring et al. 1988; Wilke 1996). Ein aktuelles Beispiel für die wachsende Sorge um den Stand der öffentlichen Kommunikation ist die vom ehemaligen Bundespräsidenten Richard von Weizsäcker einberufene Kommission zur „Lage des Fernsehens" (Groebel et al. 1995), wo auch über neue Formen der Medienregulierung nachgedacht wurde. Allerdings stoßen solche Ansinnen bei Medienvertretern oft auf Widerstand. Sie werden als Beschränkung der ökonomischen Wettbewerbsfähigkeit angesehen. Vor allem aber wird die Verpflichtung auf die Erfüllung bestimmter Aufgaben, welcher Art auch immer, als ungebührlicher Eingriff in die Pressefreiheit abgelehnt. Der Publizist Walter Lippmann (1922) hat diese Auffassung eindrücklich auf den Punkt gebracht: „The press is not a political institution and has no stake in organizing public opinion."

In diesem Beitrag möchte ich mich eingehender mit der Bedeutung der Meinungs- und Pressefreiheit beschäftigen. Was sind die zugrunde liegenden Begründungen dieses Grundrechts, und lässt sich Pressefreiheit mit der Verpflichtung zur

Einhaltung von Qualitätsnormen vereinbaren, selbst wenn diese im Widerspruch zur Medienlogik oder den ökonomischen Interessen der Medien stehen? Ein Blick in die während der Aufklärung entstandenen klassischen Texte, in denen die philosophische Begründung der Pressefreiheit gelegt wurde, kann viel dazu beitragen, diese Fragen zu beantworten, da die dort entwickelten Ideen bis heute – implizit oder explizit – die Diskussion um die Freiheit der Medien und ihre möglichen Grenzen bestimmen. Auf der Basis einer Rekonstruktion dieser Argumente möchte ich zeigen, dass Medienfreiheit und normative Erwartungen an die Leistungen der Medien sich nicht gegenseitig ausschließen, sondern dass sich im Gegenteil Qualitätserwartungen aus der Bedeutung der Pressefreiheit begründen lassen.

2. Kommunikationsfreiheiten in modernen Verfassungstexten

Praktisch alle demokratischen Verfassungen schützen, neben anderen grundlegenden bürgerlichen Freiheitsrechten, die Freiheit der Kommunikation (Breunig 1994). Kommunikationsfreiheit tritt meistens im Plural auf und umfasst in der Regel die beiden Elemente Meinungs- und Pressefreiheit. Artikel 5 (1) des deutschen Grundgesetzes ergänzt die Meinungsfreiheit („Jeder hat das Recht, seine Meinung in Wort, Schrift und Bild frei zu äußern und zu verbreiten ...") um die sogenannte Informationsfreiheit („... und sich aus allgemein zugänglichen Quellen ungehindert zu unterrichten."). Damit wird nicht nur das Recht zu freier Rede eingeräumt, sondern auch der ungehinderte Zugang zu Wissen unter Schutz gestellt. Ferner wird die Pressefreiheit im Hinblick auf unterschiedliche Medien spezifiziert („Die Pressefreiheit und die Freiheit der Berichterstattung durch Rundfunk und Film werden gewährleistet."). Andere Verfassungstexte sind sparsamer in ihrer Formulierung. Das First Amendment der amerikanischen Verfassung besagt kurz und bündig: „Congress shall make no law ... abridging the freedom of speech, or of the press."[1]

Umstritten ist, ob es sich in diesen Texten um eine Aufzählung gleichartiger Rechte handelt oder um zwei in ihrem Wesen unterschiedliche Klassen von Rechten. Im ersten Fall wäre die Medienfreiheit eine Form der Meinungsfreiheit und wie diese ein nicht reduzierbares Menschenrecht. Im anderen Fall wird eine Unterscheidung zwischen den Individualfreiheiten (Meinungs- und Informationsfreiheit) und der auf eine Institution bezogenen Medienfreiheit (Presse- und Rundfunkfreiheit) getroffen (Branahl 1992).

In den Schriften der Aufklärung wird diese Unterscheidung allerdings nicht vollzogen. Rede- und Meinungsfreiheit werden mit denselben Argumenten vertei-

---

1 Der volle Wortlaut ist: „Congress shall make no law respecting an establishment of religion, or prohibiting the free exercise thereof; or abridging the freedom of speech, or of the press; or the right of the people to peacefully assemble, and to petition the Government for a redress of grievances." Die Formulierung macht deutlich, dass Kommunikationsfreiheit historisch in engem Zusammenhang mit dem Recht auf Religionsfreiheit gesehen wurde.

digt wie die Pressefreiheit.[2] Die philosophische Diskussion ist vielmehr von dem Gegensatz zweier unterschiedlicher Denkschulen geprägt, nämlich der naturrecht-lichen und der utilitaristischen Begründung der Meinungsfreiheit. Bezogen auf die Bedeutung der Pressefreiheit besteht der Konflikt dann darin, inwieweit das natur-rechtliche oder das utilitaristische Argument auf die Medien anzuwenden ist. Die Unterscheidung hat, wie sich zeigen wird, weitreichende Implikationen für die normative Verortung der Medien und den ihnen zustehenden Handlungsspielraum. Im Folgenden sollen die beiden Ansätze in ihren Grundzügen kurz dargestellt wer-den. Zwar machen beide verschiedentlich von den Argumenten der jeweils anderen Schule Gebrauch. Dennoch lassen sich diese beiden Grundpositionen deutlich von-einander abgrenzen (Barendt 1985; Wilke 1993).

3. Die Begründung der Meinungs- und Pressefreiheit: zwei philosophische Denkschulen

Das naturrechtliche Argument: Meinungsfreiheit als Ausdruck der Menschenwürde

Die naturrechtliche Argumentation verankert die Meinungsfreiheit in der Natur des Menschen als vernunftbegabtem Wesen. Das Recht zu freier Meinungsbildung und freier Rede gibt dem Einzelnen die Möglichkeit, dieses Potenzial des Menschseins zu entwickeln, seine Persönlichkeit zu entfalten und darin Selbstverwirklichung zu finden. Meinungsfreiheit ist ein Ausdruck der Menschenwürde und deswegen un-veräußerlich, selbst dann, wenn sie zum Schaden der Gesellschaft ausgeübt wird. Meinungsfreiheit hat deswegen nur dort ihre Grenze, wo sie die Rechte anderer In-dividuen verletzt (Scanlon 1977). Es ließe sich fragen, warum gerade der Mei-nungsfreiheit ein so hoher Wert zugemessen wird. Um die eigene Persönlichkeit zu entfalten, wäre es auch denkbar, anderen Rechten, zum Beispiel einem Recht auf Erziehung oder auf die Möglichkeit zu reisen, einen ähnlich hohen Rang einzu-räumen (Barendt 1985: 14ff.). Die herausgehobene Bedeutung der Kommunikati-onsfreiheit leitet sich jedoch aus dem engen Zusammenhang von Sprache und Denken ab. Eines ist ohne das andere nicht möglich. Da Denken aber letztendlich als die Eigenschaft des Menschen angesehen wird, die ihn von anderen Lebewesen unterscheidet, ist es vor allem die Rede, die den Einzelnen zum Menschsein – durch Denken – befähigt.

---

2 Im Folgenden werde ich den Begriff der Pressefreiheit als allgemeinen Begriff für die Freiheit der Medien verwenden. Er umfasst nicht nur die Presse, also Printmedien, im engeren Sinne, sondern in der neueren Zeit auch den Rundfunk. Der Begriff der Mei-nungsfreiheit bezieht sich – ähnlich wie der Wortlaut im deutschen Grundgesetz – nicht nur auf das Recht, eine Meinung zu haben, sondern diese Meinung auch öffentlich zu äu-ßern.

In John Miltons Schrift *Areopagitica* (1644, vgl. Keane 1991: 11 ff.) findet sich eine theologische Variante der naturrechtlichen Begründung der Pressefreiheit. Der Text ist eine Rede an das englische Parlament, in der Milton die Pressefreiheit verteidigt und sich für eine Abschaffung der Zensur einsetzt. Vernunft und Wahlfreiheit, so wird argumentiert, sind eine Gabe Gottes. Wahlfreiheit besteht aber nur dann, wenn der Mensch mit widerstreitenden Ansichten konfrontiert ist; nur in Kenntnis des Bösen kann er die Tugend entwickeln, das Gute zu wählen. Aus diesen Überlegungen leitet Milton ab, dass obrigkeitliche Zensur eine Verletzung der Menschenwürde ist, da jegliche Einschränkung von Meinungsäußerungen – auch und gerade von schädlichen – den Menschen der gottgegebenen Fähigkeit beraubt, vernünftige Entscheidungen zu treffen.

An dieser Stelle wird ein weiteres zentrales Merkmal der naturrechtlichen Position deutlich, nämlich die Konzeption der Meinungsfreiheit als Abwehrrecht gegen den Staat. Möglicherweise ist der Kampf gegen absolutistische Staatsgewalt sogar das eigentliche Motiv der naturrechtlichen Argumentation. Indem die Redefreiheit auf die höchsten Werte bezogen wird – die menschliche Wesensnatur oder sogar der göttliche Wille – wird der staatlichen Macht jede Legitimation entzogen, diese Freiheit einzuschränken, für welche Zwecke auch immer. Die Verteidigung der individuellen Freiheit gegen staatliche Macht entwickelte sich im Laufe des 18. Jahrhunderts zum zentralen Programm des Liberalismus. Als Gegengewicht zum Staat sind Meinungs- und Pressefreiheit Teil eines Systems von *checks and balances*, wodurch Machtmissbrauch und der Übergriff in die Rechte der Bürger verhindert werden kann (Kelley und Donway 1990). Die Abwehr staatlicher Macht kommt auch in der Formulierung des First Amendment zum Ausdruck: „Congress (d.h. eine politische Autorität; KV) shall make no law ...“

Das utilitaristische Argument: Der Nutzen freier Kommunikation zur Entdeckung der Wahrheit

Eine ganz andere Begründung der Pressefreiheit wurde im Utilitarismus entwickelt. Diese sozialphilosophische Denkrichtung postuliert, dass menschliches Verhalten nicht einem allgemein gültigen Wesenskern entspringt, sondern von dem Streben nach Nutzen und Glück bestimmt ist. Moralisches Handeln wird dementsprechend nicht an abstrakten Prinzipien gemessen, sondern an seinen Folgewirkungen. Jeremy Bentham hat diese Vision einer nach Glück strebenden Gesellschaft am Beginn des 19. Jahrhunderts auf die berühmte Formel gebracht: „the greatest happiness for the greatest number". Angewendet auf Meinungs- und Pressefreiheit bedeutet dies, dass diese nicht deswegen ein erstrebenswertes Gut ist, weil sie das wahre Wesen des Menschen zum Ausdruck bringt, sondern weil sie nützlich ist. In dem Kapitel „Of the Liberty of Thought and Discussion" seiner Schrift *On Liberty* (1859/1974) hat John Stuart Mill die wohl konziseste und eloquenteste utilitaristische Begründung der Pressefreiheit entwickelt.

Worin liegt nun der Nutzen der Meinungs- und Pressefreiheit? Mills zentrales Argument ist, dass der ungehinderte Austausch von Gedanken und Meinungen zum Auffinden der Wahrheit beiträgt. Er entfaltet den Nutzen freier öffentlicher Diskussion in drei zentralen Hypothesen (Mill 1859/1974):

> „Firstly, if any opinion is compelled to silence, that opinion may ... be true." (S. 115f.)

Dieser Aussage liegt die Überzeugung zugrunde, dass kein Einzelner für sich in Anspruch nehmen kann, im Besitz der vollen Wahrheit zu sein. Deswegen ist auch niemand dazu berechtigt, über den Ausschluss von Meinungen von der öffentlichen Diskussion zu urteilen. Das Argument richtet sich offenbar gegen staatliche und kirchliche Zensur, da diese das Risiko in sich bergen, fälschlicherweise richtige Meinungen zu unterdrücken. Mill verweist auf unzählige historische Beispiele, wo wertvolle Einsichten zu Unrecht über Jahrhunderte daran gehindert wurden, ihren Nutzen zu entfalten.

> „Secondly, though the silenced opinion be an error, it may ... contain a portion of truth." (S. 116)

Ebenso wenig wie ein Einzelner im Besitz der vollen Wahrheit ist, kann eine Meinung vollständig falsch und wertlos sein. Würde man eine falsche Meinung unterdrücken, würde die Gesellschaft das „Körnchen Wahrheit", das in ihr liegt, verlieren. Dieses gilt es durch den Wettbewerb mit anderen Meinungen herauszufinden.

> „Thirdly, even if the received opinion be ... the whole truth; unless it is suffered to be ... vigorously and earnestly contested, it will ... be held in the manner of a prejudice, with little comprehension or feeling of its rational grounds." (S. 116)

Der freie Austausch von Ideen sollte auch nicht vor als für wahr befundenen Gewissheiten Halt machen. Die Offenheit für Skepsis und Zweifel verhindert, dass Wahrheiten zu Dogmen verkommen, die zwar ihre Geltungsansprüche erhalten, aber das Bewusstsein für die ihnen unterliegenden Begründungen verlieren. Auch hier gibt die geschichtliche Erfahrung Mill Recht: Unter dem Banner der Wahrheit finden sich die brutalsten Terrorregime.

Mills zentrale Denkfigur ist, dass die Konfrontation unterschiedlicher Meinungen – „the collision of adverse opinions" (S. 116) – der Auslöser ist, durch den der Erkenntnisprozess in Gang gesetzt wird. Einem ähnlichen Argument sind wir auch bei Milton begegnet. Allerdings sieht Mill das Ziel einer uneingeschränkten öffentlichen Diskussion nicht darin, die Vernunft und Urteilsfähigkeit des Einzelnen unter Beweis zu stellen, sondern die Qualität und Tragfähigkeit der vorgebrachten Meinungen zu prüfen. Es ist sicherlich kein Zufall, dass der Liberalismus, von dem der Utilitarismus ein Teil ist, nicht nur für politische Freiheiten – u.a. die Meinungs- und Pressefreiheit – kämpfte, sondern auch für die Befreiung des Marktes von staatlicher Steuerung. In der Ökonomie wie auch in der öffentlichen Kommunikation sollte die Dynamik des Wettbewerbs dafür sorgen, die gewünschten Ziele – Wohlstand bzw. Wahrheit – zu erreichen. In der Metapher des „marketplace of ideas" wird die Analogie zwischen Marktprozessen und öffentlicher Meinungsbildung offenkundig.[3]

Liest man die Formulierung des sogenannten „Spiegel-Urteils" des Bundesverfassungsgerichts aus dem Jahre 1966 (BVerfG 1966: 174f.), dann sollte man meinen, dass hier direkt von Mill abgeschrieben wurde: „Soll der Bürger politische Entscheidungen treffen, muss er ... auch die Meinungen kennen und gegeneinander abwägen können, die andere sich gebildet haben. Die Presse hält diese ständige Diskussion in Gang ... In ihr artikuliert sich die öffentliche Meinung; die Argumente klären sich in Rede und Gegenrede, gewinnen deutliche Konturen und erleichtern so dem Bürger Urteil und Entscheidung." Die hohe gedankliche Übereinstimmung zeigt, dass die Argumente, mit denen Mill die Pressefreiheit verteidigte, auch noch mehr als hundert Jahre später der Bezugspunkt der Medienpolitik sind.

Der Ökonom von Hayek (1968) hat Wettbewerb einmal als „Entdeckungsverfahren" bezeichnet. Diese Charakterisierung trifft in besonderer Weise auf Prozesse der öffentlichen Kommunikation zu. Unter den Bedingungen prinzipieller Unsicherheit über die Richtigkeit von Aussagen kann die Konfrontation unterschiedlicher Meinungen dazu beitragen, diejenigen Informationen und Alternativen zu identifizieren – oder zu „entdecken" –, die am ehesten zur Lösung eines Problems beitragen (Braun 1990: 95ff.). Der Grund, warum Meinungswettbewerb mit höherer Wahrscheinlichkeit zum Auffinden der Wahrheit führt als beispielsweise die individuellen gedanklichen Anstrengungen eines Gelehrten besteht darin, dass in der öffentlichen Konfrontation jede Position einem erhöhten Begründungsdruck ausgesetzt ist. Eine Meinung mag zwar in sich logisch sein, aber eine Reihe relevanter Gesichtspunkte außer Acht lassen. Die Gegenüberstellung mit anderen – möglicherweise gleichermaßen inhärent logischen Positionen – erzeugt eine Art Verfremdungseffekt, der zur Suche nach neuen, besseren Argumenten führt. Das Ergebnis dieses Prozesses ist eine stetige Akkumulation von Gewissheiten oder, wie Haworth (1998: 83) es ausdrückt, ein „increase in truth supply". Mill (1859/1974: 106) ist überzeugt, dass der Fortschritt der Menschheit auf Wissen beruht und dass deswegen die Menschen „happiness" maximieren, indem sie Wissen – oder Wahrheiten – maximieren:

> „As mankind improve, the number of doctrines which are no longer disputed or
> doubted will be constantly on the increase; and the well-being of mankind may

3 Allerdings greift die Interpretation des „marketplace of ideas" als primär ökonomische Metapher zu kurz (Napoli 1999). Der Marktplatz ist nicht nur der Ort, an dem Waren ausgetauscht werden, er ist auch öffentlicher Raum des Gemeinwesens, wo der Einzelne den abgeschlossenen Bereich des Privaten verlässt und vor und mit anderen agiert. Es ist auch anzuzweifeln, ob es auf dem „Meinungsmarkt" tatsächlich einen effektiven Prozess von Angebot und Nachfrage gibt, da es keinen objektiven Indikator für den Erfolg einer Meinung gibt, vergleichbar dem Preis im wirtschaftlichen Wettbewerb. Der einzige Ideenwettbewerb, wo die „beste" Meinung tatsächlich objektiv messbar ist, ist der Wettbewerb um Wählerstimmen (Downs 1957).

almost be measured by the number and gravity of the truths which have reached the point of being uncontested."

Diesen ungebrochenen Optimismus können zu Beginn des 21. Jahrhundert wahrscheinlich nur noch wenige Menschen teilen. Die dramatische Entfaltung von Wissenschaft und Technik hat zu einem Anwachsen von Information geführt, deren Umfang die Kapazität öffentlicher Kommunikation, Gewissheiten zu produzieren, bei weitem übersteigt. Zweifellos ist die absolute Anzahl der anerkannten Wahrheiten angestiegen. Im Vergleich zu den ständig neu entstehenden Fragen und Problemen nimmt ihr relatives Gewicht aber eher ab. Wahrscheinlich haben die Menschen nie zuvor in ihrer Geschichte mit einem solchen Ausmaß an Ungewissheiten leben müssen wie heute – und das trotz der Tatsache, dass Meinungs- und Pressefreiheit zumindest in den westlichen Demokratien in einem bisher nicht bekannten Maße gewährt ist. Oder vielleicht gerade deswegen?

Dieser zweifelnde Einwurf berührt ein Problem, das die Tragfähigkeit des utilitaristischen Arguments durchaus in Frage stellen kann: Bringt Meinungswettbewerb tatsächlich unweigerlich Wahrheit hervor? Oder führt „Rede und Gegenrede" nicht vielmehr zu Relativismus und einer Erosion von Gewissheiten (Chafee 1971)? Da der von Mill entwickelte Ansatz nicht auf unbedingte, „natürliche" Rechte zurückgreifen kann, ist er zur Rechtfertigung der Kommunikationsfreiheit immer darauf angewiesen, den behaupteten Nutzen nachweisen zu können. Das Auffinden von Wahrheit scheint aber kaum mehr möglich zu sein. Die veränderten kognitiven Grundlagen moderner Gesellschaften erfordern offenkundig einen neuen, zumindest modifizierten Nutzenbegriff der Meinungs- und Pressefreiheit.

Soziale Mobilität über Klassenschranken und nationale Grenzen hinweg hat in modernen Gesellschaften zu einem Grad an Pluralität von Lebensstilen, Identitäten und Überzeugungen geführt, die Konsens über *uncontested truths* zu einem illusionären Unterfangen macht. Die öffentliche Diskussion von unterschiedlichen Meinungen ist deswegen jedoch nicht obsolet geworden, sondern im Gegenteil notwendiger denn je. Sie ist eine Grundvoraussetzung, um ein Minimum wechselseitigen Wissens sowie die generelle Anerkennung von Vielfalt zu ermöglichen, ohne die ein friedliches Zusammenleben nicht möglich ist. Relativität von Gewissheiten ist also nicht eine negative Konsequenz von freier Kommunikation, sondern eine Realität moderner Gesellschaften, die es zu akzeptieren gilt. Aus dieser Perspektive liegt der angestrebte Nutzen von Meinungs- und Pressefreiheit weniger im Auffinden von Wahrheit im Sinne von unbestrittenen Aussagen, als vielmehr in der Entwicklung von Toleranz gegenüber dem Wertepluralismus moderner Gesellschaften.

Das Demokratieargument: Der Nutzen freier Kommunikation zur Befähigung der Bürger zur Selbstregierung

Während Mills Begründung der Meinungs- und Kommunikationsfreiheit auf dem angenommenen Nutzen von Wissen und Wahrheit für den Fortschritt der Menschheit beruht, stellt der demokratietheoretische Ansatz die Funktionsfähigkeit des

demokratischen Prozesses in den Mittelpunkt. Beide Ansätze argumentieren eindeutig teleologisch, da Kommunikationsfreiheit nicht als ein Wert an sich angesehen wird, sondern als ein Instrument zur Verwirklichung bestimmter Ziele. Der
demokratietheoretische Ansatz ist also eine Spielart von Mills utilitaristischem Argument, wenngleich mit einer spezifischeren Definition des erwarteten Nutzens öffentlicher Kommunikation. Beide Sichtweisen wenden sich gegen eine naturrechtliche Begründung von Meinungs- und Pressefreiheit. Für Alexander Meiklejohn
(1965: 27), einem entschiedenen Vertreter des demokratietheoretischen Ansatzes,
ist die demokratische Funktion sogar die einzige Legitimation freier Kommunikation: „The principle of the freedom of speech springs from the necessities of the
program of self-government. It is not a Law of Nature or of Reason in the abstract.
It is a deduction from the basic American agreement that public issues shall be decided by universal suffrage." Die Ausschließlichkeit von Meiklejohns Position ist
sicherlich problematisch, da Meinungsäußerungen, deren demokratischer Nutzen
sich nicht unmittelbar nachweisen lässt, leicht als weniger legitim angesehen werden und ungerechtfertigten Restriktionen zum Opfer fallen können.[4] Dennoch ist
die Verankerung in der demokratischen Ordnung die wichtigste – wenn auch nicht
hinreichende – Begründung von Meinungs- und Pressefreiheit (Barendt 1985:
20ff.).

Was sind nun die erwarteten positiven Folgen eines freien Kommunikationsflusses für den demokratischen Prozess? Eine Grundbedingung von Demokratie als einer auf den Entscheidungen der Bürger beruhenden Herrschaftsform ist die Rationalität der je individuellen Entscheidungen. Ohne ausreichende Information über
die zur Debatte stehenden Probleme und über mögliche Lösungsalternativen wäre
demokratische Partizipation zufälligen Stimmungsschwankungen und demagogi-
scher Manipulation ausgesetzt, die die Legitimität der Demokratie grundsätzlich in
Frage stellen würde.[5] Neben den formalen Institutionen wird deswegen in normativen Demokratietheorien die kognitive Kompetenz der Bürger als wichtige Voraussetzung demokratischer Ordnung aufgeführt. Dahl (1989: 111) bezeichnet dieses
Kriterium als „enlightened understanding" und meint damit die Fähigkeit der Bürger, informierte Entscheidungen zu treffen. Der erwartete Nutzen eines freien
Kommunikationsflusses, der nicht von Machtinteressen und Zensur eingeschränkt
ist, ist die Offenlegung aller relevanten Fakten als Grundlage einer informierten
Entscheidung. In Meiklejohns (1965: 26) Worten ist das eigentliche Ziel der

---

4 So sind insbesondere die Grenzen zwischen Privatem und Politischem fließend. Was beispielsweise für die einen Pornographie ist, ist für die anderen eine genuin politische Äußerung im Kampf um die Anerkennung von Minderheitenrechten.
5 Das Problem der Rationalität begleitet die demokratische Idee seit ihren Anfängen. So
   war zum Beispiel die Irrationalität der öffentlichen Kommunikation in der Volksversammlung und der Einfluss der Demagogen auf die Entscheidungen ein wunder Punkt
   der Athenischen Demokratie. Platos Ablehnung der Demokratie erklärt sich zum großen
   Teil aus seiner Überzeugung, dass das Volk unfähig sei, informierte und vernünftige Entscheidungen zu fällen (vgl. Held 1996: 28ff.).

Kommunikationsfreiheit „the voting of wise decisions. The voters, therefore, must be made as wise as possible. The welfare of the community requires that those who decide issues shall understand them ... And this, in turn, requires that so far as time allows, all facts and interests relevant to the problem shall be fully and fairly presented."

„Weise Entscheidungen" erfordern allerdings mehr als nur Information. Die meisten Entscheidungen beinhalten neben der Beurteilung der faktischen Richtigkeit auch die Abwägung moralischer Wertungen. Aktuelle Streitfragen wie Gentechnologie, Abtreibung oder die Redefreiheit von politisch extremistischen Gruppen lassen sich nicht allein auf der Grundlage möglichst vollständiger Information lösen, sondern erfordern normative Debatten über Deutungen und Normen. Mills Konzept der Konfrontation unterschiedlicher Meinungen als Quelle der Erkenntnis lässt sich am ehesten auf diese Art wertbezogener Auseinandersetzungen beziehen. „Wahrheit" bezieht sich dann allerdings weniger auf unbestrittene Tatsachen als vielmehr auf konsensuale, von der Mehrheit der Bürger akzeptierte Werte und Normen.

So lässt sich sicherlich nicht mit letzter Gewissheit sagen, ob beispielsweise die Gentechnologie sich als Segen oder Schaden der Menschen erweisen wird. Die öffentliche Diskussion dieser Streitfrage kann jedoch dazu beitragen, dass sich die Gesellschaft ihrer Grundnormen vergewissert oder diese in Anbetracht vorher nicht bedachter Argumente möglicherweise modifiziert. Gerade Wertdebatten, in denen sich keine objektive Wahrheit bestimmen lässt, sind eine Herausforderung an die Toleranz der an der öffentlichen Diskussion Beteiligten. Die Verbitterung und Emotionalität der Abtreibungsdebatte ist ein Beispiel dafür. Sowohl Gegner als Befürworter können sich mit ihrer Position auf absolute, unteilbare Werte der Menschenwürde beziehen. Ohne die Bereitschaft zur Toleranz mündet eine solche Auseinandersetzung unweigerlich in Gewalt, wie aktuelle Beispiele aus den Vereinigten Staaten zeigen.

Die Auseinandersetzung darüber, ob und in welchem Maße rechtsextremen und rassistischen Gruppen die öffentliche Artikulation ihrer Meinungen gestattet werden soll, wirft die Frage nach den Grenzen der Toleranz auf. Wendet man Mills Argumentation auf diesen Konflikt an, dann sollte keine Meinung von vornherein aus der öffentlichen Diskussion ausgeschlossen werden, da selbst eine allgemein als falsch erachtete Meinung vorab nicht vermutete Wahrheitsaspekte enthalten kann, in diesem Fall beispielsweise problematische Folgeerscheinungen von Migration. Und selbst wenn eindeutig ist, dass rassistische Meinungen falsch sind, kann die aktive Auseinandersetzung die als „wahr" akzeptierte Position stärken und zu einer Erweiterung ihrer argumentativen Begründung beitragen (Richards 1994). Dem steht die Befürchtung gegenüber, dass Toleranz gegenüber denjenigen, die selbst nicht bereit sind, Toleranz zu üben, diesen Grundwert auf Dauer untergräbt (Bollinger 1986). Die Suche nach „Wahrheit" im öffentlichen Diskurs wäre dann die Verständigung darüber, wo die legitime Grenze der Toleranz liegt.[6]

Dies ist nicht der Ort, wo eine Lösung für diesen Konflikt entwickelt werden kann. Es soll jedoch gezeigt werden, dass auch, und gerade, unter den Bedingungen von Wertepluralismus und Relativismus die öffentliche Diskussion unterschiedlicher Positionen eine wichtige Voraussetzung zur Integration moderner Gesellschaften ist. Dabei wird Integration wahrscheinlich nur selten durch das Auffinden von *uncontested truths* hergestellt als vielmehr durch die Fähigkeit, unterschiedliche Überzeugungen zu tolerieren.

Die Toleranz gewinnt aus der Perspektive der demokratischen Begründung der Kommunikationsfreiheit noch an Bedeutung. Demokratische Herrschaft beruht auf der Mehrheitsregel, so dass bei der Verteilung von Macht eine mehr oder weniger starke Minderheit von dem direkten Einfluss auf politische Entscheidungsprozesse ausgeschlossen wird. Es wird jedoch auch von der Minderheit erwartet, dass sie die getroffenen Entscheidungen als bindend anerkennt, selbst wenn diese den eigenen Präferenzen entgegenstehen. Die der Entscheidung vorausgehende öffentliche Diskussion schafft die Voraussetzungen für diese Akzeptanz. In ihr werden die Argumente der unterschiedlichen Positionen offengelegt, so dass die unterlegene Minderheit in der Lage ist, die Mehrheitsmeinung zu erwägen und wenn nicht als richtig, so doch zumindest als begründet zu akzeptieren. Kommunikationsfreiheit gibt der Minderheit darüber hinaus die Möglichkeit, für die eigene Position zu werben und auf diese Weise in künftigen Wahlen oder Abstimmungen die Mehrheitsverhältnisse zu wenden. Nur unter diesen Voraussetzungen – der prinzipiellen Offenheit der Kommunikation und der Revidierbarkeit von Entscheidungen – ist die Mehrheitsregel legitimierbar (Blumler 1983; Lichtenberg 1990: 111).

Neben der Verbreitung von Information als Basis rationaler Entscheidungen, der Verständigung über geltende Normen und Werte sowie der Förderung von Toleranz hat Kommunikationsfreiheit einen weiteren wesentlichen demokratischen Nutzen: Sie ist ein Instrument zur Begrenzung staatlicher Macht. Wie weiter oben ausgeführt, wurde dieses Argument ursprünglich im Rahmen der naturrechtlichen Position entwickelt. Rede- und Pressefreiheit wurde als Abwehrrecht verstanden, um das Individuum gegen staatliche Übergriffe zu schützen. Die utilitaristisch-demokratietheoretische Begründung der Kommunikationsfreiheit hat sich dieses

---

6 Die Frage nach den Grenzen von Toleranz kann im Rahmen dieses Aufsatzes leider nicht weiter verfolgt werden, ist aber eines der zentralen aktuellen Probleme in der Ausgestaltung von Kommunikationsfreiheiten. Im Fall von rassistischen Äußerungen ist diese Grenze nicht eindeutig und unverrückbar, sondern in der spezifischen politischen Kultur und den historischen Erfahrungen eines Landes verankert (für Frankreich und die USA vgl. Bird 2000; für Deutschland vgl. Kübler 2000). Die Lösung dieses Problems erfordert letztendlich doch einen Grundbestand von *uncontested truths* jenseits des Wertepluralismus moderner Gesellschaften. Bezogen auf Mills Argument wäre also nicht die Anzahl der Wahrheiten, sondern ihr Gewicht der entscheidende Zielnutzen öffentlicher Diskussion.

Argument angeeignet. Ihr liegt das prinzipielle Misstrauen der Liberalen gegenüber dem Staat, auch dem demokratischen, zugrunde (Kelley und Donway 1990). Obwohl demokratische Institutionen so angelegt sind, dass sie eine Zentralisierung oder dauerhafte Aneignung von Macht verhindern, ist immer zu befürchten, dass Macht zu Missbrauch und Korruption verleitet. Aus dieser Sicht ist Kommunikationsfreiheit vor allem die Freiheit zu Widerspruch und Opposition. Der Zweck einer demokratischen Regierung besteht darin, die Rechte der Bürger zu schützen und die Forderungen zu erfüllen, für die sie von der Mehrheit der Bürger gewählt wurde. Die öffentliche Kritik an der Regierung ist ein wirkungsvolles Mittel, um die Regierenden – auch jenseits von Wahlen – zur Responsivität zu zwingen.

4. Kommunikationsfreiheit als kollektives Gut

Vergleicht man den naturrechtlichen und den utilitaristischen Ansatz zur Begründung der Kommunikationsfreiheit, dann scheint ein entscheidender Unterschied darin zu liegen, wer als Träger und wer als Nutznießer dieses Freiheitsrechts gilt. In der naturrechtlichen Begründung ist das Individuum Träger und Endzweck der Redefreiheit. Sprache und Sprechen ist Ausdruck der individuellen Persönlichkeit und dient, wie beispielsweise Gesundheit, Leben oder Eigentum, der Verwirklichung individueller Ziele – oder dem individuellen *pursuit of happiness*. Im utilitaristischen Ansatz, einschließlich seiner demokratischen Variante, ist zwar auch das Individuum Träger der Redefreiheit. Der Einzelne ist jedoch nicht unmittelbarer Nutznießer freier Kommunikation. Vielmehr ist Wahrheit in Mills Konzeption ein kollektives Gut, das mehr ist als die Summe individueller Einzelmeinungen, und dient als solchermaßen emergenter Wert dem gesellschaftlichen Fortschritt. Der kollektive Wert der Kommunikation tritt noch augenfälliger zutage im Kontext des demokratietheoretischen Ansatzes. Zwar kann berechtigterweise angenommen werden, dass die demokratische Regierungsweise letztendlich individuellen Interessen und Bedürfnissen am meisten entgegenkommt. Im Einzelfall würden aber individuelle Meinungsäußerungen, die den Fortbestand der Demokratie gefährden, diesem Ziel untergeordnet.[7] Aufgrund dieses kollektiven Bezugspunktes wird die utilitaristische Position von vielen klassischen Liberalen abgelehnt, da sie hier ein Einfallstor für ungerechtfertigte Restriktionen sehen (Kelley und Donway 1990).

Lässt sich aber mit einem strikt individualistischen Ansatz das Wesen und die Bedeutung von Kommunikation angemessen verstehen? Zweifellos sind es Individuen, die ihre Meinungen äußern und die unter Umständen dafür den Sanktionen eines repressiven Staates ausgesetzt sind. Hierin liegt der Grund, warum Redefrei-

---

7 Das Konzept der wehrhaften Demokratie beruht auf genau diesen Überlegungen. Um die Stabilität der Demokratie zu sichern, wird Meinungsäußerungen, die sich grundsätzlich gegen die freiheitliche Grundordnung richten, der Schutz entzogen. Die amerikanische Auslegung des First Amendment stellt dagegen die Rechte des Individuums voran, selbst in Fällen von Fundamentalopposition (Richards 1994).

heit als Individualrecht unbedingt zu schützen ist. Kommunikatives Handeln ist jedoch ein kollektiver Prozess, der sich nicht auf das Individuum reduzieren lässt. Selbst die Entfaltung der eigenen Persönlichkeit lässt sich nicht durch isolierte Meinungsäußerungen verwirklichen. Sie ist auf die Erwiderungen anderer angewiesen. Das Selbstgespräch veranschaulicht, dass ungehinderte Rede nicht unbedingt Kommunikation ist und nur bedingt zur Selbstverwirklichung taugt. Auch das vertraute Gespräch unter Freunden hätte nicht über Jahrhunderte erkämpft werden müssen, da die meisten autoritären Staaten diese Form der Kommunikation tolerieren. Es ist vielmehr der öffentliche Austausch der Bürger, die in „Rede und Gegenrede" (Bundesverfassungsgericht) entstehende öffentliche Meinung, aus der Wahrheit erwächst, auf die Demokratie angewiesen ist und die Despoten fürchten.[8] Meiklejohn (1965: 27) spricht vom „thinking process of the community", auf dem demokratische Entscheidungen gründen.

Aus dem intrinsisch kollektiven, interaktiven Charakter von Kommunikation zieht O'Neill (1990) die Schlussfolgerung, dass das First Amendment (und ähnliche Grundrechte in den Verfassungen anderer Länder, zum Beispiel Artikel 5 des deutschen Grundgesetzes) letztendlich nicht auf Meinungsfreiheit (*freedom of expression*), sondern auf Kommunikationsfreiheit abzielt. Folglich schützt es den gesamten Kommunikationsprozess und umfasst nicht nur den individuellen Sprecher, sondern alle am Kommunikationsprozess Beteiligten, auch den Zuhörer (Hoffmann-Riem 1990).

Aus diesen Überlegungen ergeben sich Konsequenzen, wie Kommunikationsfreiheit als kollektiver Prozess umgesetzt werden kann. Während andere individuelle Grundrechte, wie beispielsweise körperliche Unversehrtheit oder Eigentum, von den Mitmenschen lediglich die Unterlassung bestimmter Handlungen erfordert (Nichtausübung von Gewalt oder Diebstahl), kann Kommunikationsfreiheit nur durch die positiven Handlungen anderer verwirklicht werden. Es bedarf deswegen einer Ethik kommunikativen Handelns und einer bestimmten Qualität der Meinungsäußerungen, um den Kommunikationsprozess aufrechtzuerhalten. Kommunikationsfreiheit beinhaltet also auch die moralische Verpflichtung, diese Freiheit auf eine bestimmte Weise wahrzunehmen. „A conception of toleration will be inadequate to democratic life if it demands only noninterference with acts of expression. An adequate view would have to identify practices of toleration that sustain the presuppositions of public communication, in forms from which nobody is excluded" (O'Neill 1990: 167).

---

8   Der Begriff des Öffentlichen bezieht sich hier sowohl auf Kommunikation, die offen ist für die Teilnahme aller, als auch auf Gegenstände von öffentlichem Interesse (Rucht 1994). Der Bezugspunkt meiner Ausführungen ist also vor allem politische Öffentlichkeit. Inwieweit sich die hier diskutierten Argumente auf Kommunikation übertragen lässt, die zwar öffentlich stattfindet, aber nicht von allgemeinem öffentlichen Interesse ist (z.B. Pornographie, Privatleben von Prominenten), kann an dieser Stelle nicht im Einzelnen behandelt werden.

Die Forderung, in einer Weise zu kommunizieren, dass niemand ausgeschlossen wird, beruht auf der Annahme der grundsätzlichen Gleichheit aller Bürger. Jeder hat das gleiche Recht, seinen Standpunkt in die öffentliche Diskussion einzubringen, unangesehen von sozialem Status, Bildung oder Einkommen. Welche Handlungserwartungen an die Kommunikationsteilnehmer würde dies beinhalten? Von dem Sprecher wird erwartet, den Dialogcharakter von Kommunikation zu erhalten. Äußerungen müssen anschlussfähig bleiben und die Möglichkeit zur Erwiderung, sogar Einwand und Widerspruch zulassen. Dies schließt feste Überzeugungen keineswegs aus, bedeutet aber zu akzeptieren, dass die eigene Meinung nur eine unter vielen anderen, ebenfalls begründeten Meinungen ist. Die Anschlussfähigkeit von Kommunikation beruht ferner auf dem wechselseitigem Vertrauen, dass keiner der Kommunikationsteilnehmer die Zuhörer willentlich irreführt. Wahrheit bzw. tragfähige Entscheidungen können nicht aus Falschinformationen und Manipulation erwachsen.

Diese Darstellung scheint ein hoffnungslos idealistisches Bild von öffentlicher Kommunikation zu zeichnen. In der Tat lässt sich Mills Abhandlung über das Auffinden der Wahrheit durch freie Kommunikation sehr viel leichter auf die Diskussion in einem politischen Debattierzirkel anwenden als auf die Bedingungen der Massenkommunikation in modernen Gesellschaften. Haworth (1998: 53) bezeichnet deswegen den Kommunikationskontext von Mills Argument als „seminar group model". Die Ähnlichkeiten mit Habermas' Konzept der bürgerlichen Öffentlichkeit sind nicht zu übersehen (Habermas 1996). Auch Meiklejohn (1965: 24ff.) bezieht sich auf Diskussionen in überschaubaren Gruppen, nämlich die *Town-Hall*-Versammlungen in Neu-England. Die Massenmedien bleiben in seiner Darstellung unberücksichtigt, obwohl sie in den sechziger Jahren, der Entstehungszeit seines Buches, die politische Kommunikation bereits weitgehend bestimmten.

In modernen Demokratien macht allein die schiere Größe nationaler Öffentlichkeiten einen direkten Austausch zwischen den Bürgern unmöglich. Die politische Auseinandersetzung wird im Wesentlichen von organisierten Akteuren wie Parteien und Interessengruppen geführt, während die Rolle des einzelnen Bürgers weitgehend auf die des Zuhörers beschränkt bleibt.[9] Den Medien wird im Allgemeinen eine intermediäre Rolle zugeschrieben, indem sie als kommunikatives Bindeglied zwischen den politischen Eliten und den Bürgern angesiedelt sind (Almond 1960). Es ist wohl nicht übertrieben zu behaupten, dass ohne die Medien öffentliche Kommunikation in modernen Gesellschaften unmöglich wäre. Wie lassen sich die Argumente der diskutierten Konzepte der Meinungs- und Pressefreiheit auf die veränderten Bedingungen moderner, repräsentativer Demokratien übertragen?

---

9 Dies bezieht sich auf die nationale Öffentlichkeit. In kleineren Öffentlichkeitskontexten ist der Einzelne selbstverständlich sowohl als Sprecher als auch als Zuhörer an Diskussionen beteiligt (Gerhards 1994; Schmitt-Beck 2000).

5. Repräsentative Öffentlichkeit und Medienqualität

Zunächst ist zu klären, was genau der Beitrag der Medien im modernen Öffent-
lichkeitsprozess ist. Sind sie eine Stimme unter vielen, die sich mit ihrer Meinung
zu Wort melden (Eilders 2000); oder sind sie ein Forum, das anderen Akteuren die
Möglichkeit bietet, sich an die Öffentlichkeit zu wenden? Je nachdem welcher
Funktion man den Vorzug gibt, ergeben sich unterschiedliche Präferenzen für ein
eher individualrechtliches oder teleologisches Verständnis der Presse- bzw. Medienfreiheit und damit einhergehend unterschiedliche Handlungserwartungen an
die Medien im politischen Prozess.

In der Entstehungszeit der bürgerlichen Presse waren Zeitungen in aller Regel
die genuinen Stimmen ihrer Eigentümer. Der Kostenaufwand, um eine Zeitung he-
rauszugeben, war relativ gering, zumal Umfang und Erscheinungshäufigkeit noch
kaum normiert waren (Boyce, Curran und Wingate 1978; Noelle-Neumann und
Wilke 1989). Jeder der seine Meinung in die öffentliche Diskussion einbringen und
ein größeres Publikum erreichen wollte, konnte also eine Zeitung gründen (sofern
er zur bürgerlichen, besitzenden Klasse gehörte). Es ist deswegen nicht verwunderlich, dass in den philosophischen Schriften der Aufklärung keine systematische
Unterscheidung zwischen Meinungs- und Pressefreiheit gezogen wurde. Auch das
Presserecht der Bundesrepublik enthält Elemente, die Zeitungen als Meinungsäußerungen ihrer Eigentümer ansieht und diese entsprechend schützt. So billigt der
Tendenzschutz dem Verleger das Recht zu, die politische Linie seiner Zeitung zu
bestimmen und deren Einhaltung auch von den in seinem Unternehmen angestell-
ten Redakteuren zu verlangen (Pürer und Raabe 1994: 284 ff.).[10]

Betrachtet man die Medien als individuelle Kommunikationsteilnehmer, liegt es
nahe, Medienfreiheit als naturrechtliches, an keinerlei Bedingungen gebundenes
Recht zu verstehen. In der eingangs zitierten Äußerung Walter Lippmanns, die jegliche Verantwortung der Medien für den öffentlichen Meinungsbildungsprozess
ablehnt, kommt diese Sichtweise zum Ausdruck. Jeder Eingriff in die Handlungsfreiheit der Medien würde berechtigterweise als Einschränkung der Meinungsfreiheit angesehen werden können. So konstatiert zum Beispiel der Verfassungsrecht-
ler Werner Weber: „Medienpolitik und Pressefreiheit schließen einander strikt aus"
(zitiert in Wilke 1985: 6). Allerdings erscheint es zweifelhaft, inwieweit die Medien der Persönlichkeitsentfaltung ihrer Eigentümer dienen. Zeitungen und Fern-
sehsender befinden sich zunehmend im Besitz multinationaler, nicht-publizis-
tischer Konzerne, deren Interesse gar nicht darin besteht, einen Beitrag zur öffentlichen Kommunikation zu leisten. Sie verfolgen wie jedes andere kommerzielle
Unternehmen vor allem Profitinteressen, welche jedoch nicht unter den besonderen

---

10 Diese Konstruktion ist durchaus problematisch, da die Meinungsfreiheit der Journalisten, die letztendlich den Inhalt einer Zeitung produzieren, der des Verlegers nachgeordnet ist. Tendenzschutz dient deswegen eher dem Eigentumsschutz als der Meinungsfreiheit.

Schutz der individuellen Meinungsfreiheit gestellt werden können, da dies Unternehmen, die keine Informationsprodukte herstellen, in unzulässiger Weise benachteiligen würde.

Die Konzeption der Medien als Forum trägt demgegenüber der Tatsache Rechnung, dass sich die ökonomischen und politischen Bedingungen der politischen Kommunikation fundamental verändert haben, so dass sich die Konzeption der Medien als individuelle Stimmen nicht mehr halten lässt. Die Kapitalintensität der Medienindustrie führt zwangsläufig zu einer hohen Konzentration sowohl im Printmedien- als auch im Rundfunkbereich und, damit einhergehend, zur Dominanz weniger Unternehmen. In einer Situation, wo diese Unternehmen ihre Medienprodukte nicht nur für ökonomische Ziele nutzen, sondern sie als Mittel einsetzen, um Einfluss auf politische Entscheidungen zu nehmen, wären mit hoher Wahrscheinlichkeit große Teile der existierenden Meinungen in der öffentlichen Diskussion nicht vertreten.[11]

Gleichzeitig macht die Größe moderner Flächenstaaten direkte Formen der Demokratie, wie etwa in den amerikanischen *Town-Hall*-Versammlungen, unmöglich. Repräsentative Verfahren haben deswegen die unmittelbare Beteiligung des Einzelnen am politischen Entscheidungsprozess ersetzt (Dahl 1989: 213ff.). Die Konzeption der Medien als Forum kann als Repräsentationsprinzip im Bereich der Kommunikation verstanden werden.[12] Die Medien handeln somit als Vertreter des Publikums und ermöglichen dadurch die Teilhabe der Bürger an der öffentlichen Kommunikation, auch wenn die aktive Beteiligung des Einzelnen als Sprecher nicht praktikabel ist.

Aus diesem Grund ist es plausibel, die Medien als soziale Institutionen zu betrachten, die an Normen gebunden sind und von denen jenseits der Verfolgung eigener Ziele die Erbringung bestimmter Leistungen für die Gesellschaft erwartet werden kann. Die Argumente, die von den Utilitaristen zur Begründung von Pressefreiheit entwickelt wurden, werden deswegen der Rolle der Medien in der repräsentativen Demokratie weit eher gerecht als der naturrechtliche Ansatz. Pressefreiheit ist demnach an den angenommenen Nutzen der Massenkommunikation für die Gesellschaft, und im Besonderen für die Demokratie gebunden (Ricker 1983).

Die Medien sind der metaphorische Marktplatz, wo unterschiedliche Meinungen miteinander im Wettbewerb stehen und auf ihre Tragfähigkeit getestet werden können. Denn auf Grund der Möglichkeiten moderner Kommunikationstechnologie sind die Medien der einzige Ort öffentlicher Kommunikation, wo sich alle Interessen artikulieren und von allen gehört werden können. Medienöffentlichkeit setzt

---

11 Die Beispiele von Silvio Berlusconi in Italien und Rupert Murdoch in Großbritannien veranschaulichen dies. Die ökonomischen und die politischen Motive der beiden Medienunternehmer sind schwer zu trennen. In beiden Fällen hat Marktdominanz zur Hegemonie bestimmter politischer Präferenzen geführt.

12 Ein wichtiger Unterschied zur politischen Repräsentation besteht allerdings darin, dass Medien nicht durch Wahlen legitimiert sind und auch nicht durch Wahlen aus ihrer Funktion entfernt werden können.

politische Akteure unter besonderen Begründungsdruck. Wer sich an die breite Öffentlichkeit wendet, weiß dass er nicht nur zu Parteigängern spricht und gute Argumente vorbringen muss, um Unterstützung zu finden. Ferner kann die Konfrontation mit Gegenpositionen zur Revision der eigenen Position zwingen, so dass zumindest die Chance besteht, dass am Ende einer öffentlichen Debatte eine bessere Lösung gefunden wird als die ursprünglich vorgebrachten Einzelpositionen.

Aus der Perspektive der demokratischen Begründung der Pressefreiheit besteht die Funktion der Medien vor allem darin, Information zu vermitteln und so die Bürger in die Lage zu versetzen, vernünftige Entscheidungen zu treffen. Wie bereits weiter oben diskutiert, ist die Rationalität des Einzelnen von zentraler Bedeutung für die Funktionsfähigkeit der Demokratie. Die individuelle Wahlentscheidung ist ein komplexer kognitiver Prozess, der die Verarbeitung und Abwägung einer Vielzahl von Informationen verlangt (Dalton und Wattenberg 1993). Die Medien liefern nicht nur Informationen über das politische Geschehen, zu denen der Einzelne normalerweise keinen Zugang hätte; sie bereiten diese Information auch in einer Weise auf, die es jedem erlaubt, mit vergleichsweise geringem Aufwand am politischen Geschehen teilzunehmen. Medieninformation ist selektiv und übersetzt komplexe Sachverhalte in Alltagssprache. Sie ermöglicht damit „low salience learning" (Neuman 1986: 148ff.), so dass der Einzelne zwar nicht über vollständige, wohl aber über genügend Information verfügt, um eine begründete Entscheidung zu treffen.

Die Konzeption als Forum schließt allerdings nicht aus, dass die Medien auch eigene Positionen und Interpretationen in die öffentliche Diskussion einbringen. Die Formulierung des Bundesverfassungsgerichts aus dem Jahre 1961, in der die Medien als „Medium und Faktor" (BVerfG 1961: 205ff.) der politischen Meinungsbildung beschrieben werden, weist auf die Doppelrolle der Medien hin. In der Tat gewinnt Orientierungswissen angesichts der steigenden Informationsflut an Bedeutung, um Fakten einordnen und bewerten zu können (Voltmer 1998: 53ff.). Aus dem Vorangehenden wird aber deutlich, dass im Hinblick auf die Rationalität politischer Entscheidungen die Vermittlung von Information vorrangig und unverzichtbar ist.

Informationsvermittlung und Forum der öffentlichen Diskussion sind Funktionen, die den Medien eine eher passive Rolle zuweisen. Meinungs- und Pressefreiheit zielt aber auch darauf ab, staatliche Macht zu kontrollieren. Diese „Wachhundfunktion" erfordert ein hohes Maß an Initiative und Konfliktbereitschaft von Seiten der Medien, die hier als Gegenspieler der politischen Herrschaftsträger auftreten (Janisch 1998). Auch hier handeln die Medien im Interesse der Bürger, die selbst nicht über die notwendigen Ressourcen verfügen, um schwer zugängliche, oft bewusst zurückgehaltene Information aufzuspüren. Die öffentliche Kritik an Machtmissbrauch und Inkompetenz ist ein essenzieller Beitrag zur Lebensfähigkeit der Demokratie, da sie die Bürger in die Lage versetzt, wenn notwendig, eine schlechte Regierung abzuwählen. Damit wird auch gleichzeitig die individuelle Freiheit des Einzelnen vor staatlicher Willkür geschützt.

Wie alle anderen Teilnehmer am öffentlichen Kommunikationsprozess unterliegen auch die Medien der Verpflichtung, in einer Weise zu handeln, wodurch Kommunikation als offener und wechselseitiger Austausch von Meinungen erhalten wird. Aus dieser Erwartung leiten sich eine Reihe von Standards ab, die als Richtschnur für die Qualität publizistischer Leistungen dienen (McQuail 1992; Voltmer 1998). Vielfalt und Objektivität können als unbestrittener Kern qualitätsvoller Berichterstattung gelten. Das Merkmal Vielfalt basiert auf der Forderung, keine der vorhandenen Meinungen in einer gegebenen Streitfrage vom Forum der öffentlichen Debatte auszuschließen. Im Kontext der repräsentativen Demokratie gewährleistet Vielfalt also eine möglichst breite Inklusion der Sprecher (in der Regel Parteien und Gruppen) und bietet den Zuhörern (d.h. den Bürgern in ihrer Rolle als Wähler) die Wahlmöglichkeit zwischen unterschiedlichen Alternativen. Objektivität ist bezogen auf die Forderung nach Wahrhaftigkeit. Da die Medien die Hauptquelle sind, aus der die Bürger ihr Wissen über Politik beziehen, müssen diese von der Annahme ausgehen, dass die Medien Ereignisse und Sachverhalte so wahrheitsgemäß wie möglich darstellen. Auch die Medien nehmen für sich in Anspruch, verlässliche Chronisten der aktuellen Ereignisse zu sein, so dass von einem „unwritten contract" (McQuail 1992: 187) zwischen Medien und Rezipienten gesprochen werden kann, auf den sich das Vertrauen der Bürger, tatsachengetreu informiert zu werden, stützt.

Angesichts eigener ökonomischer Interessen der Medien, aber auch angesichts der Instrumentalisierungsversuche von Seiten politischer Akteure sind dies sicherlich sehr hohe Standards. Ihre Verwirklichung ist jedoch die Voraussetzung für die Herstellung demokratischer Öffentlichkeit, die letztendliches Ziel und damit Rechtfertigung der Pressefreiheit ist.

6. Schlussfolgerungen

In diesem Artikel wurden die normativ-philosophischen Argumente diskutiert, mit denen die Meinungs- und Pressefreiheit begründet wird. Obwohl diese Kommunikationsfreiheiten als unverzichtbarer Kernbestand liberaler Demokratien gelten, sind sie immer wieder Gegenstand öffentlicher Auseinandersetzungen. Umstritten ist dabei nicht die Meinungs- und Pressefreiheit als demokratischer Grundwert, sondern vielmehr die Frage, wo die legitimen Grenzen individueller und massenmedialer Meinungsäußerungen liegen und ob und wie diese Grenzen politisch durchgesetzt werden können. Es lässt sich zeigen, dass sich aktuelle Konflikte über die Legitimität von Medienkritik oder etwaige Grenzen der Medienfreiheit unschwer damit erklären lassen, auf welche der beiden philosophischen Schulen der Meinungs- und Pressefreiheit sich die vorgebrachten Positionen berufen. In der folgenden Diskussion sollen deswegen diese normativen Argumente im Hinblick auf ihre Bedeutung für die Ausgestaltung der Medienordnung zusammenfassend diskutiert werden.

Aus der Perspektive der individualistisch-naturrechtlichen Position wird die Freiheit der Medien als eine Variante individueller Freiheit verstanden, mithin als ein unteilbares Grundrecht, das an keinerlei Voraussetzungen oder Leistungserwartungen gebunden ist. Einschränkungen der Medienfreiheit ließen sich nur dann rechtfertigen, wenn ihre Wahrnehmung ähnlich hoch angesiedelte Rechte anderer Individuen bedroht. Es ist kaum verwunderlich, dass sich die Medien in aller Regel auf den naturrechtlichen Ansatz berufen, wenn ihnen vorgeworfen wird, die Grenzen ihrer Freiheit zu überschreiten. Sie setzen diese normativen Argumente ein, um ihre eigenen, meist wirtschaftlichen Interessen durchzusetzen und sich gegen Einschränkungen ihrer Handlungsfreiheit zu schützen. Es wurde jedoch argumentiert, dass sich die Übertragung des naturrechtlichen Arguments auf die Medien der Massenkommunikation in modernen Demokratien nicht halten lässt, da dies die Realisierung dieses Freiheitsrechts auf nur wenige Individuen beschränken würde. Die Medien sind vielmehr ein Teil des repräsentativen Systems geworden, in dem Entscheidungsprozesse und politische Kommunikation vermittelt stattfinden und die Vermittlungsinstanzen im Interesse der Bürger handeln.

Diese Überlegungen werden durch den utilitaristischen Ansatz der Meinungs- und Pressefreiheit gestützt. Hiernach ist Kommunikationsfreiheit ein Mittel, um bestimmte Ziele zu erreichen, die für eine liberale Gesellschaft von zentraler Bedeutung sind – in Mills Terminologie ist dies die Entdeckung der Wahrheit, in Meiklejohns Ansatz die Partizipation der Bürger. In dieser Sichtweise besteht die Rolle der Medien vor allem darin, Information bereitzustellen, die die Rationalität demokratischer Entscheidungsfindung gewährleistet. Die Schlussfolgerung ist, dass Regulierung und eine mögliche Einschränkung der Medienfreiheit dann gerechtfertigt ist, wenn dies dazu dient, die demokratischen Ziele öffentlicher Kommunikation zu verwirklichen. Dies würde nicht nur auf den öffentlich-rechtlichen Rundfunk zutreffen, der formal im Hinblick auf das Gemeinwohl strukturiert ist, sondern grundsätzlich auch auf die privatrechtlich verfasste Presse.

Allerdings lassen sich im normativen Diskurs über die Pressefreiheit die beiden philosophischen Ansätze nicht trennscharf voneinander abgrenzen, da der utilitaristische Ansatz Argumente aus der naturrechtlichen Tradition übernommen hat. So findet sich auch in Mills Abhandlung der Hinweis, dass Pressefreiheit eine Waffe gegen staatliche Willkür ist. Dieses Argument hat aber seine Wurzel in der naturrechtlichen Tradition, wonach Meinungsfreiheit ein Abwehrrecht ist, das den Einzelnen gegen die Übergriffe des Staates schützt. Die Metapher der Medien als „Vierte Gewalt", die die Regierung kontrolliert, indem sie Machtmissbrauch und Inkompetenz aufdeckt, ist nicht nur eine zentrale Säule des professionellen Selbstverständnisses von Journalisten, sondern auch ein Leitwert der Medienpolitik.

Aus dieser Vermischung ergibt sich jedoch ein medienpolitisches Dilemma. Regulierung der Medien mit dem Ziel, die Qualität der Information zu gewährleisten, steht in offensichtlichem Widerspruch zu der Rolle der Medien als Kritiker der Regierung. Die Vorgabe von Zielen und Regeln würde die Medien in den Zugriffsbereich des Staates bringen und ihnen damit die Unabhängigkeit nehmen, staatliche

Macht zu kontrollieren. In der Debatte um Regulierung und Deregulierung werden häufig vorschnell Regulierung und Staat in eins gesetzt. Regulierung durch den Staat ist jedoch nicht die einzige mögliche Option, um verbindliche Qualitätsstandards der Medienkommunikation durchzusetzen. Es sind andere, nichtstaatliche Regulierungsformen denkbar, die die demokratische Funktion der Medien stärken können, ohne sie in den Einflussbereich politischer Machtinteressen zu bringen. Hierzu gehören vor allem die Selbstkontrolle der Medien und die Institutionen gesellschaftlicher Kontrolle. Beiden Regulierungsformen wird immer wieder mangelnde Effizienz vorgeworfen, da ihnen die Sanktionsmacht staatlicher Kontrolle fehlt. Es kann aber nicht darum gehen, die eine wirkungsvolle Regulierungsform zu finden – oder keine. Vielmehr scheint ein Pluralismus der Regulierungsinstrumente erstrebenswert, wodurch eine größere Bandbreite unterschiedlicher Akteure an der Debatte beteiligt und gleichzeitig staatlicher Einfluss minimiert wird.

Ein relativ aktuelles Beispiel ist die Gründung der Freiwilligen Selbstkontrolle Fernsehen (FSF), die zeigt, dass auch unter verschärften Konkurrenzbedingungen auf dem Medienmarkt Medienunternehmen zur Einhaltung bestimmter Standards bewegt werden können (in diesem Fall die Indexierung von jugendgefährdenden Sendungen). Bemerkenswert ist, dass die FSF auf Druck einer Bürgerinitiative gegen Gewaltdarstellungen im kommerziellen Fernsehen entstanden ist. Die öffentliche Mobilisierung der Bayerischen Landfrauen 1992/93 veranlasste schließlich die privaten Fernsehveranstalter dazu, mit der Gründung der freiwilligen Selbstkontrolle einer drohenden staatlichen Regulierung zuvorzukommen (Vowe 1997).

Bürgerinitiativen, die sich für eine bessere Medienumwelt einsetzen, sind in Deutschland – im Unterschied zu den USA – aber leider rar. Mehr Potenzial scheint in der formalen Verankerung von Publikumsinteressen zu liegen. Die in der Einleitung erwähnte Kommission zur „Lage des Fernsehens" (Groebel et al. 1995) hat in ihrem Abschlussbericht die Gründung von zwei neuen Institutionen vorgeschlagen. Beide Institutionen sind bisher nicht über das Planungsstadium hinausgekommen, sind aber gute Beispiele für gesellschaftliche Formen der Medienkontrolle jenseits staatlicher Regulierung. Einem Medienrat käme die Aufgabe einer kontinuierlichen Beobachtung der Medien zu. Dieser soll, ähnlich wie der Wirtschaftsrat, aus unabhängigen Experten zusammengesetzt sein und regelmäßig Gutachten zur Struktur der Medien sowie zu Entwicklungstendenzen im Programmangebot erstellen. Wichtige Aufgabe wäre ferner die Entwicklung von normativen Maßstäben der Medienverantwortung und entsprechende Empfehlungen zur Selbstkontrolle. Ferner soll eine Stiftung Medientest, analog zur Stiftung Warentest, eine Test- und Archivfunktion erfüllen. Sie soll Ansprechpartner für Mediennutzer sein, über aktuelle Entwicklung informieren und ein Forum bilden für eine öffentliche Auseinandersetzung mit den Medien und ihrer Rolle in der Gesellschaft.

In diesem Artikel haben die Medien und der Sinn der Pressefreiheit im Mittelpunkt der Diskussion gestanden. Es wäre jedoch falsch, diese Diskussion auf die Medien zu beschränken und aktuelle Probleme der öffentlichen Kommunikation allein als Defizit der Medien zu betrachten. Zwar findet öffentliche Kommunikation fast ausschließlich in und durch die Medien statt. Ein Großteil ihrer Berichterstattung besteht jedoch in der Vermittlung von Kommunikation anderer Akteure, die sich über die Medien an ein Massenpublikum wenden. Die in diesem Artikel diskutierten Normen einer demokratischen Öffentlichkeit wie Pluralität, Anschlussfähigkeit und Wahrhaftigkeit gelten deswegen in gleicher Weise für alle am politischen Kommunikationsprozess beteiligten Akteure. Dies trifft in besonderer Weise auf Wahlkampfkommunikation zu, deren inhaltliche Gestaltung zunehmend von aggressiven Marketingstrategien geprägt ist statt von dem Ziel, den Wählern substanzielle Information anzubieten. Die Diskussion um Qualitätsstandards der öffentlichen Kommunikation und wie diese gesichert werden können, sollte deswegen nicht nur auf die Medien beschränkt werden, sondern muss alle am öffentlichen Kommunikationsprozess Beteiligten einbeziehen.

Literatur

Almond, Gabriel A. (1960): Introduction. A Functional Approach to Comparative Politics. In: Gabriel A. Almond und James S. Coleman (Hrsg.): The Politics of Developing Areas. Princeton: Princeton University Press, S. 3-64.

Barendt, Eric (1985): Freedom of Speech. Oxford: Clarendon Press.

Bird, Karen L. (2000): Racist Speech or Free Speech? A Comparison of the Law in France and the United States. In: Comparative Politics, 32, S. 399-418.

Blumler, Jay G. (1983): Election Communication and the Democratic Political System. In: Winfried Schulz und Klaus Schönbach (Hrsg.): Massenmedien und Wahlen. München: Ölschläger, S. 190-200.

Blumler, Jay G. und Michael Gurevitch (1995): The Crisis of Public Communication. London: Routledge.

Bollinger, Lee C. (1986): The Tolerant Society. Freedom of Speech and Extremist Speech in America. New York: Oxford University Press.

Boyce, George, James Curran und Pauline Wingate (Hrsg.) (1978): Newspaper History from the Seventeenth Century to the Present. London: Constable.

Branahl, Udo (1992): Medienrecht. Eine Einführung. Opladen: Westdeutscher Verlag.

Braun, Gabriele (1990): Massenmedien und Gesellschaft. Eine Untersuchung über die institutionelle Ordnung eines Kommunikationsprozesses freier Meinungsbildung. Tübingen: Mohr (Paul Siebeck).

Breunig, Christian (1994): Kommunikationsfreiheiten. Ein internationaler Vergleich. Konstanz: Universitätsverlag Konstanz.

Bundesverfassungsgericht (BVerfG) (1961): Entscheidungen des Bundesverfassungsgerichts, Bd. 12, S. 205-264.

Bundesverfassungsgericht (BVerfG) (1966): Entscheidungen des Bundesverfassungsgerichts, Bd. 20, S. 162ff.

Chafee, Zechariah (1971): Does Freedom of Speech Really Tend to Produce Truth? In: Haig A. Bosmajian (Hrsg.): The Principles and Practice of Freedom of Speech. Lanham: University Press of America, S. 289-302.

Dahl, Robert A. (1989): Democracy and Its Critics. New Haven: Yale University Press.

Dalton, Russell J. und Martin P. Wattenberg (1993): The Not So Simple Act of Voting. In: Ada Finifter (Hrsg.): Political Science. The State of the Discipline II. Washington: American Political Science Association, S. 193-218.

Denton, Robert E. (Hrsg.) (1991): Ethical Dimensions of Political Communication. New York: Praeger.

Downs, Anthony (1957): An Economic Theory of Democracy. New York: Harper & Row.

Eilders, Christiane (2000): Media as Political Actors? Issue Focusing and Selective Emphasis in the German Quality Press. In: German Politics, 9, S. 181-206.

Erbring, Lutz, Stephan Ruß-Mohl, Berthold Seewald und Bernd Sösemann (Hrsg.) (1988): Medien ohne Moral. Variationen über Journalismus und Ethik. Berlin: Argon.

Gerhards, Jürgen (1994): Politische Öffentlichkeit. Ein system- und akteurstheoretischer Bestimmungsversuch. In: Friedhelm Neidhardt (Hrsg.): Öffentlichkeit, öffentliche Meinung, soziale Bewegungen. Opladen: Westdeutscher Verlag, S. 77-105.

Groebel, Jo, Wolfgang Hoffmann-Riem, Renate Köcher, Bernd-Peter Lange, Ernst Gottfried Mahrenholz, Ernst-Joachim Mestmäcker, Ingrid Scheithauer und Norbert Schneider (1995): Bericht zur Lage des Fernsehens für den Präsidenten der Bundesrepublik Deutschland. Gütersloh: Bertelsmann Stiftung.

Habermas, Jürgen (1996): Strukturwandel der Öffentlichkeit. Untersuchungen zu einer Kategorie der bürgerlichen Gesellschaft. Frankfurt a. M.: Suhrkamp (5. Auflage).

Haworth, Alan (1998): Free Speech. London: Routledge.

Hayek, Friedrich A. von (1968): Der Wettbewerb als Entdeckungsverfahren. Kieler Vorträge, Bd. 56. Kiel: Institut für Weltwirtschaft.

Held, David (1996): Models of Democracy. Cambridge: Polity Press (2. Auflage).

Hoffmann-Riem, Wolfgang (1990): Erosionen des Rundfunkrechts. München: C. H. Beck.

Janisch, Wolfgang (1998): Investigativer Journalismus und Pressefreiheit. Ein Vergleich des deutschen und amerikanischen Rechts. Baden-Baden: Nomos.

Keane, John (1991): The Media and Democracy. Cambridge: Polity Press.

Kelley, David und Roger Donway (1990): Liberalism and Free Speech. In: Judith Lichtenberg (Hrsg.): Democracy and the Mass Media. Cambridge: Cambridge University Press, S. 66-101.

Kübler, Friedrich (2000): Rassenhetze und Meinungsfreiheit – Grenzüberschreitende Aspekte eines Grundrechtskonflikts. In: Archiv des öffentlichen Rechts, 125, S. 109-130.

Lichtenberg, Judith (1990): Foundations and Limits of Freedom of the Press. In: Judith Lichtenberg (Hrsg.): Democracy and the Mass Media. Cambridge: Cambridge University Press, S. 102-135.

Lippmann, Walter (1922): Public Opinion. New York: Harcourt Brace.

McQuail, Denis (1992): Media Performance. Mass Communication and the Public Interest. London: Sage.

Meiklejohn, Alexander (1965): Political Freedom. The Constitutional Powers of the People. New York: Oxford University Press.

Mill, John Stuart (1859/1974): On Liberty. London: Penguin.

Napoli, Philip M. (1999): The Marketplace of Ideas Metaphor in Communications Regulation. In: Journal of Communication, 49, S. 151-169.

Neuman, Russell W. (1986): The Paradox of Mass Politics. Knowledge and Opinion in the American Electorate. Cambridge: Harvard University Press.

Noelle-Neumann, Elisabeth und Jürgen Wilke (1989): Pressegeschichte. In: Elisabeth Noelle-Neumann, Winfried Schulz und Jürgen Wilke (Hrsg.): Fischer Lexikon Publizistik Massenkommunikation. Frankfurt a. M.: Fischer, S. 287-313.

O'Neill, Onora (1990): Practices of Toleration. In: Judith Lichtenberg (Hrsg.): Democracy and the Mass Media. Cambridge: Cambridge University Press, S. 155-185.

Patterson, Thomas E. (1993): Out of Order. New York: Knopf.

Pürer, Heinz und Johannes Raabe (1994): Medien in Deutschland, Bd. 1. Presse. München: Ölschläger.

Richards, David A. J. (1994): Free Speech as Toleration. In: Wilfried J. Waluchow (Hrsg.): Free Expression. Essays in Law and Philosophy. Oxford: Clarendon Press, S. 31-57.

Ricker, Reinhart (1983): Freiheit und Aufgabe der Presse. Individualrechtliche und institutionelle Aspekte. Freiburg: Alber.

Rucht, Dieter (1994): Politische Öffentlichkeit und Massenkommunikation. In: Otfried Jarren (Hrsg.): Medienwandel – Gesellschaftswandel? 10 Jahre dualer Rundfunk in Deutschland. Berlin: Vistas, S. 161-177.

Scanlon, Thomas M. (1977): A Theory of Freedom of Expression. In: Ronald M. Dworkin (Hrsg.): The Philosophy of Law. London: Oxford University Press, S. 153-171.

Schmitt-Beck, Rüdiger (2000): Politische Kommunikation und Wählerverhalten. Ein internationaler Vergleich. Wiesbaden: Westdeutscher Verlag.

Schulz, Winfried (1998): Media Change and the Political Effects of Television: Americanization of the Political Culture? In: Communications, 23, S. 527-543.

Voltmer, Katrin (1998): Medienqualität und Demokratie. Eine empirische Analyse publizistischer Informations- und Orientierungsleistungen in der Wahlkampfkommunikation. Baden-Baden: Nomos.

Vowe, Gerhard (1997): Medienpolitik im Spannungsfeld von staatlicher Steuerung und Selbstregulierung. Das Beispiel der „Freiwilligen Selbstkontrolle Fernsehen". In: Heribert Schatz, Otfried Jarren und Bettina Knaup (Hrsg.): Machtkonzentration in der Multimediagesellschaft? Beiträge zu einer Neubestimmung des Verhältnisses von politischer und medialer Macht. Opladen: Westdeutscher Verlag, S. 216-243.

Wilke, Jürgen (1985): Bedeutung und Gegenstand der Medienpolitik. Skizze eines Feldes praktischer Politik und wissenschaftlicher Analyse. In: Aus Politik und Zeitgeschichte. Beilage zur Wochenzeitung „Das Parlament", B9, S. 3-16.

Wilke, Jürgen (1993): Leitideen in der Begründung der Pressefreiheit. In: Publizistik, 38, S. 512-524.

Wilke, Jürgen (Hrsg.) (1996): Ethik der Massenmedien. Wien: Braumüller.

IV.

Politische Parteien und Politiken

Die Wahrnehmung der politischen Standpunkte der Parteien durch die Wähler*

Franz Urban Pappi

1. Die Fragestellung im persönlichen Rückblick

In Demokratien beziehen die Parteien oft gegensätzliche Standpunkte für die Lösung der anstehenden Sachfragen. Dies folgt zum Teil aus der Wettbewerbslogik des Kampfes um Wählerstimmen, zum Teil versuchen die Parteien, eine gewisse Kontinuität der Art der von ihnen vertretenen Politikinstrumente zu wahren. Und schließlich empfehlen Experten und Interessengruppen in den seltensten Fällen dieselbe Politik zur Lösung eines Problems, wobei in den verschiedenen Parteienstandpunkten der unterschiedliche Zugang zum Ausdruck kommt, den die Parteien einzelnen Interessengruppen gewähren. Die in diesem Beitrag thematisierten politischen Standpunkte oder Positionen der Parteien beziehen sich auf drei ausgewählte Sachfragen: die Pflegeversicherung, das Asylrecht und die Mineralölsteuer. Die zu untersuchende Frage ist, inwieweit die Wählerwahrnehmungen der Parteienstandpunkte bei einzelnen Sachfragen ein allgemeines Links-Rechts-Schema widerspiegeln. Je größer die Übereinstimmung sein wird, desto eher ist der Schluss gerechtfertigt, dass ein allgemeines Links-Rechts-Schema eine Orientierungsfunktion für die Wahrnehmung von Policy-Standpunkten der Parteien hat.

Hans-Dieter Klingemann (1972) hat als Erster Forschungsergebnisse über die Links-Rechts-Einordnung der deutschen Parteien durch die Wählerschaft vorgelegt, und zwar für die hessische Wählerschaft des Jahres 1970. Eine Veröffentlichung auf Deutsch findet sich in einem Buch über politischen Radikalismus (Klingemann und Pappi 1972), in dem Klingemann und ich auf einige Probleme stießen, die die Forschung auch später beschäftigten. Hauptergebnis der Untersuchung war, dass der Durchschnittswähler eine ganz klare Wahrnehmung der Links-Rechts-Anordnung der politischen Parteien hat. Auf der von links (1) bis rechts (10) reichenden Skala wurde auf eine Mittelkategorie verzichtet, die sich bei einer ungeraden Anzahl von Einordnungskategorien ergeben hätte. Dem *marais éternel* sollte keine Chance eines Ausweichens in eine unverbindliche Mittelkategorie gegeben

* Das Mannheimer Zentrum für europäische Sozialforschung (MZES) hat die Erhebung der Umfragedaten durch Marplan, Offenbach, über die hier berichtet wird, unterstützt. Der Autor bedankt sich dafür und bei Frau Dr. Gabriele Eckstein für die ursprüngliche Projektassistenz. Herrn Susuma Shikano, M.A. und Frau Evelyn Bytzek danke ich für die Datenanalyse.

werden. Die damals erst vor kurzem neu gegründete kommunistische Partei DKP
wurde ganz links mit einem Wert von 1.7 eingestuft, die SPD als Partei der linken
Mitte mit 3.9; der damalige Koalitionspartner der SPD auf Bundesebene, die FDP,
erzielte mit 5.4 fast die exakte Mittelposition; die CDU/CSU wurde mit 6.8 als Partei der rechten Mitte und die rechtsradikale NPD schließlich mit 8.7 als Rechtspar-
tei eingestuft. Die Standardabweichungen lagen etwas über 1.5, nur bei der Einordnung der NPD waren die individuellen Abweichungen vom Durchschnitt mit
2.67 größer.   .

Mit der großen Eindeutigkeit dieser Wahrnehmung kontrastieren einige weitere
Ergebnisse:

1. Eine Faktorenanalyse von Sympathieskalometern der fünf Parteien bestätigt die
   große Entfernung zwischen DKP und NPD nicht. Hier zeigt sich die sogenannte
   Hufeisenform, eine an den Enden nach links bzw. rechts oben gebogene Linie,
   die die extremen Parteien einander annähert. Der Durchschnittswähler lehnt
   beide ab, was zur Folge hat: *Les extrêmes ses touchent.*

2. Die Wähler der extremen Parteien beurteilen im Unterschied zum Durchschnittswähler die politische Welt von ihren unterschiedlichen extremen Standpunkten aus. Das kommt klar zum Ausdruck, wenn man ihre Selbsteinstufung
   auf der vorgegebenen Links-Rechts-Skala vergleicht. Die Korrelation der NPD-
   Wahl (dichotome Variable mit den Werten 1 und 0 gemessen) mit der Links-
   Rechts-Selbsteinstufung beträgt 0.96 und der entsprechende Wert für die DKP-
   Wahl und die Selbsteinstufung -0.89 (Klingemann und Pappi 1972: 44).

3. Die wahrgenommene Links-Rechts-Position der Parteien und die Selbsteinstufung der Wähler auf derselben Skala kann nicht das einzige Kriterium für die
   Wahlentscheidung nach dem Nähemodell sein, d. h. der Wahl der auf der Skala
   nächsten Partei. Denn sonst müssten die Präferenzordnungen der Parteien, wie
   sie sich durch die Skalometer oder Paarvergleiche feststellen lassen, alle auf eine gemeinsame Links-Rechts-Ordnung per Entfaltungsanalyse rückführbar sein.
   Hier herrscht aber eine relative Heterogenität der Wähler vor, die Annahme eines Durchschnittswählers ist deshalb in diesem Zusammenhang irreführend
   (vgl. Pappi 1983; Pappi und Eckstein 1996).

Zusammenfassend lässt sich aus diesen Ergebnissen eine Lehre ziehen: Wahrnehmungsraum und Entscheidungsraum der Wähler sind nicht identisch. Diese Problematik wird von Fuchs und Klingemann (1990) in einem wichtigen Aufsatz über
die Funktion des Links-Rechts-Schemas behandelt. Sie interpretieren das Links-
Rechts-Schema als „Mechanismus zur Reduzierung von Komplexität, der in erster
Linie dazu dient, eine Orientierungsfunktion für die Individuen und eine Kommunikationsfunktion für das politische System bereitzustellen" (Fuchs und Klingemann 1990: 205, Übersetzung FUP). Als Verständigungsmedium über politische
Sachverhalte kann ein solches Schema natürlich nur funktionieren, wenn nicht jeder unter links und rechts etwas anderes versteht. Dazu unterscheiden Fuchs und
Klingemann (1990: 233) einen allgemeinen Bedeutungsgehalt, aus dem die Individuen bestimmte Elemente übernehmen, und situationsspezifische „Respezifizie-

rungen", die dem Schema eine große Flexibilität verleihen. Die kulturell dominante Bedeutung von links und rechts können die Autoren auf die politisierten sozialen Spaltungen zurückführen, die in Europa, beispielhaft untersucht an den Niederlanden und Deutschland, zur Entstehung der Parteiensysteme im 19. und Anfang des 20. Jahrhunderts geführt haben. Neben dem Bezug auf soziale Gruppen, wie die Arbeiter oder die Unterschicht, die eindeutig mit links in Verbindung gebracht werden, assoziieren Befragte in den Niederlanden und Westdeutschland links mit den politischen Ideologien des Kommunismus und Sozialismus, mit sozialdemokratischen Parteien und der Eigenschaft progressiv und den Werten der gesellschaftlichen Gleichheit und der Solidarität. Mit rechts werden Unternehmer assoziiert, die Eigenschaften konservativ und christlich, die CDU/CSU und die NPD in Deutschland und die rechtsliberale VVD in den Niederlanden genauso wie die CDA. Insgesamt unterscheiden sich aber die Bedeutungselemente von „rechts" stärker zwischen den Niederlanden und Deutschland als diejenigen von „links". In Deutschland werden Faschismus, Diktatur und Nationalismus als Bedeutungselemente in diesem Zusammenhang erwähnt, während die Niederländer unter rechts mehr Elemente der etablierten demokratischen Politik unter diesem Begriff subsumieren wie Kapitalismus, Individualismus, Liberalismus oder als soziale Gruppe die Reichen (Fuchs und Klingemann 1990: 221).

Was nun den Zusammenhang zwischen dem gemeinsamen Verständnis von links und rechts und der ideologischen Selbsteinstufung und damit indirekt ihrer Bedeutung für die Wahlentscheidung betrifft, argumentieren Fuchs und Klingemann sehr vorsichtig. Die Selbsteinstufung sei „wahrscheinlich mehr als ein zusammenfassender Ausdruck der vielen aktuellen Issuepositionen" und wahrscheinlich „weniger als eine ideologische Selbst-Identifikation" (Fuchs und Klingemann 1990: 233, Übersetzung FUP). Ideologische Orientierungssysteme, Issueprioriäten und Selbsteinstufungen auf der Links-Rechts-Skala seien „analytisch unterschiedliche Begriffe, die einen je eigenen und unabhängigen Erklärungsstatus ... für politische Einstellungen und politisches Verhalten" hätten (Fuchs und Klingemann 1990: 234, Übersetzung FUP).

In diesem Beitrag konzentriere ich mich allein auf den Wahrnehmungsaspekt, so dass die schwierige Frage der Bedeutung der ideologischen Selbstidentifikation und das Problem des Zusammenhangs von Wahrnehmungs- und Entscheidungsraum ausgeklammert bleiben kann. Die Wahrnehmungsaufgabe, die den Befragten zugemutet wurde, bezog sich nicht auf eine ideologische Einordnung der Parteien, sondern, wie bereits erwähnt, auf die Wahrnehmung der Parteipositionen bei konkreten Sachfragen. Es gilt dann im Nachhinein zu entscheiden, inwieweit diese wahrgenommenen Positionen mit der Wahrnehmung der ideologischen Positionen der Parteien, die aus anderen Umfragen entnommen wurden, übereinstimmen. Mit Hinich und Munger (1994) gehe ich dabei von folgenden Annahmen aus:

1. Ideologien lassen sich dimensional ordnen. Im Unterschied zu einem rein binären Schema wird damit die Möglichkeit einer inhaltlichen Besetzung der Mittelposition offengehalten.

2. Ideologien sind mehr als Individualheuristiken; sie sind geteiltes Wissen. Deswegen erlauben sie politische Kommunikation. Diese Annahme stimmt mit der Interpretation des Links-Rechts-Schemas als Orientierungssystem und Kommunikationsmittel von Fuchs und Klingemann (1990) überein.

3. Ideologische Dimensionen sind latent. Sie stellen die der öffentlichen Debatte über Issues zugrunde liegende Ordnung dar. Bei Klingemann und Fuchs ist das ideologische Schema dagegen manifest.

2. Das Untersuchungsprogramm

Mit der Annahme latenter ideologischer Dimensionen ist eine Flexibilisierungsmöglichkeit für allgemeine ideologische Schemata gegeben: Die tagespolitische Auseinandersetzung der politischen Parteien beeinflusst die aktuellen Spezifizierungen des Schemas. So kann man sich vorstellen, dass eine sozialliberale Bundesregierung in Zeiten wirtschaftlicher Prosperität die Auseinandersetzung mit einer christlich-konservativen Opposition auf dem Feld innerer Reformen sucht und auf diese Weise eine Policy-Dimension politisiert, die auf Englisch oft als *social issues* bezeichnet wird (Laver und Hunt 1994). In Deutschland haben SPD und FDP nach dem Urteil von Experten auf dieser Dimension eine ähnliche Position, während in der Wirtschafts- und Sozialpolitik die SPD mehr Gemeinsamkeiten mit der CDU hat als mit der FDP. Des Weiteren könnte man vermuten, dass die Aufnahme von Umweltthemen in die öffentliche Agenda in Deutschland von der innen- und rechtspolitischen Frontstellung der sozialliberalen Regierungszeit befördert wurde, weil die Parteistandpunkte bei den sogenannten *social issues*, wieder nach den von Laver und Hunt berichteten Experteneinschätzungen, enger mit den umweltpolitischen Standpunkten der Parteien korrelieren als mit den wirtschafts- und sozialpolitischen. In der alten Bundesrepublik resultierte daraus schließlich eine Links-Rechts-Dimension, auf der, bezogen auf die im Bundestag vertretenen Parteien, CDU/CSU und Grüne die Ankerpositionen auf der rechten bzw. linken Seite einnahmen.

Im Folgenden wird als Hauptuntersuchung eine Repräsentativbefragung der westdeutschen Wahlberechtigten (einschließlich der Westberliner) vom Januar/ Februar 1993 herangezogen. Gegenüber der alten Bundesrepublik hatten sich die Schwerpunkte der Sachpolitik natürlich in Richtung der wirtschafts- und sozialpolitischen Vereinigungsfolgen verschoben. Die Westdeutschen waren von dieser Problematik aber nur indirekt betroffen und die im Jahre 1993 aktuellen Themen, die in der Umfrage aufgegriffen wurden, beschäftigten die westdeutsche Öffentlichkeit unabhängig von der Wiedervereinigung: die Pflegeversicherung, das Asylrecht und die Mineralölsteuer. Von daher gesehen ist zu vermuten, dass sich die Hauptfrontstellung der 80er Jahre zwischen CDU/CSU einerseits und den Grünen andererseits auch in den 90er Jahren fortsetzte. Allerdings hatte sich nach 1990 das Parteiensystem verändert. In den 90er Jahren muss auch die Parteiposition der PDS berücksichtigt werden. Es wird sich zeigen, wie die PDS in das schwerpunktmäßig westdeutsche Parteiensystem bei wichtigen politischen Fragen aus der Sicht der Wähler integriert wurde.

Die politischen Standpunkte der Parteien, deren Wahrnehmung durch die Wählerschaft mit Hilfe repräsentativer Umfragen erhoben wird, werden oft für relativ allgemeine Sachfragen erfasst, die so gar nicht die parlamentarische Auseinandersetzung bestimmen. Es handelt sich dabei vielfach um Wertorientierungen oder Einstellungen, von denen man sich vorstellen kann, dass sie konkrete Politikpräferenzen steuern. Allerdings ist diese vermutete Beziehung zwischen einer allgemeinen Wertorientierung und einer konkreten Politikpräferenz in einer bestimmten Sachfrage für Gruppenakteure wie die politischen Parteien problematisch. Der Zwang für die Parteien, nach außen geschlossen aufzutreten, besteht in der politischen Auseinandersetzung und damit in den konkreten Sachfragen, die im Kabinett oder im Parlament oder auch auf Parteitagen abgestimmt werden müssen. Die allgemeinen Einstellungen können dabei eine Rolle spielen, aber nicht als individuelle Überzeugungssysteme für die einzelnen Parteiführer, Minister und Abgeordneten, sondern als Reputation, die eine Partei für gewisse allgemeine Standpunkte hat, kurz gesprochen, als vom Wähler vermutete politische Ideologie.

Die ideologischen Positionen der Parteien sind nach der Theorie von Hinich und Munger (1994) latent und können aus den Wählerwahrnehmungen der Parteistandpunkte bei konkreten Sachfragen erschlossen werden. Es wird zu prüfen sein, ob die latente ideologische Dimension des deutschen Parteiensystems unabhängig von den konkreten Sachfragen gleich ist oder stärkere Abweichungen zeigt.

Die Sachpolitik in Mehrparteiensystemen mit Koalitionsregierungen folgt dabei nie allein der Parteilogik, sondern immer auch einer Koalitionslogik. Zwar sind die Parteien als die dauerhafteren und geschlosseneren Akteure mit ihren Grundsatz- und Wahlprogrammen wahrscheinlich die festeren Bezugspunkte bezüglich der ideologischen Einordnung, für die aktuelle Sachpolitik kann aber die amtierende Koalitionsregierung als Bezugspunkt dienen und im Vergleich zu ihr können dann auch alternative Regierungen beurteilt werden. Die Wahrnehmungen der Parteistandpunkte bei den drei Sachfragen wird deshalb ergänzt um Wahrnehmungen der 1993 amtierenden Koalitionsregierung aus CDU/CSU und FDP und um weitere mögliche Regierungen: eine Alleinregierung der CDU/CSU, der SPD, eine große Koalition aus CDU/CSU und SPD und eine rot-grüne Regierung.

Externes Validierungskriterium für die aus den Wählerwahrnehmungen der sachpolitischen Parteienstandpunkte rekonstruierten latenten ideologischen Dimensionen wird die Einordnung der Parteien auf einer vorgegebenen Links-Rechts-Skala sein. Diese manifeste Form der Links-Rechts-Einstufung der Parteien und die Selbsteinstufung der Wähler entspricht der Konzeption von Fuchs und Klingemann (1990) von der Orientierungsfunktion dieser ideologischen Dimension. Ergebnisse von einschlägigen Untersuchungen werden im Abschnitt 3 präsentiert. Darauf folgt Abschnitt 4 mit den Ergebnissen der Rekonstruktion einer Links-Rechts-Ordnung der Parteien und möglicher Bundesregierungen für die drei Sachpolitiken des Asylrechts, der Pflegeversicherung und der Mineralölsteuer. Es wird sich zeigen, dass die Positionierung extremer Parteien hier Probleme bereitet, die bei der Vorgabe einer expliziten Links-Rechts-Skala nicht auftreten. Auf dieses Problem wird in einem abschließenden Abschnitt zur Interpretation der gefundenen Ergebnisse eingegangen.

3.   Die Links-Rechts-Einordnung der Parteien

Die direkte Methode der Links-Rechts-Einordnung der Parteien besteht in der Verwendung einer Frage nach der Platzierung der Parteien auf einer vorgegebenen Skala, deren Endpunkte mit links und rechts bezeichnet werden. Diese Frage hat Klingemann (1972) nach der Anwendung ähnlicher Skalen in Frankreich und Italien in Studien des *Center for Political Research*, Ann Arbor (vgl. z. B. Barnes 1971), als Erster in Deutschland eingesetzt, und sie wird seither in unregelmäßigen Abständen und mit kleinen Abwandlungen in der deutschen politischen Meinungsforschung verwendet. Da der Zeitaufwand für die Frage mit der Zahl der abgefragten Parteien schnell ansteigt, wird manchmal eine indirekte Methode als Ersatz angewendet. Man fragt dann nur nach der Selbsteinstufung der Befragten auf dieser vorgegebenen Skala und schließt aus den Mittelwerten der Parteianhänger bzw. Parteiwähler auf den Standpunkt der Partei. Diese Form der Frage wurde in zwei Politbarometer-Befragungen der Forschungsgruppe Wahlen, Mannheim, gewählt, die im Januar und Februar 1993 im Feld waren, also zum selben Zeitpunkt wie meine eigene Erhebung, die im nächsten Abschnitt analysiert werden wird. Um entscheiden zu können, inwieweit die indirekte Methode ähnliche Ergebnisse wie die direkte Methode liefert, wird auf die Wahlstudie 1990 (Panel) zurückgegriffen, in der in der dritten Welle im Oktober/November 1990 zum ersten Mal in Westdeutschland auch die Einordnung der PDS abgefragt wurde.

Betrachtet man zunächst die Ergebnisse der direkten Methode für die Zeit unmittelbar nach der Wiedervereinigung, ergibt sich für die etablierten westdeutschen Altparteien das erwartete Muster (Tabelle 1). Die Grünen werden mit einem Wert von 3.08 links von der SPD eingestuft, die SPD erzielt einen Wert von 4.24; rechnet man diesen Wert auf eine Skala von 10 statt 11 Punkten um, entspricht letzterem Wert die Einstufung 3.9 und dies ist genau der Wert, den Klingemann (1972: 96) für die SPD-Einstufung durch die hessische Wählerschaft von 1970 berichtet. Dagegen wird die CDU/CSU mit 7.4 (8.18 x 10 : 11) etwas rechter eingestuft als 1970, was, wenig überraschend, wegen der Koalition mit der CDU/CSU statt mit der SPD, auch auf die FDP zutrifft. Auffallend ist die Platzierung der PDS leicht rechts von den Grünen. Die Republikaner werden ihrerseits nicht ganz so extrem eingestuft wie die NPD 1970. Was Republikaner und PDS gemeinsam haben, ist die hohe Unsicherheit der Einstufung. Die Standardabweichungen liegen erheblich über den Werten für die anderen Parteien.

Tabelle 1: Die Links-Rechts-Einstufung der politischen Parteien durch westdeutsche Wahlberechtigte

	PDS	Grüne	SPD	FDP	CDU/CSU[b]	Republikaner
(a) Direkte Frage mit Vorlage einer Skala von 1 (=links) bis 11 (=rechts) im Oktober/November 1990[a]						
μ	3.15	3.08	4.24	6.80	8.18	9.33
σ	3.29	1.85	1.85	1.65	1.93	3.03
n	1313	1323	1331	1326	1328	1321
(b) Selbsteinstufung der Parteiwähler (Wahlabsicht) im Oktober/November 1990						
μ	(3.00)	4.33	4.99	6.37	7.39	8.45
σ	(1.41)	1.64	1.63	1.31	1.81	2.02
n	2	75	598	90	575	22
(c) Selbsteinstufung der Parteiwähler (Sonntagsfrage) im Januar und Februar 1993 (Politbarometer)[c]						
μ	(3.67)	4.54	5.03	6.22	7.17	7.19
σ	(2.08)	2.00	1.99	1.70	2.03	2.40
n	3	194	604	88	430	75

a Wahlstudie 1990 (Panel), ZA-Nr. 1919, V430 bis V436.
b CDU und CSU wurden getrennt eingeordnet. Der hier zum Vergleich mit den Ergebnissen des Abschnitts 4 zusammengefasste Wert gewichtet die CDU im Verhältnis zur CSU mit 4:1 (Größenverhältnis der Zweitstimmen 1990 in Westdeutschland).
c Zweigeteilte Frage in Telefonumfrage, zuerst wird nach Einordnung „eher links" bzw. „eher rechts" gefragt und dann nach „sehr links" (=1) bis „sehr rechts" (=11).

Die indirekte Methode der Parteieneinordnung bestätigt zwar im Wesentlichen die Reihenfolge der Parteien auf der Links-Rechts-Skala, die Werte selbst weichen aber vor allem für die kleinen Randparteien Grüne und Republikaner insofern stark von den mit der direkten Methode gewonnenen Werten ab, als sich die Wähler der Grünen und Republikaner mehr zur Mitte hin einordnen. Abgeschwächt gilt dieser Trend auch für die drei Parteien in der Mitte der Skala, die SPD, die FDP und die CDU/CSU. Dabei ist zu berücksichtigen, dass die direkte Methode schwerpunktmäßig aus Fremdwahrnehmungen besteht, d. h. aus Wahrnehmungen von Befragten, die gerade nicht Anhänger der entsprechenden Parteien sind. Diese Fremdwahrnehmungen führen bei den kleinen Randparteien zu einer extremeren Einordnung als dies aus der Sicht der jeweiligen Parteiwähler der Fall ist. Da die PDS in der alten Bundesrepublik kaum gewählt wird, führt die indirekte Methode für sie zu keiner ganz zuverlässigen Einordnung. Allerdings stellen diese wenigen Wähler das aus frühen Zeiten gewohnte Bild wieder her, nämlich dass die PDS als Nachfolgerin einer kommunistischen Partei die eigentliche linke Randpartei ist.

Die Ergebnisse der indirekten Methode für 1993 zeigen nur kleine Unterschiede zur Situation von 1990. Lediglich die Wähler der Republikaner erreichen jetzt auf der Links-Rechts-Skala einen relativ gemäßigten Wert, der nun leicht rechts von der Selbsteinstufung der CDU/CSU-Wähler liegt. Das hängt sicher damit zusammen, dass ihr Anteil an den Befragten mit Wahlabsicht von 1.6 auf 5.4 Prozent gestiegen war, so dass sie 1993 nicht mehr so ausschließlich auf eine ausgesprochen rechte Klientel angewiesen waren.

Für den Vergleich mit der Anordnung der Parteien auf der latenten ideologischen Dimension, die ich im nächsten Abschnitt rekonstruieren werde, kann man demnach von einer ordinalen Anordnung ausgehen, die wie folgt verläuft: Von den Grünen über die SPD als Partei der linken Mitte, die FDP als Mittelpartei und die CDU/CSU als Partei der rechten Mitte. Dazu kommen die Republikaner als rechte Randpartei und, wenn auch in Westdeutschland auf unsicherer Grundlage, die PDS als mögliche neue linke Randpartei in Konkurrenz zu den Grünen.

4. Die Platzierung von Parteien und Regierungen auf latenten ideologischen Dimensionen

Bei der Links-Rechts-Einstufung wird den Befragten das ideologische Kriterium vorgegeben, nach dem sie die Parteien beurteilen sollen. Geht man von der Vorstellung aus, dass die ideologische Dimension latent ist, müssen andere Kriterien genannt werden, aus denen sich die zugrunde liegende latente Dimension rekonstruieren lässt. Dies sind nach der Theorie von Hinich und Munger (1994) Wahrnehmungen von Parteistandpunkten bei konkreten politischen Sachfragen, für die die Wähler positionsbasierte Orientierungen haben.

Wie bereits erwähnt, habe ich für eine Befragung im Januar/Februar 1993 die folgenden Sachfragen ausgewählt: (1) Finanzierung der Pflegeversicherung; (2) ökologisch begründete Erhöhung der Mineralölsteuer; (3) Einschränkungen des Asylrechts. Von diesen drei Sachthemen stand das Asylrecht zum Befragungszeitpunkt ganz vorn auf der öffentlichen Agenda. Zum einen war 1992 die Zahl der Antragsteller auf Gewährung von Asyl stark angestiegen, zum anderen hatten die gewaltsamen Übergriffe auf Ausländer zugenommen. In dieser Situation hielt die SPD am 16. und 17. November 1992 einen Sonderparteitag zur Asylrechtsänderung ab, auf dem sie einer Änderung des entsprechenden Artikels im Grundgesetz zustimmte, womit sich ein Kompromiss mit den damaligen Regierungsparteien abzeichnete (Archiv der Gegenwart 2000, Bd. 9: 9076). Über die konkrete Neufassung des Grundgesetzartikels kam es im Januar 1993 erneut zum Streit zwischen dem damaligen Innenminister Seiters (CDU) und der SPD, bevor im Frühjahr 1993 die Neufassung des Asylrechts vom Bundestag verabschiedet werden konnte.

Zwischen der Verabschiedung des Bundeshaushalts 1993 am 3. Dezember 1992 und der Einigung von Bund, Ländern und Gemeinden auf einen Solidarpakt zur Finanzierung der Folgen der deutschen Einheit war das Thema weiterer Steuererhöhungen aktuell geblieben. Die Mineralölsteuer war erst eineinhalb Jahre vorher erhöht worden. Die Idee einer höheren Energiesteuer aus ökologischen Gründen wurde seit jeher von den Grünen vertreten, zum Befragungszeitpunkt genoss diese Idee allerdings keine besonders hohe Aufmerksamkeit.

Die Pflegeversicherung war während der ganzen 12. Legislaturperiode des Bundestages aktuell, nachdem Arbeitsminister Blüm am 3. Mai 1991 einen Entwurf zur Einführung einer gesetzlichen Pflegeversicherung vorgelegt hatte (Archiv der Gegenwart 2000, Bd. 9: 8945). Die SPD brachte einen eigenen Gesetzesentwurf in den Bundestag ein und dieses Thema blieb auf der öffentlichen Agenda bis zur endgültigen Einführung dieses neuen Zweigs der Sozialversicherung im Jahre 1994.

Für jede Sachfrage wurde den Befragten eine Skala mit elf Punkten vorgelegt, wobei für die beiden Endpunkte konkrete gegensätzliche Politikstandpunkte angegeben wurden (vgl. zur Formulierung Tabelle 2). Zu den im Bundestag vertretenen Parteien wurden als weitere Partei die Republikaner hinzugefügt, nicht zuletzt deshalb, weil die Einschränkung des Asylrechts das zum Befragungszeitpunkt am meisten in der Öffentlichkeit diskutierte Problem war und für die Republikaner hier eine besondere Sichtbarkeit vermutet wurde. Aus analogen Gründen wurde für die Mineralölsteuererhöhung eine ökologische Begründung aufgeführt; hier war für die Bündnisgrünen eine erhöhte Sichtbarkeit zu vermuten.

Bei den möglichen Bundesregierungen wurden zunächst Alleinregierungen der CDU und der SPD aufgeführt. Hier war natürlich die Vermutung, dass die Parteipositionen von SPD und CDU/CSU perfekt mit den Regierungspositionen übereinstimmen sollten, die für Alleinregierungen der jeweiligen Partei wahrgenommen wurden.[1] An Koalitionsregierungen wurden nur diejenigen explizit aufgeführt, die als realistische Optionen nach einer Bundestagswahl gelten konnten: eine Koalition aus CDU/CSU und FDP, eine Koalition aus SPD und FDP, eine Koalition aus SPD und Grünen und eine mögliche große Koalition zwischen CDU/CSU und SPD. Für diese Koalitionsregierungen wurde angenommen, dass die Koalitionsstandpunkte zwischen den Parteistandpunkten wahrgenommen werden sollten, allerdings näher an der jeweils größeren Partei.

Wie bei der Auswertung der Links-Rechts-Einstufungen der Parteien durch die Wähler können auch die Politikstandpunkte bei den hier ausgewählten Sachfragen zunächst als die durchschnittliche Einstufung einer Partei oder einer Regierung durch die Befragten verstanden werden. Dabei interessiert zuerst die Übereinstimmung der Parteieinstufungen mit der allgemeinen Links-Rechts-Ordnung und daran anschließend die relative Platzierung der Regierungen im Verhältnis zu den Parteien.

Die Frage der Pflegeversicherung war so kodiert, dass ein hoher Wert eine wirtschaftspolitisch eher rechte bzw. konservative Einstellung indiziert. Ein niedriger Wert bedeutet umgekehrt eine traditionell linke Position, nach der die Arbeitgeber an den Pflichtversicherungen der Arbeitnehmer möglichst hoch beteiligt werden sollen. Die westdeutschen Wähler waren nun im Durchschnitt der Meinung, dass

---

[1] Allerdings war bei der Frageformulierung eine mögliche Inkonsistenz übersehen worden. Die Parteiposition wurde für die CDU/CSU erhoben, bei den Regierungen wurde allerdings formuliert: „CDU-Alleinregierung".

Tabelle 2: Wahrnehmung der Partei- und Regierungsstandpunkte bei ausgewählten Sachfragen durch deutsche Wahlberechtigte (West)[a]

	Parteien:						Regierungen:					
	CDU/CSU	SPD	FDP	Grüne	PDS	Republikaner	CDU allein	CDU/CSU FDP	SPD allein	SPD FDP	SPD Grüne	CDU/CSU SPD
1. Finanzierung der Pflegeversicherung (hohe Beteiligung der Arbeitgeber = 1 ... keine Beteiligung der Arbeitgeber = 11)												
μ	6.29	4.45	6.72	4.13	4.71	6.09	6.41	6.36	4.36	5.31	4.23	5.68
σ	2.43	2.27	2.40	2.49	2.63	2.56	2.49	2.29	2.23	1.79	2.31	1.80
n	1856	1852	1839	1825	1748	1754	1844	1832	1837	1813	1829	1806
2. Ökologisch begründete Erhöhung der Mineralölsteuer (Mineralölsteuer stark erhöhen = 1 ... Mineralölsteuer senken = 11)												
μ	4.30	4.34	4.91	3.19	5.01	5.95	4.31	4.53	4.31	4.61	3.71	4.67
σ	2.21	2.38	2.16	2.62	2.53	2.38	2.17	2.05	2.36	1.93	2.37	1.92
n	1858	1850	1831	1844	1770	1767	1848	1833	1838	1821	1833	1813
3. Einschränkungen des Asylrechts (Asylrecht nicht einschränken = 1 ... Asylrecht stark einschränken = 11)												
μ	7.53	5.15	6.23	3.51	5.44	9.53	7.51	6.84	5.05	5.68	4.33	6.40
σ	2.56	2.39	2.25	2.62	3.21	2.48	2.49	2.14	2.31	1.98	2.43	1.93
n	1882	1871	1868	1860	1788	1841	1861	1850	1853	1844	1845	1831

a Einschaltung der von mir formulierten Fragen in eine Mehrthemenerhebung von Marplan, Offenbach, die im Januar/Februar 1993 in der Bundesrepublik (West) im Feld war. In die Auswertung sind nur die 1930 wahlberechtigten Deutschen einbezogen.

die SPD in dieser Frage mit einem Wert von 4.45 rechts von den Bündnisgrünen (4.13) zu finden ist, gefolgt in weiterem Abstand von der CDU/CSU mit einem Wert von 6.29 und schließlich auf der konservativen Position die FDP mit einem Wert von 6.72. Soweit also die etablierten Parteien des westdeutschen Vierparteiensystems betroffen sind, ergibt sich im Durchschnitt eine Ordnung, die mit der Expertenmeinung, wie sie z. B. von Laver und Hunt (1994) festgestellt wurde, besser übereinstimmt als mit einer allgemeinen Links-Rechts-Skala. Das Ergebnis der Expertenbefragung von Laver und Hunt für die Bundesrepublik Deutschland Ende der 80er Jahre war, dass in wirtschaftspolitischen Fragen die FDP rechts von der CDU/CSU einzuordnen sei. Die PDS nimmt nach Tabelle 2 in dieser Frage der alten Politik in den Augen der westdeutschen Wähler nicht die Linksaußenposition ein, sondern wird mit einem Wert von 4.71 in der Nähe der SPD wahrgenommen. Gleichzeitig ist aber bereits hier darauf hinzuweisen, dass der Standardfehler der PDS-Einstufung im Vergleich zu den bisherigen Parteien relativ groß ist. Des Weiteren werden auch die Republikaner nicht als wirtschaftspolitisch konservative Partei wahrgenommen, sondern mit 6.09 als Partei in der Mitte des Spektrums, d. h. rechts von der SPD und links von der CDU/CSU.

Die Positionen der verschiedenen Regierungen bieten in dieser Frage keine Überraschung. Den bürgerlichen Regierungen mit Mittelwerten um 6.4 stehen linke Regierungen mit Werten von 4.2 bis 4.4 gegenüber. Die große Koalition ist dann erwartungsgemäß in der Mitte angesiedelt genauso wie eine mögliche sozialliberale Koalition.

Die Frage des Asylrechts würde man nach Laver und Hunt (1994) zu den sogenannten *social issues* zählen, bei denen für die Bundesrepublik erwartet wird, dass jetzt die FDP links von der CDU/CSU anzutreffen sei. Dem entsprechen auch die Daten für einen Bevölkerungsquerschnitt. Von den etablierten Parteien ist die CDU/CSU mit einem Wert von 7.53 am weitesten rechts angesiedelt, links davon folgt die FDP, die mit einem Wert von 6.23 aber bereits näher an den Sozialdemokraten mit einem Wert von 5.15 liegt als am damaligen Koalitionspartner. Die linke Randpartei sind genau wie bei der Pflegeversicherung dann wieder die Grünen mit einem Wert von 3.51. Auf der von 1 bis 11 reichenden Skala werden die Grünen mit 3.51 aber weniger links eingestuft als die Republikaner rechts eingestuft werden mit einem Wert von 9.53. Die Regierungspositionen folgen wieder der allgemeinen Logik, die auch für die Pflegeversicherung galt.

Die Tatsache, dass das Asylrecht zum Befragungszeitpunkt mit an der Spitze der öffentlichen Agenda stand, kann man aus den Befragungsdaten insofern ablesen, als sich zu dieser Frage die meisten Befragten ein Urteil zutrauten. Allerdings ist der Grad der Meinungsbildung auch bei den beiden anderen Sachfragen relativ hoch.

Die größten Abweichungen zur allgemeinen Links-Rechts-Ordnung der Parteien ergeben sich bei der Frage der Mineralölsteuer. Erwartungsgemäß werden die Bündnisgrünen als die Partei wahrgenommen, die sich am meisten für eine ökologisch begründete Erhöhung der Mineralölsteuer einsetzen. Dann folgen aber die

CDU/CSU und die SPD fast gleich auf, ohne dass der bei den anderen Fragen zu
konstatierende größere Abstand zwischen den beiden großen Volksparteien auftreten würde. Von den etablierten Parteien stuften die Befragten die FDP als die Partei ein, die am wenigsten zu einer Mineralölsteuer aus ökologischen Gründen neigen würde. Noch günstiger stehen in diesem Fall die zwei Parteien da, die beide
auch von Protestwählern mitgewählt werden, nämlich die PDS und die Republikaner. Die PDS erreicht einen Wert von 5.01 und die Republikaner von, aufgerundet,
6.0. Bei den Regierungen ergeben sich kaum größere Unterschiede in den Mittelwerten, lediglich der Koalition aus SPD und Grünen traut man eine Mineralölsteuererhöhung aus ökologischen Gründen in stärkerem Umfang zu als allen anderen
Koalitionen.

Ein Nachteil der Durchschnittseinstufungen als einzige Informationsquelle über
die Partei- und Regierungsplatzierungen ist, dass sie wenig über die Reihenfolge
der Einstufungsobjekte aussagen, die der einzelne Befragte wahrnimmt. Dass hier
größere Unterschiede bestehen können, ergibt sich bereits aus den Standardabweichungen. Wenn wie bei der Pflegeversicherung die CDU/CSU mit $\mu = 6.29$ und die
FDP mit $\mu = 6.72$ eingestuft wird, die Standardabweichung aber jeweils 2.4 beträgt, muss es viele Befragte geben, die die FDP auch in dieser Frage links von der
CDU wahrnehmen. Generell schwanken die Wählerwahrnehmungen mehr für die
kleinen als die großen Parteien. Dies gilt sogar für die Grünen bei der Mineralölsteuer und, wenn auch etwas abgeschwächt, für die Republikaner beim Asylrecht, also in beiden Fällen bei Issues, für die diese Parteien besondere Sichtbarkeit
geniessen. In der Tagespolitik sind die großen Parteien und damit auch die Koalitionsregierungen, an denen die eine oder andere Volkspartei maßgeblich beteiligt ist,
mit ihren Standpunkten besser bekannt als die drei kleinen Parteien FDP, Grüne
und PDS. Zumindest für die FDP und die Grünen war dieses Ergebnis nicht unbedingt zu erwarten, wenn man die entsprechenden Standardabweichungen bei der
Links-Rechts-Einordnung zur Richtschnur genommen hätte (vgl. Tabelle 1).

Im Modell von Hinich und Munger (1994) erfolgt die Trennung von Gemeinsamkeiten der Wahrnehmung und individueller Abweichung explizit. Sei θ_{ip} die
Wahrnehmung des Standpunktes von Partei p bei einer bestimmten Sachfrage
durch den Befragten i, so werden die Parteiwahrnehmungen von der angenommenen latenten Dimension gesteuert, auf der die Parteien feste Positionen haben, die
für alle Befragten gleich sind (π_p). Für die weitere Diskussion nehme ich an, dass
es sich hierbei um eine einzige latente Dimension handelt. Das Modell erlaubt aber
mehrere latente Dimensionen und es ist dann eine empirische Frage, ob eine Dimension ausreichend ist oder nicht. Sind die π_p gegeben, drücken sich individuell
verschiedene Wahrnehmungen nur noch bei der Wahrnehmung des Status quo (b_i)
aus, auf den die Befragten ihre Parteiwahrnehmungen beziehen, und bei den Übersetzungskoeffizienten v_i, die angeben, wie sich die ideologischen Abstände der
Parteien in den Policy-Abständen bei der konkreten Sachfrage widerspiegeln. Ein
$v > 1$ bedeutet, dass die Policy-Abstände größer sind als die ideologischen Distan-

zen, und ein $v < 1$ indiziert relativ kleine Policy-Unterschiede gemessen an der ideologischen Skala.

(1) $\theta_{ip} = b_i + v_i\,\pi_p + \varepsilon_{ip}$

Die Wahrnehmung des Status quo wird im Folgenden mit der Wahrnehmung der damaligen Regierung aus CDU/CSU und FDP gleichgesetzt, deren ideologischer Standpunkt somit auf $\pi_p = 0$ fixiert wird. Dieser Bezugspunkt sei mit 0 indiziert.

(2) $\theta_{io} = b_i + \varepsilon_{io}$

Zieht man von den Wahrnehmungswerten für die Parteien und Regierungen die Wahrnehmungen für die damalige Koalition ab, ergibt sich:

(3) $\theta_{ip} - \theta_{io} = v_i\,\pi_p + (\varepsilon_{ip} - \varepsilon_{io})$

Für diese Differenzwerte lässt sich die Varianz und Kovarianz wie folgt berechnen:

(4) $\mathrm{Var}\,(\theta_{ip} - \theta_{io}) = \sum (v_i - \overline{v})^2\,\pi_p^2 + \sum (\varepsilon_{ip} - \varepsilon_{io})^2$

(5) $\mathrm{Covar}\,\theta_{ip}\,\theta_{io}, \theta_{iq} - \theta_{io}) = \pi_p\,\pi_q$

Die Vereinfachung für (5) folgt aus der Annahme unkorrelierter Fehlerterme für die einzelnen Parteien. Ausserdem lässt sich die Varianz der v-Werte auf 1 fixieren, so dass sich (4) ebenso vereinfachen lässt:

(6) $\mathrm{Var}\,(\theta_{ip} - \theta_{io}) = \pi_p^2 + \Psi_{po}$

(5) und (6) entsprechen den Ergebnissen einer Faktorenanalyse der Varianz-Kovarianz-Matrix mit den π-Werten als Ladungen, den v_i als individuellen Faktorwerten und Ψ_{po} als dem durch den gemeinsamen Faktor π nicht erklärten Fehler. $1 - \Psi_{po}$ ist dann dementsprechend die Kommunalität für die jeweilige Partei.

Wegen der relativ großen Unsicherheiten bei der Einstufung der kleinen Parteien ist eine Anwendung der Faktorenanalyse auf alle vorliegenden Einstellungsobjekte problematisch. Man würde mehr als eine latente Dimension extrahieren müssen, um den Wahrnehmungsdaten gerecht zu werden. Dagegen wäre nichts einzuwenden, wenn der Durchschnittswähler so besser charakterisiert werden könnte, d.h. als Wähler, der die Parteien und Regierungen auf zwei latenten Dimensionen unterscheidet. In der Wirklichkeit ist ein solcher Durchschnittswähler aber nicht anzutreffen, weil sich in der zweidimensionalen Lösung die Wählerheterogenität der Parteienwahrnehmung ausdrückt (vgl. zu dieser Kritik Thurner 1998: 59-64). Es gibt eben Wählersegmente, für die die Republikaner jenseits der CDU am rechten Rand angesiedelt sind, und andere Segmente, die bei konkreten Sachfragen die Republikaner zwischen SPD und CDU oder auch im Gegensatz zu den beiden Volksparteien in der Nachbarschaft der PDS wahrnehmen. Dieser Gefahr der Fehlinterpretation des Durchschnittswählers wird hier auf zweierlei Weise vorgebeugt:

1. Bei der Interpretation der Ergebnisse wird auf die Kommunalitäten geachtet, also auf den Fehler Ψ_{po}, mit dem die Einordnung der jeweiligen Partei auf der latenten Dimension relativiert werden muss.

Abbildung 1: Die Positionen der Parteien[a] und Regierungen[b] bei ausgewählten Sachfragen auf einer latenten ideologischen Dimension[c]

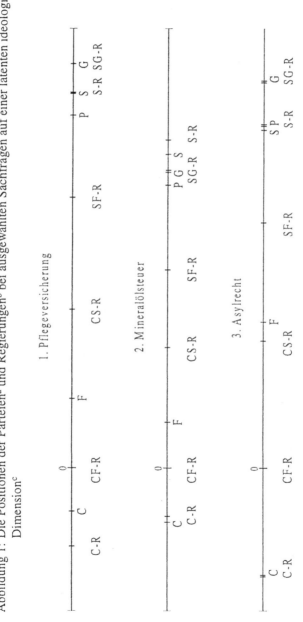

1. Pflegeversicherung

2. Mineralölsteuer

3. Asylrecht

a Parteien: C(DU), S(PD), F(DP), G(rüne), P(DS).
b Regierungen (R): C-R, S-R, SF-R, SG-R, CS-R.
c Es wurden jeweils 2 Faktoren extrahiert, die dann anschließend so rotiert wurden, dass die Ladung auf dem zweiten Faktor für jedes Objekt „eins" wurde. Dargestellt ist der inhaltlich zu interpretierende erste Faktor.

2. Die Analyse wird auf die im Bundestag vertretenen Parteien beschränkt; so muss nicht allein wegen der Republikaner eine zweite, in sich fragwürdige ideologische Dimension aufgespannt werden.

Führt man nun die Analysen für jede der drei Sachfragen durch, zeigt sich unabhängig von der konkreten Sachfrage eine relativ große Übereinstimmung der Parteien- und Regierungsplatzierungen auf der latenten ideologischen Dimension (Abbildung 1). Diese kann somit als die den Policy-Wahrnehmungen zugrunde liegende gemeinsame Dimension interpretiert werden. Grundprinzip ist die Unterscheidung in ein linkes und in ein rechtes Lager mit der großen Koalition der beiden Volksparteien in einer vom Sachthema relativ unabhängigen Mittelposition.

Von allen Parteien ist die Platzierung der FDP am meisten abhängig von der jeweiligen Sachfrage. Während sie bei der Pflegeversicherung und der Steuererhöhung relativ nahe an der damaligen Regierungsposition und damit an der Position der CDU wahrgenommen wird, wird in der Asylfrage eine große Distanz zwischen den beiden bürgerlichen Parteien sichtbar. Dieses Ergebnis stimmt mit den Experteneinstufungen der Untersuchung von Laver und Hunt (1994) überein, die für die sogenannten *social issues* ebenfalls eine größere Distanz zwischen FDP und CDU berichten als für wirtschafts- und sozialpolitische Sachfragen. Allerdings dreht sich im Unterschied zu den Ergebnissen von Laver und Hunt die ordinale Platzierung zwischen FDP und CDU niemals um. Bei allen Sachfragen bleibt die FDP in der Mittelposition zwischen SPD und CDU; sie überholt die CDU in der Wählerwahrnehmung bei sozial- und steuerpolitischen Fragen nicht nach rechts. Bei dieser Interpretation ist allerdings auch auf den Fehler bzw. umgekehrt auf die Kommunalität zu achten und diese ist bei der Pflegeversicherung extrem niedrig (0.07 bei einem Durchschnitt für die anderen Parteien von knapp 0.80). Beim Asylrecht ist die Kommunalität mit 0.37 wesentlich höher und auf die Mineralölsteuer ist noch gesondert einzugehen sein.

Im linken Lager nehmen beim Asylrecht und bei der Pflegeversicherung klar die Bündnisgrünen, zusammen mit der Koalition aus SPD und Grünen, die linke Randstellung und damit den größten Gegensatz zu CDU/CSU bzw. einer Alleinregierung der CDU ein. Überraschend ist dagegen der Befund für die Mineralölsteuer, weil hier die Grünen eigentlich am klarsten positioniert sein müssten. Die Gegenposition zur CDU/CSU wird in diesem Fall aber von der SPD bzw. einer Alleinregierung dieser Partei gehalten. Dies erklärt sich aus einem Widerspruch, der in der Frage selbst angelegt war. Einerseits traute man eher den damaligen Regierungsparteien weitere Steuererhöhungen zu, andererseits brachte man die ökologische Begründung einer Mineralölsteuererhöhung natürlich mit den Grünen in Zusammenhang. Wie auch ein Reliabilitätskoeffizient für die Güte der Faktorenanalyse ausweist,[2] ist dieses Ergebnis mit Vorsicht zu genießen. Trotzdem ist natürlich zur Kenntnis zu nehmen, dass auch in diesem Fall das allgemeine Muster der Rechts-

---

2 *Tucker and Lewis' reliability coefficient* = 0 78 im Vergleich zu 0.85 für das Asylrecht und 0.90 für die Pflegeversicherung.

Links-Anordnung der Parteien und Regierungen auf der latenten ideologischen Dimension repliziert wird. Und für dieses Muster gilt beim westdeutschen Wähler: Er hat von der PDS kein besonders klares Bild und nimmt sie deshalb in der Nähe der SPD wahr, wenn auch mit einem relativ großen Wahrnehmungsfehler.

Welche individuellen Abweichungen erlaubt nun das relativ feste Muster der Partei- und Regierungsplatzierungen auf der einen latenten ideologischen Dimension? Nach dem Modell von Hinich und Munger (1994) können sich die Befragten in ihren Übersetzungskoeffizienten unterscheiden, d.h. in der Umsetzung der ideologischen Distanzen in Policy-Distanzen. Allerdings ist dabei nicht jede individuelle Abweichung sinnvoll. Zumindest das Vorzeichen sollte für alle Befragten gleich sein, so dass Wähler und Parteien darin übereinstimmen, was eine linke oder rechte ideologische Position bedeutet.

Die Policy-Skalen waren in der Befragung so gepolt, dass niedrige Werte mit linken und hohe Werte mit rechten Standpunkten übereinstimmen. Inhaltlich würde also eine rechte Partei die Arbeitgeber von der Beteiligung an der Finanzierung der Pflegeversicherung freistellen, die Mineralölsteuer nicht aus ökologischen Gründen erhöhen und das Asylrecht stark einschränken. Da ich die damalige Regierungsposition als Bezugspunkt gewählt habe, sind die rechten und linken Positionen in Abbildung 1 vertauscht. Die CDU-FDP-Koalition ist auf Null fixiert und die ideologisch linken Positionen haben höhere positive Werte. Das heißt umgekehrt, dass man für die Übersetzungskoeffizienten negative Vorzeichen erwarten wird. Je höher der Wert auf der ideologischen Dimension, desto linker und damit kleiner muss der Wert auf der Policy-Dimension sein.

Die in Tabelle 3 aufgeführten Durchschnittswerte der Übersetzungskoeffizienten für die Wähler der einzelnen Parteien erlauben eine Überprüfung dieser These. Da 1993, auf dem Höhepunkt der Asylrechtsdebatte, genügend Befragte auf die Sonntagsfrage antworteten, sie würden die Republikaner wählen, können diese Befragten als eigene Gruppe in die Auswertung einbezogen werden. Genau wie bei den Wählern der anderen Parteien beziehen sich ihre Übersetzungskoeffizienten aber auf die in Abbildung 1 wiedergegebenen ideologischen Partei- und Regierungspositionen, unter die die Republikaner als Einstellungsobjekt nicht aufgenommen wurden.

Alle Übersetzungskoeffizienten haben das zu erwartende negative Vorzeichen, unabhängig davon, welche Partei ein Befragter wählen will. Dies ist eine Bestätigung der inhaltlichen Übereinstimmung der Befragten darüber, was linke oder rechte Politik in den angesprochenen Politikfeldern bedeutet. Dass dieses Ergebnis nicht selbstverständlich ist, zeigt sich insbesondere bei der Mineralölsteuer, bei der die Anordnung der Mittelwerte (Tabelle 1) und der ideologischen Platzierungen (Abbildung 1) relativ stark auseinander fallen. Bei den Mittelwerten liegen z.B. die Positionen von PDS und Grünen weit auseinander, ideologisch werden aber gerade bei dieser Sachfrage diese zwei Parteien nahe aneinander gerückt und dies sogar bei einer mittleren Kommunalität von 0.50 bis 0.54 und nicht bei einem extrem großen Fehler, wie er oben für die FDP bei der Pflegeversicherung berichtet wurde.

Dieses Beispiel zeigt ganz deutlich, dass die Befragten, individuell und nicht nur im Durchschnitt betrachtet, eine ideologische Brille bei der Wahrnehmung der issuespezifischen Parteistandpunkte aufsetzen. Die linken Parteien werden in enger Nachbarschaft zueinander wahrgenommen und die oben angesprochene Ambivalenz der Frage nach der Mineralölsteuererhöhung aus ökologischen Gründen wirkt sich nicht zu Lasten des allgemeinen ideologischen Wahrnehmungsmusters aus, sondern nur in Richtung einer gewissen Verwischung der Unterschiede innerhalb des linken Lagers. Damit bleibt die inhaltliche Interpretation des Durchschnittswählers auch in dieser Frage aufrechterhalten. Linke Parteien und eine Regierung aus SPD und Grünen werden die Mineralölsteuer aus ökologischen Gründen erhöhen, ein angesichts der etwas verworrenen Ausgangslage der Mittelwerte von Tabelle 1 durchaus beachtenswertes Ergebnis, sowohl was die Bedeutung der ideologischen Dimension als auch die Prognosequalität dieses Modellergebnisses aus dem Jahre 1993 angeht.

Tabelle 3:   Die Bedeutung der latenten ideologischen Positionen der im Bundestag vertretenen Parteien und möglicher Regierungen für die Parteiwählerschaften[a]

	CDU/CSU	SPD	FDP	Grüne	Republikaner	Nichtwähler
			Parteiwähler			
			1. Pflegeversicherung			
$\overline{v}$	-0.48	-0.44	-0.54	-0.71	-0.69	-0.50
n	541	695	82	111	33	159
			2. Mineralölsteuer			
$\overline{v}$	-0.53	-0.49	-0.59	-0.81	-0.82	-0.58
n	540	706	81	115	34	161
			3. Asylrecht			
$\overline{v}$	-0.43	-0.40	-0.49	-0.65	-0.63	-0.47
n	545	708	83	114	35	163

a   Die Bedeutung wird mit den Transformationskoeffizienten v_i ($\theta_{ij} = b_i + v_i \pi_p + \varepsilon_{ip}$) gemessen. Je negativer der Wert, desto größere Unterschiede zwischen rechten und linken Parteien werden wahrgenommen.

Ein weiteres Ergebnis von Tabelle 3 verdient hervorgehoben zu werden: Die Anhänger der Bündnisgrünen und der Republikaner nehmen bei allen drei Sachfragen größere Unterschiede zwischen linken und rechten Parteien und Regierungen wahr als die Anhänger von CDU/CSU, SPD und FDP. Wenn man ideologisch auf der linken oder rechten Randposition steht, werden auch die Unterschiede in den Sachfragen zwischen den im Bundestag vertretenen Parteien stärker akzentuiert als von gemäßigten Positionen aus. Dass sich auch Nichtwähler von den Wählern der westdeutschen Altparteien kaum unterscheiden, heißt nichts anderes, als dass der Grund ihres Nichtwählens nicht darin liegen kann, dass sie zwischen den Parteien keine Unterschiede mehr wahrnehmen, sich also indifferent der Stimme enthalten.

Nachdem somit nachgewiesen wurde, dass die Wählerschaft die ideologischen Einordnungen der Parteien und Regierungen durchaus sinnvoll auf politische Inhalte bei einzelnen Sachfragen beziehen kann, können diese Ergebnisse abschließend im Zusammenhang mit anderen Arbeiten zur ideologischen Vermessung des Parteienraums diskutiert werden.

5. Interpretation

Die Wahrnehmung der Standpunkte der politischen Parteien und möglicher Regierungen bei Sachfragen, die auf der Agenda der offiziellen Politik stehen, also des Bundestages, der Bundesregierung, der Parteien und der Medienöffentlichkeit, folgt in der Wählerschaft einem ideologischen Orientierungsmuster. Wie man dieses Muster bezeichnet, geht aus einer Analyse, die Ideologie als latente Dimension versteht, nicht unmittelbar hervor. Ob die Befragten den Unterschied zwischen den beiden großen Volksparteien, der den Wahrnehmungsraum in erster Linie strukturiert, als Unterschied zwischen links und rechts oder zwischen progressiver und konservativer Politik bezeichnen würden, kann den Ergebnissen des vorherigen Abschnitts nicht entnommen werden. Aus der Übereinstimmung der Parteiplatzierungen auf der latenten Ideologie-Dimension (Abbildung 1) mit den durchschnittlichen Links-Rechts-Einstufungen der Parteien (Tabelle 1) kann man schließen, dass die Wählerschaft der Bundesrepublik sich vornehmlich des Links-Rechts-Schemas bedient. Eine bessere Bestätigung dieser Interpretation liefern Fuchs und Klingemann (1990). Sie weisen für die Befragten der alten Bundesrepublik ein weit verbreitetes Verständnis der politischen Bedeutung von links und rechts nach, im Unterschied etwa zu den Wählern in den USA, die mit diesen Etiketten zur Bezeichnung politischer Inhalte weniger anfangen können.

Zumindest auf der deskriptiven Ebene und für europäische Gesellschaften erfüllt das Links-Rechts-Schema „eine Orientierungsfunktion für Individuen und eine Kommunikationsfunktion für das politische System" (Fuchs und Klingemann 1990: 205, Übersetzung FUP). Die spezielle Bedeutung, die links und rechts in den europäischen politischen Systemen angenommen haben, führen Fuchs und Klingemann auf den politischen Konflikt zurück, „der zur Zeit der Institutionalisierung des Links-Rechts-Symbolismus in der Sphäre der Politik dominant war" und dieser beziehe sich zumindest in Europa vornehmlich auf die Klassen- und religiöse Spaltung der Gesellschaften (Fuchs und Klingemann 1990: 233, Übersetzung FUP). Bei diesem expliziten Bezug auf Lipset und Rokkan (1967) sollte allerdings nicht übersehen werden, dass diejenige Spaltung, die sich in fast allen europäischen Gesellschaften in gleicher Weise auf die durch das Parteiensystem repräsentierte Konfliktstruktur auswirkte, erst die historisch als letzte auftretende Spaltung zwischen Arbeit und Kapital war. Diese Auswirkung bestand in dem Entstehen sozialistischer Arbeiterparteien, denen auf konservativer und liberaler Seite je nach Land spezifische Formationen gegenüberstanden. Einer klaren Vorstellung von linker

Politik quer durch die europäischen Gesellschaften müssten somit verschiedene Konservativismen gegenüberstehen, die nur relativ oberflächlich auf einen gemeinsamen Nenner von rechter Politik zu bringen sind. Eine weitere Frage in diesem Zusammenhang ist, ob der Verweis auf soziale Spaltungen nicht zu kurz greift, weil man dabei die eigenständige Bedeutung der Ideologieproduktion durch Intellektuelle außer Acht lässt.

Doch die Debatten der Intellektuellen bedürfen natürlich der gesellschaftlichen Resonanz, die auf zweierlei Weise hergestellt werden kann: entweder dadurch, dass politische Parteien eine bestimmte Ideologie zur Parteidoktrin erheben, oder dadurch, dass der dominante politische Konflikt einer Gesellschaft zu einer bestimmten Zeit auf bestimmte Weise ideologisch gedeutet wird. Betrachtet man das Ideologieangebot der Parteien, kann man die Ideologien separat würdigen, sie wie die Ausprägungen einer Nominalskala behandeln. Geht man vom vorherrschenden politischen Konflikt aus, den es ideologisch zu deuten gilt, besteht das Erkenntnisziel in der Identifikation einer Dimension, auf der weniger links notwendig mehr rechts bedeuten muss, die Ideologien also systematisch im Hinblick auf ein übergeordnetes Kriterium geordnet werden. Beide Ansätze sind in der neueren Debatte darüber, was links und rechts nach dem Untergang des real existierenden Sozialismus noch bedeuten können, durch prominente Autoren repräsentiert, durch Anthony Giddens (1994) auf der einen Seite und Norberto Bobbio (1996) auf der anderen Seite.

Nach Giddens ist die Linke zur konservativen Verteidigerin des Wohlfahrtsstaats geworden und befindet sich gegenüber der neuen Rechten in Form des Neo-Liberalismus im Abwehrkampf. Giddens will die Frage beantworten, worin heute eine radikale Politik jenseits von links und rechts bestehen kann und bezeichnet seine Antwort auf die neue Herausforderung der „reflexiven Modernisierung", der Umweltzerstörung und Globalisierung schließlich als den dritten Weg, *The Third Way* (Giddens 1998). Diese Bezeichnung deutet auf eine Synthese von politischen Inhalten der Rechten und Linken, auf eine „inklusive Mitte", die ein „sowohl ... als auch" beinhaltet und nicht das ursprüngliche „entweder ... oder" bzw. ein neutrales „weder ... noch" als Einbeziehung der Mittelposition („included middle", Bobbio 1996: 8). „The ,included middle' is essentially practical politics without a doctrin, whereas the ,inclusive middle' is essentially a doctrin in search of a practical politics, and as soon as this is achieved, it reveals itself as centrist" (Bobbio 1996: 8). Diese Analyse geht der Veröffentlichung von Giddens *The Third Way* (1998) und deren Widerhall in Blairs *New Labor* um vier Jahre voraus.

Bobbio (1996: 60) verteidigt die antithetische Unterscheidungskraft von rechts und links auch für die Politik nach dem Untergang des Sozialismus und glaubt als das Hauptkriterium dieser Unterscheidung „die Einstellung wirklicher Menschen in einer Gesellschaft gegenüber dem Ideal der Gleichheit" ausmachen zu können. Die Linke sei egalitärer als die Rechte, ohne dass man Gleichheit unabhängig von der historischen Situation ein für allemal definieren könne. Man müsse stets sehr genau fragen, zwischen wem, in Bezug worauf und auf der Basis welcher Kriterien

Gleichheit gefordert wird. Zu dieser Grundunterscheidung nach der Einstellung zur Gleichheit kommt die Einstellung zu Freiheit und Autoritarismus hinzu, die zu libertären und autoritären Weltanschauungen führt. Bobbio (1996: 78-79) lehnt die Entgegensetzung einer egalitären Linken mit einer libertären Rechten ab und unterteilt statt dessen Rechte und Linke in Gemäßigte und Extreme, um so zu folgender Einteilung zu kommen:

1. extreme Linke, die sowohl egalitär als autoritär sind – als historisches Beispiel werden die Jakobiner erwähnt, ein modernes Beispiel sind die Kommunisten –;
2. gemäßigte Linke oder linke Mitte, die mit der Sozialdemokratie gleichgesetzt wird;
3. gemäßigte Rechte oder rechte Mitte, worunter die konservativen Parteien der verschiedenen Couleur fallen, die im Unterschied zur reaktionären Rechten der demokratischen Methode verpflichtet seien, in Bezug auf Gleichheit sich aber mit der Gleichheit vor dem Gesetz zufrieden geben;
4. die extreme Rechte, die antiliberal und antiegalitär sei, mit dem Faschismus und dem Nationalsozialismus als den historischen Beispielen.

Obwohl extreme Linke und Rechte gemeinsam die liberale Demokratie bekämpfen, schließen sie sich gegenseitig aus und sind nicht bündnisfähig (Bobbio 1996: 27). Dagegen kann es in historischen Ausnahmesituationen zu Bündnissen zwischen Kommunisten und Sozialdemokraten oder zwischen Konservativen und Faschisten kommen (Bobbio 1994: 79). Daraus folgt, dass Bobbio (1994: 24) links und rechts auf der einen Seite und libertär und autoritär auf der anderen Seite nicht als zwei unabhängige Dimensionen des politischen Raums betrachtet, sondern als eine Dimension, weil die extreme Linke und Rechte das linke bzw. rechte Grundprinzip in spezifischer Form reproduzierten.

Geht man nun den Weg zurück in die Welt der empirischen Sozialforschung, fällt eine Parallele zur Diskussion der Intellektuellen auf. Auch in der empirischen Sozialforschung unterscheiden sich die Ansätze danach, ob man Aussagen über ideologische Gegensätze direkt aus den von den politischen Parteien repräsentierten politischen Konflikten ableitet oder ob man sie in empirische Zusammenhänge und Gegensätze von gesellschaftlichen Wertorientierungen und politischen Einstellungen hineindeutet. Ersterer Ansatz macht die Ideologie und die politischen Standpunkte an den Parteien fest und untersucht, inwieweit sich daraus Rückschlüsse auf ein ideologisches Muster der politischen Wahrnehmung ergeben. Letzterer Ansatz reduziert zunächst die Dimensionalität von politischen Einstellungen von Befragten auf zwei bis drei Dimensionen und deutet dann das Ergebnis derartiger Faktorenanalysen bzw. multidimensionaler Skalierungen als möglichen Ausdruck ideologischer Gegensätze in der Wählerschaft (vgl. z.B. Kitschelt 1994 oder auch Inglehart 1989).

Das Modell von Hinich und Munger (1994) gehört eindeutig zu ersterem Ansatz. Der politisch relevante ideologische Gegensatz zwischen Parteien wird als latent angenommen und aus den Wahrnehmungen der Policy-Standpunkte der Parteien erschlossen. Aus meiner Analyse folgt, dass das Wahrnehmungsschema für die politischen Sachfragen, die auf der Agenda der etablierten Politik stehen, dem Links-Rechts-Schema entspricht, mit den Grünen als der Partei leicht links von den Sozialdemokraten und der CDU/CSU als der Partei der rechten Mitte, der je nach Sachfragen die FDP mal mehr, mal weniger als Bündnispartner zur Verfügung steht. Diese Eindimensionalität gilt nur für Parteien, die man dem gemäßigten Spektrum zuordnen kann, wobei für die westdeutschen Befragten kurz nach der deutschen Vereinigung die Konturen der PDS noch unklar blieben.

Die Schwierigkeiten bei der Einbeziehung der Republikaner in diese Analysen lassen vermuten, dass extreme Parteien nicht, wie von Bobbio postuliert, einfach das Links-Rechts-Spektrum in die eine oder andere Richtung erweitern. Das scheitert an der Heterogenität der Wählerwahrnehmung in Bezug auf die kleinen Parteien. Andererseits neigen Befragte, denen man eine Links-Rechts-Skala explizit mit der Bitte vorlegt, die politischen Parteien zu verorten, zu einer klaren extremen Einordnung der extremen Parteien. Man kann sogar vermuten, dass sich das inhaltliche Verständnis von links und rechts für viele von einem Verständnis der Endpunkte der Skala her erschließt. Nur ist dieses Verständnis als Orientierungshilfe in der Alltagspolitik nicht ausreichend, besonders dann nicht, wenn extreme Parteien wie früher die Kommunisten und Faschisten weitgehend von der Bildfläche verschwunden sind.

Die Erschließung der ideologischen Parteipositionen aus Wählerwahrnehmungen der Parteistandpunkte bei aktuellen politischen Sachfragen gehört nicht zum Standardinstrumentarium der komparativen Parteienforschung (vgl. die Übersicht über die gängigen Verfahren bei Mair [2001], unter denen das hier vorgestellte Verfahren fehlt). Die in diesem Artikel vorgestellten Ergebnisse zeigen, dass das Modell von Hinich und Munger (1994) sinnvoll eingesetzt werden kann. Es handelt sich dabei um mehr als ein bloßes statistisches Verfahren. Zentral ist die theoretische Vorstellung von der Ideologie als latenter Dimension, die den aktuellen Auseinandersetzungen der Parteien zugrunde liegt. Je adversativer die Politik – oder – genauer der Kampf um Wählerstimmen in einer Demokratie ist und je weniger verpflichtet die Parteien ihrer ideologischen Herkunft sind, desto mehr spricht für die Konzeption der Ideologie als einer latenten Dimension.

Literatur

Archiv der Gegenwart (2000): Band 9. Januar 1986-1994 Juni. Sankt Augustin: Siegler.

Barnes, Samuel H. (1971): Left, Right and the Italian Voter. In: Political Studies, 4, S. 157-175.

Bobbio, Norberto (1996): Left and Right. Cambridge: Polity Press (Übersetzung von Destra e Sinistra, zuerst 1994).

Fuchs, Dieter und Hans-Dieter Klingemann (1990): The Left-right Schema. In: Kent M. Jennings, Jan van Deth, Samuel H. Barnes, Dieter Fuchs, Felix J. Heunks, Ronald Inglehart, Max Kaase, Hans-Dieter Klingemann und Jacques J. A. Thomassen: Continuities in Political Action. Berlin: Walter de Gruyter, S. 203-234.

Giddens, Anthony (1994): Beyond Left and Right. The Future of Radical Politics. Cambridge: Polity Press.

Giddens, Anthony (1998): The Third Way. Cambridge: Blackwell Publishers.

Hinich, Melvin J. und Michael C. Munger (1994): Ideology and the Theory of Political Choice. Ann Arbor: University of Michigan Press.

Inglehart, Ronald (1989): Kultureller Umbruch. Wertwandel in der westlichen Welt. Frankfurt a. M.: Campus.

Kitschelt, Herbert (1994): The Transformation of European Social Democracy. Cambridge: Cambridge University Press.

Klingemann, Hans-Dieter (1972): Testing the Left-right Continuum on a Sample of German Voters. In: Comparative Political Studies, 5, S. 93-106.

Klingemann, Hans-Dieter und Franz U. Pappi (1972): Politischer Radikalismus. Theoretische und methodische Probleme der Radikalismusforschung, dargestellt am Beispiel einer Studie anlässlich der Landtagswahl 1970 in Hessen. München: Oldenbourg.

Laver, Michael und Ben W. Hunt (1994): Policy and Party Competition. New York: Routledge.

Lipset, Seymour Martin und Stein Rokkan (1967): Cleavage Structures, Party Systems, and Voter Alignments: An Introduction. In: Seymour Martin Lipset und Stein Rokkan (Hrsg.): Party Systems and Voter Alignments: Cross National Perspectives. London: Macmillan, S. 1-64.

Mair, Peter (2001): Searching for the Positions of Political Actors. A Review of Approaches and a Critical Evaluation of Expert Surveys. In: Michael Laver (Hrsg.): Estimating the Policy Positions for Political Actors. London: Routledge, S. 10-30.

Pappi, Franz U. (1983): Die Links-Rechts-Dimension des deutschen Parteiensystems und die Parteipräferenz-Profile der Wählerschaft. In: Max Kaase und Hans-Dieter Klingemann (Hrsg.): Wahlen und politisches System. Analysen aus Anlaß der Bundestagswahl 1980. Opladen: Westdeutscher Verlag, S. 422-441.

Pappi, Franz U. und Gabriele Eckstein (1996): Die Parteipräferenzen und Koalitionsneigungen der west- und ostdeutschen Wählerschaft. In: Kölner Zeitschrift für Soziologie und Sozialpsychologie, 48, S. 631-657.

Thurner, Paul W. (1998): Wählen als rationale Entscheidung. München: Oldenbourg.

Gesellschaftliche Konflikte und Wettbewerbssituation der Parteien vor der Bundestagswahl 1998

Richard Stöss

1. Problemstellung

> „Erfolgreich ist diejenige Partei, die ... die Kraft besitzt, einem gesellschaftlich
> bedeutenden Konflikt ... politisch Ausdruck zu verleihen."

Dieses Zitat von Karl-Rudolf Korte (2001: 22f.) erschien der Redaktion der von der Konrad-Adenauer-Stiftung herausgegebenen *Politischen Meinung* so bedeutsam, dass sie es in großen Lettern auf der Titelseite des Juniheftes 2001 abdruckte. Das Heft befasst sich schwerpunktmäßig mit der Zukunft der Parteien, insbesondere mit der CDU. Nach Korte prägt „eine neue soziale Frage" die gesellschaftliche Konfliktstruktur der Bundesrepublik. Als Konfliktposition empfiehlt er der Union einen „mitfühlenden Konservatismus" bzw. einen „Konservatismus der Mitmenschlichkeit", der sich in den USA (*compassionate conservatism*) bereits bewährt hätte. Diese Variante des Konservatismus stehe „für ein gesellschaftliches Experiment der steuerbaren Erneuerung des Wohlfahrtsstaates bei gleichzeitigem Rückzug des Staates aus traditionellen Systemen der Wohlfahrt" (Korte 2001: 23). Mit Interesse nehmen wir zur Kenntnis, dass seit dem Machtwechsel 1998 in Wissenschaft und Politik wieder verstärkt konflikttheoretische Sichtweisen gepflegt werden und dass dabei auch wieder die „soziale Frage" in das Blickfeld gerät (z.B. Eith und Mielke 2000, 2001; Elff 2000; Oberndörfer, Mielke und Eith 1998). So spricht Mielke (2001: 90) – um ein weiteres Beispiel zu nennen – mit Blick auf die Bundestagswahl 1998 von einer „Renaissance der sozialen Frage als strukturierende Größe des Parteiensystems", wobei die „ideologisch-programmatische Substanz der politischen Auseinandersetzung ... in einer scharfen Kontroverse um das legitime Ausmaß und die angemessene Intensität wohlfahrtsstaatlicher Leistungen" (Mielke 2001: 89) bestehe.

Dass Parteien „alliances in conflicts over policies and value commitments within the larger body politic" darstellen, wissen wir spätestens seit dem klassischen Text von Lipset und Rokkan (1967: 5). In der neueren Parteienforschung spielen makrosoziologische Betrachtungen über die gesamtgesellschaftlichen Existenzbedingungen der Parteien allerdings eine periphere Rolle. Und der Frage, inwieweit im Wahlverhalten auch fundamentale Richtungsentscheidungen hinsichtlich der Gestaltung der wirtschaftlichen und politischen Ordnung zum Ausdruck gelangen, widmete sich die zeitgenössische Wahlforschung bislang eher am Rande. Zwar hat die Party-Change-Forschung (zusammenfassend von Beyme 2000) immer auch den sozialen Wandel im Blick, aber dieser ist doch in erster Linie auf die Mesoebene gerichtet. In der Diskussion über das Konzept der Kartellpartei (Katz und Mair 1995, 1996; Koole 1996; Wiesendahl 1999) findet die auf den Typ der Volkspartei bezogene, von Kirchheimer (1965) selbst eingeleitete und danach periodisch immer wieder aufkeimende Krisendebatte (zuletzt von Alemann, Heinze und Schmid 1998; Immerfall 1998; Wiesendahl 1998; Walter 2001) ihre Fortsetzung. Damals hatte Hennis (1983: 39) die Volksparteien als soziologisch und weltanschaulich „kontextlos" bezeichnet und behauptet, dass der Zusammenhalt von Parteiapparaten und einfachen Mitgliedern „kaum enger als zwischen der Zentrale der Bausparkasse und ihren Sparern" sei. Und unlängst vermutete Wiesendahl (1998: 28), dass sich die Großparteien „immer weniger auf möglichst breite und dauerhafte Bündnisse mit verlässlichen gesellschaftlichen Großgruppen stützen können", sondern „instabile Mehrheiten auf Zeit" organisieren.

Die Behauptung, dass Parteimitglieder und Stammwähler zunehmend an Bedeutung verlieren (Mair 1994: 4), gehört zum Kerninventar des Konzepts der Kartellpartei, das die These von der Kontextlosigkeit mit der These vom begrenzten Parteienwettbewerb („limited inter-party competition", Katz und Mair 1995: 19) kombiniert: Die etablierten Parteien bildeten zur kollektiven Sicherung ihres Überlebens Kartelle, um sich so staatliche Ressourcen (Geld, Macht, Medien) zu sichern und unliebsame Konkurrenten auszuschließen. „Certainly, the parties still compete, but they do so in the knowledge that they share with their competitors a mutual interest in collective organizational survival and, in some cases, even the limited incentive to compete has actually been replaced by a positive incentive not to compete" (Katz und Mair 1995: 19f.). Egal, ob man den Begriff „Kartellpartei" oder den von von Beyme unter Berufung auf Panebianco bevorzugten Terminus „professionalisierte Wählerparteien" („electoral-professional parties") bevorzugt: Dieses Bild von der Realität der Parteien steht in engem Zusammenhang mit der „Amerikanisierung" von Wahlkämpfen (Kommerzialisierung, Professionalisierung, Mediatisierung, Personalisierung, Entideologisierung, programmatische Unbestimmtheit). Der neue Wahlkampfstil wird in der Forschung auf die „längerfristige Funktionsentleerung der Parteibasis" zurückgeführt (Niedermayer 1999) und von den Wahlkampfstrategen der Parteien mit der Kontextlosigkeit und Flexibilität der Wählerschaft begründet.

Die Rückbesinnung der neueren Parteien- und Wahlforschung auf konflikttheoretische Ansätze, insbesondere die Wiederentdeckung der sozialen Frage als maßgebliche Variable zur Strukturierung des Parteienwettbewerbs, stellt den längst überfälligen Kontrapunkt zum Kartell- und Amerikanisierungsdenken dar. Damit sollen die durchaus vorhandenen Tendenzen zur Kartellbildung der Parteien und zur Flexibilisierung des Elektorats keineswegs in Abrede gestellt werden. Wir bezweifeln allerdings, dass die Parteien als „vote getting"-Agenturen realitätsgerecht beschrieben sind. Von der Party-Change-Forschung wird die Frage gar nicht erst gestellt (geschweige denn beantwortet), was die Dreifaltigkeit von „party on the ground", „party in central office" und „party in public office" (Mair 1994: 4) zusammenhält, worin die Stabilität verbürgende und Wahlerfolge verheißende gemeinsame Klammer des auf den Namen Partei hörenden hochkomplexen Konglomerats von unterschiedlichen Akteuren – nach Mair reicht es von den Stammwählern bis zu den Spitzenkandidaten – besteht. Daher ist es, nicht zuletzt aus demokratietheoretischen Gründen, durchaus wünschenswert, dass sich Wissenschaft und Politik wieder auf die Suche nach Identität und Orientierung stiftenden Faktoren im Parteiwesen begeben und sich dabei auf gesellschaftliche Konfliktkonstellationen und politische Zielvorstellungen konzentrieren. Wir wollen an einigen Beispielen zeigen, dass diese Suche durchaus Erfolg versprechend sein kann: Konflikttheoretische Ansätze können einen erheblichen Beitrag zur Analyse der Existenz- und Erfolgsbedingungen der Parteien und ihrer Wettbewerbssituation leisten.

2. Bezugsrahmen und Datenbasis der Untersuchung

Bei der Analyse der Wettbewerbssituation der Parteien bedienen wir uns eines von uns schon mehrfach – teilweise mit anderen Frageformulierungen und Berechnungsverfahren – erprobten Modells, das in Anlehnung an Flanagan (1979, 1987) und vor allem an Kitschelt (1989, 1992) entwickelt wurde (Stöss 1997a: 147ff., 1997b; Neugebauer und Stöss 1996: 263ff.). Unter Berufung auf Lipset und Rokkan (1967) gehen wir davon aus, dass Parteiensysteme die Konfliktstruktur einer Gesellschaft widerspiegeln, dass Parteien relevante gesellschaftliche Konflikte in Politik übersetzen. Wir behaupten weiterhin, dass es sich bei den gegenwärtig relevanten politischen Konflikten um grundlegende Wertekonflikte, um Konflikte über leitende Prinzipien politischen Handelns bzw. um fundamentale politische Zielvorstellungen handelt. Parteien stellen mithin Wertegemeinschaften dar, organisatorische Zusammenschlüsse von Personen, die hinsichtlich ihrer Werthaltungen im Großen und Ganzen übereinstimmen. Und Bürger neigen zur Präferenz derjenigen Partei, die ihren Wertorientierungen am ehesten entspricht. Das bedeutet nicht notwendigerweise, dass sie diese Partei auch (immer) wählen, da das Wahlverhalten durch weitere Faktoren (Personal- und Sachfragen, Kompetenzen, Sozialstruktur) beeinflusst wird. Dennoch gehen wir davon aus, dass die Bindungen von Wählern an Parteien primär auf übereinstimmenden Zielvorstellungen beruhen.

   Unser Modell besteht aus zwei voneinander unabhängigen Konfliktdimensionen, die sich auf die Gestaltung der ökonomisch-sozialen Ordnung und der politischen Ordnung beziehen und einen zweidimensionalen Werteraum bilden. Im Zentrum der ökonomisch-sozialen Konfliktlinie steht die Zukunft des Wohlfahrtsstaats. Sie kontrastiert neoliberale mit staatsinterventionistischen Zielen, die ungehinderte Freisetzung der Marktkräfte (Marktfreiheit) mit der sozialen Gerechtigkeit. Bei der Gestaltung der politischen Ordnung stehen sich libertäre Ziele (Partizipation, Multikulturalität, Umweltschutz usw.) und autoritäre Prinzipien (starker Nationalstaat, Sicherheit und Ordnung usw.) gegenüber. In dem Modell bilden also vier grundlegende Werte (soziale Gerechtigkeit und Marktfreiheit, Libertarismus

und Autoritarismus) zwei Hauptkonfliktlinien des Parteienwettbewerbs. Da die
beiden Konfliktdimensionen voneinander unabhängig sind (bzw. sein sollten), ergibt sich ein Achsenkreuz, an dessen Mittelpunkt (Nullpunkt) vier Vektoren auf-
einander stoßen, die für einen der vier grundlegenden Werte stehen. Da in modernen postindustriellen Gesellschaften ideologisch strukturierte Überzeugungssysteme die Ausnahme bilden, dürften die Wertekonflikte nicht antagonistischer Natur
sein. Sie bestehen wohl zumeist darin, welches relative Gewicht den beiden Werten jedes Wertepaares zukommt: Sollen Entscheidungen hinsichtlich der Gestaltung der politischen Ordnung eher an libertären oder eher an autoritären Zielvorstellungen ausgerichtet werden? Soll sich die Lösung von wirtschafts- und sozialpolitischen Problemen eher am Grundwert sozialer Gerechtigkeit oder eher am
Grundwert Marktfreiheit orientieren?

Die Datenbasis der Untersuchung besteht aus zwei Telefonumfragen, die Anfang November 1997 von Forsa im Auftrag der *Deutschen Paul-Lazarsfeld-Gesell-
schaft* durchgeführt wurden: eine repräsentative Bevölkerungsbefragung (N = 942)
und eine Befragung von SPD-Mitgliedern (N = 893). Beiden Erhebungen lag weithin dasselbe Fragenprogramm zugrunde. Das Vorhaben diente der Ermittlung von
Kanzlerpräferenzen anlässlich der bevorstehenden Bundestagswahl und wurde
wissenschaftlich von Oskar Niedermayer und Richard Stöss betreut (Niedermayer
und Stöss 1997; Stöss 1998).

Um die Position der Befragten im Werteraum zu bestimmen, haben wir folgende Fragen gestellt: „Auch in der Politik kann man nicht alles auf einmal haben. Ich
nenne Ihnen nun einige Ziele, die man in der Politik verfolgen kann. Wenn Sie
zwischen diesen verschiedenen Zielen wählen müssten: Welches Ziel erscheint Ihnen persönlich am wichtigsten (am zweitwichtigsten, welches kommt an dritter
Stelle)?"[1] Die Vorgaben lauteten: Soziale Gerechtigkeit, Verbesserung der Kon-
kurrenzfähigkeit der deutschen Wirtschaft, Umweltschutz, Sicherheit und Ordnung
(weiß nicht, keine Antwort).[2] Der empirische Nachweis, dass mit diesem Befragungsinstrument tatsächlich Werte gemessen werden, die sich über längere Zeit
hinweg als stabil erweisen sollten, kann nicht erbracht werden, da wir nicht über

---

1 Das vierte Ziel wurde von den Interviewern eingetragen, wenn drei Ziele genannt waren.
2 Die Position der Befragten im Werteraum wurde folgendermaßen ermittelt: Eine Person
   konnte auf jedem Vektor zwischen null und vier Punkte erzielen. Eine Vier erhielt sie,
   wenn sie das entsprechende Ziel an die erste Stelle der Prioritätenliste setzte; eine Eins,
   wenn sie es an letzter Stelle nannte. Ein Befragter wurde dann mit einer Null vercodet,
   wenn er sich zu dem betreffenden Ziel nicht äußerte. Da die Mitte des Vektorenkreuzes
   den Nullpunkt darstellt, sind die Werte auf den Vektoren „Soziale Gerechtigkeit" und
   „Autoritarismus" negativ. Sodann wurde der Achsenwert für jede Person bestimmt, indem die jeweiligen Vektorenwerte miteinander verrechnet wurden. Wer beispielsweise
   auf dem Vektor „Soziale Gerechtigkeit" eine Vier (= -4) und auf dem Vektor „Marktfreiheit" eine Zwei (= +2) hatte, erhielt den Achsenwert -2. In den folgenden Grafiken sind
   mit 100 multiplizierte Gruppenmittelwerte verzeichnet. Die beiden Achsen sind übrigens
   nicht völlig unabhängig von einander. Für die Bevölkerungsbefragung gilt r = -0.153, für
   die Mitgliederbefragung r = -0.097. Beide Werte sind hoch signifikant.

entsprechende Wiederholungsbefragungen (Panel-Studien) verfügen. Daher verwenden wir den weicheren Begriff „Wertorientierungen", der im Sinne von „grundlegenden politischen Zielvorstellungen" verstanden werden will.

3. Zur Wettbewerbssituation der Parteien

Für den Parteienwettbewerb spielt die sozioökonomische Konfliktlinie tatsächlich – wie von Korte und Mielke postuliert – eine maßgebliche Rolle. Dabei dominieren – was in Kenntnis früherer Untersuchungen zu erwarten war (z.B. Roller 1992) – wohlfahrtsstaatliche Orientierungen. Allein bei den FDP-Anhängern überwiegen, wenn auch nur schwach, die Neigungen zu neoliberalen Konzepten. Allerdings sollte die Bedeutung der zweiten Achse – des Libertarismus-Autoritarismus-Konflikts – nicht unterschätzt werden. Die Anhänger der Bündnisgrünen sind in erheblichem Umfang durch libertäre Wertorientierungen geprägt, und für die Anhänger der Unionsparteien, und erst recht für die der Rechtsextremen (Republikaner), sind autoritäre Zielvorstellungen durchaus wichtig. Grosso modo bestätigt sich die Prognose von Kitschelt, dass die Hauptachse der Parteienkonkurrenz zwischen sozial-libertären und neoliberal-autoritären Positionen verläuft. Diese Achse ist in Abbildung 1 als Trend dargestellt. Projiziert man die Positionen der Parteianhänger im Werteraum auf diese Achse, dann bilden Bündnis 90/Die Grünen und die FDP die beiden Extrempositionen. Wenn auch von den Wertorientierungen der Parteianhänger nicht umstandslos auf ihr tatsächliches Wahlverhalten geschlossen werden darf, so kann doch mit hoher Wahrscheinlichkeit angenommen werden, dass zwischen beiden Parteien keine größeren Wählerwanderungen stattgefunden haben bzw. künftig stattfinden werden.

Die globalen politischen Zielvorstellungen der SPD-Anhänger decken sich weithin mit denen der Befragten insgesamt. So gesehen ist die SPD die eigentliche Volkspartei, und auch im Spektrum ihrer Konkurrenten nimmt sie zwischen den Bündnisgrünen und der PDS einerseits und den Rechtsextremen, der CDU/CSU und der FDP andererseits eine Mittelposition ein. Diese Stellung als Mittelpartei birgt zugleich Chancen und Risiken: Ihre Wähler können in alle Richtungen abwandern, die Partei kann aber auch Wechsler aus allen Richtungen gewinnen. Zum Befragungszeitpunkt zeichneten sich die Unentschiedenen (rund 23 Prozent der Befragten), die eine wichtige Mobilisierungsreserve für die Parteien darstellen (Stöss 1997a; Erhardt 1998), durch Wertorientierungen aus, die denen der SPD-Anhänger ähnlicher waren als den Anhängern der übrigen Parteien. Die Mobilisierungschancen waren mithin für die Sozialdemokratie vergleichsweise günstig.[3] Dass die SPD dann bei der Bundestagswahl 1998 tatsächlich Mobilisierungssieger wurde, dass sie ihre Mittelposition (anders als 1994) zu ihren Gunsten nutzen

---

3 In Ostdeutschland bestand eine vergleichbare Affinität zwischen PDS und Unentschiedenen, was dazu beigetragen haben dürfte, dass die Postkommunisten bei der Bundestagswahl ebenfalls Mobilisierungserfolge erzielen konnten.

konnte, beruhte wohl in erster Linie auf der verbreiteten Wechselstimmung im Lande und auf der großen Popularität ihres Spitzenkandidaten Gerhard Schröder.

Abbildung 1: Die Wertorientierungen der Parteianhänger, der Unentschiedenen und der Nichtwähler in der Bundesrepublik 1997 (mit Trend)

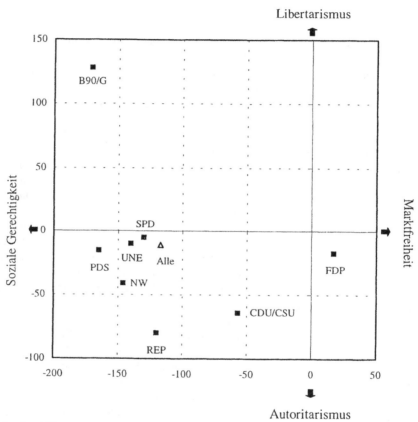

Mittelwerte x 100.
Alle = Alle Befragten; UNE = Unentschiedene; NW = Nichtwähler.
Quelle: Deutsche Paul-Lazarsfeld-Gesellschaft/Forsa, Anfang November 1997, 942 Befragte.

4. Wertekonflikte oder sozialstrukturelle Konflikte?

Unser Modell unterstellt, dass es sich bei den Konflikten, die das Parteiensystem widerspiegelt, um Wertekonflikte, nicht aber um sozialstrukturelle Konflikte handelt. Dass sozialstrukturelle Variablen das Wahlverhalten immer noch (zunehmend auch in Ostdeutschland) prägen, ist unstrittig. Dass die Wertekonflikte sozialstrukturell determiniert sind, gilt in der Literatur jedoch als unwahrscheinlich (z. B. Eith und Mielke 2000: 98). Wir sind daher an Hand unseres Modells der Frage nachgegangen, ob sich die Zuordnung der Befragten zu einer Partei eher nach ihren Wertorientierungen oder eher nach sozialstrukturellen Faktoren richtet. Wegen der begrenzten Fallzahlen war dies allerdings nur für die beiden großen Volksparteien möglich.

Tabelle 1: Wertedistanzen[a] zwischen den Anhängern[b] von CDU/CSU und SPD nach Schichten[c] sowie zwischen den Schichten und den durchschnittlichen Wertorientierungen aller Anhänger von CDU/CSU und SPD in der Bundesrepublik 1997

Vergleichsgruppen	Distanzen
Usch-Anhänger SPD – Durchschnitt SPD	39.4
Usch-Anhänger SPD – Usch-Anhänger CDU/CSU	101.0
Msch-Anhänger SPD – Durchschnitt SPD	24.2
Msch-Anhänger SPD – Msch-Anhänger CDU/CSU	46.3
Osch-Anhänger SPD – Durchschnitt SPD	44.7
Osch-Anhänger SPD – Usch-Anhänger CDU/CSU	190.6
Usch-Anhänger CDU/CSU – Durchschnitt CDU/CSU	71.6
Usch-Anhänger CDU/CSU – Usch-Anhänger SPD	101.0
Msch-Anhänger CDU/CSU – Durchschnitt CDU/CSU	51.2
Msch-Anhänger CDU/CSU – Msch-Anhänger SPD	*46.3*
Osch-Anhänger CDU/CSU – Durchschnitt CDU/CSU	96.0
Osch-Anhänger CDU/CSU – Osch-Anhänger SPD	190.6

a Distanzen zwischen zwei Punkten im Wertefeld (Abb. 2): Quadratwurzel aus der Summe der quadrierten (absoluten) Abweichungen der Messwerte für jeden Punkt auf der Y- und der X-Achse.
b Wahlabsicht.
c Usch = Unterschicht; Msch = Mittelschicht; Osch = Oberschicht.
Quelle: Deutsche Paul-Lazarsfeld-Gesellschaft/Forsa, Anfang November 1997, 942 Befragte.

Die Analyse ergab (bei zwei Grenzfällen), dass sich die Berufs- bzw. Erwerbsgruppen den beiden Parteien entsprechend ihrer grundsätzlichen politischen Zielvorstellungen zuordnen. Der besseren Übersichtlichkeit halber wird das Problem am Beispiel der Schichtzugehörigkeit erläutert. Die drei Schichten, Unter-, Mittel- und Oberschicht, wurden aus Bildung und Haushaltseinkommen gebildet.[4] Wenn unsere Modellannahme zutrifft, sollten die Wertorientierungen der drei CDU/CSU-

4 Unterschicht = niedrige Bildung (Haupt- bzw. Volksschulabschluss) und niedriges Einkommen (bis unter DM 2500); Mittelschicht = mittlere Bildung (Realschulabschluss bis mittlere Reife) und mittleres Einkommen (DM 2500 bis unter DM 5500); Oberschicht = hohe Bildung (mindestens Hochschulreife bzw. Abitur) und hohes Einkommen (ab DM 5500).

Abbildung 2: Die Wertorientierungen der Anhänger von CDU/CSU und SPD
insgesamt sowie nach Schichten in der Bundesrepublik 1997

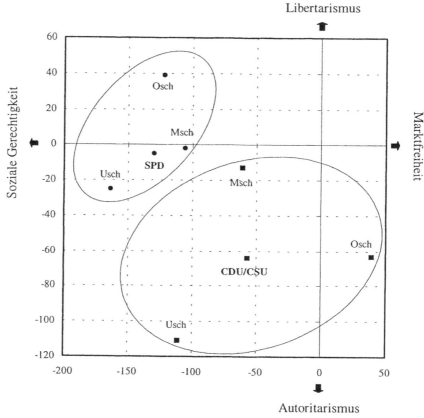

Mittelwerte x 100.
Usch = Unterschicht; Msch = Mittelschicht; Osch = Oberschicht.
Quelle: Deutsche Paul-Lazarsfeld-Gesellschaft/Forsa, Anfang November 1997, 942 Befragte.

(SPD-)Schichten eher mit den durchschnittlichen Wertorientierungen aller
CDU/CSU-(SPD-)Anhänger übereinstimmen als mit denen der entsprechenden
SPD-(CDU/CSU-)Schicht. Eine oberflächliche Inspektion der Abbildung 2 zeigt,
dass sich die Wertorientierungen der CDU/CSU-Oberschicht räumlich näher am
Durchschnittswert der Unionsparteien befinden als an der Werteposition der SPD-
Oberschicht. Dies trifft offenbar auch auf die Unterschichtanhänger der CDU/CSU
zu, nicht aber auf die Unionsmittelschicht. Da die Dimensionen der Grafik nicht
exakt proportioniert sind, werden die räumlichen Distanzen (entsprechend dem py-
thagoreischen Lehrsatz) berechnet. Das Ergebnis findet sich in Tabelle 1. Es bestätigt die Modellannahme mit einer Ausnahme: Die Position der Mittelschichtanhän-

ger der CDU/CSU im Werteraum befindet sich näher an der der Mittelschichtanhänger der SPD (Distanz: 46.3 Einheiten) als an der aller Anhänger der CDU/CSU
(Distanz: 51.2 Einheiten). Auf die Mittelschichtanhänger der SPD trifft dies freilich nicht zu: Ihr Abstand zum SPD-Durchschnittswert beträgt 24.2 Einheiten, zur
Position der Mittelschichtanhänger der Unionsparteien dagegen 46.3 Einheiten.

In unserem Modell besetzen die Parteianhänger spezielle Wertefelder, die zumeist deutlich gegeneinander abgegrenzt, nicht aber abgeschottet sind (siehe auch
Stöss 1997a: 204, 208, 215f.). Es existieren Grenzfälle und Übergangsbereiche, die
besonders anfällig für Wählerwanderungen sein dürften. Die Wertefelder unterscheiden sich hinsichtlich ihrer Ausdehnung. Aus Abbildung 2 kann entnommen
werden, dass die Unionsanhänger durch eine größere Werteheterogenität gekennzeichnet sind als die der SPD. Vergleicht man die mittleren Distanzen zwischen
den Positionen der drei Schichten und dem Durchschnittswert ihrer Partei,[5] dann
erweist sich die Heterogenität der Anhänger der CDU/CSU als doppelt so groß wie
die der SPD-Anhänger (72.9 zu 36.1). Die Union musste also bei der Vollmobili-
sierung ihrer Anhänger größere Integrationsleistungen erbringen als die SPD, deren
Anhänger durch einen größeren Wertekonsens geprägt waren (siehe auch Abbildung 3). Gemeinsam ist beiden Parteien, dass ihre Unterschichtanhänger den
Grundwert soziale Gerechtigkeit besonders betonten, was darauf schließen lässt,
dass die soziale Lage einer Person durchaus einen gewissen Einfluss auf ihre
Wertorientierungen ausübt. Dass auch die Mittelschicht- und die Oberschichtan-
hänger der SPD und die Mittelschichtanhänger der CDU/CSU überwiegend sozial-
staatlich orientiert waren, beweist ein Mal mehr, dass keineswegs nur die Träger
der alten Industriegesellschaft, sondern auch die „modernen Mittelschichten" auf
Verteilungsgerechtigkeit drängen.

5. Parteien als Wertegemeinschaften

Folgt man dem erwähnten Parteikonzept von Peter Mair, dann stellen Parteien Allianzen bzw. Koalitionen von treuen Wählern, Parteifunktionären und von Inhabern politischer Mandate dar. Wenn unsere These von den Parteien als Wertegemeinschaften zutrifft, sollten die Wertorientierungen von Wählern und Mitgliedern
einer Partei wenigstens soweit übereinstimmen, dass sie ein gemeinsames Wertefeld bilden, das sich hinsichtlich seiner Lage im Werteraum unseres Modells von
den Wertefeldern anderer Parteien unterscheidet. Diese These lässt sich zwar im
Kontext unseres Bezugsrahmens plausibel begründen, in der Literatur finden sich
allerdings auch Gegenargumente. So wird beispielsweise – durchaus überzeugend
– dargelegt, dass die politischen Führungsgruppen wesentlich stärker zu neoliberalen Überzeugungen neigen als die eher wohlfahrtsstaatlich orientierte Bevölkerung
(z.B. Roller 1992: 198; Eith und Mielke 2000: 96f.).

---

5 Summe der Distanzen im Werteraum zwischen den drei Messwerten und dem Partei-
durchschnitt, geteilt durch drei. Die Distanzen können Tabelle 1 entnommen werden.

Bei dem folgenden Analyseschritt werden wir bezüglich der Parteimitglieder zwischen Inhabern eines Parteiamts, eines Mandats in Parlament und Regierung, sonstigen aktiven Mitgliedern und Inaktiven unterscheiden. Leider steht uns nur eine Mitgliederbefragung für die SPD zur Verfügung, so dass wir die Beziehungen zwischen Mitgliedern und Anhängern nur am Beispiel der Sozialdemokratie untersuchen können. Die Parteianhänger schlüsseln wir nach folgenden Wählergruppen auf: Wiederwähler wollen bei der bevorstehenden Wahl („Sonntagsfrage") dieselbe Partei wählen, wie bei der vergangenen Wahl („Recall"); Parteiwechsler beabsichtigen, bei der bevorstehenden Wahl eine andere Partei zu wählen als bei der vergangenen Wahl; und Einwechsler haben sich an der vergangenen Wahl nicht beteiligt, wollen aber an der bevorstehenden Wahl teilnehmen und haben in der Befragung auch eine Parteipräferenz genannt.[6]

Abbildung 3 bestätigt, dass durchaus ein Unterschied zwischen den Wertorientierungen der Mitglieder und der Anhänger der SPD besteht. Die Mandatsträger – also der Teil der sozialdemokratischen Elite, der besonders stark mit dem politischen Alltagsgeschäft befasst ist – wiesen deutlich neoliberalere Orientierungen auf als die übrigen Mitglieder und der Durchschnitt der SPD-Anhänger. Die Amtsinhaber – also die Parteifunktionäre – neigten im Spektrum der Mitglieder und Anhänger dagegen besonders zur sozialen Gerechtigkeit und überdies zum Libertarismus. Innerhalb der sozialdemokratischen Allianz verlief der Hauptkonflikt also zwischen betont sozial-libertären Repräsentanten des Parteiapparats und eher marktwirtschaftlichen Praktikern. Aber die Unterschiede bewegten sich durchaus im Rahmen des Wertefeldes der SPD; auch bei den Mandatsträgern überwogen wohlfahrtsstaatliche gegenüber neoliberalen Überzeugungen. Mit Blick auf Anhänger und Mitglieder der SPD scheint es uns also durchaus gerechtfertigt, von einer Wertegemeinschaft zu sprechen. Dass dies auch auf die CDU/CSU zutreffen dürfte, haben wir anlässlich der Bundestagswahl 1994 dargestellt (Stöss 1997a: 204). Bei der genaueren Analyse der Anhänger-Mitglieder-Beziehungen von kleineren Parteien sind wir damals oft an geringen Fallzahlen bei den Mitgliedern gescheitert, obwohl sich die Untersuchung auf einen durchaus üppigen Fundus stützen konnte (Stöss 1997a: 183). Bei der PDS und den Republikanern zeigte sich eine deutliche Nähe der Wertepositionen von Mitgliedern und Anhängern im Werteraum; bei den Bündnisgrünen erwies sich die Distanz allerdings als so groß (die

---

6 Diese drei Wählertypen sind Bestandteil einer umfassenden Wählertypologie aus Stöss (1997a: 34ff.). Diese Typologie basiert u. a. auf der Rückerinnerungsfrage. Nun hat Schoen (2000) in einem Vergleich von Recall- und Paneldaten nachgewiesen, dass Analysen, die auf dem Recall basieren, den Anteil der Wechselwähler systematisch unterschätzen. Da uns keine Paneldaten zur Verfügung stehen, benutzen wir notgedrungen und hilfsweise unsere Wählertypologie. Dies kann damit gerechtfertigt werden, dass wir keine Wählerwanderungsanalyse durchführen, sondern Wertorientierungen von Wählergruppen bestimmen. Wir vermuten, dass sich die Wertorientierungen der Gruppen bei etwas veränderter Gruppengröße nicht gravierend verschieben.

Abbildung 3: Die Wertorientierungen der Wiederwähler und Wechselwähler von
CDU/CSU und SPD sowie der SPD-Mitglieder (nach Aktivitätsty-
pen) in der Bundesrepublik 1997

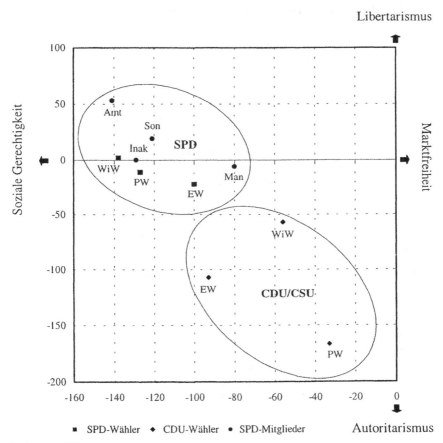

Mittelwerte x 100.
Amt = Amtsinhaber; Man = Mandatsträger; Son = Sonstige Aktive; Inak = Inaktive;
WiW = Wiederwähler; PW = Parteiwechsler; EW = Einwechsler.
Quelle: Deutsche Paul-Lazarsfeld-Gesellschaft/Forsa, Anfang November 1997, 942 (Bevölkerung)
   bzw. 893 (SPD-Mitglieder) Befragte.

Mitglieder waren wesentlich libertärer eingestellt als die Anhänger), dass von einem gemeinsamen Wertefeld nicht die Rede sein konnte; und bei den Liberalen
ressortierten Stammwähler und Mitglieder im Wertefeld der CDU/CSU (womit wir
das starke Stimmensplitting der FDP-Wähler erklärt haben). Insgesamt kann unsere
These von den Parteien als Wertegemeinschaften zum gegenwärtigen Zeitpunkt

nicht verifiziert werden, aber sie lässt weitere Forschungen als aussichtsreich erscheinen.

6. West-Ost-Unterschiede im Parteienwettbewerb

Auf die organisatorischen und strukturellen Unterschiede zwischen dem ostdeutschen und dem westdeutschen Parteiensystem wurde in der Literatur mehrfach hingewiesen (z.B. Birsl und Lösche 1998). Bekannt ist auch, dass das Elektorat in den neuen Bundesländern flexibler (Schoen 2000) ist und weniger zu Parteiidentifikation neigt (Schmitt-Beck und Weick 2001) als in den alten Bundesländern. Dass CDU, PDS und SPD den Parteienwettbewerb im Osten monopolisieren und die libertären Bündnisgrünen und die neoliberale FDP ein außerparlamentarisches Randdasein führen, liegt auch an der besonderen Konfliktstruktur der ostdeutschen Gesellschaft: Die Ostdeutschen sind generell nicht nur wohlfahrtsstaatlicher und autoritärer orientiert als die Westdeutschen, sie sind auch durch einen vergleichsweise großen Wertekonsens geprägt. Abbildung 4 dokumentiert anschaulich, dass die westdeutsche Wählerschaft bezüglich ihrer Wertorientierungen wesentlich heterogener und auf beiden Konfliktdimensionen stark polarisiert ist. Die Wähler im Osten unterscheiden sich kaum hinsichtlich der Präferenzen für soziale Gerechtigkeit, sondern vor allem hinsichtlich des Ausmaßes autoritärer Dispositionen. In Folge des großen Wertekonsenses im Osten überschneiden sich die Wertefelder der Parteien partiell (Neugebauer und Stöss 1996: 291), wodurch Wählerwanderungen begünstigt und Parteiidentifikationen erschwert werden. Die durchschnittlichen Wertorientierungen der PDS-Anhänger entsprechen übrigens am ehesten denen der Bevölkerung insgesamt. Dass die Postkommunisten dennoch nur maximal ein Viertel der Wähler mobilisieren können, zeigt ein Mal mehr, dass Wahlentscheidungen nicht nur von Wertorientierungen bestimmt werden.

Im West-Ost-Vergleich erscheint es durchaus angemessen, den Parteienwettbewerb in den neuen Bundesländern als „begrenzt" zu charakterisieren. Das liegt aber nicht daran, dass die ostdeutschen Parteien besonders zur Bildung von Überlebenskartellen neigen, sondern an den historischen und sozioökonomischen Rahmenbedingungen: Während die Konfliktstruktur des westdeutschen Parteiensystems die volle Breite der für postindustrielle Gesellschaften typischen Modernisierungskonzeptionen widerspiegelt, entspricht die Konfliktstruktur des ostdeutschen Parteiensystems eher der Situation von postkommunistischen Gesellschaften, in denen der fundamentale Wandel in nahezu allen Bereichen der menschlichen Existenz das aus der staatssozialistischen Zeit herrührende starke Bedürfnis nach staatlich verbürgter Gerechtigkeit und Sicherheit noch verstärkt (Roller 1997). In dem Maß, wie die Transformationsvorgänge soziale Integration befördern, dürfte sich das Spektrum der Konfliktpositionen allerdings erweitern, und dann erhalten auch libertäre und neoliberale Parteien ihre Chance.

Abbildung 4: Die Wertorientierungen der Parteianhänger in West- und
　　　　　　　Ostdeutschland 1997

Alle = Alle Befragten in West bzw. Ost.

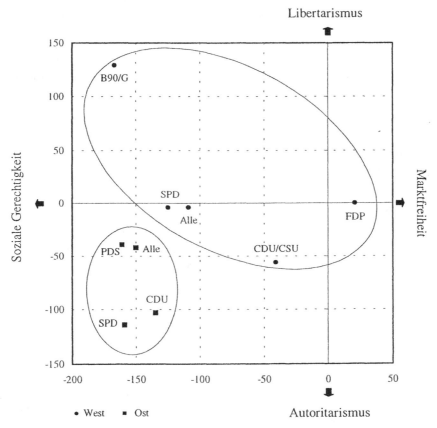

Quelle: Deutsche Paul-Lazarsfeld-Gesellschaft/Forsa, Anfang November 1997, 942 Befragte (fehlende
Parteien wegen geringer Fallzahlen).

7. Resümee

Insgesamt erscheint es uns durchaus lohnenswert, das Parteiwesen auch aus kon-
flikttheoretischer Perspektive zu analysieren. Dann offenbaren sich Einsichten, die
die harsche Kritik relativieren, dass es sich bei den Parteien um kontextlose, staatlich alimentierte Agenturen handele, die sich in ihrem kollektiven Bemühen um die
Absicherung der Herrschaft der politischen Klasse immer ähnlicher werden. Tatsächlich bilden Parteiensysteme bedeutsame gesellschaftliche Konflikte ab. Ihre

Anhängerschaften sind durch spezifische Wertorientierungen gekennzeichnet und unterscheiden sich mehr oder weniger deutlich durch ihre Konfliktposition. Die These, dass Parteien und ihre Anhänger Wertegemeinschaften bilden, dürfte wenigstens auf CDU/CSU und SPD zutreffen, bedarf allerdings noch einer breiteren empirischen Absicherung. Auch die Wettbewerbssituation der Parteien, vor allem ihre Mobilisierungschancen, hängen davon ab, welchem gesellschaftlichen Konflikt sie politischen Ausdruck verleihen. Wenn sich die Existenz und der Erfolg von Parteien auch nicht allein auf ihre Konfliktposition zurückführen lässt, so stellen profilbildende Werte bzw. Ziele doch ein wichtiges Bindemittel zwischen Parteien und ihren (potenziellen) Wählern dar. Daher ist dem eingangs zitierten Diktum von Korte uneingeschränkt zuzustimmen, dass diejenige Partei erfolgreich ist, die einen gesellschaftlich bedeutenden Konflikt zum Ausdruck bringt. Selbstverständlich muss auch ihr Führungspersonal diesen Konflikt kompetent und glaubwürdig verkörpern und imstande sein, ihn professionell zu kommunizieren. Damit wäre nicht nur der eigenen Partei, sondern auch der Parteiendemokratie gedient.

Literatur

Alemann, Ulrich von, Rolf G. Heinze und Josef Schmid (1998): Parteien im Modernisierungsprozess. Zur politischen Logik der Unbeweglichkeit. In: Aus Politik und Zeitgeschichte. Beilage zur Wochenzeitung „Das Parlament", B1-2, S. 29-36.

Beyme, Klaus von (2000): Parteien im Wandel. Von den Volksparteien zu den professionalisierten Wählerparteien. Wiesbaden: Westdeutscher Verlag.

Birsl, Ursula und Peter Lösche (1998): Parteien in West- und Ostdeutschland: Der gar nicht so feine Unterschied. In: Zeitschrift für Parlamentsfragen, 29, S. 7-24.

Eith, Ulrich und Gerd Mielke (2000): Die soziale Frage als „neue" Konfliktlinie? Einstellungen zum Wohlfahrtsstaat und zur sozialen Gerechtigkeit und Wahlverhalten bei der Bundestagswahl 1998. In: Jan van Deth, Hans Rattinger und Edeltraud Roller (Hrsg.): Die Republik auf dem Weg zur Normalität? Wahlverhalten und politische Einstellungen nach acht Jahren Einheit. Opladen: Leske + Budrich, S. 93-115.

Eith, Ulrich und Gerd Mielke (Hrsg.) (2001): Gesellschaftliche Konflikte und Parteiensysteme. Länder- und Regionalstudien. Wiesbaden: Westdeutscher Verlag.

Elff, Martin (2000): Neue Mitte oder alte Lager? Welche Rolle spielen sozioökonomische Konfliktlinien für das Wahlergebnis von 1998? In: Jan van Deth, Hans Rattinger und Edeltraud Roller (Hrsg.): Die Republik auf dem Weg zur Normalität? Wahlverhalten und politische Einstellungen nach acht Jahren Einheit. Opladen: Leske + Budrich, S. 67-92.

Erhardt, Klaudia (1998): Die unentschlossenen Wähler als Motor zyklischer Wahlabsichtsverläufe. Eine Untersuchung am Beispiel der Rückgewinnung der Wähler durch die CDU im Frühjahr 1994. In: Christine Dörner und Klaudia Erhardt (Hrsg.): Politische Meinungsbildung und Wahlverhalten. Analysen zum „Superwahljahr" 1994. Opladen: Westdeutscher Verlag, S. 15-118.

Flanagan, Scott C. (1979): Value Change and Partisan Change in Japan. The Silent Revolution Revisited. In: Comparative Politics, 11, S. 253-278.

Flanagan, Scott C. (1987): Value Change in Industrial Societies. In: American Political Science Review, 81, S. 1303-1319.

Hennis, Wilhelm (1983): Überdehnt und abgekoppelt. An den Grenzen des Parteienstaates. In: Christian Graf von Krockow (Hrsg.): Brauchen wir ein neues Parteiensystem? Frankfurt a. M.: Fischer Taschenbuchverlag, S. 28-46.

Immerfall, Stefan (1998): Strukturwandel und Strukturschwächen der deutschen Mitgliederparteien. In: Aus Politik und Zeitgeschichte. Beilage zur Wochenzeitung „Das Parlament", B1-2, S. 3-12.

Katz, Richard S. und Peter Mair (1995): Changing Models of Party Organization and Party Democracy. The Emergence of the Cartel Party. In: Party Politics, 1, S. 5-28.

Katz, Richard S. und Peter Mair (1996): Chatch-All or Cartel? A Rejoinder. In: Party Politics, 2, S. 525-534.

Kirchheimer, Otto (1965): Der Wandel des westeuropäischen Parteiensystems. In: Politische Vierteljahresschrift, 6, S. 20-41.

Kitschelt, Herbert (1989): The Logics of Party Formation. Ithaca: Cornell University Press.

Kitschelt, Herbert (1992): The Formation of Party Systems in East Central Europe. In: Politics & Society, 20, S. 7-50.

Koole, Ruud (1996): Cadre, Chatch-All or Cartel? A Comment on the Notion of the Cartel Party. In: Party Politics, 2, S. 507-523.

Korte, Karl-Rudolf (2001): Kampagnen und Kompetenzen. Lehren für die Union aus der Parteien- und Wahlforschung. In: Die Politische Meinung Nr. 379, S. 19-23.

Lipset, Seymour Martin und Stein Rokkan (1967): Cleavage Structures, Party Systems, and Voter Alignments: An Introduction. In: Seymour Martin Lipset und Stein Rokkan (Hrsg.): Party Systems and Voter Alignments: Cross-national Perspectives. New York: The Free Press, S. 1-64.

Mair, Peter (1994): From Civil Society to the State. In: Richard S. Katz und Peter Mair (Hrsg.): How Parties Organize. Change and Adaption in Party Organizations in Western Democracies. London: Sage, S. 1-22.

Mielke, Gerd (2001): Gesellschaftliche Konflikte und ihre Repräsentation im deutschen Parteiensystem. Anmerkungen zum Cleavage-Modell von Lipset und Rokkan. In: Ulrich Eith und Gerd Mielke (Hrsg.): Gesellschaftliche Konflikte und Parteiensysteme. Länder- und Regionalstudien. Wiesbaden: Westdeutscher Verlag, S. 77-95.

Neugebauer, Gero und Richard Stöss (1996): Die PDS. Geschichte − Organisation − Wähler − Konkurrenten. Opladen: Leske + Budrich.

Niedermayer, Oskar (1999): Die Bundestagswahl 1998: Ausnahmewahl oder Ausdruck langfristiger Entwicklungen der Parteien und des Parteiensystems. In: Oskar Niedermayer (Hrsg.): Die Parteien nach der Bundestagswahl 1998. Opladen: Leske + Budrich, S. 9-35.

Niedermayer, Oskar und Richard Stöss (1997): Kanzlerpräferenzen in der Bundesrepublik. Helmut Kohl im Vergleich zu Oskar Lafontaine und Gerhard Schröder. Umfragen in der Bevölkerung und unter SPD-Mitgliedern. Ausgewählte Befragungsergebnisse für die Pressekonferenz am 27. November 1997. Vvf. Manuskript. Im Internet abrufbar unter http://www.polwiss.fu-berlin.de/osz/dokumente/plgkanz.doc.

Oberndörfer, Dieter, Gerd Mielke und Ulrich Eith (1998): Die neue Konfliktlinie. In: Blätter für deutsche und internationale Politik, 43, S. 1291-1296.

Roller, Edeltraud (1992): Einstellungen der Bürger zum Wohlfahrtsstaat in der Bundesrepublik Deutschland. Opladen: Westdeutscher Verlag.

Roller, Edeltraud (1997): Sozialpolitische Orientierungen nach der deutschen Vereinigung. In: Oscar W. Gabriel (Hrsg.): Politische Orientierungen und Verhaltensweisen im vereinigten Deutschland. Opladen: Leske + Budrich, S. 115-146.

Schmitt-Beck, Rüdiger und Stefan Weick (2001): Die dauerhafte Parteiidentifikation – nur noch ein Mythos? Eine Längsschnittanalyse zur Identifikation mit politischen Parteien in West- und Ostdeutschland. In: Informationsdienst Soziale Indikatoren (ISI), 26, S. 1-5.

Schoen, Harald (2000): Den Wechselwählern auf der Spur: Recall- und Paneldaten im Vergleich. In: Jan van Deth, Hans Rattinger und Edeltraud Roller (Hrsg.): Die Republik auf dem Weg zur Normalität? Wahlverhalten und politische Einstellungen nach acht Jahren Einheit. Opladen: Leske + Budrich, S. 199-226.

Stöss, Richard (1997a): Stabilität im Umbruch. Wahlbeständigkeit und Parteienwettbewerb im „Superwahljahr" 1994. Opladen: Westdeutscher Verlag.

Stöss, Richard (1997b): Konfliktlinien und Parteienkonkurrenz im Berliner Parteiensystem 1995. In: Richard Stöss und Oskar Niedermayer: Harold-Hurwitz-Survey 1995 (Berlin-BUS): Analysen zur Wahl zum Abgeordnetenhaus von Berlin am 22. Oktober 1995. Berlin: Freie Universität Berlin/Fachbereich Politische Wissenschaft/Otto-Stammer-Zentrum für Empirische Politische Soziologie. Im Internet abrufbar unter http://www.polwiss.fu-berlin.de/osz/dokumente/PDF/brosch95.pdf, S. 85-107.

Stöss, Richard (1998): Wie bewerten die Wähler und die SPD-Mitglieder die globalen politischen Ziele von Helmut Kohl, Oskar Lafontaine und Gerhard Schröder? Vvf. Arbeitspapier. Im Internet abrufbar unter http://www.polwiss.fu-berlin.de/osz/dokumente/plgwert.doc.

Walter, Franz (2001): Die deutschen Parteien. Entkeimt, ermattet, ziellos. In: Aus Politik und Zeitgeschichte. Beilage zur Wochenzeitung „Das Parlament", B10, S. 3-6.

Wiesendahl, Elmar (1998): Wie geht es weiter mit den Großparteien in Deutschland? In: Aus Politik und Zeitgeschichte. Beilage zur Wochenzeitung „Das Parlament", B1-2, S. 13-28.

Wiesendahl, Elmar (1999): Die Parteien in Deutschland auf dem Weg zu Kartellparteien? In: Hans Herbert von Arnim (Hrsg.): Adäquate Institutionen. Voraussetzungen für „gute" und bürgernahe Politik? Berlin: Duncker & Humblot, S. 49-73.

The Pattern of Party Concerns in Modern Democracies, 1950-1990*

Richard I. Hofferbert

1. Introduction: The Questions and the Data

The goal of this essay is to describe in broad terms the contours of party election programs in modern democracies over the period between the 1950s and the 1990s. What issues have been stressed in the election programs (platforms) of the major political parties that have competed in modern democracies during the second half of the twentieth century? Are there similarities and differences in the programs that distinguish the major classes or *families* of modern parties? How has their focus on particular issue domains changed over time? Do the trends in concerns of major party families reflect the broad sociopolitical changes of the second half of the twentieth century?

This essay stands in contrast to the more statistically intricate analyses of party programs to which others and I have previously contributed (see Klingemann, Hofferbert and Budge 1994). I offer here a view of the forest, as from a balloon a few hundred meters above the earth. Much of the most elegant and statistically sophisticated analysis in modern political science examines, at most, clusters of trees, or even clumps of seedlings. From time to time, it is necessary to step back from the sharp focus offered by such refined modes of analysis and to survey very broad patterns revealed by simple descriptive evidence. Thus, I am not here offering any tight causal reasoning. I am willing, against my own instincts, to let unmeasured *history* be my main independent variable. I am asking simply: What can be seen in the broad patterns across the election programs of modern political parties? Do these patterns conform to other evidence we have about the transformation of public concerns and political agendas in the four decades after World War II?

The data used here are those initially collected and coded by the *Comparative Manifesto Project* of the *European Consortium for Political Research*, beginning in the late 1970s under the able chairmanship of Ian Budge (Budge, Robertson and Hearl 1987). The data series has been kept up-to-date since the mid-1980s by Andrea Volkens and Hans-Dieter Klingemann through the Research Group "Institutions and Social Change" of the *Wissenschaftszentrum Berlin für Sozialforschung*

* I am grateful to the Netherlands Institute for Advanced Study in the Humanities and Social Sciences and to the Wissenschaftszentrum Berlin für Sozialforschung (WZB) for support that facilitated the research reported here.

(Volkens 1992, 1994). The process of converting the texts of several hundred party programs into numerical values has been carried out by an international team the members of which classified each sentence of each program into one of fifty-four categories. The numbers used in analysis represent the proportion of sentences in particular substantive categories of each election program. The data I shall examine represent trends in averages of these percentages for five major party families that have each competed across some of 16 established democracies from the early 1950s through 1990: Austria, Australia, Belgium, Canada, Denmark, Finland, France, (West) Germany, Italy, the Netherlands, New Zealand, Norway, Sweden, Switzerland, the United Kingdom, and the United States.

The party families include, in rough order from left to right: the communists, socialists, liberals (following the European, not the American, usage of the term), Christian democrats, and conservatives. The classification of particular parties follows the Mackie and Rose system (1991). There are, of course, several other generic categories, such as agrarian, regional, nativist, and, of course, the most recent entrants to regular competition, the Greens. However, my interest here is in general differences and trends for those parties that have played a major role, in at least a few countries, over the last half of the twentieth century. To be sure, not all of the countries have had, for example, significant communist parties competing actively; not all have Christian democrats; etc. But the five included occur with sufficient frequency across time and countries to provide a basis for reasonable statistical presentation and analysis. Elections are not held every year. And in some years there are several across the 16 countries. Other years there are few. In order to be able to evaluate average percentages of party program emphases as a way of finding the kind of broad patterns of interest I have here interpolated values for the years with no elections. That is, I estimated inter-election values from the last and the next program's percentages.

For this set of five party families, I will discuss how they compare in terms of issue trends. These data provide an innovative and extremely useful vehicle for tracking issue agendas of modern democracies, as those agendas are seen by the collective elites who prepare the statements of party commitment in elections.

2. The Party Families

The clusters of moral principles and favorite policies that form the identities of the parties competing in modern democracies are fairly well-known. *Communists* seem to have shown the greatest degree of ideological consistency in the modern era, perhaps contributing in part to the common habit of equating ideology with extremism. *Communists*, while on the decline nearly everywhere near the end of the twentieth century, nevertheless played a major role in structuring political discourse, even in countries where their voter support was relatively small. The defining communist traits were opposition to private control of major industries, businesses, and utilities. They share a fundamental suspicion of the market in any form, compared to a positive view of central planning. *Socialist* parties have an identity, often articulated by the intelligentsia, that spans fairly long periods of time in rather different country contexts. Most of them are centrally concerned for the well-being, particularly, of industrial workers and the economically less well-off of society. They are bothered by extreme differences in the distribution of wealth. They have confidence in public planning. But they also usually are skeptical about the exercise of the state's police power. *Liberals* have traditionally been recognized by their opposition to a state church, to infringement of individual rights, and – usually – to very much governmental involvement in economic affairs. *Christian democrats* are concerned first and foremost about the fabric of society – the moral coherence of collective life in modern society. They often support a state church, as well as economic policies that seek to provide an element of dignity to the least fortunate. While respecting the value of business-driven economic growth and the virtues of productivity, Christian democrats are committed to rigorous regulation of economic activities. *Conservatives* usually share some of the Christian democrats' commitments to traditional values in society (in contrast to the liberals), but are decidedly more pro-business than pro-welfare state. They share with liberals a disdain for social and economic engineering.

These five labels are commonly applied to the most prominent *party families* that have competed in some or all of the democracies included here. The major argument, supported by previous research on party election programs, is that the parties compete – that is, they present choices to the voters – not in terms of polarization around identical issues, but rather in their selective attention to different sets of issues. If they are in favor of action in a particular policy domain, they give that domain a good deal of space in the program. If they are not in favor of such action, they generally ignore the issue in the program (Budge, Robertson and Hearl 1987; Klingemann, Hofferbert and Budge 1994). Thus, the differences between the parties can be readily detected more clearly in many instances in what it is they do or do not talk about than by what they actually say about the topics they take up.

My purpose in this essay is not to test the policy consequences of party choices, as reflected in the election programs. That has been done elsewhere (Klingemann, Hofferbert and Budge 1994). Rather I want simply to illustrate the form and flow of party concerns as they pass this particular window onto the post-war public agenda. To that end, I shall be illustrating and considering trends in party family means in six broad issue domains into which the election programs have been coded:

– the *economy,* including references to such themes as planning, nationalization, regulation, the free market, productivity, and economic growth;
– *welfare state*, includes references to various aspects of human services and social justice;
– *external affairs*, including mention of peace, internationalism, the military, special relations with other nations or groups of nations, as well as the European Community (now *European Union*), where relevant;

- the structure of *governmental authority*, including personal freedom, democratic procedures, constitutionalism, centralization/decentralization, governmental corruption, efficiency, and authority;
- *fabric of society*, includes approval or disapproval of such themes as defending the national way of life, traditional moral standards, law and order, social harmony, and defense of religious, ethnic, or linguistic heritages;
- *social groups*, includes not only references to established interest groups, such as farmers and workers but also to more recently prominent entrants into public discourse, such as minorities and women, as well as the *middle class.*

This forty-year tour through the issue emphases of the major families of political parties in western democracies will not yield many surprises, but it will provide a perspective on the view of the world seen through the eyes of those who give modern political parties their identity. We will see, again not surprisingly, that the turmoil of the 1960s has been followed by a broad skepticism about the efficacy of governments engaging in complex social engineering as well as a recognition of the legitimacy of newly vocal actors on the western democratic stage. Interestingly, that recognition of the participants in what are commonly labeled *new social movements* has not carried with it an automatic rejection of *traditional values.* These assertions, however, are getting a bit ahead of the story. There is an interesting initial tale to be told by the parties in their concerns with the long-standing issues of the economy, the welfare state, and external affairs.

3. Party Concern with Economic Matters

Table 1 shows how I have constructed an *economic orientation* score for the party election programs. It yields a metric that ranges from the most *pro-planning* to the most *pro-market* position. Items included in the six specific issue domains' scores were selected by an initial factor analytic screening. The party program dataset includes more entries under the six broad categories than are included in each of the specific scores. To select the items for inclusion in the additive score, a principal component analysis was conducted to identify those items that loaded distinctively positive vs. negative. It is those items included in the orientation scores, as indicated in the various tables. It ought to be noted that, of the six relatively specific issue domains examined here, concern for economic matters occupied the most space in the party programs.

Table 1: Economic Orientation Scores of Party Programs

Pro-planning		Pro-market
Sum of:		Sum of:
Nationalization	Minus	Free enterprise
Control of economy		Productivity
Economic planning		Economic orthodoxy

Figure 1 shows the trends for the five party families, as well as the overall mean (the dark line in the middle). In Figure 1, we are presented with the means of all communist, socialist, liberal, Christian democratic, and conservative parties at each time point. We can see the trends, both overall (with the mean, indicted by the dark line) and for each party family. In this case, those lines represent the sum of the percentage of sentences dealing with nationalization, control of economy, economic planning, and regulation of the market minus the sum of emphases on free enterprise, productivity, and economic orthodoxy. Calculated as the mean for all members of each party family across the 16 countries.

Figure 1: Economic Issues – Trends in 16 Country Mean Party Program
            Orientations

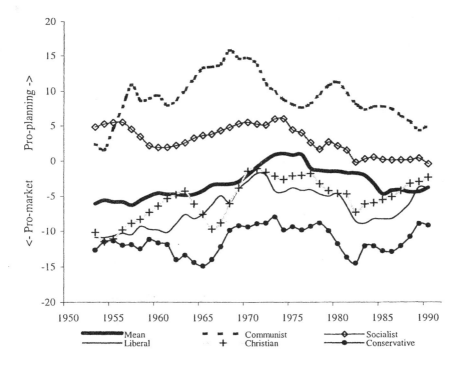

Two features of the economic orientation trends stand out in Figure 1. First, in general, most of the parties increased their tilt toward planning until about 1970, after which they generally moved in a more pro-market direction. To be sure, individual party families vary in their refinements on this general pattern, sometimes with smaller dips at one or both ends of the curves. But the trend first toward planning and then away from it toward more market orientation is clear.

The second feature of Figure 1 that stands out is that the parties, while following broadly similar trends, nevertheless maintain considerable spread between pro-planning and pro-market positions. And generally, they hold their places vis-à-vis one another. The communists and socialists are the most pro-planning; the liberals and the conservatives are the most pro-market. And while moving up and down from time to time, they stay in their part of the playing field. On economic matters, the Christian democrats are more generally flexible than are the other parties. And it might not be reading too much into the picture to suggest that in the post-19⁢⁢ period there may be some convergence, with the party families closing the gap between them somewhat by 1990, compared to the late 1960s, when they were quite far apart.

4. Welfare State

The score for programs' emphasis on the welfare state are calculated as illust⁢ ⁢ted in Table 2. Figure 2 shows the trends for party orientations for and against the w⁢ l-fare state. Recall that this score is the mean for all members of each party f⁢ ⁢y, where their individual programs' references to social justice were added to positive references to the welfare state, from which were subtracted negative references to the welfare state. Again, as with emphases on economic themes, we see a d⁢al pattern of common movement combined with maintenance of some distance between the party families. Prior to about 1970, most parties, on average, moved lef⁢ ⁢ard in favor of the growing welfare state. However, with some unevenness across parties, the line flattened in the 1970s.

Table 2: Welfare State Orientation of Party Programs

Pro-welfare state		Anti-welfare state
Sum of:		Sum of:
Social justice	Minus	Welfare state (anti-⁢
Welfare state (pro-)		Productivity

The last decade of the data, post-1980 or so, in contrast to the sugge⁢⁢o⁢ of inter-party convergence in economic concerns (Figure 1), suggests that in v⁢ ⁢are state matters there is a divergence, with a fairly wide space opening betwe⁢⁢ ⁢ ⁢ left parties, on the top, and the center and right parties on the bottom. In ⁢⁢is ⁢gard, the parties seem to have mirrored common impressions of increasing co⁢ ⁢ntion about the long-term viability of an expanded welfare role for governme⁢ ⁢ in the West. Following a long period of growth and development, dating back variously to the turn of the century, but most dramatically to the immediate post-World War II period, the steady expansion of policies redistributing income from the rather well-off to the rather poorly-off had been the near universal norm in western democracies.

However, beginning in the 1970s, that process leveled out and, in some countries, actually rolled back a bit (Hood 1991; Hofferbert 1997).

Figure 2: Welfare State Issues – Trends in 16 Country Mean Party Program Orientations

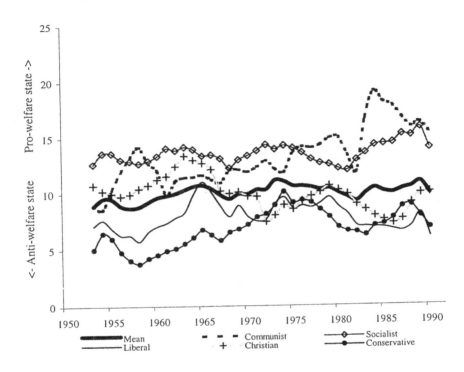

5. External Affairs

The scoring procedure to measure the *internationalist* vs. *nationalist* orientation of party programs emphases on external affairs is described in Table 3, with the trends shown in Figure 3. While the general trends for economic (Figure 1) and for welfare state (Figure 2) concerns by the parties showed broadly similar patterns, with the parties apparently converging in the former and diverging in the latter, in the case of external relations the trends are somewhat different, especially in regard to inter-party distinctions.

It is often considered a dubious proposition that "politics stops at the water's edge," suggesting that matters dealing with defense and foreign affairs are ill-suited for partisan conflict. The means for the whole period show clearly, in Figure 3, that the overall tendency of the five party families is to maintain some consistent distance from one another. But aside from the short-lived, high internationalism of the

Table 3: External Affairs Orientation Scores of Party Programs

Internationalist		Nationalist
Sum of:		Sum of:
Foreign special relations (pro-)		Foreign special relations (anti-)
Military (anti-)		Military (pro-)
Peace	Minus	Internationalism (anti-)
Internationalism (pro-)		European community (anti-)
European community (pro-)		Protectionism (pro-)
Protectionism (anti-)		

communists in the early years, the parties maintained only modest difference, following much the same trends, suggesting that defense and foreign policy indeed do not generate the same absolute levels of inter-party rivalry found with domestic policy.

Figure 3: External Affairs Issues – Trends in 16 Country Mean Party Program Orientations

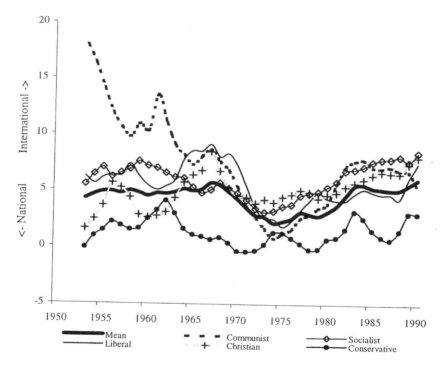

In the early years of the Cold War, the western communists were clearly internationalist dissenters from their more nationalist competitors. However, while the

mean concern moved modestly in the internationalist direction up to the late 1960s, there was a clear nationalist tilt and convergence in the mid-1970s, followed by the time of the effort on the part of NATO and Soviet leaders to expand dialogue cultural contacts, and economic relations – the so-called *détente* period. The decade after the mid-1970s was a time of modest warming of the Cold War and a movement toward a new plateau of internationalist concern, around 1980. The last decade of the data illustrated in Figure 3 is one in which inter-party differences were maintained more less steadily right up to the dismantling of the Soviet Union and the widely declared "end" of the Cold War. In fact, if the early case of the communists is put aside, the party families moved in general unison, while maintaining some modest distance, through the forty year period covered by the data.

6. Governmental Authority

The governmental authority orientation score, in Table 4, contrasts emphases on freedom and human rights, democracy and decentralization with concern for governmental efficiency, corruption, centralization, stability and authority. While this constitutes an enduring dimension of party differentiation, both the general trend and the inter-party differences are nonetheless interesting.

One might make the case that economics, welfare, and defense constitute the mainstays of "old politics," if one thinks in terms of the priorities of a generation that, at least as children, remembered the big war, or who themselves or whose parents experienced the Great Depression. Much is made, in contrast, about the transformed public agenda in the "post-modern era" (Inglehart 1990, 1997), whenever the exponents of that focus may date it. One might well contrast the trends of the *old* politics issues with the issue domains of *governance,* the *fabric of society,* and those associated with new social movements, which we have here labeled *social group* issues (the latter two to be discussed a bit farther on). We would expect perhaps much more volatility in these domains, at least in the later years, than was seen in the case of the three "old politics" areas.

Table 4: Governmental Authority Orientation Scores of Party Programs

Freedom		Authority
Sum of:		Sum of:
Freedom and human rights		Government efficiency
Democracy	Minus	Stability and authority
Decentralization		Corruption
		Centralization

Certainly that expectation is borne out with respect to issues of governmental authority, as clearly seen in Figure 4. A steep general rise in the "freedom" direction peaked around the early 1970s, and afterward the curves all drop even more steeply in the "authority" direction. The line tracked by the mean conforms rather nicely to common caricatures of different periods spanned by these data. The early fifties was a time of post-war reorganization, the baby-boom, and the concentration of energies on family life and an orderly society. But by the mid-50s, the line begins to move in the "freedom" direction. Various social movements toward more casual norms and more scope for alternative lifestyles arose in the period from 1955 through the middle of the 1970s. The mean of party concerns rises in the freedom direction. The contraceptive pill came on the market in 1961. Mores changed in course. And the formerly gentle slope becomes a steep rise between mid-1960s and the early 1970s, suggesting that the perhaps staid elites who prepare party election programs were hardly immune to the movement of the times.

Figure 4: Governmental Authority Issues – Trends in 16 Country Mean Party Program Orientations

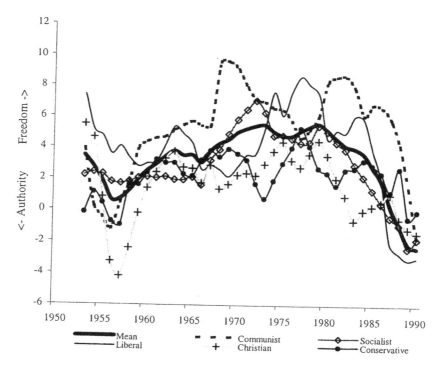

But the tide turned around 1980 in the direction of concern for authority, efficiency, frugality, and businesslike governmental management. The trends – but not the magnitudes – in concern about issues of governance tend to be common across parties, while, as with the other domains, the initial distance between party families continues to offer a range of substantial difference between the contenders, with the exception of a striking convergence by 1990 toward concern with authority. But all of the patterns of trends so far also suggest that the period in the mid-1970s was one of major readjustment of party priorities.

7. Fabric of Society

The next domain reasonably included under the "new politics" label (if something a generation old can be considered "new" by the average reader) is the set of party concerns grouped under the general rubric of concern for the *fabric of society*. The personal and public values and priorities of the generation that grew into adulthood in the 1960s was markedly different from those of their parents. The economic deprivations of the Great Depression and the upheaval of World War II were a part of their legacy but not part of their experience. Mass education levels of the post-war generation were higher than ever before in history. The relative economic security experienced by that cohort was likewise unprecedented. Barriers against pornography, pre-marital co-habitation, homosexuality and gender equalization were lowered dramatically. Growing of age during the "golden years" of economic expansion, the 60s generation gave relatively higher priority to "post-materialist" values of individual autonomy and a new agenda of issues departing from the former primacy of economic growth, material well-being, and national security (Inglehart 1990). Life on university campuses, by the late 1960s, was a standing challenge to traditional values. The widespread availability of birth control technology, the decline of multiple taboos, the broadening of the repertoire of acceptable forms of political behavior (Barnes, Kaase et al. 1979) combined to create a standing challenge to much that was held by the pre-war generation to be the essence of democratic civility. The political parties were not immune to the challenges posed by what has come to be called the "60s generation."

This acknowledgment of the contrast between traditional and modern values is reasonably well-captured by the index described in Table 5. Figure 5 shows the trend with some elements comparable and some different from the trends in governance issues (Figure 4). *Modernity* emphasizes themes opposed to traditional morality and communalism (e.g., ethnic, religious, regional, linguistic group autonomy), while the *traditional* end reflects positive emphasis on traditional morality, law and order, and social harmony. While the earlier half of the period had some ups and downs, the general trend – even among the leftist parties – has been toward traditionalism after 1955, accelerating most notably for the conservatives, the Christians, and, to a somewhat lesser extent, the liberals thereafter. Insofar as there has been a substantive reaction by political parties to the social and moral "excesses" of the late 1960s and early 1970s, it has been the two right-of-center party families that have most vigorously accepted the responsibility for putting society back on track.

Table 5: Fabric of Society Orientation Scores of Party Programs

Modernity		Tradition
Sum of:		Sum of:
Traditional morality (anti-) Communalism (anti-)	Minus	Traditional morality (pro-) Law and order Social harmony

In their concern with the fabric of society the party families show marked divergence in the years leading up to 1990, in contrast with the other issue domains, and
especially in contrast to the convergence seen in concern over issues of governance
(Figure 4). The issue cluster that we are calling the *fabric of society* is referenced in
the popular discourse of the 1990s as "values" or "the social agenda." It includes
concern over family stability, abortion, illegitimacy, drug abuse, and other indicators of what many see as signs of cultural meltdown in the so-called "post-modern"
era (Bennett 1994). And it is around these issues that the strongest trends toward
cross-party disagreement seem to appear. But, of course, these figures are aggregate, cross-national averages, so caution is warranted in drawing very detailed conclusions.

Figure 5: Fabric of Society Issues – Trends in 16 Country Mean Party Orientations

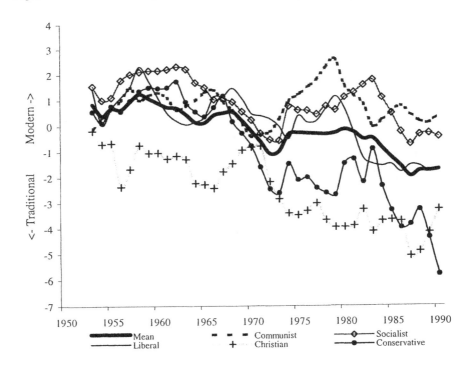

It is tempting to read into Figures 4 and 5 a sort of equilibrium theory of the public agenda. Beginning in the 1950s, the opening and questioning of most forms of authority and traditional ways of doing things were widely challenged. As the space for public discourse came to be increasingly occupied by persons for whom neither the Great Depression nor World War II were the defining events of their lives, some of the threat went out of being unconventional and morally innovative. Cultural historians will long discuss the turbulence that surrounded that process of change. But the ferment was indeed reflected if not indulged by such elites as those who wrote party election programs.

If shifting the agenda away from traditional values to some form of new morality was progress for some, it was viewed with skepticism by many. And that skepticism ultimately is reflected in the contents of a sufficient number of party election programs to turn the central tendency of both the governance and the fabric of society curves in a decidedly rightward direction. However, lest the picture of equilibrium become too readily accepted, the fact that trends sometimes reverse does not mean that other themes on the public agenda, of a seemingly similar nature follow the same pattern.

8. Social Groups

A cross-party long-term adjustment has taken place in the relative attention given by the election programs to particular types of groups. The *social groups* orientation score (Table 6) add mentions of labor and agriculture − *older* groups − and subtracts mentions of minorities, women, non-economic groups, and the middle class − *newer* groups. Figure 6 presents the trends in party orientations toward newer vs. older groups. The trend for all the parties is toward the newer groups.

Through all of the nineteenth and twentieth centuries, the labor of proportionately fewer people was needed to produce the food and fiber for the rest. Agricultural employment as a percentage of the workforce is in single digits throughout the modernized countries of the world. Following a century of struggle to unionize and gain a social policy agenda to their liking, industrial workers also now diminishing as a proportion of the modern workforce.

Table 6: Social Groups Orientation Score for Party Programs

Older interest groups		Newer groups
Sum of:		Sum of:
Labor		Middle class
Agriculture	Minus	Non-economic groups
		Women
		Minorities

But something else has been happening at the same time to the public agenda as it reflects the legitimacy of claims by various groups in society. The defining traits of the politically relevant groups are less and less economic and ever more, for want of a better term, "social." The women's movement, for example, while it contains much that is indeed economic – such as the call for equal pay for equal work – is characterized as well by a search for dignity and recognition as for material gain. Much of the political activity of minorities formerly not in the center ring of public discourse is similarly couched in terms of dignity and recognition. The public discourse of newly politicized groups is not conducted in the language of the class struggle as it has been spoken since about 1848, the publication year of Karl Marx's *Communist Manifesto* and the year of widespread political upheaval in Europe – the time from which many socialist as well as communist parties today trace their spiritual if not organizational origins.

Figure 6: Social Group Issues – Trends in 16 Country Mean Party Program
          Orientations

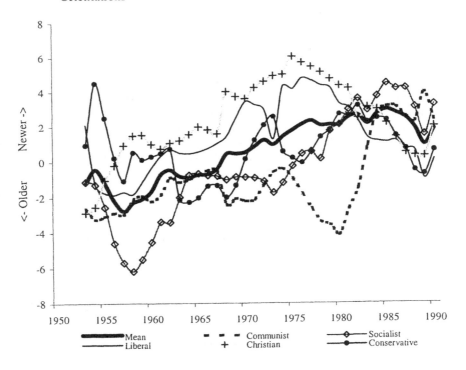

Even taking account of particular partisan ups and downs in Figure 6, a credible claim can be made that the universe of discourse represented by the party programs has come to reflect a rise in non-economic concerns to a level not likely to be permanently reversed. There may be much overlap in the factors driving the parties toward more concern for "newer" groups and the mass-based evolution of values that Ronald Inglehart has labeled "post-materialism."

9. Conclusion

This essay takes a high-flying bird's eye view of the broad terrain of competition between the agendas of major party families in modern democracies, as that competition is reflected in the general thrust of their election program in six distinguishable issue domains.

Economic issues: The cross-party contrast between *planning* and *market* orientations has been sustained and clear, with modest inter-party convergence in the later years, and with no secular trend toward either pole. There is no evident support for a theory of inevitable party convergence, such as proposed by Anthony Downs (1957). Economic concerns are probably the most stable, long-term dimension of inter-party competition.

Welfare state issues: Emphases on welfare state issues have tilted generally leftward, with some evidence of widening inter-party distance in recent years. The left's rising concerns have been largely defensive, while more rightist parties have probed what they see as the weak spots in the complex of policies and bureaucracies that make up the welfare state. This distancing between left and right showed no promise of narrowing, at least well into the 1990s. Although the locus of the differences may be beginning to move rightward, reversing the long-standing trend toward the left, consensus is not yet forming.

External affairs: In contrast, the party families' programmatic emphases on external affairs show only modest differences, although they do occupy predictable places within that modest range. Following considerable turmoil, driven mainly by the communists' strong internationalist tilt, in the 1950s and 1960s, the party families have settled into range of programmatic concern with external affairs that promises minimal partisanship over foreign and defense policy. In contrast to these *old politics* domains, there is much more volatility evident in the *new politics* areas of freedom vs. authority, modernity vs. tradition, and newer vs. older groups.

Governmental authority: The liberating years of the late-1950s to the mid-1970s, where all party families moved (with varying boldness) from the *authority* toward the *freedom* pole, were followed by the most dramatic reversal of any issue domain here examined. The apparent excesses of the 1960s seem to have stimulated a steep, cross-party trend in the pro-authority direction.

Fabric of society: The pro-authority trend is reinforced by the similarly cross-party move from *modern* to *traditional* values. Though the evidence of cultural meltdown may continue to cumulate unabated, it has hardly won the endorsement of any party family. Perhaps predictions of a new religious revival – a new *Great Awakening* – may not be borne out, but a general acceptance of casual morality is definitely not evident in the concerns of party program writers. That may be a stance remaining open for the emerging Greens, but they have not been around long enough to produce credible trend data. While all of the party families examined here show some general tilt in the pro-traditional values direction, the steepness of that tilt reveals a growing dissensus, with the Christians and conservatives setting a pace of change much faster than that shown by liberal and leftist parties.

Social groups: The inter-generational correction to the right, toward more concern for authority and toward traditional values, does not imply a necessary closing of the political minds of party leaders. Political parties, perhaps more than any other collectivities in democracies, must be sensitive to their inclusiveness. The party concerns adjust to transformations in the social mosaic. Such an adjustment is dramatically visible in the cross-party shift in emphases from older to newer groups in the political arena. The expansion of the political action repertoire and the claims of new social movements have been registered across the partisan board. The trend toward concern for newer groups, while volatile within each party family, nonetheless has moved strikingly in the direction of those newer claimants on the public agenda. Such movement seems to be analogous to, if not immediately a part of, the expanding of post-materialist values among individuals (Inglehart 1990, 1997). Concerns for material well-being and security fade only to the extent that they are not under threat; but they are less and less dominant in the universe of political discourse and competition across modern democracies.

The party families are somewhat flexible in the packages of issues they emphasize at particular times, but they sustain sufficient distance from each other such as to keep their historical identity. Further, if the averages give an accurate picture of what happens in particular countries in particular elections, the parties' maintenance of separate identities ensures at least a range of reliable choice to the voters of modern democracies.

The party issue concerns over these years in the latter half of the twentieth century also reveal a definite secular transformation. The period from the late 1960s to the mid-1970s was one of significant change. The 1960s went out with a shout of political protest, asserting claims for identity by groups not previously on center stage of the modern political drama and issuing a series of challenges to the values and institutions that had been taken for granted by preceding generations. The mid-1970s, however, presented political decision makers with a different set of challenges. The first three decades after the war have been called the "golden years" of economic growth. They were also years of unprecedented growth in governmental regulations and services. Rates of economic expansion previously unimagined came to be viewed as commonplace. An ever-expanding role of government, especially in providing services for the economically less fortunate, was in evidence throughout the democratic world.

However, new economic challenges were confronted in the 1970s that would impart, if not pessimism, at least a new level of caution about the likelihood of continued hyper-growth and about the ever-expanding role of government in the management of economic resources. Likewise, the traditional values that had seemed to fall by the wayside in the 1960s have been resurrected, in admittedly changed form, in the 1980s and 1990s. In general, the mid-1970s can be marked as a turning point for the public agenda, at least as reflected in the election programs of major political parties. The protection or reform of the welfare state will continue to be a point of contention between parties. The claims of new entrants to political competition, and new – perhaps "post-materialist" – values, will be accommodated without dulling a broadly critical view of the moral and social excesses of the watershed years.

References

Barnes, Samuel H., Max Kaase, Klaus R. Allerbeck, Barbara G. Farah, Felix Heunks, Ronald Inglehart, M. Kent Jennings, Hans-Dieter Klingemann, Alan Marsh and Leopold Rosenmayr (1979): Political Action. Mass Participation in Five Western Democracies. Beverly Hills: Sage.

Bennett, William J. (1994): The Index of Leading Cultural Indicators. New York: Simon & Schuster.

Budge, Ian, David Robertson and Derek Hearl (eds.) (1987): Ideology, Strategy, and Party Change: Spatial Analysis of Election Programmes in Nineteen Democracies. London: Cambridge University Press.

Downs, Anthony (1957): An Economic Theory of Democracy. New York: Harper.

Hofferbert, Richard I. (1997): Equilibrium in Democracies – or – Must What Goes Up Also Come Down? In: Hans-Dieter Klingemann (ed.): Sociètal Problems Political Structures, and Political Performance (Forthcoming).

Hood, Christopher (1991): Stabilization and Cutbacks: A Catastrophe for Government Growth Theory? In: Journal of Theoretical Politics, 3, pp. 37-63.

Inglehart, Ronald (1990): Culture Shift in Advanced Industrial Societies. Princeton: Princeton University Press.

Inglehart, Ronald (1997): Modernization and Postmodernization: Cultural, Economic, and Political Change in 43 Societies. Princeton: Princeton University Press.

Klingemann, Hans-Dieter, Richard I. Hofferbert and Ian Budge (1994): Parties, Policies, and Democracy. Boulder: Westview.

Mackie, Thomas and Richard Rose (1991): The International Almanac of Electoral History. Basingstoke: Houndsmill (3rd edition).

Volkens, Andrea (1992): Content Analysis of Party Programmes I Comparative Perspective: Handbook and Coding Instructions. Berlin: Wissenschaftszentrum Berlin für Sozialforschung (WZB).

Volkens, Andrea (1994): Programmatic Profiles of Political Parties in 27 Countries, 1945-1990. Berlin: Wissenschaftszentrum Berlin für Sozialforschung (WZB).

Politische Parteien und professionalisierte Wahlkämpfe

Andrea Römmele

Das wissenschaftliche Interesse an Wahlkämpfen ist mit ihrer gestiegenen Bedeutung und der zunehmenden Professionalität ihrer Durchführung seit Anfang der 90er Jahre erheblich gewachsen (Salmore und Salmore 1985; Newman 1994, 1999; Kavanagh 1995; Holbrook 1996; Swanson und Mancini 1996; Norris 2001; Römmele 2001). Waren die ersten großen Studien der empirischen Wahlforschung auch gleichzeitig umfassende Untersuchungen der Medienwirkung und des Wahlkampfes, so hat sich diese enge Verknüpfung von Wahl- und Kommunikationsforschung bald aufgelöst. Auch die Parteienforschung hat dem Aspekt der Wahlkampf- und Parteienkommunikation mit wenigen Ausnahmen kaum Aufmerksamkeit geschenkt. Eine Zusammenführung dieser unterschiedlichen Forschungsstränge ist erst mit Beginn der Ära der postmodernen bzw. professionalisierten Wahlkämpfe[1] wieder zu beobachten. Der 1992er Wahlkampf Bill Clintons (*war room*) sowie dessen Nachahmung von *New Labour* 1997 und der Wahlkampf der SPD 1998 mit der „Kampa" werden häufig als die Prototypen des professionalisierten Wahlkampfes aufgeführt. Ganz allgemein wird mit dem Einsatz professionalisierter Kommunikationsmöglichkeiten und einer professionalisierten Wahlkampfführung eine Schwächung politischer Parteien verbunden (z.B. Niedermayer 1999; Plasser, Scheucher und Senft 1999).

Ziel des vorliegenden Beitrages ist es, die Forschungsstränge zur politischen Kommunikation sowie zu Parteien zusammenzuführen und die Hypothese der allgemeinen Schwächung politischer Parteien in Frage zu stellen. In einem ersten Schritt wird die Wahlkampfkommunikation in historischer Perspektive beschrieben. Wie haben Parteien mit ihren Bürgern kommuniziert? In einem zweiten Schritt werden neue Kommunikationstechnologien beleuchtet. Welche Möglichkeiten stehen Parteien hier zur Verfügung? Mögliche Konsequenzen für die Parteiorganisation auf unterschiedlichen Ebenen werden im dritten Teil des Beitrages erörtert.

---

[1] In der Wahlkampfkommunikationsforschung spricht man seit einiger Zeit von postmodernen Wahlkämpfen (vgl. auch Norris 2001; Farrell und Webb 2000; Römmele 2001). Im vorliegenden Beitrag werden wir hingegen den Begriff *professionalisierte* Wahlkämpfe verwenden (Gibson und Römmele 2001).

1. Vormoderne und moderne Wahlkämpfe

Politische Parteien haben in unterschiedlichen Stadien ihrer Entwicklung, abhängig von technischen und technologischen Möglichkeiten, auf verschiedenen Wegen mit den Bürgern kommuniziert. Grundsätzlich kann zwischen drei Phasen unterschieden werden: vormodernen Wahlkämpfen, modernen Wahlkämpfen und professionalisierten Wahlkämpfen. Von vormodernen Wahlkämpfen spricht man in Bezug auf Wahlkämpfe vor dem Zweiten Weltkrieg. 1945-1990 ist die Zeit der modernen Wahlkämpfe, während professionalisierte Wahlkämpfe seit 1990 zu beobachten sind (Norris 2001; Gibson und Römmele 2001; Römmele 2001).

Im Mittelpunkt *vormoderner* Wahlkämpfe stand die Kommunikation über die Parteiorganisation. Die breite Wähleransprache garantiert nach Einführung des allgemeinen Wahlrechts die von Duverger (1964) und Neumann (1956) hochgepriesene Massenpartei bzw. Massenintegrationspartei, die über ihren ausdifferenzierten, hierarchisch durchorganisierten Parteiapparat den Bürger in seinen sämtlichen Lebensbereichen erfasst und in das politische System integriert. Parteien stellen hier Repräsentanten sozialstrukturell verankerter Konfliktlinien (*cleavages*) dar. Alle Lebensbereiche der Mitglieder werden durch Vorfeldorganisationen der Partei geprägt. Wahlkampfanalysen und -berichte zeigen, dass in Massenparteien die Kommunikation über die ausdifferenzierte und verästelte Parteiorganisation dominiert (Neumann 1956; Duverger 1964). Die Parteien setzen hier vor allem auf die Stärke und die Aktivitäten in den einzelnen Wahlkreisen. Eine zentrale Form des politischen Austausches ist die Face-to-Face-Kommunikation der Mitglieder untereinander. Parteimitglieder stellen aber durch ihre alltäglichen sozialen Netzwerke in Familie und Beruf auch einen Kontakt und eine Brücke nach „außen" dar und dienen der Partei als wichtige Multiplikatoren.

Neben der alltäglichen Kommunikation der Mitglieder untereinander und ihrer Kommunikation in ihren jeweiligen Netzwerken werden in vormodernen Wahlkämpfen auch Massenveranstaltungen und Ralleys von den Parteien organisiert. Diese Veranstaltungen beruhen ebenfalls auf Face-to-Face-Kommunikation, beinhalten jedoch zusätzlich eine vertikale Komponente. In Wahlkämpfen können Parteien über diese Form der politischen Kommunikation ihre Kernaussagen, ihr Wahlprogramm und ihre Kandidaten direkt vorstellen. Massenparteien setzen ihre Mitglieder zudem aktiv zur Verteilung von Informations- und Werbematerial ein. Ferner wird in angelsächsischen Demokratien die systematische Bearbeitung aller Wahlberechtigten – das sogenannte *canvassing* – durch die Partei organisiert.

Neben der Kommunikation über die Parteiorganisation kommunizieren Massenparteien auch über die Medien mit ihren Wählern. In vormodernen Wahlkämpfen sind dies in erster Linie die Printmedien. Auch die Parteipresse wird aktiv zur Kommunikation mit den Bürgern eingesetzt. Parteien haben so die Möglichkeit, sich an eine breite Masse zu wenden, um ihre politischen Inhalte zu präsentieren. Zudem stellt sich diese Form der Information (im Verhältnis zur Anzahl der kontaktierten Wähler) als weniger kosten- und organisationsintensiv dar.

Der von der internationalen Wahlforschung seit Anfang der 60er Jahre beobachtete Wandel des Wählerverhaltens schlägt sich auch in der Wahlkampfkommunikation nieder. Parteien müssen bei teilweisem Verlust von Stammwählern und bei steigender Zahl von Wechselwählern ihre elektorale Unterstützung nun in allen Teilen der Bevölkerung suchen. Sie können nicht mehr auf die rückhaltlose Loyalität „ihrer" Wählersegmente zählen, sondern müssen diese Loyalität über Leistung und ein attraktives politisches Angebot erwerben. Der *moderne* Wahlkampf erfordert die Maximierung der kommunikativen Kontakte, wozu das Fernsehen wie kein anderes Medium geeignet scheint. Das Fernsehen hält 1952 Einzug in die politische Arena; Eisenhower war der erste amerikanische Präsidentschaftskandidat, der das Fernsehen in seinem Wahlkampf einsetzte. Politische Akteure haben es seither verstanden, das Medium in den Dienst des Wahlkampfes zu stellen und sehr schnell seine Vorzüge erkannt.

Mit dieser Verlagerung weg von der Kommunikation über die Parteiorganisation hin zur massenmedialen Kommunikation ändert sich auch der Charakter der politischen Botschaften gravierend: Die logische inhaltliche Konsequenz der Wählermaximierung ist die des „kleinsten gemeinsamen Nenners". Dies schließt eine starke Ideologisierung und inhaltliche Abgrenzung vom politischen Gegner aus, eher ist eine Konzentration auf Valenzissues und gruppenübergreifende Themen zu erwarten. Zudem geht mit der Visualisierung der Information eine Personalisierung einher: Der Kandidat steht mehr und mehr im Mittelpunkt der Fernsehberichterstattung, nicht die Partei.

Die dargelegten Entwicklungen beeinflussen auch das Verhältnis zwischen Parteien und Medien. Während die Medien im Zeitalter der Massenparteien als Mittel und Sprachrohr der Politik fungieren, so muss das Mediensystem nun als ein System mit eigenen Handlungsrationalitäten betrachtet werden. Dies hat zur Folge, dass Parteien ihre politische Botschaft über die Massenmedien nicht vollständig steuern können. Medien selektieren Themen und entscheiden selbst, welchem Thema welche Wichtigkeit zukommt. Das Bild des Gatekeepers, der entscheidet, welche Themen das Tor der Medien passieren, wird in diesem Zusammenhang oft bemüht. Jedoch nicht nur durch Selektion, auch durch die Präsentation der Themen haben Medien einen entscheidenden Einfluss. Durch (Über- bzw. Unter-)Betonung von Themen in ihrer Berichterstattung können Medien beeinflussen, welche Themen sowohl in der öffentlichen Debatte als auch bei den einzelnen Rezipienten als besonders wichtig angesehen werden. Neben dem partiellen Kontrollverlust über die Vermittlung der Inhalte ist die Einseitigkeit der Richtung des Informationsflusses zu vermerken. Parteien erhalten über die Massenmedien keine Informationen über Präferenzen, Interessen und Forderungen der Wähler. Die Massenmedien ermöglichen den Parteien nur den Zugang zu den Wählern (*top-down*), die umgekehrte Richtung des Kommunikationsflusses ist hier weitaus problematischer. Die Präferenzen und Meinungen der Bürger werden von den politischen Akteuren vor allem durch Umfragen ermittelt (Fuchs und Pfetsch 1996: 105).

Anfang der 90er Jahre beginnt die Ära *professionalisierter* Wahlkämpfe. Partei-en sehen sich neuen Herausforderungen gegenübergestellt: Der sich verstärkende Individualisierungs- und Modernisierungsprozess rückt mit der steigenden Zahl der Wechselwähler und sinkender Parteiidentifikation politische Wahlkämpfe zuneh-mend ins Rampenlicht. Dies zeigt sich auch in der Wahl- und Kommunikationsfor-schung. Professionalisierte Wahlkämpfe zeichnen sich neben einem intensiven und professionellen Kommunikationsmanagement durch neue Möglichkeiten der Wahl-kampfkommunikation aus. Die Ausdifferenzierung des massenmedialen Angebotes und die neuen Möglichkeiten der direkten Kommunikation über das Internet, Di-rect Mailing und Telemarketing verändern den Dialog zwischen Parteien und Bür-gern nachhaltig. Im Folgenden werden das Kommunikationsmanagement, die In-halte professionalisierter Wahlkämpfe sowie die neuen Kommunikationsmöglich-keiten der Parteien in professionalisierten Wahlkämpfen aufgeführt. Welche neuen Entwicklungen lassen sich beobachten?

2. Professionalisierte Wahlkämpfe

Kommunikationsmanagement

PR-Arbeit: Zu Zeiten der Massenpartei dienten die Medien als Sprachrohr und Ve-hikel der Politik. Mit der Entwicklung der Massenmedien und vor allem seit dem Aufkommen des Fernsehens hat sich das Mediensystem verselbständigt. Gegen-wärtig kann das Verhältnis zwischen Politik und Medien am ehesten als ein Ge-flecht komplexer Wechselbeziehungen zwischen zwei in gegenseitiger Abhängig-keit zueinander stehenden Akteuren betrachtet werden. Politiker und Parteien sind auf die Medien als Öffentlichkeitsplattform angewiesen, Journalisten und Medien-vertreter auf Interna des politischen Geschehens, die sie nur von Politikern erhalten können. Beide Gruppen gehen daher eine Beziehung zum gegenseitigen Nutzen ein, in der routinemäßig Information gegen Publizität eingetauscht wird – eine Symbiose, aus der für keinen der beteiligten Partner die Macht erwächst, den je-weils anderen zu kontrollieren (Sarcinelli 1998: 213-220).

Aus dieser Entwicklung haben Parteien die Konsequenz gezogen, sich aktiv auf die Medienstrategie einzustellen. Bezeichnend hierfür ist die Übernahme bzw. Auslagerung der Parteikommunikation in die Hände professioneller Berater und PR-Manager, „trends towards the professionalization of the parties' campaign communication", wie Kanavagh (1995: 10) feststellt. Wahlkämpfe – und in zu-nehmendem Maße auch die routinemäßige Kommunikation in Nichtwahljahren – werden von einem professionellen Team gestaltet. Hochspezialisierte, extern rekru-tierte Experten wie Meinungs- und Umfrageforscher, Medienexperten, Werbefach-leute und Marketing-Spezialisten genießen dabei eine hohe Nachfrage. Im Vorder-grund steht die gezielte Öffentlichkeitsarbeit, wobei die politischen Akteure hierbei eine Doppelstrategie fahren: Einerseits ist ihre inhaltliche Aufbereitung durch symbolische Politik (Sarcinelli 1987), durch die Inszenierung von Pseudo-Ereig-

nissen oder mediatisierten Ereignissen an den Regeln und Routinen des Mediensystems ausgerichtet, auf der anderen Seite weisen sie eine direkte Publikumsorien-
tierung auf.

Seit den 80er Jahren hat sich mit der Zunft der politischen Berater eine völlig
neue Industrie formiert, wie Sabato in seinem Buch *The Rise of Political Consultants* (1981) nicht nur mit Blick auf die USA vorhergesagt hat. Diejenigen innerhalb der Partei, die Verantwortung für die Werbe- und Kommunikationsstrategie
der Partei tragen, d. h. mit den externen Beratern zusammenarbeiten und somit die
Verbindung zwischen Beratergruppe und Partei herstellen, nehmen innerhalb der
Partei (und auch bei der Medienberichterstattung) eine herausragende Position ein
(Panebianco 1988). Ein weiteres Kennzeichen dieses neuen Wahlkampftyps ist
seine Marketing-Ausrichtung (Newman 1994). Die Wahlkampfstrategie ist ausschließlich auf den Wahlsieg ausgerichtet: Das Wahlprogramm ist die „Ware", die
an den Wähler als Kunden gebracht werden soll.

Umfragen und Demoskopen: Im strategischen Zentrum professionalisierter
Wahlkämpfe stehen ohne Zweifel die Umfrageforscher. Sie bilden den Kern der
Kampagne. Die Grundlage einer jeden Strategie ist detaillierte Information über
die Wählerschaft. Eine segment- und zielgruppenspezifische Analyse des globalen
Wählermarktes nach demographischen und psychographischen Gesichtspunkten
soll eine Differenzierung in gleichartige, in sich jeweils homogene Zielgruppen ergeben. Diese Information bildet dann die Grundlage für die Ausarbeitung der
Kampagnenstrategie. Zielgruppenspezifische Kommunikationsstrategien werden in
Zusammenarbeit mit Werbefachleuten und professionellen Textern entwickelt und
in Focus-Gruppen getestet. „Political campaigns are now centered on the voter,
meaning that the candidate must define himself in the voters' eyes in a way that is
consistent with their thinking. The challenge to the candidate becomes one of
structuring an image consistent with focus group results and tracking polls" (Newman 1994: 21). Mit regelmäßigen Umfragen bleiben Parteien am Puls des Wählers'
und können auf Veränderungen und Umschwünge in der Wählermeinung mit
Kursänderungen in der Wahlkampfstrategie reagieren.

Kommunikationsinhalte

Professionalisierte Wahlkämpfe verlagern die inhaltliche Auseinandersetzung weg
von ideologisch geprägten Debatten über Sachthemen hin zur Frage des Spitzenkandidaten. Personalisierung und *negative campaigning* bestimmen die Inhalte politischer Kommunikation.

Personalisierung: Die Personalisierung von Politik ist ein zentrales Charakteristikum professionalisierter Wahlkämpfe. Im umfassenderen Sinne meint der Begriff, dass der Kandidat in der medialen Berichterstattung eine deutlich hervorge-
hobene Rolle spielt. Es ist damit nicht mehr die Partei, sondern in erster Linie ihr
Kandidat, der in den Mittelpunkt des Interesses rückt. Diese Entwicklung resultiert
zum einen aus der sinkenden Parteiidentifikation, die andere wahlbeeinflussende
Faktoren stärker in den Vordergrund rückt. Zum anderen bedingt die Visualisie-

rung von Politik deren Personalisierung. Zur visuellen Darstellung von Politik eignen sich Persönlichkeiten weitaus besser als politisches Handeln und politische Ideologien. Das Kalkül des Wahlkampfmanagements ist daher an der Profilierung des Kandidatenimages ausgerichtet. Ziel ist es, „die Präsentation der Kandidaten in der Medienberichterstattung so zu beeinflussen, dass sie mit bestimmten Themen und Eigenschaften identifiziert werden" (Holtz-Bacha 1997: 21). Eng verbunden mit der Personalisierung politischer Wahlkämpfe ist deren Entideologisierung. „Zur Entideologisierung gehört, dass die Parteien statt eines scharfen weltanschaulichen und programmatischen Profils positive ‚Produkteigenschaften' und universale Kompetenz herausstellen" (Schulz 1998: 378).

Negative campaigning: Unter „negative campaigning" ist das Herausstreichen negativer Eigenschaften des politischen Gegners zu verstehen. Ziel dieser Strategie ist eine Polarisierung, mit deren Hilfe der politische Gegner (meist auf persönlich-moralischer, selten auf inhaltlicher Ebene) diskreditiert und demontiert werden soll. Auch diese Kommunikationsstrategie ist seit einiger Zeit Gegenstand wissenschaftlicher Untersuchungen. So haben Experimente aus dem Bereich der kognitiven Psychologie gezeigt, dass sich Bürger eher an negative Werbespots und Schlagzeilen erinnern als an positive (Lang 1991). Diese Ergebnisse werden von Studien bestätigt, die sich auf Umfrageergebnisse stützen. In einer repräsentativen Umfrage zur Präsidentschaftswahl 1992 haben Brians und Wattenberg (1996) ermittelt, dass die Befragten sich an die Inhalte negativer politischer Werbung eher erinnern als an positive Berichterstattung. Es kann davon ausgegangen werden, dass diese Erkenntnisse in das strategische Kalkül der Wahlkampfmanager Eingang finden.

Von *broadcasting* zu *narrowcasting*?

Die neuen Möglichkeiten politischer Kommunikation sind das Markenzeichen professionalisierter Wahlkämpfe. Entwicklungen im Bereich der Medien- und Computertechnik haben sowohl zu einer Ausdifferenzierung im massenmedialen Bereich als auch zu neuen Möglichkeiten der direkten Kommunikation zwischen Parteien und Wählern geführt. Die Möglichkeit der zielgruppenspezifischen Kommunikation ergibt sich sowohl im Bereich der Massenmedien als auch im Bereich direkter Kommunikation zwischen Parteien und Wählern. Wenden wir uns zunächst dem veränderten massenmedialen Angebot zu: Hier lässt sich aufgrund der technischen Entwicklungen seit Beginn der 80er Jahre eine Verbreiterung des Angebotes und eine Differenzierung des Medienmarktes beobachten. Diese Entwicklung bezieht sich auf den Zeitschriftensektor, den Hörfunk sowie auf das Fernsehen. Im Zeitschriftensektor ist ein Boom an sogenannten Special-Interest-Blättern zu beobachten. Dabei handelt es sich um Zeitschriften, die ein Publikum mit sehr engen Spezialinteressen bedienen. Im Hörfunkbereich ist aufgrund neuer technischer Möglichkeiten die Zahl der Sender rasant angestiegen, Ähnliches gilt auch für das Fernsehen. Die Bürger haben nunmehr die Möglichkeit, sich je nach ihren individuellen Interessen immer umfassender und immer unabhängiger von zeitlichen und räumlichen Beschränkungen zu informieren. Waren Nachrichtensendungen über Jahre der allabendliche Anlass für das „rituelle Beisammensein der Nation" (Holtz-Bacha 1997: 15), so verteilt sich heute das Publikum auf mehrere Kanäle, was die Parteien zu einer (weiteren) Intensivierung und Verfeinerung ihres Kommunikationsmanagements auffordert. Die Politikvermittlung muss sich auf verschiedene Teilpublika einrichten. Ein Trend von *broadcasting* zu *narrowcasting* bzw. von der Massen- zur Individualkommunikation ist festzustellen. Die bisher dominante Wenige-an-alle-Struktur der üblichen Massenkommunikation ist einer Alle-an-alle-bzw. Wenige-an-wenige-Struktur gewichen. Dieses Nischenangebot entspricht der Individualisierung der Lebensstile, die in der Bevölkerung zu beobachten ist. Der Bürger kann sich entsprechend seinen Spezialinteressen und seinen ganz individuellen Lebensgewohnheiten informieren.

Die Entwicklung im technischen und technologischen Bereich hat jedoch auch neue Kommunikationskanäle hervorgebracht und somit neue Formen der direkten Kommunikation zwischen Parteien und Wählern ermöglicht. Unter diese Rubrik fallen Direct Mailing, Telemarketing und das Internet. Direkte Kommunikation ist nicht mehr auf die Wahlkreisarbeit beschränkt, sondern kann großflächig und national eingesetzt werden. Dies eröffnet politischen Akteuren neue Möglichkeiten. Gepaart mit der massenmedialen Information in Wahlkämpfen sowie der Kommunikation über die Parteiorganisation ergibt sich ein breitgefächertes Arsenal an Kommunikationsmöglichkeiten.

Tabelle 1: Kommunikation in historischer Perspektive

	Vormoderne Wahlkämpfe	Moderne Wahlkämpfe	Professionalisierte Wahlkämpfe
Kommunikations-instrument	Parteiorganisation, Interpersonale Kommunikation	Medien, vor allem Fernsehen, *broad-casting*	Direkt-Marketing, *narrowcasting*
Zielgruppe	Sozial homogene Gruppe, Mitglieder	Gesamte Bevölkerung	Einzelne Wähler-segmente
Rolle der Medien	Dienend	Beeinflussend	Gegenseitig konkurrierende Akteure
Kommunikations-strategie	Two-step Flow	Agenda-Setting	Targeted information

Fassen wir zusammen: Ein Blick auf die Entwicklung im 20. Jahrhundert zeigt, dass die Kommunikation zwischen Bürgern und Parteien einem rasanten Wandel unterworfen ist. Tabelle 1 führt die prototypischen Wahlkämpfe mit ihren Charakteristika auf. Im Zeitalter der Massenpartei dominiert die direkte Kommunikation zwischen Parteien und Wählern; Kennzeichen der Catch-all-Partei ist die massenmediale Kommunikation, vor allem über das Fernsehen. Die Visualisierung der Politik bringt deren Personalisierung mit sich; ferner lässt sich eine Entideologisierung der politischen Botschaften festmachen. Auch die Parteiorganisationen wandeln sich: Während Massenparteien ihre Wähler und Mitglieder aus sozial homogenen Bevölkerungsschichten rekrutieren und klare Parteiloyalitäten bestehen, haben Catch-all-Parteien die gesamte Wählerschaft im Visier. Eine Verlagerung der Wahlkampfführung von der lokalen zur nationalen Organisationsebene lässt sich beobachten. Während sich Face-to-Face-Kommunikation bisher auf die lokale Parteiorganisation begrenzte, stehen den Parteien in professionalisierten Wahlkämpfen die technischen Möglichkeiten zur Verfügung, alle Bürger direkt anzusprechen. Hiermit wird der Individualisierung der Lebensstile Rechnung getragen: Ein Bürger kann individuell, entsprechend seinen Spezialinteressen informiert werden. Diese Formen direkter Kommunikation ermöglichen den Parteien im Gegensatz zur massenmedialen Kommunikation die Steuerung ihrer Inhalte.

3. Parteien und veränderte Kommunikationsmöglichkeiten

Während der Beitrag bislang die sich ändernden Kommunikationsmöglichkeiten und -strategien zwischen Parteien und Bürgern dargelegt hat, soll im nun folgenden Teil die Parteiorganisation ins Blickfeld rücken. Welche Konsequenzen haben diese Veränderungen im Bereich der Wahlkampfführung und die neuen Möglichkeiten der Kommunikation für politische Parteien? Vor allem jüngere Ergebnisse der innerparteilichen Forschung sowie der Kommunikations- und Wahlforschung sollen hier Aufschluss geben.

Mit der Verlagerung der Kommunikation weg von der Parteiorganisation hin zur massenmedial vermittelten Kommunikation geht ohne Zweifel eine Stärkung der Parteizentrale einher (vgl. auch die Länderberichte in Mair, Müller und Plasser 1999). Das professionelle Medien- und Kommunikationsmanagement der Parteien kann dauerhaft nur von den Parteizentralen koordiniert werden. Wahlkämpfe – und in zunehmendem Maße auch die routinemäßige Kommunikation in Nichtwahljahren – werden von einem professionellen Team gestaltet. Die neuen Kommunikationstechniken und -technologien erfordern spezialisiertes Personal. Computer- und Internetexperten sowie Marketing-Fachleute sind in den Parteizentralen gefragt, ebenso wie externe Werbeexperten. Strategie- und Medienberater laufen – so eine weit verbreitete Meinung – den altgedienten Parteifunktionären den Rang ab. Newman (1994: 15) bezeichnet die politischen Berater gar als neue „party bosses in politics". Diese, auch als *adversarial view* charakterisierte Sichtweise ist geprägt von den Pionierjahren der Zusammenarbeit zwischen Parteien und externen Beratern, die ihre berufliche Erfahrung vor allem in der Werbebranche und eben nicht in der Politik gemacht haben. Ihnen wurde häufig mangelnde Vertrautheit mit politischen Themen sowie Unkenntnis der Funktionsweise einer Parteiorganisation vorgeworfen. Jüngere Forschungsarbeiten haben für die USA jedoch gezeigt, dass ein Großteil der politischen Berater heutzutage vor ihrer Beratungstätigkeit innerhalb der Parteiorganisation gearbeitet haben: „This gives great weight to the notion that consultants have strong ties to political parties" (Kolodny 1998: 7). Die Wahrscheinlichkeit, von einer Partei als Berater eingestellt zu werden, so die Ergebnisse dieser Studie weiter, ist um ein Vielfaches höher, wenn frühere Tätigkeiten innerhalb der Partei aufzuweisen sind. Diese Ergebnisse deuten darauf hin, dass Parteien und Berater eher Verbündete denn Kontrahenten sind; eine Sichtweise, die als *a' lied view* bezeichnet wird. Auch die Arbeiten von Plasser und seinem Forscherteam (Plasser, Scheucher und Senft 1999) weisen in eine ähnliche Richtung. In einer i' ternational ausgerichteten Umfrage wurden politische Berater nach der Bedeutu der nationalen Parteiorganisationen in einem Wahlkampf gefragt. Diese Fra e wurde von den politischen Experten sehr differenziert beantwortet. Für die Ka didaten politischer Parteien ist der organisatorische Hilfsapparat sowie der finanzielle und technische Aufwand ein unverzichtbarer Faktor für die erfolgreiche Führung eines Wahlkampfes. 50 Prozent der Befragten weisen der nationalen Parteiorganisation eine sehr wichtige Rolle zu, wobei vor allem jene Befragten, die sich vorrangig an der US-Praxis des politischen Marketing orientieren, der Bedeutung der Parteiorganisation distanzierter gegenüberstehen als Befragte, die vorrangig der traditionellen europäischen Wahlkampfpraxis verhaftet sind. Während rund drei Viertel der US-Berater berichteten, dass in ihren Augen die Bedeutung der Parteiorganisation für Parlamentswahlen in den letzten Jahren abgenommen habe, sieht jeder Zweite der in europäischen Wahlkämpfen engagierte Berater eine tendenziell steigende Bedeutung der Parteiorganisation. Da nach Einschätzung von drei Viertel der europäischen Politikberater die Kandidaten in der Zwischenzeit wesentlich routinierter im Umgang mit den professionellen Wahlkampffinessen sind, delegieren sie die Kampagnenführung nicht mehr ausschließlich an externe Berater, sondern beteiligen sich aktiv an der Wahlkampfplanung.

Die bisherige Diskussion zeigt, dass Parteien – wohl auch für politische Berater – nach wie vor die zentralen „Ausbildungsstätten" darstellen. In modernen hochgradig differenzierten Gesellschaften bedarf es der Berufspolitiker, di über Sachkenntnis und Detailwissen verfügen und den Umgang mit dem komplexen Geflecht der politischen Institutionen beherrschen. Dieses können nur Parteien vermitteln.

Mit dem Einsatz neuer professionalisierter Wahlkampftechnologien wird häufig auch eine „Funktionsentleerung der Parteibasis" verbunden (Niedermayer 1999: 16), also der außerparlamentarischen Parteiorganisation unterhalb der Ebene des nationalen Parteivorstandes. Dies ist jedoch, folgt man den jüngeren empirischen Ergebnissen der Wahlkampfkommunikationsforschung, nicht notwendigerweise gegeben. Während die Einführung des Fernsehens dazu führte, dass sich der Wahlkampf auf einige wenige nationale Themen konzentrierte, erlauben die neuen Kommunikationsmöglichkeiten wieder den Weg in die lokale Politik. Im digitalen Zeitalter lässt sich eine Rückverlagerung zu fokusierter, lokaler Kommunikation festmachen (Abbildung 1). „The centralizing tendencies of television and the modern campaign led to a reduced emphasis on local issues and more attention to national matters. The internet tends to eschew geographically focused communication, bringing people together on the basis of particular issues rather than the locale or district where they happen to be living" (Farrell und Webb 2000: 110f.).

Abbildung 1: Wandel der Wahlkampfkommunikation

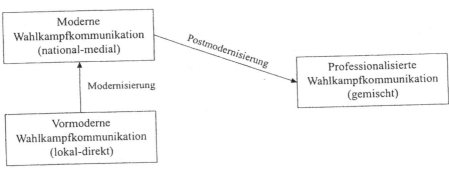

Quelle: Inglehart (1997: 57) mit Veränderungen übernommen.

Auch die Rolle der Mitglieder (*party on the ground*) muss in professionalisierten Wahlkämpfen neu beleuchtet werden. Sicherlich sind Mitglieder für die Kommunikation zwischen Parteien und Bürgern im Wahlkampf nicht mehr von zentraler Bedeutung (vgl. auch den ersten Teil dieses Beitrages). Dies führt Scarrow (1996: 111) in einer vergleichenden Analyse auf die wachsende Bedeutung der Medien und der neuen Kommunikationstechnologien zurück. Für Nichtwahlkampfzeiten ermittelt Scarrow (1996: 147) jedoch eine im historischen Vergleich wachsende Bedeutung der Mitglieder: „Personal contact is at the core of much of the activity parties assign to members, because national organizers view the membership organisation as a resource of supplementing impersonal mass media messages with core personal contacts." Auch jüngere Arbeiten aus dem Gebiet der innerparteilichen Forschung weisen auf eine zunehmende Bedeutung der Parteimitglieder hin: So hat Scarrow (2000) den Einfluss der Parteimitglieder in 18 OECD-Staaten auf die Auswahl der Kandidaten, der Parteiführung sowie auf die Gesetzgebung (*policy-making*) untersucht. Sie kommt zu dem Ergebnis, dass Parteimitglieder im allgemeinen eine wichtige Rolle in der Auswahl der Abgeordnetenkandidaten spielen, auch für die Legitimierung des Wahlprogramms, wobei Parteieliten sich bei der Kandidatenauswahl ein Vetorecht vorbehalten. In einer wachsenden Zahl von Fällen gewinnen Mitglieder beachtliche Rechte bei der Wahl der Parteiführer. Auch andere Arbeiten weisen darauf hin, dass Parteien – nicht zuletzt um ihre Popularität zu steigern – die Kandidatenselektion demokratisieren. „By enlarging the number of those who have a say in the nomination and selection of candiates, parties can try to strengthen the sense of involvement of either members or voters" (Pennings und Hazan 2001: 268).

Eine Vernachlässigung von Parteimitgliedern oder gar eine Beschneidung ihrer Rechte würde in der Bevölkerung auf Unverständnis stoßen und die elektoralen Chancen der Partei reduzieren. Im Zuge der kognitiven Mobilisierung sind die Forderungen der Bürger nach partizipatorischen Elementen lauter geworden. Ferner würde eine Einschränkung der Rolle, der Bedeutung und der Rechte von Mitgliedern an der Legitimität politischer Parteien Zweifel aufkommen lassen und wäre politisch nur schwer zu vertreten.

Mitglieder spielen auch für die Finanzierung politischer Parteien eine wichtige Rolle. Zwar wurde in nahezu allen etablierten Demokratien sowie den noch jungen Demokratien Ost- und Mitteleuropas eine Form der öffentlichen Finanzierung eingeführt; diese ist jedoch in der einen oder anderen Form abhängig von Mitgliedsbeiträgen und Spenden. Ein System der *matching funds*, das jeden Mitglieds- und Spendenbeitrag mit staatlichen Mitteln aufstockt, ist ein in der Parteienfinanzierung beliebtes Regelungsinstrument, um Parteien in eine Verbindung mit den Bürgern treten zu lassen.

Politische Akteure stehen häufig unter dem Verdacht, sich inhaltlich und personell allein auf den Wahlsieg auszurichten. Die dieser Wettbewerbsorientierung zugrunde liegende Kommunikationsstrategie, von Downs (1957: 28) auf den griffigen Nenner gebracht: „parties formulate policies in order to win elections, rather than win elections in order to formulate policies", ist mittels neuer Kommunikationstechnologien auch umzusetzen. Parteien haben mit dem Internet, Direct Mailing und Telemarketing die Möglichkeit, unterschiedliche Bevölkerungsgruppen zielgruppengerecht anzusprechen. Empirische Arbeiten haben jedoch im internationalen Vergleich gezeigt (Römmele 2001), dass ausgewählte Zielgruppen von den Parteien nicht inhaltlich bedient werden. Parteien bleiben auch in ihren zielgruppenspezifischen Ansprachen ihren Kernthemen treu, sie bleiben „on message". Politische Parteien haben (auch) zu Beginn des 21. Jahrhunderts zentrale inhaltliche Anliegen, die sie voneinander unterscheiden und mit denen sie werben (vgl. auch Klingemann, Hofferbert und Budge 1994).

Trotz klarer inhaltlicher Fokussierung sowie Abgrenzung zu dem politischen Gegner ist eine Personalisierung der Politik, d.h. eine Ausrichtung auf den Spitzenkandidaten festzumachen. Dies schlägt sich auch in den neuen Kommunikationsmöglichkeiten nieder (Römmele 2001). Vor allem auf die Führungsqualitäten des Kandidaten wird abgehoben, d.h. auf seine Persönlichkeit und Professionalität. Man spricht hier auch von Kandidatenkompetenz. Während Parteienkompetenz issuespezifisch ist und über den Problemnachdruck der politischen Eliten hergestellt wird, hebt die Kandidatenkompetenz auf Persönlichkeit und Professionalität ab. Diese wird durch das Auftreten des Kandidaten, durch Image-Inszenierung und präsentierte Professionalität hergestellt. Die Frage der Kandidatenkompetenz dient dem Wähler auch als *information shortcut*: „They assess the candidate's competence on the basis of data that is new and easy to process ... As they see the candidate handle crowds, speeches, press conferences, reporters, and squabbles, they can obtain information with which they imagine how he or she would be likely to behave in office" (Popkin 1994: 62).

Die Frage nach der Kompetenz des Kandidaten (im Gegensatz zur Parteienkompetenz) rückt durch die Personalisierung von Wahlkämpfen stärker in den Vordergrund. Die Wähler lassen sich durch eine personalisierte Präsentation von Politik leiten. Wie empirische Studien belegen, leistet die Orientierung an einfach strukturierten Einstellungsobjekten wie Kandidatenimages einen wichtigen Beitrag zur Erklärung des Wahlverhaltens (Lass 1995). Dieser Tatbestand reduziert jedoch nicht notwendigerweise die Bedeutung von Parteien. Empirische Studien verdeutlichen immer wieder, wie nah die vom Wähler wahrgenommene Kandidaten- und Parteienkompetenz beieinander liegen. Kepplinger, Brosius und Dahlem (1994: 167) haben in einer Analyse zum Einfluss der wahrgenommenen Sachkompetenz der Parteien und ihrer Spitzenkandidaten auf die Wahlabsicht eine „bemerkenswerte Übereinstimmung" zwischen den Urteilen über die Kandidaten und über ihre Parteien ermittelt. Zwar lassen sich durchaus auch Unterschiede feststellen (auf die die Autoren verstärkt eingehen), festzuhalten bleibt jedoch, dass ein starker Kandidat seine Partei eher stärkt denn schwächt.

4. Zusammenfassung

Das Schicksal politischer Parteien hängt seit jeher davon ab, welche Antworten sie auf politische, gesellschaftliche und technische Entwicklungen finden. Zu Beginn des 21. Jahrhunderts stehen politische Parteien in erster Linie vor der Aufgabe, sich auf komplexen Wählermärkten zu behaupten und bei anhaltendem Trend des Mitgliederrückganges (Mair und van Biezen 2001) und sinkender Loyalitäten ihre Organisation so auszurichten, dass sie die ihr zugeschriebenen Funktionen erfüllen können und gleichzeitig den Parteiendemokratien die notwendige Legitimät sichern helfen. Der vorliegende Beitrag hat im ersten und im zweiten Teil gezeigt, dass Parteien sich durch professionalisiertes Wahlkampf- und Kommunikationsmanagement den sich veränderten Umwelten angepasst haben. Zwar ist den zahlreichen Parteienforschern zuzustimmen, die einen generellen Trend der Parteien zu zentralisierten Wahlkampforganisationen festmachen, in denen die Parteiführung immer mächtiger wird. Unter Berücksichtigung der innerparteilichen Forschung sowie der Wahlkampfkommunikationsforschung hat die vorliegende Analyse jedoch ein differenzierteres Bild gezeichnet: Neue Kommunikationsmöglichkeiten stärken sowohl die Parteizentrale als auch die lokalen und regionalen Parteigliederungen. Während die personelle Betreuung sowie das technische Know-how innerhalb der Parteizentrale liegt, bringen die neuen Medien auch regionale und lokale Themen auf die Wahlkampfagenda. Trotz Stärkung der Parteizentrale spielen Parteimitglieder nach wie vor eine wichtige Rolle und werden in jüngerer Zeit auch häufiger in Fragen der Kandidatenrekrutierung und -selektion befragt. Die Forschung zur innerparteilichen Demokratie zeigt, dass Parteimitglieder von der Parteiführung nach wie vor Ernst genommen werden; sie sind es, die der Partei Legitimität und Unterstützung vermitteln. Auch dass die im Zuge der Personalisierung von Politik immer relevanter werdende Kandidatenkompetenz von der Parteienkompetenz nur schwer zu trennen ist, hat der vorliegende Beitrag betont. Parteien stellen nach wie vor die zentralen Vermittlungsinstanzen zwischen Bürgern und Staat dar.

Literatur

Brians, Craig L. und Martin P. Wattenberg (1996): Campaign Issue Knowledge and Salience. Comparing Reception from TV Commercials, TV News, and Newpapers. In: American Journal of Political Science, 40, S. 172-193.

Downs, Anthony (1957): An Economic Theory of Democracy. New York: Harper & Row.

Duverger, Maurice (1964): Political Parties. London: Methuen (3. Auflage).

Farrell, David M. und Paul Webb (2000): Political Parties as Campaign Organizations. In: Russell J. Dalton und Martin P. Wattenberg (Hrsg.): Parties without Partisans. Political Change in Advanced Industrial Democracies. Oxford: Oxford University Press, S. 102-128.

Fuchs, Dieter und Barbara Pfetsch (1996): Die Beobachtung der öffentlichen Meinung durch das Regierungssystem. In: Wolfgang van den Daele und Friedhelm Neidhardt (Hrsg.): Kommunikation und Entscheidung. Politische Funktionen öffentlicher Meinungsbildung und diskursiver Verfahren. Berlin: edition sigma, S. 103-135.

Gibson, Rachel und Andrea Römmele (2001): Political Parties and Professionalized Campaigning. In: The Harvard International Journal of Press/Politics, 6 (im Erscheinen).

Holbrook, Thomas M. (1996): Do Campaigns Matter? Thousand Oaks: Sage.

Holtz-Bacha, Christina (1997): Das fragmentierte Publikum. Folgen für das politische System. In: Aus Politik und Zeitgeschichte. Beilage zur Wochenzeitung „Das Parlament", B42, S. 13-21.

Inglehart, Ronald (1997): Modernization and Post-Modernization. Princeton: Princeton University Press.

Kavanagh, Dennis (1995): Election Campaigning. The New Marketing of Politics. Oxford: Blackwell.

Kepplinger, Hans Mathias, Hans-Bernd Brosius und Stefan Dahlem (1994): Partei- oder Kandidatenkompetenz? Zum Einfluss der wahrgenommenen Sachkompetenzen auf die Wahlabsichten bei der Bundestagswahl 1990. In: Hans Rattinger, Oscar W. Gabriel und Wolfgang Jagodzinski (Hrsg.): Wahlen und politische Einstellungen im vereinigten Deutschland. Frankfurt a. M.: Peter Lang, S. 153-188.

Klingemann, Hans-Dieter, Richard I. Hofferbert und Ian Budge (1994): Parties, Policies, and Democracy. Boulder: Westview.

Kolodny, Robin (1998): Electoral Partnerships: Political Consultants and Political Parties. Paper prepared for the Conference on „The Role of Political Consultants in Elections", June 19, 1998, at the Center for Congressional and Presidential Studies, American University, Washington D.C.

Lang, Annie (1991): Emotion, Formal Features, and Memory for Televised Political Advertisements. In: Frank Biocca (Hrsg.): Television and Political Advertising, Volume 1. Hillsdale: Lawrence Erlbaum, S. 221-244.

Lass, Jürgen (1995): Vorstellungsbilder über Kanzlerkandidaten. Zur Diskussion um die Personalisierung von Politik. Leverkusen: Deutscher Universitätsverlag.

Mair, Peter, Wolfgang C. Müller und Fritz Plasser (Hrsg.) (1999): Party Responses to the Erosion of Voter Loyalties in Western Europe. London: Sage.

Mair, Peter und Ingrid van Biezen (2001): Party Membership in Twenty European Democracies, 1980-2000. In: Party Politics, 7, S. 5-22.

Neumann, Sigmund (Hrsg.) (1956): Modern Political Parties. Chicago: The University of Chicago Press.

Newman, Bruce I. (1994): The Marketing of the President: Political Marketing as Campaign Strategy. Thousand Oaks: Sage.

Newman, Bruce I. (Hrsg.) (1999): Handbook of Political Marketing. Thousand Oaks: Sage.

Niedermayer, Oskar (1999): Die Bundestagswahl 1998. Ausnahmewahl oder Ausdruck langfristiger Entwicklungen der Parteien und des Parteiensystems? In: Oskar Niedermayer (Hrsg.): Die Parteien nach der Bundestagswahl 1998. Opladen: Leske + Budrich, S. 9-36.

Norris, Pippa (2001): Digital Divide. Civic Engagement, Information Poverty and the Internet Worldwide. Cambridge: Campbridge University Press (im Erscheinen).

Panebianco, Angelo (1988): Political Parties. Organization and Power. Cambridge: Cambridge University Press.

Pennings, Paul und Reuven Y. Hazan (2001): Democratizing Candidate Selection. Causes and Consequences. In: Party Politics, 7, S. 267-276.

Plasser, Fritz, Christian Scheucher und Christian Senft (1999): Is There a European Style of Political Marketing? A Survey of Political Managers and Consultants. In: Bruce I. Newman (Hrsg.): Handbook of Political Marketing. Thousand Oaks: Sage, S. 89-112.

Popkin, Samuel L. (1994): The Reasoning Voter. Communication and Persuasion in Presidential Campaigns. Chicago: University of Chicago Press (2. Auflage).

Römmele, Andrea (2001): Direkte Kommunikation zwischen Parteien und Wählern. Postmoderne Wahlkampftechnologien in den USA und in der BRD. Opladen: Westdeutscher Verlag (im Erscheinen).

Schulz, Winfried (1998): Wahlkampf unter Vielkanalbedingungen. Kampagnenmanagement, Informationsnutzung und Wählerverhalten. In: Mediaperspektiven, 8, S. 378-391.

Sabato, Larry J. (1981): The Rise of the Political Consultants. New Ways of Winning Elections. New York: Basic Books.

Salmore, Barbara G. und Stephen A. Salmore (1985): Candidates, Parties, and Campaigns. Electoral Politics in America. Washington, D.C.: C. Q. Press.

Sarcinelli, Ulrich (1987): Symbolische Politik. Zur Bedeutung symbolischen Handelns in der Wahlkampfkommunikation der Bundesrepublik Deutschland. Opladen: Westdeutscher Verlag.

Sarcinelli, Ulrich (1998): Parteien und Politikvermittlung: Von der Parteien- zur Mediendemokratie. In: Ulrich Sarcinelli (Hrsg.): Politikvermittlung und Demokratie in der Mediengesellschaft. Bonn: Bundeszentrale für Politische Bildung, S. 273-296.

Scarrow, Susan E. (1996): Parties and Their Members. Organising for Victory in Britain and Germany. Oxford: Oxford University Press.

Scarrow, Susan E. (2000): Parties without Members? Party Organization in a Changing Electoral Environment. In: Russell J. Dalton und Martin P. Wattenberg (Hrsg.): Parties without Partisans. Political Change in Advanced Industrial Democracies. Oxford: Oxford University Press, S. 79-101.

Swanson, David L. und Paolo Mancini (Hrsg.) (1996): Politics, Media, and Modern Democracy. An International Study of Innovations in Electoral Campaigning and Their Consequences. Westport: Praeger.

Manifesto Research: Past, Present, and Future*

Andrea Volkens

1. Introduction

There are numerous reasons to dedicate an essay to Hans-Dieter Klingemann's contributions to party manifesto research. In 1979, Klingemann was a founding member of the *Manifesto Research Group* (MRG) of the *European Consortium for Political Research* (ECPR). This international group of political scientists set out to measure party policy positions over time and between countries by means of content analysis of election programs. In earlier work, Klingemann devoted his talents to the measurement and analysis of a range of political texts. His interest in content analysis dates back to his time at the *Zentralarchiv für empirische Sozialforschung der Universität zu Köln*, ZA (1965-1974) and at the *Zentrum für Umfragen, Methoden und Analysen, Mannheim*, ZUMA (1974-1980). In those settings, he contributed to the development of Textpack (Klingemann 1984), a program that is still widely used in computerized content analysis. During the 1960s and 1970s, he applied the method to diverse topics such as coding professions (Schönbach and Klingemann 1978), societal change (Klingemann 1979a), open-ended questions in questionnaires (Klingemann 1979b, Klingemann and Schönbach 1980), cultural indicators (Klingemann, Mohler and Weber 1982) and citizens' assessments of political parties (Klingemann 1983).

In the late 1970s, the MRG project brought a common focus on many of his long-term interests in parties, ideologies, and especially the left-right dimension. Between 1980 and 1989, his work at the *Freie Universität Berlin* (FU) focused on German parties and the German party system. Accordingly, Klingemann was the German expert in the MRG, in which each member was responsible for his or her own country data collection. During this time, the MRG produced a standardized coding of parties in 19 countries, allowing for direct comparisons between party families and party systems.

Because of this standardization, comparative analyses gained ground over single country studies. In 1989, when Klingemann became director of the research unit *"Institutionen und sozialer Wandel"* at the *Wissenschaftszentrum Berlin für Sozialforschung* (WZB), he instigated the *Comparative Manifestos Project* (CMP), a continuation and expansion of the earlier work of the Manifesto Research Group. Since then, the WZB provided resources for updating and expanding the manifesto

---

* The author is indebted to Richard I. Hofferbert for English editing.

data collection, first to all OECD countries and then to 24 Central and Eastern European countries. Klingemann's commitment of listening to what the *demos* says led to a wide range of empirical research in democratic theory. According to a basic democratic norm, the theoretical frame of reference of the research unit became a process model which starts with the demands of the citizens and includes voters, interest groups, the media, parties, and governments as the central actors of the political system (Fuchs 1993). The political system is understood as a performance system with the specific function of producing and implementing collectively binding decisions. The democratic process is conceptualized as a sequence of action products by relevant political actors. Within this frame of reference, party platforms are the core action products of the dominant actors of the intermediary system. Party platforms, on the one hand, select demands from the society and produce ordered preference hierarchies between them. Within the governmental system, on the other hand, party platforms are transmitted and transformed first into government agendas and then into decisions taken in parliaments and governments.

The following sections will focus on Klingemann's major contributions to past and present manifesto research in three areas: first, the internal analysis of election programs, second the relationships between voters and parties, and third the relationships between parties, governments and policy outputs. Each of these three sections will usually start by spelling out the general research questions, followed by empirical results in international perspective and then go on to German specifics. The final section will list some interesting questions for future research to which, I am sure, Klingemann will contribute significantly in the years to come.

2. The Internal Analysis of Election Programs

Political ideologies in general and the left-right schema in particular are two of Klingemann's enduring interests. The term "ideology" is a traditionally fuzzy concept to which Klingemann's (1995: 186) exposition brings considerable clarification: "Parties differ in terms of general political positions and ideologies. Their ideologies, in turn, take their inspiration from major conflicts within modern society. These ideologies represent blueprints of alternative problem priorities and alternative strategies for resolving societies' problems. They embody images of the good society, and they describe the chief means for the construction and maintenance of such a society." In the European countries the left-right schema relates first and foremost to the class and the religious cleavage. "In the European countries, the left-right schema was institutionalized in the context of the formation of traditional political lines of conflict. As a result, the content of the left-right scheme is largely determined by these dimensions of conflict" (Fuchs and Klingemann 1990: 234). It is a spatial archetype with which political objects are transferred into a spatial dimension.

Given his particular interest in these topics, the possibility of measuring left-right positions of parties comparatively over time on the bases of content analysis of their election programs captured his interest from the beginning of the manifesto project. Meanwhile, after more than 20 years, the most important feature of the manifesto research is known to be a precise measurement of left-right positions of parties and its changes over time. "The crowning achievement of the Manifesto Research Project has been to measure party policy change in a variety of countries over an extended time period along the Left-Right dimension. Being able to do so is important because of the centrality of this dimension in political discussion and analysis ... It is probably the single most important indicator of party policy, and a pointer to underlying ideology which meshes with membership of a generic 'family' and other distinguishing party characteristics" (Budge and Klingemann 2001: 20). The measurement of left-right positions of parties and their changes over time not only presents descriptive information of programmatic movements of parties to answer questions such as whether parties become more or less distinct but it also allows for direct tests of models of party competition that predict convergence or divergence of parties.

What started in 1979 with the simple and down-to-earth task of selecting a coding unit and composing a classification scheme that would be appropriate for content analyzing election programs has grown into a broad comparative research project. After years of experimentation and discussion, the manifesto group opted for (quasi-)sentences as the basic coding unit, although the German documents have also been coded with regard to paragraphs as well as problems in the sense of mentioned deficits (Volkens 1992). The major task of the group was to develop a classification scheme that would parsimoniously cover the whole content of election programs in comparative as well as longitudinal perspective. Expanding upon David Robertson's 21 positional categories (Robertson 1976), a classification scheme with 56 broad categories, grouped into seven policy domains, was developed (Budge, Robertson and Hearl 1987). Each category of the coding frame is specified by a set of typical issues and political ideas. The classification scheme comprises 26 bipolar positions, such as "Welfare State Expansion" as opposed to "Welfare State Limitation," 29 unipolar positions (or valence issues) such as "Environmental Protection," and one general thematic concern for which no direction could be identified, namely "Economic Goals." Each sentence is grouped into one, and only one of the 56 categories. Because of the different length of election programs, percentages of the total number of coding units devoted to each category are calculated. "We interpret this percentage as an indicator for the importance of a position or policy area to the respective party" (Klingemann and Volkens 1997: 525; translation by AV).

Although the 56 categories allow for various combinations and measures of party policy in different policy areas and in fact have been used differently (Budge and Bara 2001), the left-right measure has captured by far the most attention. Reliability and validity of the manifesto-based left-right estimates have been checked successfully. A comparison of manifesto left-right measures with left-right place-ments of voters as well as expert judgments concludes: "Our analysis suggests that the MRG data can be fruitfully employed to estimate party position ..." (Gabel and Huber 2000: 102). Comparisons have shown the manifesto estimates to be superior to expert surveys in measuring changes over time: "The main message to draw from the analysis here is that the manifesto data can be and have been used to pro-vide valid and reliable measurements of party policy positions ... Our analysis strongly suggest that the expert surveys are deficient and the manifesto useful ... The CMP is probably the only viable data source for observing ... dynamics and analyzing the party movements predicted by various theoretical propositions" (McDonald and Mendez 2001a: 140-141, 2001b).

In addition to its tested reliability and validity, there are theoretical reasons to take election programs as a basis for estimating party positions. Election programs are authoritative documents because they are usually ratified in party conventions. They are the only statements made by a party as such, whereas other statements originate from individual members and leaders or from fractions and groups within the party. Klingemann (1987: 300) points out: "Election programs assess the im-portance of current political problems, specify the party's position on them, and in-form the electorate about the course of action the party will pursue when elected. With a few exceptions all election programs of the CDU, the SPD, and the FDP have been legitimized by party conventions. Thus, they represent the party's offi-cial point of view which is, of course, not only meant to unite the party internally, but – with the help of the mass media – to attract voters and win elections."

The first book of the MRG (Budge, Robertson and Hearl 1987) was concerned with methodological as well as theoretical questions which Klingemann (1987: 294) summed up as follows: "What are the basic issue dimensions? Where are the different political parties located within these? Do parties compete by direct con-frontation or by emphasizing the importance of different issue-domains?" Because the empirical analyses of party competition hinges upon the definition of the policy space, the main methodological question was how to measure policy dimensions. First and second order factor analysis and discriminant analysis revealed the left-right dimension to be the first and predominant dimension of programmatic party competition in almost all of the countries under study. The location of parties within this space showed a high degree of correspondence to historical records and qualitative knowledge. A major question was whether parties compete by direct confrontation or by selective emphases (Budge and Farlie 1983). These concepts were precisely defined by Klingemann (1987: 322): "'Direct confrontation' as-sumes that parties endorse specific proposals on each issue-dimension. 'Selective emphasis' means that parties advocate issues which work in their favor while other parties try to avoid such themes." The findings supported the "selective emphasis" hypothesis, although in most countries direct confrontation excels in some policy areas.

Analyses of the manifestos continue to challenge widely held assumptions about the operation of party systems. The fourth, and up to now latest, volume of the MRG (Budge et al. 2001) takes up the methodological and theoretical questions of the first book, with a particular emphasis on changes over time. The later book also provides a systematic overview of important studies of all MRG members during the last 20 years. The relationship between long-term ideologies and short-term changes in programmatic positions has been described by Klingemann (1995: 185) before: "Current programmatic commitments ... may vary in their congruence with a party's historical identity. Those who lead the parties adapt current policy commitments both to that which will affirm the loyalty of long-standing adherents and to that which will accommodate the party to current societal and/or electoral advantage". The latest MRG analyses reveals a clear-cut pattern for programmatic changes of parties in 25 countries. There is no overall trend of convergence to the center of the party systems. Parties do not become more similar. Thus, neither the famous thesis on the "end of ideology" (Bell 1962) nor the "catch-all parties" thesis (Kirchheimer 1966) get any empirical support. Contrary to these hypotheses, most parties fluctuate a lot on the left-right scale, but even the American parties stick to their ideological space. As a rule, programmatic movements show parties to be flexible within a stable programmatic range. This pattern has been uncovered before for the West European parties: "... there is a stable structure to the ideological positioning of West European parties and elections over the period" (Klingemann 1995: 191).

The German parties' movements are of particular relevance with respect to the "end of ideology" and the "catch-all party" hypotheses because of "the famous renunciation of Marxism made by the SPD in pursuit of power at their Bad Godesberg Conference in 1959" (Budge and Klingemann 2001: 35). Later on the Grand Coalition between the SPD and the CDU/CSU in the 1960s gave rise to similar thoughts. However, even in Germany there is no such continuing trend towards convergence. "... our map also cautions against seeing Bad Godesberg as more than a temporary tactical change, since by the late eighties the SPD had moved to an even more Leftish position than in the early 1950s! As commentators have noted, the effect of adopting Schröder as candidate for the Chancellorship in 1998 was to associate the party with an unprecedented pro-business, financially orthodox stance mirrored in the sharp rightwards shifts shown by our map in that year" (Budge and Klingemann 2001: 36).

The German party system has of course been under closer scrutiny with respect to a couple of related questions. The degree of polarization between the German parties is relatively low in comparison to other countries, because programmatic profiles of the German parties are highly compatible and thus provide the basis for "politics of the middle way" (Klingemann and Volkens 1997). Although programmatic profiles are distinguishable and exhibit a high degree of consistency, there are many zones of agreements between German parties with respect to basic economic and societal issues. As mentioned above, however, there are also important changes in polarization over time: during the Grand Coalition the programmatic convergence between parties in parliament reached an all-time high, but distances between parties increased considerably during the middle of the 1990s (Klingemann and Volkens 1997).

How German parties cope with new problems has been investigated by Klingemann (1986) with respect to environmental protection. Before the 1960s, environmental protection was a non-issue for German parties and Klingemann's empirical analysis pointed to a programmatic deficit. Due to pressures from citizens' initiatives and the Green party, however, environmental protection developed into an integral part of the election programs of German parties since the 1970s. For solving this new problem, established parties now advocate different solutions. And to this development citizens' initiatives and the Green party have contributed notably.

German unification has received Klingemann's particular interest. The development of the unified German party system was analyzed according to four phases: Phase one was the turning point in East Germany, during which citizens movements demonstrated against the GDR regime. In phase two, the new East German party system sustained organizational and programmatic distinctiveness. Phase three brought a structuring of the East German party system along the lines of the West German party system. During phase four, the unified German party system developed (Volkens and Klingemann 1992). Empirically, a comparison of election programs of East German and old West German parties into the new unified parties demonstrated a programmatic dominance of the old West German parties.

From the fall of communism, not only German unification but the broader developments in Central and Eastern Europe as well have captured Klingemann's attention. Ever since he believed that the new East European democracies will develop into party democracies because of the intermediary functions of parties. Up to now, the manifesto data collection on Central and Eastern Europe comprises about 500 election programs from 350 parties presented for 70 elections in 24 countries. In addition to the 56 Standard Categories, coders from Eastern Europe were allowed to create subcategories to capture the specific problems of transitional countries. These 53 subcategories however capture only 12 percent of the platform content of Eastern European parties (Volkens 2001a, b). This figure is an indicator of the overall applicability of the manifesto classification scheme, even in settings not imagined at the time of the scheme's creation. For comparative purposes with Western countries, the East European subcategories can be aggregated in to one of the 56 Standard Categories.

Klingemann (1994) started his analysis in this research field with the assumption that the new parties in Eastern Europe have to develop clear programmatic profiles and to make policy offers that are accepted by the voters. His basic thesis was that parties which represent socio-cultural interests will succeed even in the founding elections because ethnic, religious, and agrarian communities provide voters with well-known orientations that date back to historical roots long before the communist regimes took over. However, all parties with classical political ideologies except the reformed communists were predicted to be on a difficult path because voters were not familiar with such concepts. His analysis of the political traditions, socio-cultural structure and strength of party families in the founding elections provided ample evidence for these hypotheses. There are clear-cut correlations between the strength of particular party families and a country's historical and religious traditions as well as with its ethnic structures. Even in the founding elections, socio-cultural parties have been successful. The only exception to this rule is the poor performance of the agrarian parties due to diminished numbers of self-employed farmers after the collectivization of land during the communist regimes. However, where such peasantry has survived, as is the case in Poland, agrarian parties have had the forecasted successes in the founding election. On the other hand, the only successful party family based largely on ideological principles was the liberals. With a concept of Western liberal democracies, these parties were the born opponents of the old communist regimes and most of the broad anti-communist party federations belonged to that party family. Although most of these party federations were heterogeneous, their programs resembled the liberal traditions to a large degree.

In the same vein, Klingemann's (1994) analysis of the developments of party families between the founding and the second elections in Central and Eastern European countries confirmed his overall hypotheses. Whereas the strength of socio-culturally based parties in parliament increased 9 percentage points, the strength of the reformed communist parties decreased 13 percentage points. In addition, voters in Eastern Europe are becoming more familiar with ideologically based parties. As predicted, the strength of theses parties increased from the first to the second elections about 4 percentage points.

An equally optimistic result was provided later on by an analysis of "The Capacity of New Party Systems to Channel Discontent" (Klingemann and Hofferbert 2000). This analysis raised the question whether and to what extent the party systems of 17 Central and Eastern European countries in the middle of the 1990s were capable of accommodating political discontent. Most dissatisfied voters in these countries did not favor extremist left- or right-wing parties, but instead opted for mainstream opposition, democratic parties. And even many autocrats who disdain democratic methods of government were predominantly absorbed by democratic parties, although most of them abstained from voting altogether. Thus, the conclusion was that "Even in new democracies, carrying the common burdens of former dictatorships, most of the dissatisfaction is channeled through the mechanisms of democratic party competition" (Klingemann and Hofferbert 2000: 411).

3. Parties and Voters

Within the *Beliefs in Government Project*, Klingemann investigated the relationship that is central to the operation of a representative democracy, namely the linkage between parties and voters. The larger theoretical framework proposed two contrasting hypotheses for this relationship: "Our point of departure is the frequently advanced hypothesis that societal change generates problems for western representative democracies which disturb the congruence between citizens and the state, and which the institutional mechanisms of representative democracy alone can no longer resolve ... In particular, the challenge hypothesis can be contrasted to a *normality* hypothesis. This supposes that western representative democracies are perfectly capable of absorbing and assimilating growing pressure from societal problems" (Fuchs and Klingemann 1995: 8-9).

Although the *Beliefs in Government Project* detected challenging aspects especially with respect to new participatory demands of citizens, the relationship between parties and voters conformed to the normality hypothesis. Klingemann's (1995: 183) starting point for investigating the relationship between parties and voters was the concept of congruence with which he addressed the following questions: "Have the citizens of modern representative democracies been abandoned by their political parties? Have parties entered an era of crisis, in which their traditional functions are no longer performed?" These general questions were then specified: "Do the election programs of particular types of parties – communists, social democrats, liberals, and so forth – reflect the preferences of their supporters among the various electorates? More specifically, to what extent have parties' election programs moved or been synchronized with movements in the preferences of their own supporters? Are there differences in the degree to which particular types of parties cling to a particular set of ideological and policy positions, in contrast to other parties which are more willing to relax such positions in an effort to court broader electoral support?" (Klingemann 1995: 183). In this analysis, the left-right positions of 48 parties from five party families – communists, social democrats, Christian democrats, liberals and conservatives – in twelve European countries between the 1970s and the 1980s were compared to the left-right positions of supporters of the respective parties as measured on the basis of the Eurobarometers.

With this analysis Klingemann combined two of his long-standing interests: the measurement of left-right positions of parties by content analysis of election programs with the left-right self-identification of voters for which he already had explored the meaning, structure and content extensively. Based upon the system theory idea that complex societies need generalized exchange media, Fuchs and Klingemann (1990: 205) define the functions of the left-right schema as follows: "In our view, the left-right schema functions as (such) a generalized mechanism for understanding in the political realm, i.e., we view the left-right scheme as a mechanism for the reduction of complexity, which serves primarily to provide an orientation function for individuals and a communication function for the political system." For voters, the content of the left-right schema refers to societal values and ideologies such as socialism or capitalism or to societal groups or political parties. As with the parties, voters in the European countries relate the left-right schema first and foremost to the class and religious cleavages. "These cleavages formed the semantic correlate of the spatial archetype. ... In addition, the empirical analysis demonstrated that the contents of the left-right schema are structured in a non-arbitrary fashion. The semantic space of left-right is inhabited by a *limited* repertory of *generalized* meaning elements with largely *binary* associations" (Fuchs and Klingemann 1990: 233). Therefore, most voters are perfectly able to place themselves on the left-right dimension.

Based on this approach Klingemann shows programmatic positions of political parties to be highly congruent with the orientations of their supporters. He sums up his research: "In sum, the positions of the parties match rather well the orientations of their supporters. To the extent that there is change, it is in the direction of ever more accurate representation of popular wishes by those collectives elites who define the purpose and direct the actions of political parties in modern democracies"(Klingemann 1995: 201-202).

4. Parties, Governments and Policy Outputs

The relationship between parties, governments and policy outputs is a crucial one because "in most modern democracies, the citizens' preferences do not enter directly into the political decision-making process. Rather, the interests and views of the population are articulated through a highly differentiated system of associations and are condensed by political parties. Only then, in this 'mediated' form, can they bring their weight to bear on the process of political decision-making" (Hofferbert, Klingemann and Volkens 1995: 321). The term "party democracy" relates to this mediating function of parties. Therefore, a core question of "responsible party democracy" is "whether promises parties made in their election programs and governments made in their public policy statements were congruent, or incongruent, with actual government policies or 'policy products' of governments" (Hofferbert, Klingemann and Volkens 1995: 322).

Most governments, however, are coalitions in which two or more parties must initially agree upon a joint course before binding decisions can be taken. The second book of the MRG (Laver and Budge 1992) looks at the special logic of coalition governments by comparing election programs of parties, put forward before the election, to the government declarations held by incoming coalition governments after the election. "Governments taking office routinely present a specification of policy proposals which constitute the official declaration of intent for a future period of time, either a year (as in the U.S.) or for the duration of the government (as in Germany and most other parliamentary systems)" (Hofferbert and Klingemann 1990: 280). Thus, government declarations were taken as binding coalition documents and subjected to the same content analytical procedures as described above. "The main task that we have set ourselves is thus to explore the extent to which government policy in coalition systems does in fact tend to diverge from the policies of government members. Related to this are the questions of

whether any particular party or party 'family' is more successful in getting its policies adopted than others; and of whether coalitions are more likely to be formed
between parties that are closer in terms of policy" (Laver and Budge 1992: xix).
The comparative analysis concluded that there is no single model that fits coalition
formation in all eleven countries under study, although policy was found to be an
important factor in most. Generally, coalition government parties as well as minority government parties are not very successful in shaping the government declarations. However, in bipolar party systems where two party blocs alternate in government there is a considerable amount of correspondence between positions taken
in election programs and positions taken in governments declarations.

For Germany, the analysis pointed to the special position of the FDP as a pivot
party: "... the median legislator determines the composition of governments. Despite its smallness the FDP has been a permanent coalition actor because it occu-
pies the position of a median legislator on the left-right dimension for most of the
time" (Klingemann and Volkens 1992: 189). In terms of policy payoffs, measured
as the distance between the policy positions as given in the election programs and
the policy positions as given in government declarations, the CDU as well as the
FDP have received more than the SPD.

That the small FDP, although always being the minor coalition partner, was able
to blackmail both of its major coalition partners was also the result of further research that included government outputs as well election programs and government
declarations. With respect to democratic theory, this analysis raised three questions: "Can voters use party programs to make informed choices? Do party actors
feel obliged to structure the policy agenda in response to those choices? Do governments act to transform that agenda into policy?" (Hofferbert and Klingemann
1990: 278). In this analysis, government output was measured by the level of public spending in eleven functional spending categories such as foreign affairs, public
finance, housing, public safety and so on. These spending categories were then
matched to the MRG categories described above. The proportion of total central
government spending per year in each of the eleven functional categories served as
the dependent variable to measure the influence of programs of coalition partners
on the government declarations and on policy outputs. The independent variables
were the thematic concerns of coalition partners with these eleven categories as
measured by content analysis of election programs. And the thematic concerns in
government declarations served as an intervening variable. By regression and path
analyses with a two-year lag for spendings, Hofferbert and Klingemann (1990:
295) were able to demonstrate the crucial importance of a small party in the position to make or break a government: "In sum, policies which consume 70 % of the
federal budget are nearly as well or better predicted by the program of the Free
Democrats as they are by either the major party program or the government declaration".

The third book of the MRG (Klingemann, Hofferbert and Budge 1994) analyzed
the party promises-to-policy linkage in ten countries. With this book, institutional

differences between countries came into focus. The core macro hypotheses concerned the impact of institutional differences on the party-to-policy linkage. However, most of these were refuted: "There are good reasons to expect that variations in party accountability are due in significant measure to variations in constitutional structures and institutional practices. Parties should be more accountable in parliamentary systems with clear single-party majorities and strong party discipline than in coalition systems with only loose party control over members of parliament. Parties are expected to be less potent in systems of separated powers than in those where the effective executive is selected by a parliamentary majority. We subject these and other hypotheses about party capacity to careful examination, via measures of the congruence of party election programs and policy priorities. We find wanting many long-standing propositions about the constraint of formal institutions on party accountability. With a few exceptions, our research offers little basis for blaming institutional barriers for lack of party accountability" (Klingemann, Hofferbert and Budge 1994: xvi).

The main focus of the third book, however, was a test of agenda and mandate models. "For evidence of the agenda, we will look to the congruence between policy priorities and the preceding programs of all parties – even those of the losers. For evidence of the mandate, we will see whether the congruence between policy and winners' programs are closer than those between policy and losers' programs" (Klingemann, Hofferbert and Budge 1994: 3). Whereas the agenda model spells out that the policy priorities of all or most parties represented in parliament are to a certain degree transformed into government outputs, the mandate model rules that parties in government have a special mandate to carry through their proposed policies. "If the parties, in their published election programs, deal with the same things in pretty much the same priority ranking as do governments after elections, then the policy process seems to have a good deal of structure and orderliness. Moreover, if the policies adopted by the winners reflect what they stressed prior to the election – especially if that was different from what was stressed by the losers – it is good evidence, we think, that policymaking is not only orderly but also democratic. The voters had a choice, and the choice seems to have made a difference. Such congruence between party election program and government action would reflect the operation of a mandate conferred on the winners by the election process" (Klingemann, Hofferbert and Budge 1994: 5).

Generally, there is a strong relationship between what parties say before the election and what governments do after the election with an average of more than 50 percent of the variance explained. There are, however, pronounced variations between countries as well as between policy areas. In three of the ten countries, the agenda model fits better than the mandate model. In these three countries, therefore, the programs of opposition parties are accommodated in government outputs and election results do not matter much. Of the eleven policy areas, the human services entitlements are least well predicted. However, in most countries and policy areas there is a good match between what parties say before the election and what they implement once they are elected to government. Therefore, this section can be concluded with a very positive statement on the functioning of representative democracies with respect to what parties pledge to voters and what parties do once they are elected to govern: "By means of rigorous comparative analysis of forty years' experience across ten countries, we find that political parties in contemporary democracies work better than many of their critics have claimed. Especially in their formal election programs, parties present voters with signals that point rather clearly to the kind of policy priorities that are later enacted. Political parties deserve more credit than they often get" (Klingemann, Hofferbert and Budge 1994: xvi).

5. Future Manifesto Research

By investigating the relationship of parties to the societal system on the one hand and to the governmental system on the other past and present manifesto research has illuminated the mediating functions of parties. An evaluation of the whole democratic cycle from demands of voters, issues of parties, binding decisions of parliaments and governments and back to the evaluation of outcomes by the citizens is yet to come. Such an attempt raises a whole range of interesting questions relevant to normative democratic theory such as: Do voters punish parties for not delivering what they have promised? And how can voters hold governments accountable that are coalitions of parties with different policy priorities?

The democratic process, however, also includes other relevant actors of the societal and the governmental system such as social movements, the media and parliaments. First attempts to relate manifesto data to protest data in Germany (Rucht and Volkens 1998) and to media data in Germany (Neidhardt, Eilders and Pfetsch 1998; Marcinkowski 1998) and the Netherlands (Kleinnijenhuis and Rietberg 1997) have been successful and empirical results are promising, but much is left to be done with respect to comparative research. With respect to the governmental system, however, there is even less research in the relationship between outputs of parliaments and the manifesto positions of the competing parties (Rölle 2000). The main problem in relating party positions as measured on the basis of the MRG classification scheme to other action products from the societal or the governmental system is the huge amount of material needed to measure the positions of other relevant actors. Because ever more textual material is readily available in computerized form, content analysis will certainly be a tool in future research. At the moment, the election programs of all relevant parties in 25 countries for the post-War period are scanned jointly at the *Free University of Amsterdam* (http://home.scw.vu.nl/~pennings/ECPR.htm) and the *Zentralarchiv für empirische Sozialforschung der Universität zu Köln*. In this respect, Klingemann's earlier investments in computerized content analysis still bear fruit.

Although the manifesto approach has been shown to deliver reliable and valid estimates for left-right positions of parties, a parsimonious classification scheme with only 56 categories also limits the number of research questions to which the manifesto data can be applied. However, there are lots of new democracies, new theories and new issues that can be addressed with it. First, the third and fourth waves of democratization brought forth many new democracies to which established theories and models of past and present manifesto research can be applied. Codings of election programs from Latin America and Central and Eastern Europe have shown the manifesto classification scheme to travel well from a Western, highly industrialized context to transitional democracies. Therefore, policy positions of parties in these new democracies can easily be compared to relevant parties in the OECD countries for which data are publicly available (Budge et al. 2001). Second, the manifesto data collection lends itself to test propositions of new theories. The New Institutionalism, for instance, draws upon institutional structures on the one hand and policy positions of political actors on the other. Whenever data on veto-positions of parties in parliament or in government are needed, the manifesto data collection provides valid and reliable left-right estimates. Last but not least, new issues such as globalization and internationalization provide ample opportunity to apply the manifesto data. From the European integration process as a special case of globalization new supra-national actors are emerging. However, national parties are and will continue to be important actors in the new multilevel system.

Estimates for policy positions of political parties are needed for a wide variety of empirical research questions. The MRG provides an easily applicable classification scheme to content analyze election programs which are the only documents produced in regular intervals by parties as collective actors. Up to now, "The Manifesto Research Group (MRG) is by far the biggest show on the road as a source of data on party manifestos" (Laver and Garry 2000: 620) and is "... probably the most important political science research project in this field ..." (Laver 2001: 7).

References

Bell, Daniel (1962): The End of Ideology. On the Exhaustion of Political Ideas in the Fifties. New York: The Free Press.

Budge, Ian and Judith Bara (2001): Manifesto-Based Research: A Critical Review. In: Ian Budge, Hans-Dieter Klingemann, Andrea Volkens, Judith Bara, Eric Tanenbaum, with Richard C. Fording, Derek J. Hearl, Hee Min Kim, Michael McDonald and Silvia Mendez: Mapping Policy Preferences. Estimates for Parties, Electors, and Governments 1945-1998. Oxford: Oxford University Press, pp. 51-74.

Budge, Ian and Dennis Farlie (1983): Party Competition – Selective Emphasis or Direct Confrontation? An Alternative View with Data. In: Hans Daalder and Peter Mair (eds.): Western European Party Systems. Continuity and Change. London: Sage, pp. 267-306.

Budge, Ian and Hans-Dieter Klingemann (2001): Finally! Comparative Over-Time Mapping of Party Policy Movements. In: Ian Budge, Hans-Dieter Klingemann, Andrea Volkens, Judith Bara, Eric Tanenbaum, with Richard C. Fording, Derek J. Hearl, Hee Min Kim, Michael McDonald and Silvia Mendez: Mapping Policy Preferences. Estimates for Parties, Electors, and Governments 1945-1998. Oxford: Oxford University Press, pp. 19-50.

Budge, Ian, Hans-Dieter Klingemann, Andrea Volkens, Judith Bara, Eric Tanenbaum, with Richard C. Fording, Derek J. Hearl, Hee Min Kim, Michael McDonald and Silvia Mendez: Mapping Policy Preferences. Estimates for Parties, Electors, and Governments 1945-1998. Oxford: Oxford University Press.

Budge, Ian, David Robertson and Derek Hearl (eds.) (1987): Ideology, Strategy and Party Change. Spatial Analysis of Post-War Election Programmes in 19 Democracies. Cambridge: Cambridge University Press.

Fuchs, Dieter (1993): A Metatheory of the Democratic Process. Discussion Paper FS III 93-203. Berlin: Wissenschaftszentrum Berlin für Sozialforschung (WZB).

Fuchs, Dieter and Hans-Dieter Klingemann (1990): The Left-Right Schema. In: M. Kent Jennings, Jan W. van Deth, Samuel Barnes, Dieter Fuchs, Felix J. Heunks, Ronald Inglehart, Max Kaase, Hans-Dieter Klingemann and Jacques J. A. Thomassen: Continuities in Political Action. A Longitudinal Study of Political Orientations in Three Western Democracies. Berlin: Walter de Gruyter, pp. 203-234.

Fuchs, Dieter and Hans-Dieter Klingemann (1995): Citizens and the State: A Changing Relationship? In: Hans-Dieter Klingemann and Dieter Fuchs (eds.): Citizens and the State. Oxford: Oxford University Press, pp. 1-23.

Gabel, Matthew J. and John D. Huber (2000): Putting Parties in their Place: Inferring Party Left-Right Ideological Positions from Party Manifestos Data. In: American Journal of Political Science, 44, pp. 94-103.

Hofferbert, Richard I. and Hans-Dieter Klingemann (1990): The Policy Impact of Party Programmes and Government Declarations in the Federal Republic of Germany. In: European Journal of Political Research, 18, pp. 277-304.

Hofferbert, Richard I., Hans-Dieter Klingemann and Andrea Volkens (1995): Election Programmes, Government Statements, and Political Action – Political Parties and their Programmes. In: Josef Thesing and Wilhelm Hofmeister (eds.): Political Parties in Democracy. Role and Functions of Political Parties in the Political System of the Federal Republic of Germany. Sankt Augustin: Konrad-Adenauer-Stiftung, pp. 321-331.

Kirchheimer, Otto (1966): The Transformation of the Western Party System. In: Joseph LaPalombara and Myron Weiner (eds.): The Origin and Development of Political Parties. Princeton: Princeton University Press, pp. 177-200.

Kleinnijenhuis, Jan and Ewald M. Rietberg (1997): Parties, Media, the Public, and the Economy. In: European Journal of Political Research, 28, pp. 95-118.

Klingemann, Hans-Dieter (1979a): Perspektiven zur inhaltsanalytischen Erforschung des gesamtgesellschaftlichen Wertewandels. In: Peter Kmieciak and Helmut Klages (eds.): Wertewandel und gesellschaftlicher Wandel. Frankfurt a. M.: Campus, pp. 453-462.

Klingemann, Hans-Dieter (1979b): Computergestützte Inhaltsanalyse bei offenen Fragen. In: ZUMA-Nachrichten, 4, pp. 3-19.

Klingemann, Hans-Dieter (1983): Die Einstellungen zur SPD und CDU/CSU 1969-1980. Erste Explorationen in ein unbekanntes Land. In: Max Kaase and Hans-Dieter

Klingemann (eds.): Wahlen und politisches Systems. Opladen: Westdeutscher Verlag, pp. 478-537.

Klingemann, Hans-Dieter (ed.) (1984): Computergestützte Inhaltsanalyse in der empirischen Sozialforschung. Frankfurt a. M.: Campus.

Klingemann, Hans-Dieter (1986): Umweltproblematik in den Wahlprogrammen der etablierten politischen Parteien in der Bundesrepublik Deutschland. In: Rudolf Wildenmann (ed.): Umwelt, Wirtschaft, Gesellschaft – Wege zu einem neuen Grundverständnis. Gerlingen: Maisch + Quick, pp. 356-361.

Klingemann, Hans-Dieter (1987): Electoral Programmes in West Germany 1949-1980: Explorations in the Nature of Political Controversy. In: Ian Budge, David Robertson and Derek Hearl (eds.): Ideology, Strategy and Party Change: Spatial Analysis of Post-War Election Programmes in 19 Democracies. Cambridge: Cambridge University Press, pp. 294-323.

Klingemann, Hans-Dieter (1994): Die Entstehung wettbewerbsorientierter Parteiensysteme in Osteuropa. In: Wolfgang Zapf and Meinolf Dierkes (eds.): Institutionenvergleich und Institutionendynamik. WZB-Jahrbuch 1994. Berlin: edition sigma, pp. 13-38.

Klingemann, Hans-Dieter (1995): Party Positions and Voter Orientations. In: Hans-Dieter Klingemann and Dieter Fuchs (eds.): Citizens and the State. Oxford: Oxford University Press, pp. 183-205.

Klingemann, Hans-Dieter and Richard I. Hofferbert (2000): The Capacity of New Party Systems to Channel Discontent. A Comparison of 17 Formerly Communist Policies. In: Hans-Dieter Klingemann and Friedhelm Neidhardt (eds.): Zur Zukunft der Demokratie. Herausforderungen im Zeitalter der Globalisierung. WZB-Jahrbuch 2000. Berlin: edition sigma, pp. 411-439.

Klingemann, Hans-Dieter, Richard I. Hofferbert, Ian Budge with Hans Keman François Pétry, Torbjorn Bergman and Kaare Strom (1994): Parties, Policies, and Democracy. Boulder: Westview Press.

Klingemann, Hans-Dieter, Peter Philip Mohler and Robert Philip Weber (1982): Cultural Indicators Based on Content Analysis: A Secondary Analysis of Sorokin's Data on Fluctuations of Systems of Truth. In: Quality and Quantity, 16, pp. 1-18.

Klingemann, Hans-Dieter and Klaus Schönbach (1980): Computergestützte Inhaltsanalyse als Instrument zur Vercodung offener Fragen in der Umfrageforschung. In: Ekkehard Mochmann (ed.): Computerstrategien für die Kommunikationsanalyse. Frankfurt a. M.: Campus, pp. 131-201.

Klingemann, Hans-Dieter and Andrea Volkens (1992): Coalition Governments in the Federal Republic of Germany: Does Policy Matter? In: Michael Laver and Ian Budge (eds.): Party Policy and Coalition Government. New York: St. Martin's Press, pp. 189-223.

Klingemann, Hans-Dieter and Andrea Volkens (1997): Struktur und Entwicklung von Wahlprogrammen in der Bundesrepublik Deutschland 1949-1994. In: Oscar W. Gabriel, Oskar Niedermayer and Richard Stöss (eds.): Parteiendemokratie in Deutschland. Opladen: Westdeutscher Verlag, pp. 517- 536.

Laver, Michael (2001): Why Should we Estimate the Policy Positions of Political Actors? In: Michael Laver (ed.): Estimating the Policy Positions of Political Actors: London. Routledge, pp. 3-10.

Laver, Michael and Ian Budge (eds.) (1992): Party Policy and Coalition Government. New York: St. Martin's Press.

Laver, Michael and John Garry (2000): Estimating Policy Positions from Political Texts. In: American Journal of Political Science, 44, pp. 619-634.

Marcinkowski, Frank (1998): Massenmedien und Politikinhalte. Empirische Fallstudie auf einem unterbelichteten Forschungsfeld. Duisburger Materialen zur Politik- und Verwaltungswissenschaft. Duisburg: Gerhard-Mercator-Universität Duisburg.

McDonald, Michael and Silvia Mendez (2001a): Checking the Party Policy Estimates: Convergent Validity. In: Ian Budge, Hans-Dieter Klingemann, Andrea Volkens, Judith Bara, Eric Tanenbaum, with Richard C. Fording, Derek J. Hearl, Hee Min Kim, Michael McDonald and Silvia Mendez: Mapping Policy Preferences. Estimates for Parties, Electors, and Governments 1945-1998. Oxford: Oxford University Press, pp. 127-143.

McDonald, Michael and Silvia M. Mendez (2001b): The Policy Space of Party Manifestos. In: Michael Laver (ed.): Estimating the Policy Positions of Political Actors. London: Routledge, pp. 90-114.

Neidhardt, Friedhelm, Christiane Eilders and Barbara Pfetsch (1998): Die Stimme der Medien im politischen Prozeß: Themen und Meinungen in Pressekommentaren. Discussion Paper FS III 98-106. Berlin: Wissenschaftszentrum Berlin für Sozialforschung (WZB).

Robertson, David (1976): A Theory of Party Competition. London: John Wiley & Sons.

Rölle, Daniel (2000): Wahlprogramme als Richtschnur parlamentarischen Handelns. In: Zeitschrift für Parlamentsfragen, 31, pp. 821-833.

Rucht, Dieter and Andrea Volkens (1998): Der Einfluß von politischem Protest auf Wahlprogramme in der Bundesrepublik Deutschland. Eine quantitative Analyse. In: Horst Albach, Meinolf Dierkes, Ariane Berthoin-Antal and Kristina Vaillant (eds.): Organisationslernen – institutionelle und kulturelle Dimensionen. WZB Jahrbuch 1998. Berlin: edition sigma, pp. 311-331.

Schönbach, Klaus and Hans-Dieter Klingemann (1978): Computergestützte Verschlüsselung von Berufstätigkeiten. In: Wolfgang Franz, Eduard Gaugler, Joachim Staude, Johann Handl, Heinz Mergenthaler, Heinz Herbert Noll, Franz Urban Pappi, Klaus Schönbach, Hans-Dieter Klingemann, Jürgen Schröder and Wolfgang Zapf: Probleme bei der Konstruktion sozio-ökonomischer Modelle. Nürnberg: Institut für Arbeitsmarkt- und Berufsforschung der Bundesanstalt für Arbeit (BeitrAB 31), pp. 280-312.

Volkens, Andrea (1992): Handbuch zur Inhaltsanalyse programmatischer Dokumente von Parteien und Regierungen in der Bundesrepublik Deutschland. Technische Berichte FS III/2 T 92-2-1. Berlin: Wissenschaftszentrum Berlin für Sozialforschung (WZB).

Volkens, Andrea (2001a): Manifesto Research Since 1979: From Reliability to Validity. In: Laver, Michael (ed.): Estimating the Policy Positions of Political Actors. London: Routledge, pp. 33-49.

Volkens, Andrea (2001b): Quantifying the Election Programmes: Coding Procedures and Controls. In: Ian Budge, Hans-Dieter Klingemann, Andrea Volkens, Judith Bara, Eric Tanenbaum, with Richard C. Fording, Derek J. Hearl, Hee Min Kim, Michael McDonald and Silvia Mendez: Mapping Policy Preferences. Estimates for Parties, Electors, and Governments 1945-1998. Oxford: Oxford University Press, pp. 93-110.

Volkens, Andrea and Hans-Dieter Klingemann (1992): Die Entwicklung der deutschen Parteien im Prozeß der Vereinigung. Kontinuitäten und Verschiebungen. In: Eckhard Jesse and Arnim Mitter (eds.): Die Gestaltung der deutschen Einheit. Geschichte – Politik – Gesellschaft. Bonn: Bundeszentrale für politische Bildung, pp. 189-214.

V.

Politische Repräsentation und politische Leistungsfähigkeit

Necessarily Unrepresentative Political Parties

Sören Holmberg

No matter what model of representative democracy we subscribe to, if it includes political parties, as most models do, it is obvious that the functions and performances of parties are one of the most contentious components of the model, normatively as well as empirically. Different models require parties to function differently. But irrespective of model, whether we deal with mandate theory, accountability theory, or deliberative theory, just to mention three in-vogue models of democracy, the delineation of different party functions overflows. Specifying party functions is getting to be a growth industry of its own within political science. The literature is replete with enummerations of different party functions (Key 1964; Sjöblom 1968; Strøm and Svåsand 1997; Widfeldt 1999; Dalton and Wattenberg 2000; Petersson 2000). Nothing wrong with that. Important problems breed a multiplicity of ideas, and maybe also conflictuous ideas.

However, among all those party functions talked about in the literature one seldom reads about a functional necessity for parties *not* to be representative of their voters. For example, when Dalton and Wattenberg, inspired by Key, present a long list of 15 party functions, such as simplifying choices for voters, educating voters, mobilizing people, recruiting leaders, articulating and aggregating interests, organizing and controlling government, and more, they do not mention representing voters, let alone *not* representing voters as a function of parties (Dalton and Wattenberg 2000: 5). Although older literature seldom overlooked representation as a central party function – for example Lawson (1980) discussed linkage and Sartori (1976) talked about channelment – parties *not* representing voters was not a featured message.

But representation of public sentiments through linkage or channelment is not an essential party function in all democratic models. Mirroring attitudes in the electorate is only central in some models, while in others parties are supposed to influence voters and change public opinion (Wessels 1995; Esaiasson and Holmberg 1996). Populist notions of representation tend to stress mirroring, while elitist notions lean toward policy leadership and opinion molding.

1. Unrepresentative Parties

There are of course students of politics who have noticed the phenomenon of parties not being representative of their supporters. One such scholar is the theorist Peter Medding who states that there is what amounts to a functional necessity for parties to make more differentiated appeals in order to present clear policy proposals and thus gain support (Medding 1982; McAllister 1991). A related idea is advanced by Rabinowitz and his colleagues in their directional theory of party competition in which it is claimed that it can be advantageous for parties to occupy rather extreme positions on different conflict dimensions, as opposed to locating themselves toward the middle. Voters vote for clear alternatives, not pale look-a-likes in the middle, is their argument (Rabinovitz and Macdonald 1989; Rabinovitz, Macdonald and Listhaug 1991).

Thus, electoral demands, and I might add, the parliamentary requirement to stay cohesive, force parties to be not exactly in agreement with their voters. Furthermore, parties present a package of more or less sharply defined issue positions to prospective voters. If a voter chooses a party under the influence of issue considerations, it is virtually impossible to find a party that shares all of her or his opinions. In buying an issue package, some not so well suited positions are bound to come along. All we can expect is a fairly good agreement on the most important issues (Miller and Stokes 1963; Holmberg 1974; Thomassen 1976; Converse and Pierce 1986; Miller et al. 1999). All in all, parties will not represent their voters' policy views very well. Functional necessities, i.e., the need for clearly differentiated appeals, for party cohesion, and for presenting issue packages forces party elites and parliamentary party groups to be fairly unrepresentative of their voters.

Parties at odds with their voters could be an obvious problem for the parties, but does not necessarily have to be a problem for representative democracy. High degrees of policy congruence between a set of representatives and those they represent can come about even if the relevant parties do not reflect the views of their supporters. High levels of agreement between all members of a parliament and all eligible voters can appear even if all parties exhibit low degrees of intraparty policy congruence, provided that issue positions tend to be more (or less) polarized among elites. At first glance, this seems like a paradox, but as a matter of fact, it is a rather common phenomenon. The most well-known example has to do with the way parliamentary parties and voters in many countries are positioned vis-à-vis each other on the left-right dimension – with socialist members located to the left of their voters and, at the same time, nonsocialist members to the right of theirs. The result could be a parliament that reflects the main focus of the ideological views of all voters, i.e., the mean of their positions, pretty well. Left-leaning and right-leaning elite groups have to strike compromises close to the middle where most voters' views are located. Thus, a set of unrepresentative parties can make representative decisions. Total issue congruence between elite and mass can be quite high even if many or all parliamentary parties exhibit low levels of agreement with their voters.

2. Hypothesis

Given this situation, when turning to empirical data, our expectation concerning the level of intraparty issue congruence between Members of Parliament (MPs) and voters is rather modest. We do not expect to find too many parties with very high degrees of issue agreement with their voters. Furthermore, we suppose that the overall representativeness of entire parliaments is at least as good as the average for the parties, if not better. Parties characterized by low levels of issue congruence do not necessarily bring about parliaments with equally low degrees of representativeness. Issue congruence may look good at the level of the entire parliament, but, at the same time, it looks bad at the single-party level.

Although results from a number of countries will be discussed, most of our data come from six Swedish studies on political representation done between the years 1968 and 1998. In all cases, the data consist of interviews with a sample of eligible voters from the Swedish Election Studies and a study involving all members of the Swedish *Riksdag*. Since elite access often tends to be problematic, we have so far been fortunate in Sweden. The response rate in our *Riksdag* Studies has always exceeded 90 percent (Holmberg 1989, 1994; Esaiasson and Holmberg 1996; Brothén 1999).

In our analysis, parties, not individual members or voters will constitute the principal actors. Consequently, a collectivist model of representation will be applied when measuring policy congruence between elite and mass. We will study the level of issue agreement between party voters and party representatives, and between all eligible voters and all members taken as wholes. The number and scope of issues covered are fairly extensive. The number of issues varies between 12 and 20 in the different studies. Many, but not all issues have a left-right character; and that is only natural since electoral politics in Sweden and issue opinions among people are structured by the left-right dimension to a very high degree (Särlvik 1970; Holmberg 1981; Gilljam 1988; Oscarsson 1998). Among the non-left/right issues included through the years there are issues dealing with, for example, environment, ethics, religion, foreign aid, and accepting refugees into Sweden.

3. Policy Representation

Issue agreement can be and has been measured in many different ways. We will use three different measures. The *means difference measure* indicates the divergence between members' and voters' attitudes when all issue items are scaled between 1 and 5 with 3 as a middle alternative and the "Don't know" responses excluded. The measure can vary between 0.0 (perfect agreement) and 4.0 (maximum difference). The *percentage difference measure* is calculated as half the summed difference between MPs' and voters' answers to dichotomized issue questions; "Don't know" responses and middle alternative answers (3's) are omitted. Perfect agreement is indicated by 0 and maximum policy difference by 100. Our third measure acknowledges the fact that democratic decisions should be based on majority support. The *majority difference measure* shows the percentage of issues characterized by differing majority positions among members and voters. To identify the majority position, we looked at the results from the analysis based on the dichotomized issue questions.

In Table 1 the policy agreement results from the latest study in 1998 are shown. They are presented issue by issue for the entire parliament as well as broken down by party. Differences in policy congruence tend to be fairly large between issues as well as between parties. In 1998, as in all previous studies, high degrees of agreement were exhibited by some left-right issues – defence spending, income differences, NATO membership, private health care, and the size of the public sector (Holmberg 1996).

On the bottom of the congruence ranking, as has also been the case before, we find the European Union (EU) and refugee issues (Esaiasson and Heidar 2000; Holmberg 2000). Compared to most citizens, political elites tend to be much more positive toward the EU and in favor of accepting refugees into Sweden. More generally, the rank ordering of issues in Table 1 does not fit 100 percent with the rather obvious hypothesis that policy agreement should be highest for politicized issues at the center of political debate. Different representative processes, such as candidate nominations, election campaigns, and issue voting, should ideally achieve high levels of policy congruence on disputed issues high on the agenda. Consequently, the clustering of the heavily politicized left-right issues on top of the congruence list is as expected, while the location of the hotly disputed EU and refugee issues toward the bottom is not.

The intraparty results on policy congruence, averaged across issues, reveal systematic and partly new differences between the Swedish parties. Nonsocialist parties on the ideological right – liberals, Christian democrats, and conservatives – exhibit lower levels of issue agreement between members and voters than socialist and green parties on the left.

One methodological explanation for the rather poor showing of the right-wing parties could be that our sample of issues is somehow biased, containing an undue number of odd issues or issues owned by the socialist parties. That is not a very plausible argument, however. Looking at the results for the conservatives, many of the issues revealing low levels of agreement are in no way odd or unimportant. On the contrary, in not a few cases they are highly salient left-right issues, for example, the issues of defence spending, income differences, and the size of the public sector. The main reason for the poor agreement results is the same in all instances. Compared to their voters, attitudes among nonsocialist members tend to be located clearly to the right. This is especially the case for Christian democratic and conservative members.

Table 1: Policy Agreement Between Members of the Swedish *Riksdag* and Eligible Voters in 1998, percentage regarding policy proposals very or rather good

	Party affiliation																							
	v			s			mp			c			fp			kd			m			All		
	Rd	Vo	Diff	Rd	Vo	Diff	Rd	Vo	Diff	Rd	Vo	Diff	Rd	Vo	Diff	Rd	Vo	Diff	Rd	Vo	Diff	Rd	Vo	Diff
Reduce defense spending	100	83	17	93	67	26	100	81	19	75	73	2	100	72	28	41	63	22	7	51	44	69	66	3
Reduce income differences	95	80	15	97	88	9	100	90	10	38	75	36	42	58	16	49	41	8	30	71	41	76	79	3
Membership in NATO	0	16	16	2	30	28	0	13	13	8	38	30	57	14	43	58	42	16	78	54	24	35	41	6
More private health care	0	11	11	4	19	15	0	24	24	13	41	28	53	67	14	88	50	38	80	58	22	48	40	8
Reduce the public sector	0	14	14	0	14	14	0	16	16	27	63	36	55	58	3	38	88	50	81	39	42	39	28	11
Abolish nuclear power	98	82	16	91	68	23	93	87	6	86	28	58	3	89	86	89	65	24	12	39	27	76	64	12
Membership in EMU	0	14	14	70	40	30	0	16	16	26	20	6	77	54	23	52	84	32	80	66	14	62	49	13
Forbid all pornography	74	81	7	70	84	14	79	75	4	86	22	64	54	7	47	84	86	2	78	33	45	62	78	16
Ban inner-city driving	92	67	25	36	55	19	92	80	12	65	58	7	47	33	14	51	30	21	0	33	33	34	53	19
Six-hour work day	100	91	9	51	71	20	100	87	13	58	30	28	21	47	26	46	49	3	16	49	33	37	63	26
Membership in EU	2	19	17	92	45	47	0	23	23	51	41	10	79	52	27	46	46	0	84	68	16	76	50	26
Accept fewer refugees	0	54	54	4	63	59	0	41	41	58	17	41	30	58	28	58	6	52	28	71	43	9	61	52
Average twelve issues			18			25			16			24			29			33			32			16
Number of issues with different majorities			1			4			0			4			3			6			4			4

Note: The respondents were asked to indicate to what extent they thought the policy proposals were good or bad. All response alternatives have been dichotomized. Persons without explicit opinions (DKs and middle alternative answers "neither good nor bad"), were excluded from the analysis. The degree of policy agreement is measured by a simple percentage difference measure. A small percentage difference indicates large policy agreement. The party initials are as they are used in Sweden: v = Left Party, s = Social Democrats, mp = Greens, c = Center, fp = Liberals, kd = Christian Democrats, and m = Conservatives. Rd indicates MPs' opinions; Vo indicates voters' opinions; Diff indicates absolute difference Rd-Vo. Principle investigator for the 1998 *Riksdag* Study is Martin Brothén (1999).

If we inspect more closely the results for the Conservative Party, for whom we have time-series data going back to the 1960s, it is obvious that the relatively poor intraparty issue congruence between members and voters in the 1990s is a new phenomenon. In the late 1960s, conservative MPs in Sweden were on average to the left of their voters, and the level of policy congruence was higher than for the other parties (Holmberg 1974). In contrast, in the 1990s, Swedish conservatives exhibit comparatively low figures of issue agreement – like most other conservative and right-wing parties in Scandinavia – and the party tends to be located clearly to the right of its electorate (Holmberg 2000).

Most observers of Swedish politics would concur that what changed between the 1960s and the 1990s is that the Conservative Party has become more ideological and focused on a neo-liberal message. At the same time, social democrats and the Left Party have become more pragmatic and market oriented and have adjusted their policies toward the political center. And, as a consequence, they have improved their degree of issue agreement. The results in Table 2 document how the level of policy congruence has changed for the Swedish parties and for the *Riksdag* as a whole during the years 1968-1998.

An obvious guess is that degrees of policy agreement between elite and mass should have improved somewhat. One would expect that many of the constitutional and other changes in Swedish politics since the 1960s should have led to a better, not worse, opinion fit between representatives and voters. These systemic changes include a constitutional reform that increased party proportionality, more focus on election campaigns, a heightened and more intense media coverage of politics, and more volatile voters. Looking at the data and comparing the results for 1968 with the results from the late 1990s, the guess proves to be correct. The average policy congruence between members and voters has improved somewhat. The conclusion is the same regardless of the way issue agreement is measured. With the reservation, that in the 1968 study some of the measurements were somewhat cruder than in the later studies, the *Riksdag* has reflected voter opinions slightly better in recent years than in the 1960s. The difference is not dramatic, but the average divergence between members' and voters' dichotomized opinions, which was 20 percent in 1968, has decreased to between 13 and 16 percent in the studies from the 1980s and 1990s.

However, if we look at what has happended during the last ten to 15 years, there is no sign of an improved policy representation. To the contrary, if we compare the results from 1985 and 1988 to the results from 1996 and 1998, there is a slight tendency to a lowered degree of policy congruence. Admittedly, the downturn in agreement is very marginal indeed, but the important point is that we cannot find a continued upward trend. Policy agreement between members and voters is not on the move upwards in Sweden, despite all the changes in the set-up and conduct of politics that have occurred during the last two decades.

Turning to intraparty congruence between members and voters, the pattern of change differs somewhat between the parties as stated previously. Parties on the

Table 2: Policy Agreement Between Members of the Swedish *Riksdag* and Eligible Voters in 1968, 1985, 1988, 1994, 1996, and 1998

Party affiliation	Average difference between mean issue positions						Average difference between dichotomized percentage distributions						Percentage of issues exhibiting different majority positions among members and eligible voters					
	68	85	88	94	96	98	68	85	88	94	96	98	68	85	88	94	96	98
v	0.9	0.9	0.7	0.7	0.6	0.8	20	19	16	20	16	18	15	15	0	15	0	8
s	0.9	0.7	0.7	0.6	0.6	0.8	26	25	25	21	20	25	25	15	33	25	19	33
mp	-	-	0.7	0.6	0.7	0.7	-	-	18	16	14	16	-	-	17	5	0	0
c	0.7	0.4	0.4	0.5	0.6	0.5	21	14	16	21	24	24	20	15	8	30	25	33
fp	0.7	0.5	0.6	0.6	0.8	0.7	23	16	20	22	30	29	15	10	42	25	44	25
kd	-	-	-	0.7	0.8	0.8	-	-	-	23	30	33	-	-	-	15	38	50
m	0.6	0.7	0.7	0.9	1.0	1.0	20	20	22	26	34	32	20	15	25	20	31	33
All	0.7	0.4	0.3	0.4	0.5	0.5	20	15	13	14	16	16	35	30	25	25	33	31
Number of issues	20	20	12	20	16	12	20	20	12	20	16	12	20	20	12	20	16	12

Note: The analysis draws on results from 20 issue questions put to both Members of the *Riksdag* and a sample of eligible voters in 1968, 1985, and 1994. The comparable studies in 1988, 1996, and 1998 comprised 12, 16, and 12 issue questions respectively. Some of the issue questions are the same through the years, but not all of them. The three different measures of policy congruence are constructed as follows: The *means difference measure* shows the divergence between members' and voters' opinions when all issue items are scaled between 1-5, with 3 as a middle alternative and "Don't knows" excluded. The measure can vary between 0.0 (perfect congruence) and 4.0 (maximum difference). The *percentage measure* is calculated as half the summed difference between members' and voters' answers to dichotomized issue questions with "Don't knows" and persons without clear issue positions (3s) excluded. Zero (0) stands for perfect congruence and 100 for maximum policy difference. The third measure, *proportion of issues displaying different majority positions among members and voters*, is based on the results from the analysis of the dichotomized items. As in the previous measure, zero (0) stands for perfect congruence and 100 for maximum policy difference. For abbreviations of party affiliation, see Table 1.

left (v, s, mp) have not changed, or changed only marginally toward an improved fit between the opinions of members and voters. Among the nonsocialist parties, all have become less representative of their voters with a small question mark for the Center Party if we include the 1968 study. However, compared over the last ten to 15 years, all of the nonsocialist parties exhibit a clear downturn in the degree of issue agreement between MPs and voters. This is most evident for the conservatives, but clearly observable also for the liberals, for the Christian democrats, and for the Center Party.

4. Parties Versus Parliament

If we add up and average the intraparty figures and compare them across time with the level of policy congruence exhibited by the entire *Riksdag*, a pretty neat result emerges; a result in accordance with our hypothesis that individual parties may well be less representative of their voters than the entire parliament is of all eligible voters. Deviances at the party level have a tendency to even out and get compensated at the aggregated level of full parliament. The results in Figure 1 show how policy agreement between elite and mass in Sweden has consistently been higher over the years at the level of the full *Riksdag* than among the parties. Furthermore, the long-term trend is toward lower levels of policy agreement among parties, while the level of policy agreement is more stable at the level of the entire parliament.

The tendency toward better issue representation in the *Riksdag* than among individual parties is very well illustrated by the way members and voters relate to each other on the all-important left-right dimension. If a political system is characterized by either elite consensus (smaller opinion differences between party elites than among voters) or elite polarization (greater opinion differences between party elites than among voters), the foci of elite and mass attitudes at the level of the parliament are likely to be closer to each other than in systems characterized by elite left divergence or elite right divergence, where all or most party elite groups tend to be left or right of their respective voters. In the latter cases, members' averaged attitudes would tend to deviate either to the left or to the right of the position of the electorate.

The results in Figure 2 reveal that in the late 1960s Sweden was characterized by a different opinion relationship between elite and mass than later in the 1980s and 1990s. In the 1968 study, contrary to the evidence from most American and European representational studies that emphasize the polarization of party elites compared to party voters on left-right issues, the Swedish system was characterized by a consistent displacement of each party elite group to the left of its voters. Thus, in the late 1960s, Swedish politics were distinguished by a system of left-leaning elites in all parliamentary parties. During the 1980s quite a different system emerged, however. An elite conflict model with more ideologically polarized elite groups than voters – much like the result of most studies of representation around the world – has replaced the left-leaning model of the 1960s.

Figure 1: Average Issue Agreement Between MPs and Voters Across Parties and for the Entire Parliament

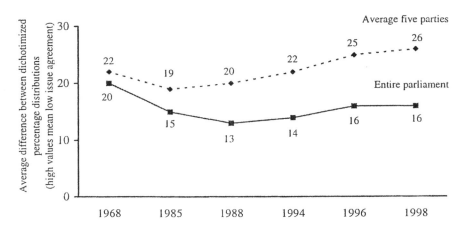

Note: The party results have been summed and averaged across the five old Swedish parties (v, s, c, fp, m). If the two new parties (mp, kd) are included, the averages become 21 in 1994, 24 in 1996, and 25 in 1998. The measure of policy agreement can vary between 0 (perfect agreement) and 100 (maximum difference). See Table 2 for further details.

Moreover, the average ideological distances between party elite groups and their voters have changed as well. The Conservative Party on the right no longer exhibits the tightest agreement between members and voters. Quite contrary, the conservatives in the 1990s are the party most distant from their voters. As revealed by Figure 2, in the 1990s, centrist parties like the social democrats and the Center Party are closest to their voters, not parties toward either extreme on the left-right dimension.

Returning to our hypothesis that intraparty policy agreement tends to be lower than agreement at the *Riksdag* level, the left-right deviances between legislators and voters reveal that on average congruence results are indeed worse for the parties than for the entire parliament in all years, except 1968. In 1968, when all party elites were located somewhat to the left of their voters, the *Riksdag* mean position was also pulled to the left of the entire electorate's position yielding an even lower issue agreement than was the average for the parties. In all other years, polarized positions of party elites were evened out at the level of the parliament resulting in a higher degree of left-right congruence between elite and mass for the entire *Riksdag* than for the individual parties. A polarized elite pattern, as in 1985, 1988, 1994, and 1998, tends to establish better issue agreement at the parliamentary

Figure 1: Ideological Left-right Positions. Within-party Agreement Between
Voters and Members of the *Riksdag* in 1968-1998

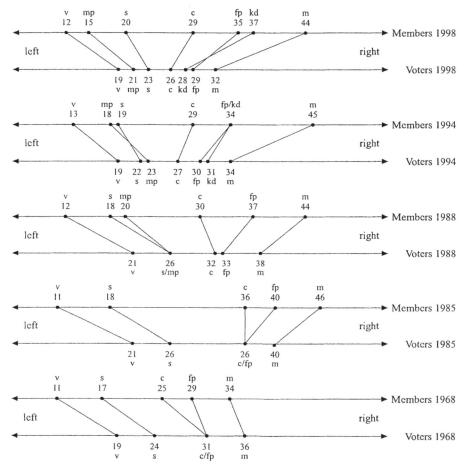

Comment: The results are means based on five left-right attitude indices, one for 1968 constructed
from 15 issue questions, one for 1985 constructed from 12 issue questions, one for 1988 constructed
from eight issue questions, one for 1994 constructed from seven issue questions, and one for 1998
constructed from five issue questions. Some of the issue items are the same over the years, but not
all of them. The left-right issues in 1998 were: size of the public sector, defense costs, income equality, private health care, and six-hour work day. The indices can vary between 10 (far left) and 50 (far
right). For more details about the 1968 results, see Holmberg (1974: ch. 3). For further details on the
1985 and 1988 results, see Esaiasson and Holmberg (1996: ch. 6). For abbreviations of party affiliation, see Table 1.

level than in 1968 when all elite party groups tended to lean in the same direction. In the first case, the *Schwerpunkt* – the main focus of the member distribution as well as of the voter distribution – tends to end up toward the middle, while elite opinions in the second case tend to be shifted either to the left or to the right of voter standpoints.

That is how the matter stands. Our empirical results have indicated that parties do indeed tend to be less issue representative of their voters than parliaments. And, furthermore, we have demonstrated that one of the main mechanisms behind this phenomenon is the fact that many elite party groups tend to be more polarized on the dominant left-right cleavage than their respective voters. Moreover, our result is not a methodological artefact caused by the way the indices were constructed or the way the averages were calculated. The deviance to the right among nonsocialist elite parties and the deviance to the left among socialist legislators are even more dramatic when we refrain from building indices and just count the number of issues on which opinions among party representatives were either to the left or to the right of their respective voters (Esaiasson and Holmberg 1996: 95).

5. But What About Majority Positions?

Thus, somewhat bad degrees of intraparty policy agreement between elite and mass tend to level out when we look at the entire parliament. However, parliamentary decisions are not taken through any device involving mirroring of issue distributions or calculations of mean positions. Parliamentary decisions as well as intraparty decisions are based on the counting of heads and on reaching majority support. Consequently, it would be reassuring – at least for a traditional view of representative democracy assuming a rather high degree of policy congruence between representatives and represented – if we would find the same tendency in the *Riksdag*, i.e., levelling out party deviances when it comes to majority decisions. However, that is not the case. On the contrary, issue agreement between members and voters measured as the percentage of issues exhibiting different majority positions among legislators and the electorate reveals rather poor results, and the figures are *not* better for the entire parliament than for the average party. It is the other way round, majority positions among legislative parties are more often in tune with their voters' majority positions than is the case for the full *Riksdag* vis-à-vis all eligible voters.

The proportion of issues with *different* majority positions among all members and voters has been fairly stable through the years: 35 percent in 1968, 30 in 1985, 25 in 1988, 25 in 1994, 33 in 1996, and 31 in 1998. The comparable average result for the parties tends to be somewhat lower. Averaged over the five old Swedish parties the results are: 19 percent in 1968, 14 in 1985, 22 in 1988, 23 in 1994, 24 in 1996, and 26 in 1998. If the results are averaged over today's seven parties, they yield a very similar outcome: 19 percent in 1994, 22 in 1996, and 26 in 1998. Thus, legislative parties' representation of majority positions among their own voters tend to be a little better than the comparable *Riksdag* representation of majority positions among all eligible voters. However, in neither case the degree of issue representation is very impressive. On average, elite party majorities deviate from voter majorities on 20 percent of the issues; the comparable result for the full *Riksdag* is 30 percent.

6. Representation from Above

A perhaps somewhat normative way of summing up our findings is to acknowledge that the level of policy congruence between leaders and voters is not especially high in Sweden. A *Riksdag* chosen by lot in a totally random fashion, without resorting to the costly and time-consuming methods of candidate nominations, election campaigns, and popular voting, would produce higher degrees of issue agreement than what we find in our empirical studies. The probability of getting the kind of averaged summed percent differences and deviances in majority positions between elite and mass that we have found in the years 1968-1998 by choosing the members randomly is very small, less than one in a thousand. Comparative research on policy representation is sparse, but what little there is indicates that the Swedish results are not unique. Congruence results from studies done in the other Nordic countries as well as the Netherlands, France, Germany, and the USA reveal levels of issue agreement very similar to the ones found in Sweden (Holmberg 1999; Wessels 1999; Holmberg 2000).

Hence, if high degrees of policy representation are an important democratic value, lottery procedures may well outperform representative processes in most political systems. But, of course, there are other democratic values besides policy representation like efficiency and policy leadership. To a degree, the pursuit of these other values is what is behind our results. There is little doubt about the processes that have been at work producing policy differences between members and voters. A pronounced tendency to policy leadership on the part of party elites is the most important process, combined with unsuccessful opinion formation from above. Analysis of dynamic opinion formation in Sweden has shown that a run-from-above representation model is more valid than a run from below mass-driven model (Holmberg 1997). Naturally, top-down opinion formation and policy leadership are legitimate forms of politics in a representative democracy, given the existence of free and fair elections, and free speech. But representative democracy is a fragile system built on trust and a delicate balance between political leadership and accountability on the one hand and responsiveness and representation on the other. Excessive leadership leads to elitism, excessive responsiveness leads to populism. Our Swedish results indicate that the scale is somewhat tilted. Elite-driven political leadership from above carries more weight than responsiveness and mass-driven representation from below.

7. Unrepresentative Parties and Unrepresentative Parliaments

The main finding in this study is that when we analyze policy congruence between elite and mass *in terms of majority positions*, the unrepresentativeness of necessarily unrepresentative parties does not even out and improve at the level of the entire parliament. Consequently, our hypothesis is disapproved. Intraparty issue differences between members and voters tend to even out at the *Riksdag* level when we talk about policy representation in terms of mirroring attitude distributions. But once we talk about policy representation in terms of sharing the same majority standpoint, it does not even out. And agreement on majority positions are more important for actual decision-making than matching issue distributions between party elites and voters. When majority positions of parliamentary party groups deviate on average from the majority positions of their voters on 20 percent of the issues and the comparable result for the entire *Riksdag* is 30 percent, there is but one possible conclusion: Policy representation in Sweden is nothing to brag about. Put bluntly, unrepresentative Swedish parties make up an even more unrepresentative *Riksdag*.

References

Brothén, Martin (1999): Riksdagskandidat 1998. Dokumentation. Göteborg: Statsvetenskapliga institutionen.

Converse, Philip and Roy Pierce (1986): Political Representation in France. Cambridge: The Belnap Press of Harvard University Press.

Dalton, Russell J. and Martin P. Wattenberg (eds.) (2000): Parties Without Partisans. Political Change in Advanced Industrial Democracies. Oxford: Oxford University Press.

Esaiasson, Peter and Knut Heidar (eds.) (2000): Beyond Westminster and Congress. The Nordic Experience. Columbus: Ohio State University Press.

Esaiasson, Peter and Sören Holmberg (1996): Representation from Above. Members of Parliament and Representative Democracy in Sweden. Aldershot: Dartmouth.

Gilljam, Mikael (1988): Svenska folket och löntagarfonderna. En studie i politisk opinionsbildning. Lund: Studentlitteratur.

Holmberg, Sören (1974): Riksdagen representerar svenska folket. Empiriska studier i representativ demokrati. Lund: Studentlitteratur.

Holmberg, Sören (1981): Svenska väljare. Stockholm: Liber.

Holmberg, Sören (1989): Political Representation in Sweden. In: Scandinavian Political Studies, 12, pp. 1-36.

Holmberg, Sören (1994): Election Studies the Swedish Way. In: European Journal of Political Research, 25, pp. 309-322.

Holmberg, Sören (1996): Svensk åsiktsöverensstämmelse. In: Bo Rothstein and Bo Särlvik (eds.): Vetenskapen om politik. Festskrift till professor emeritus Jörgen Westerståhl. Göteborg: Statsvetenskapliga institutionen, pp. 109-125.

Holmberg, Sören (1997): Dynamic Opinion Representation. In: Scandinavian Political Studies, 20, pp. 265-283.

Holmberg, Sören (1999): Collective Policy Congruence Compared. In: Warren E. Miller, Roy Pierce, Jacques Thomassen, Richard Herrera, Sören Holmberg, Peter Esaiasson and Bernhard Wessels: Policy Representation in Western Democracies. Oxford: Oxford University Press, pp. 87-109.

Holmberg, Sören (2000): Issue Agreement. In: Peter Esaiasson and Knut Heidar (eds.): Beyond Westminster and Congress. The Nordic Experience. Columbus: Ohio State University Press, pp. 155-180.

Key, Valdimer O. (1964): Politics, Parties and Pressure Groups. New York: Crowell.

Lawson, Kay (ed.) (1980): Political Parties and Linkage: A Comparative Perspective. New Haven: Yale University Press.

McAllister, Ian (1991): Party Elites, Voters and Political Attitudes: Testing Three Explanations for Mass-elite Differences. In: Canadian Journal of Political Science, 24, pp. 237-268.

Medding, Peter (1982): Ruling Elite Models: A Critique and an Alternative. In: Political Studies, 33, pp. 393-452.

Miller, Warren E., Roy Pierce, Jacques Thomassen, Richard Herrera, Sören Holmberg, Peter Esaiasson and Bernhard Wessels (1999): Policy Representation in Western Democracies. Oxford: Oxford University Press.

Miller, Warren and Donald Stokes (1963): Constituence Influence in Congress. In: American Political Science Review, 57, pp. 45-56.

Oscarsson, Henrik (1998): Den svenska partirymden. Väljarnas uppfattning om konfliktstrukturen i partisystemet 1956-1996. Göteborg: Statsvetenskapliga institutionen.

Petersson, Olof (ed.) (2000): Demokratirådets rapport 2000. Demokrati utan partier? Stockholm: SNS förlag.

Rabinovitz, George and Stuart Macdonald (1989): A Directional Theory of Issue Voting. In: American Political Science Review, 83, pp. 93-121.

Rabinovitz, George, Stuart Macdonald, and Ola Listhaug (1991): New Players in an Old Game: Party Strategy in Multiparty Systems. In: Comparative Political Studies, 24, pp. 147-185.

Sartori, Giovanni (1976): Parties and Party Systems: A Framework of Analysis. New York: Cambridge University Press.

Särlvik, Bo (1970): Electoral Behaviour in the Swedish Multiparty System. Göteborg: Statsvetenskapliga institutionen.

Sjöblom, Gunnar (1968): Party Strategies in a Multiparty System. Lund: Studentlitteratur.

Strøm, Kaare and Lars Svåsand (eds.) (1997): Challenges to Political Parties: The Case of Norway. Ann Arbor: University of Michigan Press.

Thomassen, Jacques (1976): Kiezens en gekozen in een representatieve demokratie. Alphen aan den Rijk: Samson.

Wessels, Bernhard (1995): Support for Integration: Elite or Mass Driven? In: Oskar Niedermayer and Richard Sinnott (eds.): Public Opinion and Internationalized Governance. Oxford: Oxford University Press, pp. 137-162.

Wessels, Bernhard (1999): System Characteristics Matter. Empirical Evidence from Ten Representation Studies. In: Warren E. Miller, Roy Pierce, Jacques Thomassen, Richard Herrera, Sören Holmberg, Peter Esaiasson and Bernhard Wessels: Policy Representation in Western Democracies. Oxford: Oxford University Press, pp. 137-161.

Widfeldt, Anders (1999): Linking Parties with People. Party Membership in Sweden 1960-1997. Aldershot: Ashgate.

The Consensus Model of Democracy: Superior But Not Perfect

Jacques Thomassen

1. The Consensus Model of Democracy: A Superior Form of Government?

The current literature on types or models of democracy makes it difficult to avoid the conclusion that the consensus model of democracy has beaten its rival, the majoritarian model of democracy, at all battlefronts. That is a remarkable change of events in the scholarly literature in not more than a few decades. The debate on the virtues of different models of democracy started in the context of the relationship between the degree of homogeneity and democracy. The awareness of such a relationship is as old as political science. Aristotle already argued that a more or less homogenous society is an important condition for a stable political system. Heterogeneity in terms of race, language or religion puts the stability of a political system at risk. A more refined version of this argument is that not homogeneity as such is conducive for the stability of a political system, but the extent to which they are cross-cutting rather than mutually reinforcing. As Lipset (1960: 89) argues "...the chances for stable democracy are enhanced to the extent that groups and individuals have a number of crosscutting, politically relevant affiliations. To the degree that a significant proportion of the population is pulled among conflicting forces, its members have an interest in reducing the intensity of political conflict." The belief in the validity of this general law of political stability in the Anglo-Saxon literature of the 1960s and 1970s was such that Robert Dahl, one of its advocates, once confronted a Dutch colleague with the statement: "You know, your country theoretically cannot exist" (Daalder 1974: 606). The Netherlands with its typical *verzuiling*, or *pillarized* society, had become the prototype of a society where major social groups were totally segmented and therefore according to Lipset's argument vulnerable to political instability. Since this controversy occurred the proponents of the *model of consociational democracy*, and Lijphart (1984) in particular, have made it sufficiently clear that a plural, heterogeneous society is compatible with a stable democratic political regime, not only in real life, but even in theory. A plural society is not necessarily unfit for democracy, but only for a particular kind of democracy, a *majoritarian* model of democracy. Different societies need different regimes. Although Lijphart in his earlier work made little effort to hide which type of democracy could count most on his sympathy, this last statement used to be an important element in his work. There is not one single type of democracy that is superior to any other, but which type of democracy deserves preference depends on the societal context. However, in his latest book, *Patterns of Democracy*, the successor of *Democracies*, all these nuances seem to have gone. In two chapters Lijphart (1999: 258-300) argues on the basis of empirical evidence that consensus democracy is superior to majoritarian democracy not only in plural societies, but in general. Not only is the quality of democracy in consensus democracies "kinder and gentler" but even the traditional wisdom that majoritarian governments are more effective policy makers is proven to be wrong.

In his recent book *Elections as Instruments of Democracy* Bingham Powell (2000) comes to a similar conclusion. He claims that in a democracy policymakers should do what their citizens want them to do. Competitive elections are instruments of democracy by linking the preferences of citizens to the behavior of their policymakers. Powell shows that the policy responsiveness of governments in political systems with a proportional electoral system, one of the main characteristics of a consensus model of democracy, is higher than in majoritarian systems. As responsiveness is measured as the closeness of the policy position of governments to the median voter, one might even conclude that the consensus model beats the majoritarian model on its own territory. Ever since Downs (1957) it seemed to be accepted wisdom that in a homogenous society the two parties in a two-party system for strategic considerations would be forced to move as close as possible to the median of the distribution of the voters on a general continuum. Powell finds that even according to this criterion consensus types of democracy perform better.

Also, another development in the literature – as a reflection of developments in society – has undermined the credibility of the majoritarian system of democracy. The philosophy behind the majoritarian system of democracy is basically a populist view of democracy. Elections are an instrument to express the will of the people. The winning party obtains a policy mandate from the people. An electoral mandate can be seen as an instrument of democracy. But it can also lead to rigid policies, and as an excuse for the government not to listen to the views of individual citizens whose interests are involved. Decisions on many issues must be made between elections. Freezing policy alternatives through the elections, as presumed in mandate models, is too insensitive to the complex nuances of policy. It may exclude various policy combinations prematurely. It offers insufficient opportunity for affected groups and individuals to articulate their concerns as the implications of potential policies evolve (Powell 2000: 90). Modern views of *governance* are more related to the classic Roman adage "quod omnes tangit, ab omnibus tractari et approbari debet" ("what touches all should be considered and approved by all") (Manin 1997: 87). This is precisely what distinguishes consensus democracy from majoritarian democracy. In Lijphart's words (1999: 2), "the question is how one wants to define the people in a democracy, as the majority of the people or as as many people as possible."

Therefore, for a number of reasons, the consensus model of democracy seems to have evolved from a somewhat underexposed alternative to the majoritarian model of democracy to the single most superior form of democracy.

I will not try to dispute these arguments in favor of consensus democracy. However, what is somewhat underexposed in all these arguments is the role of the citizens in relation to accountability. In his original development of the theory of consociational democracy, Lijphart (1977) was quite clear about the role of citizens in a consociational democracy, both as an empirical phenomenon and as a function of stable democracy. He described the attitude of Dutch citizens during the heydays of consociational democracy as passive and resigned. Their political attitudes and behavior were mainly determined by their identification with a particular segment or pillar of society. The political style of political elites was characterized as cooperative and de-politicized. The combination of these attitudes and styles of behavior of elites and masses guaranteed the stability in a heterogeneous society that might have fallen apart if the existing social cleavages would have been politicized.

However, what I will argue in this chapter is that due to the modernization of society, political attitudes and the behavior of citizens have changed. Therefore, one might wonder whether the same elite political culture and the same political institutions are still the best fit to these modern attitudes and styles of behavior of individual citizens. In the next section I will summarize what is called the modernization theory. In successive sections I will discuss modernization's consequences in the areas of party choice, turnout, and unconventional political participation. As all of these developments are pretty well documented, I will concentrate my argument on the consequences of these developments for the functioning of democracy in a political system that is still characterized by political institutions and an elite political culture which are consistent with consensus democracy.

2. Modernization and Politics

There is hardly a dispute in the literature that modernization of society has led to enormous changes at the level of individual citizens. In particular rising levels of education and the increase of mass communication are seen as the main causes of a changing role of individual citizens in politics. The changes occurring at the individual level are sometimes referred to as *individual modernization* (Fuchs and Klingemann 1995a: 12). This concept which was coined by Inkeles refers to "[An] informed participant citizen; he has a marked sense of personal efficacy, he is highly independent and autonomous in his relations to traditional sources of influence, especially when he is making basic decisions about how to conduct his personal affairs, and he is ready for new experiences and ideas, that is, he is relatively open-minded and cognitively flexible" (as quoted in Fuchs and Klingemann 1995a: 12). The increase of personal skills, such as the ability to process complex information can be expected to lead to a more instrumental orientation in politics, i.e., peo-

ple's political attitudes and political behavior will be less determined by long term
social bonds and processes of socialization and more by the outcome of an individual calculus of costs and benefits. I will expand on the consequences of this development for three domains of individual political behavior: party choice, turnout
and unconventional political behavior.

The changes with respect to party choice that can be expected to have occurred
can somewhat schematically be represented in Figure 1. The general hypothesis is
that over time the explanatory power of the variables in this analytical scheme has
gradually shifted from left to right in this scheme. I will specify this general hypothesis for the Netherlands, but it applies to other advanced Western democracies
as well.

Figure 1: An Analytical Scheme of Party Choice

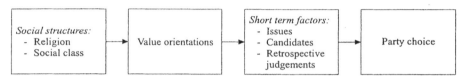

The Netherlands can be considered as the prototype of Lipset and Rokkan's famous statement that "the party systems of the 1960s reflect, with few but significant exceptions, the cleavage structure of the 1920s" (Lipset and Rokkan 1967:
50). For a long time knowledge about voters' social class and religious denomina-
tion was sufficient information for an almost perfect prediction of their party
choice. In the late 1950s the combination of social class, religion and church atten-
dance explained 72 percent of party choice (Andeweg 1982: 86). Therefore, the residual variance that in those heydays of the *verzuiling* could be explained by adding the variables in the second and third box of Figure 1 was limited. This is not to
say that ideological or value orientations, policy views or judgements on political
parties and the incumbent government were not related to party choice. Quite the
contrary, that relationship was quite strong. However, what it does mean is that
these orientations, just like party choice, were to a great extent determined by social position and therefore could not add very much to the explanation of party
choice, once social position had been taken into account. It has been thoroughly
documented that just like in many other western democracies, the explanatory
power of social background has gradually declined.[1] The logical next questions are
what has caused these changes and what has replaced social background as major
determinants of party choice. At first, electoral researchers – trained as they were

1   It must be noted though that with respect to social class this argument is anything but un-
    disputed. Whereas Franklin, Mackie and Valen (1992: 385) conclude that in almost all of
    the (16) countries in their comparative study the ability of social cleavages to structure
    individual voting choice has declined, this conclusion is disputed in a more recent com-
    parative study by Evans (1999).

to think in terms of stable alignments – were inclined to look for new alignments, for realignments. As new alignments, based upon voters' social position could hardly be found, the argument was made that more or less stable relationships between political parties and particular groups of voters are not necessarily based on the social position of voters. They might just as well be based on ideological or value orientations.

In particular the Left-Right dimension has allegedly become the most important, if not the only, dimension on which parties compete and voters orient themselves (Sani and Sartori 1983). Van der Eijk and Niemöller (1983) claimed that in the Netherlands depillarization was followed by a realignment of voters according to their position on the left-right dimension. Later they argued that the left-right orientation of voters was not simply a reflection of their social position but had become more or less independent of it. According to this argument ideological orientations can constitute a cleavage without necessarily being a derivative of social position.

However, the possible relevance of any enduring cleavage dimension is challenged by the theory of individual modernization. The logical deduction from this theory is that what we are witnessing is not a realignment according to whichever ideological or other cleavage structure, but a de-ideologization and dealignment of politics, an *individualization of politics*. The individualization of politics and the increasingly instrumental orientation toward politics will lead to an increasing heterogeneity of the political issues people deem important. People will decide from election to election what party they will vote for. This can lead to large fluctuations in election outcomes. However, this is not necessarily a sign of a lack of political interest, but reminds of the almost forgotten informed and rational voter from classic democratic theory (Dalton 1996), it means that voters have begun to choose (Rose and McAllister 1986). The party choice of these emancipated citizens will be determined more than ever by their position on issues and their evaluation of candidates and the performance of the incumbent government, i.e., by the variables in the third box of Figure 1.

However, that prediction cannot unconditionally be made. The two most important choices people make, whether they will vote, and if so, for which party, are traditionally related to voters' personal characteristics. As far as structural changes occur in the factors determining voting behavior, these changes are related to changes in society like the process of modernization mentioned above. The political-institutional context was mostly neglected. However, this can no longer be justified once the explanation of party choice is to be found more to the right in Figure 1. The possibility of voters to determine their party choice on the basis of their ideological or policy distance to the several parties is at least partly determined by the extent to which parties distinguish themselves on the relevant ideological dimension. This applies to the possible impact of issues as well. As far as voters want to take their judgement on the policy record of the incumbent government into account, it should at least be clear to them which party or coalition of parties is responsible for these policies.

An analogous argument applies to the act of voting itself. Traditionally, turnout was only to a limited extent related to an individual calculus of the costs and benefits of voting, and more to sociological factors like citizen duty and the identification with a particular party (Aarts 1999; Fuchs 1998; Kaase and Bauer-Kaase 1998). However, less and less people maintain a sense of identification with a particular political party and the norm that voting is part of one's citizen's duties is no longer enforced by social control (Kühnel and Fuchs 1998: 349).

As a consequence of a more instrumental orientation toward politics the decision to vote or not to vote becomes more dependent on what is at stake in a particular election, i.e., on how important the outcome of a particular election is for the voters. The importance people attach to a particular election will be more determined by the political-institutional context[2] than by personal characteristics of the voters.

It is the *paradox of voting* that for an individual voter the benefits of voting will hardly ever exceed the costs of it. Therefore, in general it is to be expected that as far as voting becomes more dependent on this individual calculus turnout will decrease. However, this is not an automatic process. The balance will be influenced by a few characteristics of the political-institutional context.

First, by the importance attached to the level of government concerned. In most countries the difference in turnout between elections for the national parliament and all other elections is such that the latter sometimes are referred to as *second order national elections* (Reif and Schmitt 1980; van der Eijk and Franklin 1996).

A second factor is the extent to which the outcome of elections determines who or which party or parties come to power (Franklin 1996).

A third political-institutional factor is the degree of polarization between political parties. The more pronounced the social and ideological conflicts between political parties are, the more importance voters will attach to elections and the higher turnout will be (Downs 1957; Powell 1986; Grofman 1996).

In addition to its consequences for party choice and turnout, a third predicted consequence of the increase in the political skills of individual citizens is the increase of so called unconventional political behavior. The more convinced people are of their own political competence the more they will be inclined to become politically active on an ad hoc basis, to advocate their own individual or group interests, without the intermediation of political parties or other traditional intermediary actors. This, however should not be interpreted as an indicator of a declining legitimacy of the traditional political system. People are just expanding their action repertoire, they are demanding *more* democracy, rather than rejecting traditional politics.

In the next sections we will see how these three forms of political behavior have developed in the Netherlands, how these developments are related to developments

2 The "political institutional context" is loosely defined here and refers to any system level characteristic of the political system.

in the political-institutional context, and what this means for the quality of consensus democracy.

3. Party Choice

In the previous section we have made the prediction that over time the explanatory power of the factors on the left side of Figure 1 will diminish in favor of the factors more to the right in this figure. The decline of the explanatory power of the traditional social cleavage structure in the Netherlands is well documented (a.o. van der Eijk and Niemöller 1992). Here we will concentrate on the hypothesis that gradually the left-right dimension will become a more independent explanatory factor but in turn will yield to more short term factors like issue positions and judgements on the policies of the incumbent government.

In Figure 2 one can observe the development of the explanatory power of these two (groups of) variables. The development of the explanatory power of the left-right dimension (controlled for background variables in the first box of Figure 1) perfectly matches the hypothesis. It first goes up until the elections of 1986 and then declines again. This result should boost our confidence in the related hypothesis that the declining importance of left-right will be compensated by a growing importance of issues and policy judgements. However, this is not the case at all. Instead of taking over the position of the left-right dimension, their importance after 1986 declines as rapidly as the importance of the left-right dimension. What happened to the Dutch electorate after 1986?

The answer to that question might be hidden behind the upper line in Figure 2, representing the trend in polarization, i.e., the differences between the major political parties on the left-right dimension as perceived by the voters. This trend perfectly parallels the trends in policy voting. Of course, this parallel cannot prove any statistical relationship at the individual level. But analyses not reported here clearly demonstrate that the same relationship can be observed at the individual level. What this means is that the explanation for the decline of policy voting is not to be found in changing characteristics of the voters but in changes in the party system. In the perception of voters the differences between the five major political parties have shriveled after 1986.

This means that we are witnessing a strange paradox. Whereas the voters increasingly have developed the qualities to meet the requirements of classic democratic theory, they are hindered to behave according to these requirements because of a lack of political differences between political parties. Voting for an alternative policy agenda has become even more difficult since 1994, when a "purple" coalition of the labor party (PvdA), D66 and the liberal-conservative party (VVD) came to power. Before that time coalitions between the Christian Democratic Party (CDA) or its predecessors and either PvdA or VVD alternated. Since PvdA and VVD represent the two major anchor points on the left-right dimension a coalition of those two parties comes close to a grand coalition, making it hard for the remaining parties to act as an effective opposition.

Figure 2: The Explanatory Power of Policy Orientations for Party Choice and Polarization

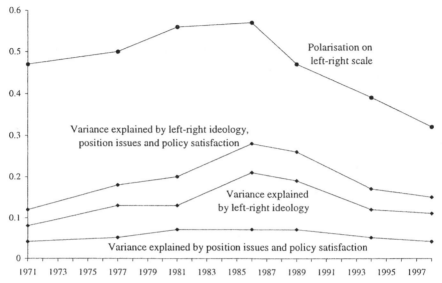

The graphs from top to bottom present: (1) The polarization between the major parties. The value for party polarization is 0 when all parties are perceived as being on the same position and 1 when the difference between the two extreme parties is maximal, i.e., when these parties are on the two extreme positions of the left-right scale. (2) The variance in party choice explained by left-right orientations, position issues and satisfaction with government policy. McFaddens's adjusted Rho2. (3) The variance in party choice explained by left-right orientations; (4) The variance in party choice explained by position issues and satisfaction with government policy.

Source: Van Wijnen (2000a, b).

4. Toward a Cartel Democracy?

This development might be interpreted as a movement toward a cartel democracy, or de-politicized democracy, a development Lijphart foresaw more than thirty years ago. In order to understand this development, Lijphart's original scheme, as represented in Figure 3, combining two types of political culture and two types of elite behavior, is still helpful. It can help to understand both Lijphart's original plea for a consociational democracy in a plural society and the possible problems of a cartel democracy.

Figure 3: A Typology of Democratic Regimes

	Society	
	Homogeneous	Plural
Coalescent	Depoliticized Democracy	Consociational Democracy
Adversarial	Centripetal Democracy	Centrifugal Democracy

(Elite Behavior labels rows: Coalescent, Adversarial)

In countries with a fragmented political culture, politicizing the existing differences might strengthen centrifugal forces and destabilize the political system. Lijphart mentions the Weimar Republic, the third and fourth republics in France and Italy as typical examples. However, these destabilizing forces might be controlled by prudent political leaders who recognize the danger of these destabilizing forces and collectively decide to impose some constraints upon themselves by de-politicizing the major cleavages in society. Therefore, in a fragmented political culture de-politicizing the existing cleavages might be an important contribution to political stability. It prevents that deeply rooted cleavages in society will come to an outburst. This, according to Lijphart, happened in the Netherlands in the early twentieth century. However, Lijphart also argues that once social cleavages loose their sharp edges, de-politicizing existing cleavages will have the opposite effect. Then the limited democratic quality of a cartel democracy, like its lack of opposition and the lack of transparency will become more conspicuous. With reference to the young Lijphart, in a homogenous society the quality of democracy would be better served by a *centripetal democracy* according to the British or Scandinavian model. In contrast to a cartel democracy, a centripetal democracy is characterized by a permanent contest between two (blocs of) parties who compete for government power. Still according to Lijphart, in a homogenous political culture the continuous contest between government and opposition is the basis of a credible democratic system. If the transition from a fragmented to a homogenous political culture is not followed by a transition from a de-politicizing to a competing style of political behavior among political elites, this will provoke a protest movement against the undemocratic nature of cartel democracy. This protest movement would be a threat to the stability of the political system. If this analysis was applicable to the Dutch political system more than 30 years ago, it is today more applicable than ever. First, the development toward a more emancipated citizenship, with more instrumental orientations toward politics more than ever is asking for a clear political choice. Second, the decline of the political significance of the old social cleavages has led to a far more homogenous political culture than 30 years ago. Third, the centripetal movements of the major political parties and the recent coalition of the major opponents on the left-right dimension have only diminished the possibility for the electorate to make a clear choice and to have an impact on cabinet formation.

However, Lijphart is not the only one who seems to have lost interest in this problem. Among political elites the appetite for any minor, let alone major changes in the political system seems to be less than ever. This is at odds with what Lijphart predicted more than 30 years ago. He then foresaw what he called a second self-denying prophecy. Just like consociational democracy in his view was the rational reaction of prudent political leaders, recognizing the dangers of the centrifugal forces in a segmented society, the many proposals launched since the mid-sixties to democratize the political system might be interpreted as many attempts to replace the unstable developing cartel democracy by a centripetal democracy thereby exorcising the dangers of a developing cartel democracy. Most of the proposals for democratic renewal proposed to improve the accountability function of elections by introducing majoritarian elements into the political system. However, none of these proposals ever came even close to being accepted or implemented. Quite to the contrary, as argued above, the political system more than ever has moved toward a cartel democracy, one of the conspicuous elements being a lack of substantive competition between the major political parties. From the perspective of the self-interest of political parties, this development is quite explicable. The reason is *not* that political parties are insensitive to what happens among the electorate. Just as among the political elites, the polarization among voters has declined. The causal sequence of these movements is not totally clear, but whereas much of the electorate has moved to the political center and political parties can ever less count on the stable adherence of a particular segment of the electorate, they are forced to move to where the voters are concentrated, i.e., in the political center.

Therefore, one might see it as a democratic paradox that political parties, by strategically following the developments among the electorate, reach the opposite of what from a democratic perspective might be desirable, or at least equally desirable, i.e., offer a clear choice to the voters. However, it is extremely unlikely that political parties will behave according to that democratic desirability as long as they think it would hurt their electoral position. Therefore, what Lijphart once foresaw as a second self-denying prophecy, is unlikely to happen.

From a normative point of view it is quite obvious that a strong and visible opposition is an important element of the quality of democracy. But how do voters react to this development? It is an essential element of representative democracy that people can express their dissatisfaction with government or a particular party by voting for the opposition or a different party, that policy dissatisfaction can be regulated without being translated in dissatisfaction with the political regime. In other words, dissatisfaction with government policies or authorities does not necessarily have any consequences for the support of the political regime. However, as soon as voters see no differences anymore between political parties, as parties become Tweedledum and Tweedledee, it is anything but unthinkable that policy dissatisfaction is translated into negative support for the political system as such, for the simple reason that it has nowhere else to go. At this moment there are no indications for such a development. Satisfaction with democracy is comparatively high, even among voters who hardly see a difference between political parties. However, it is not unthinkable that this might change when the economic tide changed and policy dissatisfaction would increase. In political science it is almost an article of faith that in a well-developed democracy citizens are capable of making a clear distinction between their judgement of policy and their judgement of the political system. There is sufficient empirical evidence to support this supposition. However, there are also indications that a more instrumental orientation toward politics goes hand in hand with a fading of this distinction. People would be more inclined to hold not only the incumbent government accountable for disappointing performances, but the political regime as well (Fuchs and Klingemann 1995b: 441). Also, if policy dissatisfaction cannot find the natural safety valve of a credible opposition, it will not immediately lead to a revolution, but the sudden rise of anti-system parties is anything but unthinkable. At the local level, such a development is already visible and might easily occur at the national level as well. And although one should be extremely careful in comparing developments in different countries, the developments in Austria might be seen as a writing on the wall. It is most unlikely that the success of Haider's FPÖ can only be attributed to ultra-right sentiments among the Austrian population. Haider has also successfully mobilized the growing discontent with the cartel of SPÖ and ÖVP that had dominated Austrian politics ever since the end of World War II.

5. Turnout

But even if it might be somewhat exaggerated to expect a growing dissatisfaction with the political system in the Netherlands, this is not to say that it does not have any effects on the way people behave in politics. In combination with a more instrumental orientation toward politics it is expected to have an effect on the level of turnout. In Figure 4 the development in turnout in the Netherlands at parliamentary elections since 1967 is presented.

It seems to be clear that turnout has systematically declined. However, this does not apply to the whole period. The sudden decline after 1967 is due to the abolishment of compulsory voting, but after 1971 turnout increased again. Thereafter, with the exception of a onetime recovery in 1986 turnout has systematically declined. To what extent this development is due to more general trends is hard to tell. In most Western democracies turnout has been declining (Lane and Ersson 1999: 141). This might indicate that at least part of the decline is due to general changes in society and not to the typical political-institutional context in any particular country. These general factors, like the declining identification with a particular party and the decline of the sense that voting is a citizen duty were mentioned above as part of the process of modernization. However, this is not to say that a declining turnout is an automatic process. As argued above, the process of modernization implies that instrumental orientations rather than more general attitudes will determine whether people will bother to vote. Above, I have mentioned three variables that will influence the balance of this individual calculus: the importance people attach to a particular level of government, the extent to which the outcome of the elections determines who comes to power, and the polarization between political parties. Although the argument of a diminishing importance of the national state could easily be made, we do not have any data on how the importance of the national level of government is perceived by the voters. But there is at least a plausible argument that changes in the two remaining factors are related to the developments in turnout.

Figure 4: Electoral Turnout at Parliamentary Elections 1967-1998

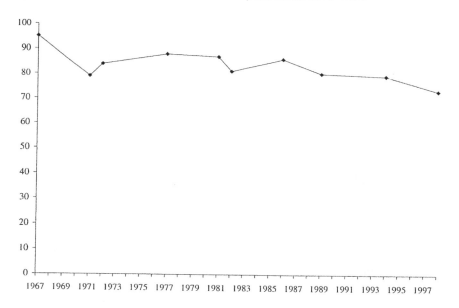

Just like in the case of the explanatory power of the left-right dimension for party choice and policy issues, the 1986 election seems to be a turning point. And the explanation for both developments is probably the same. As shown above, the polarization between parties increased until 1986 and decreased ever since. Like before, the simple fact that two graphs follow the same pattern does not necessarily mean that there is a relationship between polarization and the decision to vote or not to vote at the individual level. However, analysis at the individual level again confirms this relationship. Therefore, it is plausible that the declining turnout is at least partly due to the diminishing political differences between the major political parties. But the relationship between the outcome of the elections and the allocation of power might be of equal importance. The total lack of any coercive relationship between the outcome of elections and the cabinet formation, and therefore a lack of accountability, have for decades been considered as one of the major shortcomings of Dutch parliamentary democracy. However, twice in recent parliamentary history the incumbent government coalition offered a clear choice to the voters, to either give a vote of confidence to the incumbent government parties in order to enable them to continue their policy program, or to vote them out of office. This was in 1977 and 1986. And although two points in time cannot offer convincing evidence, it can hardly be a coincidence that at those two elections turnout reached a temporal peak.

A totally different question is whether a declining turnout should be considered as a problem. As far as it is caused by too much consensus, many countries in the world might like to exchange this problem with theirs. Or, as a prominent Dutch politician used to say: Blessed the country where politics are so dull as in the Netherlands.

A second argument to put declining turnout in its proper perspective can be found in the process of modernization described above. As a third consequence of the modernization process we mentioned the increasing reliance on more direct forms of political participation. Better-educated and self-confident citizens have found more effective ways to put their political wants and demands on the administrative and political agenda than via the traditional channels of representative democracy. They are more and more inclined to directly address policy-makers. Therefore, participation in elections has become less important to people. However, this is not to say that their involvement in politics has declined. Only their way of expressing it has changed.

All this is undoubtedly true. And yet, there are at least two reasons not to consider a declining turnout as a purely academic problem. First, elections still are one of the most important mechanisms of legitimizing political power. That does not necessarily mean that each and every citizen should vote, but an ever-decreasing turnout might question the legitimacy of the political system. In Germany, for historical reasons, the sensitivity for this problem seems to be far greater than in the Netherlands: "Besonders in einem Land mit einer so wechselvollen politischen Geschichte wie Deutschland ist der als Indikator demokratischer Reife gedeuteten Beteiligung vor allem an nationalen Wahlen eine große Aufmerksamkeit sicher" (Kaase and Bauer-Kaase 1994: 85). Second, empirical research time and again has proven that voters are not representative of non-voters. Better-educated and in general better-off people are more inclined to vote. Moreover, the strength of the relationship between education and turnout tends to increase when turnout decreases (Lijphart 1997).

6. Political Involvement and Democracy

But there is also a third reason to take a declining turnout serious. As mentioned above, a decline in conventional forms of political participation to which turnout at elections belongs, can be seen as part of the process of modernization. Traditional forms of political participation are replaced by all kinds of direct deliberation between citizens and public agencies. As part of an ongoing process of shifts in governance the democratic state has yielded to the self-regulation of civil society. In the new governance debate, interactive policy making seems to have become the new magic formula. As an empirical phenomenon, this development seems to be indisputable. However, from a democratic point of view this development might be more questionable. First, even more than in the case of turnout, political equality is at stake. These new forms of participation ask for personal resources that are not equally distributed among citizens.

But there might be a second problem. More than 25 years ago in his famous essay *Post-industrial Politics, How Benign Will It Be*, Samuel Huntington (1974) foresaw that modernization might lead to a society of well educated and efficacious citizens who are well qualified to defend their own interests in the political arena but are not really interested in politics. According to Huntington (1974), "this development might make post-industrial politics the darker side of post-industrial society." However, empirical research seemed to prove Huntington wrong. Not the politically uninterested activist turned out to be the prototype of the new citizen, but the politically engaged *homo politicus*, who easily combined old and new forms of political participation. Instead of rejecting old politics, modern citizens had extended their repertoire of political action. This was a main conclusion of the Political Action project that was based on data collected in the early 1970s. In the concluding chapter of the main report of this project Barnes and Kaase (1979) explicitly refer to the debate started by Huntington at the time of their research. They manage to simplify the debate at the hand of the typology in Figure 5.

The essential debate refers to the size of the category "expressive political action," i.e., the people who are politically active but without being interested in politics. Barnes and Kaase find that in the countries in which their research was done the size of this category varied between 18 and 32 percent of the population. However, what is perhaps more important: Among people who "specialize" in unconventional political behavior the size of the category "expressive political participation" exceeds the category "instrumental political action," indicating that Huntington might have a point. However, this warning was lost on most of the later literature. Moreover, Barnes and Kaase were not in a position to illustrate any developments over time for the simple reason that their data were collected at a single point in time.

Figure 5: Political Participation and Political Interest

Political Participation

	NO	YES
NO	Political Apathy	Expressive Political Action
YES	Political Detachment	Instrumental Political Action

Political Interest (row label)

Source: Aarts, Thomassen and van Wijnen (2000).

In the meantime almost 30 years have passed by and we are now in a better position to assess any possible developments. At least for the Netherlands the available data enable us to test to what extent Huntington's pessimistic view on the development of Western democracies had any predictive validity.

First, in Figures 6 and 7 the development in both political efficacy and political interest among successive generations are portrayed. We have made this distinction in successive generations because secular changes in society often start, or at least are enlarged, among new generations. They are less "contaminated" by the past and therefore more receptive to new developments. Also, according to the so-called socialization hypothesis, the values and attitudes people develop during their formative years will not easily change during the rest of their life (Inglehart 1977). Therefore, in order to get an impression of future developments one should look into the development among the younger generations. A comparison of the two trends in Figures 6 and 7 is most revealing. Younger generations seem to differ from older generations in two respects, and not because they are young but because they are from a later generation. On the one hand, their sense of political efficacy is relatively high. More than older generations they have the feeling that they can effectively operate in the political arena. They also have a disproportionate confidence in the responsiveness of politics. But whereas their political self-confidence is higher than it is among older generations, their political interest is lower. At the same time (data not shown), there is hardly a generation effect with regard to the development in political participation. As in other Western democracies, the level of conventional political participation has slightly declined, whereas the level of unconventional political participation has increased. However, whereas the decline of conventional participation among younger generations slightly exceeds that among the older generations there is no such effect for unconventional political participation. This has been growing equally among all generations. Therefore, one might wonder if a generation of people is growing up who are extremely satisfied with themselves and political democracy and are politically active but without being really interested in politics. If that is the case, Huntington's pessimistic view after all might be justified.

Figure 6: Political Interest by Generation

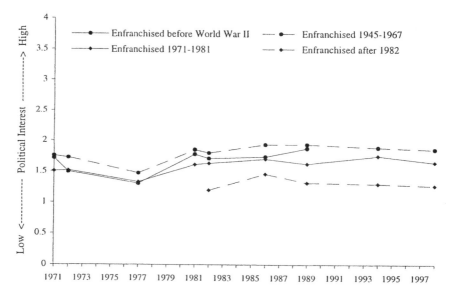

Source: Aarts, Thomassen and van Wijnen (2000).

Applying Barnes and Kaase' little scheme to pooled data from the successive national election studies suggests it might. In Figure 8 their simple typology is filled in for the four successive generations separately. The differences between these generations are striking. Among the older generation expressive political participation is exceptional. Only 14 percent fit in this category. However, with each generation this category increases with about ten percentage points and is as high as 43 percent among the youngest generation. Now the question is how one should interpret this development. The term "expressive political action" is somewhat misleading, because it might suggest that the political behavior of this category of people is irrational, that it is based on emotions rather than on an instrumental political orientations. However, in light of the developments we have seen, a better interpretation might be that political behavior of younger generations is extremely instrumental and rational, but rational from the perspective of their most individual self interest (Fuchs and Klingemann 1995a: 14).

Figure 7: Political Efficacy by Generation

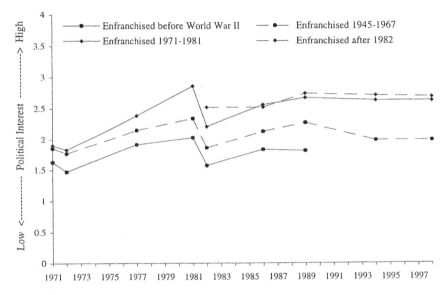

Source: Aarts, Thomassen and van Wijnen (2000).

To what extent this development is due to the developments in Dutch politics with its lack of political contestation and electoral accountability or to more general developments in Western societies is a question we will take up elsewhere. But that is not the essential point here. What our analysis seems to show is that the possible argument that the declining importance of old politics is not too much of a concern because it is compensated by the growth of new forms of political involvement and social engagement is not a valid argument. Quite the contrary, if the developments described above form a continuous trend, the gap between society and traditional politics might be increasing. If that development is occurring Huntington might be right after all and also he is not necessarily wrong with his statement that such a society might not be a benign one. One might also agree with him that in a society of well educated and emancipated citizens, who are quite capable to find their way in the process of decision-making, a strong government is needed more than ever to control particularistic interests and to find a just balance between them. It might be true that policy-making, more than ever, is the result of a tug-of-war of all kinds of interests. But exactly under those circumstances it is the role of an elected government and of elected politicians to find a balance between these interests. And it is this balance and how it should be defined that should be at stake in democratic elections. From this perspective any argument to trivialize the meaning of elections or of the possible causes of a declining turnout is not very convincing.

Figure 8: Political Participation and Political Interest in the Netherlands

Political Participation

		NO	YES
		Political Apathy 38[1] 27[2] 24[3] 27[4]	*Expressive political action* 14[1] 22[2] 32[3] 43[4]
Political Interest	NO		
	YES	*Political detachment* 24[1] 18[2] 11[3] 8[4]	*Instrumental political action* 25[1] 33[2] 33[3] 22[4]

Note: (1) Enfranchised before World War II; (2) Enfranchised 1946-1967; (3) Enfranchised 1971-1981; (4) Enfranchised after 1981.
Source: Van der Kolk, Thomassen and Arts (2001: 6).

7. Conclusion

In this contribution, I have made a few comments on the alleged superiority of the consensus model of democracy as compared to the majoritarian model. It was not my intention to challenge the main conclusions of Lijphart's work which are based on comparative research and therefore cannot be refuted by the study of a single case. However, what the data presented in this contribution show is that at least in the cradle of the politics of accommodation democracy is working less than perfect. First, because of the decreasing ideological differences between the major political parties and their willingness to participate in coalitions spanning most of the political spectrum, the Dutch political system is moving into the direction of a cartel democracy, which, according to Lijphart's original argument, is an unstable type of democracy. Under these circumstances the total lack of electoral accountability of government coalitions is becoming a dubious characteristic of the Dutch democratic system, at least from a normative point of view. To what extent these developments have had a negative effect on people's political involvement is not perfectly clear. Comparative research has repeatedly shown that turnout in consensus democracies with their proportional electoral system is higher than in majoritarian systems. However, that does not exclude the possibility that within the range of consensus democracies political-institutional developments have a negative effect on turnout. Our analysis has made it plausible that the implosion of the Dutch party system has had a negative effect on turnout. Moreover, the decreasing political interest, in particular among younger generations, might be an indication that people are gradually turning their back to a political system that is no longer able to arouse any passions. Again, to what extent this development is typical Dutch or a reflection of a general development in Western societies is a matter of further research. Perhaps our most important and disturbing finding is that among younger generations it is increasingly common to be politically active without being interested in politics. This means that the marriage between old and new politics might be less harmonious than is often assumed.

References

Aarts, C. W. A. M. (1999): Opkomst bij Verkiezingen. Onderzoeksrapportage in opdracht van het Ministerie van Binnenlandse Zaken and Koninkrijksrelaties, Directie Constitutionele Zaken and Wetgeving. Tweede Kamer: 1999-2000, 26200-VII nr. 61.

Aarts, C. W. A. M., Jacques J. A. Thomassen and Pieter van Wijnen (2000): The Swamp of Dutch Politics. How the Impact of Modernization on Political Institutions is Modified by Institutional Context. In: Oscar van Heffen, Walter J. M. Kickert and Jacques J. A.. Thomassen (eds.): Governance in Modern Society. Effects, Change and Formation of Government Institutions. Dordrecht: Kluwer, pp. 87-108.

Andeweg, Rudy B. (1982): Dutch Voters Adrift. On Explanations of Electoral Change 1963-1977. Leiden: Leiden University.

Barnes, Samuel H., Max Kaase, Klaus R. Allerbeck, Barbara G. Farah, Felix Heunks, Ronald Inglehart, M. Kent Jennings, Hans-Dieter Klingemann, Alan Marsh and Leopold Rosenmayr (1979): Political Action. Mass Participation in Five Western Democracies. Beverly Hills: Sage.

Daalder, Hans (1974): Politisering en lijdelijkheid in de Nederlandse politiek. Assen: Van Gorcum.

Dalton, Russell J. (1996): Citizen Politics: Public Opinion and Political Parties in Advanced Industrial Democracies. Chatham, NJ: Chatham House Publishers. (2nd Edition).

Downs, Anthony (1957): An Economic Theory of Democracy. New York: Harper & Row.

Eijk, Cees van der and B. Niemöller (1983): Electoral Change in the Netherlands. Empirical Research and Methods of Measurement. Amsterdam: CT Press.

Eijk, Cees van der and B. Niemöller (1992): The Netherlands. In: Mark N. Franklin, Thomas T. Mackie and Henry Valen (eds.): Electoral Change. Responses to Evolving Social and Attitudinal Structures in Western Countries. Cambridge: Cambridge University Press, pp. 255-283.

Eijk, Cees van der and Mark N. Franklin (1996): Choosing Europe? The European Electorate and National Politics in the Face of Union. Ann Arbor: The University of Michigan Press.

Evans, Geoffrey (ed.) (1999): The End of Class Politics? Class Voting in Comparative Context. Oxford: Oxford University Press.

Franklin, Mark N., Thomas T. Mackie and Henry Valen (eds.) (1992): Electoral Change. Responses to Evolving Social and Attitudinal Structures in Western Countries. Cambridge: Cambridge University Press.

Franklin, Mark N. (1996): Electoral Participation. In: Lawrence LeDuc, Richard G. Niemi and Pippa Norris (eds.): Comparing Democracies. Elections and Voting in Global Perspective. London: Sage, pp. 216-235.

Fuchs, Dieter (1998): Kriterien demokratischer Performanz in Liberalen Demokratien. In: Michael Th. Greven (Hrsg.): Demokratie – Eine Kultur des Westens? Opladen: Leske + Budrich, pp. 151-179.

Fuchs, Dieter and Hans-Dieter Klingemann (1995a): Citizens and the State. A Changing Relationship? In: Hans-Dieter Klingemann and Dieter Fuchs (eds.): Citizens and the State. Oxford: Oxford University Press, pp. 1-23.

Fuchs, Dieter and Hans-Dieter Klingemann (1995b): Citizens and the State. A Relationship Transformed. In: Hans-Dieter Klingemann and Dieter Fuchs (eds.): Citizens and the State. Oxford: Oxford University Press, pp. 419-443.

Grofman, Bernard (1996): Political Economy. Downsian Perspectives. In: Robert A. Goodin and Hans-Dieter Klingemann (eds.): A New Handbook of Political Science. Oxford: Oxford University Press, pp. 691-701.

Huntington, Samuel P. (1974): Post-industrial Politics. How Benign Will It Be? In: Comparative Politics, 6, pp. 163-191.

Inglehart, Ronald F. (1977): The Silent Revolution. Changing Values and Political Styles Among Western Publics. Princeton: Princeton University Press.

Kaase, Max and Petra Bauer-Kaase (1998): Zur Beteiligung an der Bundestagswahl 1994. In: Max Kaase und Hans-Dieter Klingemann (eds.): Wahlen und Wähler. Analysen aus Anlass der Bundestagswahl 1994. Opladen: Westdeutscher Verlag, pp. 85-112.

Kolk, Hendrik van der, Jacques Thomassen and Kees Aarts (2001): Actief maar niet geïnteresseerd. In: Openbaar Bestuur, 11, pp. 2-7.

Kühnel, Steffen M. and Dieter Fuchs (1998): Nichtwählen als rationales Handeln. Anmerkungen zum Nutzen des Rational-Choice-Ansatzes in der empirischen Wahlforschung II. In: Max Kaase und Hans-Dieter Klingemann (Hrsg.): Wahlen und Wähler. Analysen aus Anlass der Bundestagswahl 1994. Opladen: Westdeutscher Verlag, pp. 317-356.

Lane, Jan-Erik and Svante Ersson (1999): Politics and Society in Western Europe. London: Thousand Oaks.

Lijphart, Arend (1977): Democracy in Plural Societies: A Comparative Exploration. New Haven: Yale University Press.

Lijphart, Arend (1984): Democracies. Patterns of Majoritarian and Consensus Government in Twenty-one Countries. New Haven: Yale University Press.

Lijphart, Arend (1997): Unequal Participation. Democracy's Unresolved Dilemma. In: American Political Science Review, 91, pp. 1-14.

Lijphart, Arend (1999): Patterns of Democracy. Government Forms and Performance in Thirty-six Countries. New Haven: Yale University Press.

Lipset, Seymour M. (1960): Political Man. The Social Bases of Politics. Garden City, N.Y.: Doubleday.

Lipset, Seymour M. and Stein Rokkan (eds.) (1967): Party Systems and Voter Alignments. Cross-national Perspectives. New York: The Free Press.

Manin, Bernard (1997): The Principles of Representative Government. Cambridge: Cambridge University Press.

Powell, G. Bingham (1986): American Voter Turnout In Comparative Perspective. In: American Political Science Review, 80, pp. 17-41.

Powell, G. Bingham (2000): Elections as Instruments of Democracy. New Haven: Yale University.

Reif, Karlheinz and Hermann Schmitt (1980): Nine Second-order National Elections. A Conceptual Framework for the Analysis of European Election Results. In: European Journal of Political Research, 8, pp. 3-44.

Rose, Richard and Ian McAllister (1986): Voters Begin to Choose. From Closed-class to Open Elections in Britain. London: Sage.

Sani, Giacomo and Giovanni Sartori (1983): Polarization, Fragmentation and Competition in Western Democracies. In: Hans Daalder and Peter Mair (eds.): Western European Party Systems. Continuity and Change. London: Sage, pp. 307-340.

Wijnen, Pieter van (2000a): Strijdpunten, tevredenheid met beleid en stemgedrag. In: Jacques Thomassen, Kees Aarts and Hendrik van der Kolk (eds.): Politieke veranderingen in de Nederland 1971-1998. Kiezers en de smalle marges van de politiek. Den Haag: SDU, pp. 167-186.

Wijnen, Pieter van (2000b): Stemgedrag en de partij-politieke context. In: Jacques Thomassen, Kees Aarts and Hendrik van der Kolk (eds.): Politieke veranderingen in de Nederland 1971-1998. Kiezers en de smalle marges van de politiek. Den Haag: SDU, pp. 167-186.

Willensbildung und Interessenvermittlung in der Europäischen Union

Hermann Schmitt

1. Einleitung

Nach großen sozio-politischen Umbrüchen versteht sich die Politikwissenschaft vermehrt als Demokratiewissenschaft.[1] Dies war nach dem Zweiten Weltkrieg genauso wie nach dem Niedergang der kommunistischen Regime Osteuropas. Nach 1945 und nach 1990 galt ein großer Teil der politikwissenschaftlichen Aufmerksamkeit den Bedingungen der Möglichkeit der Demokratisierung der sich neu konstituierenden politischen Systeme (Bleek 2001). Als Demokratiewissenschaft wendet sich die Politikwissenschaft dabei vor allem der Frage nach der Verbindung zwischen Gesellschaft und Politik zu. Diese Frage hat eine normative und eine empirische Komponente. Entsprechend gibt es unterschiedliche Sichtweisen darüber, wie diese Verbindung gestaltet werden soll und darüber, wie – wie gut oder wie schlecht – sie tatsächlich funktioniert.

Ein Hauptstrang dieser sozio-politischen Verbindung ist der, den Parteien über allgemeinen Wahlen inszenieren (Klingemann, Hofferbert und Budge 1994). Diese elektorale Verbindung gerät allerdings gegenwärtig etwas aus dem Blickfeld der Profession. Die zeitgenössische Politikwissenschaft diskutiert hier eher Fragen der „deliberativen Politik" (vgl. Elster 1998; MacEdo 1999), den Beitrag von *non-governmental organizations* (NGOs) zum politischen Problemlösungs- und Rechtsetzungsprozess (der selbst gerne mit dem modisch-diffusen Begriff *governance* bezeichnet wird; Hewson und Sinclair 1999; Väyrynen 1999) oder die Bedeutung von „sozialem Kapital" für die Stabilität der demokratischen Regierungsweise (Putnam 1993; van Deth 1999). Dies mag auch auf die relative Unfruchtbarkeit des zuletzt vorherrschenden ökonomischen Ansatzes zurückzuführen sein, der die Analyse der Austauschprozesse zwischen Gesellschaft und Politik durch allgemeine Wahlen über die letzten beiden Jahrzehnte geprägt hat (Schmitt 2001). Die elektorale Verbindung zwischen Gesellschaft und Politik ist gleichwohl der Motor[2] der zeitgenössischen Demokratie (Römmele und Schmitt 2002).

---

1   Dies ist die überarbeitete Version des Habilitationsvortrages, den der Autor im März 2001 am Fachbereich für Politik- u. Sozialwissenschaften der Freien Universität Berlin hielt.

2   Schattschneider (1960) hat hier noch vom „Arbeitspferd" der modernen Demokratie gesprochen. Dieses Bild passt nicht mehr in die Landschaft und wir zollen dem technischen Fortschritt unseren ausdrücklichen Respekt.

Ob und inwieweit dies auch für die Politik der Europäischen Union (EU) gilt, wollen wir in diesem Beitrag erörtern. Die Demokratisierung der Union ist ein allgegenwärtiges Problem. Deshalb wird eingangs die Frage eines demokratischen Defizits der Europäischen Union diskutiert. Danach wenden wir uns den Prozessen der Interessenvermittlung und in einem weiteren Schritt jenen der Willensbildung zu. Es wird zu zeigen sein, dass das demokratische Defizit der Europäischen Union in der politischen Willensbildung begründet liegt. Deshalb werden wir mit einem Vorschlag zur Verfassungsreform der EU enden, der geeignet erscheint, die bisher defizitären Willensbildungsprozesse effektiver zu gestalten.

2. Das demokratische Defizit der Europäischen Union

Die Frage nach der Demokratie der Europäischen Union genießt in der europäischen Politikwissenschaft hohe professionelle Aufmerksamkeit. Die einschlägige Forschung identifiziert zumeist ein „demokratisches Defizit". Welche demokratischen Mängel identifiziert werden, hängt wesentlich vom Demokratieverständnis des Betrachters ab. Es mag deshalb nützlich sein, gleich eingangs zwei zentrale Prüfkriterien für das Funktionieren einer repräsentativen Demokratie zu benennen. Wir bezeichnen mit Robert Dahl (1989) ein politisches System als demokratisch, wenn es (1) allen Bürgern die gleichen politischen Rechte gewährt; und wenn (2) der politische Prozess als Wettbewerbssystem strukturiert ist, welches die Möglichkeit des Regierungswechsels durch allgemeine Wahlen vorsieht und zulässt.

Die Europäische Union hat wenig Probleme mit dem ersten Prüfkriterium. Die Bürger der Union nehmen mit gleichen Rechten, wenn auch nicht mit gleichem Stimmgewicht (Attina 1994), am politischen Prozess teil. Man mag dies beklagen, ein gravierendes demokratisches Defizit kann hieraus aber kaum abgeleitet werden (Weßels und Schmitt 2000). Schwieriger wird es mit dem zweiten Kriterium der Möglichkeit eines Regierungswechsels durch allgemeine Wahlen. Es ist für jeden offensichtlich, dass durch die Wahl des Europäischen Parlaments keine Regierung gewählt oder abgewählt wird.[3] Dass dies dennoch nicht die ganze Antwort auf die europäische Demokratiefrage ist, liegt im Mehrebenencharakter des Regierungssystems der Europäischen Union begründet. Europäisches Regieren geschieht nämlich auf unterschiedliche Weise, wobei wir insbesondere zwischen einem intergouvernementalen und einem supranationalen Regierungsmodus unterscheiden (Weiler, Haltern und Mayer 1995; König, Rieger und Schmitt 1996). In der intergouvernementalen Perspektive ist die nationale Politik „das demokratische Wettbewerbssystem, welches die Möglichkeit des Regierungswechsel durch allgemeine Wahlen vorsieht und zulässt." Solange nationale Regierungen ihre europäische Politik gegenüber dem nationalen Parlament und damit indirekt gegenüber den Wäh-

---

3 Vor allem deshalb geht es bei Europawahlen um weniger („there is less at stake"), was die Hauptursache für ihre Nebenwahl-Eigenschaften wie geringe Wahlbeteiligung und systematische Verluste der nationalen Regierungs-Parteien ist (Reif und Schmitt 1980).

lern verantworten, ist die demokratische Beauftragungs- und Kontrollkette ungebrochen.

In Politikbereichen jedoch, in denen der Ministerrat nicht nach der Einstimmigkeitsregel entscheidet, kann europäische Politik national nicht kontrolliert und verantwortet werden. Dadurch, dass nationale Regierungen überstimmt werden können, kann die Politik des Rates sich nicht zuverlässig auf die Zustimmung einer Mehrheit der Abgeordneten in allen Parlamenten der Mitgliedsländer berufen. Dies geschieht in Sachfragen, in denen die Politik der Union von der intergouvernementalen zur supranationalen Regierungsweise übergeht. In diesen Bereichen hat sich das Europäische Parlament über die Jahrzehnte verstärkte Beratungs- und Mitentscheidungsrechte erkämpft (König 1997), so dass die elektorale Beauftragung und parlamentarische Kontrolle europäischen Regierungshandelns durch die Völker Europas durch die parlamentarische Kontrolle durch das „europäische Volk" – wenn es denn ein solches gibt[4] – mindestens teilweise ersetzt werden kann.

Es wird aus dieser knappen Skizze dreierlei ersichtlich. Erstens sind gleiche politische Rechte, Wettbewerb und Regierungswechsel durch allgemeine Wahlen dem europäischen Mehrebenensystem nicht fremd. Zweitens kann ein Urteil über den Zustand der Demokratie in der Europäischen Union nicht auf die Modalitäten des intergouvernementalen oder des supranationalen Regierens allein gestützt werden. Drittens wäre es sicherlich gleichwohl verfehlt, die Europäische Union heute als eine problemlos funktionierende Demokratie zu bezeichnen.

In einem noch unfertigen, sich entwickelnden politischen System wie dem der Europäischen Union sagt man wohl nichts Falsches, wenn man dies auf strukturelle Ursachen zurückführt. Solche strukturellen oder verfassungssystematischen Defekte lassen sich allerdings am ehesten, und vielleicht auch am zuverlässigsten, durch die Analyse des politischen Prozesses entdecken. Dies führt uns zum eigentlichen Thema dieses Beitrages. Im Folgenden soll das demokratische Defizit der Europäischen Union anhand der gegenläufigen und komplementären Prozesse der Willensbildung und der Interessenvermittlung im europäischen Mehrebenensystem beleuchtet werden.

Dies ist durchaus keine randständige Frage. Wenn sich demokratischer Wettbewerb nämlich nicht formal mit dem Ersatz der einen Führungspersönlichkeiten durch die anderen begnügen soll (wie dies noch die frühen Studien der empirischen Wahl- und Demokratieforschung nahe legten, vgl. Berelson, Lazarsfeld und McPhee 1954), sondern auch den Wettbewerb um politische Inhalte und Ziele mit einbeziehen muss (Schmitt 2001), dann kann er ohne diese Vermittlungsprozesse zwischen Politik und Gesellschaft nicht auskommen.

---

4 Graf Kielmannsegg (1995) schließt die Möglichkeit einer europäischen Demokratie schon logisch aufgrund des Nichtvorhandenseins eines europäischen „demos" aus; vgl. hierzu neuerdings mit überzeugenden Gegenargumenten Fuchs (2000).

Abbildung 1: Willensbildung und Interessenvermittlung als gegenläufige und komplementäre Prozesse zwischen Politik und Gesellschaft

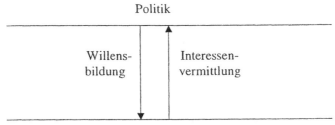

Politik

Willens-
bildung

Interessen-
vermittlung

Wünsche, Bedürfnisse und Forderungen der Bürger

Wir argumentieren im Folgenden, dass die Probleme des demokratischen Prozesses in der Europäischen Union sich nicht im Bereich der Interessenvermittlung, sondern ursächlich in dem der Willensbildung konzentrieren. Eine weitere Demokratisierung der Politik der Europäischen Union erfordert deshalb eine effektivere politische Willensbildung, die auch die großen Fragen ihrer gegenwärtigen Struktur und künftigen Entwicklung zu thematisieren in der Lage ist. Zur Erläuterung und Absicherung dieser These werden wir uns auf die Ergebnisse jüngerer Forschungsarbeiten stützen. Wir werden aber auch Fragen formulieren, die in aktuelle Forschungsanstrengungen hineinreichen.

3. Interessenvermittlung

Interessenvermittlung bezeichnet den immer nur mehr oder weniger erfolgreichen Prozess, in dem politikbezogene Wünsche, Bedürfnisse und Forderungen der Bürger – das sind ihre Politikpräferenzen – in Politik übertragen werden. Der relative Erfolg der Interessenvermittlung lässt sich an zwei Merkmalen festmachen: an ihrer Reichweite und an ihrer Wirksamkeit. Dabei ist die normative Ausgangsposition klar. In einer repräsentativen Demokratie sollen die Interessen aller Bürger einen gleich großen Einfluss auf die Regierungspolitik haben. Hinsichtlich der Reichweite gilt deshalb: je mehr Bürger einbezogen werden, desto besser. Für die Wirksamkeit der Interessenvermittlung gilt das gleiche: je mehr Einfluss auf die Regierungspolitik, desto besser. In der Realität sind Reichweite und Wirksamkeit der verschiedenen Mechanismen der Interessenvertretung unterschiedlich groß. Auch müssen beide Kriterien nicht notwendig in der Weise in die gleiche Richtung zeigen, dass der Mechanismus mit der größten Reichweite auch der wirksamste ist.

Zentrale Akteure der Interessenvermittlung sind politische Parteien, aber auch Interessenverbände und soziale Bewegungen (Lawson 1980). Diesen Akteuren entsprechen die Vermittlungsmechanismen der allgemeinen Wahl bzw. der Abstimmung, des *lobbying* von Verbandsrepräsentanten und des öffentlichen Protestes, der sich u.a. in Demonstrationen und Verkehrsblockaden äußert. Durch politische

Parteien organisierte allgemeine Wahlen und Abstimmungen sind ohne Frage die umfassendsten dieser Mechanismen, d.h. jene mit der größten Reichweite. Ihnen gebührt hier deshalb besondere Aufmerksamkeit.

Die Interessenvermittlung beschreitet im europäischen Mehrebenensystem verschiedene Wege (Schmitt und Thomassen 1999). Auf dem konföderalen Weg machen die Bürger ihre europapolitischen Präferenzen über die nationale Politik geltend. Dies verspricht Erfolg, weil nationale Regierungen im Europäischen Rat die Politik der Europäischen Union zwar nicht bestimmen, aber doch wesentlich mitbestimmen. Dadurch werden nationale Regierungen zum zentralen Adressaten konföderaler Interessenvermittlung. Nationale Regierungen kommen über allgemeine Wahlen ins Amt. In dem Maße, indem Fragen der Politik der Europäischen Union Gegenstand nationaler Wahlkämpfe sind, wird ihnen durch die Wahl ein europapolitisches Mandat erteilt, an dem sie sich bei der nächsten Wahl messen lassen müssen. Stehen europapolitische Entscheidungen an, die nach der geltenden Verfassung oder der vorherrschenden Meinung die Kompetenz der Regierung bzw. des sie tragenden Parlaments überschreiten, werden Volksabstimmungen oder Referenden durchgeführt.

Im Vergleich zu Wahlen und Abstimmungen spielt die europapolitische Interessenvermittlung über das *lobbying* und den politischen Protest konföderal eine untergeordnete Rolle. Lobbyisten wenden sich zumeist direkt an die politischen Planer und Entscheider in Brüssel, nicht so sehr an einzelne nationale Regierungen. Der politische Protest, der allerdings so vehement nicht ist und eher verbandlichen als Bewegungshintergrund hat, wendet sich dagegen eher an die nationale als an die supranationale Politik – wohl auch, weil das politische System der Europäischen Union keine geeigneten Adressaten bereithält (Rucht 2000).

Nationale Hauptwahlen sind das Hauptinstrument der konföderalen europapolitischen Interessenvermittlung. Dieser Weg hat den Vorteil, dass ihn relativ viele gehen. Die nationale Wahlbeteiligung, obwohl rückläufig, ist nach wie vor hoch (vgl. hierzu umfassend IDEA o.J.). Dies bestimmt die Reichweite der Interessenvermittlung. Dieser Weg hat jedoch den Nachteil, dass ordnungs- und verfassungspolitische Fragen der Europäischen Union in nationalen Hauptwahl-Auseinandersetzungen oft keine Rolle spielen.[5] Da aber nur solche Sachfragen eine Chance haben, auf die Wahlentscheidung der Bürger einzuwirken, die im Wahlkampf eine

5 Ordnungs- und verfassungspolitische Fragen der EU betreffen nicht das „ob", sondern das „wie" der Europäischen Einigung. Die Einführung einer gemeinsamen Währung im Zuge der Währungsunion oder die prinzipielle Öffnung der Binnengrenzen als Folge des Abkommens von Schengen sind solche Fragen, die im Rahmen der Europawahlstudie 1994 und der damit verknüpfen Europäischen Repräsentationsstudie auf Zustimmung unter Wählern und politischen Eliten überprüft wurden (vgl. Schmitt und Thomassen 1999). In diese Kategorie gehört auch die verabredete Osterweiterung der Union, die bereits heute kritische Beachtung in den Öffentlichkeiten der Mitgliedsstaaten findet (vgl. European Commission 2001).

gewisse Bedeutung erlangen, überrascht es kaum, dass die Übereinstimmung zwischen Wählern und Abgeordneten nationaler Parlamente hier defizitär ist.[6]

Die Politik der Union besteht jedoch nur zum kleineren Teil aus solchen Verfassungsangelegenheiten. „Allgemeinpolitische" Fragen sind in der großen Mehrzahl, auch wenn sie weniger spektakulär sind. Da über solche Fragen auch in der nationalen Politik gestritten, beraten und entschieden wird, spricht man hier vielleicht am besten von ebenenunspezifischer Interessenvermittlung. Die Übereinstimmung zwischen Wählern und Gewählten in diesen Fragen ist größer, der Prozess der Interessenvermittlung über die nationale Hauptwahl wirksamer.[7]

Bei Volksabstimmungen stehen im Gegensatz zu nationalen Hauptwahlen Verfassungsfragen der Europäischen Union explizit im Mittelpunkt der Auseinandersetzung. Dies gewährleistet neben der relativ großen Reichweite auch die Wirksamkeit der Interessenvermittlung in diesen Fragen.[8] Allerdings wissen wir aus Umfragestudien, dass das Abstimmungsverhalten der Bürger – z.B. für oder gegen den Beitritt, für oder gegen die gemeinsame Währung, für oder gegen die Osterweiterung – neben ihrer europäischen Politikpräferenz auch das generelle Vertrauen in die Regierung reflektiert, die die Abstimmungsfrage stellt (z.B. Franklin, van der Eijk und Marsh 1995).

Wir wechseln die Perspektive und wenden uns dem föderalen Weg der europäischen Interessenvermittlung zu. Hier adressieren die Bürger ihre Politikpräferenzen direkt an das politische System der Europäischen Union. Die Mechanismen der allgemeinen Wahl – die Direktwahl des Europäischen Parlaments – und des *lobbying* sind hier besonders wichtig. Vor allem das *lobbying* von Verbandsvertretern hat im Prozess der Politikentwicklung der Europäischen Kommission eine im Vergleich zur nationalen Politik neue Qualität erhalten. Neben nationalen Verwaltungsfachleuten (z.B. Angehörige nationaler Ministerien) werden Repräsentanten

---

6 So fiel z.B. die Übereinstimmung zum „wie" der Europäischen Einigung („nationale Währungen beibehalten" vs. „neue europäische Währung einführen") zwischen Parteiwählern und Parteieliten im Anlauf auf die Währungsunion recht bescheiden aus, was allerdings die weitreichende Übereinstimmung zum „ob" der Europäischen Einigung („dafür" vs. „dagegen") nicht in Frage gestellt hat (vgl. Schmitt und Thomassen 2000).

7 Solche „allgemeinpolitischen Fragen" betreffen z.B. die sozialen Sicherungssysteme. Sie lassen sich zumeist den ideologischen Richtungsbegriffen des Links-Rechts-Schemas zuordnen, was die politische Kommunikation über solche Fragen einfacher und wirksamer macht. Entsprechend ist die Übereinstimmung zwischen Wählern und Gewählten in diesen Fragen deutlich größer als in europäischen Ordnungs- und Verfassungsfragen (vgl. Schmitt und Thomassen 1999).

8 Allerdings ist die Reichweite von Referenden regelmäßig und z.T. empfindlich geringer als die nationaler Hauptwahlen, was die Wirksamkeit der Interessenvermittlung beeinflussen kann. Vgl. hierzu neuerdings Sinnott und Thomson (2001), die auf der Grundlage von ökologischen Wahlanalysen nachweisen, dass die Niederlage des irischen Referendums vom Juni 2001 zum EU-Vertrag von Nizza ihre Ursache in der schwachen Wahlbeteiligung und nicht so sehr in einem EU-kritischen Meinungsumschwung der irischen Bevölkerung findet.

nationaler und europäischer Verbände als Experten explizit in das Ausschusswesen der Kommission einbezogen und bringen dort neben ihrem Sachwissen ganz natürlich auch ihre Verbandsinteressen ein (z.B. Mazey und Richardson 1998). Empirische Analysen sind in diesem Bereich schwierig und selten. Gesichertes Wissen ist dementsprechend rar (vgl. aber Schnorpfeil 1996). Was wir wissen, deutet jedoch darauf hin, dass die Reichweite der Interessenvermittlung über diesen Kanal vergleichsweise beschränkt bleibt, während ihre Wirksamkeit durchaus hoch eingeschätzt werden muss (z.B. Bach 1999).

Wenn wir uns der Direktwahl der Mitglieder des Europäischen Parlamentes zuwenden, ist das Augenfälligste der Rückgang der Beteiligungsraten der Bürger von der ersten zur bisher letzten, der fünften, Direktwahl. Die Wahlbeteiligungsraten sinken zum Teil dramatisch. An der letzten Wahl im Sommer 1999 hat sich nur jeder dritte Niederländer und nur jeder vierte Bürger des Vereinigten Königreiches beteiligt. Man tut aber gut daran, den europaweiten Rückgang der Wahlbeteiligung – von 62 Prozent in 1979 auf etwas weniger als 50 Prozent in 1999 – nicht gleich als Krisensymptom des föderalen Weges der Interessenvermittlung in der EU zu deuten. Es lässt sich nämlich zeigen, dass dieser Rückgang weitgehend auf Veränderungen in der Zusammensetzung der Wählerschaft zurückzuführen ist. Im Zuge der Erweiterung der Union seit 1979 – von neun auf zwölf und dann auf heute 15 Mitgliedsländer – hat nämlich der Anteil der Wahlberechtigten aus Wahlpflichtländern (B, GR, L, I) kontinuierlich abgenommen, was unter Nebenwahl-Bedingungen das Niveau der Wahlbeteiligung quasi automatisch reduziert (Weßels und Schmitt 2000).

Während die Reichweite der Interessenvermittlung über allgemeine Wahlen durch die Beteiligungsrate beschrieben werden kann, hängt die Wirksamkeit auch von den Kompetenzen der zu wählenden Versammlung ab. Wir haben bereits darauf hingewiesen, dass das direkt gewählte Europäische Parlament in den letzten drei Jahrzehnten seine Kontroll-, Beratungs- und Mitentscheidungsrechte deutlich ausgeweitet hat. Allerdings ist es nach wie vor weit davon entfernt, in der Manier des nationalstaatlichen Parlamentarismus westeuropäischer Prägung nach der Wahl mehrheitlich eine europäische Regierung zu bilden und zu tragen. Man gewinnt eher den Eindruck, dass eine „volle Parlamentarisierung" der supranationalen Regierungsweise der EU heute weiter entfernt ist denn je (vgl. die Beiträge in Joerges, Mény und Weiler 2000).

Zur Wirksamkeit der föderalen Interessenvermittlung mittels allgemeiner Wahlen wissen wir, dass auch die Europawahl eine einigermaßen überzeugende Übereinstimmung zwischen Wählern und Gewählten nur in allgemeinpolitischen Fragen hervorbringt. Bei ordnungspolitischen und Verfassungsfragen der Union treten – wie schon bei nationalen Hauptwahlen – die Präferenzen der Regierten und die Politik der Regierenden zum Teil weit auseinander.[9]

9 Dies ist darin begründet, dass die Mitglieder des Europäischen Parlamentes keine wesentlich verschiedenen europapolitischen Orientierungen und Präferenzen aufweisen als ihre Kollegen in den nationalen Parlamenten (vgl. Katz und Wessels 1999).

Wenn wir nach dieser kurzen Skizze der Interessenvermittlung in der Europäischen Union eine Summe ziehen, dann bleiben zwei zentrale Ergebnisse stehen. Nach der Reichweite ist der Wahl- und Abstimmungsmechanismus allen anderen weit überlegen. Nach der Wirksamkeit gibt es insbesondere bei Fragen, die die gegenwärtige und zukünftige politische Ordnung der Union betreffen, gravierende Differenzen zwischen den Präferenzen der Wähler und dem Handeln der Gewählten.

4. Willensbildung

Die Ursache hierfür liegt in offensichtlichen Defekten der europapolitischen Willensbildung. Willensbildung bezeichnet den Prozess, durch den die Politikpräferenzen der Bürger, aber auch ihre Wertschätzung des politischen Systems und sogar ihre Wahrnehmung der politischen Gemeinschaft, der sie angehören, „gebildet" oder „geformt" wird. Die Akteure dieses Prozesses sind politische Eliten in einem umfassenden Sinne, Parteieliten vorneweg, und immer mehr auch die Medien. Die Mechanismen der politischen Willensbildung sind die der politischen Kommunikation, wobei zwischen der personalen Kommunikation in oder im Vorfeld von politischen Organisationen und der medialen Kommunikation zu unterscheiden ist. Da die Bedeutung der Massenkommunikation für die Politik über die Zeit zunimmt, werden die Medien – und hier insbesondere das Fernsehen – als eigenständige Größe im Prozess der politischen Willensbildung potentiell wichtiger (Schulz 1997).

Politische Willensbildung erfordert Öffentlichkeit. Öffentlichkeit können wir verstehen als „ ... ein im Prinzip frei zugängliches Kommunikationsforum für alle, die etwas mitteilen, oder das, was andere mitteilen, wahrnehmen wollen" (Neidhardt 1998: 487). In der Europäischen Union gibt es solche im Prinzip frei zugänglichen Kommunikationsforen für alle nur in den einzelnen Mitgliedsländern. Eine „europaweite Öffentlichkeit" gibt es nicht, und wird es auf der Ebene der Bürger nicht zuletzt aufgrund der Sprachgrenzen auch nur recht eingeschränkt geben können. In unserem Kontext stellt sich deshalb die Frage, ob diese Tatsache einer umfassenden und wirkungsvollen europapolitischen Willensbildung im Wege steht.

Wir gehen davon aus, dass eine „europäische Öffentlichkeit" nicht notwendig eine „europaweite Öffentlichkeit" sein muss. Wie Neidhardt, Koopmans und Pfetsch (2000) mit Verweis auf die politischen Systeme der Niederlande und der Schweiz überzeugend dargelegt haben, ist eine systemweite Öffentlichkeit für die effektive politischen Willensbildung nicht unabdingbar. Unter der Voraussetzung, dass die systemweite Kommunikation durch politische Eliten übernommen wird, kann eine systemweite Öffentlichkeit durch Teilöffentlichkeiten – etwa in den schweizerischen Kantonen, oder eben den Mitgliedsländern der Union – ersetzt werden.

Neidhardt, Koopmans und Pfetsch (2000) weisen zudem darauf hin, dass eine systemweite Öffentlichkeit in stark segmentierten politischen Gemeinwesen, die neben der politischen Konkurrenz auch starke Konkordanzmechanismen zur Konfliktregulierung auf Eliteebene kennen, für eine effektive Interessenvermittlung geradezu von Nachteil sein kann. Die Europäische Union ist eines dieser stark segmentierten politischen Gemeinwesen, und nicht nur in der intergouvernementalen Regierungsweise werden politische Entscheidungen vorwiegend nach dem Konkordanz-Prinzip getroffen. Eine „europaweite Öffentlichkeit" im Gegensatz zur „europäischen Öffentlichkeit" ist deshalb nicht nur eine nicht notwendige Voraussetzung effektiver politischer Willensbildung, sie könnte die Wirksamkeit der Interessenvermittlung in der Europäischen Union geradezu gefährden.

Angesichts dieser Präzisierungen reden wir von politischer Willensbildung in der Europäischen Union deshalb genauer als der europapolitischen Willensbildung in den Mitgliedsländern. Die Aufgaben und der begrenzte Erfolg dieser Willensbildungsprozesse können anhand der Gegenstandskategorien politischer Unterstützung diskutiert werden. Wir unterscheiden mit Easton (Easton 1975) drei solcher Kategorien: konkrete Politiken, das politische Regime und die politische Gemeinschaft. Dabei gehen wir ganz allgemein davon aus, dass politische Willensbildung – im Verein mit wirksamer Interessenvermittlung – eine zentrale Voraussetzung politischer Unterstützung ist. Alle drei Objekte politischer Unterstützung sind danach nicht „objektiv vorgegeben", sondern werden über Vermittlungsprozesse zwischen Politik und Gesellschaft definiert (vgl. Abbildung 2).

Dies geschieht am augenfälligsten, und ist uns aus der nationalen Politik am vertrautesten, bei konkreten Politiken. Während der Einfluss der politischen Willensbildung auf die Wahrnehmung dieser spezifischen Größen relativ stark und direkt angenommen wird, ist er bei den diffuseren Unterstützungsobjekten des politischen Systems und der politischen Gemeinschaft wohl schwächer und eher vermittelt. Diese diffuseren Gegenstände oder Quellen der politischen Unterstützung – die politische Gemeinschaft zumal – sind allerdings für die Legitimitätsüberzeugungen der Bürger besonders wichtig. Sie ermöglichen die Akzeptanz demokratischer Entscheidungen auch durch jene, die ihnen nicht zustimmen.

In konsolidierten demokratischen Systemen ist der Wahlkampf ein Kulminationspunkt der politischen Willensbildung. Dabei stehen typischerweise die Auseinandersetzung über den politischen Erfolg der bisherigen Regierung und die Politikentwürfe möglicher künftiger Regierungen im Mittelpunkt. Institutionen und Verfahrensweisen des politischen Systems geraten dagegen seltener in die politische Auseinandersetzung. In der Regel beziehen sich die Konkurrenten allenfalls zustimmend auf Aspekte der demokratischen Regierungsweise, um einen Teil der breiten Unterstützung, die diese genießt, auf sich selber „umzuleiten". Die politische Gemeinschaft steht in konsolidierten politischen Systemen nicht in Frage und wird ebenfalls nur thematisiert, um Unterstützung in eigene Kanäle abzuzweigen.

Abbildung 2: Zum Zusammenhang zwischen politischer Willensbildung und politischer Unterstützung

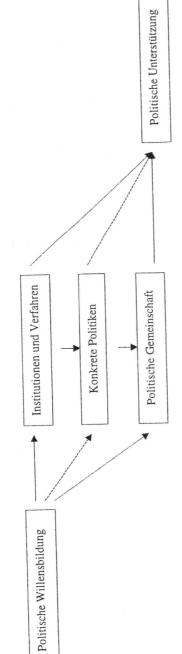

Anmerkung: Durchgezogene Striche bezeichnen einen starken (unmittelbaren) Einfluss, gestrichelte einen etwas schwächeren (längerfristigen), und gepunktete Linien schließlich einen schwachen (langwierigen) Einfluss.

Allerdings ist die Europäische Union heute kein konsolidiertes demokratisches System. Aufgrund der disparaten Verantwortungs- und Kontrollstruktur politischer Entscheidungen lässt sich die Verteilung politischer Rollen nach dem Regierungs-Oppositions-Muster in Europawahlkämpfen kaum darstellen (Reif 1985). Dies gelingt vielleicht noch am besten, wo es eine ausgeprägte Systemopposition gibt, also etwa in den skandinavischen Mitgliedsländern und im Vereinigten Königreich. Diese Ausgangslage sollte dazu führen, dass die politischen Zielproklamationen der Parteien im Europawahlkampf wenig konkret ausfallen und dass im Gegenzug Anleihen an die Legitimität der europäischen politischen Gemeinschaft und der vergangenen Erfolge des Prozesses der Europäischen Einigung – Frieden, Wohlstand und Demokratie sind hier die Stichworte – in den Mittelpunkt der Wahlkommunikation rücken.

Dass solche Anleihen wohl nicht gänzlich erfolglos bleiben müssten, lässt sich an der rechten Hälfte von Abbildung 2 verdeutlichen. Hier wissen wir aus der Analyse der politischen Unterstützung für die Europäische Union, dass ihre Bürger sich mehrheitlich und wohl auch zunehmend einer „europäischen politischen Gemeinschaft" zugehörig fühlen; wir wissen auch, dass politische Eliten hier den Bürgern voraneilen; und dass die Vorstellungen einer „europäischen politischen Gemeinschaft" – bisher – auch eine klare Grenzziehung nach Osteuropa beinhaltet (Scheuer 1999).

Was die politischen Institutionen und Verfahren der Union angeht wissen wir, dass die Hoffnungen und Erwartungen der Bürger in die Problemlösungskapazität des politischen Systems der Union hoch sind und dass sie eher mehr als weniger politische Verantwortung nach Europa geben wollen (Schmitt und Scheuer 1996; de Winter und Swingedouw 1999). Wir wissen zugleich aber auch, dass die demokratische Qualität der Politik der Union im Vergleich zum Nationalstaat erkennbar schlechtere Noten erhält (Norris 1999).

Konkrete Politiken der Union werden zumeist kaum wahrgenommen; wo sie die Wahrnehmungsschwelle überwinden, erscheinen sie den Bürgern oft als unnötige bürokratische Monster. Diese fehlenden bzw. auch falschen Wahrnehmungen sind das Ergebnis defizitärer europapolitischer Willensbildung.

Inhalte und Mechanismen der europapolitischen Willensbildung können am besten am Beispiel der Europawahl-Kommunikation studiert werden. Hier können wir bisher kaum auf gesichertes Wissen zurückgreifen. Zwar wurden die Wahlkämpfe der Parteien im Anlauf auf die erste Direktwahl des Europäischen Parlaments eingehend studiert (Karnofsky 1982; Reif 1985), dennoch liegt bis heute keine systematische Analyse der Inhalte der Europawahlprogramme der Parteien vor. Wir wissen nicht genau, was die Parteien in ihren Programmen thematisieren. Wir wissen auch nicht, welche Teile davon, und warum, von den Massenmedien aufgegriffen und den Bürgern vermittelt werden. Und wir wissen schließlich wenig darüber, ob und unter welchen Umständen solche Berichterstattung einen Einfluss auf die politischen Einstellungen und das politische Verhalten der Bürger nimmt. An diesen Fragen wird gearbeitet, und die Untersuchungen der Europawahlstudie 1999 werden uns hier womöglich weiterbringen.

5. Effektivere Willensbildung durch Verfassungsreform?

Die Ergebnisse der letztgenannten Studie kennen wir noch nicht. Dennoch sprechen die uns bekannten Forschungsergebnisse zur Reichweite und Wirksamkeit sozio-politischer Vermittlungsprozesse in der Europäischen Union eine deutliche Sprache. Ein demokratisches Defizit der Europäischen Union liegt demnach ursächlich in der mangelhaften europapolitischen Willensbildung begründet, die zu Folgeproblemen bei der Interessenvermittlung in der europäischen Ordnungs- und Verfassungspolitik führt.

Es stellt sich deshalb hier abschließend die Frage, wie dieser Missstand behoben werden kann. Wir gehen davon aus, dass eine schärfer akzentuierte Verantwortungs- und Kontrollstruktur der Politik der Europäischen Union für die weitere Demokratisierung – und d.h. insbesondere für die Verbesserung der europapolitischen Willensbildung – unabdingbar ist. Die Weiterverfolgung der inkrementalistischen Strategie der Ausweitung der Kompetenzen des Europäischen Parlaments gegenüber dem Rat kann dies nicht – jedenfalls nicht allein – leisten.

Hier verdient der Vorschlag des deutschen Außenministers Fischer Aufmerksamkeit, der die Finalität der europäischen Einigung u.a. über die Präsidialisierung der supranationalen Regierungsweise der Europäischen Union erreichen will (Fischer 2000). Simon Hix (2001) hat hierzu einen Verfahrensvorschlag ausgearbeitet, der deshalb besondere Aufmerksamkeit verdient, weil er der inkrementalistischen Manier der bisherigen institutionellen Entwicklung der Europäischen Union entgegenkommt. Er wäre als „Anbau" zu realisieren und erforderte keinen grundlegenden „Umbau" der bisherigen Institutionen und Verfahren.

Nach diesem Vorschlag wird der Präsident der Europäischen Kommission kurz nach der Direktwahl des Parlaments in indirekter Wahl gewählt. Wahlmänner und -frauen sind die Mitglieder der nationalen Parlamente der Mitgliedsstaaten. Die Kandidaten für das Amt werden durch die transnationalen europäischen Parteien bestimmt. Diese stellen sich und ihre Programme in den nationalen Arenen vor und werben um Unterstützung. Dieser Wahlkampf der Kandidaten für das Amt, der parallel zu den herkömmlichen Europawahlkämpfen geführt wird und diese belebt, zwingt die Parteien der Union in den bisher fehlenden Regierungs-Oppositions-Mechanismus politischer Kommunikation. Nicht der gleiche, aber ein nach den Themen vergleichbarer Wahlkampf bedient sich der national-segmentierten Öffentlichkeiten und macht sie zu „europäischen Öffentlichkeiten".

Und jetzt wechseln wir wieder in den Konjunktiv: So *könnte* die Verantwortungs- und Kontrollstruktur der Politik der Union für die Bürger und Wähler durchschaubarer und die europapolitischen Vorhaben der Kandidaten und der sie tragenden Parteifamilien für ihr Wahlverhalten wichtiger werden.

Literatur

Attina, Fulvio (1994): On Political Representation in the EU. Party Politics, Electoral System, and Territorial Representation. Paper presented at ECPR Joint Sessions of Workshops, Madrid, Spain.

Bach, Maurizio (1999): Die Bürokratisierung Europas. Verwaltungseliten, Experten und Politische Legitimation in Europa. Frankfurt a. M.: Campus.

Berelson, Bernard R., Paul F. Lazarsfeld und William N. McPhee (1954): Voting. A Study of Opinion Formation in a Presidential Campaign. Chicago: University of Chicago Press.

Bleek, Wilhelm (2001): Geschichte der Politikwissenschaft in Deutschland. München: C. H. Beck.

Dahl, Robert A. (1989): Democracy and its Critics. New Haven: Yale University Press.

Deth, Jan van (Hrsg.) (1999): Social Capital and European Democracy. London: Routledge.

Easton, David (1975): A Re-assessment of the Concept of Political Support. In: British Journal of Political Science, 5, S. 435-457.

Eijk, Cees van der und Mark N. Franklin (Hrsg.) (1996): Choosing Europe. Ann Arbor: Michigan University Press.

Elster, Jon (Hrsg.) (1998): Deliberative Democracy. Cambridge: Cambridge University Press.

European Commission (2001): Eurobarometer 55 – First Results. Brussels: European Commission.

Fischer, Joschka (2000): Vom Staatenverbund zur Föderation – Gedanken über die Finalität der europäischen Integration. Rede an der Humboldt-Universität zu Berlin am 12. Mai.

Franklin, Mark N., Cees van der Eijk und Michael Marsh (1995): Referendum Outcomes and Trust in Government. Public Support for Europe in the Wake of Maastricht. In: Jack Hayward (Hrsg.): Crisis of Representation in Europe. London: Frank Cass, S. 101-117.

Fuchs, Dieter (2000): Demos und Nation in der Europäischen Union. In: Hans-Dieter Klingemann und Friedhelm Neidhardt (Hrsg.): Zur Zukunft der Demokratie. Herausforderungen im Zeitalter der Globalisierung. Berlin: edition sigma, S. 215-236.

Gerhards, Jürgen (1993): Westeuropäische Integration und die Schwierigkeiten der Entstehung einer europäischen Öffentlichkeit. In: Zeitschrift für Soziologie, 22, S. 96-110.

Hewson, Martin und Timothy J. Sinclair (1999): Approaches to Global Governance Theory. Albany, NY: State University of New York Press.

Hix, Simon (2001): Legitimising Europe: A Proposal to Elect the Commission President by National Parliaments. London: The Foreign Policy Centre.

IDEA (o.J.): Voter Turnout from 1945 to Date. A Global Report on Political Participation. http://www.idea.int/voter_turnout/index.html.

Joerges, Christian, Yves Mény und J. H. H. Weiler (Hrsg.) (2000): What Kind of a Constitution for What Kind of a Polity? Responses to Joschka Fischer. Florence and Cambridge: EUI and Harvard Law School.

Karnofsky, Eva-Rose (1982): Parteibünde vor der Europawahl 1979. Bonn: Europa Union Verlag.

Katz, Richard I. und Bernhard Wessels (Hrsg.) (1999): The European Parliament, the National Parliaments, and European Integration. Oxford: Oxford University Press.

Kielmannsegg, Peter Graf (1996): Integration und Demokratie. In: Markus Jachtenfuchs und Beate Kohler-Koch (Hrsg.): Europäische Integration. Opladen: Leske + Budrich, S. 47-71.

Klingemann, Hans-Dieter und Friedhelm Neidhardt (Hrsg.) (2000): Zur Zukunft der Demokratie. Herausforderungen im Zeitalter der Globalisierung. Berlin: edition sigma.

Klingemann, Hans-Dieter, Richard I. Hofferbert und Ian Budge (1994): Parties, Policies and Democracy. Boulder: Westview Press.

König, Thomas (1997): Europa auf dem Weg zum Mehrheitssystem. Opladen: Westdeutscher Verlag.

König, Thomas, E. Rieger und Hermann Schmitt (Hrsg.) (1996): Das Europäische Mehrebenensystem. Mannheimer Jahrbuch für europäische Sozialforschung, Band 1. Frankfurt a. M.: Campus.

Lawson, Kay (1980): Political Parties and Linkage. New Haven: Yale University Press.

MacEdo, Stephen (Hrsg.) (1999): Deliberative Politics. Essays on Democracy and Disagreement. New York: Oxford University Press.

Mazey, Sonia und Jeremy Richardson (1998): Lobbying in the European Community. Oxford: Oxford University Press.

Neidhardt, Friedhelm (1998): Öffentlichkeit. In: Bernhard Schäfer und Wolfgang Zapf (Hrsg.): Handwörterbuch zur Gesellschaft Deutschlands. Opladen: Westdeutscher Verlag, S. 502-510.

Neidhardt, Friedhelm, Ruud Koopmans und Barbara Pfetsch (2000): Konstitutionsbedingungen politischer Öffentlichkeit. Der Fall Europa. In: Hans-Dieter Klingemann und Friedhelm Neidhardt (Hrsg.) (2000): Zur Zukunft der Demokratie. Herausforderungen im Zeitalter der Globalisierung. Berlin: edition sigma, S. 263-293.

Norris, Pippa (1999): The Political Regime. In: Hermann Schmitt und Jacques Thomassen (Hrsg.): Political Representation and Legitimacy in the European Union. Oxford: Oxford University Press, S. 74-89.

Putnam, Robert D. (1993): Making Democracy Work. Civic Traditions in Modern Italy. Princeton, NJ: Princeton University Press.

Reif, Karlheinz (Hrsg.) (1985): Ten European Elections. Aldershot: Gower.

Reif, Karlheinz und Hermann Schmitt (1980): Nine National Second-order Elections. A Conceptual Framework for the Analysis of European Election Results. In: European Journal for Political Research, 8, S. 3-44.

Römmele, Andrea und Hermann Schmitt (Hrsg.) (2002): The Electoral Connection. Preconditions, Mechanisms and Consequences of Voting in Western Europe (im Erscheinen).

Rucht, Dieter (2000): Soziale Bewegungen und ihre Rolle im System politischer Interessenvermittlung. In: Hans-Dieter Klingemann und Friedhelm Neidhardt (Hrsg.) (2000): Zur Zukunft der Demokratie. Herausforderungen im Zeitalter der Globalisierung. Berlin: edition sigma, S. 51-69.

Scharpf, Fritz W. (1999): Regieren in Europa. Effektiv und demokratisch? Frankfurt a. M.: Campus.

Schattschneider, E. E. (1960): The Semisovereign People. New York: Holt, Rinehart and Winston.

Scheuer, Angelika (1999): A Political Community? In: Hermann Schmitt und Jacques Thomassen (Hrsg.): Political Representation and Legitimacy in the European Union. Oxford: Oxford University Press, S. 25-46.

Schmitt, Hermann (1987): Neue Politik in alten Parteien. Zum Verhältnis von Gesellschaft und Politik in der Bundesrepublik Opladen: Westdeutscher Verlag.

Schmitt, Hermann (2001): Politische Repräsentation in Europa. Eine empirische Studie zur Interessenvermittlung durch allgemeine Wahlen. Frankfurt a. M.: Campus.

Schmitt, Hermann und Angelika Scheuer (1996): Region – Nation – Europa. Drei Ebenen politischer Steuerung und Gestaltung in der Wahrnehmung der Bürger. In: Thomas König, Elmar Rieger und Hermann Schmitt (Hrsg.): Das europäische Mehrebenensystem. Frankfurt a. M.: Campus, S. 160-179.

Schmitt, Hermann und Jacques Thomassen (Hrsg.) (1999): Political Representation and Legitimacy in the European Union. Oxford: Oxford University Press.

Schmitt, Hermann und Jacques Thomassen (2000): Dynamic Representation: The Case of European Integration. In: European Union Politics, 1, S. 319-340.

Schnorpfeil, Willi (1996): Sozialpolitische Entscheidungen der Europäischen Union. Berlin: Duncker und Humblot.

Schulz, Winfried (1997): Politische Kommunikation. Opladen: Westdeutscher Verlag.

Sinnott, Richard und S. R. Thomson (2001): Reasons for „No" to Nice not the Right Question. Dublin: University College Dublin.

Väyrynen, Raimo (Hrsg.) (1999): Globalization and Global Governance. Lanham, Md.: Rowman & Littlefield Publishers.

Weiler, J. H. H., Ulrich R. Haltern und Franz C. Mayer (1995): European Democracy and its Critique. In: Jack Hayward (Hrsg.): Crisis of Representation in Europe. London: Frank Cass, S. 4-39.

Weßels, Bernhard und Hermann Schmitt (2000): Europawahlen, Europäisches Parlament und nationalstaatliche Demokratie. In: Hans-Dieter Klingemann und Friedhelm Neidhardt (Hrsg.) (2000): Zur Zukunft der Demokratie. Herausforderungen im Zeitalter der Globalisierung. Berlin: edition sigma, S. 293-319.

Winter, Lieven de und Marc Swingedouw (1999): The Scope of EU Government. In: Hermann Schmitt und Jacques Thomassen (Hrsg.): Political Representation and Legitimacy in the European Union. Oxford: Oxford University Press, S. 47-73.

Bürokratie und Demokratieakzeptanz. Verwaltung zwischen erhöhten Beteiligungsansprüchen und „Schlankem Staat"

Kai-Uwe Schnapp

1. Einführung

Politische Systeme stehen immer wieder unter Anpassungsdruck, um die Grundlagen ihrer eigenen Existenz zu sichern. Dieser Anpassungsdruck entsteht auf der Leistungsseite (Outputseite), weil wechselnde Probleme gelöst werden müssen wie etwa die Erhaltung der natürlichen Umwelt oder die Sicherung der finanziellen Handlungsfähigkeit des Staates. Er entsteht für demokratische Systeme aber auch auf der Prozessseite (Inputseite). Erstens ist es für Demokratien normativ und aus Gründen der Erhaltung der Systemakzeptanz (Legitimität) unerlässlich, die Vermittlung der Ansprüche der Bürger[1] in politische Entscheidungen dauerhaft zu garantieren. Um das gewährleisten zu können, muss zweitens die Transparenz des Entscheidungs- und Implementationsprozesses und damit seine Kontrollierbarkeit durch die Bürger gewährleistet sein. Wegen der hohen Bedeutung der Akzeptanz eines demokratischen Regimes für seine Persistenz, wird den Einstellungen der Bürger zum politischen System eine hohe Aufmerksamkeit geschenkt. Wo Bürger sich der politischen Beteiligung entziehen, da schrillen schnell die Alarmglocken, ist von einer Legitimitäts- und Akzeptanzkrise, zumindest aber von „Politik-" oder „Parteienverdrossenheit" als den Vorläufern einer solchen Krise die Rede.

Man mag den Diagnosen, die hinter diesen Schlagwörtern stecken, zustimmen oder nicht. Unabhängig davon kommt man nicht um die Erkenntnis herum, dass politische Akteure wie Parteien, Parlamente und Regierungen auf solche Diagnosen reagieren und versuchen, Lösungen zu unterbreiten. Mit Blick auf die konstatierte Politikverdrossenheit wird etwa von der Notwendigkeit der Förderung bürgerschaftlichen Engagements durch einen „aktivierenden Staat" gesprochen. Dem Problem leerer Kassen begegnet man mit neuen Modellen der Verwaltungssteuerung (*New Public Management* [NPM]) und Vorstellungen vom „Schlanken Staat".

Öffentliche Verwaltungen stehen in dem beschriebenen Anpassungsprozess gegenwärtig wohl stärker als andere Teile des Regierungssystems unter Verände-

---

1 Der Begriff des „Bürgers" (der Bürgerin) wird im Folgenden als Bezeichnung für das mit politischen Beteiligungsrechten ausgestattete Individuum als Teil eines nationalstaatlich verfassten politischen Systems verwendet, ist also bedeutungsgleich mit den Begriffen „citoyen" und „citizen".

rungsdruck. Staats- und Verwaltungsmodernisierung, Kundenorientierung, privat-
wirtschaftliche Erfüllung öffentlicher Aufgaben (*outsourcing*) und eine generelle
Orientierung der Erbringung öffentlicher Leistungen an der Rationalität wirtschaftlichen Handelns legen hiervon beredtes Zeugnis ab. Die Konjunktur des Begriffes
governance in der wissenschaftlichen und praktischen Diskussion kann als Symbol
für ein sich in Reaktion auf diesen Veränderungsdruck wandelndes Staats- und
Verwaltungsverständnis gelesen werden. Greift man aus den vielen Definitionsver-
suchen (u.a. Pierre und Peters 2000: 15-27; Hirst 2000; Rhodes 2000) die heraus,
die am stärksten auf politische Prozesse orientiert sind, so ist unter *governance* ein
in vernetzten Akteurskonstellationen ablaufender Prozess der Erbringung gesellschaftlicher Steuerungsleistungen (der Produktion bindender Entscheidungen) zu
verstehen. Staatliche Akteure werden als gleichberechtigte Akteure unter vielen
anderen angesehen. Sie unterscheiden sich von anderen Akteuren vor allem dadurch, dass sie über die in der Verfassung verbriefte Autorität zur Verabschiedung
und Implementation bindender Entscheidungen verfügen. Beide Funktionen können politische und administrative Akteure jedoch nicht mehr ohne die aktive Unterstützung gesellschaftlicher Akteure erbringen. Der Staat[2] wandelt sich, wie das
systemtheoretische Ansätze schon seit längerem beschreiben (Willke und Glagow
1987), von einem direktiven zu einem kooperativen Akteur.

In den genannten Wandlungsprozessen stehen materielle Leistungsfähigkeit und
Akzeptanz der demokratischen Ordnung praktisch wie theoretisch immer wieder
neu auf dem Prüfstand. Was leisten Demokratien? Wie sichern sie die Befriedigung der Beteiligungsansprüche ihrer Mitglieder? Wie wird bei schwächer wer-
denden oder zumindest ihre Einflussform ändernden Staaten (Pierre und Peters
2000: 163-192) die Reproduktion der Regimelegitimität, also die generalisierte
Systemunterstützung (Fuchs 1989: 21-32, 1993: 106-107) gesichert? Im vorliegenden Text wird ein spezifischer Aspekt dieser Fragen aufgegriffen. Es geht hier
nicht vorrangig um die Anpassungsleistung, die das Regierungssystem als Ganzes
erbringt. In erster Linie geht es um den sich wandelnden Beitrag, den das Verwaltungssystem als Teil des Regierungssystems zur Reproduktion von Unterstützung
für das politische System auf der Inputseite des demokratischen Prozesses leisten
kann. Dabei wird folgende These untersucht: Das Organisationspotenzial von
Verwaltungen, die nach neuen Steuerungsmodellen reformiert wurden, kann zur
Unterstützung der Realisierung eines deliberativen Politikstils genutzt werden. Ein
solcher Politikstil kann sowohl die materielle Leistungsfähigkeit wie auch die demokratische Performanz des politischen Systems verbessern oder zumindest stabi-
lisieren. Das wiederum führt zur Stabilisierung oder Erhöhung der generellen Unterstützung des politischen Systems.

Ich werde bei der Erörterung dieser These in drei Schritten vorgehen. Zunächst
erfolgt ein Aufriss der Problemlage, in der sich Demokratien bezüglich der Wand-
lung ihrer demokratischen Prozesse und damit auch ihrer Legitimitätsbedingungen

---

2　Staat verstanden als Begriff zur Selbstbeschreibung des Regierungssystems.

befinden. Dabei geht es um drei Fragen. Was ändert sich in der Umwelt des Regierungssystems? Wie wird innerhalb des Regierungssystems auf diese Veränderungen reagiert? Was ist an dieser Reaktion problematisch? Diese Fragen werden vielerorts verhandelt, so dass ich mich bei ihrer Beantwortung kurz fassen kann. Im zweiten Schritt wird die Veränderung der Rolle des Verwaltungssystems im politischen Prozess dargestellt. Auch hier werden die Teilfragen nach Umweltänderungen, Systemreaktion und Problemen dieser Reaktion bearbeitet. Schließlich wird die Idee einer Prozessreform diskutiert, die zum Abfangen der negativen Folgen bestehender Anpassungen an veränderte Umweltbedingungen im demokratischen Prozess wie auch in der Verwaltung beitragen kann und über aktuell diskutierte Reformmodelle wie die des New Public Management hinausgeht.

Die Grundidee dieser Reform liegt in der stärkeren Einbeziehung der Bürger in die Vorbereitung politischer Entscheidungen und die Kontrolle ihrer Implementation. Repräsentative Institutionen sollen zwar der zentrale Ort politischen Entscheidens bleiben, Elemente offener Deliberation (Hunold 2001: 152) aber den Bürgern eine effektivere inhaltliche Einflussnahme auf die Gestaltung von Politik ermöglichen. Dadurch werden die Bürger nicht nur in die Lage versetzt, ihre Sichtweisen und ihre Forderungen in Entscheidungsprozesse einzubringen. Sie erwerben gleichzeitig Wissen über die konkreten Aufgabenstellungen der Verwaltung. Anders als in den Vorstellungen des New Public Management werden die Bürger nicht auf die Rolle eines „Kunden" der Verwaltung reduziert. Nach dem hier zu diskutierenden Modell können Bürger sich vielmehr als aktive Mitgestalter politischer Entscheidungen und damit als Auftraggeber der Verwaltung begreifen. Gleichzeitig mit dem aktiveren Bürgerengagement würde die Reduktion von Verwaltungen auf eine am Kunden orientierte und nach Marktkriterien arbeitende Organisation im dialektischen Sinne aufgehoben werden. Dabei könnte eine Verwaltung entstehen, die bei aktiver Einbeziehung der Bürger in ihren eigenen Steuerungsprozess wirtschaftlich effizient handelt und gleichzeitig zur Erhöhung der Responsivität eines nach wie vor am Gemeinwohl orientierten Regierungssystems beiträgt. Letztlich wäre in einem solchen Modell auch eine effektivere Kontrolle von Verwaltungshandeln möglich.

2. Beteiligungsansprüche und Wandel des demokratischen Prozesses

Politische Systeme sind, darauf wurde bereits verwiesen, immer mit der Notwendigkeit konfrontiert, sich an Änderungen in ihrer Umwelt anzupassen um die eigene Existenz zu sichern. Materielle, also die Leistungsfähigkeit eines politischen Systems betreffende Änderungen wie ökologische Probleme, Bevölkerungswachstum, sozialer Wandel oder Änderungen in den internationalen politischen und wirtschaftlichen Beziehungen (Globalisierung) treffen dabei alle politischen Systeme gleichermaßen. Das spezifische Problem von Demokratien ist es, dass ihre Anpassungsfähigkeit nicht nur leistungsseitig gefordert ist, sondern dass sie auch auf der

Prozessebene (Input und Kontrollierbarkeit) auf sich wandelnde Umweltbedingungen reagieren müssen. Wenn Demokratien ihre Existenzgrundlage, zu der die Akzeptanz durch die Bürgerinnen und Bürger als zentrales Element gehört, nicht untergraben wollen, müssen sie gegenwärtig etwa prozedurale Antworten auf das steigende Beteiligungsbedürfnis der Bürger finden (Welzel 2002: 293-298). Die Beteiligungsansprüche sind in den letzten Jahrzehnten beständig gestiegen. Sie sind das Ergebnis eines sozialen und gesellschaftlichen Wandels, in dessen Folge die Bürger über immer mehr Ressourcen (wie beispielsweise politisches Wissen, Bildung, Zeit) verfügen (Welzel, Inglehart und Klingemann 2001).

Mit wachsendem Anspruch auf politische Beteiligung über den Wahlakt hinaus ändern sich auch die Bedingungen der Reproduktion von Legitimität für das politische System. Legitimität in dem hier gemeinten Sinn bezeichnet eine Form generalisierter Unterstützung für ein politisches Regime. Diese Unterstützung resultiert aus der Akzeptanz des Entscheidungsmodus eines Regimes in der Bevölkerung. Im Falle von Demokratien kommt das Vertrauen hinzu, politische Entscheidungen auf der Basis eigener Einstellungen beeinflussen zu können (Fuchs 1993: 106-107). Das gegebene Niveau generalisierter Unterstützung ist in wachsendem Maße, darauf verweisen unter anderem die Ergebnisse von Welzel (2002), nur dann reproduzierbar, wenn die Bürger sich nicht nur über repräsentative Verfahren, sondern auch direkt in politische Entscheidungen einbringen können. Welzel betont aber gleichzeitig, dass dieses Beteiligungsinteresse nicht in Richtung eines permanenten Mitentscheiden-wollens geht. Vielmehr bestehe das Bedürfnis, im Bedarfsfalle die Möglichkeit zur Mitentscheidung zu haben.

Ein steigender Anspruch auf politische Beteiligung kann nach Fuchs (1998: 176) zu einer Überlastung des demokratischen Aggregationsmechanismus führen. Fuchs konstatiert entgegen einer Reihe von Stellungnahmen, dass die Responsivität der Politie (des Staates) in westlichen Demokratien teilweise eher zu hoch als zu niedrig ist. Das ist dann der Fall, wenn Akteure des unmittelbaren Entscheidungssystems auf steigende Beteiligungsansprüche vor allem über die Öffnung informeller Beteiligungskanäle reagieren. Etablierte intermediäre Akteure, insbesondere die Parteien, werden so auf informellem Wege unterlaufen. Sie können dadurch ihre Filterfunktion für das Entscheidungssystem (Parlament und Regierung) nicht mehr wahrnehmen (Fuchs 1993: 82-86). Das kann zu einer übergroßen Offenheit und unter Umständen zu einer Paralysierung des Entscheidungssystems führen. Wenn diese Diagnose zutrifft, dann gibt es zwei Lösungsmöglichkeiten: „Die Erhöhung der Selektionsfähigkeit der Politie gegenüber den Ansprüchen der Bürger oder die Transformation dieser Ansprüche durch eine dialogische Konstitution" (Fuchs 1998: 176).

Erhöhung der Selektionsfähigkeit des politischen Systems soll hier verstanden werden als die Steigerung der Fähigkeit der intermediären Akteure, Anliegen von einer Vermittlung in die Entscheidungssphäre auszuschließen. Mit diesem Verständnis erscheint die Stärkung der Selektionsfähigkeit angesichts gewachsener Beteiligungsansprüche nicht als geeignete Alternative, um die Zustimmung zur Demokratie als Regierungsform zu erhalten oder gar zu erhöhen. Folglich muss eine Transformation des politischen Prozesses zu einer stärker dialogischen Form hin angestrebt werden. Im Folgenden wird zur Bezeichnung eines solchen Politikstils in Anlehnung an Hunold (2001) der Begriff der „deliberativen Politik" verwendet. Stärker als der Begriff des Dialogs verweist er auf die Aspekte der Konsultation zwischen Bürgern und politischen Akteuren sowie des ernsthaften Bemühens, Ergebnisse dieses Dialogs entscheidungswirksam werden zu lassen. Eine solche Politikform muss so angelegt sein, dass sie nicht zu einer Überlastung des Entscheidungssystems durch unmittelbare Auseinandersetzung mit beteiligungsinteressierten Bürgern und Gruppen führt. Auf Möglichkeiten einer deliberativen Gestaltung des politischen Prozesses wird nach der jetzt folgenden Beschreibung von Problemlagen und Wandlungstendenzen im Verwaltungssystem zurückzukommen sein.

3. New Public Management und Wandel der Verwaltung

So wie das Regierungssystem insgesamt unter Anpassungsdruck steht, trifft das auch auf das administrative Teilsystem zu. Neben den oben genannten Problemen sind hier vor allem die folgenden Elemente veränderungstreibend: eine Überforderung der öffentlichen Finanzierungssysteme, die einen Rückzug der öffentlichen Hand zumindest aus einem Teil ihrer Aktivitäten als notwendig erscheinen lässt; eine ideologische Wende hin zu einer stärkeren Befürwortung marktförmiger Organisationsweisen bei der Erbringung öffentlicher Dienstleistungen und damit verbunden eine wachsende Orientierung auf die Effizienz öffentlicher Leistungserbringung (Pierre und Peters 2000: 52-56). Hinzu tritt die Forderung nach größerer Transparenz und besserer Kontrollierbarkeit des Verwaltungshandelns.

Dem Veränderungsdruck wurde (mit starken Unterschieden zwischen den industrialisierten Ländern) in den letzten 10 bis 15 Jahren durch die Einführung von aus der Wirtschaft entlehnten Steuerungsmodellen in die Verwaltung (*New Public Management* [NPM]) und durch Dezentralisierung und Privatisierung der Erbringung öffentlicher Leistungen (outsourcing), letztlich also durch eine „Verschlankung" des Staates, Rechnung getragen. Diese Änderungen bleiben nicht ohne Folgen für die Einbettung der Verwaltung in den demokratischen Prozess. Kritisch werden vor allem drei Punkte diskutiert:

Erstens lassen Verwaltungen, die nach neuen Steuerungsmodellen operieren, in der Regel einen deutlichen Mangel an Beteiligungsmöglichkeiten für die Bürger erkennen (Greve und Jespersen 1998: 147-148). Bürger werden nur als Konsumenten, als „Kunden", auf wirtschaftliche Leistungserbringung orientierter Organisationen wahrgenommen. Dadurch sinken ihre Möglichkeiten, über eine Kundenrolle hinaus Einfluss darauf zu nehmen, was in öffentlichen Verwaltungen passiert. Die effektive Einflussnahme der Bürger auf das Handeln eines marktkonform organisierten Anbieters öffentlicher Leistungen erscheint kaum möglich, weil für einen solchen Anbieter die Erreichung des Effizienzzieles Vorrang vor allen anderen Zielen (Erreichung inhaltlicher Vorgaben, Bürgerzufriedenheit) haben muss. Kommt es aufgrund dieser Responsivität mindernden Anreizstruktur tatsächlich zu einer abnehmenden Responsivität des Verwaltungssystems gegenüber den Bürgern, so ist mit dem Sinken der Unterstützung für das Verwaltungssystem zu rechnen. Ein weitgehend marktkonformes Verwaltungssystem definiert sich fast ausschließlich über die effiziente Leistungserbringung, nimmt aber darüber hinaus keine politische Verantwortung wahr und lässt keine politische Einflussnahme zu. Dementsprechend wenig responsiv reagiert es auf die Anliegen der Kunden (Bürger). Folglich kann es auch kaum mit einer auf generalisierte Prozessakzeptanz beruhenden, enttäuschungsresistenten Unterstützung (Fuchs 1993: 107) rechnen. Der Stabilisierung generalisierter Unterstützung für das Verwaltungssystem ist der Boden entzogen. Da die Verwaltung der Teil des Regierungssystems mit den intensivsten Kontakten zu den Bürgerinnen und Bürgern ist, besteht die Möglichkeit, dass die Abnahme der Unterstützung für das Verwaltungshandeln auf die Unterstützung für das Regierungssystem und auf die Unterstützung für das politische System verallgemeinert wird.

Zweitens werden parallel zum ersten Kritikbündel Bedenken bezüglich der Fähigkeit eines marktkonform organisierten öffentlichen Sektors geäußert, effektiv und glaubwürdig als Sachwalter oder Hüter des Gemeinwohls[3] aufzutreten. Hier kann eine neue Form der Zielverschiebung (*goal displacement*) beobachtet werden. Sie geht nicht, wie durch Merton (1957) beschrieben, von den in der Verwaltung Beschäftigten aus, sondern von den auf Effizienz drängenden politischen Auftraggebern. Als Ursache dieser Zielverschiebung kann die zunehmende Orientierung auf die Erfüllung von Aufgaben der Gemeinschaft unter weitmöglicher Zurückhaltung staatlicher Akteure aus der Leistungserbringung angesehen werden. So sehr aber eine Zurückhaltung staatlicher Akteure bei der Leistungserbringung selbst wünschenswert sein mag, so wenig ist in hochkomplexen Gesellschaften die staatlich gesteuerte Umverteilung von Ressourcen als Basis für die Erbringung öffentlicher Dienstleistungen verzichtbar. Hier müssen Wege gefunden werden, die so weit als gewünscht staatsfreie oder staatsferne Aufgabenerfüllung mit einer Finanzierungsverantwortung der öffentlichen Hand einhergehen lassen. Hirst (2000: 28) schlägt etwa das Modell einer „assoziativen Demokratie" vor, in der intern demokratisch verfasste Organisationen der Zivilgesellschaft die Leistungserbringung auf der Basis staatlicher Mittelverteilung übernehmen. Darauf wird unten zurückzukommen sein. Gelingt die Etablierung einer Differenzierung zwischen Aufgabenverantwortung, -finanzierung und -erfüllung nicht, so muss damit gerechnet werden, dass die schleichende und offene Reprivatisierung wichtiger Funktionen in den komplexen Gesellschaftssystemen hochindustrialisierter Staaten gesamtgesellschaftliche Ineffizienzen größeren Umfangs hervorruft. Der gegenwärtige Zustand des britischen Eisenbahnsystems kann als Beispiel für solche Ineffizienzen dienen.

---

3 Hier kann nicht geklärt werden, was das Gemeinwohl ist. Deshalb muss die Feststellung genügen, dass der Autor einem prozeduralen Gemeinwohlbegriff zuneigt. Danach ist, was die Substanz des Gemeinwohls zu einem jeden Zeitpunkt ausmachen soll, durch demokratische Entscheidung zu bestimmen, nicht aber normativ abzuleiten. Eine solche normative Setzung ist in der Konsequenz undemokratisch.

Drittens wird kritisiert, dass die Kontrollmöglichkeiten der politisch legitimierten Vertretungskörperschaften gegenüber ausgelagerten Leistungsverwaltungen sinken (Polidano 1999; Gregory 1998). Das liegt nicht nur an der größeren rechtlichen Eigenständigkeit solcher „arms length agencies", wie sie im angloamerikanischen Raum genannt werden. Es liegt auch daran, dass die notwendige Kontrollexpertise durch Leistungsauslagerung unter anderem teilweise verloren geht (Yates 2000). Damit bestehen keine effektiven Mittel mehr für den steuernden Eingriff der politischen Akteure in die Arbeitsweise ausgelagerter oder privatisierter Verwaltungen. Das ist vor allem deshalb problematisch, weil für die Erfüllung öffentlicher Aufgaben in der Regel keine eindeutige Zielbestimmung möglich ist. Vielmehr sind fast immer multiple und oft widerstreitende Ziele in Einklang zu bringen. Diese Komplexität der Ziele öffentlichen Handelns gerät bei ausschließlicher Orientierung auf marktkonforme Organisation leicht aus dem Blick und wird durch vereinfachende wirtschaftliche Ziel-Mittel-Relationierungen ersetzt. Eine umfassende inhaltliche Zielkontrolle ist dann kaum noch möglich. Die Bürger sind als Folge dieser Kontrollprobleme nicht nur direkt, sondern auch indirekt an der Beeinflussung der Verwaltungsaktivitäten gehindert, wodurch sich unter Umständen negative Folgen für die Systemakzeptanz ergeben. Der Kontrollverlust kann zu einer Verminderung des Niveaus politischer Unterstützung des Verwaltungssystems und in der Konsequenz des politischen Systems führen. Das trifft selbst dann zu, wenn man nicht von gestiegenen, sondern lediglich von stabilen Beteiligungsaspirationen der Bürger ausgeht.

Zusammenfassend ist festzuhalten, dass es bei den beschriebenen Reaktionen zu einer Überbeanspruchung der politischen Entscheidungsstrukturen und einer politischen Unterbeanspruchung der Bürger kommen kann. Die Unterausnutzung der Aktionspotenziale der Bürger wird durch managerialistische Verwaltungsreformen verschärft, weil diese Reformen vor allem auf Effizienzsteigerung orientiert sind. Dadurch wird der Bürger weitgehend aus einer aktiven politischen Rolle heraus- und in eine reine Kundenrolle hineingedrängt. Differenzen zwischen staatlichen und privaten Organisationen in Bezug auf die Unterschiedlichkeit der Zielkriterien ihrer Produktionsprozesse werden auf Kosten der demokratischen Kontrollierbarkeit der Erbringung öffentlicher Leistungen verwischt (Hirst 2000: 20-22). Verwaltungsreformen in der gegenwärtig meist praktizierten Weise tendieren folglich dazu, Legitimitätsprobleme des politischen Systems eher zu verstärken als zu mindern. Der prinzipiell akzeptablen Forderung nach einem geringeren direkten staatlichen Engagement bei der Erbringung öffentlicher Leistungen wird oft zu stark gefolgt und dadurch die politische Steuerbarkeit der Leistungserbringung verringert. Auf der Prozessebene werden so Akzeptanzpotenziale verspielt, weil die Beeinflussbarkeit zentraler Entscheidungsabläufe durch den Demos verringert wird. Ein deliberativer Politikstil der Dezentralisierung und eine größere Eigenverantwortung von Verwaltungseinheiten mit einer aktiveren Rolle für die Bürger kombiniert könnte einen Lösungsansatz für beide Probleme liefern.

4. Bürgerbeteiligung an Verwaltungsprozessen als Modell eines dialogischen Politikstils

Der Hauptmechanismus für die Beteiligung der Bürger am politischen Prozess und die Beschaffung von Akzeptanz für das politische System ist in den entwickelten westlichen Demokratien der Wahlakt. Konkrete Sachentscheidungen als bindende Entscheidungen für die Umwelt des Regierungssystems werden in der Regel ohne direkte Beteiligung der Bürger in Körperschaften getroffen, die nach dem Repräsentationsprinzip arbeiten. Die Einführung eines stärker partizipatorischen Politikstils würde zumindest teilweise eine Änderung dieser Kompetenzzuteilung bedeuten. Die bisherige Forschung zeigt aber immer wieder, dass die Anwendung direktdemokratischer Elemente, also die direkte Beteiligung der Bürger an Sachentscheidungen, in hochkomplexen modernen Gesellschaften auf der nationalen Ebene nur in Ausnahmefällen und ergänzend zu anderen Entscheidungsmechanismen wirkungsvoll eingesetzt werden kann (siehe dazu mit Bezug auf die in den Abschnitten 2 und 3 erwähnten Wandlungstendenzen Pierre und Peters 2000: 137-159). Nach dem Repräsentationsprinzip arbeitende Entscheidungsgremien müssen folglich einen gewichtigen Platz im demokratischen Prozess behalten. Es kann nicht um die Ablösung einer formalen Entscheidungskompetenz durch eine andere gehen, sondern nur um die Ergänzung der bestehenden Kompetenzverteilung durch eine Erweiterung der Einflussmöglichkeiten der Bürger im Vorfeld politischer Entscheidungen. Deshalb gewinnt die Idee eines deliberativen Politikstils an Bedeutung. Es geht um eine Form der Beteiligung der Bürger an der Vorbereitung von politischen Entscheidungen, die die direkte Vermittlung differenzierter Bürgeransichten und -interessen im Entscheidungsprozess ermöglicht.

Diese Einbindung kann von politischen Akteuren vor allem aus Gründen zeitlicher Ressourcenbeschränkungen kaum geleistet werden. Ein ausreichend ressourcenstarker Akteur innerhalb des Regierungssystems ist jedoch die Verwaltung. Sollen deren Ressourcen für den Vermittlungsprozess nutzbar gemacht werden, muss den Verwaltungen aber eine aktive Rolle im politischen Prozess eingeräumt werden. Moderne Verwaltungen eignen sich für eine solche Rolle aus drei Gründen. Sie verfügen erstens als klassisches Merkmal über Sachexpertise und Ausführungskenntnisse. Sie sind zweitens derjenige Teil des Regierungssystems, der regelmäßigen Kontakt zu den Bürgern hat. Bei der Interaktion zwischen Bürger und Verwaltung werden Interessen artikuliert und Probleme deutlich, ohne dass dafür nennenswerter zusätzlicher Aufwand betrieben werden muss. Schließlich aber verfügen Verwaltungen drittens als Folge jüngerer Verwaltungsreformen in steigendem Maße über das Recht zu eigenverantwortlicher Aufgabenerfüllung. Das eröffnet die Möglichkeit der selbständigen Wahrnehmung von Aufgaben im Vermittlungsprozess durch die Verwaltung. Bei eigenverantwortlicher Aufgabenwahrnehmung können Bürgerinteressen direkt in Verwaltungshandeln umgesetzt werden. Erhöhte Eigenverantwortlichkeit der Aufgabenerfüllung macht gleichzeitig die aktive Beteiligung der Bürger am Verwaltungsprozess nicht nur möglich, sondern wegen der Notwendigkeit neuer Wege der Verwaltungskontrolle auch nötig.

Gelingt es, den Informationsaustausch zwischen Bürgern und Verwaltungen auf eine gestaltende Ebene zu heben, so können Verwaltungen zum institutionellen Mitträger eines deliberativen Politikstils werden. Hauptcharakteristik eines solchen Politikstils wäre die regelmäßige Interaktion zwischen Verwaltung, einzelnen Bürgern und Bürgergruppen sowie politischen Entscheidungsgremien bei der Vorbereitung politischer Entscheidungen (Bang und Sørensen 1998: 25). Die Organe der politischen Repräsentation bleiben die verantwortlichen Entscheidungsträger und die Kontrollinstanz. Diese Bindung des Prozesses an repräsentative Vertretungskörperschaften ist unerlässlich, um die dialogische Politikgestaltung zwischen Bürgern und Regierungssystem ergebnisbezogen durchführen zu können und sie nicht bei Absichtsbekundungen und symbolischen Aktivitäten stehen zu lassen (Hirst 2000; Dienel 1991: 244-245). Gleichzeitig wird durch die Zuschreibung der Entscheidungsverantwortung an diese Körperschaften sichergestellt, dass das Grundprinzip der gleichen Repräsentation aller Bürgerinnen und Bürger im Entscheidungsprozess nicht verletzt wird. Bei der Ausführung von Entscheidungen können den mit betroffenen Bürgern oder Bürgergruppen kooperierenden und von diesen kontrollierten Verwaltungen dann aber Spielräume eingeräumt werden.

Eine zentrale Voraussetzung für die Möglichkeit eines deliberativen Politikstils ist die Strukturierung der Verantwortlichkeit für öffentliche Aufgaben nach dem Subsidiaritätsprinzip, also auf der jeweils niedrigstmöglichen Stufe des Regierungsaufbaus (Hirst 2000; Rhodes 2000). Eine solche Verantwortungsverteilung schafft Gelegenheitsstrukturen für Bürgerinnen und Bürger, sich der Reichweite ihrer Interessen und ihren Aktionsmöglichkeiten entsprechend politisch zu beteiligen. Die im Rahmen jüngerer Verwaltungsreformen durchgeführte Rückverlagerung von Verantwortung für öffentliche Aufgaben von nationalen Regierungen auf untere Stufen des Staatsaufbaus oder nichtstaatliche Träger („Devolution"), wie sie etwa in Großbritannien oder Neuseeland beobachtet werden kann, verändert Regierungssysteme in diese Richtung. In den resultierenden dezentralen, eigenverantwortlichen Einheiten ist ein solches unabhängiges Handlungspotenzial vorhanden, sodass es sich auch für den einzelnen Bürger lohnt, politisch aktiv zu werden. Die sich so eröffnenden effektiven Beteiligungsmöglichkeiten können zur Befriedigung gewachsener Beteiligungsbedürfnisse und zur Redemokratisierung managerialistisch reformierter Verwaltungen beitragen.

Man kann Devolution jedoch nicht nur vertikal, sondern auch sektoral verstehen. Die Devolution von Ausführungsverantwortung für Politik auf sektoraler Ebene würde es ermöglichen, diese Verantwortung in die Hände von Gruppen zu legen, die an der Erfüllung einer konkreten Aufgabenerfüllung tatsächlich interessiert sind. Auf konkrete Themen bezogene (issue-bezogene) Öffentlichkeiten könnten so im Rahmen eines deliberativen Politikstils mobilisiert werden. Bei einer solchen sektoralen Verantwortungsverlagerung ist natürlich von einer hohen Interessengebundenheit der Ausführungsverantwortung auszugehen. Deshalb muss bei der Umsetzung der Idee sektoraler Devolution in besonders starkem Maße darauf geachtet werden, dass die Entscheidungen und Aktionen an die Verantwortung gewählter Vertretungskörperschaften gebunden bleiben. Das bedeutet vor allem, dass den Verwaltungen und den mit ihnen verbundenen Issue-Gruppen die Ausführungsverantwortung nur innerhalb eines eng definierten Aufgabenbereiches überlassen werden darf. Finanzierungsverantwortung und Finanzierungsentscheidungen müssen dagegen grundsätzlich bei den gewählten Vertretungskörperschaften verbleiben. Wie viel Geld für welche Zwecke aufgewendet wird, muss repräsentativ für die Gesamtbevölkerung und kann nicht von interessierten Subgruppen entschieden werden. Die konkreten Entscheidungen über die Verwendung der Mittel innerhalb eines definierten Zweckes können und sollten dann aber eigenverantwortlich agierenden Bürger-Verwaltungs-Einheiten überlassen werden. Eine solche Verantwortungsteilung und eine kooperative Steuerung der Verwaltung durch Bürger, Bürgerorganisationen und politische Entscheidungsgremien unter aktiver Einbeziehung der Verwaltungen selbst können als konstitutive Elemente eines dialogischen Politikstils bezeichnet werden.

Die Anwendung eines dialogischen Politikstils muss nicht, wie die Betonung der Devolution suggerieren mag, auf die lokale Ebene beschränkt bleiben. Die politische Praxis zeigt, wenn auch bislang nur in wenigen Fällen, dass ähnlichen Beteiligungsformen auf regionaler Ebene, etwa der Ebene der Bundesländer und auch auf nationaler Ebene praktikabel sind. So berichtet Esselbrugge (1998) über nationale Raumplanungsverfahren in den Niederlanden, die über das klassische Instrument der Anhörung hinaus den Einfluss von Bürgern und Bürgergruppen auf den Entscheidungsprozess ermöglichen. Auch Dienel (1991: 277-288)[4] kann auf eine Reihe von Prozessen verweisen, in denen auf regionaler und nationaler Ebene Bürgerexpertengruppen an der Vorbereitung und Diskussion politischer Entscheidungen beteiligt waren.

Die konkreten Formen der Beteiligung sind jedoch den Aktionsebenen und Problemen anzupassen und müssen dementsprechend unterschiedlich gestaltet werden. Eine praktizierte Beteiligungsform auf lokaler Ebene sind *school boards*. Sie finden etwa in Dänemark oder den USA Anwendung. Diese *school boards* haben Entscheidungsbefugnisse über einen speziellen Politikbereich, die Schulpolitik. Sie bieten für Eltern - als Beispiel einer issue-bezogenen Öffentlichkeit - ein Forum für aktive politische Einflussnahme auf Bereiche des öffentlichen Lebens mit direktem Bezug zur eigenen Lebenswelt. Am Beispiel der USA lässt sich die oben beschriebene Teilung zwischen Finanzierungsverantwortung und Verantwortung für konkrete Sachentscheidungen zeigen. Die Finanzierungsverantwortung liegt bei der gesamten kommunalen Bevölkerung, während schulbezogenen Sachentscheidungen durch die in den *school boards* vertretene Issue-Öffentlichkeit ge-

---

4 *Die Planungszelle* (Dienel 1991³) ist 1998 in einer vierten Auflage erschienen und enthält einen Statusbericht über die Anwendung der „Planungszelle" als Methode der Bürgerbeteiligung an der Vorbereitung politischer Entscheidungen bis einschließlich 1997. Siehe auch http://www.uni-wuppertal.de/FB1/planungszelle/index.html.

troffen werden. Eine andere Beteiligungsform, deren Einsatzmöglichkeit nicht auf den kommunalen Bereich beschränkt ist, ist die von Dienel beschriebene und in der Praxis vielfach angewendete „Planungszelle" (Dienel 1991). Für diese Planungszelle werden Bürgerexpertengruppen - wie Schöffen an einem Gericht - auf Zeit als Sachverständigengremien zusammengerufen, um konkrete politische Planungsvorhaben zu bewerten und beratend zu unterstützen. Ein ähnliches Modell stand hinter dem oben erwähnten Autobahnplanungsprojekt in den Niederlanden (Esselbrugge 1998). Eine weitere Beteiligungsform schlägt Hirst (2000: 28-30) vor. Er geht davon aus, dass soziale Dienstleistungen innerhalb von Vereinen („self-governing voluntary associations") erbracht werden können, in denen Anbieter und Nachfrager solcher Leistungen gemeinsam organisiert sind. Diese Vereine sollen mit finanzieller Unterstützung unterschiedlicher Regierungsebenen eigenständig die Erbringung und Nutzung sozialer Dienstleistungen organisieren. Für die Aufgabenübertragung wäre nach Hirst eine interne demokratische Verfasstheit solcher Organisationen vorauszusetzen. Ein Wettbewerb zwischen mehreren Organisationen wird als wünschenswert beschrieben. Letzterer würde neben den Optionen der Meinungsäußerung (*voice*) und der Loyalität zu einer Organisation auch die Option des Verlassens der Organisation (*exit*) öffnen, und so Druck in Richtung einer hohen Responsivität der Organisation gegenüber den Interessen der Mitglieder erzeugen.

Die konkreten Organisationsformen in einer konsultativ ergänzten Demokratie können sich unterscheiden. Gemeinsam müssen ihnen aber vier Merkmale sein: (a) Die Verantwortlichkeit für eine Problemlösungen ist auf die jeweils niedrigstmögliche politische Ebene verlagert (konsequente Durchsetzung des Subsidiaritätsprinzips); (b) die grundsätzliche Entscheidungs- und Kontrollverantwortung obliegt weiterhin repräsentativ arbeitenden Vertretungskörperschaften; (c) es ist sichergestellt, dass die Finanzierung aller Aktivitäten zumindest zum Teil durch die öffentliche Hand erfolgt. Die Entscheidungen über die Verwendung von Mitteln für die einzelnen gesellschaftlichen Zwecke muss unter Berücksichtigung der Interessenverteilung in der gesamten Bürgerschaft durch die repräsentativen Vertretungskörperschaften gefällt werden; (d) es bestehen umfassende Möglichkeiten einer aktiven Beteiligung der Bürger am Entscheidungsprozess in den einzelnen Sachbereichen. Dabei genügt es nach der grundsätzlichen Finanzierungsentscheidung, wenn nur themenspezifisch interessierte Öffentlichkeiten (zum Beispiel Eltern, Anwohner, Gewerbetreibende) an den konkreten Sachentscheidungen beteiligt sind.

Von der Etablierung eines konsultativen Politikstils mit den genannten Merkmalen sind mindestens drei wichtige Effekte zu erwarten:

1. Er kann zu einer Stabilisierung oder Erhöhung des Niveaus generalisierter Unterstützung für das politische System beitragen, wenn die Bürger die Erfahrung machen, dass ihre oder die Meinungsäußerungen und Lösungsvorschlägen von Bürgergruppen regelmäßig Eingang in politische Entscheidungen finden. Die demokratische Performanz des Regierungssystems kann also durch die Einführung eines konsultativen Politikstils positiv beeinflusst werden. Beobachtungen

von Bang und Sørensen (1998: 25) wie auch Dienel (1991: 206-208) legen die Vermutung nahe, dass es dabei nicht darauf ankommt, dass der Einzelne die unmittelbare Hoffnung auf Durchsetzung seiner Interessen mit diesen Instrumenten verbindet, sondern dass schon die offensichtliche Responsivität des Entscheidungssystems gegenüber konkreten Bürgervorschlägen akzeptanzerhöhend wirkt. Die Verallgemeinerbarkeit dieser Feststellung ist aber noch durch empirische Prüfung zu sichern.

2. Ein konsultativer Politikstil kann die Effektivität politischer Entscheidungen erhöhen. Das kann auf zweierlei Weise geschehen. *Erstens* durch Ausweitung der einbezogenen Betroffenenexpertise und eine dadurch mögliche höhere Sachangemessenheit der gefällten Entscheidung. Damit wäre auf die Leistungsperformanz des politischen Systems ein positiver Effekt zu verzeichnen. *Zweitens* kann die Effektivität der Entscheidung durch die Erhöhung der Akzeptanz und Abnahmebereitschaft gegenüber der Entscheidung verbessert werden. Die erhöhte Entscheidungsakzeptanz würde sich aus zwei Quellen speisen: (a) der größeren Zufriedenheit der Bürger mit den Entscheidungsprozeduren und (b) dem durch den konsultativen Entscheidungsprozess erhöhten Wissensstand der Bürger mit der damit möglicherweise verbundenen Einsicht in die Komplexität gesellschaftlicher Prozesse und die daraus resultierenden Möglichkeiten und Grenzen für politische Reaktionen.

3. Schließlich kann ein konsultativer Politikstil die Chancen für eine effektive Kontrolle des Verwaltungshandelns verbessern. Das Kontrollproblem ergibt sich aus dem Verhältnis von Verwaltung und Politik. Dieses Verhältnis ist das von Auftragnehmer und Auftraggeber und damit ein klassisches Principal-Agent-Verhältnis, wie es etwa von McCubbins, Noll und Weingast (1987, 1989) beschrieben wurde. Solchen Verhältnissen ist es unter anderem eigen, dass der Auftraggeber nicht in der Lage ist, die Auftragserfüllung durch den Agenten umfassend zu kontrollieren. Die Kontrolle wird umso schwieriger, je komplexer die Zielfunktion einer Organisation ist. In einem Modell konsultativ ergänzter Demokratie können die Bürger maßgeblich zur Lösung des Kontrollproblems beitragen. Dies ist im Folgenden zu erläutern.

Politische Akteure nutzen nach McCubbins und Schwartz (1984) unter anderem zwei Kontrollmodi, die „Polizeipatrouillen" und die „Feuermelder". Erstere sind regelmäßige Kontrollen des Verwaltungshandelns durch eigens dafür geschaffene Kontrolleinrichtungen wie Rechnungshöfe oder kommunale Dienstaufsichtsbehörden. Letztere werden von Bürgern oder Interessengruppen ausgelöst, wenn eine spezifische Unzufriedenheit vorliegt. Das Auslösen besteht etwa in der Anrufung eines Verwaltungsgerichtes oder dem Abfassen einer Petition an einen Ausschuss. „Polizeipatrouillen" können als effektiver und müssen als kostenträchtiger eingeschätzt werden als „Feuermelder". Die höhere Effektivität resultiert zunächst aus der größeren Regelmäßigkeit und Systematik der Patrouillen. Weiterhin hat der aktiv Kontrollierende in der Regel ein genaues Wissen darüber, was die einzelne Verwaltung an Leistung erbringen soll. Deshalb kann der aktiv Kontrollierende Abweichungen schnell und präzise erkennen. Außerdem kann davon ausgegangen werden, dass Kontrolleure ein stärkeres Maß an Verpflichtung gegenüber dem Kontrollauftraggeber empfinden, als das für die bedarfsweise Aktivierung der Feuermelder durch Bürger und Bürgergruppen der Fall ist.

Die Bürger sind die vorrangigen Abnehmer von Verwaltungsleistungen. Werden diese „Verwaltungskunden" durch einen konsultativen Politikstil in die Aufgabendefinition für die Verwaltungen einbezogen, dann kann es zur Transformation von Feuermeldernutzern in „Streifenpolizisten" kommen. Die Einbeziehung der Bürgerschaft in den Entscheidungsprozess führt *erstens* dazu, dass beteiligte Bürger genauer über den Auftrag der Verwaltung informiert und deshalb auch eher als einfache „Bürger-Kunden" in der Lage sind, ein Abweichen des Verwaltungshandelns von der gegebenen Aufgabenstellung zu erkennen. *Zweitens* kann angenommen werden, dass die Beteiligung am Prozess der Aufgabenstellung ein stärkeres Gefühl der Mitverantwortung entstehen lässt, so dass die Handlungen der Verwaltung kritischer betrachtet werden. *Drittens* ist zu erwarten, dass die aktive Beteiligung an der Entscheidungsvorbereitung eine Veränderung der Einstellung zur Effektivität der Nutzung der kritischen Meinungsäußerung (*voice option*) mit sich bringt. Wenn die Bürger in den Entscheidungsvorbereitungsprozess in einer Weise einbezogen sind, die sie spüren lässt, dass ihr Beitrag gewünscht ist und berücksichtigt wird, dann können sie auch Vertrauen dahingehend entwickeln, dass Kritiken am Verwaltungshandeln oder Meldungen von Implementationsfehlern ernst genommen werden. Das Gefühl der Machtlosigkeit gegenüber einem undurchsichtigen Apparat könnte so dem Gefühl einer eigenen Kompetenz und Aktionsfähigkeit weichen. *Viertens* schließlich sind die Bürger, da sie weiterhin Abnehmer der Verwaltungsleistungen (Verwaltungskunden) bleiben, ständig als auftraggebende Kontrolleure bei der Erbringung von Verwaltungsleistungen anwesend. So kann eine Regelmäßigkeit der Polizeipatrouillen erreicht werden, die mit Mitteln der klassischen Verwaltungskontrolle, die ihrerseits bürokratisch organisiert ist, nicht erreicht werden kann. Effektive Kontrolle wäre so möglich, ohne dass die politischen Akteure ein höheres Maß an Kontrollressourcen aufwenden müssten. Solche Kontrollmöglichkeiten werden aber nicht in allen Politikbereichen gleichermaßen anwendbar sein. Je stärker themenbezogene und organisationsfähige Teilöffentlichkeiten vorhanden sind, desto eher ist mit einer hohen Effektivität solcher Instrumente zu rechnen.

Natürlich bleiben die gewählten Repräsentationskörperschaften, darauf wurde bereits mehrfach verwiesen, die einzigen nach Verfassung und Gesetz autorisierten Auftraggeber der Verwaltung. Kritik am Verwaltungshandeln muss also immer über die gewählten Volksvertretungen geleitet und durch diese geprüft werden, ehe korrigierende Weisungen an die Verwaltung ergehen können. Die Volksvertretungen bilden so einen Filter, der einem durch die tatsächlichen Verhältnisse nicht gedeckten Maß an Verwaltungskritik vorbeugt. Diese Filterwirkung dürfte zum Teil jedoch schon dadurch zustande kommen, dass bei dem hier diskutieren deliberativen Politikstil die Verwaltungen selbst Teil des Entscheidungsprozesses sind. Das lässt Interessendivergenzen zwischen Auftraggeber - zu dem auch die Bürger und

Bürgergruppen gehören - und Auftragnehmer in der Ausführung weniger wahrscheinlich werden als bei nichtkonsultativen Entscheidungsverfahren. Ergebnis wäre eine produktivere Zusammenarbeit von beteiligten Bürgern, entscheidungsberechtigten Volksvertretungen und Verwaltungen.

5. Schluss

Ausgehend von dem Problem des Anpassungsdruckes an sich verändernde Systemumwelten, mit dem politische Systeme im Allgemeinen und Verwaltungssysteme im Besonderen ständig konfrontiert sind, wurde hier nach den Möglichkeiten der Stabilisierung generalisierter Systemakzeptanz unter Nutzung spezifischer Potenziale öffentlicher Verwaltungen gefragt. Reaktionsstrategien des Regierungs- und des Verwaltungssystems auf gegenwärtige Herausforderungen wurden vorgestellt und deren Probleme erörtert. Dabei erfolgte der Verweis darauf, dass Regierungssysteme mit üblichen Reaktionsstrategien dazu tendieren, eine Selbstüberlastung zu erzeugen, ohne damit dem wachsenden Partizipationsbedürfnis umfassend gerecht zu werden. Für Modernisierungsprozesse in der Verwaltung musste eine unzureichende Berücksichtigung der Notwendigkeit demokratischer Rückbindung von Verwaltungshandeln konstatiert werden.

Als möglicher Ausweg aus beiden Problemen wurde ein dialogisch-konsultativer Politikstil vorgeschlagen. Unter Beibehaltung eines grundsätzlich repräsentativ verfassten politischen Entscheidungssystems soll dieser Politikstil Öffnungen für eine aktive inhaltliche Beteiligung der Bürger an der Vorbereitung politischer Entscheidungen schaffen. Die Hauptcharakteristika dieses Politikstils sind: (a) die Organisation der Verantwortlichkeit für Problemlösungen auf der jeweils niedrigstmöglichen politischen Ebene oder in einem interessenseitig begrenzten gesellschaftlichen Sektor (Subsidiaritätsprinzip); (b) die Existenz umfassender, vor allem themenbezogener Beteiligungsmöglichkeiten für die Bürger an politischen Entscheidungsprozessen; (c) die Beibehaltung der letztendlichen Entscheidungs- und Kontrollverantwortung repräsentativer Vertretungskörperschaften; (d) die Entscheidungen über die Verteilung öffentlicher Mittel auf der Basis der Interessenverteilung in der gesamten Bürgerschaft durch repräsentative Vertretungskörperschaften.

Bei der Etablierung eines solchen Politikstils, so wurde argumentiert, können Ergebnisse bisher durchgeführter Verwaltungsreformen genutzt werden. Diese Reformen haben bereits zu einer Verantwortungsverlagerung auf untere Ebenen des Staatsaufbaues bei Erhöhung der Eigenständigkeit der Verwaltung geführt. Das Organisations- und Handlungspotenzial dieser eigenverantwortlich agierenden Verwaltung kann zur Schaffung effektiver Beteiligungsmöglichkeiten am politischen Prozess genutzt und so die demokratische Performanz politischer Regimes verbessert werden. Wird die stärkere Eigenverantwortlichkeit der Verwaltungen mit einer stärkeren Beteiligung der Bürger an politischen Entscheidungen und der

Steuerung administrativer Prozesse verbunden, dann kann auf diese Weise auch eine Rückholung zunehmend marktkonform verfasster Verwaltungen in eine demokratische Verantwortungs- und Kontrollstruktur erreicht werden. So wäre es möglich, den erhöhten Partizipationsansprüchen der Bürger gerecht zu werden und gleichzeitig Probleme der demokratischen Kontrolle von Verwaltungshandeln zu lösen, die durch managerialistische Verwaltungsreformen (NPM) teilweise verschärft wurden.

Literatur

Bang, Henrik P., und Eva Sørensen (1998): The Everyday Maker. A New Challenge to Democratic Governance. Paper presented at the ECPR Joint Sessions of Workshops, University of Warrick, 23.-28. März 1998. Von http://www.aub.auc.dk/phd/department02/text/1998/35031998_2.pdf heruntergeladen, am 29.9. 2001. Aalborg: Aalborg Universitet.

Dienel, Peter C. (1991³): Die Planungszelle. Eine Alternative zur Establishment-Demokratie. Opladen: Westdeutscher Verlag.

Esselbrugge, Monique (1996): Citizenship and Policy-making in the Netherlands. The Limits of an Interactive Approach. In: Luc Rouban (Hrsg.): Citizens and the New Governance. Beyond New Public Management. Amsterdam: IOS Press, S. 89-101.

Fuchs, Dieter (1989): Die Unterstützung des politischen Systems der Bundesrepublik Deutschland. Opladen: Westdeutscher Verlag.

Fuchs, Dieter (1993): Eine Metatheorie des demokratischen Prozesses. Discussionpaper III 93-202. Berlin: Wissenschaftszentrum Berlin für Sozialforschung (WZB).

Fuchs, Dieter (1998): Kriterien demokratischer Performanz in liberalen Demokratien. In: Michael Greven (Hrsg.): Demokratie – Eine Kultur des Westens? 20. Wissenschaftlicher Kongress der Deutschen Vereinigung für Politische Wissenschaften. Opladen: Leske + Budrich, S. 151-179.

Goetz, Klaus H. (1996): Between Autonomy and Subordination. Bureaucratic Legitimacy and Administrative Change in Germany. In: Luc Rouban (Hrsg.): Citizens and the New Governance. Beyond New Public Management. Amsterdam: IOS Press, S. 157-174.

Gregory, Robert J. (1998): A New Zealand Tragedy. Problems of Political Responsibility. In: Governance, 11, S. 231-240.

Greve, Carsten und Peter Kragh Jespersen (1996): New Public Management and its Critics. Alternative Roads to Flexible Service Delivery to Citizens. In: Luc Rouban (Hrsg.): Citizens and the New Governance. Beyond New Public Management. Amsterdam: IOS Press, S. 145-156.

Hirst, Paul (2000): Democracy and Governance. In: Jon Pierre (Hrsg.): Debating Governance. Oxford: Oxford University Press, S. 13-35.

Hunold, Christian (2001): Corporatism, Pluralism, and Democracy. Toward a Deliberative Theory of Bureaucratic Accountability. In: Governance, 14, S. 151-167.

McCubbins, Mathew D., Roger Noll und Barry R. Weingast (1987): Administrative Procedures as Instruments of Political Control. In: Journal of Law, Economics, and Organization, 3, S. 243-277.

McCubbins, Mathew D., Roger Noll und Barry R. Weingast (1989): Structure and Process, Politics and Policy: Administrative Arrangements and the Political Control of Agencies. In: Virginia Law Review, 75, S. 432-482.

McCubbins, Mathew D. und Thomas Schwartz (1984): Congressional Oversight Overlooked. Police Patrols Versus Fire Alarms. In: American Journal of Political Science, 28, S. 165-179.

Merton, Robert (1957): Bureaucratic Structure and Personality. In: Robert K. Merton: Social Theory and Social Structure. New York: The Free Press, S. 249-260.

Pierre, Jon und B. Guy Peters (2000): Governance, Politics and the State. Houndmills: Macmillan.

Polidano, Charles (1999): The Bureaucrat Who Fell Under a Bus. Ministerial Responsibility, Executive Agencies and the Derek Lewis Affair in Britain. In: Governance, 12, S. 201-229.

Rhodes, R. A. W. (2000): Governance and Public Administration In: Jon Pierre (Hrsg.): Debating Governance. Oxford: University Press, S. 54-90.

Uppendahl, Herbert (1981): Repräsentation und Responsivität. Bausteine einer Theorie responsiver Demokratie. In: Zeitschrift für Parlamentsfragen, 12, S. 123-134.

Welzel, Christian (2002): Fluchtpunkt Humanentwicklung. Modernisierung, Wertewandel und die Ausbreitung der Demokratie in globaler Perspektive. Opladen: Westdeutscher Verlag (im Erscheinen).

Welzel, Christian, Ronald Inglehart und Hans-Dieter Klingemann (2001): Human Development as a General Theory of Social Change. A Multi-level and Cross-cultural Perspective. Discussionpaper FS III 01-201. Berlin: Wissenschaftszentrum Berlin für Sozialforschung (WZB).

Willke, Helmut und Manfred Glagow (1987): Dezentrale Gesellschaftssteuerung. Probleme der Integration polyzentrischer Gesellschaften. Pfaffenweiler: Centaurus Verlagsgesellschaft.

Yates, Athol (2000): Government as an Informed Buyer. Barton: The Institution of Engineers, Australia.

Leistungsprofile von Demokratien. Eine theoretische und empirische Analyse für westliche Demokratien, 1974-1995

Edeltraud Roller

1. Einleitung

Die Frage nach der Leistungsfähigkeit von Demokratien ist seit den neunziger Jahren zu einem der zentralen Themen der vergleichenden Politikwissenschaft avanciert. Das zunehmende Interesse an der Frage „how well or badly these polities are doing" (Eckstein 1971: 8) wird zum einen mit dem Zusammenbruch der staatssozialistischen Systeme in den Ländern Mittel- und Osteuropas erklärt. Mit dem Wegfall der wichtigsten Alternative zur demokratischen Herrschaftsordnung sei die Aufmerksamkeit auf die Qualitätsunterschiede innerhalb demokratischer Systeme gelenkt worden (Kaase 1995; Fuchs 1998). Zum anderen hängt das steigende Interesse an der Leistungsfähigkeit oder „Performanz" mit der Globalisierungstheorie zusammen, die insbesondere seit Mitte der neunziger Jahre sowohl die politische als auch die sozialwissenschaftliche Diskussion dominiert (Held 1995; Beck 1998; Scharpf 1998). Zwei Thesen stehen im Mittelpunkt dieser Theorie. Die erste behauptet zunehmende Effektivitätsverluste nationalstaatlicher Politiken. Dabei wird davon ausgegangen, dass wachsende transnationale Interdependenzen zu einer abnehmenden Handlungs- und Steuerungskapazität der Nationalstaaten führen und es für diese immer schwieriger wird, zentrale politische Ziele wie soziale Wohlfahrt, aber auch innere Sicherheit und Umweltschutz zu verwirklichen (Zürn 1998). Außerdem wird angenommen, dass im Zuge des Wettbewerbs zwischen nationalen Wirtschaftsstandorten vor allem sozial- und umweltpolitische Standards dereguliert werden, um Anreize für unternehmerische Investitionen zu schaffen (Beisheim und Walter 1997). Dies habe eine Ausbreitung von Armut und eine Minderung der Umweltqualität zur Folge. Nach der zweiten These kommt es zu einer Verschiebung in der Relation zwischen politischen Zielen. Im Zuge der Globalisierungsprozesse breche die für die Nachkriegszeit charakteristische Politik des relativen Austarierens (Zürn 1998: 13) und der Balance (Münch 1998: 17) zwischen konfligierenden Zielen wieder auf, weil „die unausweichlichen ökonomischen Zielgrößen nur *auf Kosten*" (Habermas 1998: 69) der sozialen Gerechtigkeit und des Schutzes der Umwelt realisiert werden können.

In Anbetracht dieser Theorien und Hypothesen stellen sich vor allem zwei Fragen: Erstens, wie hat sich die Leistungsfähigkeit demokratischer Systeme entwickelt? Hat sie abgenommen und haben die Konflikte zwischen politischen Zielen zugenommen, wie dies im Rahmen der Globalisierungstheorie diagnostiziert wird? Zweitens, unterscheiden sich verschiedene Typen demokratischer Systeme systematisch im Hinblick auf ihre Leistungsfähigkeit? Sind beispielsweise Konsensusdemokratien den Mehrheitsdemokratien überlegen, wie dies Lijphart (1999) behauptet und empirisch belegt zu haben meint? Die folgende Analyse greift die erste Frage nach der Entwicklung der Leistungsfähigkeit auf und untersucht diese für westliche Demokratien im Zeitraum zwischen 1974 und 1995. Die theoretische und empirische Analyse konzentriert sich dabei auf die *Effektivität*, die neben der Responsivität als wichtigstes Performanzkriterium gilt. Diese Dimension, bei der es um die Verwirklichung wichtiger politischer Ziele geht, steht im Mittelpunkt der Globalisierungstheorie und anderer zeitgenössischer Krisendiagnosen.

Im Rahmen der vergleichenden Politikforschung, vor allem der vergleichenden Politikfeld- und Demokratieforschung, sind bislang eine Vielzahl von Studien zur Leistungsfähigkeit westlicher Demokratien vorgelegt worden. Für die Beantwortung der hier gestellten deskriptiven Fragen zur Entwicklung der Effektivität westlicher Demokratien sind diese aber in mehrfacher Hinsicht unzureichend. Die vergleichenden Politikfeldanalysen konzentrieren sich aufgrund der politikfeldspezifischen Organisation der Policyforschung vor allem auf einzelne Bereiche wie die Wirtschafts-, Sozial- oder Umweltpolitik. Nur wenige Policyforscher haben Analysen vorgelegt, die mehrere Politikbereiche umfassen; einer von ihnen ist Francis Castles (1998) mit *Comparative Public Policy: Patterns of Post-war Transformation*. Für 21 Länder zwischen 1960 und 1990 untersucht er das Niveau und die Entwicklung des Staatsumfangs, des Wohlfahrtsstaats sowie die Entwicklung verschiedener Aspekte des Arbeitsmarkts und des privaten Lebensbereichs. Aus der Perspektive der Leistungsfähigkeit besteht das Hauptproblem seiner Studie jedoch darin, dass sie in erster Linie auf Indikatoren basiert, die den staatlichen Aufwand messen (Policy Outputs). Das Kapitel zum Wohlfahrtsstaat beschränkt sich beispielsweise auf die Analyse von Staatsausgaben für Transferzahlungen, für das Gesundheitswesen und für die Bildung. Die Resultate dieser Aktivitäten wie Armut, Säuglingssterblichkeit oder Schulabschlüsse, die den faktischen Grad der Zielerreichung indizieren (Policy Outcomes) – und auf den das Performanzkriterium der Effektivität abzielt – können damit nicht untersucht werden.

Für die im Rahmen der vergleichenden Demokratieforschung vorgelegten Studien ist hingegen eine umfassendere Perspektive auf die Leistungsfähigkeit charakteristisch; in der Regel werden eine Vielzahl sehr unterschiedlicher Performanzindikatoren analysiert. Zum Beispiel analysiert Robert Putnam, der an der Effektivität und Responsivität von Demokratien interessiert ist, in *Making Democracy Work* (1993) insgesamt zwölf Indikatoren, die Aspekte des Policyprozesses (z.B. Kabinettsdauer, Umfang statistischer Dienste), des Inhaltes von Politikentscheidungen (z.B. Anzahl reformistischer und innovativer Gesetzesvorhaben) und der Implementation der Politikentscheidungen (z.B. Anzahl von Kinderbetreuungseinrichtungen und Kliniken) messen. Das Problem dieser und vergleichbarer Studien (u.a. Lijphart 1999) besteht allerdings darin, dass sehr heterogene Indikatoren verwendet werden und der Bezug zu den jeweiligen Performanzkriterien nicht klar ist. Darüber hinaus basieren auch viele Studien im Rahmen der vergleichenden Demokratieforschung entweder teilweise (z.B. Lijphart 1999) oder ausschließlich (z.B. Putnam 1993) auf Policy-Output-Indikatoren.

Auf der Basis der verfügbaren Studien kann also die Frage nach der Entwicklung der Effektivität demokratischer Systeme nicht zufriedenstellend beantwortet werden. Es fehlt eine Untersuchung, die angeleitet durch ein theoretisches Modell, die Resultate politischen Handelns (Policy Outcomes) für ein breites Spektrum von Politikbereichen analysiert. Eine solche Studie soll im Folgenden vorgestellt werden. Sie konzentriert sich auf die wichtigsten innenpolitischen Felder: die Politik der inneren Sicherheit, die Wirtschaftspolitik, den Wohlfahrtsstaat (oder die Sozialpolitik) und die Umweltpolitik. Die Studie geht in einem weiteren Aspekt über den gegenwärtigen Forschungsstand hinaus. Effektivität wird nicht separat für diese vier Politikfelder untersucht, sondern es werden *Politikpakete* analysiert. Dabei wird von der Prämisse ausgegangen, dass zur Evaluation der Leistungsfähigkeit einer nationalen Regierung oder eines politischen Institutionengefüges weniger das Erreichen einzelner Politiken als die Realisierung eines umfassenden, allgemein für wichtig erachteten Spektrums von Politiken relevant ist. Diese umfassende Perspektive ist vor allem dann geboten, wenn – wie in der politikwissenschaftlichen und politischen Diskussion häufig behauptet (Okun 1975; Meadows et al. 1972) – Konflikte oder *trade-offs* zwischen einzelnen politischen Zielen existieren. Dies bezieht sich vor allem auf Konflikte zwischen ökonomischen und nicht-ökonomischen Zielen, wenn also hohe ökonomische Effektivität nur auf Kosten geringer Effektivität in der Sozialpolitik oder der Umweltpolitik möglich ist (und umgekehrt). Solche Politikpakete können in Bezug auf zwei Dimensionen beschrieben werden: einerseits im Hinblick auf ihre generelle, alle Politikbereiche umfassende Leistungsfähigkeit und andererseits im Hinblick auf ihr Muster, eine gleichmäßige Realisierung oder eine über- und unterdurchschnittliche Realisierung einzelner Ziele. Die erstgenannte Dimension der „generellen Effektivität" liefert eine quantitative, die zweitgenannte Dimension der „Typologie politischer Effektivität" eine eher qualitative Beschreibung der Leistungsprofile von Demokratien.

Im ersten, theoretischen Teil der Analyse wird ein Konzept genereller Effektivität und eine Typologie politischer Effektivität beschrieben. Auf der Grundlage dieser beiden Konzepte wird im zweiten, empirischen Teil die Entwicklung der Effektivität westlicher Demokratien zwischen 1974 und 1995 analysiert. Das Jahr 1974, kurz nach der Ölkrise, wurde als Beginn der Zeitreihe gewählt, weil es in Globalisierungs- und anderen Krisentheorien als Wendepunkt in der Leistungsfähigkeit westlicher Länder betrachtet wird. Die empirische Analyse basiert auf 21 OECD-Ländern: Australien, Belgien, Dänemark, Deutschland (ab 1991 Gesamtdeutschland), Finnland, Frankreich, Griechenland, Großbritannien, Irland, Italien, Japan, Kanada, Neuseeland, Niederlande, Norwegen, Österreich, Portugal, Schweden, Schweiz, Spanien und den USA. Luxemburg und Island können wegen der Menge fehlender Daten in den Analysen nicht berücksichtigt werden. Die Studie basiert auf Daten, die von verschiedenen internationalen Organisationen (OECD, WHO, Interpol) und international vergleichenden Forschungsprojekten (Luxembourg Income Study) bereitgestellt werden.

2. Theoretische Konzepte zur Evaluation der generellen Effektivität und der Typen politischer Effektivität

Die Evaluation der Effektivität demokratischer Systeme, die als Realisierung wichtiger politischer Ziele definiert worden ist, setzt eine Liste theoretisch begründeter normativer Kriterien voraus, an denen die Leistungsfähigkeit gemessen werden kann. Wenn eine empirische Evaluation angestrebt wird, müssen diesen Kriterien darüber hinaus jeweils konkrete Indikatoren zugeordnet werden. Im Folgenden wird ein Modell zur Evaluation politischer Effektivität vorgestellt und (anschließend) darauf aufbauend das Konzept genereller Effektivität und eine Typologie politischer Effektivität beschrieben.

Das in Abbildung 1 dargestellte „Modell zur Evaluation politischer Effektivität" (Roller 2001: Kapitel 2) umfasst einen normativen und einen empirisch-analytischen Teil. Auf der *normativen Ebene* werden die politischen Ziele (*policy goals*) aufgelistet, die den Charakter politischer Güter haben. Diese sind definiert als Güter „that satisfy ‚needs' (i.e., ER) human needs whose fulfillment makes the polity valuable to man, and gives it its justification" (Pennock 1966: 420). Dabei handelt es sich um die vier Ziele „innere Sicherheit", „Wohlfahrt", „sozioökonomische Sicherheit und Gleichheit" sowie „Umweltschutz". Diese Liste ergibt sich durch Spezifikation und Aktualisierung der von Almond und Powell (1978) vorgelegten Liste politischer Güter. Die vier Ziele zeichnen sich erstens dadurch aus, dass sie das Handeln politischer Akteure anleiten. Das dokumentiert sich u.a. darin, dass sich zu ihrer Realisierung entsprechende Politikfelder herausgebildet haben, und zwar die Politik der inneren Sicherheit, die Wirtschaftspolitik, die Sozialpolitik (oder der Wohlfahrtsstaat) und die Umweltpolitik. Wie empirische Untersuchungen zeigen, konvergieren diese Ziele zweitens mit den Bedürfnissen der Bürger und erwarten die Bürger drittens die Realisierung dieser Ziele vom Staat (Roller 2001: 38-41).

Um diese Liste abstrakter normativer Kriterien einer empirischen Analyse zugänglich zu machen, werden die Politikfelder auf einer *empirisch-analytischen Ebene* in Komponenten ausdifferenziert und diesen Komponenten jeweils die Indikatoren zugeordnet, für die im Untersuchungszeitraum komparative Daten für die genannten 21 OECD-Länder vorliegen. Zur Ausdifferenzierung der Politikfelder werden politikfeldspezifische Zielkataloge wie das magische Viereck der Wirtschaftspolitik herangezogen. Nach dem in Abbildung 1 dargestellten Modell sind es insgesamt 14 Indikatoren, mit denen die Effektivität westlicher Demokratien zwischen 1974 und 1995 gemessen werden kann (zu den Indikatoren und Datenquellen im Einzelnen siehe Anhang).

Abbildung 1: Modell zur Evaluation politischer Effektivität

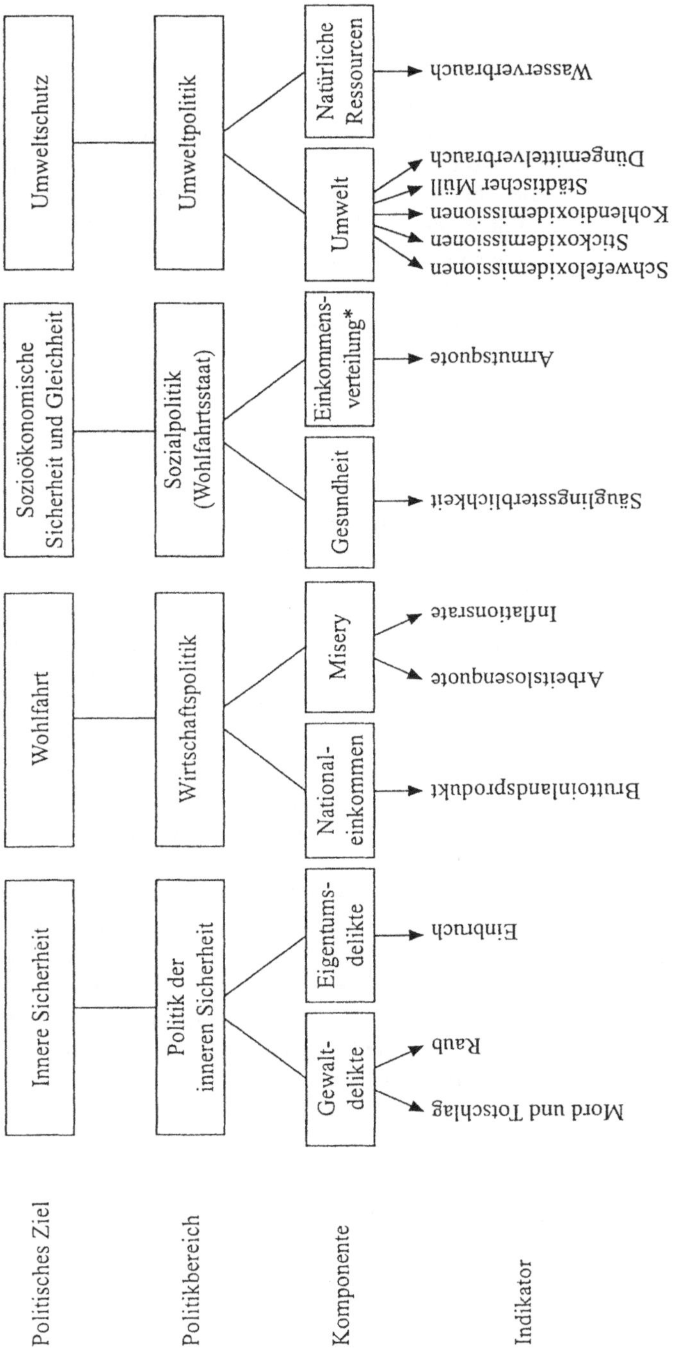

Politisches Ziel

Innere Sicherheit | Wohlfahrt | Sozioökonomische Sicherheit und Gleichheit | Umweltschutz

Politikbereich

Politik der inneren Sicherheit | Wirtschaftspolitik | Sozialpolitik (Wohlfahrtsstaat) | Umweltpolitik

Komponente

Gewalt-delikte | Eigentums-delikte | National-einkommen | Misery | Gesundheit | Einkommens-verteilung* | Umwelt | Natürliche Ressourcen

Indikator

Mord und Totschlag
Raub
Einbruch
Bruttoinlandsprodukt
Arbeitslosenquote
Inflationsrate
Säuglingssterblichkeit
Armutsquote
Schwefeloxidemissionen
Stickoxidemissionen
Kohlendioxidemissionen
Städtischer Müll
Düngemittelverbrauch
Wasserverbrauch

* Nationales Minimum

Das wesentliche Merkmal dieses Modells, auf dessen Entwicklung und Begründung an dieser Stelle nicht weiter eingegangen werden kann (Näheres dazu siehe Roller 2001), besteht zum einen darin, dass es nur solche Leistungen enthält, die jedes politische System für die Gesellschaft zu erbringen hat. Fuchs (1998) hat dafür den Begriff der „systemischen" Performanzkriterien vorgeschlagen; diese lassen sich von den „demokratischen" Performanzkriterien wie Freiheit und Responsivität unterscheiden, die charakteristische Leistungen demokratischer Systeme sind. Eben diese systemischen Qualitätskriterien stehen im Mittelpunkt der Globalisierungsdiskussion. Zum anderen zeichnet sich das Modell dadurch aus, dass alle 14 Indikatoren eindeutig Policy Outcomes, also Resultate politischen Handelns und nicht den staatlichen Aufwand (Policy Outputs) messen.

Generelle Effektivität

Auf der Basis des Modells zur Evaluation politischer Effektivität kann das Konzept genereller Effektivität relativ einfach entwickelt werden. Wenn die Prämisse zutrifft, dass das Modell die wichtigsten politischen Ziele enthält, an denen die Leistungsfähigkeit eines politischen Systems festgemacht werden kann, dann setzt sich die generelle, politikfeldübergreifende Effektivität aus den dort identifizierten vier politikfeldspezifischen Effektivitäten zusammen: der Politik der inneren Sicherheit, der Wirtschafts-, der Sozial- und der Umweltpolitik. Zur Ermittlung der generellen Effektivität muss demzufolge ein kompositorisches Maß entwickelt werden, das die in den 14 Indikatoren enthaltenen Informationen aggregiert. Bei der Konstruktion eines solchen Maßes müssen – gesteuert durch inhaltliche Überlegungen – drei Entscheidungen getroffen werden, die die Methode der Standardisierung, der Gewichtung und der Aggregation betreffen.

Bei der *Standardisierung* wird ein einfaches System der Indexierung (Morris 1979: 41) gewählt. Bei diesem Verfahren werden die Ausprägungen jedes Einzelindikators in dieselbe Skala transformiert, die von 0 bis 100 reicht. Der Wert 0 repräsentiert das Land mit der „schlechtesten" Performanz über den gesamten Untersuchungszeitraum von 1974 bis 1995 und 100 repräsentiert das Land mit der „besten" Performanz über diesen Zeitraum. Der Vorzug dieser Form der Standardisierung besteht darin, dass nicht nur die Endpunkte der Skala eingängig sind, sondern auch alle Werte dazwischen direkt als Grad der Abweichung vom minimalen und vom maximalen Wert interpretierbar sind. Ein Wert von 50 indiziert, dass ein Land genau in der Mitte zwischen der besten und der schlechtesten Praxis liegt. Zur Standardisierung werden die von Mosley und Mayer (1999) vorgeschlagenen Formeln eingesetzt (siehe Anhang).

Das Modell zur Evaluation politischer Effektivität basiert auf der Prämisse einer unparteiischen, externen Evaluation der Leistungsfähigkeit von Demokratien. Weder einzelnen Politikbereichen noch einzelnen politikfeldspezifischen Komponenten wird ein besonderes Gewicht zugewiesen. Deshalb werden bei der Konstruktion des Indexes die pro Politikbereich ausdifferenzierten Komponenten und die vier Politikbereiche mit gleichem *Gewicht* berücksichtigt. Nur über ein solches

Verfahren kann dem Problem der unterschiedlichen Anzahl verfügbarer Indikatoren für einzelne politikfeldspezifische Komponenten begegnet werden. Für das von unten nach oben (Abbildung 1) konstruierte Maß genereller Effektivität bedeutet dies, dass Mord und Totschlag sowie Raub gleichgewichtig in einen Subindex „Gewaltdelikte" eingehen und dieser Subindex „Gewaltdelikte" zusammen mit dem Subindex „Eigentumsdelikte" (Indikator: Einbruch) jeweils zur Hälfte den Index „Politik der inneren Sicherheit" konstituiert. Nach derselben Logik werden die Indizes für die anderen drei politikfeldspezifischen Effektivitäten gebildet. Alle vier politikfeldspezifischen Indizes gehen mit demselben Gewicht in den Globalindex der generellen politischen Effektivität ein.

Als Verfahren zur *Aggregation* der Einzelindikatoren und Subindizes wird das arithmetische Mittel gewählt. Damit sind die Ausprägungen aller Subindizes und die des Globalindexes, die sich jeweils aus einer unterschiedlichen Anzahl von Teilelementen zusammensetzen, unmittelbar miteinander vergleichbar.

Typen politischer Effektivität

Zur Entwicklung einer Typologie politischer Effektivität bedarf es einer eigenständigen konzeptuellen Anstrengung, weil eine umfassende Typologie, die ein breites Spektrum von Politikfeldern einschließt, bisher noch nicht entwickelt worden ist. Bislang sind lediglich „schmale" Typologien vorgelegt worden, die wenige Politikfelder einschließen. Eine solche Typologie politischer Ökonomie, die die Wirtschaftspolitik und den Wohlfahrtsstaat umfasst, hat Manfred G. Schmidt (1987, 2000) vorgeschlagen. Er unterscheidet zwischen dem nordischen Wohlfahrtskapitalismus, dem nordamerikanischen marktorientierten Kapitalismus und dem „mittleren Weg" der Bundesrepublik Deutschland als einem drittem Weg zwischen diesen beiden Extremen. Der wichtigste Unterschied zwischen diesen drei Typen betrifft den *trade-off* zwischen ökonomischer Effizienz und sozioökonomischer Gleichheit. Im marktwirtschaftlichen Kapitalismus hat die ökonomische Effizienz Priorität über die Gleichheit, das umgekehrte Muster liegt im nordischen Wohlfahrtskapitalismus vor und Deutschland nimmt eine mittlere Position ein. Neben solchen Typologien, die nur wenige Politikfelder umfassen, werden in der Literatur auch länderspezifische Politikmuster vorgeschlagen wie beispielsweise der *American exceptionalism*, der von Martin Lipset (1996) und anderen beschrieben worden ist. Dieses Muster steht für einen einzigartigen Fall, in dem Kriminalität, Wohlstand und Bildung überdurchschnittlich und Einkommensgleichheit und Sozialleistungen unterdurchschnittlich ausgeprägt sind. Im Unterschied zur Typologie politischer Ökonomie umfasst der *American exceptionalism* ein breites Spektrum von Politikfeldern. Allerdings konstituiert er keine Typologie, sondern beschreibt lediglich einen einzigen Typ politischer Effektivität.

Auch wenn die Typologie politischer Ökonomie für unsere Zwecke zu „schmal" ist und der *American exceptionalism* lediglich einen Typ politischer Effektivität beschreibt, liefern beide wichtige Hinweise zur Konstruktion der hier intendierten Typologie politischer Effektivität. Denn bei der Erklärung der jeweiligen Politikmuster verweisen die Autoren mehrheitlich auf politische Ideologien und kulturelle Werte. Zum Beispiel erklärt Schmidt (1987: 143) den nordischen Wohlfahrtskapitalismus mit der Hegemonie der Sozialdemokratie und den nordamerikanischen marktorientierten Kapitalismus mit der Vorherrschaft der marktorientierten Rechten und Mitte. Umgekehrt erklärt Lipset (1996) das unausgewogene, zwischen Extremen schwankende Politikmuster der USA – das das genaue Gegenteil der bundesdeutschen Politik des „mittleren Weges" darstellt – mit dem „zweischneidigen" Charakter der kulturellen Werte und Normen dieser Gesellschaft. Die Grundwerte des Individualismus, der Meritokratie und insbesondere der Anti-Staatlichkeit seien dafür verantwortlich, dass die USA in Abhängigkeit von den spezifischen Politiken entweder zu den Besten oder zu den Schlechtesten gehört. Angesichts der unterstellten Bedeutung kultureller und ideologischer Faktoren für die Herausbildung von Politikmustern liegt es nahe, eine umfassende Typologie politischer Effektivität auf der Grundlage politischer Ideologien zu konstruieren. Dazu werden drei Ideologien herangezogen, die gegenwärtig im Mittelpunkt der politischen Diskussion stehen, und zwar die Nachhaltigkeit, die klassische Sozialdemokratie und das libertäre Modell. Alle drei sind durch jeweils unterschiedliche Politikmuster charakterisiert.

Die *Nachhaltigkeit* oder nachhaltige Entwicklung ist nach der Präsentation des Berichtes der *World Commission on Environment and Development* (der sogenannten Brundtland-Kommission) im Jahr 1987 zu einem neuen und weltweit akzeptierten allgemeinen Entwicklungsziel avanciert. Nachhaltige Entwicklung wird in diesem Bericht noch sehr allgemein definiert als „development that meets the needs of the present without compromising the ability of future generations to meet their own needs" (WCED 1987: 40). In der Zwischenzeit sind spezifischere Konzepte vorgeschlagen worden. Das in unserem Kontext der Politikmuster relevante Konzept wird vor allem von internationalen Organisationen wie der OECD (1998a) und der Europäischen Union (Hinterberger et al. 1998) favorisiert. Danach steht Nachhaltigkeit für eine Integration von oder Balance zwischen konfligierenden ökonomischen, sozialen und ökologischen Belangen. Die Ökonomie soll dabei gegenüber sozialen und ökologischen Zielen keinen Vorrang haben, die Wirtschaftspolitik stattdessen auch ökologische und soziale Belange mit berücksichtigen. Alle drei Politiken sollen harmonisiert und in ein „overall economic framework" (OECD 1998a: Paragraph 3) integriert werden.

Bei der Sozialdemokratie ist, wie die gegenwärtige Diskussion um den „dritten Weg" zeigt (Giddens 1999), eine Unterscheidung zwischen alter oder klassischer und neuer Sozialdemokratie geboten. Die *klassische Sozialdemokratie* kann relativ eindeutig bestimmt werden. Sie ist charakterisiert durch überdurchschnittliche Leistungen im Bereich der Ökonomie und der Sozialpolitik. Prinzipiell steht sie zwar ökologischen Belangen „nicht feindlich gegenüber", wie Giddens (1999: 21) formuliert, „(sie) konnte aber mit ihnen nicht umgehen", weil Ziele wie Vollbeschäftigung, soziale Sicherheit und Gleichheit Priorität hatten. Im Unterschied dazu zeichnet sich die neue sozialdemokratische Programmatik bislang nur in Umrissen ab, ein Konsens ist noch nicht auszumachen. Das entsprechende Politikmuster kann also gegenwärtig nicht positiv bestimmt werden. Es gibt allerdings gute Gründe, das beschriebene Konzept der Nachhaltigkeit als eine Art vorläufiges Substitut für das Konzept einer modernen Sozialdemokratie zu betrachten. Dafür spricht einerseits der Bericht der Zukunftskommission der (SPD-nahen) Friedrich-Ebert-Stiftung (1998), der als Credo formuliert: „Wirtschaftliche Leistungsfähigkeit, sozialer Zusammenhalt, ökologische Nachhaltigkeit. Drei Ziele – ein Weg". Dafür spricht andererseits auch der Versuch von Giddens (1999), den „dritten Weg" als eine Neujustierung zwischen den vielfältigen ökonomischen Zielen, der Gleichheit, dem Umweltschutz und der Verbrechensbekämpfung zu beschreiben.

Das *libertäre Modell* ist durch das Ziel der Maximierung ökonomischer Performanz charakterisiert. Unter Umständen wird dieses Ziel auf Kosten der Effektivität in allen anderen Politikfeldern maximiert. Dieses Politikmuster wurde bislang als *American exceptionalism* bezeichnet; im Folgenden wird jedoch dem allgemeineren Begriff des libertären Modells der Vorzug gegeben. Einerseits werden damit die ideologischen Grundlagen dieses Modells angemessener beschrieben und andererseits ist dieser Begriff auch offen für eine Anwendung auf weitere Länder. Er ist breiter als die konkurrierenden ideologischen Konzeptionen des Wirtschaftsliberalismus und des marktorientierten Kapitalismus, die sich vor allem auf die Ökonomie beziehen, und neutraler als die von Giddens (1999) verwendete Bezeichnung des Neoliberalismus, die den Charakter eines Kampfbegriffs besitzt.

Alle drei erläuterten ideologischen Typen – Nachhaltigkeit, klassische Sozialdemokratie und libertäres Modell – beschreiben Politikmuster, die empirisch vorliegen würden, wenn die entsprechenden Policypräferenzen sowohl das politische Handeln als auch dessen Ergebnisse determinieren würden. Deshalb können sie auch als normative Modelle oder normativ definierte Politikmuster bezeichnet werden. In Abbildung 2 werden diese Typen politischer Effektivität formal beschrieben. Für jeden einzelnen Typ sind die Ausprägungen pro Politikbereich markiert. Verwendet wird eine relative Maßeinheit, und zwar der Grad der stark überdurchschnittlichen (++), überdurchschnittlichen (+), unterdurchschnittlichen (–) und stark unterdurchschnittlichen Effektivität (– –).

Bei der Anwendung dieses Schemas auf die drei Ideologien fällt auf, dass die innere Sicherheit, die als essenzielles Kriterium zur Bewertung der Effektivität politischer Systeme gelten kann (Abbildung 1), in allen drei normativen Politikmustern keine zentrale Rolle spielt. Besonders deutlich wird dies beim Konzept der Nachhaltigkeit, das auf der Idee der Balance zwischen verschiedenen Politikzielen aufbaut. Dem unterschiedlichen Stellenwert der inneren Sicherheit versuchen wir bei der Konstruktion der Typen politischer Effektivität dadurch Rechnung zu tragen, dass die ideologischen Politikmuster primär in Bezug auf die drei Politikbereiche der Ökonomie, Sozialpolitik und Ökologie definiert und innerhalb dieser Politikmuster jeweils zwei Versionen unterschieden werden, und zwar eine mit unter- und eine mit überdurchschnittlicher Effektivität im Bereich der inneren Sicherheit. Beispielsweise markiert „Nachhaltigkeit" eine unterdurchschnittliche und

„Nachhaltigkeit + Innere Sicherheit" eine überdurchschnittliche Realisierung der inneren Sicherheit.

Abbildung 2: Theoretische Typen politischer Effektivität

	Öko-nomie	Sozial-politik	Ökologie	Innere Sicherheit
1. Bestmöglicher Fall	++	++	++	++
2.a Nachhaltigkeit	+	+	+	–/– –
2.b Nachhaltigkeit + Innere Sicherheit	+	+	+	+
3.a Klassische Sozialdemokratie	+/++	+/++	–/– –	–/– –
3.b Klassische Sozialdemokratie + Innere Sicherheit	+/++	+/++	–/– –	+/++
4.a Libertäres Modell	++(+)	–/– –	–/– –	–/– –
4.b Libertäres Modell + Innere Sicherheit	++(+)	–/– –	–/– –	+/++
5. Schlechtest möglicher Fall	– –	– –	– –	– –

Legende: ++ = stark überdurchschnittliche, + = überdurchschnittliche, – = unterdurchschnittliche, – – = stark unterdurchschnittliche Effektivität.

Entsprechend Abbildung 2 ist Nachhaltigkeit das ideologisch definierte Politik-muster mit der größten Anzahl überdurchschnittlicher politikfeldspezifischer Ef-fektivitäten. Die Essenz der Nachhaltigkeit besteht darin, dass die ökonomischen, sozialen und ökologischen Ziele gleich stark realisiert sind. Ein solches balancier-tes Effektivitätsmuster schließt die Maximierung eines Zieles auf Kosten von ande-ren aus. Das für dieses Muster prototypische Profil zeichnet sich deshalb dadurch aus, dass alle drei Ziele nicht „stark überdurchschnittlich" (++), sondern lediglich „überdurchschnittlich" (+) realisiert sind. Im Unterschied zur Nachhaltigkeit han-delt es sich bei der klassischen Sozialdemokratie und dem libertären Modell um unausgeglichene Politikmuster. Bei der klassischen Sozialdemokratie ist die über-durchschnittliche Performanz auf die beiden Felder der Wirtschafts- und Sozialpo-litik begrenzt; das libertäre Modell ist durch eine einzige überdurchschnittliche Performanz im Bereich der Wirtschaftspolitik charakterisiert.

Zusätzlich zu den bereits beschriebenen ideologisch definierten Politikmustern sind in der Abbildung 2 noch zwei weitere Typen abgebildet: der bestmögliche und der schlechtest mögliche Fall. Der *bestmögliche Fall* ist definiert durch eine stark über- und der *schlechtest mögliche Fall* durch eine stark unterdurchschnittliche Leistungsfähigkeit in allen vier Politikfeldern. Diese beiden extremen Typen politi-scher Effektivität, die jeweils die Endpunkte oder Grenzmodelle politischer Effek-tivität markieren, stehen im Mittelpunkt der Diskussionen und Forschungen zum politischen Benchmarking. Dabei handelt es sich um ein aus der Betriebswirtschaft stammendes Instrument der Wettbewerbsanalyse, bei dem kontinuierlich Ergebnis-se, Prozesse und Methoden von Wettbewerbern verglichen werden, um die Leis-tungslücken mit dem „Klassenbesten" systematisch zu schließen (Gabler 1997).

Angewandt auf die Policyanalyse geht es darum, die Politiken verschiedener Länder miteinander zu vergleichen, die Länder in eine Rangfolge zu bringen und das Land mit der besten („best practice") und der schlechtesten Praxis („worst practice") zu identifizieren. Auf der Grundlage eines Leistungsvergleichs mit dem Besten sollen Erfolgsfaktoren identifiziert und politisches Lernen ermöglicht werden, um die nationale Politik zu verbessern (Schütz, Speckesser und Schmid 1998). Den bestmöglichen und den schlechtest möglichen Fall haben wir hier zunächst theoretisch definiert. Da sich die Politikmuster aus verschiedenen unabhängigen Dimensionen zusammensetzen, ist es durchaus möglich, dass kein Land existiert, das in allen vier Politikbereichen stark unterdurchschnittliche oder stark überdurchschnittliche Effektivität zeigt, und dass die Definitionen dieser Extremtypen an die empirische Realität angepasst werden müssen.

Die Grundidee der hier entwickelten Typologie politischer Effektivität besteht darin, nicht alle logisch möglichen Kombinationen politikfeldspezifischer Effektivitäten zu erfassen, sondern nur die Politikmuster, die in der gegenwärtigen politischen Diskussion eine zentrale Rolle spielen. Dabei handelt es sich zum einen um drei programmatisch oder ideologisch definierte Politikmuster und zum anderen um den bestmöglichen und den schlechtest möglichen Fall. Welche dieser theoretischen Typen in der Realität existieren und umgekehrt welche empirisch existierenden Typen durch diese theoretische Klassifikation abgedeckt sind, ist eine offene Frage, die nur empirisch geklärt werden kann. Im Hinblick auf die ideologisch definierten Typen politischer Effektivität sind noch drei Hinweise wichtig: Erstens kann im Falle des Vorliegens eines solchen Politikmusters, wenn also die faktische Performanz dem ideologisch definierten Muster entspricht, nicht umstandslos davon ausgegangen werden, dass die entsprechende Ideologie der alleinige und entscheidende Faktor zur Herausbildung des Politikmusters ist. Es ist durchaus möglich, dass auch andere Faktoren wie der Grad sozioökonomischer Modernität für das Zustandekommen des Typus eine Rolle spielen oder dass diese anderen Faktoren sogar ausschlaggebend sind. Bei den ideologisch definierten Politikmustern handelt es sich also in erster Linie um *typologische Beschreibungen* und nicht um Kausalmodelle. Zweitens werden diese Ideologien hier lediglich auf der Ebene der Politikresultate in vier Politikbereichen identifiziert. Die jeweiligen ideologischen Systeme sind viel umfassender; sie beziehen sich nicht nur auf die hier diskutierten vier Policypräferenzen, sondern auch auf andere Aspekte wie beispielsweise die Instrumente, die zur Realisierung dieser Ziele eingesetzt werden. Und drittens nimmt unter den drei unterschiedlichen Ideologien die Nachhaltigkeit eine besondere Position ein. Sie beschreibt einen dritten Weg zwischen der alten sozialdemokratischen und der libertären Position. In den achtziger Jahren wurde diese Position, die zwischen den beiden Extremen ausgleicht, von Schmidt (1987) noch formal als „mittlerer Weg" charakterisiert. Seit den neunziger Jahren verstärkt sich die Diskussion um Nachhaltigkeit als neue Zielgröße oder Leitidee gesellschaftlicher Entwicklung. Dadurch erhielt diese Position nicht nur eine ideologische Formulierung und Begründung, sondern auch eine substanzielle Ausweitung durch die Einbeziehung anderer Präferenzen und Instrumente.

3. Die Entwicklung der Effektivität, 1974-1995

Nach den eingangs erläuterten Hypothesen stehen zwei inhaltliche Fragen im Mittelpunkt der empirischen Analyse: Erstens, nimmt die politische Effektivität westlicher Demokratien seit 1974 kontinuierlich ab? Zweitens, wie haben sich die Typen politischer Effektivität über die Zeit entwickelt, nehmen insbesondere die unausgeglichenen Politikmuster zu, die *trade-offs* zwischen politischen Zielen indizieren?

Politikfeldspezifische und generelle Effektivität

Die Globalisierungstheorien diagnostizieren eine kontinuierliche Abnahme der generellen Effektivität westlicher Demokratien seit 1974. Diese Entwicklung wird mit kleinen Variationen auch für die einzelnen Politikbereiche behauptet. Besonders prominent ist die These zunehmender Kriminalitätsraten im Bereich der inneren Sicherheit. In den Globalisierungstheorien wird davon ausgegangen, dass die ökonomische Globalisierung einerseits und der Abbau des Wohlfahrtsstaats andererseits zu einer ungehinderten Entfaltung des Kapitalismus führen und dass diese Prozesse verschiedene Desintegrationstendenzen fördern, zu denen insbesondere die Zunahme der Kriminalität gehört (Münch 1998; Habermas 1998). In Bezug auf die Wirtschaftspolitik wird das Jahr 1973 als der Umkehrpunkt betrachtet. In jenem Jahr ist das „goldene Zeitalter der Nachkriegszeit" (Maddison 1991), das durch ein unvergleichliches Wirtschaftswachstum gekennzeichnet war, zu Ende gegangen. Für die Phase danach wird eine signifikante Verlangsamung des wirschaftlichen Wachstums, steigende Arbeitslosigkeit und Inflation diagnostiziert. Das Jahr 1973 gilt auch als bedeutsamer Einschnitt für die wohlfahrtsstaatliche Entwicklung. Fast alle westlichen Demokratien haben auf die mit der negativen ökonomischen Entwicklung einhergehende Verknappung finanzieller Ressourcen mit Kürzungen von Sozialleistungen und einem Abbau von wohlfahrtsstaatlichen Programmen reagiert. Lediglich der Grad des Politikwechsels ist strittig, ob nur inkrementelle Anpassungen erfolgt sind (Pierson 1996) oder ob radikalere Wechsel stattgefunden haben (Clayton und Pontusson 1998). Hinsichtlich des Umweltschutzes werden schließlich widersprüchliche Hypothesen formuliert. Die Mehrheit der Globalisierungstheorien geht davon aus, dass die Globalisierungsprozesse zu einer Verschlechterung der ökologischen Lage führen. Angesichts der Internationalisierung der Umweltpolitik, die sich in einer Vielzahl internationaler Aktivitäten und multilateraler Abkommen manifestiert, unterstellen jedoch einige Umweltpolitikforscher (Jänicke und Weidner 1997) der Globalisierung auch förderliche Wirkungen auf die umweltpolitische Performanz.

Abbildung 3: Entwicklung der politikfeldspezifischen Effektivität westlicher
Demokratien, 1974-1995

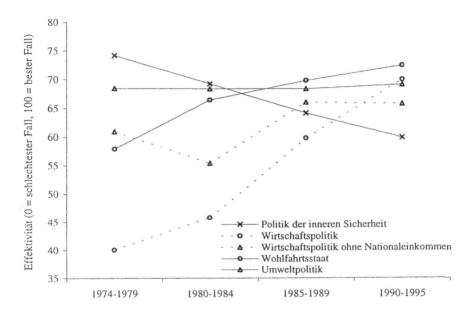

Inwieweit diese Hypothesen zur negativen Entwicklung der politikfeldspezifischen
Effektivitäten zutreffen, kann auf der Basis der in Abbildung 3 präsentierten Daten
geprüft werden. Für alle vier Politikfelder wird dort die Effektivität über vier Perioden zwischen 1974 und 1995 dargestellt. Als erstes und wichtigstes Ergebnis
kann festgehalten werden, dass es keinen allgemeinen Trend in der Entwicklung
der Effektivität gibt, sondern die Entwicklungsrichtung in Abhängigkeit vom jeweiligen Politikfeld variiert. Die Politik der inneren Sicherheit ist das einzige Feld,
für das eine kontinuierliche Effektivitätsabnahme über den gesamten Untersuchungszeitraum vorliegt. Ältere Studien (Gurr 1977) können jedoch zeigen, dass
diese Abnahme nicht erst im Jahr 1974, sondern bereits kurz nach dem Ende des
Zweiten Weltkriegs eingesetzt hat. Für diesen langanhaltenden negativen Trend
dürften deshalb andere Faktoren verantwortlich sein als die nach 1974 beginnenden
Globalisierungsprozesse. Ein entgegengesetzter Trend zeichnet sich in der Wirtschaftspolitik ab, die ökonomische Effektivität nimmt von 1974 bis 1995 kontinuierlich zu. Diese positive Entwicklung geht allerdings vor allem auf das National-
einkommen (Indikator: Bruttoinlandsprodukt) zurück, das neben der Arbeitslosenquote und der Inflationsrate als dritte ökonomische Performanzdimension fungiert.
Trotz eines verlangsamten Wirtschaftswachstums ist nach 1974 das Wohlstandsniveau der westlichen Demokratien nach wie vor angestiegen. Wenn man das Natio-
naleinkommen aus dem Index ökonomischer Effektivität herausnimmt und diese

lediglich auf der Basis der Arbeitslosenquote und Inflationsrate misst (Misery-Index), dann lässt sich kein eindeutiger Trend mehr identifizieren. Die ökonomische Performanz nimmt zwischen den Perioden 1974-1979 und 1980-1984 ab, dann wieder zu und bleibt zwischen 1985-1989 und 1990-1995 relativ stabil.

Bemerkenswert ist ein drittes Ergebnis. Von den seit Mitte der siebziger Jahre andauernden Um- und Abbaumaßnahmen westlicher Wohlfahrtsstaaten bleibt die Effektivität, wenn man diese über Säuglingssterblichkeit und Einkommensarmut misst, bislang unberührt. Die sozialpolitische Effektivität nimmt über den gesamten Untersuchungszeitraum nicht ab, sondern zu. Allerdings verläuft der Anstieg seit 1980-1984 etwas langsamer als in den vorhergehenden Phasen. Eine detailliertere Analyse zeigt, dass diese positive Entwicklung vor allem auf die kontinuierlich sinkende Säuglingssterblichkeit zurückgeht, die in den achtziger Jahren eine Sättigungsgrenze erreicht hat. Was schließlich die Umweltpolitik angeht, so ist in Anbetracht der kontinuierlichen Institutionalisierung dieses vergleichsweise neuen Politikfeldes seit Ende der sechziger Jahre das empirische Ergebnis einer relativen Stabilität der umweltpolitischen Effektivität über den gesamten Untersuchungszeitraum äußerst bemerkenswert. Damit wird weder die These der kontinuierlich abnehmenden Effektivität als Folge der Globalisierungsprozesse noch die These kontinuierlicher Effektivitätssteigerung als Konsequenz eines zunehmenden umweltpolitischen Engagements bestätigt. Eine detailliertere Analyse erbringt hier jedoch länderspezifisch unterschiedliche Muster. In reichen Ländern wie den USA und Deutschland verbesserte sich die umweltpolitische Effektivität im Untersuchungszeitraum kontinuierlich, während sie sich in den ökonomischen Nachzüglerländern wie den südeuropäischen Ländern Griechenland, Portugal und Spanien im Zuge der Wohlstandsentwicklung verschlechterte. Dieser Zusammenhang zwischen der wirtschaftlichen Entwicklung und der Umweltbelastung wird in der Umweltforschung als ökologische Kuznets-Kurve beschrieben (Stern, Common und Barbier 1996). Danach nimmt die Umweltverschmutzung in der ersten Phase der ökonomischen Entwicklung zu und in der zweiten Phase wieder ab, weil dann mehr technische (moderne Umwelttechnologie), ökonomische (Geld) und kulturelle Ressourcen (Wertewandel) zur Reduktion von Umweltbelastungen vorhanden sind. Zusätzlich findet ein sektoraler Wandel von einer industriell basierten zu einer dienstleistungsbasierten Ökonomie statt, der Gratiseffekte für die Umweltbedingungen mit sich bringt (Jänicke, Mönch und Binder 1996).

Wir haben gesehen, dass sich die Effektivität in den einzelnen Politikfeldern unterschiedlich entwickelt. Welcher Trend zeichnet sich jedoch im Aggregat aller Politikfelder ab? Auf der Grundlage des Indexes der generellen Effektivität, der alle vier Politikfelder in einem Maß aggregiert, kommt es zwischen 1974 und 1995 zu einer kontinuierlichen Zunahme der Effektivität (Abbildung 4). Allerdings geht diese positive Entwicklung fast ausschließlich auf die Zunahme des Nationaleinkommens zurück. Bei Ausschluss dieser Dimension aus dem Globalindex zeigt sich ein Bild der Stabilität mit kleinen Fluktuationen.

Abbildung 4: Entwicklung der generellen Effektivität westlicher Demokratien,
1974-1995

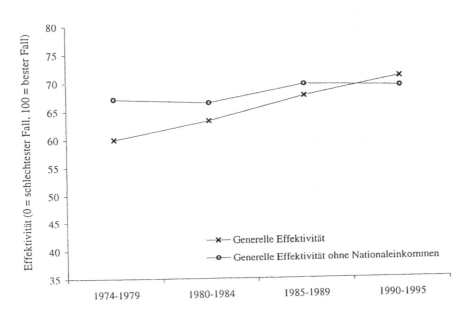

Zusammenfassend kann festgehalten werden, dass die Hypothese einer kontinuierlichen Effektivitätsabnahme westlicher Demokratien für den Zeitraum zwischen
1974 und 1995 nicht bestätigt werden kann. Für alle Performanzdimensionen zusammengenommen kann eher eine Stabilität konstatiert werden. Weiterführende
länderspezifische Analysen können den behaupteten negativen Trend auch nicht
für einzelne westliche Demokratien ermitteln (Roller 2001).

Typen politischer Effektivität

Im Unterschied zur generellen Effektivität liefert die vorgeschlagene Typologie
politischer Effektivität eine eher qualitative Beschreibung des Politikpaketes. Auf
ihrer Grundlage kann der Grad der Ausgeglichenheit von Politikmustern analysiert
und es können vor allem empirische Anhaltspunkte für die von der Globalisierungstheorie formulierte Hypothese ermittelt werden, dass die Unausgeglichenheit
zwischen Politikfeldern, die Zielkonflikte indiziert, über die Zeit zunimmt. Bevor
diese inhaltlichen Fragen untersucht werden, wird jedoch die Konstruktvalidität der
Typologie politischer Effektivität analysiert, inwieweit mit dieser theoretischen
Typologie die empirische Realität überhaupt erfasst werden kann.

Edeltraud Roller

Tabelle 1: Typen politischer Effektivität, 1974-1995[a]

	Innere Sicherheit[b]	Öko-nomie	Sozial-politik	Ökologie	Typ politischer Effektivität
Australien	57.6 (–)	53.1 (–)	52.2 (–)	38.9 (– –)	Schlechtest möglicher Fall 1
Großbritan.	60.2 (–)	49.0 (–)	58.6 (–)	70.8 (+)	Ökon. & sozialpol. Nachzügler
Irland	77.2 (+)	34.2 (– –)	57.7 (–)	84.4 (+)	Ökon. & sozialpol. Nachzügler+
Kanada	53.7 (–)	56.6 (+)	55.0 (–)	24.7 (– –)	Libertäres Modell
Neuseeland	51.8 (–)	52.5 (–)	47.8 (– –)	69.5 (+)	Ökon. & sozialpol. Nachzügler
USA	12.4 (– –)	67.6 (++)	26.4 (– –)	7.8 (– –)	Libertäres Modell
Dänemark	55.0 (–)	57.1 (+)	72.4 (+)	66.2 (–)	Klassische Sozialdemokratie
Finnland	50.8 (–)	53.1 (–)	92.3 (++)	73.3 (+)	Ökonomischer Nachzügler
Norwegen	93.4 (++)	65.2 (+)	86.0 (++)	81.7 (+)	Bestmöglicher Fall 1a
Schweden	59.5 (–)	61.8 (+)	88.1 (++)	87.2 (++)	Nachhaltigkeit
Belgien	78.0 (+)	55.9 (+)	86.9 (++)	56.4 (–)	Klassische Sozialdemokratie+
Deutschland	62.2 (–)	62.9 (+)	79.7 (+)	68.1 (0)	Klassische Sozialdemokratie
Frankreich	74.3 (+)	54.9 (0)	75.1 (+)	70.5 (+)	Nachhaltigkeit+
Italien	68.4 (+)	46.7 (–)	54.2 (–)	72.4 (+)	Ökon. & sozialpol. Nachzügler+
Niederlande	50.1 (–)	59.5 (+)	89.8 (++)	57.8 (–)	Klassische Sozialdemokratie
Österreich	75.9 (+)	66.9 (+)	75.7 (++)	88.0 (++)	Bestmöglicher Fall 1b
Griechenld.	95.5 (++)	32.5 (– –)	47.8 (– –)	86.5 (++)	Ökon. & sozialpol. Nachzügler+
Portugal	91.6 (++)	32.7 (– –)	41.4 (– –)	89.4 (++)	Ökon. & sozialpol. Nachzügler+
Spanien	63.0 (–)	26.6 (– –)	59.2 (–)	74.4 (+)	Ökon. & sozialpol. Nachzügler
Schweiz	75.8 (+)	79.5 (++)	76.3 (+)	91.6 (++)	Bestmöglicher Fall 1c
Japan	94.5 (++)	68.7 (++)	79.3 (+)	80.4 (+)	Bestmöglicher Fall 1d
Mittelwert	66.7	54.1	66.8	68.6	

a   Politikfeldspezifische Performanzindizes mit Ausprägungen von 0 bis 100.
b   Effektivität: (++) = stark überdurchschnittlich, (+) = überdurchschnittlich, (0) = durchschnittlich, (–)
    = unterdurchschnittlich, (– –) = stark unterdurchschnittlich (Definition stark über- bzw. unterdurch-
    schnittlicher Werte: 25 Prozent über bzw. unter dem Mittelwert).

In Tabelle 1 sind den 21 Untersuchungsländern die Typen politischer Effektivität
(vgl. Abbildung 2) zugeordnet; die Datenbasis bildet der gesamte Untersuchungszeitraum zwischen 1974 und 1995. Zur Strukturierung der Ergebnisdarstellung sind
die Untersuchungsländer nach den von Castles (1998) vorgeschlagenen fünf Län-
derfamilien gruppiert. Unterschieden werden die englischsprachige, die nordische,
die westeuropäisch-kontinentale und die südeuropäische Länderfamilie sowie die
beiden Sonderfälle Schweiz und Japan. Die Typen politischer Effektivität werden
auf der Basis der vier politikfeldspezifischen Performanzindizes zur Politik der inneren Sicherheit, der Wirtschafts-, der Sozial- und der Umweltpolitik konstruiert.
Auf der Grundlage der Mittelwerte dieser Indizes wird jedes Land danach eingestuft, ob es im jeweiligen Politikfeld eine stark überdurchschnittliche (++), eine
überdurchschnittliche (+), eine unterdurchschnittliche (–) oder eine stark unterdurchschnittliche Effektivität (– –) aufweist. Stark über- bzw. stark unterdurchschnittliche Effektivität ist darüber definiert, dass die Werte 25 Prozent über bzw.
unter dem Mittelwert liegen. In den wenigen Fällen, in denen der Länderwert dem

Mittelwert aller Länder entspricht, wird das Land als durchschnittlich (0) klassifiziert. In Abhängigkeit vom Effektivitätsniveau im Bereich der inneren Sicherheit werden jeweils zwei Typen normativer Politikmuster unterschieden. Ein überdurchschnittliches Effektivitätsniveau im Bereich der inneren Sicherheit wird durch ein + markiert (z.B. Nachhaltigkeit[+]), ein unterdurchschnittliches durch das Fehlen dieses Zeichens (z.B. Nachhaltigkeit).

Im Hinblick auf die Validität der Typologie ist als Erstes festzuhalten, dass – wie erwartet – die beiden Extremtypen „bestmöglicher" und „schlechtest möglicher Fall", die zunächst theoretisch über stark über- bzw. stark unterdurchschnittliche Leistungsfähigkeit in allen vier Politikfeldern definiert wurden, in der empirischen Realität so nicht auftreten. Um den bestmöglichen und den schlechtest möglichen Fall empirisch identifizieren zu können, werden die Anforderungen der Typologie deshalb etwas aufgeweicht. In Anpassung an die empirische Realität ist der *schlechtest mögliche Fall* gegeben, wenn in allen vier Politikfeldern mindestens unterdurchschnittliche Performanz vorliegt, und dies trifft auf Australien zu. Umgekehrt liegt der *bestmögliche Fall* vor, wenn in mindestens einem der Politikbereiche stark überdurchschnittliche und in allen anderen Politikbereichen überdurchschnittliche Effektivität existiert. Insgesamt gibt es vier Länder, die dieses Muster aufweisen, und zwar Norwegen, Österreich, die Schweiz und Japan.

Zweitens treten alle drei normativ definierten Politikmuster in der empirischen Realität auf. Der Typus der *Nachhaltigkeit* – eine überdurchschnittliche wirtschafts-, sozial- und umweltpolitische Effektivität – existiert in Schweden und in Frankreich und das Politikmuster der *klassischen Sozialdemokratie* ist charakteristisch für Dänemark, Belgien, Deutschland und die Niederlande. Das Politikmuster der USA entspricht einem *libertären Modell* mit stark überdurchschnittlicher wirtschaftspolitischer Effektivität und stark unterdurchschnittlichen Effektivitäten in allen anderen Politikfeldern. Diese Zuordnung konnte theoretisch zwar erwartet werden, dennoch ist sie so bisher empirisch nicht nachgewiesen worden. Die bislang zum amerikanischen Politikprofil vorgelegten Analysen beschränken sich auf wenige Vergleichsländer, teilweise andere Indikatoren und vor allem auf eine eher qualitative Interpretation der Länderunterschiede (Bok 1996; Lipset 1996). Auf der Grundlage einer systematisch vergleichenden quantitativen Analyse mit insgesamt 21 Untersuchungsländern und einer Vielzahl unterschiedlicher Outcome-Indikatoren kann hier das libertäre Politikmuster der USA zum ersten Mal empirisch eindeutig identifiziert werden. Darüber hinaus kann mittels dieses breiten und systematischen Zugangs erstmals gezeigt werden, dass nicht nur in den USA, sondern auch in Kanada ein libertäres Politikmuster existiert. Denn in Kanada beschränkt sich die überdurchschnittliche Performanz ebenfalls auf die Wirtschaftspolitik. Der Unterschied zwischen beiden Ländern kommt erst auf einer nachgelagerten Ebene zum Tragen. Die wirtschaftspolitische Effektivität ist in Kanada „nur" überdurchschnittlich und nicht stark überdurchschnittlich. Außerdem ist die Effektivität in der inneren Sicherheit und der Sozialpolitik wiederum „nur" unterdurchschnittlich und nicht stark unterdurchschnittlich. Dieses Ergebnis bestätigt die vielfach betonten Gemeinsamkeiten zwischen beiden nordamerikanischen Ländern bei gleichzeitig signifikanten Unterschieden in den Werten und Institutionen auf einer nachgeordneten Ebene (Lipset 1990).

Drittens reichen die insgesamt fünf theoretisch definierten Typen politischer Effektivität zu einer vollständigen Beschreibung der empirischen Realität nicht aus. Es gibt zwei weitere Muster, von denen das eine insgesamt sieben Mal und das andere ein Mal auftritt. Ersteres ist das insgesamt am häufigsten vertretene Muster. Es zeichnet sich durch eine unterdurchschnittliche oder stark unterdurchschnittliche Performanz in der Wirtschafts- und Sozialpolitik aus, die Umweltpolitik ist dagegen überdurchschnittlich oder stark überdurchschnittlich ausgeprägt. Dieser Typus stellt ein Gegenstück zur klassischen Sozialdemokratie dar. Er existiert in den drei englischsprachigen Ländern Großbritannien, Irland und Neuseeland, außerdem in Italien und in den drei südeuropäischen Ländern Griechenland, Portugal und Spanien. Ganz offensichtlich ist dieses Muster einerseits charakteristisch für die vergleichsweise ärmeren Nachzüglerländer und andererseits für solche Länder, die in ihrer wirtschafts- und sozialpolitischen Leistungsfähigkeit im Vergleich zu den anderen westlichen Demokratien rückständig sind. Bei diesem Politikmuster handelt sich nicht um ein ideologisches Profil, sondern um einen Typus „schlechter" Effektivität, den wir mit dem Begriff *ökonomischer und sozialpolitischer Nachzügler* belegen. Wie bei den ideologisch definierten Typen werden auch hier in Abhängigkeit vom Effektivitätsniveau bei der inneren Sicherheit zwei Versionen unterschieden. Beim zweiten bislang undefinierten Politikmuster, das nur in Finnland auftritt, handelt es sich ebenfalls um einen Typus „schlechter" Effektivität, der durch unterdurchschnittliche oder stark unterdurchschnittliche Effektivität in der Wirtschaftspolitik sowie überdurchschnittliche oder stark überdurchschnittliche Effektivität in der Sozial- und Umweltpolitik charakterisiert ist. In Anwendung der gerade beschriebenen Logik wird dieser Typus als *ökonomischer Nachzügler* bezeichnet.

Insgesamt können die in der empirischen Realität auftretenden Politikmuster also auf der Basis einer begrenzten Anzahl von sieben Typen effektiv beschrieben werden. Eine genauere Inspektion der in Tabelle 1 dargestellten Daten ergibt, dass nur in drei Ländern ein sehr unausgewogenes Leistungsprofil existiert, d.h. stark über- (++) und stark unterdurchschnittliche politikfeldspezifische Effektivität (– –) treten gemeinsam auf. Dazu zählen neben den USA, mit dem extrem unausgewogenen libertären Politikmuster, auch die beiden als ökonomische und sozialpolitische Nachzügler eingestuften Länder Griechenland und Portugal. Die beiden letztgenannten Länder zeichnen sich durch eine stark überdurchschnittliche Effektivität in der inneren Sicherheit und der Umweltpolitik sowie durch eine stark unterdurchschnittliche Effektivität in der Wirtschaftspolitik aus – in Portugal kommt noch eine stark unterdurchschnittliche Effektivität in der Sozialpolitik hinzu. Bei der überwiegenden Mehrheit der westlichen Demokratien sind die Differenzen zwischen den politikfeldspezifischen Effektivitätsniveaus weniger stark ausgeprägt. Es gibt sogar acht Fälle mit ausgeglichenen Politikmustern in der Wirtschafts-, Sozial- und

Umweltpolitik, und zwar Australien, Norwegen, Schweden, Deutschland, Frankreich, Österreich, die Schweiz und Japan. (In Australien ist das Effektivitätsniveau durchgängig unterdurchschnittlich.) Vier dieser acht Länder weisen jedoch in allen *vier* Politikfeldern eine überdurchschnittliche Performanz auf. Es handelt sich dabei um Norwegen, Österreich, die Schweiz und Japan, die alle als „bestmögliche Fälle" klassifiziert worden sind.

Auf der Basis dieser Verteilung politikfeldspezifischer Effektivitäten kann der Schluss gezogen werden, dass Zielkonflikte oder *trade-offs* in der politischen und politikwissenschaftlichen Diskussion überschätzt werden. Eine mögliche Erklärung für diese Überschätzung von Zielkonflikten könnte in der hohen Popularität des einzigartigen US-amerikanischen Falls begründet liegen, dem die Vorstellung eigen ist, dass sich überdurchschnittliches Wohlstandsniveau und die drei anderen, nicht-ökonomischen Ziele zumindest partiell ausschließen. Die „besten Fälle" Norwegen, Österreich, Schweiz und Japan zeigen jedoch, dass hohe Performanz in der Wirtschaftspolitik nicht nur auf Kosten niedriger Effektivität in anderen Politikfeldern möglich ist. Ein hohes Leistungsniveau kann ganz offenbar gleichzeitig in verschiedenen Politikfeldern erreicht werden.

Tabelle 2: Typen politischer Effektivität für ausgewählte westliche Demokratien, 1974-1979 und 1990-1995[a]

	Innere Sicherheit[b]	Öko-nomie	Sozial-politik	Ökologie	Typ politischer Effektivität
Neuseeland					
1974-79	66.7 (–)	43.8 (+)	42.7 (– –)	74.3 (+)	Sozialpolitischer Nachzügler
1990-95	39.1 (– –)	64.4 (–)	51.5 (– –)	64.3 (–)	Schlechtest möglicher Fall
Deutschland					
1974-79	71.6 (–)	51.4 (++)	63.9 (+)	66.9 (–)	Klassische Sozialdemokratie
1990-95	53.8 (–)	76.3 (+)	88.1 (+)	71.3 (+)	Nachhaltigkeit
Italien					
1974-79	79.9 (+)	28.7 (– –)	44.0 (–)	75.6 (+)	Ökon. & sozialpol. Nachzügler
1990-95	56.5 (–)	66.0 (–)	59.9 (–)	67.8 (–)	Schlechtest möglicher Fall
Niederlande					
1974-79	76.6 (+)	45.9 (+)	89.3 (++)	50.6 (– –)	Klassische Sozialdemokratie+
1990-95	23.0 (– –)	75.9 (+)	85.3 (+)	62.9 (–)	Klassische Sozialdemokratie
Spanien					
1974-79	91.7 (+)	22.3 (– –)	42.9 (– –)	76.4 (+)	Ökon. & sozialpol. Nachzügler+
1990-95	51.2 (–)	36.2 (– –)	71.2 (–)	74.9 (+)	Ökon. & sozialpol. Nachzügler

a Politikfeldspezifische Performanzindizes mit Ausprägungen von 0 bis 100.
b Effektivität: (++) = stark überdurchschnittlich, (+) = überdurchschnittlich, (0) = durchschnittlich, (–) = unterdurchschnittlich, (– –) = stark unterdurchschnittlich (Definition stark über- bzw. unterdurchschnittlicher Werte: 25 Prozent über bzw. unter dem Mittelwert).

In einem letzten Schritt wird die Entwicklung der Politikmuster über die Zeit analysiert. Dazu werden die Typen politischer Effektivität für die erste Untersuchungsperiode 1974-1979 und die letzte Periode 1990-1995 miteinander verglichen. Für die Mehrheit der Länder erweist sich der jeweilige Typus der politischen Effektivität als stabil. Lediglich für fünf Länder, die in der Tabelle 2 zusammengestellt sind, können Veränderungen identifiziert werden:

- Neuseeland wechselt im Untersuchungszeitraum vom „sozialpolitischen Nachzügler" zum „schlechtest möglichen Fall". Diese Verschlechterung wird durch Effektivitätseinbußen bei der Politik der inneren Sicherheit, der Wirtschafts- und der Umweltpolitik verursacht.
- Das Politikmuster der Niederlande verändert sich vom Typus der „klassischen Sozialdemokratie⁺" zur „klassischen Sozialdemokratie", weil sich die Effektivität im Bereich der inneren Sicherheit von einer überdurchschnittlichen (+) auf eine stark unterdurchschnittliche Effektivität (– –) verschlechtert.
- Italien, das in der ersten Untersuchungsperiode noch als „ökonomischer und sozialpolitischer Nachzügler" gelten konnte, zählt in den neunziger Jahren zum „schlechtest möglichen Fall", weil Verschlechterungen bei der Politik der inneren Sicherheit und der Umweltpolitik eingetreten sind.
- Deutschland ist das einzige Land, in dem es zu einer Verbesserung kommt. Durch eine Steigerung bei der umweltpolitischen Leistungsfähigkeit wandelt sich der Typ von der „klassischen Sozialdemokratie" zur „Nachhaltigkeit".
- Die Einstufung von Spanien verändert sich vom „ökonomischen und sozialpolitischen Nachzügler⁺" durch Effektivitätseinbußen bei der Politik der inneren Sicherheit zum „ökonomischen und sozialpolitischen Nachzügler".

In der überwiegenden Mehrheit der Fälle (vier von fünf) wird die Veränderung durch eine Effektivitätsabnahme verursacht. Diese Abnahme bezieht sich in den meisten Fällen auf die innere Sicherheit, also den Politikbereich, der einen kontinuierlich negativen Trend über den gesamten Untersuchungszeitraum aufweist (Abbildung 2). Aus der Perspektive der Globalisierungstheorie ist das wichtigste Ergebnis, dass der Grad der Unausgeglichenheit in keinem Fall zwischen den beiden Perioden zugenommen hat. Bislang zeichnet sich also noch nicht die behauptete zunehmende Konflikthaftigkeit zwischen den politischen Zielen ab (bivariate Analysen des Zusammenhangs zwischen den Politikfeldern kommen zu demselben Ergebnis, vgl. Roller 2001).

Darüber hinaus enthält die Tabelle interessante länderspezifische Resultate. Da ist zunächst die dramatische Verschlechterung des Effektivitätsprofils von Neuseeland, das sich im Untersuchungszeitraum vom sozialpolitischen Nachzügler, der lediglich schlechte sozialpolitische Werte aufwies, zum schlechtest möglichen Fall mit unterdurchschnittlichen Leistungen in allen Politikbereichen veränderte. Diese negative Entwicklung kann auf die „great capitalist restoration" zurückgeführt werden. Im Zuge dieser Reform, die 1984 begann und bis 1990 andauerte, wurde in radikaler Abkehr von der bisherigen Politik des Keynesianismus und des umfassenden Wohlfahrtsstaats die Ökonomie dereguliert und liberalisiert (McClintock 1998). Als eine Konsequenz dieses Liberalisierungsprozesses konnte die steigende Inflation zwar eindrucksvoll gestoppt werden, aber diese positive Entwicklung war nur auf Kosten negativer Trends in anderen Politikfeldern möglich.

Ein anderes interessantes Beispiel ist Deutschland, das als einziges Land eine positive Veränderung des Politikmusters von der „klassischen Sozialdemokratie" zur „Nachhaltigkeit" erfahren hat. In diesem Wechsel dokumentiert sich der in der umweltpolitischen Forschung herausgearbeitete Sachverhalt, dass sich Deutschland in den achtziger Jahren zu einem umweltpolitischen Pionierland entwickelt und die USA als Vorreiter abgelöst hat (Jänicke und Weidner 1997: 19). Die Veränderung des Typus der politischen Effektivität in Deutschland lässt sich auf die Arbeiten von Schmidt (1987, 2000) zum bundesdeutschen Politikprofil beziehen. Dieser hatte als Charakteristikum der deutschen politischen Ökonomie mit ihren verschiedenen Merkmalen der Wirtschafts- und Sozialpolitik einen „mittleren Weg" herausgearbeitet, der durch eine Balance zwischen konkurrierenden politischen Zielen und Mitteln gekennzeichnet ist. Auf der Basis unserer komparativen und longitudinalen Daten kann zum einen gezeigt werden, dass in Deutschland dieser Politiktypus Ende der siebziger Jahre tatsächlich vorlag, denn in der Wirtschafts- und Sozialpolitik zeichnete sich Deutschland durch eine überdurchschnittliche Effektivität aus. Zum anderen kann für die neunziger Jahre aber eine Ausweitung dieser Politik des mittleren Weges konstatiert werden, die nun auch den vergleichsweise neuen Bereich der Umweltpolitik als dritten Politikbereich mit einer überdurchschnittlichen Effektivität einschließt. Bei der Politik des mittleren Weges handelt es sich demzufolge um ein grundlegendes und charakteristisches Prinzip deutscher Politik, das zumindest seit den neunziger Jahren nicht mehr auf die politische Ökonomie begrenzt ist.

4. Schlussbemerkungen

Nach einhelliger Meinung ging mit der ökonomischen Rezession im Jahr 1973 in den westlichen Demokratien das „goldene Zeitalter der Nachkriegszeit" (Maddison 1991) zu Ende, das sich durch ein überdurchschnittliches Wirtschaftswachstum und eine Expansion der Wohlfahrtsstaaten auszeichnete. Allerdings ist es eine offene und strittige Frage, ob damit eine Phase kontinuierlicher Effektivitätsverluste eingeleitet worden ist, wie dies insbesondere im Rahmen der Globalisierungstheorien behauptet wird. Auf der Basis einer umfassenden, theoriegeleiteten empirischen Evaluation der Effektivität westlicher Demokratien kann diese Hypothese für den Zeitraum von 1974 bis 1995 nicht bestätigt werden. Über alle Politikbereiche hinweg dominiert eher das Bild der Stabilität. Lediglich in einem Politikbereich, der inneren Sicherheit, zeichnet sich eine kontinuierliche Verschlechterung ab. Dieser negative Trend setzte jedoch bereits kurz nach dem Ende des Zweiten Weltkrieges ein, so dass davon ausgegangen werden muss, dass dafür vor allem andere Faktoren als die Globalisierungsprozesse verantwortlich sind. In der Kriminalitätsforschung werden unter anderem steigende Opportunitäten wie die Zunahme von Privateigentum im Zuge der kontinuierlichen Wohlstandssteigerung genannt (Gurr 1977: 73). Die hier präsentierten empirischen Analysen schließen negative Trends bei einzelnen Performanzindikatoren nicht aus. So können beispielsweise detailliertere Analysen für die Arbeitslosigkeit und die Einkommensarmut in einigen Ländern negative Trends ermitteln (Roller 2001). Das Ziel der vorliegenden Untersuchung ist jedoch die empirische Analyse der generellen Hypothesen zur politischen Effektivität, wie sie in den Globalisierungstheorien und anderen Krisendiagnosen postuliert werden. Und auf dieser generellen Ebene lassen sich für die ersten beiden Jahrzehnte der neuen Ära nach 1973 keine systematischen empirischen Anhaltspunkte für kontinuierliche Leistungseinbußen ermitteln.

Die Globalisierungstheorie behauptet nicht nur Effektivitätsverluste, sondern auch Verschiebungen in der Relation zwischen politischen Zielen, die Unausgeglichenheit von Politikmustern sollte demnach zunehmen. Diese These wurde auf der Basis einer Typologie politischer Effektivität untersucht, die theoretisch deduziert und um empirisch vorgefundene Muster ergänzt wurde. Insgesamt können die empirisch vorgefundenen Muster auf der Grundlage von sieben Typen politischer Effektivität beschrieben werden: dazu zählen drei normativ definierte Typen (Nachhaltigkeit, klassische Sozialdemokratie, libertäres Modell), zwei „negative" Politikmuster (ökonomische und sozialpolitische Nachzügler, ökonomische Nachzügler) und zusätzlich die beiden im politischen Benchmarking diskutierten Typen des besten und schlechtest möglichen Falls. Auf der Grundlage dieser empirischen Analyse konnte erstens gezeigt werden, dass nur bei einer kleinen Minderheit der westlichen Demokratien sehr unausgeglichene Politikmuster vorliegen. Dazu zählt, wie erwartet, die USA mit einem zwischen Extremen schwankenden libertären Modell. Zweitens hat der Grad der Unausgeglichenheit der Politikmuster im Zeitraum zwischen 1974 und 1995 nicht zugenommen. Damit kann auch die zweite Hypothese der Globalisierungstheorie empirisch nicht bestätigt werden.

Nach den hier präsentierten theoretischen und empirischen Analysen zur politischen Effektivität westlicher Demokratien ist diese zentrale Performanzdimension bis in das Jahr 1995 nicht nachhaltig beeinträchtigt. Erst in einigen Jahren wird sich zeigen, ob es sich dabei lediglich um ein vorläufiges Ergebnis handelt. Dann werden wir feststellen können, ob sich die prognostizierten negativen Konsequenzen der Globalisierungsprozesse mit Verzögerung in den kommenden Jahren manifestieren werden oder ob die negativen Konsequenzen der Globalisierung auf die politische Effektivität überschätzt und die Anpassungsfähigkeit demokratischer Systeme unterschätzt worden ist.

Anhang: Indikatoren und Daten

Indikatoren und Datenquellen

Mord und Totschlag (auf 100.000 Einwohner)	WHO, World Health Statistics Annual
Raub (auf 100.000 Einwohner)	Interpol, International Crime Statistics
Einbruch (auf 100.000 Einwohner)	Interpol, International Crime Statistics
Bruttoinlandsprodukt (preis- und kaufkraftbereinigt, pro Kopf in USD)	OECD (1999), National Accounts

Arbeitslosenquote (standardisiert)	OECD (1999), Main Economic Indicators
Inflationsrate (Konsumentenpreisindex)	OECD (1999), Main Economic Indicators
Säuglingssterblichkeit (auf 1.000 Lebend-geborene)	OECD, Health Data 98
Armutsquote (<50% des Median des Äquiva-lenzeinkommens)	Luxembourg Income Study
Emissionen von	
... Schwefeloxiden (kg pro Kopf)	OECD, Environmental Data Compendium
... Stickoxiden (kg pro Kopf)	OECD, Environmental Data Compendium
... Kohlendioxid (kg pro Kopf)	OECD, Environmental Data Compendium
Städtischer Müll (kg pro Kopf)	OECD, Environmental Data Compendium
Düngemittelverbrauch (Tonne pro km^2 Fläche)	OECD, Environmental Data Compendium
Wasserverbrauch (m^3 pro Kopf)	OECD, Environmental Data Compendium
Bevölkerungsgröße (in 1.000)	UN, Demographic Yearbook
Fläche (in km^2)	UN, Demographic Yearbook

Standardisierungsverfahren

Die Formeln zur Standardisierung der Einzelindikatoren variieren in Abhängigkeit davon, ob die beste Praxis durch einen minimalen Wert (bspw. Raub) oder durch einen maximalen Wert (bspw. Bruttoinlandsprodukt) indiziert wird (Mosley und Mayer 1999: 48).

Für Indikatoren, bei denen die *minimalen* Werte den positiven Bezugspunkt bilden, gilt:

$i = 100 - (((min - x) / min) * F)$

mit $F = min / (min - max) * 100$; x = Ausgangswert, i = Indexwert;

wenn $x = min$, dann $i = 100 - 0 = 100$; wenn $x = max$, dann $i = 100 - 100 = 0$.

Für Indikatoren, bei denen die *maximalen* Werte den positiven Bezugspunkt bilden, gilt:

$i = 100 - (((max - x) / max) * F)$

mit $F = max / (max - min) * 100$; x = Ausgangswert, i = Indexwert;

wenn $x = max$, dann $i = 100 - 0 = 100$; wenn $x = min$, dann $i = 100 - 100 = 0$.

(Im Unterschied zu Mosley und Mayer [1999] rangiert die Skala nicht von 0 bis 1, sondern von 0 bis 100.)

Literatur

Almond, Gabriel A. und G. Bingham Powell (1978): Comparative Politics. System, Process, and Policy. Boston: Little, Brown & Company (2. Auflage).

Beck, Ulrich (Hrsg.) (1998): Politik der Globalisierung. Frankfurt a.M.: Suhrkamp.

Beisheim, Marianne und Gregor Walter (1997): „Globalisierung" – Kinderkrankheiten eines Konzeptes. In: Zeitschrift für internationale Beziehungen, 4, S. 153-180.

Bok, Derek (1996): The State of the Nation. Cambridge, Mass.: Harvard University Press.

Castles, Francis G. (Hrsg.) (1993): Families of Nations. Aldershot: Dartmouth.

Castles, Francis G. (1998): Comparative Public Policy. Patterns of Post-war Transformation. Cheltenham: Edward Elgar.

Clayton, Richard und Jonas Pontusson (1998): Welfare-State Retrenchment Revisited. In: World Politics, 51, S. 67-98.

Eckstein, Harry (1971): The Evaluation of Political Performance. Beverly Hills: Sage.

Fuchs, Dieter (1998): Kriterien demokratischer Performanz in Liberalen Demokratien. In: Michael Th. Greven (Hrsg.): Demokratie – eine Kultur des Westens? Opladen: Leske + Budrich, S. 152-179.

Gabler (1997): Wirtschaftslexikon (CD-ROM). Wiesbaden: Gabler (14. Auflage).

Giddens, Anthony (1999): Der dritte Weg. Frankfurt a. M.: Suhrkamp.

Gurr, Ted Robert (1977): Crime Trends in Modern Democracies Since 1945. In: International Annals of Criminology, 16, S. 41-86.

Habermas, Jürgen (1998): Jenseits des Nationalstaats? In: Ulrich Beck (Hrsg.): Politik der Globalisierung. Frankfurt a.M.: Suhrkamp, S. 67-84.

Held, David (1995): Democracy and the Global Order. Cambridge: Polity Press.

Hinterberger, Friedrich, Markus Hofreither, Philipp Schepelmann, Dietmar Kanatschnig, Joachim Spangenberg, Petra Schmutz und Bernhard Burdick (1998): Integration von Umwelt-, Wirtschafts-, und Sozialpolitik. Wuppertal/Wien: Wuppertal-Institut für Klima, Umwelt, Energie; Österreichisches Institut für Nachhaltige Entwicklung, EU Policy Paper No. 1.

Interpol (International Criminal Police Organization): International Crime Statistics 1977ff. Paris.

Jänicke, Martin, Harald Mönch und Manfred Binder (1996): Getting Rich - Getting Clean? In: Zeitschrift für angewandte Umweltforschung, 9, S. 41-55.

Jänicke, Martin und Helmut Weidner (1997): Zum aktuellen Stand der Umweltpolitik im internationalen Vergleich. Tendenzen zu einer globalen Konvergenz? In: Aus Politik und Zeitgeschichte. Beilage zur Wochenzeitung „Das Parlament", B27, S. 15-24.

Kaase, Max (1995): Demokratie im Spannungsfeld von politischer Kultur und politischer Struktur. In: Jahrbuch für Politik, 5, S. 199-220.

Lijphart, Arend (1999): Patterns of Democracy. New Haven: Yale University Press.

Lipset, Seymour Martin (1990): Continental Divide. The Values and Institutions of the United States and Canada. New York: Routledge.

Lipset, Seymour Martin (1996): American Exceptionalism. New York: W. W. Norton.

Luxembourg Income Study (LIS), homepage: http://www.lis.ceps.lu/ (14.9.2000).

Maddison, Angus (1991): Dynamic Forces in Capitalist Development. A Long-run Comparative View. Oxford: Oxford University Press.

McClintock, Brent (1998): Whatever Happened to New Zealand? The Great Capitalist Restoration Reconsidered. In: Journal of Economic Issues, 32, S. 497-503.

Meadows, Dennis, Donella Meadows, Jørgen Randers und William W. Behrens III (1972): The Limits to Growth. New York: Universe Books.

Morris, David (1979): Measuring the Condition of the World's Poor. The Physical Quality of Life Index. New York: Pergamon Press.

Mosley, Hugh und Antje Mayer (1999): Benchmarking National Labour Market Performance. A Radar Chart Approach. Discussionpaper FS I 99-202, Berlin: Wissenschaftszentrum Berlin für Sozialforschung (WZB).

Münch, Richard (1998): Globale Dynamik, lokale Lebenswelten. Der schwierige Weg in die Weltgesellschaft. Frankfurt a.M.: Suhrkamp.

OECD (1997): OECD Environmental Data Compendium 1997. Paris: Organisation for Economic Co-operation and Development.

OECD (1998a): OECD Work on Sustainable Development. Paris: Organisation for Economic Co-operation and Development (homepage: http://www.oecd.org/subject/sustdev/oecdwork.htm).

OECD (1998b): Health Data 98 (CD-ROM).

OECD (1999): OECD Statistical Compendium, edition 01#1999 (CD-ROM).

Okun, Arthur M. (1975): Equality and Efficiency. The Big Tradeoff. Washington, D.C.: The Brookings Institution.

Pennock, Roland J. (1966): Political Development, Political System, and Political Goods. In: World Politics, 18, S. 415-434.

Pierson, Paul (1996): The New Politics of the Welfare State. In: World Politics, 48, S. 143-179.

Putnam, Robert D. mit Robert Leonardi und Raffaella Y. Nanetti (1993): Making Democracy Work. Civic Traditions in Modern Italy. Princeton, NJ: Princeton University Press.

Roller, Edeltraud (2001): Die Leistungsfähigkeit von Demokratien. Eine Analyse des Einflusses politischer Institutionen auf die Effektivität von Politiken und Politikmustern in westlichen Demokratien 1974-1995. Habilitationsschrift. Freie Universität Berlin.

Scharpf, Fritz W. (1998): Demokratische Politik in der internationalisierten Ökonomie. In: Michael Th. Greven (Hrsg.): Demokratie – eine Kultur des Westens? Opladen: Leske + Budrich, S. 81-103.

Schmidt, Manfred G. (1987): West Germany. The Policy of the Middle Way. In: Journal of Public Policy, 7, S. 135-177.

Schmidt, Manfred G. (2000): Immer noch auf dem „mittleren Weg"? Deutschlands Politische Ökonomie am Ende des 20. Jahrhunderts. In: Roland Czada und Hellmut Wollmann (Hrsg.): Von der Bonner zur Berliner Republik. 10 Jahre Deutsche Einheit. Sonderheft 19/1999 des Leviathan. Opladen: Westdeutscher Verlag, S. 491-513.

Schütz, Holger, Stefan Speckesser und Günther Schmid (1998): Benchmarking Labour Market Performance and Labour Market Policies. Theoretical Foundations and Applications. Discussionpaper FS I 98-205. Berlin: Wissenschaftszentrum Berlin für Sozialforschung (WZB).

Stern, David I., Michael S. Common und Edward B. Barbier (1996): Economic Growth and Environmental Degradation. The Environmental Kuznets Curve and Sustainable Development. In: World Development, 24, S. 1151-1160.

UN (United Nations, Department of International Economic and Social Affairs): Demographic Yearbook 1969ff. New York.

WCED (World Commission on Environment and Development) (1987): Our Common Future. Oxford: Oxford University Press.

WHO (World Health Organization): World Health Statistics Annual 1962ff. Genf.

Zukunftskommission der Friedrich-Ebert-Stiftung (1998): Wirtschaftliche Leistungsfähigkeit, sozialer Zusammenhalt, ökologische Nachhaltigkeit. Drei Ziele – ein Weg. Bonn: Dietz.

Zürn, Michael (1998): Regieren jenseits des Nationalstaates. Frankfurt a.M.: Suhrkamp.

VI.

Zur Person

Curriculum Vitae von Hans-Dieter Klingemann

1937	geboren in Einbeck, Niedersachsen
1957-1966	Studium der Wirtschafts- und Sozialwissenschaften an der Universität zu Köln
1961	Diplomprüfung für Kaufleute an der Universität zu Köln
1961-1964	Wissenschaftlicher Mitarbeiter im Bundesministerium für Verteidigung, Bonn und wissenschaftliche Hilfskraft an der Universität zu Köln
1965-1974	Wissenschaftlicher Assistent am Zentralarchiv für Empirische Sozialforschung (ZA) der Universität zu Köln
1966	Promotion an der Universität zu Köln
1970	Gastprofessor an der University of Michigan, Ann Arbor, USA
1973	Gastprofessor an der University of Georgia, Athens, USA
1974	Gastprofessor an der University of Michigan, Ann Arbor, USA
1974-1980	Wissenschaftlicher Leiter und stellvertretender geschäftsführender Direktor am Zentrum für Umfragen, Methoden und Analysen (ZUMA), Mannheim
1978	Habilitation an der Universität Mannheim
1978	Gastprofessor am Europäischen Hochschulinstitut, Florenz, Italien
1980 ff.	Professor für Politische Wissenschaft an der Freien Universität Berlin
1982-1983	Vizepräsident der International Society of Political Psychology (ISPP)
1986-1987	Präsident der International Society of Political Psychology (ISPP)
1987	Gastprofessor an der State University of New York, Binghamton, USA
1987	Gastprofessor an der University of Michigan, Ann Arbor, USA
1988	Gastprofessor an der University of California, Irvine, USA
1988-1989	C.C. Garvin Visiting Endowed Professor am Virginia Polytechnic Institute and State University, Blacksburg, USA
1988-1994	Mitglied des Executive Committee des European Consortium for Political Research (ECPR)
1988-1997	Vorstandsmitglied der Deutschen Vereinigung für Politische Wissenschaft (DVPW)
1989 ff.	Direktor der Abteilung „Institutionen und sozialer Wandel" am Wissenschaftszentrum Berlin für Sozialforschung (WZB)
1991-1997	Mitglied des Executive Committee der International Political Science Association (IPSA)
1992	Gastprofessor an der University of California, Irvine, USA

1994-1997	Vizepräsident der International Political Science Association (IPSA)
1995	Gastprofessor an der Australian National University, Canberra, Australien
1997	Gastprofessor an der University of Michigan, Ann Arbor, USA
1997	Gastprofessor an der University of California, Irvine, USA
1999	Alfred-Grosser-Gastprofessor am l'Institut d'Etudes Politiques de Paris, Frankreich
1999 ff.	Auswärtiges Mitglied der Finnish Academy of Science and Letters
2000 ff.	Chair of Political Science am Collegium Civitas, Warschau, Polen
2001	Gastprofessor an der University of California, Irvine, USA
2001 ff.	Mitglied der LEOPOLDINA, Deutsche Akademie der Naturforscher
2001 ff.	Senator der Universität Ljubljana, Slowenien

Verzeichnis der Publikationen von Hans-Dieter Klingemann

1. Buchveröffentlichungen

Klingemann, Hans-Dieter (1969): Bestimmungsgründe der Wahlentscheidung. Meisenheim am Glan: Hain.

Klingemann, Hans-Dieter und Franz Urban Pappi (1972): Politischer Radikalismus. München: Oldenbourg.

Höhe, Jürgen, Hans-Dieter Klingemann, Klaus Radermacher und Cornelia Schickle (1978): Textpack. Version IV. Benutzerhandbuch. Mannheim: ZUMA.

Barnes, Samuel H., Max Kaase, Klaus R. Allerbeck, Barbara G. Farah, Felix Heunks, Ronald Inglehart, M. Kent Jennings, Hans-Dieter Klingemann, Alan Marsh und Leopold Rosenmayr (1979): Political Action. Mass Participation in Five Western Democracies. Beverly Hills, CA: Sage.

Klingemann, Hans-Dieter (1985): Formen, Bestimmungsgründe und Konsequenzen politischer Beteiligung. Freie Universität Berlin: Informationen aus Lehre und Forschung 6.

Jennings, M. Kent, Jan W. van Deth, Samuel H. Barnes, Dieter Fuchs, Felix J. Heunks, Ronald Inglehart, Max Kaase, Hans-Dieter Klingemann und Jacques J. A. Thomassen (1990): Continuities in Political Action – A Longitudinal Study of Political Orientations in Three Western Democracies. Berlin: de Gruyter.

Voltmer, Katrin, Hans-Dieter Klingemann, Hans Oswald und Klaus-Uwe Süß (1993): Medienumwelt im Wandel. Eine empirische Untersuchung zu den Auswirkungen des Kabelfernsehens im Kabelpilotprojekt Berlin. Wiesbaden: Deutscher Universitätsverlag.

Klingemann, Hans-Dieter, Richard I. Hofferbert und Ian Budge (1994): Parties, Policies, and Democracy. Boulder, Colorado: Westview. Auch 1999 erschienen in Indonesisch als: Partai, Kebijakan dan Demokrasi. Yogyakarta: Jentera.

Budge, Ian, Kenneth Newton, R. D. McKinley, Emil Kirchner, Derek Urwin, Klaus Armingeon, Ferdinand Müller-Rommel, Michael Waller, Matthew Shugart, Michael Nentwich, Stein Kuhnle, Hans Keman, Hans-Dieter Klingemann, Bernhard Wessels und Peter Frank (1997): The Politics of the New Europe. Atlantic to Urals. London: Longman.

Budge, Ian, Hans-Dieter Klingemann, Andrea Volkens, Judith Bara, Eric Tanenbaum mit Richard C. Fording, Derek J. Hearl, Hee Min Kim, Michael D. McDonald, Sylvia M. Mendes (2001): Mapping Policy Preferences. Estimates for Parties, Electors, and Governments 1945-1998. Oxford: Oxford University Press.

2. Buchherausgaben

Klingemann, Hans-Dieter und Max Kaase (Hrsg.) (1981): Politische Psychologie. Opladen: Westdeutscher Verlag.

Kaase, Max und Hans-Dieter Klingemann (Hrsg.) (1983): Wahlen und politisches System. Analysen aus Anlaß der Bundestagswahl 1980. Opladen: Westdeutscher Verlag.

Klingemann, Hans-Dieter (Hrsg.) (1984): Computerunterstützte Inhaltsanalyse in der empirischen Sozialforschung. Frankfurt a. M.: Campus.

Klingemann, Hans-Dieter und Max Kaase (Hrsg.) (1986): Wahlen und politischer Prozeß. Analysen aus Anlaß der Bundestagswahl 1983. Opladen: Westdeutscher Verlag.

Adams, Willi Paul, Helga Haftendorn, Carl-Ludwig Holtfrerich, Hans-Dieter Klingemann und Knud Krakau (Reihenherausgeber) (1988-1992): de Gruyter Studies on North America. Politics, Government, Society, Economy, and History. Berlin: de Gruyter.

Kaase, Max und Hans-Dieter Klingemann (Hrsg.) (1990): Wahlen und Wähler. Analysen aus Anlaß der Bundestagswahl 1987. Opladen: Westdeutscher Verlag.

Klingemann, Hans-Dieter, Richard Stöss und Bernhard Weßels (Hrsg.) (1991): Politische Klasse und politische Institutionen. Dietrich Herzog zum 60. Geburtstag. Opladen: Westdeutscher Verlag.

Klingemann, Hans-Dieter und Wolfgang Luthardt (Hrsg.) (1993): Wohlfahrtsstaat, Sozialstruktur und Verfassungsanalyse. Jürgen Fijalkowski zum 60. Geburtstag. Opladen: Westdeutscher Verlag.

Klingemann, Hans-Dieter, Ekkehard Mochmann und Kenneth Newton (Hrsg.) (1994): Comparative Political Research in Eastern Europe. Berlin: InformationsZentrum Sozialwissenschaften.

Klingemann, Hans-Dieter und Max Kaase (Hrsg.) (1994): Wahlen und Wähler. Analysen aus Anlaß der Bundestagswahl 1990. Opladen: Westdeutscher Verlag.

Klingemann, Hans-Dieter, Lutz Erbring und Nils Diederich (Hrsg.) (1995): Zwischen Wende und Wiedervereinigung. Analysen zur politischen Kultur in West- und Ost-Berlin 1990. Opladen: Westdeutscher Verlag.

Klingemann, Hans-Dieter und Dieter Fuchs (Hrsg.) (1995): Citizens and the State. Oxford: Oxford University Press.

Klingemann, Hans-Dieter und Charles L. Taylor (Reihenherausgeber) (1995-): Founding Elections in Eastern Europe. Berlin: edition sigma.

Goodin, Robert E. und Hans-Dieter Klingemann (Hrsg.) (1996): A New Handbook of Political Science. Oxford: Oxford University Press. Auch 1999 erschienen als: Политическая наука. новые направления. Москва: Вече,.

Kaase, Max und Hans-Dieter Klingemann (Hrsg.) (1998): Wahlen und Wähler. Analysen aus Anlaß der Bundestagswahl 1994. Opladen: Westdeutscher Verlag.

Klingemann, Hans-Dieter, Kenneth Newton und Ekkehard Mochmann (Hrsg.) (2000): Elections in Central and Eastern Europe. The First Wave. Berlin: edition sigma.

Klingemann, Hans-Dieter und Friedhelm Neidhardt (Hrsg.) (2000): Zur Zukunft der Demokratie. Herausforderungen im Zeitalter der Globalisierung. WZB-Jahrbuch 2000. Berlin: edition sigma.

Klingemann, Hans-Dieter und Max Kaase (Hrsg.) (2001): Wahlen und Wähler. Analysen aus Anlass der Bundestagswahl 1998. Wiesbaden: Westdeutscher Verlag.

Klingemann, Hans-Dieter und Andrea Römmele (Hrsg.) (2001): Public Information Campaigns and Opinion Research. A Handbook for the Student and Practitioner. London: Sage.

3. Aufsätze in Zeitschriften

Klingemann, Hans-Dieter (1964): Zusammenhänge von Verteidigungsbereitschaft, Volkswirtschaft und Politik in der Bundesrepublik Deutschland. In: Wehrwissenschaftliche Rundschau, 14, S. 513-540.

Klingemann, Hans-Dieter (1967): Research and Development of Library-Style Retrieval Systems for Survey Data Archives. In: Social Science Information, VI, S. 119-135.

Zimmermann, Horst und Hans-Dieter Klingemann (1967): Der Einfluß der Verteidigungskäufe auf die Regionalstruktur in der Bundesrepublik Deutschland. In: Raumforschung und Raumordnung, 25, S. 49-59. Auch 1966 erschienen als: The Regional Impact of Defense Purchases in the F.R.G. In: Peace Research Society, International Papers, VI, S. 71-86; und 1977 als: The Regional Impact of Defense Purchases in the F.R.G. In: Klaus Mackscheidt (Hrsg.): Budgetwirkungen und Budgetpolitik. Stuttgart: Fischer, S. 79-86.

Klingemann, Hans-Dieter (1967): Rechtsradikalismusforschung. In: Der Politologe, 8, S. 23-31. Auch 1968 erschienen als: Research into Right-Wing Radicalism. In: Patterns of Prejudice, 2, S. 3-11.

Klingemann, Hans-Dieter (1968): Wirtschaftliche und soziale Probleme der Auf- und Abrüstung. In: Kölner Zeitschrift für Soziologie und Sozialpsychologie, Sonderheft 12, S. 239-269.

Klingemann, Hans-Dieter und Franz Urban Pappi (1968): NPD's Success in Baden-Württemberg. In: Patterns of Prejudice, 2, S. 22-27.

Klingemann, Hans-Dieter und Franz Urban Pappi (1970): Die Wählerbewegungen bei der Bundestagswahl am 28. September 1969. In: Politische Vierteljahresschrift, 11, S. 111-138. Auch 1970 erschienen als: The 1969 Bundestag Election in the Federal Republic of Germany. In: Comparative Politics, 2, S. 523-548; 1974 als: The 1969 Bundestag Election in the Federal Republic of Germany. In: Lewis Bowman und G. Robert Boynton (Hrsg.): Political Behavior and Public Opinion. Englewood Cliffs, NJ: Prentice Hall, S. 389-412; und 1997 als: Die Wählerbewegungen bei der Bundestagswahl am 28. September 1969. In: Wolfgang Seibel, Monika Medick-Krakau, Herfried Münkler und Michael Th. Greven (Hrsg.): Demokratische Politik-Analyse und -Theorie. Opladen: Westdeutscher Verlag, S. 225-252.

Klingemann, Hans-Dieter (1972): Testing the Left-Right Continuum on a Sample of German Voters. In: Comparative Political Studies, 5, S. 93-106.

Klingemann, Hans-Dieter (1972): Politische Bestimmungsgründe der Wahlentscheidung. In: Politische Bildung, 5, S. 24-40.

Klingemann, Hans-Dieter (1973): Issue-Kompetenz und Wahlentscheidung. In: Politische Vierteljahresschrift, 5, S. 227-256.

Kaase, Max und Hans-Dieter Klingemann (1975): Politische Ideologie und politische Beteiligung. Bericht über ein Forschungsprojekt und ein Forschungsseminar. In: Mannheimer Berichte, 11, S. 326-334.

Klingemann, Hans-Dieter (1976): Politische Bestimmungsgründe der Wahlentscheidung. In: Politische Bildung, 5, S. 24-50.

Klingemann, Hans-Dieter und Charles Lewis Taylor (1977): Affektive Parteiorientierung, Kanzlerkandidaten und Issues. Einstellungskomponenten der Wahlentscheidung bei Bundestagswahlen in Deutschland. In: Politische Vierteljahresschrift, 18, S. 301-347. Auch 1978 erschienen als: Partisanship, Candidates, and Issues: Attitudinal Components of the Vote in West German Federal Elections. In: Max Kaase und Klaus von Beyme

(Hrsg.): Elections and Parties. Socio-political Change and Participation in the West German Federal Election of 1976. German Political Studies 3. Beverly Hills, CA: Sage, S. 97-133.

Klingemann, Hans-Dieter (1979): Computerunterstützte Inhaltsanalyse bei offenen Fragen. In: ZUMA-Nachrichten, 4, S. 3-19.

Allerbeck, Klaus, Max Kaase und Hans-Dieter Klingemann (1979): Politische Ideologie, politische Beteiligung und politische Sozialisation I. In: Politische Vierteljahresschrift, 20, S. 357-378.

Allerbeck, Klaus, Max Kaase und Hans-Dieter Klingemann (1980): Politische Ideologie, politische Beteiligung und politische Sozialisation II. In: Politische Vierteljahresschrift, 21, S. 88-96.

Klingemann, Hans-Dieter (1982): Fakten oder Programmatik? Die Thesen von Murphy et al. über den Bedeutungswandel von „links" und „rechts" und das gegenwärtige Verständnis der politischen Richtungsbegriffe in der Bevölkerung der Bundesrepublik Deutschland. In: Politische Vierteljahresschrift, 23, S. 214-224.

Klingemann, Hans-Dieter, Peter Philip Mohler und Robert Philip Weber (1982): Cultural Indicators Based on Content Analysis. A Secondary Analysis of Sorokin's Data on Fluctuations of Systems of Truth. In: Quality and Quantity, 16, S. 1-18.

Kaase, Max und Hans-Dieter Klingemann (1982): Social Structure, Value-Orientations, and the Party System. The Problem of Interest Accommodation in Western Democracies. In: European Journal of Political Research, 10, S. 367-386.

Klingemann, Hans-Dieter und Ute Klingemann (1983): „Bild" im Urteil der Bevölkerung. Materialien zu einer vernachlässigten Perspektive. In: Publizistik, 28, S. 239-259.

Klingemann, Hans-Dieter (1986): Der „mündige" Wähler? Ein Ansatz zur Erklärung des Wählerverhaltens, dargestellt am Beispiel der Bundestagswahl 1983. In: Politische Bildung, 19, S. 45-58.

Klingemann, Hans-Dieter (1986): Ranking the Graduate Departments in the 1980s. Toward Objective Qualitative Indicators. In: Political Science and Politics, 19, S. 651-661. Auch 1989 erschienen als: Zitierhäufigkeit als Qualitätsindikator – Eine Rangordnung der amerikanischen politikwissenschaftlichen Fachbereiche in den achtziger Jahren. In: Hans-Dieter Daniel und Rudolf Fisch (Hrsg.): Evaluation von Forschung: Methoden, Ergebnisse, Stellungnahmen. Konstanz: Universitätsverlag, S. 201-214.

Klingemann, Hans-Dieter (1988): Tribute to Jeanne Nickell Knutson. In: Political Psychology, 9, S. 335-337.

Hans-Dieter Klingemann, Bernard Grofman und Janet Campagna (1989): Political Science 400. Citations by Ph. D. Granting Institutions. In: Political Science and Politics, XXI, S. 258-270.

Hans-Dieter Klingemann und Martin P. Wattenberg (1992): Decaying Versus Developing Party Systems. A Comparison of Party Images in the United States and West Germany. In: British Journal of Political Science, 22, S. 131-149. Auch 1990 erschienen als: Zerfall und Entwicklung von Parteiensystemen. Ein Vergleich der Vorstellungsbilder von den politischen Parteien in den Vereinigten Staaten von Amerika und der Bundesrepublik Deutschland. In: Max Kaase und Hans-Dieter Klingemann (Hrsg.): Wahlen und Wähler. Analysen aus Anlaß der Bundestagswahl 1987. Opladen: Westdeutscher Verlag, S. 325-344.

Hofferbert, Richard I. und Hans-Dieter Klingemann (1990): The Policy Impact of Party Programmes and Government Declarations in the Federal Republic of Germany. In: European Journal of Political Research, 18, S. 277-304.

Fuchs, Dieter, Hans-Dieter Klingemann und Carolin Schöbel (1991): Perspektiven der politischen Kultur im vereinigten Deutschland. In: Aus Politik und Zeitgeschichte. Beilage der Wochenzeitung „Das Parlament", B32/91, S. 35-46.

Klingemann, Hans-Dieter und Richard I. Hofferbert (1994): Democracy, Extremism, and the „Wall in the Mind." Public Beliefs in Unified Germany. In: Journal of Democracy, 5, S. 30-44.

Kaase, Max und Hans-Dieter Klingemann (1994): Electoral Research in the Federal Republic of Germany. In: European Journal of Political Research, 25, S. 343-366.

Klingemann, Hans-Dieter (1994): Notes on the 1994 Elections to the European Parliament. Germany. In: Electoral Studies, 13, S. 338-341.

Klingemann, Hans-Dieter, Jürgen Lass und Bernhard Weßels (1994): Was Wähler wahrnehmen. Probleme und Politiker, die sie lösen. Arbeitslosigkeit liegt vor Rechtsradikalismus. In: FU Nachrichten: Das Magazin der Freien Universität Berlin, 8-9, S. 17-18.

Inglehart, Ronald und Hans-Dieter Klingemann (1996): Dimensionen des Wertewandels. Theoretische und methodische Reflexionen anläßlich einer neuerlichen Kritik. In: Politische Vierteljahresschrift, 37, S. 319-340.

Klingemann, Hans-Dieter und Džemal Sokolović (1998): Democracy and Human Rights in Multi-ethnic Societies. International Seminary of the Institute for Strengthening Democracy in Bosnia (Konjic, Bosnien-Herzegowina, 5.-10. Juli 1998). In: Ethnos-Nation: Eine europäische Zeitschrift, 1-2, S. 162-163.

Hofferbert, Richard I. und Hans-Dieter Klingemann (1999): Remembering the Bad Old Days. Human Rights, Economic Conditions, and Democratic Performance in Transitional Regimes. In: European Journal of Political Research, 36, S. 155-174. Auch 1998 erschienen als: Права человека, экономические условия и эффективностъ демократических перемен в странах с переходеным режимом зкономикики. Социология, 3, S. 15-26.

Klingemann, Hans-Dieter (1999): Democratic Development, Electoral System and Elections. In: Teorija in Praksa, 36, S. 481-494 (in Slowenisch).

4. Aufsätze in Sammelbänden, Jahrbüchern und dgl.

Klingemann, Hans-Dieter (1967): Verhaltensrelevante Aspekte von Wahlsystemen. In: Gerhard Elschner, Hans Groß-Wilde und Hans Bachem (Hrsg.): Material zum Problem einer Wahlrechtsreform. Bonn: Eichholz, S. 40-46 (2. Auflage).

Scheuch, Erwin K. und Hans-Dieter Klingemann (1967): Theorie des Rechtsradikalismus in westlichen Industriegesellschaften. In: Heinz Dietrich Ortlieb und Bruno Molitor (Hrsg.): Hamburger Jahrbuch für Wirtschafts- und Gesellschaftspolitik. Tübingen: Mohr (Paul Siebeck), S. 11-29.

Klingemann, Hans-Dieter (1968): Sekundäranalyse. Eine Möglichkeit der Entwicklungsprozeßforschung. In: Hans-Christof Graf Sponeck (Hrsg.): Methodische Probleme bei der Entwicklungsländerforschung mit besonderer Berücksichtigung der Stichprobenauswahl. Berlin: Duncker & Humblot, S. 149-166.

Klingemann, Hans-Dieter und Franz Urban Pappi (1969): Möglichkeiten und Probleme bei der Kumulation von Umfragen. In: Rudolf Wildenmann (Hrsg.): Sozialwissenschaftliches Jahrbuch für Politik 1. München: Olzog, S. 173-190.

Klingemann, Hans-Dieter (1971): Politische und soziale Bedingungen der Wählerbewegungen zur NPD. In: Rudolf Wildenmann (Hrsg.): Sozialwissenschaftliches Jahrbuch für Politik 3. München: Olzog, S. 563-601.

Klingemann, Hans-Dieter und Ekkehard Mochmann (1975): Sekundäranalyse. In: Jürgen van Koolwijk und Maria Wieken-Mayser (Hrsg.): Techniken der empirischen Sozialforschung, Band 2. München: Oldenbourg, S. 178-194.

Klingemann, Hans-Dieter (1976): Issue-Orientierung, Issue-Kompetenz und Wahlverhalten aus kommunalpolitischer Perspektive. In: Konrad-Adenauer-Stiftung (Hrsg.): Kommunales Wahlverhalten. Bonn: Eichholz, S. 199-238.

Schönbach, Klaus und Hans-Dieter Klingemann (1978): Computerunterstützte Verschlüsselung von Berufstätigkeiten. In: Wolfgang Franz, Eduard Gaugler, Joachim Staude, Johann Handl, Heinz Mergenthaler, Heinz Herbert Noll, Franz Urban Pappi, Klaus Schönbach, Hans-Dieter Klingemann, Jürgen Schröder und Wolfgang Zapf: Probleme bei der Konstruktion sozio-ökonomischer Modelle. Nürnberg: Institut für Arbeitsmarkt- und Berufsforschung der Bundesanstalt für Arbeit (BeitrAB 31), S. 280-312.

Inglehart, Ronald und Hans-Dieter Klingemann (1978): Party Identification, Ideological Preference, and the Left-Right Dimension Among Western Mass Publics. In: Ian Budge, Ivor Crewe und Dennis Farlie (Hrsg.): Party Identification and Beyond. London: Wiley, S. 243-273.

Klingemann, Hans-Dieter (1979): Perspektiven zur inhaltsanalytischen Erforschung des gesamtgesellschaftlichen Wertewandels. In: Peter Kmieciak und Helmut Klages (Hrsg.): Wertewandel und gesellschaftlicher Wandel. Frankfurt a. M.: Campus, S. 453-462.

Inglehart, Ronald und Hans-Dieter Klingemann (1979): Ideological Conceptualization and Value Priorities. In: Samuel H. Barnes, Max Kaase, Klaus R. Allerbeck, Barbara G. Farah, Felix Heunks, Ronald Inglehart, M. Kent Jennings, Hans-Dieter Klingemann, Alan Marsh und Leopold Rosenmayr: Political Action. Mass Participation in Five Western Democracies. Beverly Hills, CA: Sage, S. 203-213.

Klingemann, Hans-Dieter (1979): Measuring Ideological Conceptualizations. In: Samuel H. Barnes, Max Kaase, Klaus R. Allerbeck, Barbara G. Farah, Felix Heunks, Ronald Inglehart, M. Kent Jennings, Hans-Dieter Klingemann, Alan Marsh und Leopold Rosenmayr: Political Action. Mass Participation in Five Western Democracies. Beverly Hills, CA: Sage, S. 215-254.

Klingemann, Hans-Dieter (1979): The Background of Ideological Conceptualization. In: Samuel H. Barnes, Max Kaase, Klaus R. Allerbeck, Barbara G. Farah, Felix Heunks, Ronald Inglehart, M. Kent Jennings, Hans-Dieter Klingemann, Alan Marsh und Leopold Rosenmayr: Political Action. Mass Participation in Five Western Democracies. Beverly Hills, CA: Sage, S. 255-277.

Klingemann, Hans-Dieter (1979): Ideological Conceptualization and Political Action. In: Samuel H. Barnes, Max Kaase, Klaus R. Allerbeck, Barbara G. Farah, Felix Heunks, Ronald Inglehart, M. Kent Jennings, Hans-Dieter Klingemann, Alan Marsh und Leopold Rosenmayr: Political Action. Mass Participation in Five Western Democracies. Beverly Hills, CA: Sage, S. 279-303.

Kaase, Max und Hans-Dieter Klingemann (1979): Sozialstruktur, Wertorientierung und Parteiensystem. Zum Problem der Interessenvermittlung in westlichen Demokratien. In: Joachim Matthes (Hrsg.): Sozialer Wandel in Westeuropa. Frankfurt a. M.: Campus, S. 534-573.

Klingemann, Hans-Dieter und Klaus Schönbach (1980): Computerunterstützte Inhaltsanalyse als Instrument zur Vercodung offener Fragen in der Umfrageforschung. In: Ekkehard Mochmann (Hrsg.): Computerstrategien für die Kommunikationsanalyse. Frankfurt a. M.: Campus, S. 131-201.

Klingemann, Hans-Dieter (1980): Der Wandel des Bildes der FDP in der Bevölkerung. In: Lothar Albertin (Hrsg.): Politischer Liberalismus in der Bundesrepublik. Göttingen: Vandenhoeck & Ruprecht, S. 125-150.

Klingemann, Hans-Dieter und William E. Wright (1981): Politische Überzeugungssysteme in der amerikanischen Bevölkerung. Stufen politischer Konzeptualisierung und Einstellungskonsistenz. In: Helmut Moser (Hrsg.): Fortschritte der Politischen Psychologie. Weinheim: Beltz, S. 362-390.

Klingemann, Hans-Dieter und Max Kaase (1981): Problemstellungen der Politischen Psychologie heute. In: Hans-Dieter Klingemann und Max Kaase (Hrsg.): Politische Psychologie. Opladen: Westdeutscher Verlag, S. 9-36.

Klingemann, Hans-Dieter (1983): Definition des Nutzens von Fachinformationssystemen und Möglichkeiten seiner Messung. In: Hagen Stegemann (Hrsg.): Nutzen der Fachinformation. München: Saur, S. 32-37.

Klingemann, Hans-Dieter (1983): Die Einstellungen zur SPD und CDU/CSU 1969-1980. Erste Explorationen in ein unbekanntes Land. In: Max Kaase und Hans-Dieter Klingemann (Hrsg.): Wahlen und politisches System. Analysen aus Anlaß der Bundestagswahl 1980. Opladen: Westdeutscher Verlag, S. 478-537.

Klingemann, Hans-Dieter (1984): Computerunterstützte Inhaltsanalyse und sozialwissenschaftliche Forschung. In: Hans-Dieter Klingemann (Hrsg.): Computerunterstützte Inhaltsanalyse in der empirischen Sozialforschung. Frankfurt a. M.: Campus, S. 7-14.

Klingemann, Hans-Dieter, Jürgen Höhe, Peter Philip Mohler, Klaus Radermacher und Cornelia Züll (1984): Textpack – Ein Programmsystem für sozialwissenschaftliche Inhaltsanalyse. In: Hans-Dieter Klingemann (Hrsg.): Computerunterstützte Inhaltsanalyse in der empirischen Sozialforschung. Frankfurt a. M.: Campus, S. 15-34.

Klingemann, Hans-Dieter (1984): Soziale Lagerung, Schichtbewußtsein und politisches Verhalten. Die Arbeiterschaft der Bundesrepublik im historischen und internationalen Vergleich. In: Rolf Ebbighausen und Friedrich Tiemann (Hrsg.): Das Ende der Arbeiterbewegung in Deutschland? Opladen: Westdeutscher Verlag, S. 593-621.

Klingemann, Hans-Dieter (1984): Wertorientierung – Sozialstruktur – Politik. Einleitende Bemerkungen zum Themenkreis. Bestimmungsgründe für die Entstehung der neuen sozialen Bewegungen. In: Jürgen W. Falter, Christian Fenner und Michael Th. Greven (Hrsg.): Politische Willensbildung und Interessenvermittlung. Opladen: Westdeutscher Verlag, S. 560-565.

Klingemann, Hans-Dieter (1984): Die Bundestagswahl 1983. Sozialstrukturelle und sozialpsychologische Erklärungsansätze. In: Berliner Wissenschaftliche Gesellschaft (Hrsg.): Jahrbuch 1983. Berlin: Duncker & Humblot, S. 94-123.

Klingemann, Hans-Dieter (1985): West Germany. In: Ivor Crewe und David Denver (Hrsg.): Electoral Change in Western Democracies. Patterns and Sources of Electoral Volatility. London: Croom Helm, S. 230-263.

Klingemann, Hans-Dieter (1986): Massenkommunikation, interpersonale Kommunikation und politische Einstellungen. In: Max Kaase (Hrsg.): Politische Wissenschaft und politische Ordnung. Analysen zu Theorie und Empirie demokratischer Regierungsweise. Festschrift zum 65. Geburtstag von Rudolf Wildenmann. Opladen: Westdeutscher Verlag, S. 387-399.

Klingemann, Hans-Dieter (1986): Der vorsichtig abwägende Wähler. Einstellungen zu den politischen Parteien und Wahlabsicht. Eine Analyse anläßlich der Bundestagswahl 1983. In: Hans-Dieter Klingemann und Max Kaase (Hrsg.): Wahlen und politischer Prozeß. Analysen aus Anlaß der Bundestagswahl 1983. Opladen: Westdeutscher Verlag, S. 385-426.

Klingemann, Hans-Dieter (1986): Umweltproblematik in den Wahlprogrammen der etablierten politischen Parteien in der Bundesrepublik Deutschland. In: Rudolf Wildenmann (Hrsg.): Umwelt, Wirtschaft, Gesellschaft – Wege zu einem neuen Grundverständnis. Gerlingen: Maisch + Quick, S. 356-361.

Klingemann, Hans-Dieter (1987): Election Programs in West Germany. Explorations in the Nature of Political Controversy. In: Ian Budge, David Robertson und Derek Hearl (Hrsg.): Ideology, Strategy and Party Change. Spatial Analyses of Post-War Election Programmes in 19 Democracies. Cambridge: Cambridge University Press, S. 294-323.

Klingemann, Hans-Dieter (1987): Die politischen Wirkungen von Wahlsystemen. Ergebnisse der neueren empirischen Forschung. In: Berliner Wissenschaftliche Gesellschaft (Hrsg.): Jahrbuch 1985. Berlin: Duncker & Humblot, S. 208-213.

Voltmer, Katrin und Hans-Dieter Klingemann (1989): Gelegenheitsstruktur und individuelle Motivation. Führt das Kabelfernsehen zu einer Veränderung der Sehgewohnheiten? In: Claudia Schmidt und Uwe Runge (Hrsg.): Kabelfernsehen und soziale Beziehungen. Ergebnisse aus Begleitforschung zu den Kabelpilotprojekten. Berlin: Spiess, S. 71-91.

Klingemann, Hans-Dieter und Katrin Voltmer (1989): Massenmedien als Brücke zur Welt der Politik. Nachrichtennutzung und politische Beteiligungsbereitschaft. In: Max Kaase und Winfried Schulz (Hrsg.): Massenkommunikation. Theorien, Methoden, Befunde. Opladen: Westdeutscher Verlag, S. 221-238.

Fuchs, Dieter und Hans-Dieter Klingemann (1989): Das Links-Rechts-Schema als politischer Code. Ein interkultureller Vergleich auf inhaltsanalytischer Grundlage. In: Max Haller, Hans-Joachim Hoffmann-Nowotny und Wolfgang Zapf (Hrsg.): Kultur und Gesellschaft. Frankfurt a. M.: Campus, S. 484-498.

Klingemann, Hans-Dieter (1989): Die programmatischen Profile der politischen Parteien in der Bundesrepublik Deutschland. In: Dietrich Herzog und Bernhard Weßels (Hrsg.): Konfliktpotentiale und Konsensstrategien. Beiträge zur Politischen Soziologie der Bundesrepublik. Opladen: Westdeutscher Verlag, S. 99-115.

Fuchs, Dieter und Hans-Dieter Klingemann (1990): The Left-Right Schema. In: M. Kent Jennings, Jan W. van Deth, Samuel H. Barnes, Dieter Fuchs, Felix J. Heunks, Ronald Inglehart, Max Kaase, Hans-Dieter Klingemann und Jacques J. A. Thomassen: Continuities in Political Action – A Longitudinal Study of Political Orientations in Three Western Democracies. Berlin: de Gruyter, S. 203-238.

Klingemann, Hans-Dieter (1990): Sozio-ökonomische Ungleichheit und Klassenbewußtsein in westlichen Industriegesellschaften. In: Werner Süß (Hrsg.): Übergänge. Zeitgeschichte zwischen Utopie und Machbarkeit. Berlin: Duncker & Humblot, S. 317-329.

Klingemann, Hans-Dieter, Richard Stöss und Bernhard Weßels (1991): Politische Klasse und politische Institutionen. In: Hans-Dieter Klingemann, Richard Stöss und Bernhard Weßels (Hrsg.): Politische Klasse und politische Institutionen. Probleme und Perspektiven der Elitenforschung. Dietrich Herzog zum 60. Geburtstag. Opladen: Westdeutscher Verlag, S. 9-36.

Klingemann, Hans-Dieter (1991): Die Bürger mischen sich ein. Die Entwicklung der unkonventionellen politischen Beteiligung in Berlin, 1981-1990. In: Hans-Dieter Klingemann, Richard Stöss und Bernhard Weßels (Hrsg.): Politische Klasse und politische Institutionen. Dietrich Herzog zum 60. Geburtstag. Opladen: Westdeutscher Verlag, S. 375-404.

Roller, Edeltraud, Rolf Hackenbroch, Hans-Dieter Klingemann, Jürgen Lass, Carolin Schöbel und Bernhard Weßels (1992): Bürger und Politik I: Grundlegende politische Orientierungen. In: Statistisches Bundesamt (Hrsg.): Datenreport 1992 – Zahlen und Fakten über die Bundesrepublik Deutschland. Bonn: Bundeszentrale für politische Bildung, S. 629-638.

Hofferbert, Richard I., Hans-Dieter Klingemann und Andrea Volkens (1992): Wahlprogramme, Regierungserklärungen und politisches Handeln. Zur „Programmatik politischer Parteien". In: Hans-Jürgen Andreß, Johannes Huinink, Holger Meinken, Dorothea Rumianek, Wolfgang Sodeur und Gabriele Sturm (Hrsg.): Theorie – Daten – Methoden. Neue Modelle und Verfahrensweisen in den Sozialwissenschaften. München: Oldenbourg, S. 383-392. Auch 1995 erschienen als: Election Programmes, Government Statements and Political Action – Political Parties and Their Programmes. In: Josef Thesing und Wilhelm Hofmeister (Hrsg.): Political Parties in Democracy. Role and Functions of Political Parties in the Political System of the Federal Republic of Germany. Sankt Augustin: Konrad-Adenauer-Stiftung, S. 321-333. (Dieser Band ist auch in russischer und spanischer Sprache erschienen.)

Volkens, Andrea und Hans-Dieter Klingemann (1992): Die Entwicklung der deutschen Parteien im Prozeß der Vereinigung. In: Eckhard Jesse und Armin Mitter (Hrsg.): Die Gestaltung der deutschen Einheit. Geschichte – Politik – Gesellschaft. Bonn: Bouvier, S. 198-214.

Klingemann, Hans-Dieter and Andrea Volkens (1992): Coalition Governments in the Federal Republic of Germany. Does Policy Matter? In: Michael J. Laver und Ian Budge (Hrsg.): Party Policy and Government Coalitions. London: St. Martin's Press, S. 189-222.

Klingemann, Hans-Dieter und Jacob Steinwede (1993): Traditionelle Kerngruppenbindung der Wähler in der Bundesrepublik. Stabilität oder Veränderung in den achtziger Jahren? In: Hans-Dieter Klingemann und Wolfgang Luthardt (Hrsg.): Wohlfahrtsstaat, Sozialstruktur und Verfassungsanalyse. Jürgen Fijalkowski zum 60. Geburtstag. Opladen: Westdeutscher Verlag, S. 49-65.

Klingemann, Hans-Dieter (1994): Die Entstehung wettbewerbsorientierter Parteiensysteme in Osteuropa. In: Wolfgang Zapf und Meinolf Dierkes (Hrsg.): Institutionenvergleich und Institutionendynamik. WZB-Jahrbuch 1994. Berlin: edition sigma, S. 13-38. Auch 1993 erschienen in: Bernd Soesemann (Hrsg.): Jahrbuch 1993, Berliner Wissenschaftliche Gesellschaft e.V. Berlin: Berliner Wissenschaftliche Gesellschaft, S. 203-230.

Kaase, Max und Hans-Dieter Klingemann (1994): Der mühsame Weg zur Entwicklung von Parteiorientierungen in einer „neuen" Demokratie. Das Beispiel der früheren DDR. In: Hans-Dieter Klingemann und Max Kaase (Hrsg.): Wahlen und Wähler. Analysen aus Anlaß der Bundestagswahl 1990. Opladen: Westdeutscher Verlag, S. 365-396. Auch 1994 erschienen als: The Cumbersome Way to Partisan Orientations in a „New" Democracy. The Case of the Former GDR. In: M. Kent Jennings und Thomas E. Mann (Hrsg.):

Elections at Home and Abroad. Essays in Honor of Warren E. Miller. Ann Arbor: The University of Michigan Press, S. 123-156.

Klingemann, Hans-Dieter, Jürgen Lass und Katrin Mattusch (1994): Nationalitätenkonflikt und Mechanismen politischer Integration im Baltikum. In: Dieter Segert (Hrsg.): Konfliktregulierung durch Parteien und politische Stabilität in Ostmitteleuropa. Frankfurt a. M.: Lang, S. 155-186. Auch 1994 erschienen als: La orientación de valores y la participación política en los Estados Bálticos. In: Juan Díez Nicolás y Ronald Inglehart (Hrsg.): Tendencias mundiales de cambio en los valores sociales y políticos. Madrid: Los libros de Fundesco, S. 405-422.

Klingemann, Hans-Dieter und Jürgen Lass (1995): Nichtwählen in der Bundesrepublik heute. Krise oder demokratische Normalität? In: Karl-Heinz Reuband, Franz Urban Pappi und Heinrich Best (Hrsg.): Die deutsche Gesellschaft in vergleichender Perspektive. Festschrift für Erwin K. Scheuch zum 65. Geburtstag. Opladen: Westdeutscher Verlag, S. 45-63.

Klingemann, Hans-Dieter und Jürgen Lass (1995): Bestimmungsgründe politischer Beteiligung in Ost- und West-Berlin. In: Hans-Dieter Klingemann, Lutz Erbring und Nils Diederich (Hrsg.): Zwischen Wende und Wiedervereinigung. Analysen zur politischen Kultur in West- und Ost-Berlin 1990. Opladen: Westdeutscher Verlag, S. 148-163.

Fuchs, Dieter und Hans-Dieter Klingemann (1995): Citizens and the State: A Changing Relationship? In: Hans-Dieter Klingemann und Dieter Fuchs (Hrsg.): Citizens and the State. Oxford: Oxford University Press, S. 1-24.

Klingemann, Hans-Dieter (1995): Party Positions and Voter Orientations. In: Hans-Dieter Klingemann und Dieter Fuchs (Hrsg.): Citizens and the State. Oxford: Oxford University Press, S. 183-205.

Fuchs, Dieter und Hans-Dieter Klingemann (1995): Citizens and the State: A Relationship Transformed. In: Hans-Dieter Klingemann und Dieter Fuchs (Hrsg.): Citizens and the State. Oxford: Oxford University Press, S. 419-443.

Klingemann, Hans-Dieter and Jürgen Lass (1996): The Dynamics of the Campaign. In: Russell J. Dalton (Hrsg.): Germany Divided. The 1994 Bundestag Elections and the Evolution of the German Party System. Oxford: Berg Publishers, S. 157-182. Auch 1996 erschienen als: Dinamika Volilne Kampanje. In: Teorija in Praksa, 33, S. 696-703.

Klingemann, Hans-Dieter und Andrea Volkens (1997): Struktur und Entwicklung von Wahlprogrammen in der Bundesrepublik Deutschland 1949-1994. In: Oscar W. Gabriel, Oskar Niedermayer und Richard Stöss (Hrsg.): Parteiendemokratie in Deutschland. Bonn: Bundeszentrale für politische Bildung, S. 517-536.

Weßels, Bernhard und Hans-Dieter Klingemann (1997): Politische Integration und politisches Engagement. In: Statistisches Bundesamt in Zusammenarbeit mit dem Wissenschaftszentrum Berlin und dem Zentrum für Umfragen, Methoden und Analysen, Mannheim (Hrsg.): Datenreport 1997. Daten und Fakten über die Bundesrepublik Deutschland. Bonn: Bundeszentrale für politische Bildung, S. 599-607.

Klingemann, Hans-Dieter (1997): The Left-right Self-placement Question in Face-to-face and Telephone Surveys. In: Willem E. Saris und Max Kaase (Hrsg.): Eurobarometer – Measurement Instruments for Opinions in Europe. ZUMA Nachrichten Spezial, Bd. 2. Mannheim: ZUMA, S. 113-123.

Klingemann, Hans-Dieter (1997): Vorwort. In: Ronald F. Inglehart: Modernisierung und Postmodernisierung. Frankfurt a. M.: Campus, S. 5-6.

Kaase, Max und Hans-Dieter Klingemann (1998): Einführung. In: Max Kaase und Hans-Dieter Klingemann (Hrsg.): Wahlen und Wähler. Analysen aus Anlaß der Bundestagswahl 1994. Opladen: Westdeutscher Verlag, S. 9-14.

Klingemann, Hans-Dieter (1998): Parteien im Urteil der Bürger. Eine Längsschnittanalyse 1969-1994. In: Max Kaase und Hans-Dieter Klingemann (Hrsg.): Wahlen und Wähler. Analysen aus Anlaß der Bundestagswahl 1994. Opladen: Westdeutscher Verlag, S. 391-462.

Klingemann, Hans-Dieter (1998): From Ideology to Social Reality. Drug Use in Postcommunist Society. In: Harald Klingemann und Geoffrey Hunt (Hrsg.): Drug Treatment Systems in an International Perspective – Drugs, Demons and Delinquents. Thousand Oaks: Sage, S. 139-142.

Klingemann, Hans-Dieter und Jürgen W. Falter (1998): Die deutsche Politikwissenschaft im Urteil der Fachvertreter. Erste Ergebnisse einer Umfrage von 1996/97. In: Michael Th. Greven (Hrsg.): Demokratie – eine Kultur des Westens? 20. Wissenschaftlicher Kongreß der Deutschen Vereinigung für Politische Wissenschaft. Opladen: Leske + Budrich, S. 305-341.

Wessels, Bernhard und Hans-Dieter Klingemann (1998): Transformation and the Prerequisites of Democratic Opposition in Central and Eastern Europe. In: Samuel H. Barnes und János Simon (Hrsg.): The Postcommunist Citizen. Budapest: Erasmus Foundation and Institute for Political Science of the Hungarian Academy of Sciences, S. 1-34.

Klingemann, Hans-Dieter, Andrea Römmele und Evi Scholz (1998): Leuchttürme Europas. Ein 3-Stufen-Modell politischer Kommunikation und erste empirische Ergebnisse. In: Thomas König, Elmar Rieger und Hermann Schmitt (Hrsg.): Europa der Bürger? Voraussetzungen, Alternativen, Konsequenzen. Frankfurt a. M.: Campus, S. 201-219.

Klingemann, Hans-Dieter (1999): Mapping Political Support in the 1990s. A Global Analysis. In: Pippa Norris (Hrsg.): Critical Citizens. Global Support for Democratic Governance. Oxford: Oxford University Press, S. 31-56. Auch 2000 erschienen als: Unterstützung für die Demokratie. Eine globale Analyse für die 1990er Jahre. In: Hans-Joachim Lauth, Gert Pickel und Christian Welzel (Hrsg.): Demokratiemessung. Konzepte und Befunde im internationalen Vergleich. Wiesbaden: Westdeutscher Verlag, S. 266-297.

Klingemann, Hans-Dieter (1999): Kontinuität und Veränderung des deutschen Parteiensystems, 1949-1998. In: Max Kaase und Günther Schmid (Hrsg.): Eine lernende Demokratie. Fünfzig Jahre Bundesrepublik Deutschland. WZB-Jahrbuch 1999. Berlin: edition sigma, S. 115-128.

Klingemann, Hans-Dieter (1999): Les élections européennes de 1999 en Allemagne. In: Gérard Grunberg und Romain Pache (Hrsg.): La situation politique et les enjeux des élections européennes en Allemagne, au Royaume-Uni, en Italie, en Espagne et en France. Paris: Louis Harris, S. 10-16.

Klingemann, Hans-Dieter und Christian Welzel (1999): Political Science and the Emergence of Democracy in Central and Eastern Europe. The Perspective of Citizens. In: Ali Kazancigil und David Makinson (Hrsg.): World Social Science Report 1999. Paris: UNESCO Publishing/Elsevier, S. 96-97.

Inglehart, Ronald F. und Hans-Dieter Klingemann (2000): Genes, Culture, Democracy, and Happiness. In: Ed Diener und Eunkook M. Suh (Hrsg.): Subjective Well-Being Across Cultures. Cambridge, MA: MIT Press, S. 165-183.

Klingemann, Hans-Dieter (2000): Negative Parteiorientierung und repräsentative Demokratie – eine vergleichende Analyse. In: Oskar Niedermayer und Bettina Westle (Hrsg.):

Demokratie und Partizipation. Festschrift für Max Kaase. Opladen: Westdeutscher Verlag, S. 281-312.

Klingemann, Hans-Dieter und Friedhelm Neidhardt (2000): Einleitung. In: Hans-Dieter Klingemann und Friedhelm Neidhardt (Hrsg.): Zur Zukunft der Demokratie. Herausforderungen im Zeitalter der Globalisierung. WZB-Jahrbuch 2000. Berlin: edition sigma, S. 11-24.

Klingemann, Hans-Dieter und Richard I. Hofferbert (2000): The Capacity of New Party Systems to Channel Discontent. A Comparision of 17 Formerly Communist Polities. In: Hans-Dieter Klingemann und Friedhelm Neidhardt (Hrsg.): Zur Zukunft der Demokratie. Herausforderungen im Zeitalter der Globalisierung. WZB-Jahrbuch 2000. Berlin: edition sigma, S. 411-437. Auch 2000 erschienen in: Central European Political Science Review, 1, S. 6-30; und 2001 in: Radoslaw Markowski und Edmund Wnuk-Lipinski (Hrsg.): Transformative Paths in Central and Eastern Europe. Warsaw: Institute of Political Studies, Polish Academy of Sciences; Friedrich Ebert Foundation, S. 143-166.

Klingemann, Hans-Dieter und Bernhard Wessels (2001): The Political Consequences of Germany's Mixed-member System. Personalization at the Grass Roots? In: Matthew Soberg Shugart und Martin P. Wattenberg (Hrsg.): Mixed-member Electoral Systems. The Best of Both Worlds? Oxford: Oxford University Press, S. 279-296.

Budge, Ian und Hans-Dieter Klingemann (2001): Finally! Comparative Over-time Mapping of Party Policy Movement. In: Ian Budge, Hans-Dieter Klingemann, Andrea Volkens, Judith Bara, Eric Tanenbaum mit Richard C. Fording, Derek J. Hearl, Hee Min Kim, Michael D. McDonald, Sylvia M. Mendes: Mapping Policy Preferences. Estimates for Parties, Electors, and Governments 1945-1998. Oxford: Oxford University Press, S. 19-50.

Kaase, Max, Hans-Dieter Klingemann, Jürgen W. Falter, Oscar W. Gabriel und Bernhard Weßels (2001): Vorwort. In: Hans-Dieter Klingemann und Max Kaase (Hrsg.): Wahlen und Wähler. Analysen aus Anlass der Bundestagswahl 1998. Wiesbaden: Westdeutscher Verlag, S. 9-14.

Inglehart, Ronald F., Hans-Dieter Klingemann und Christian Welzel (2001): Economic Development, Cultural Change and Democratic Institutions. Exploring Linkages Across 63 Societies. In: Lars-Hendrik Röller und Christian Wey (Hrsg.): Die Soziale Marktwirtschaft in der neuen Weltwirtschaft. WZB-Jahrbuch 2001. Berlin: edition sigma, S. 413-438.

Klingemann, Hans-Dieter und Andrea Römmele (2001): Campaigns and Surveys. An Introduction. In: Hans-Dieter Klingemann und Andrea Römmele (Hrsg.): Public Information Campaigns and Opinion Research. A Handbook for the Student and Practitioner. London: Sage, S. 1-7.

Klingemann, Hans-Dieter und Andrea Römmele (2001): Communicating ‚Europe'. Implications for Multi-level Governance in the European Union. In: Hans-Dieter Klingemann und Andrea Römmele (Hrsg.): Public Information Campaigns and Opinion Research. A Handbook for the Student and Practitioner. London: Sage, S. 91-104.

Klingemann, Hans-Dieter und Andrea Römmele (2001): Using Survey Research in Campaigns. A Summary and Checklist for the Student and Campaign Practitioner. In: Hans-Dieter Klingemann und Andrea Römmele (Hrsg.): Public Information Campaigns and Opinion Research. A Handbook for the Student and Practitioner. London: Sage, S. 185-188.

5. Beiträge in Handwörterbüchern, Lexika und dgl.

Kaase, Max und Hans-Dieter Klingemann (1981): Radikalismus. In: Martin Greiffenhagen, Sylvia Greiffenhagen und Rainer Prätorius (Hrsg.): Handwörterbuch zur Politischen Kultur der Bundesrepublik Deutschland. Opladen: Westdeutscher Verlag, S. 393-395.

Klingemann, Hans-Dieter (1981): Ideologien. In: Martin Greiffenhagen, Sylvia Greiffenhagen und Rainer Prätorius (Hrsg.): Handwörterbuch zur Politischen Kultur der Bundesrepublik Deutschland. Opladen: Westdeutscher Verlag, S. 204-207.

Klingemann, Hans-Dieter (1983): Politische Ideologie. In: Manfred G. Schmidt (Hrsg.): Westliche Industriegesellschaften. München: Piper, S. 326-333.

Klingemann, Hans-Dieter (1983): Parteipräferenz. In: Ekkehard Lippert und Roland Wakenhut (Hrsg.): Handwörterbuch der Politischen Psychologie. Opladen: Westdeutscher Verlag, S. 224-229.

Fuchs, Dieter und Hans-Dieter Klingemann (1992): Politische Ideologie. In: Manfred G. Schmidt (Hrsg.): Lexikon der Politik, Band 3. Die westlichen Länder. München: Beck, S. 346-352.

Goodin, Robert E. und Hans-Dieter Klingemann (1996): Political Science: The Discipline. In: Robert E. Goodin und Hans-Dieter Klingemann (Hrsg.): A New Handbook of Political Science. Oxford: Oxford University Press, S. 3-49.

Klingemann, Hans-Dieter und Katrin Voltmer (1998): Politische Kommunikation als Wahlkampfkommunikation. In: Otfried Jarren, Ulrich Sarcinelli und Ulrich Saxer (Hrsg.): Handbuch der Politischen Kommunikation. Opladen: Westdeutscher Verlag, S. 396-405.

Klingemann, Hans-Dieter und Christian Welzel (2001): Good Practice. In: Paul Barry Clarke und Joe Foweraker (Hrsg.): Encyclopedia of Democratic Thought. London: Routledge, S. 311-314.

Autorenverzeichnis – Table of Contributors

Rasa Alisauskiene, Dr., Director General von Baltic Surveys Ltd. in Vilnius, Litauen; Forschungsinteressen: Wertestudien, politische Kultur, Wahlstudien, Elitenforschung; Wichtige Publikationen: Policy Mood and Socio-political Attitudes in Lithuania. In: Journal of Baltic Studies, 24, 1993, S. 149-160 (mit R. Bajaruniene und B. Sersniova); Human Dignity and Social Exclusion. Country Report. Lithuania. Council of Europe, Strasbourg 1997; Public Opinion and Awareness on Security Issues in the Baltic Countries. The Ministry of Foreign Affairs of the Republic of Lithuania and Baltic Surveys Gallup, Vilnius 1998; E-Mail-Adresse: baltic.surveys@post.omni.lt.

Joachim Amm, Dr., Wissenschaftlicher Assistent am Institut für Politikwissenschaft der TU Dresden; Forschungsinteressen: Parlamentarismus-, Föderalismus- und Bikameralismusforschung; Wichtige Publikationen: Interessenverbände und Umweltpolitik in den USA. Die Umweltthematik bei Wirtschaftsverbänden, Gewerkschaften und Naturschutzorganisationen seit 1960. Wiesbaden: Deutscher Universitäts-Verlag 1995; Der Senat Kanadas und die symbolische Repräsentation seiner unvereinbaren institutionellen Leitideen. In: Werner J. Patzelt (Hrsg.): Parlamente und ihre Symbolik. Programm und Beispiele institutioneller Analyse. Wiesbaden: Westdeutscher Verlag 2001, S. 251-292; Die Föderalversammlung der CSSR. Sozialistischer Parlamentarismus im unitarischen Föderalismus 1969-1989. Wiesbaden: Westdeutscher Verlag 2001; E-Mail-Adresse: joachim_amm@yahoo.de.

Kai Arzheimer, Wissenschaftlicher Mitarbeiter am Institut für Politikwissenschaft der Johannes Gutenberg-Universität Mainz; Forschungsinteressen: Wahlverhalten und politische Einstellungen, Wähler und Mitglieder extremistischer Parteien sowie Methoden der Politikwissenschaft; Wichtige Publikationen: The Effect of Material Incentives on Return Rate, Panel Attrition and Sample Composition of a Mail Panel Survey. In: International Journal of Public Opinion Research, 11, 1999, S. 368-377 (mit Markus Klein); Gesellschaftspolitische Wertorientierungen und Staatszielvorstellungen im Ost-West-Vergleich. In: Jürgen W. Falter, Oscar W. Gabriel und Hans Rattinger (Hrsg.): Wirklich ein Volk? Die politischen Orientierungen von Ost- und Westdeutschen im Vergleich. Opladen: Leske + Budrich 2000, S. 363-402 (mit Markus Klein); Rechtsextreme Orientierungen und Wahlverhalten. In: Wilfried Schubarth und Richard Stöss (Hrsg): Rechtsextremismus in der Bundesrepublik Deutschland. Eine Bilanz. Opladen: Leske + Budrich 2001, S. 220-245 (mit Harald Schoen und Jürgen W. Falter); E-Mail-Adresse: arzheimer @politik.uni-mainz.de.

Samuel H. Barnes, PhD, Graf Goltz Professor und Direktor des BMW Center for German and European Studies an der School of Foreign Service, Georgetown University, USA; Forschungsinteressen: Einstellungen und Verhaltensweisen von Bürgern in Demokratien; Wichtige Publikationen: Representation in Italy. Institutionalized Tradition and Electoral Choice. Chicago: University of Chicago Press 1977; Political Action. Mass Participation in Five Western Democracies. Beverly Hills, Calif.: Sage 1979 (mit Max Kaase et al.); The Cultural Dynamics of Democratization in Spain. Ithaca, NY: Cornell University Press 1998 (mit Peter McDonough und António Lopez Pina); E-Mail-Adresse: barness@georgetown.edu.

Elena I. Bashkirova, Dr., Präsidentin von Russian Public Opinion and Market Research (ROMIR) in Moskau, Russland; Forschungsinteressen: Meinungsumfragen, Politikberatung, Markt- und Medienforschung; Wichtige Publikationen: Polling and Perestroika. In: Arthur Miller, William Reisinger und Vicki L. Hesli (Hrsg.): Public Opinion and Regime Change. The New Politics of Post-Soviet Societies. Boulder, Colo.: Westview Press 1993, S. 17-36 (mit Vicki L. Lesli); Russian Public between Elections. In: International Social Science Journal, 146, 1995, S. 553-565 (mit Andrei Melville); Russia's 1999-2000 Elections in the Light of Public Opinion. In: Yuri Fedorov und Bertil Nygren (Hrsg.): Russian Presidential Elections 2000. Stockholm: Norstedts 2000; E-Mail-Adresse: romir@romir.ru.

Russell J. Dalton, PhD, Professor für Political Science und Direktor des Center for the Study of Democracy an der University of California, Irvine, USA; Forschungsinteressen: vergleichende Untersuchungen politischen Verhaltens, politische Parteien, soziale Bewegungen und empirische Demokratietheorie; Wichtige Publikationen: The Green Rainbow. Environmental Interest Groups in Western Europe. New Haven: Yale University Press 1994; Critical Masses. Citizens, Environmental Destruction, and Nuclear Weapons Production in Russia and the United States. Cambridge, Mass.: The MIT Press 1999 (mit Paula Garb, Nicholas P. Lovrich, John Pierce und John Whiteley); Parties without Partisans. Oxford: Oxford University Press 2001 (Herausgabe mit Martin P. Wattenberg); E-Mail-Adresse: dalton@uci.edu.

Jürgen W. Falter, Dr., Universitäts-Professor am Institut für Politikwissenschaft der Johannes Gutenberg-Universität Mainz; Forschungsinteressen: Wahl- und Einstellungsforschung, Methodologie der Sozialwissenschaften sowie historische Wahl- und Mitgliederforschung (vor allem über die NSDAP); Wichtige Publikationen: Faktoren der Wahlentscheidung. Köln: Heymanns 1973; Der „Positivismusstreit" in der amerikanischen Politikwissenschaft. Opladen: Westdeutscher Verlag 1982; Hitlers Wähler. München: C. H. Beck 1991; E-Mail-Adresse: falter@politik. uni-mainz.de.

Jürgen Fijalkowski, Dr., emeritierter Professor am Fachbereich Politik- und Sozialwissenschaften der Freien Universität Berlin; Forschungsinteressen: Sozialstrukturanalysen und Probleme von Verfassungspolitik; Wichtige Publikationen: Die Wendung zum Führerstaat – Ideologische Komponenten in der politischen Philosophie Carl Schmitts. Köln: Westdeutscher Verlag 1958 (auch 1966 erschienen in spanischer Sprache); Berlin – Hauptstadtanspruch und Westintegration. Köln: Westdeutscher Verlag 1967 (mit Peter Hauck, Axel Holst, Gerd-Heinrich Kemper und Alf Mintzel); Immigration, Citizenship, and the Welfare State in Germany and the United States. Vol. 1: Immigrant Incorporation, Vol. 2: Welfare Policies and Immigrants' Citizenship. Stanford, Connecticut: JAI Press 1998 (Herausgabe mit Hermann Kurthen und Gert Wagner); E-Mail-Adresse: Fijalkow@mail.zedat.fu-berlin.de.

Dieter Fuchs, Dr., Professor für Politikwissenschaft an der Universität Stuttgart; Forschungsinteressen: politische Theorie, vergleichende Demokratieforschung, politische Soziologie; Wichtige Publikationen: Die Unterstützung des politischen Systems der Bundesrepublik Deutschland. Opladen: Westdeutscher Verlag 1989; Citizens and the State. Oxford: Oxford University Press 1995 (Herausgabe mit Hans-Dieter Klingemann); Kriterien demokratischer Performanz in Liberalen Demokratien. In: Michael Th. Greven (Hrsg.): Demokratie – eine Kultur des Westens? Opladen: Leske + Budrich 1998, S. 152-179; E-Mail-Adresse: dieter.fuchs @po.pol.uni-stuttgart.de.

Roland Habich, Dr., Forschungskoordinator der Abteilung „Sozialstruktur und Sozialberichterstattung" am Wissenschaftszentrum Berlin für Sozialforschung (WZB); Forschungsinteressen: Sozialstrukturanalyse, soziale Ungleichheit, Sozialberichterstattung; Wichtige Publikationen: Wohlfahrtsentwicklung im vereinten Deutschland. Sozialstruktur, sozialer Wandel und Lebensqualität. Berlin: edition sigma 1996 (Herausgabe mit Wolfgang Zapf); Datenreport 1999. Zahlen und Fakten über die Bundesrepublik Deutschland. Teil II: Objektive Lebensbedingungen und subjektives Wohlbefinden im vereinten Deutschland. Herausgegeben vom Statistischen Bundesamt in Zusammenarbeit mit dem Wissenschaftszentrum Berlin für Sozialforschung (WZB) und dem Zentrum für Umfragen, Methoden und Analysen, Mannheim (ZUMA). Bonn: Bundeszentrale für politische Bildung 2000 (Herausgabe mit Heinz-Herbert Noll); Vom Zusammenwachsen einer Gesellschaft. Analysen zur Angleichung der Lebensverhältnisse in Deutschland. Frankfurt a.M.: Campus 2000 (Herausgabe mit Heinz-Herbert Noll); E-Mail-Adresse: rhabich@ medea.wz-berlin.de.

Richard I. Hofferbert, PhD, Distinguished Professor Emeritus an der State University of New York in Binghamton, USA sowie regelmäßiger Gastprofessor am Wissenschaftszentrum Berlin für Sozialwissenschaften (WZB); Forschungsinteressen: politische Analyse, politische Parteien und demokratische Performanz; Wichtige Publikationen: The Study of Public Policy. New York: Bobbs-Merrill 1974; Parties, Policies, and Democracy. Boulder, Colo.: Westview Press 1994 (mit Hans-Dieter Klingemann und Ian Budge); Parties and Democracy. Party Structure and Party Performance in Old and New Democracies. Oxford, UK: Blackwell 1998 (Herausgabe); E-Mail-Adresse: rhofferb@binghamton.edu.

Sören Holmberg, Dr., Professor für Political Science, especially Election Research an der Göteborg University, Schweden; Forschungsinteressen: Wahlverhalten und repräsentative Demokratie; Wichtige Publikationen: The Political System Matters. Social Psychology and Voting Behavior in Sweden and the United States. Cambridge: Cambridge University Press 1988 (mit Donald Granberg); Representation from Above. Members of Parliament and Representative Democracy in Sweden. Aldershot: Dartmouth 1996 (mit Peter Esaiasson); Välja parti (Choosing a Party). Stockholm: Norstedts Juridik 2000; E-Mail-Adresse: Soren.Holmberg@pol.gu.se.

Ronald F. Inglehart, PhD, Professor für Political Science am Institute of Sociology der University of Michigan, USA; Forschungsinteressen: kultureller Wandel, sozialer Wandel und Demokratisierung; Wichtige Publikationen: Culture Shift in Advanced Industrial Society. Princeton: Princeton University Press 1990 (auch 1989 erschienen in deutscher Sprache; 1991 in spanischer Sprache; 1993 in französischer, italienischer und japanischer Sprache); Modernization and Postmodernization. Cultural, Economic and Political Change in 43 Societies. Princeton: Princeton University Press 1997 (auch 1998 erschienen in deutscher und spanischer Sprache; 1999 in italienischer Sprache; eine japanische Übersetzung ist in Vorbereitung); Human Values and Beliefs. A Cross-cultural Sourcebook. Ann Arbor: University of Michigan Press 1998 (mit Miguel Basañez und Alejandro Moreno); E-Mail-Adresse: rfi@umich.edu.

Max Kaase, Dr., Professor, President and Dean of Humanities and Social Sciences an der International University Bremen (IUB); Forschungsinteressen: vergleichende Politikwissenschaft, international vergleichende Sozialforschung, politische Soziologie, empirische Demokratietheorie und Massenkommunikation; Wichtige Publikationen: Beliefs in Government. Volume 5. Oxford: Oxford University Press 1995 (mit Kenneth Newton); The Effect of Economic Priorities on the Measurement of Value Change. New Experimental Evidence. In: American Political Science Review, 93, 1999, S. 637-647 (mit Harold D. Clarke, Allan Kornberg, Chris McIntyre und Petra Bauer-Kaase); Wahlen und Wähler. Analysen aus Anlass der Bundestagswahl 1998. Opladen: Westdeutscher Verlag 2001 (Herausgabe mit Hans-Dieter Klingemann); E-Mail-Adresse: mk@iu-bremen.de.

William M. Lafferty, PhD, Professor für Political Science und Direktor des Programme for Research and Documentation for a Sustainable Society (ProSus) am Centre for Development and the Environment (SUM) der University of Oslo, Norwegen; Forschungsinteressen: Theorie und Praxis der Implementation von Policies der nachhaltigen Entwicklung und die Beziehung von Demokratie und Umwelt; Wichtige Publikationen: Towards Sustainable Development. Houndmills: Macmillan 1999 (mit Oluf Langhelle); Implementing Sustainable Development. Oxford: Oxford University Press 2000 (Herausgabe mit James Meadowcroft); Sustainable Communities in Europe. London: Earthscan Publications 2001; E-Mail-Adresse: william.lafferty@prosus.uio.no.

Radoslaw Markowski, Dr., Leiter der Section of Electoral Studies am Institute of Political Studies, Polish Academy of Sciences, Direktor und Principal Investigator der Polish National Election Study sowie Vice-chair des Political Science Department an der Warsaw School of Advanced Social Psychology, Polen; Forschungsinteressen: vergleichende Politikwissenschaft, Wahlverhalten und Parteiensysteme, Demokratisierung; Wichtige Publikationen: Post-Communist Party Systems. Competition, Representation and Inter-party Cooperation. Cambridge: Cambridge University Press 1999 (mit Herbert Kitschelt, Zdenka Mansfeldová und Gábor Tóka); Wybory Parlamentarne 1997. System Partyjny – Postawy Polityczne – Zachowania Wyborcze (Parliamentary Elections of 1997. Party System – Political Attitudes – Electoral Behavior). Warsaw: Ebert and ISP Publishers 1999 (Herausgabe); Transformative Paths in Central and Eastern Europe. Warsaw: Ebert and ISP Publishers 2001 (Herausgabe mit Edmund Wnuk-Lipiński); E-Mail-Adresse: rmark@isppan. waw.pl.

Ekkehard Mochmann, Geschäftsführer des Zentralarchivs für Empirische Sozialforschung an der Universität zu Köln (ZA) und Direktor der Gesellschaft Sozialwissenschaftlicher Infrastruktureinrichtungen (GESIS); Forschungsinteressen: internationale komparative Demokratieforschung und Inhaltsanalyse der Sprache der Politik; Wichtige Publikationen: Integrating the European Database. Infrastructure Services and the Need for Integration. In: European Social Science Databases. Their Use in Cross-National Research. Special Issue. International Social Science Journal, 46, 1994, S. 499-511 (mit Eric Tanenbaum); Gewalt in Deutschland. Soziale Befunde und Deutungslinien. München: Oldenbourg Verlag 1995 (Herausgabe mit Uta Gerhardt); 50 Jahre Empirische Wahlforschung in Deutschland. Entwicklung, Befunde, Perspektiven, Daten. Wiesbaden: Westdeutscher Verlag 2000 (Herausgabe mit Markus Klein, Wolfgang Jagodzinski und Dieter Ohr); E-Mail-Adresse: mochmann@za.uni-koeln.de.

Franz Urban Pappi, Dr., Professor am Lehrstuhl für Politikwissenschaft I der Universität Mannheim; Forschungsinteressen: Theorien des Wählerverhaltens, Verhandlungssysteme und Tausch in Politiknetzwerken; Wichtige Publikationen: Entscheidungsprozesse in der Arbeits- und Sozialpolitik. Frankfurt a.M.: Campus 1995 (mit Thomas König und David Knoke); Voters' Party Preferences in Multiparty Systems and their Coalitional and Spatial Implications. Germany after Unification. In: Public Choice, 97, 1998, S. 229-255 (mit Gabriele Eckstein); Electoral Behavior in a Two-Vote-System. Incentives for Ticket Splitting in German Bundestag Elections. In: European Journal of Political Research (im Erscheinen) (mit Paul W. Thurner); E-Mail-Adresse: fupappi@rumms.uni-mannheim.de.

Edeltraud Roller, Dr., Wissenschaftliche Angestellte am Wissenschaftszentrum Berlin für Sozialforschung (WZB); Forschungsinteressen: politische Soziologie und vergleichende Demokratieforschung; Wichtige Publikationen: Einstellungen der Bürger zum Wohlfahrtsstaat der Bundesrepublik Deutschland. Opladen: Westdeutscher Verlag 1992; Ideological Basis of the Market Economy. In: European Sociological Review, 10, 1994, S. 105-117; Positions- und performanzbasierte

Sachfragenorientierungen und Wahlentscheidung. Eine theoretische und empirische Analyse aus Anlaß der Bundestagswahl 1994. In: Max Kaase und Hans-Dieter
Klingemann (Hrsg.): Wahlen und Wähler. Analysen aus Anlass der Bundestagswahl 1994. Opladen: Westdeutscher Verlag 1998, S. 173-219; E-Mail-Adresse:
roller@medea.wz-berlin.de.

Robert Rohrschneider, PhD, Professor für Political Science an der Indiana University in Bloomington, USA; Forschungsinteressen: vergleichende Studien der Demokratisierung, soziale Bewegungen und vergleichende Studien zu öffentlicher
Meinung und Wahlen; Wichtige Publikationen: Learning Democracy. Democratic
and Economic Values in Unified Germany. Oxford: Oxford University Press 1999;
A Global Civil Society. Transnational Cooperation among Environmental Groups.
In: The Journal of Politics (im Erscheinen) (mit Russell J. Dalton); Mobilizing versus Chasing. How West European Parties Make Campaign Decisions. In: Electoral
Studies (im Erscheinen); E-Mail-Adresse: rrohrsch@indiana.edu.

Andrea Römmele, Dr., Privatdozentin, Wissenschaftliche Mitarbeiterin am Mannheimer Zentrum für Europäische Sozialforschung (MZES) der Universität Mannheim; Forschungsinteressen: politische Kommunikation, Wahlkampfkommunikation sowie vergleichende Parteienforschung; Wichtige Publikationen: Unternehmensspenden in der Wahlkampf- und Parteienfinanzierung. Die USA, Kanada, die
Bundesrepublik und Großbritannien im internationalen Vergleich. Baden-Baden:
Nomos 1995; Public Information Campaigns and Opinion Research. A Handbook
for the Student and Practitioner. London: Sage 2001 (Herausgabe mit Hans-Dieter
Klingemann); Direkte Kommunikation zwischen Parteien und Wählern. Postmoderne Wahlkampftechnologien im internationalen Vergleich. Opladen: Westdeutscher
Verlag (im Erscheinen); E-Mail-Adresse: roemmele@mzes.uni-mannheim.de.

Hermann Schmitt, Dr., Wissenschaftlicher Angestellter am Mannheimer Zentrum
für Europäische Sozialforschung (MZES) der Universität Mannheim und Privatdozent für Politikwissenschaft an der Freien Universität Berlin; Forschungsinteressen: Wahl- und Repräsentationsforschung, europäische Integration, öffentliche
Meinung und politische Parteien; Wichtige Publikationen: Political Parties in Decline? In: Hans-Dieter Klingemann und Dieter Fuchs (Hrsg.): Citizens and the
State. Oxford: Oxford University Press 1995, S. 95-133 (mit Sören Holmberg); Political Representation and Legitimacy in the European Union. Oxford: Oxford
University Press 1999 (Herausgabe mit Jacques Thomassen); Politische Repräsentation in Europa. Eine empirische Studie zur Interessenvermittlung über allgemeine
Wahlen. Frankfurt a.M.: Campus 2001; E-Mail-Adresse: Hermann.Schmitt@mzes.
uni-mannheim.de.

Kai-Uwe Schnapp, Wissenschaftlicher Mitarbeiter an der Universität Bamberg;
Forschungsinteressen: vergleichende Verwaltungsforschung, Bürokratien, formale
und räumliche Modellierung, Entscheidungstheorien, Verwaltungseliten; Wichtige
Publikationen: Ministerial Bureaucracies as Stand-In Agenda Setters? A Compara-

tive Description. WZB Discussion Paper FS III 00-204, Berlin 2000; Wohin steuert das politische System des vereinten Deutschland? Zur Effektivität und Legitimität institutioneller Machtverschiebungen. In: Roland Czada und Hellmut Wollmann (Hrsg.): Von der Bonner zur Berliner Republik. Opladen: Westdeutscher Verlag 2000, S. 328-348 (mit Christian Welzel); Politischer Einfluss von Ministerialbürokratien in westlichen Demokratien. Eine vergleichende Analyse des Potenzials von Ministerialbürokratien zur Beeinflussung politischer Entscheidungsprozesse in einundzwanzig OECD-Ländern. Manuskript. FU-Berlin, 2001; E-Mail-Adresse: kuschnap@gmx.de.

Richard Stöss, Dr., Privatdozent und Wissenschaftlicher Angestellter am Fachbereich Politik- und Sozialwissenschaften, Otto-Suhr-Institut für Politikwissenschaft der Freien Universität Berlin sowie Geschäftsführer des Otto-Stammer-Zentrums (Arbeitsstelle für Empirische Politische Soziologie); Forschungsinteressen: Parteien, Wahlen, politische Einstellungen und Rechtsextremismus; Wichtige Publikationen: Stabilität im Umbruch. Wahlbeständigkeit und Parteienwettbewerb im „Superwahljahr" 1994. Opladen: Westdeutscher Verlag 1997; Rechtsextremismus im vereinten Deutschland. Bonn: Friedrich-Ebert-Stiftung 2000 (3. Auflage); Parteiendemokratie in Deutschland. Bonn: Bundeszentrale für politische Bildung 2001 (2. Auflage) (Herausgabe mit Oscar W. Gabriel und Oskar Niedermayer); E-Mail-Adresse: rstoess@zedat.fu-berlin.de.

Charles Lewis Taylor, PhD, Professor für Political Science am Virginia Polytechnic Institute and State University, USA; Forschungsinteressen: Messung von Politik, Analyse innerstaatlicher Konflikte und Kooperation sowie europäische Politik; Wichtige Publikationen: Affektive Parteiorientierung, Kanzlerkandidaten und Issues. Einstellungskomponenten der Wahlentscheidung bei Bundestagswahlen in Deutschland. In: Politische Vierteljahresschrift, 18, 1977, S. 301-347 (mit Hans-Dieter Klingemann); World Handbooks of Political and Social Indicators. New Haven: Yale University Press 1972 und 1983 (mit Michael C. Hudson und David A. Jodice); Mapping Mass Political Conflict and Civil Society. Issues and Prospects for the Automated Development of Event Data. In: Journal of Conflict Resolution, 41, 1997, S. 553-579 (mit Doug Bond, J. Craig Jenkins und Kurt Schock); E-Mail-Adresse: clt@vt.edu.

Jacques Thomassen, Dr., Professor für Political Science an der University of Twente und Direktor des Netherlands Institute of Government, Niederlande; Forschungsinteressen: Demokratietheorie, politische Repräsentation, Legitimität und Wahlverhalten; Wichtige Publikationen: Political Representation and Legitimacy in the European Union. Oxford: Oxford University Press 1999 (Herausgabe mit Hermann Schmitt); Policy Representation in Western Societies. Oxford: Oxford University Press 1999 (mit Warren E. Miller, Roy Pierce, Richard Herrera, Sören Holmberg, Peter Esaiasson und Bernhard Wessels); The European Parliament on the Move. Towards Parliamentary Democracy in Europe. London: Rowman and

Littlefield 2002 (Herausgabe mit Bernard Steunenberg); E-Mail-Adresse: J.J.A. Thomassen@bsk.utwente.nl.

Gábor Tóka, Dr., Assistant Professor am Political Science Department der Central European University in Budapest, Ungarn; Forschungsinteressen: Wahlverhalten, öffentliche Meinung und demokratische Institutionen; Wichtige Publikationen: Party Appeals and Voter Loyalty in New Democracies. In: Political Studies, 46, 1998, S. 589-610; Post-Communist Party Systems. Competition, Representation, and Inter-Party Cooperation. Cambridge: Cambridge University Press 1999 (mit Herbert Kitschelt, Zdenka Mansfeldová und Radoslaw Markowski); Inventory of Political Attitude and Behaviour Surveys in East Central Europe and the Former Soviet Union 1989-97. Bergisch Gladbach: Edwin Ferger Verlag 2000; E-Mail-Adresse: Tokag@ceu.hu.

Andrea Volkens, Dr., Wissenschaftliche Mitarbeiterin der Abteilung „Institutionen und sozialer Wandel" am Wissenschaftszentrum Berlin für Sozialforschung (WZB); Forschungsinteressen: Parteien, Wahlen sowie Regierungen im nationalen und internationalen Vergleich; Wichtige Publikationen: Programmatische Strategien der Parteien im Bundestagswahlkampf 1998. In: Michael Brie und Rudolf Woderich (Hrsg.): Die PDS im Parteiensystem. Berlin: Karl Dietz Verlag 2000, S. 94-109; Parteien im europäischen Mehrebenensystem. In: Frank Berg und Lutz Kirschner (Hrsg.): PDS am Scheideweg. Berlin: Manuskripte 2001, S. 73-84; Mapping Policy Preferences. Estimates for Parties, Electors, and Governments 1945-1998. Oxford: Oxford University Press 2001 (mit Ian Budge, Hans-Dieter Klingemann, Judith Bara und Eric Tanenbaum sowie Richard C. Fording, Derek J. Hearl, Hee Min Kim, Michael McDonald und Silvia Mendez); E-Mail-Adresse: volkens@medea. wz-berlin.de.

Katrin Voltmer, Dr., Senior Lecturer für Political Communication an der University of Leeds, Großbritannien; Forschungsinteressen: politische Kommunikation und politische Soziologie, insbesondere Medientheorie, Medien und Wahlverhalten sowie Medien in neuen Demokratien; Wichtige Publikationen: Medienqualität und Demokratie. Eine empirische Analyse publizistischer Informations- und Orientierungsleistungen in der Wahlkampfkommunikation. Baden-Baden: Nomos 1998; Politische Kommunikation als Wahlkampfkommunikation. In: Otfried Jarren, Ulrich Sarcinelli und Ulrich Saxer (Hrsg.): Politische Kommunikation in der demokratischen Gesellschaft. Ein Handbuch. Opladen: Westdeutscher Verlag 1998, S. 396-405 (mit Hans-Dieter Klingemann); Massenmedien und demokratische Transformation in Osteuropa. Strukturen und Dynamik öffentlicher Kommunikation im Prozess des Regimewechsels. In: Hans-Dieter Klingemann und Friedhelm Neidhardt (Hrsg.): Zur Zukunft der Demokratie. Herausforderungen im Zeitalter der Globalisierung. WZB Jahrbuch. Berlin: edition sigma 2000, S. 123-151; E-Mail-Adresse: k.voltmer@leeds.ac.uk.

Christian Welzel, Dr., Professor für Political Science an der International University Bremen (IUB); Forschungsinteressen: soziale und politisch-kulturelle Grundlagen der Demokratie, Wertewandel, Modernisierung, direkte Demokratie, Eliten in der Demokratie; Wichtige Publikationen: Demokratischer Elitenwandel. Die Erneuerung der ostdeutschen Elite aus demokratie-soziologischer Sicht. Opladen: Leske + Budrich 1997; Human Development and the „Explosion" of Democracy. Discussion Paper FS III 01-202. Berlin: Wissenschaftszentrum Berlin für Sozialforschung (mit Ronald F. Inglehart); Fluchtpunkt Humanentwicklung. Modernisierung, Wertewandel und Demokratisierung in globaler Perspektive. Opladen: Westdeutscher Verlag (im Erscheinen); E-Mail-Adresse: welzel@medea.wz-berlin.de.

Bernhard Weßels, Dr., Wissenschaftlicher Angestellter der Abteilung „Institutionen und sozialer Wandel" am Wissenschaftszentrum Berlin für Sozialforschung (WZB) und Privatdozent für Politikwissenschaft an der Freien Universität Berlin; Forschungsinteressen: Interessenvermittlung und politische Repräsentation in vergleichender Perspektive; Wichtige Publikationen: Erosion des Wachstumsparadigmas. Opladen: Westdeutscher Verlag 1991; The European Parliament, National Parliaments, and European Integration. Oxford: Oxford University Press 1999 (Herausgabe mit Richard S. Katz); Policy Representation in Western Democracies. Oxford: Oxford University Press 1999 (mit Warren E. Miller, Roy Pierce, Jacques Thomassen, Richard Herrera, Sören Holmberg und Peter Esaiasson); E-Mail-Adresse: wessels@medea.wz-berlin.de.

Wolfgang Zapf, Dr., Direktor der Abteilung Sozialstruktur und Sozialberichterstattung am Wissenschaftszentrum Berlin für Sozialforschung (WZB) und Professor für Soziologie an der Freien Universität Berlin; Forschungsinteressen: Elitenforschung, sozialer Wandel und Modernisierung, Sozialberichterstattung und Sozialpolitik; Wichtige Publikationen: Lebensqualität in der Bundesrepublik. Objektive Lebensbedingungen und subjektives Wohlbefinden. Frankfurt a.M.: Campus 1984 (Herausgabe mit Wolfgang Glatzer); Wohlfahrtsentwicklung im vereinten Deutschland. Sozialstruktur, sozialer Wandel und Lebensqualität. Berlin: edition sigma 1996 (Herausgabe mit Roland Habich); Handwörterbuch zur Gesellschaft Deutschlands. Opladen: Leske + Budrich 2001 (2. Auflage) (Herausgabe mit Bernhard Schäfers). E-Mail-Adresse: zapf@medea.wz-berlin.de.

Dieser Band versammelt Beiträge internationaler Autoren über die etablierten westlichen Demokratien und die neuen Demokratien Mittel- und Osteuropas. Im Vordergrund steht das Verhältnis zwischen den Bürgern und ihrer politischen Ordnung. Behandelt werden die politische Kultur und politische Werte, Wahlen und politischer Prozess, politische Partizipation und Interessenartikulation, politische Parteien und Politiken sowie politische Repräsentation und politische Leistungsfähigkeit demokratischer Systeme. Diese Festschrift zum 65. Geburtstag von Hans-Dieter Klingemann greift Fragestellungen und Themen auf, die zu den zentralen Forschungsfeldern und Interessengebieten des Jubilars gehören.

Professor Dr. *Dieter Fuchs* lehrt Politikwissenschaft an der Universität Stuttgart, Dr. *Edeltraud Roller* und Privatdozent Dr. *Bernhard Weßels* sind wissenschaftliche Angestellte am Wissenschaftszentrum Berlin für Sozialforschung (WZB).

www.westdeutschervlg.de

Made in the USA
Las Vegas, NV
25 October 2024

10354678R00332